diccionario de la lengua española

diccionario de la lengua española

ESPASA LÉXICOS

Directora Editorial: Pilar Cortés
Coordinadora Editorial: Alegría Gallardo
Editora: Paloma Grande
Diseño: Joaquín Gallego

© Espasa Calpe, S. A., Madrid, 2006

Depósito legal: M. 10.169-2006
ISBN: 84-670-2117-9

Reservados todos los derechos. No se permite reproducir, almacenar en sistemas de recuperación de la información ni transmitir alguna parte de esta publicación, cualquiera que sea el medio empleado —electrónico, mecánico, fotocopia, grabación, etc.—, sin el permiso previo de los titulares de los derechos de la propiedad intelectual.

Espasa, en su deseo de mejorar sus publicaciones, agradecerá cualquier sugerencia que los lectores hagan al departamento editorial por correo electrónico: sugerencias@espasa.es

Impreso en España / Printed in Spain
Impresión: Unigraf, S. L.

Editorial Espasa Calpe, S. A.
Complejo Ática, Edificio 4
Vía de las Dos Castillas, 33
28224 Pozuelo de Alarcón (Madrid)

Advertencia

En este diccionario se ha adoptado un nuevo recurso para definir ciertos adjetivos: aquellos cuya definición necesita incluir, obligatoriamente, sustantivos con los que siempre aparecen en el discurso, es decir, los elementos de su *contorno* habitual. Para ello, se ha utilizado una convención, ya conocida en la lexicografía actual, que consiste en encerrar entre corchetes estos elementos (sustantivos u otras palabras sustantivadas). Veamos unos ejemplos en dos entradas reales del diccionario:

---

acrílico, ca adj. [Fibra o material] plástico que se obtiene por la polimerización del ácido o de sus derivados.
agudo, da adj. [Corte o punta de instrumento] delgado, afilado. ‖ [Ángulo] menor que el recto. También m. ‖ fig. Sutil. ‖ fig. Vivo, gracioso y oportuno. ‖ fig. [Dolor] vivo y penetrante y [enfermedad] grave y de no larga duración. ‖ fig. [Sentido] pronto en sus sensaciones. ‖ [Olor] subido y del sabor penetrante. ‖ fig. Ligero, veloz. ‖ [Sonido] alto. ‖ [Acento] ortográfico que se traza de derecha a izquierda (´). ‖ [Palabra] que lleva el acento fonético en la última sílaba.

De esta manera, la comprensión de la explicación del significado es muy sencilla si se hace un simple ejercicio de sustitución:

Fibra o material **acrílico** = Fibra o material **plástico que se obtiene por la polimerización del ácido o de sus derivados**.
Corte **agudo** = Corte **delgado, afilado.**
Punta de instrumento **aguda** = Punta de instrumento **delgada, afilada.**
Ángulo **agudo** = Ángulo **menor que el recto.**

Palabra **aguda** = Palabra **que lleva el acento fonético en la última sílaba.**

La lectura de las definiciones, por lo tanto, debe hacerse sin interrupción, solo teniendo en cuenta que los corchetes indican que los elementos que se encuentran en su interior son los que aparecerán siempre en el discurso acompañando al adjetivo que se está definiendo.

Abreviaturas

a.	alemán	cast.	castellano
a. C.	antes de Cristo	cat.	catalán
abl.	ablativo	*col.*	coloquial
abr.	abreviatura	colect.	colectivo
abs.	absoluto	com.	género común
ac.	acusativo	comp.	comparativo o comparativa
ad.	adversativo		
acep.	acepción	conc.	concesiva
adj.	adjetivo o adjetival	cond.	condicional
adv.	adverbio o adverbial	conj.	conjunción
af.	afirmativo o afirmativa	conjug.	conjugación
		conjunt.	conjuntivo o conjuntiva
alt.	altitud o altura		
amb.	ambiguo	contr.	contracción
amer.	americanismo	cop.	copulativo o copulativa
ant.	antiguo, antigua, anticuado o anticuada		
		d.	duda
		d. C.	después de Cristo
apl. a pers., también s.	aplicado a personas, también se usa como sustantivo	dat.	dativo
		def.	verbo defectivo
		dem.	demostrativo
apóc.	apócope	*desp.*	despectivo o despectiva
ár.	árabe		
art.	artículo	det.	determinado
aum.	aumentativo	dim.	diminutivo
aux.	verbo auxiliar	dist.	distributivo o distributiva
c.	como		
C.	centígrado (después de un número con indicación de grados: 17º)	disy.	disyuntivo o disyuntiva
		E.	Este
		ej.	ejemplo
cant.	cantidad	esp.	español

VIII

etc.	etcétera	m. y f.	sustantivo masculino y femenino
etim.	etimología	n.	neutro o nombre
excl.	exclamación o exclamativo	N.	Norte
expr.	expresión	n. p.	nombre propio
f.	sustantivo o género femenino	NE.	Nordeste
		neg.	negación
fam.	familiar	núm.	numeral o número
fig.	figurado o figurada	O.	Oeste
fr.	francés o francesa	pers.	persona
fut.	futuro	pl.	plural
h.	hacia	*poét.*	poético o poética
i.	inglés o inglesa	por ext.	por extensión
imper. o imperat.	imperativo	pos.	posesivo o posesiva
		pref.	prefijo
imperf.	imperfecto	prep.	preposición o prepositiva
impers.	verbo impersonal		
indef.	indefinido	pres.	presente
indet.	indeterminado	pret.	pretérito
indic.	indicativo	prnl.	verbo pronominal
inf.	infinitivo	pron.	pronombre
insep.	inseparable	rec.	recíproco
intens.	intensivo	reflex.	reflexivo
interj.	interjección o interjectiva	relat.	relativo o relativa
		s.	sustantivo, siglo (delante de un número romano)
interr.	interrogativo o interrogativa		
intr.	verbo intransitivo	S.	Sur
inv.	invariable	sent.	sentido
irón.	irónico o irónica	sign.	significa o significación
irreg.	irregular		
it.	italiano o italiana	sing.	singular
l.	lugar	SO.	Sudoeste
lat.	latitud (Geog.)/latín, latino o latina	ss.	siglos
		subj.	subjuntivo
loc.	locución	sup., superl.	superlativo
long.	longitud	t.	tiempo
m.	sustantivo o género masculino/modo, modal	tr.	verbo transitivo
		vulg.	vulgar, vulgarismo

A

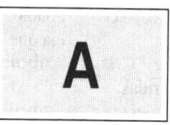

a f. Primera letra del abecedario español y primera de las vocales. ‖ prep. Denota el complemento de la acción del verbo. ‖ Indica dirección, término, situación, intervalo de lugar o de tiempo, etc.

ábaco m. Tablero con varillas y bolas que se utiliza para calcular. ‖ Parte superior del capitel.

abadía f. Iglesia, monasterio, territorio, jurisdicción o bienes de un abad o abadesa.

abajo adv. l. Hacia lugar o parte inferior. ‖ En lugar posterior. ‖ interj. de desaprobación.

abalanzarse prnl. Lanzarse.

abalorio m. Cuenta o bolita agujereada que sirve para hacer collares o adornos. ‖ Adorno de poco valor.

abandonar tr. Dejar, desamparar. ‖ Desistir, renunciar. ‖ Dejar un lugar. ‖ prnl. Confiarse. ‖ fig. Dejarse dominar. ‖ fig. Descuidar, prestar poco interés.

abanico m. Instrumento para dar aire. ‖ fig. Conjunto de ideas, opciones, etc.

abaratar tr. y prnl. Bajar el precio de una cosa.

abarca f. Calzado rústico de cuero o esparto.

abarcar tr. Ceñir, rodear. ‖ Comprender, contener.

abarrotar tr. Llenar, atestar.

abastecer tr. y prnl. Proveer, aprovisionar.

abatido, da adj. Que no tiene fuerzas o ánimo para nada.

abatir tr. y prnl. Derribar, bajar, tumbar. ‖ fig. Humillar. ‖ fig. Hacer perder el ánimo.

abdicar tr. Renunciar al trono. ‖ fig. Ceder, abandonar.

abdomen m. Vientre, cavidad que contiene el estómago y los intestinos.

abecedario m. Serie ordenada de las letras de un idioma.

abeja f. Insecto que produce la cera y la miel.

aberración f. Desviación de lo que se considera normal. ‖ Error grave del entendimiento o de la razón.

abertura f. Hendidura, grieta, agujero. ‖ Diámetro útil de un sistema de lentes.

abeto m. Árbol conífero, de tronco recto y muy eleva-

abicharse

do, ramas horizontales y copa cónica.

abicharse prnl. *amer.* Criar gusanos la fruta o las heridas.

abierto, ta adj. Que deja ver lo que tiene en su interior. || [Comercio, casa, etc.] en el que se puede entrar. || Que tiene facilidad para relacionarse con los demás. || Tolerante.

abigarrado, da adj. De varios colores, mal combinados. || Heterogéneo, sin orden ni conexión.

abismo m. Profundidad grande. || fig. Cosa inmensa, insondable o incomprensible.

abjurar tr. e intr. Retractarse.

ablandar tr. Poner blando. También prnl. || Laxar, suavizar. || fig. Mitigar. También prnl.

ablande m. *amer.* Rodaje de un automóvil.

abnegación f. Renuncia, sacrificio.

abocado, da adj. Expuesto, amenazado.

abofetear tr. Dar de bofetadas.

abogaderas f. pl. *amer.* Argumentos engañosos.

abogado, da m. y f. Persona legalmente autorizada para defender en juicio los derechos o intereses de los litigantes. || fig. Que intercede.

abogar intr. Defender en juicio. || fig. Interceder.

abolengo m. Ascendencia de abuelos o antepasados. || Herencia que viene de los abuelos.

abolir tr. Derogar un precepto o costumbre.

abollar tr. Producir una depresión con un golpe.

abominar tr. Condenar, maldecir. || Aborrecer, detestar.

abonar tr. Echar abono en la tierra. || Pagar. || Asentar en las cuentas corrientes las partidas que corresponden al haber. || Inscribir a una persona, mediante pago, para que pueda asistir a algún lugar o recibir algún servicio. Más c. prnl.

abonero, ra m. y f. *amer.* Comerciante ambulante que vende por abonos o pagos a plazos.

abono m. Sustancia natural o artificial para fertilizar la tierra. || Pago de una cantidad. || Conjunto de entradas que permite asistir varias veces a un espectáculo o tarjeta para disfrutar de algún servicio durante un periodo de tiempo.

abordar tr. Rozar o chocar una embarcación con otra. También intr. || Atracar una nave. || fig. Acercarse a alguno para tratar con él un asunto. || fig. Emprender o plantear un negocio que ofrezca dificultades. || intr. Tomar puerto una nave.

aborigen adj. Originario del suelo en que vive. || com. Primitivo morador de un país. Más en pl.

aborrecer tr. Tener aversión. || Abandonar las aves el nido, los huevos o las crías.

abortar intr. Parir antes del tiempo en que el feto puede vivir independientemente. || fig. Fracasar, malograrse.

aborto m. Interrupción del embarazo. || Feto muerto.

abotagarse o **abotargarse** prnl. Hincharse, inflarse el cuerpo.

abotonar tr. y prnl. Abrochar con botones.

abrasar tr. Reducir a brasa, quemar. También prnl. || Agitar o consumir a alguien una pasión. También prnl. || intr. Estar muy caliente una cosa.

abrazar tr. Ceñir con los brazos. También prnl. || Estrechar entre los brazos. También prnl. || fig. Rodear, ceñir. || fig. Contener, incluir. || fig. Adoptar, seguir.

abrazo m. Gesto de rodear con los brazos.

abrebotellas m. Instrumento para quitar las chapas de las botellas.

abrecartas m. Utensilio cortante para abrir los sobres de las cartas.

abrelatas m. Instrumento de metal para abrir latas o botes de conservas.

abrevadero m. Lugar donde bebe el ganado.

abrevar tr. Dar de beber al ganado. || intr. Beber el ganado.

abreviar tr. Acortar, reducir a menos tiempo o espacio. || intr. Acelerar, apresurar.

abreviatura f. Representación abreviada de una palabra.

abridor m. Instrumento para abrir latas o botellas.

abrigar tr. y prnl. Resguardar del frío. || tr. Auxiliar, amparar. || Tener ideas o sentimientos.

abrigo m. Defensa contra el frío. || Prenda exterior que sirve para abrigar. || Refugio. || fig. Amparo, auxilio.

abril m. Cuarto mes del año, que tiene 30 días. || pl. fig. Años de la primera juventud.

abrir tr. Descubrir lo que está cerrado u oculto. También prnl. || Separar del marco la hoja, o las hojas de una puerta. || Descorrer un cerrojo. || Romper, despegar. || Extender lo doblado. || Horadar, hacer accesible. || Inaugurar. || Ir a la cabeza o delante. || prnl. Sincerarse.

abrochar tr. Cerrar, ajustar con broches, corchetes, etc. También prnl.

abrojo m. Planta leñosa, cuyo fruto está armado de fuertes púas.

abrumar tr. Agobiar con algún peso o trabajo. || fig. Molestar.

abrupto, ta adj. Escarpado. || Áspero, violento.

abscisa f. Coordenada horizontal en un plano cartesiano rectangular.

absentismo m. Falta de asistencia al trabajo practicada habitualmente.

absolutismo m. Sistema de gobierno en el que el rey tiene todo el poder del Estado, sin ninguna limitación. || Autoritarismo, totalitarismo.

absoluto, ta adj. Que excluye toda relación. || Independiente, ilimitado, sin restricción.

absolver tr. Liberar de algún cargo u obligación. || Declarar no culpable a un acusado. || Perdonar los pecados.

absorber tr. Atraer un cuerpo las moléculas de otro en estado líquido o gaseoso. || Llamar la atención, ensimismar. || Asumir, incorporar.

absorto, ta adj. Pasmado, ensimismado.

abstemio, mia adj. y s. Que no toma bebidas alcohólicas.

abstenerse prnl. Privarse de alguna cosa. || Dejar de hacer algo.

abstracto, ta adj. Que designa una idea o una cualidad y no una cosa material. || De difícil comprensión.

abstraer tr. Considerar aisladamente las cualidades de un objeto, o el mismo objeto en su pura esencia o noción. || prnl. Enajenarse de los objetos sensibles y considerar lo que se tiene en el pensamiento.

absurdo, da adj. Contrario y opuesto a la razón.

abuchear tr. Reprobar con murmullos o ruidos.

abuelo, la m. y f. Padre o madre del padre o de la madre. || fig. Hombre o mujer ancianos. || pl. El abuelo y la abuela.

abulia f. Apatía, desgana.

abultar tr. Aumentar el bulto de alguna cosa. || Aumentar la cantidad, intensidad, grado, etc. || intr. Tener o hacer bulto.

abundancia f. Gran cantidad de algo.

abundante adj. Numeroso, en gran cantidad.

abundar intr. Existir gran cantidad de algo. || Insistir en una idea u opinión.

aburrido, da adj. Que no divierte o no interesa. || Incapaz de divertirse.

aburrir tr. Molestar, fastidiar. || Aborrecer, abandonar. || prnl. Cansarse de alguna cosa.

abusar intr. Usar mal, excesiva, injusta, impropia o indebidamente de algo o de alguien. || Violar a una persona. || prnl. *amer.* Espabilarse, estar muy atento.

abuso m. Uso excesivo o indebido de algo. || Acción injusta que supone aprovecharse de alguien o utilizarlo en beneficio propio. || Violación, acto de propasarse sexualmente con alguien.

abusón, ona adj. y s. Que se aprovecha injustamente de alguien o lo utiliza en beneficio propio.

abyecto, ta adj. Despreciable, vil.

acá adv. l. Indica lugar menos

acabar tr. Dar fin a una cosa. También intr. y prnl. ǁ Apurar, consumir. ǁ intr. Rematar, terminar. ǁ Morir. ǁ Extinguirse, aniquilarse. También prnl.

academia f. Sociedad científica, literaria o artística establecida con autoridad pública. ǁ Junta o reunión de los académicos. ǁ Casa donde los académicos tienen sus juntas. ǁ Establecimiento docente.

acaecer intr. Suceder, ocurrir.

acallar tr. Hacer callar. ǁ fig. Aplacar, sosegar.

acalorar tr. Dar o causar calor. ǁ Promover, avivar. ǁ prnl. fig. Enardecerse en la conversación.

acampada f. Instalación de tiendas de campaña o caravanas en un lugar al aire libre, generalmente en el campo.

acampar intr., tr. y prnl. Detenerse en despoblados, alojándose o no en tiendas o barracas.

acantilado, da adj. [Fondo del mar] que forma escalones. ǁ [Costa] cortada verticalmente. Más c. m. ǁ m. Escarpa casi vertical en un terreno.

acaparar tr. Adquirir y retener mercancías para controlar el precio en el mercado. ǁ fig. Disfrutar o apropiarse de todo o la mayor parte de una cosa.

acariciar tr. Hacer caricias. También prnl. ǁ Tratar a alguno con amor y ternura. ǁ Pensar en hacer o conseguir algo.

acarrear tr. Transportar en carro o de cualquier otro modo. ǁ fig. Producir o traer consigo algún daño.

acaso adv. m. Por casualidad. ǁ adv. d. Quizá.

acaso (por si) loc. adv. o conjunt. Por si ocurre o llega a ocurrir algo; por precaución.

acatar tr. Tributar homenaje de sumisión y respeto. ǁ Obedecer. ǁ *amer.* Percatarse de algo.

acatarrarse prnl. Resfriarse, constiparse.

acaudalado, da adj. Adinerado, rico.

acaudillar tr. Mandar, como jefe, gente de guerra. ǁ Guiar, conducir.

acceder intr. Consentir en lo que otro quiere. ǁ Ceder uno a la idea de otro. ǁ Tener entrada o paso a un lugar. ǁ Tener acceso a una situación, o llegar a alcanzarla.

accesible adj. [Lugar] al que se puede llegar fácilmente. ǁ Que se puede comprender sin dificultad. ǁ Fácil de tratar, agradable.

acceso m. Acción de llegar o acercarse. ǁ Entrada o paso. ǁ fig. Entrada al trato o comunicación con alguno. ǁ fig. Arrebato o exaltación. ǁ Acometimiento o repetición de un estado morboso.

accesorio, ria adj. Que depende de lo principal. También s. ǁ Secundario. ǁ [Palabra] que no

accidente

tiene autonomía fonética o sintáctica. ‖ m. Utensilio auxiliar para determinado trabajo.

accidente m. Calidad o estado que aparece en alguna cosa sin que sea parte de su esencia. ‖ Suceso eventual que altera el orden regular de las cosas. ‖ Suceso eventual del que involuntariamente resulta daño. ‖ Irregularidad del terreno.

acción f. Ejercicio de la facultad de actuar que tiene un ser. ‖ Efecto de hacer. ‖ Influencia o impresión producida por la actividad de cualquier agente sobre algo. ‖ Posibilidad o facultad de hacer alguna cosa. ‖ Cada una de las partes en que está dividido el capital de una empresa. ‖ Título de una de esas partes del capital. ‖ Sucesión de hechos, en las obras narrativas, dramáticas y cinematográficas. ‖ En la filmación de películas, voz con que se advierte que empieza una toma.

accionista com. Propietario de acciones en una empresa.

acechar tr. Observar, aguardar cautelosamente.

aceite m. Grasa líquida que se obtiene por presión de las aceitunas, de algunos otros frutos o semillas y de algunos animales. ‖ Líquido oleaginoso que se encuentra formado en la naturaleza o que se obtiene de ciertos minerales bituminosos.

aceituna f. Fruto del olivo.

acelerador m. Pieza que permite aumentar la velocidad de un motor.

acelerar tr. Dar celeridad. También prnl. ‖ Aumentar la velocidad. También intr. ‖ Accionar el mecanismo acelerador.

acelga f. Planta de huerta comestible.

acento m. Mayor realce con que se pronuncia determinada sílaba de una palabra. ‖ Signo ortográfico que se coloca en ciertos casos sobre alguna letra, para dar a la pronunciación algún matiz. ‖ Particulares inflexiones de voz de una región. ‖ Modulación de la voz.

acentuar tr. Poner acento en una palabra. ‖ Recalcar las palabras al pronunciarlas. ‖ tr. y prnl. Realzar, destacar. ‖ prnl. Aumentar la importancia de algo.

acepción f. Significado en que se toma una palabra o una frase.

aceptar tr. Recibir voluntariamente algo. ‖ Aprobar. ‖ Admitir las condiciones en un desafío. ‖ Obligarse por escrito a pagar una letra o libranza.

acequia f. Canal por donde se conducen las aguas para regar y otros fines.

acera f. Orilla de la calle o de otra vía pública, con pavimento adecuado para el tránsito de los peatones.

acerca de loc. prep. En cuanto a, respecto a, a propósito de.

acercar tr. y prnl. Poner a menor distancia de lugar o tiempo. || Llevar algo o a alguien a algún lugar.

acero m. Aleación de hierro y carbono, en diferentes proporciones. || Cualquiera de los aceros especiales. || fig. Arma blanca, y en especial la espada. || Temple y corte de las armas blancas.

acérrimo, ma adj. fig. sup. de *acre*. Muy firme y entusiasta.

acertar tr. Dar en el punto a que se dirige algo. || Encontrar, hallar. También intr. || Hallar el medio apropiado para lograr algo. || Dar con lo cierto en lo dudoso, ignorado u oculto. || Hacer algo con acierto. También intr. || intr. Con la prep. *a*, y un infinitivo, suceder por casualidad.

acertijo m. Especie de enigma para entretenerse en adivinarlo. || Cosa muy problemática.

acetona f. Líquido incoloro de olor característico, que se obtiene por destilación seca de la madera o por fermentación de hidratos de carbono con diversos microorganismos.

achacar tr. Atribuir, imputar.

achantar tr. Acoquinar, apabullar. || prnl. fam. Aguantarse o esconderse mientras dura un peligro. || Callarse resignadamente o por cobardía. || Abstenerse de intervenir.

achaque m. Indisposición o enfermedad habitual, generalmente ligera.

achatar tr. y prnl. Poner chata alguna cosa.

achicar tr. Reducir el tamaño de alguna cosa. También prnl. || Extraer el agua de un dique, barco, etc. || fig. Humillar. También prnl. || fig. Hacerse de menos.

achicharrar tr. Freír, cocer, asar o tostar demasiado. También prnl. || fig. Calentar demasiado. También prnl. || prnl. Experimentar un calor excesivo.

achicoria f. Planta de hojas ásperas y comestibles. Su infusión se usa como tónico aperitivo.

achuchar tr. Azuzar. || fam. Aplastar, estrujar. || intr. y prnl. *amer.* Tiritar, estremecerse por frío o fiebre.

achucharrar tr. *amer.* Aplastar, estrujar. || *amer.* Arrugar, encoger, amilanar. También prnl.

achunchar tr. y prnl. *amer.* Avergonzar, turbar.

achura f. *amer.* Asadura de una res. Más en pl.

achurar tr. *amer.* Sacar las achuras. || *amer.* Matar a tajos a una persona o animal.

aciago, ga adj. Infausto, infeliz, de mal agüero.

acicalar tr. Limpiar, bruñir, principalmente las armas blancas. || Dar en una pared el último pulimento. || fig. Adornar, aderezar a una persona. Más c. prnl.

acicate m. Estímulo para hacer algo.

ácido, da adj. Que tiene sa-

acierto

bor agrio. || fig. Áspero, desabrido. || m. Sustancia química que reacciona con las bases formando sales.

acierto m. Acción o resultado de acertar.

aclamar tr. Dar voces la multitud en honor y aplauso de alguna persona. || Conferir, por unanimidad, algún cargo u honor.

aclarar tr. Quitar lo que empaña la claridad o transparencia de alguna cosa. También prnl. || Aumentar la extensión o el número de los espacios que hay en alguna cosa. || Quitar el jabón a la ropa. || Hacer más perceptible la voz. || Explicar. || intr. Disiparse las nubes o la niebla.

aclimatar tr. y prnl. Acostumbrar a un ser orgánico a clima diferente. || fig. Hacer que una cosa se desarrolle en lugar distinto al que tuvo su origen.

acné f. Enfermedad de la piel caracterizada por una inflamación crónica de las glándulas sebáceas.

acoger tr. Admitir a alguien en su casa o compañía. || Dar refugio. || Admitir, aceptar. || Admitir con un sentimiento determinado un hecho o a una persona. || fig. Proteger. || prnl. Refugiarse. || Invocar para sí los beneficios que concede una disposición. || fig. Valerse de algún pretexto para disimular algo.

acólito m. Monaguillo. || fig. Persona que depende otra.

acollarar tr. *amer.* Unir por el cuello dos animales, o a dos personas o dos cosas. || prnl. *vulg. amer.* Amancebarse.

acometer tr. Atacar, embestir con ímpetu. || Emprender, intentar.

acomodador, ra m. y f. Persona que en las salas de espectáculos conduce a los espectadores hasta sus asientos.

acomodar tr. Ajustar o adaptar una cosa a otra. || Disponer o arreglar de modo conveniente. || Colocar en un lugar cómodo. || Proveer. || fig. Amoldar o ajustar a una norma. También intr. y prnl. || Referir o aplicar. || fig. Concertar, conciliar. || fig. Colocar en un estado o cargo. También prnl. || Agradar, parecer o ser algo conveniente. También intr. || prnl. Avenirse, conformarse.

acompañar tr. Estar o ir en compañía de otro. También prnl. || fig. Juntar una cosa a otra. || Existir una cosa junto a otra o simultáneamente con ella. También prnl. || Existir o hallarse algo en una persona.

acomplejado, da adj. y s. [Persona] que se siente inferior por alguna razón.

acomplejar tr. Causar a una persona un complejo. || prnl. Padecer un complejo.

acondicionar tr. Dar cierta condición o calidad. || Con los advs. bien, mal, u otros semejantes, disponer o preparar alguna cosa. || Climatizar. || prnl. Adquirir cierta condición o calidad.

acongojar tr. y prnl. Oprimir, fatigar, afligir.

aconsejar tr. Dar consejo. || Inspirar una cosa algo a alguien. || prnl. Tomar consejo o pedirlo a otro.

acontecer intr. Suceder.

acopio m. Almacenamiento en gran cantidad de algo que es o puede ser necesario.

acoplar tr. Ajustar entre sí dos piezas o cuerpos. || Ajustar una pieza al sitio donde deba colocarse. || Unir dos animales para uncirlos o algo parecido. || Procurar la unión sexual de los animales. También prnl. || Emplear a alguien en algún trabajo. || Agrupar dos aparatos para que funcionen combinadamente. || *amer.* Agregar uno o varios vehículos a otro que los remolca. || prnl. fig. y fam. Encariñarse dos personas.

acoquinar tr. y prnl. Amilanar, acobardar a alguien.

acordar tr. Determinar algo de común acuerdo o por mayoría de votos. || prnl. Recordar.

acorde adj. Conforme. || m. Conjunto de sonidos combinados con armonía.

acordeón m. Instrumento músico de viento, compuesto de lengüetas de metal, un pequeño teclado y un fuelle que se acciona con el brazo izquierdo.

acorralar tr. Meter el ganado en el corral. También prnl. || fig. Cercar a alguien para que no pueda escapar. || fig. Dejar a alguien confundido y sin tener qué responder. || fig. Intimidar, acobardar.

acortar tr., intr. y prnl. Disminuir la longitud, duración o cantidad de alguna cosa.

acosar tr. Perseguir, sin darle tregua ni reposo, a un animal o a una persona. || Hacer correr al caballo. || fig. Perseguir, fatigar a alguno.

acosijar tr. *amer.* Agobiar, atosigar.

acoso m. Persecución insistente. || Insistencia al preguntar, pedir o quejarse.

acostar tr. y prnl. Echar o tender a alguno para que duerma o descanse. || prnl. e intr. fig. Adherirse, inclinarse. || prnl. Mantener relación sexual una persona con otra.

acostumbrar tr. Hacer adquirir costumbre de alguna cosa. || intr. Tener costumbre de alguna cosa. || prnl. Adquirir costumbre de una cosa.

acotar tr. Reservar el uso de un terreno manifestándolo por medio de cotos. || Reservar, prohibir o limitar de otro modo. || Poner cotas, en los planos. || Poner notas a un texto.

acre adj. Áspero y picante al gusto y al olfato. || fig. [Genio o palabra] áspero y desabrido. || m.

Medida inglesa de superficie equivalente a 40 áreas y 47 centiáreas.

acrecentar tr. Aumentar. También prnl. ‖ Mejorar, enriquecer, enaltecer.

acreditar tr. Hacer digna de crédito alguna cosa. También prnl. ‖ Afamar. También prnl. ‖ Asegurar de que algo es lo que parece. ‖ Testimoniar con documento fehaciente que una persona lleva facultades para desempeñar un cometido.

acreedor, ra adj. Que tiene derecho a que se le satisfaga una deuda. Más c. s. ‖ Que tiene mérito para obtener alguna cosa.

acribillar tr. Abrir muchos agujeros en alguna cosa. ‖ Hacer muchas heridas o picaduras a una persona o a un animal.

acrílico, ca adj. [Fibra o material] plástico que se obtiene por la polimerización del ácido o de sus derivados.

acritud f. Cualidad de lo que es áspero y desagradable.

acróbata com. Persona que da saltos, hace habilidades sobre el trapecio, la cuerda floja o ejecuta cualesquiera otros ejercicios gimnásticos.

acta f. Relación escrita de lo sucedido, tratado o acordado en una junta. ‖ Certificación en que consta la elección de una persona.

actitud f. Postura del cuerpo humano o del animal. ‖ fig. Manifestada disposición del ánimo.

actividad f. Cualidad de lo que se mueve, funciona, trabaja o actúa. ‖ Conjunto de operaciones o tareas propias de una persona o entidad. ‖ Ejercicio o práctica.

activo, va adj. Que actúa o puede actuar. ‖ Diligente y eficaz. ‖ Que obra sin dilación. ‖ [Funcionario] mientras presta servicio. ‖ En gramática, [voz] del verbo que aparece en oraciones en las que el sujeto realiza la acción. ‖ m. Importe total del haber de una persona natural o jurídica.

acto m. Hecho o acción. ‖ Hecho público o solemne. ‖ División importante de una obra escénica.

actor, triz m. y f. Persona que representa en el teatro, cine, televisión, etc.

actuación f. Intervención de alguien en un asunto.

actual adj. Presente, en el mismo momento. ‖ Que existe, sucede o se usa en el momento de que se habla.

actualidad f. Momento presente.

actuar intr. Ejercer una persona o cosa actos propios de su naturaleza. ‖ Obrar, comportarse de una determinada manera. ‖ Interpretar un papel en una obra teatral, cinematográfica, etc. ‖ En derecho, formar autos, proceder judicialmente.

acuarela f. Pintura con colores diluidos en agua. ‖ pl. Colores con los que se realiza esta pintura.

acuario m. Depósito de agua donde se tienen vivos animales o vegetales acuáticos. ‖ Edificio destinado a la exhibición de animales acuáticos vivos. ‖ Uno de los signos del Zodíaco, al que pertenecen las personas que han nacido entre el 21 de enero y el 18 de febrero.

acuático, ca adj. Que vive en el agua. ‖ Del agua o relativo a ella.

acuciante adj. Muy necesario.

acuciar tr. Estimular. ‖ Desear con vehemencia.

acudir intr. Ir uno al sitio adonde le conviene o es llamado. ‖ Ir o acudir con frecuencia a alguna parte. ‖ Venir. ‖ Ir en socorro de alguno. ‖ Atender. ‖ Recurrir a alguno. ‖ Valerse de alguna cosa para algún fin.

acueducto m. Conducto artificial para conducir agua.

acuerdo m. Resolución tomada por varias personas.

acullico m. *amer.* Pequeña bola hecha con hojas de coca que se masca para sacar el jugo.

acumular tr. y prnl. Juntar y amontonar.

acunar tr. Mecer al niño en la cuna.

acuñar tr. Imprimir y sellar una pieza de metal por medio de cuño o troquel. ‖ Hacer o fabricar moneda. ‖ Meter cuñas. ‖ Poner en circulación una palabra, una expresión o un concepto nuevos.

acuoso, sa adj. Abundante en agua. ‖ Parecido a ella. ‖ De agua o relativo a ella. ‖ De mucho jugo.

acupuntura f. Técnica terapéutica que consiste en clavar agujas en el cuerpo humano para curar ciertas enfermedades.

acurrucarse prnl. Encogerse para resguardarse del frío.

acusación f. Atribución de una culpa a alguien. ‖ En los tribunales, la parte que pretende demostrar la culpabilidad de la persona que se juzga.

acusar tr. Imputar a alguien algún delito, culpa, etc. ‖ Denunciar, delatar. También prnl. ‖ Notar, tachar. ‖ Censurar, reprender. ‖ Manifestar, revelar. ‖ Tratándose del recibo de cartas, oficios, etc., avisarlo, notificarlo.

acusetas com. *amer.* Acusica.

acusete, ta adj. y s. *amer.* Acusón, soplón.

acústico, ca adj. Del órgano del oído o la acústica o relativo a ellos. ‖ f. Calidad sonora de un local. ‖ Parte de la física, que trata de la formación y propagación de los sonidos.

adaptar tr. Acoplar, ajustar una cosa a otra. También prnl. ‖ Hacer que un objeto o mecanismo desempeñen funciones distintas de aquellas para las que fueron construidos. ‖ Modificar una obra científica, literaria, musical, etc.

adecuar tr. y prnl. Acomodar una cosa a otra.

adefesio m. fam. Traje o adorno ridículo y extravagante. ‖ fam. Persona de apariencia ridícula y extravagante.

adelantar tr. Mover o llevar hacia adelante. También prnl. ‖ Acelerar, apresurar. ‖ Anticipar. ‖ Ganar la delantera a alguno o a algo. Más c. prnl. ‖ intr. Funcionar un reloj más deprisa de lo debido.

adelante adv. l. Más allá. ‖ adv. t. En tiempo futuro.

adelanto m. Progreso, avance, mejora. ‖ Anticipo.

adelgazar tr. y prnl. Poner delgada a una persona o cosa. ‖ intr. Enflaquecer.

ademán m. Movimiento o actitud con que se manifiesta un estado de ánimo. ‖ pl. Modales.

además adv. cant. A más de esto o aquello.

adentro adv. l. A o en lo interior. ‖ m. pl. Lo interior del ánimo.

adepto, ta adj. y s. Afiliado a alguna secta o asociación. ‖ Partidario de alguna persona o idea.

aderezar tr. Componer, adornar. También prnl. ‖ Guisar. ‖ Disponer o preparar. También prnl. ‖ Remedar o componer alguna cosa. ‖ Componer con ciertos ingredientes algunas bebidas.

adeudar tr. Deber, tener deudas. ‖ Satisfacer impuesto o contribución. ‖ Cargar, anotar en el debe. ‖ prnl. Endeudarse.

adherir tr. Pegar una cosa a otra. ‖ intr. Pegarse una cosa con otra. También prnl. ‖ fig. Convenir en un dictamen o partido y abrazarlo. Más c. prnl.

adhesivo, va adj. Capaz de adherirse o pegarse. ‖ m. Sustancia que pega dos cuerpos. ‖ Objeto que se pega a otro.

adicción f. Dependencia del organismo a alguna droga tóxica.

adición f. Acción y efecto de añadir o agregar. ‖ Añadidura que se hace en alguna obra o escrito. ‖ Operación de sumar.

adicto, ta adj. y s. [Persona] que tiene dependencia del alcohol o de las drogas. ‖ Muy aficionado a algo.

adiestrar tr. Enseñar, instruir. También prnl. ‖ Guiar, encaminar.

adinerado, da adj. Acaudalado, rico.

¡adiós! interj. que se emplea para despedirse. ‖ Denota que ya es irremediable un daño.

adiposo, sa adj. Grasiento, lleno de grasa o gordura.

aditivo, va adj. Que puede o que debe añadirse. ‖ m. Sustancia que se añade a un producto para conservarlo o mejorarlo.

adivinanza f. Juego en el que hay que acertar el nombre de algo.

adivinar tr. Predecir lo futuro o descubrir las cosas ocultas o ignoradas. ‖ Acertar lo que quiere decir un enigma.

adjetivo, va adj. [Palabra] que

acompaña al sustantivo, concordando con él en género y número, para limitar o completar su significado. ‖ Del adjetivo, o que participa de su índole o naturaleza.

adjudicar tr. Declarar que una cosa corresponde a una persona. ‖ prnl. Apropiarse uno alguna cosa. ‖ fig. En algunas competiciones, ganar.

adjuntar tr. Enviar, juntamente con una carta u otro escrito, notas, facturas, etc. ‖ Poner inmediatamente un vocablo junto a otro.

administración f. Dirección, gobierno.

administrar tr. Gobernar un territorio y a las personas que lo habitan. ‖ Dirigir una institución. ‖ Ordenar, organizar, en especial la hacienda o bienes. También prnl. ‖ Desempeñar un cargo o dignidad. ‖ Suministrar, proporcionar o distribuir alguna cosa.

admiración f. Sentimiento que se tiene ante las cosas que parecen muy buenas. ‖ Signo ortográfico que se pone delante (¡) y detrás (!) de palabras o frases para indicar sorpresa, asombro, queja o admiración.

admirar tr. Causar sorpresa la vista o consideración de alguna cosa. ‖ Ver, contemplar o considerar con estima o agrado especiales a una persona o cosa juzgadas. También prnl.

admitir tr. Recibir o dar entrada. ‖ Aceptar. ‖ Permitir o sufrir.

adobe m. Masa de barro moldeada en forma de ladrillo y secada al sol.

adobo m. Salsa hecha con hierbas aromáticas que se usa para conservar algunos alimentos y darles sabor.

adolecer intr. Tener la cualidad negativa o el defecto que se expresa. ‖ Caer enfermo o padecer alguna enfermedad habitual.

adolescencia f. Edad que sucede a la niñez y que transcurre desde la pubertad hasta el pleno desarrollo.

adonde adv. l. A qué parte, o a la parte que. ‖ Donde.

adondequiera adv. l. A cualquiera parte. ‖ Dondequiera.

adoptar tr. Recibir como hijo al que no lo es naturalmente. ‖ Recibir, haciéndolos propios, pareceres, métodos, ideologías, etc., creados por otros. ‖ Tomar resoluciones o acuerdos con previo examen. ‖ Adquirir una configuración determinada.

adoquín m. Piedra labrada en forma rectangular para empedrados.

adorar tr. Venerar a un ser o un objeto que se considera divino. ‖ fig. Amar con extremo. ‖ fig. Gustar mucho de algo.

adormecer tr. Dar o causar sueño. También prnl. ‖ fig. Acallar, entretener. ‖ fig. Calmar, sosegar. ‖ prnl. Empezar a dormirse.

adormilarse prnl. Dormirse a medias.

adornar tr. Engalanar, acicalar.

adorno m. Elemento que sirve para poner más bonita una cosa.

adosar tr. Poner una cosa contigua a otra.

adquirir tr. Ganar, conseguir. ‖ Comprar.

adrede adv. m. A propósito, con deliberada intención.

adrenalina f. Hormona segregada principalmente por las glándulas suprarrenales que aumenta la presión sanguínea.

adscribir tr. Inscribir, atribuir. ‖ Agregar a una persona al servicio de un cuerpo o destino. También prnl.

aduana f. Oficina pública donde se registran las mercancías y mercaderías que se importan o exportan, y cobran los derechos que adeudan.

aducir tr. Presentar pruebas, razones.

adueñarse prnl. Hacerse uno dueño de una cosa. ‖ Hacerse dominante algo en una o varias personas.

adular tr. Hacer o decir elogios, generalmente sin fundamento, de una persona, con fines interesados.

adulterar tr. y prnl. Corromper o alterar la calidad de algo, generalmente al agregarle una sustancia extraña. ‖ Falsificar o alterar la verdad de algo.

adulterio m. Relación sexual de persona casada con otra de distinto sexo que no sea su cónyuge.

adulto, ta adj. Llegado a su mayor crecimiento o desarrollo. También s. ‖ fig. Llegado a su mayor grado de perfección.

adusto, ta adj. Quemado, tostado, ardiente. ‖ fig. Austero, rígido, melancólico.

advenedizo, za adj. Que llega a una posición que no le corresponde o a un lugar en el que le consideran extraño.

adverbio m. Parte invariable de la oración cuya función consiste en modificar la significación del verbo, de un adjetivo o de otro adverbio.

adversario, ria m. y f. Persona contraria o enemiga.

adversidad f. Situación desfavorable.

adverso, sa adj. Contrario, enemigo, desfavorable. ‖ Opuesto materialmente a otra cosa.

advertir tr. Fijar en algo la atención. También intr. ‖ Llamar la atención de uno sobre algo. También intr. ‖ Aconsejar, amonestar. ‖ intr. Atender, aplicar el entendimiento. También tr.

adviento m. Tiempo que precede a la Navidad.

adyacente adj. Situado en la inmediación o proximidad de otra cosa.

aéreo, a adj. De aire. ‖ Del aire o relativo a él. ‖ [Animal o

aeróbic m. Técnica gimnástica acompañada de música.

aeródromo m. Sitio destinado al despegue y aterrizaje de los aviones.

aeromoza f. *amer.* Azafata.

aeronáutica f. Ciencia o arte de la navegación aérea. || Conjunto de medios destinados al transporte aéreo.

aeronave f. Vehículo capaz de navegar por el aire.

aeroplano m. Avión.

aeropuerto m. Aeródromo para el tráfico regular de aviones.

aerosol m. Suspensión de partículas muy finas en un medio gaseoso. || Aparato utilizado para producir esta dispersión con cualquier líquido.

afable adj. Agradable en la conversación y el trato.

afán m. Trabajo excesivo. || Actitud de entregarse alguien a una actividad con todo su interés.

afanador, ra m. y f. *amer.* Persona que, en los establecimientos públicos, se encarga de las tareas de limpieza.

afanar tr. *vulg.* Hurtar. || prnl. Entregarse al trabajo con solicitud y empeño.

afear tr. y prnl. Hacer o poner feo. || fig. Reprochar, recriminar.

afección f. Impresión que hace una cosa en otra. || Afición o inclinación. || Enfermedad.

afectar tr. Poner demasiado estudio o cuidado en las palabras, movimientos, adornos, etc. || Fingir. || Hacer impresión una cosa en una persona, causando en ella alguna sensación. También prnl. || Producir daño o enfermedad, atacar.

afecto, ta adj. Inclinado a una persona o cosa. || m. Cariño, simpatía hacia una persona o cosa.

afeitar tr. Cortar al ras con navaja o maquinilla la barba, el bigote o el pelo en general. También prnl. || Esquilar a una caballería las crines y las puntas de la cola. || Cortar y limar las puntas de los cuernos al toro de lidia.

afeminado, da adj. Que se parece a las mujeres. También s. || Que parece de mujer.

aferrar tr. Agarrar fuertemente. También intr. || prnl. fig. Insistir con tenacidad en algún dictamen u opinión. También intr.

afianzar tr. Afirmar o asegurar con puntales, clavos, etc. También prnl. || Asir, agarrar. También prnl.

afición f. Inclinación, amor a una persona o cosa. || Ahínco. || fam. Conjunto de personas aficionadas a las corridas de toros u otros espectáculos.

afijo, ja adj. y m. [Partícula (o palabra)] que se adjunta a una palabra para formar otras derivadas o compuestas.

afilar tr. Sacar filo o punta. || *amer.* Flirtear. || *amer.* Realizar el

afiliar

acto sexual. || prnl. Adelgazarse la cara, nariz o dedos. || *amer.* Prepararse, disponerse cuidadosamente para cualquier tarea.

afiliar tr. y prnl. Asociar una persona a otras que forman corporación.

afín adj. Parecido, semejante.

afinar tr. Perfeccionar, dar el último retoque a una cosa. También prnl. || Purificar los metales. || Poner en tono los instrumentos musicales. || intr. Cantar o tocar entonando con perfección los sonidos.

afincar tr. Fijar. || Hincar, clavar. || intr. Establecerse con idea de permanencia en algún lugar. También prnl.

afirmar tr. Poner firme, dar firmeza. También prnl. || Asegurar o dar por cierta alguna cosa. || prnl. Asegurarse en algo. || Ratificarse uno en lo dicho.

afligir tr. y prnl. Causar sufrimiento físico, tristeza o pena.

aflojar tr. Disminuir la presión o la tirantez. También prnl. || fig. y fam. Entregar uno dinero u otra cosa. || intr. fig. Perder fuerza una cosa. || fig. Dejar uno de emplear el mismo vigor o aplicación que antes en alguna cosa.

aflorar intr. Asomar a la superficie del terreno un filón o capa mineral.

afluente m. Río que desemboca en otro más importante.

afluir intr. Acudir en abundancia o concurrir en gran número a un lugar o sitio. || Verter un río sus aguas en las de otro, o en un lago o mar. || Fluir algo hacia un punto.

afonía f. Falta de voz.

aforo m. Capacidad total de las localidades de un teatro u otro recinto de espectáculos públicos.

afortunado, da adj. Que tiene buena suerte. || Que es resultado de la buena suerte. || Feliz, que produce felicidad o resulta de ella.

afrenta f. Ofensa, agravio.

africano, na adj. y s. De África o relativo a este continente.

afro adj. Africano. También se usa como prefijo con el mismo significado.

afroamericano, na adj. y s. Que desciende de los negros africanos llevados a América, o está relacionado con ellos.

afrodisiaco o **afrodisíaco, ca** adj. Que excita el apetito sexual.

afrontar tr. Hacer frente al enemigo, a un peligro, etc.

afuera adv. l. Fuera del sitio en el que uno está. || En la parte exterior. || f. pl. Alrededores de una población.

afuereño, ña adj. y s. *amer.* Forastero, que es o viene de afuera.

agachar tr. fam. Inclinar o bajar alguna parte del cuerpo. También intr. || prnl. fam. Encogerse.

agalla f. Excrecencia redonda que se forma en algunos árboles por la picadura de ciertos insectos. || Amígdala. Más en pl. || Cada una de las branquias que tienen los peces. Más en pl. || *amer.* Codicia. || pl. Valentía, audacia.

agalludo, da adj. *amer.* [Persona] animosa, resuelta, valiente. || *amer.* Ambicioso, avaricioso.

ágape m. Convite de caridad que tenían entre sí los primeros cristianos. || Por ext., banquete.

agarrar tr. Asir fuertemente con la mano de cualquier modo. || Coger, tomar. || fig. y fam. Conseguir lo que se intentaba. || intr. Prender una planta. || prnl. Asirse fuertemente de alguna cosa.

agarrotarse prnl. Ponerse dura una parte del cuerpo.

agasajar tr. Tratar con atención expresiva y cariñosa. || Halagar o favorecer a alguien con regalos.

agauchar tr. *amer.* Hacer que una persona tome el aspecto, los modales y las costumbres propias del gaucho. Más c. prnl.

agazaparse prnl. Agacharse, encogiendo el cuerpo contra la tierra.

agencia f. Empresa destinada a gestionar asuntos ajenos o a prestar determinados servicios. || Sucursal de una empresa.

agenda f. Libro o cuaderno en que se apuntan, para no olvidarlas, aquellas cosas que se han de hacer. || Relación de los temas que han de tratarse en una reunión; orden del día.

agente adj. Que obra o tiene virtud de obrar. || [Persona, animal o cosa] que realiza la acción del verbo. Más c. m. || com. Persona o cosa que produce un efecto. || Persona que obra en poder de otro. || Policía, funcionario que se encarga de mantener el orden público.

ágil adj. Ligero, pronto, expedito. || [Persona] que se mueve con soltura.

agilizar tr. y prnl. Hacer más ligero o rápido. || Facilitar y acelerar la ejecución de algo.

agitar tr. Mover violentamente. También prnl. || Inquietar. También prnl. || fig. Provocar la inquietud política o social.

aglomeración f. Cúmulo o multitud de personas o cosas.

aglomerar tr. Amontonar, juntar. También prnl. || Unir fragmentos de una o varias sustancias con un aglomerante.

aglutinar tr. y prnl. Pegar una cosa con otra.

agnosticismo m. Doctrina filosófica que niega al entendimiento humano la capacidad de llegar a comprender lo absoluto y sobrenatural.

agnóstico, ca adj. Del agnosticismo o relativo a esta doctrina filosófica. || adj. y s. Que sigue o defiende el agnosticismo.

agobiar tr. Rendir, deprimir o abatir. También prnl. || fig. Causar gran molestia o fatiga. También prnl.

agolparse prnl. Reunirse de forma inesperada un conjunto de personas. || Estar reunidos varios objetos en desorden.

agonía f. Estado previo a la muerte. || fig. Pena o aflicción extremada. || fig. Ansia o deseo vehemente. || m. pl. fam. Persona apocada y pesimista.

agonizar intr. Sufrir el dolor que precede a la muerte. || Fin de una época o cultura.

agostar tr. Secar el excesivo calor las plantas. También prnl. || Arar o cavar la tierra en el mes de agosto. || Cavar la tierra para plantar viña en ella. || intr. Pastar el ganado en rastrojeras o en dehesas durante el verano.

agosto m. Octavo mes del año, que tiene 31 días. || Temporada en que se hace la recolección de granos. || Cosecha.

agotar tr. y prnl. Gastar del todo. || fig. Cansar extremadamente.

agraciado, da adj. Bien parecido. || Afortunado en un sorteo.

agradable adj. Grato, amable.

agradar intr. Complacer, contentar, gustar. También prnl. || prnl. Sentir agrado o gusto.

agradecer tr. Corresponder con gratitud a un favor. || fig. Corresponder una cosa al trabajo empleado en conservarla o mejorarla.

agrado m. Satisfacción que produce algo.

agrandar tr. y prnl. Hacer más grande alguna cosa.

agrario, ria adj. Del campo o relativo a él.

agravar tr. Oprimir con gravámenes o tributos. || Aumentar la gravedad de una situación o de un enfermo.

agraviar tr. y prnl. Ofender, insultar.

agravio m. Ofensa que se hace a alguien en su honra o fama. || Hecho o dicho con que se hace esta ofensa. || Perjuicio que se hace a alguien en sus derechos o intereses.

agredir tr. Atacar violentamente a alguien para causarle daño.

agregar tr. Unir unas personas o cosas a otras. También prnl. || Añadir algo a lo ya dicho o escrito. || Destinar a alguna persona a un cuerpo u oficina sin plaza efectiva.

agresión f. Acto de acometer a alguno para hacerle daño. || Acto contrario al derecho de otro. || Ataque armado de una nación contra otra.

agresividad f. Tendencia de las personas o animales a atacar o embestir.

agreste adj. Del campo. || Áspero, inculto. || fig. Rudo, tosco, grosero.

agricultura f. Cultivo de la tierra. || Arte de cultivar la tierra.

agridulce adj. Que tiene mezcla de agrio y de dulce.

agrio, gria adj. Que produce sensación de acidez. || Agriado. || fig. Acre, áspero. || m. pl. Frutas agridulces, como el limón, la naranja y otras semejantes.

agrupación f. Formación de uno o varios grupos con personas, animales o cosas. || Conjunto de personas asociadas para hacer algo.

agrupar tr. y prnl. Reunir en grupo. || Constituir una agrupación.

agua f. Cuerpo formado por la combinación de un volumen de oxígeno y dos de hidrógeno, líquida, inodora e insípida. || Licor extraído por infusión, disolución o emulsión de flores, plantas o frutos, y usado en medicina y perfumería. || pl. Visos y ondulaciones que tienen algunas telas, piedras, maderas, etc. || Destellos de las piedras preciosas.

aguacate m. Fruto verde comestible que proviene de un árbol americano del mismo nombre.

aguacero m. Lluvia repentina, impetuosa y de poca duración.

aguachar tr. *amer.* Domesticar un animal. || prnl. *amer.* Amansarse, aquerenciarse.

aguachento, ta adj. *amer.* Impregnado, empapado o lleno de agua. || *amer.* [Fruta u otro alimento] insípido por exceso de agua.

aguachirle amb. Bebida o alimento líquido, como vino, caldo, etc., sin fuerza ni sabor.

aguafiestas com. Persona que estropea una diversión.

aguafuerte amb. Ácido nítrico disuelto en agua. || Grabado o lámina obtenido con dicho ácido.

aguanieve f. Agua que cae de las nubes mezclada con nieve.

aguantar tr. Reprimir o contener. || Resistir. También intr. || Tolerar a disgusto algo molesto. También prnl. || intr. Reprimirse.

aguante m. Capacidad de soportar cosas desagradables.

aguardar tr. Esperar a que venga o llegue alguien o algo.

aguardiente m. Bebida que, por destilación, se saca del vino y otras sustancias.

aguarrás m. Aceite volátil de trementina.

aguasarse prnl. *amer.* Tomar los modales y costumbres del guaso.

agudizar tr. Hacer aguda una cosa || tr. y prnl. Agravar, recrudecer.

agudo, da adj. [Corte o punta de instrumento] delgado, afilado. || [Ángulo] menor que el recto. También m. || fig. Sutil. || fig. Vivo, gracioso y oportuno. || fig. [Dolor] vivo y penetrante y [enfermedad] grave y de no larga duración. || fig. [Sentido] pronto en sus sensaciones. || [Olor] subido y del sabor penetrante. || fig. Ligero, veloz. || [Sonido] alto. || [Acento] ortográfico que se traza de derecha a izquierda (´). || [Pa-

agüero labra] que lleva el acento fonético en la última sílaba.

agüero m. Presagio o señal de cosa futura. || Pronóstico formado supersticiosamente.

aguijón m. Extremo puntiagudo de la aguijada. || Órgano abdominal que posee el escorpión y algunos insectos y con el cual pican. || Espina de las plantas. || fig. Estímulo, incitación.

águila f. Ave rapaz diurna, de 80 a 90 cm de alt., de vista muy perspicaz, fuerte musculatura y vuelo rapidísimo. || Cualquier otra ave de características semejantes. || Enseña de la legión romana y de algunos ejércitos modernos. || fig. Persona viva y perspicaz.

aguileño, ña adj. [Nariz] larga y delgada. || [Rostro] cuyas facciones recuerdan a las del águila. || Del águila. || f. Planta que se cultiva por adorno en los jardines.

aguinaldo m. Regalo que se da en Navidad, sobre todo dinero.

agüita f. *amer.* Infusión de hierbas u hojas.

aguja f. Barrita puntiaguda de metal u otra materia con que se cose, borda, teje, etc. || Tubito metálico que se enchufa en la jeringuilla para poner inyecciones. || Varilla de metal, concha, etc., utilizada en el tocado de las mujeres. || Manecilla del reloj.

agujerear tr. y prnl. Hacer agujeros.

agujero m. Abertura más o menos redonda en una cosa.

agujetas f. pl. Molestias dolorosas que pueden sentirse en los músculos después de un esfuerzo.

aguzar tr. Hacer o sacar punta. || Afilar. || fig. Aguijar, estimular. || Preparar los animales los dientes o las garras para comer o despedazar. || fig. Despabilar o forzar el entendimiento para que preste más atención.

ahí adv. l. En ese lugar, o a ese lugar. || En esto, o en eso. || Precedido de las preps. *de* o *por*, esto o eso.

ahijado, da m. y f. Cualquier persona, respecto de sus padrinos.

ahínco m. Eficacia, empeño o diligencia grande.

ahíto, ta adj. Que padece indigestión. || Harto.

ahogar tr. Matar a alguno impidiéndole la respiración. También prnl. || fig. Extinguir, apagar. También prnl. || fig. Oprimir, fatigar. También prnl. || Sumergir en agua, encharcar. || En el ajedrez, hacer que el rey adverso no pueda moverse sin quedar en jaque. || Inundar el carburador. También prnl.

ahondar tr. Hacer más hondo o profundo. || intr. Profundizar en algo.

ahora adv. t. A esta hora, en este momento, en el tiempo actual o presente. || Dentro de poco tiempo. || conj. ad. Pero, sin embargo.

ahorcar tr. Quitar la vida a alguien echándole un lazo al cuello y colgándole de él en la horca u otra parte. Más c. prnl.

ahorrar tr. Guardar dinero o evitar un gasto o consumo mayor. También prnl. ‖ fig. Evitar algún trabajo, riesgo, etc. También prnl.

ahorro m. Acto de reservar o no gastar el dinero, de economizar alguna cosa o de evitar un trabajo. ‖ pl. Aquello que se ha reservado o no se ha gastado, especialmente el dinero.

ahuecar tr. y prnl. Poner hueco o cóncavo. ‖ Mullir o hacer menos compacto. ‖ tr. fig. Dicho de la voz, hablar con afectación. ‖ intr. fam. Ausentarse de una reunión. ‖ prnl. fig. Engreírse.

ahuesarse prnl. *amer.* Quedarse inútil o sin prestigio una persona o cosa. ‖ *amer.* Quedarse una mercancía sin vender.

ahumar tr. Poner al humo. ‖ Llenar de humo. También prnl. ‖ prnl. Tomar los guisos sabor a humo.

ahuyentar tr. Hacer huir.

airbag m. Dispositivo de seguridad colocado en el volante o en el salpicadero de los automóviles que consiste en una bolsa que se infla de aire en caso de colisión violenta.

aire m. Mezcla gaseosa que forma la atmósfera de la Tierra. ‖ Atmósfera terrestre. También en pl. ‖ Viento. ‖ fig. Parecido entre las personas. ‖ Aspecto.

airear tr. Poner al aire o hacer que entre el aire. ‖ Dar publicidad o actualidad a una cosa. ‖ prnl. Ponerse al aire o salir al exterior para refrescarse.

airoso, sa adj. fig. Garboso o gallardo. ‖ fig. Que realiza algo con éxito.

aislar tr. Circundar o cercar por todas partes. ‖ tr. y prnl. Dejar una cosa sola y separada de otras. ‖ fig. Incomunicar.

ajar tr. Maltratar, manosear, arrugar, marchitar. ‖ prnl. Deslucirse una cosa o una persona.

ajedrez m. Juego de tablero entre dos personas, cada una de las cuales dispone de 16 piezas movibles. ‖ Conjunto de piezas de este juego.

ajeno, na adj. De otro. ‖ Extraño. ‖ Diverso. ‖ fig. Impropio, que no corresponde.

ajete m. Ajo tierno. ‖ Puerro silvestre.

ajetrearse prnl. Fatigarse yendo y viniendo de una parte a otra.

ají m. *amer.* Pimiento picante.

ajo m. Planta de bulbo, blanco, redondo y de olor fuerte, usado mucho como condimento. ‖ Cada una de las partes o dientes en que está dividido el bulbo de ajos.

ajuar m. Conjunto de muebles, ropas, etc., que aporta la mujer al matrimonio.

ajustar tr. Poner alguna cosa de modo que venga justa con otra. También prnl. || Conformar, acomodar, encajar. También prnl. || Arreglar, moderar. También prnl. y en sent. fig. || Concertar. || Liquidar una cuenta. || Concretar el precio de alguna cosa. || Contratar a alguna persona para realizar algún servicio. También prnl.

ajusticiar tr. Aplicar la pena de muerte a un condenado.

al contr. de la prep. *a* y el art. *el*.

ala f. Parte del cuerpo de algunos animales que utilizan para volar. || Hilera o fila. || Parte de una cosa que por su situación o forma se parece a un ala. || Cada una de las partes que se extienden a los lados del cuerpo principal de un edificio u otra construcción. || Alero del tejado.

alabar tr. Elogiar, celebrar con palabras. También prnl. || prnl. Jactarse o vanagloriarse.

alacena f. Hueco hecho en la pared, con puertas y anaqueles, a modo de armario.

alacrán m. Escorpión.

alambre m. Hilo de metal.

alarde m. Ostentación y gala que se hace de alguna cosa.

alargadera f. Pieza que sirve para alargar algo, especialmente un cable.

alargar tr. Dar más longitud a una cosa. También prnl. || Estirar, desencoger. || Prolongar una cosa, hacer que dure más tiempo. También prnl. || Retardar, diferir, dilatar.

alarido m. Grito lastimero.

alarma f. Señal para prepararse inmediatamente a la defensa o al combate. || Dispositivo que avisa de un peligro o de alguna particularidad. || fig. Inquietud, susto o sobresalto.

alarmar tr. y prnl. Asustar, sobresaltar, inquietar.

alba f. Amanecer. || Primera luz del día antes de salir el sol. || Túnica blanca de los sacerdotes.

albacea com. Ejecutor testamentario.

albanés, esa adj. y s. De Albania. || m. Lengua albanesa.

albañil m. Maestro u oficial de albañilería.

albarán m. Relación de mercancías que se entregan al cliente.

albarda f. Pieza principal del aparejo de las caballerías de carga, especie de silla.

albedrío m. Potestad de obrar por reflexión y elección. || Antojo o capricho.

albergue m. Lugar en que una persona halla hospedaje o resguardo.

albino, na adj. y s. Falto, por anomalía congénita, del pigmento que da a ciertas partes del organismo de los hombres y animales los colores propios de cada especie, raza, etc.

albo, ba adj. *poét*. Blanco.

albóndiga f. Bolita de carne o pescado picado.

alborada f. Amanecer. || Música al alba.

albornoz m. Bata de tela esponjosa que se utiliza después del baño.

alboroto m. Vocerío, estrépito. || Desorden, tumulto. || Asonada, motín. || Sobresalto, inquietud.

alborozo m. Gran regocijo, placer o alegría.

álbum m. Libro en blanco cuyas hojas se llenan con breves composiciones literarias, fotografías, etc. || Disco de larga duración que contiene canciones de uno o varios autores.

alcachofa f. Hortaliza que produce una flor grande y verde que es comestible, también llamada alcachofa. || Pieza con agujeros por donde sale el agua de la regadera o de la ducha.

alcahuete, ta m. y f. Persona que procura, encubre o facilita amores ilícitos.

alcaide m. El que tenía a su cargo la guarda de una fortaleza. || El que en las cárceles custodiaba a los presos.

alcalde, esa m. y f. Persona que preside un ayuntamiento.

alcance m. Distancia máxima a que llega algo. || Trascendencia o repercusión de algo. || Inteligencia o talento.

alcantarilla f. Puentecillo en un camino. || Acueducto subterráneo fabricado para recoger las aguas de lluvia o residuales y darles paso.

alcanzar tr. Llegar a juntarse con una persona o cosa que va delante. || Llegar a tocar o coger. || Coger alguna cosa alargando la mano. || Alargar, tender una cosa a otro. || Llegar a percibir con la vista, oído u olfato. || Conseguir, lograr. || intr. Llegar hasta cierto punto o término. || Ser suficiente o bastante una cosa para algún fin.

alcayata f. Escarpia.

alcazaba f. Recinto fortificado, dentro de una población murada.

alcázar m. Fortaleza, recinto fortificado. || Casa o palacio real.

alcoba f. Aposento destinado para dormir.

alcohol m. Líquido que se obtiene por la destilación del vino o de otros licores.

alcoholismo m. Adicción al alcohol.

alcoholizar tr. Hacer alcohólico algo, añadiéndole alcohol. || prnl. Intoxicarse con alcohol. || Contraer alcoholismo.

alcurnia f. Ascendencia, linaje.

aldaba f. Pieza de metal que se pone en las puertas para llamar. || Barra o travesaño con que se aseguran los postigos o puertas.

aldea f. Pueblo de corto vecindario y, por lo común, sin jurisdicción propia.

aldeano, na adj. y s. De una aldea.

aleación f. Producto homogéneo, de propiedades metálicas, compuesto de dos o más elementos, uno de los cuales, al menos, debe ser un metal.

aleatorio, ria adj. Relativo al juego de azar. ‖ Dependiente de algún suceso fortuito.

aleccionar tr. y prnl. Instruir, amaestrar, enseñar.

aledaño, ña adj. Lindante, colindante. ‖ m. Confín, término, límite. Más en pl.

alegar tr. Citar, traer uno a favor de su propósito, como prueba, disculpa o defensa, algún hecho, dicho, ejemplo, etc. ‖ Tratándose de méritos, servicios, etc., exponerlos para fundar en ellos alguna pretensión. ‖ intr. Traer el abogado leyes y razones en defensa de su causa. ‖ *amer.* Discutir.

alegoría f. Ficción en virtud de la cual una cosa representa o significa otra diferente. ‖ Obra o composición literaria o artística de sentido alegórico.

alegre m. Que siente, muestra o produce placer y satisfacción. ‖ Con mucha luz o colores muy vivos. ‖ Ligeramente bebido. ‖ Poco sensato.

alegría f. Grato y vivo movimiento del ánimo que, por lo común, se manifiesta con signos externos. ‖ Palabras, gestos o actos con que se manifiesta alegría. ‖ Ajonjolí, planta. ‖ Cante y baile flamenco.

alejar tr. y prnl. Poner lejos o más lejos.

alelar tr. y prnl. Poner lelo.

alemán, ana adj. y s. De Alemania. ‖ m. Idioma alemán.

alentar tr. y prnl. Animar, infundir aliento o esfuerzo, dar vigor. ‖ intr. Respirar.

alergia f. Conjunto de fenómenos de carácter respiratorio, nervioso o eruptivo, debidos a la absorción de sustancias que producen en el organismo una reacción especial de rechazo. ‖ Sensibilidad extremada y contraria frente a ciertos temas, personas o cosas.

alero m. Parte inferior del tejado que sale fuera de la pared.

alerón m. Aleta giratoria que se monta en la parte posterior de las alas de un avión.

alerta adv. m. Con vigilancia y atención. ‖ interj. Voz que se emplea para excitar a la vigilancia. Más c. m. ‖ f. Situación de vigilancia o atención. ‖ adj. Atento, vigilante.

aleta f. Cada una de las membranas externas, a manera de alas, que tienen los peces para nadar. ‖ Especie de calzado de goma que usan las personas para impulsarse en el agua, al nadar o bucear. ‖ Guardabarros que sobresale de los laterales de un automóvil.

aletargar tr. Causar letargo. ‖ prnl. Padecerlo.

alevín m. Joven principiante que se inicia en una disciplina o profesión.

alevosía f. Cautela para asegurar la comisión de un delito contra las personas. Es circunstancia que agrava la pena. || Traición, perfidia.

alfabetizar tr. Ordenar alfabéticamente. || Enseñar a leer y a escribir.

alfabeto m. Abecedario. || Conjunto de todas las letras de una lengua o idioma. || Conjunto de los símbolos empleados en un sistema de comunicación.

alfanumérico, ca adj. [Código informático o teclado de las máquinas de escribir y de los ordenadores] que tiene números y letras.

alfarería f. Arte de fabricar vasijas de barro. || Taller donde se fabrican y tienda donde se venden.

alféizar o **alfeiza** m. Vuelta o derrame que hace la pared en el corte de una puerta o ventana.

alfil m. Pieza del juego de ajedrez que se mueve diagonalmente.

alfiler m. Clavillo metálico con punta en un extremo y cabecilla en el otro que sirve para sujetar. || Joya de forma semejante al alfiler.

alfombra f. Tejido de lana o de otras materias con que se cubre el piso de las habitaciones y escaleras.

alforja f. Especie de talega abierta por el centro y cerrada por los extremos. Más en pl.

alga f. Grupo de plantas talofitas, que viven preferentemente en el agua y que, en general, están provistas de clorofila u otros pigmentos fotosintéticos.

algarabía f. Ruido de gritos y voces confusos de varias personas.

algazara f. Ruido, griterío.

álgebra f. Parte de las matemáticas que estudia la cantidad considerada en general y representada por letras u otros signos.

álgido, da adj. Muy frío. || fig. Importante, culminante.

algo pron. indef. Designa una cosa que no se puede o no se quiere nombrar. || También denota cantidad indeterminada, o parte de una cosa. || adv. cant. Un poco, no del todo.

algodón m. Planta de fruto capsular con varias semillas envueltas en una borra larga y blanca. || Esta misma borra. || Hilado o tejido de esta borra.

algoritmo m. Serie ordenada de un número concreto de operaciones con las que se puede llegar a la solución de un problema.

alguacil m. Oficial inferior de justicia que ejecuta las órdenes del tribunal a quien sirve. || Oficial inferior ejecutor de los mandatos de los alcaldes.

alguien pron. indet. que indica vagamente una persona cual-

algún

quiera. ‖ m. fam. Persona de importancia.

algún adj. apóc. de *alguno*. Se usa solo antepuesto a nombres masculinos.

alguno, na adj. Se aplica indeterminadamente a una persona o cosa con respecto de varias. ‖ Ni poco ni mucho; bastante. ‖ pron. indet. Alguien.

alhaja f. Joya. ‖ fig. Cosa de mucho valor y estima.

alianza f. Acuerdo entre varias personas o países para conseguir beneficios. ‖ Anillo que se intercambian los novios durante el matrimonio.

aliar tr. y prnl. Unir, coligar. ‖ prnl. Unirse, en virtud de tratado, los Estados unos con otros.

alias adv. lat. De otro modo, por otro nombre. ‖ m. Apodo.

alicaído, da adj. Caído de alas. ‖ fig. y fam. Débil, falto de fuerzas. ‖ Desanimado.

alicatar tr. Revestir de azulejos o baldosines una superficie.

alicate m. Tenaza de acero. También en pl.

aliciente m. Atractivo o incentivo.

alienar tr. y prnl. Enajenar.

alienígena adj. y com. Extraterrestre.

aliento m. Acción de alentar. ‖ Respiración, aire expulsado al respirar. ‖ Vigor del ánimo, esfuerzo, valor.

aligerar tr. y prnl. Hacer ligero o menos pesado. ‖ tr. Abreviar, acelerar. ‖ fig. Aliviar, moderar.

alijo m. Conjunto de géneros de contrabando.

alimaña f. Animal, y en especial el perjudicial a la caza menor o a la ganadería.

alimento m. Cualquier sustancia que sirve para nutrir o para mantener la existencia de algo. ‖ fig. Sostén, fomento.

alinear tr. Poner en línea recta. También prnl. ‖ Componer un equipo deportivo.

aliñar tr. Aderezar, adornar, condimentar.

aliño m. Conjunto de condimentos que se echan a los alimentos.

alisar tr. Poner liso. ‖ Arreglar ligeramente el cabello. ‖ Pulimentar, pulir.

alistar tr. y prnl. Inscribir en lista a alguno. ‖ Prevenir, aparejar, disponer. ‖ prnl. Sentar plaza en la milicia.

aliviar tr. Aligerar, quitar a una persona o cosa parte de la carga o peso. También prnl. ‖ fig. Disminuir, mitigar una enfermedad, una pena, una fatiga. También prnl. ‖ fig. Acelerar el paso.

aljaba f. Caja portátil para flechas.

aljibe m. Cisterna. ‖ Embarcación o buque para el transporte de agua dulce. ‖ Cada una de las cajas en que se tiene el agua a bordo.

allá adv. Indica tiempo remoto o lugar lejano indeterminado.

allanar tr. Poner llano. También intr. y prnl. || Reducir una construcción o un terreno al nivel del suelo. || fig. Vencer alguna dificultad. || Pacificar, aquietar. || fig. Entrar a la fuerza en casa ajena y recorrerla contra la voluntad de su dueño.

allegado, da adj. Cercano, próximo. || Pariente. Más c. s.

allende adv. l. De la parte de allá. || adv. cant. Además. || prep. Más allá de, de la parte de allá de.

allí adv. l. En aquel lugar o sitio. || A aquel lugar. || adv. t. Entonces.

alma f. Parte espiritual del hombre. || Principio sensitivo de los animales y vegetativo de las plantas. || fig. Persona, individuo. || Parte principal de una cosa. || Lo que da vida y aliento a algo.

almacén m. Local donde se guardan mercancías o se venden al por mayor. || Establecimiento comercial. También en pl.

almanaque m. Registro o catálogo de todos los días del año con datos astronómicos, meteorológicos, religiosos, etc. || Calendario.

almeja f. Molusco que vive en aguas poco profundas y cuya carne comestible es muy apreciada.

almena f. Cada uno de los prismas que coronan los muros de las antiguas fortalezas.

almendra f. Fruto y semilla comestible del almendro.

almíbar m. Azúcar disuelto en agua y espesado al fuego. || Dulce de almíbar.

almidón m. Sustancia blanca que se encuentra en los cereales y otras plantas. || Compuesto químico líquido que se aplica a los tejidos para darles mayor rigidez.

almirante m. Oficial que ostenta el cargo supremo de la armada.

almirez m. Mortero de metal.

almohada f. Colchoncillo para reclinar la cabeza o para sentarse sobre él.

almohadón m. Pieza de tela rellena de un material blando y esponjoso, que se utiliza para sentarse, apoyarse, o para decorar sillones y sofás. || Pieza de tela con forma alargada que se utiliza para meter la almohada dentro.

almorrana f. Dilatación de las venas en la extremidad del recto o en el exterior del ano. Más en pl.

almorzar tr. Comer a media mañana, o a mediodía, un determinado alimento.

almuecín o **almuédano** m. Musulmán que, desde el alminar, convoca al pueblo a la oración.

almuerzo m. Comida que se hace a media mañana o, también, la comida principal que se hace a mediodía.

alojar tr. Hospedar, aposentar. También prnl. y c. intr. || Colocar una cosa dentro de otra. También prnl.

alopecia f. Caída o pérdida del pelo.

alpaca f. Mamífero rumiante suramericano, de pelo largo, brillante y flexible. ‖ Pelo de este animal y tejido hecho con él. ‖ Metal blanco plateado resultante de la aleación de cobre, cinc y níquel que se utiliza para fabricar objetos de adorno.

alpargata f. Calzado de tela con suelo de cáñamo o de caucho.

alpinismo m. Deporte que consiste en la ascensión a las altas montañas.

alpiste m. Planta gramínea forrajera cuya semilla sirve para alimento de pájaros y para otros usos.

alquilar tr. Dar o tomar alguna cosa para usar de ella, por un tiempo y precio determinados. ‖ prnl. Ajustarse para un trabajo o servicio.

alquiler m. Uso que se hace de una cosa durante un tiempo determinado a cambio de cierta cantidad de dinero. ‖ Precio que se paga por este uso.

alquimia f. Arte con que se pretendía la transmutación de los metales en oro.

alquitrán m. Sustancia untuosa oscura, de olor fuerte, que se obtiene de la destilación de la hulla y de algunas maderas.

alrededor adv. l. con que se denota la situación de personas o cosas que circundan a otras. ‖ adv. cant. fam. Cerca, sobre poco más menos. ‖ m. Contorno de un lugar. Más en pl.

alta f. Orden que se comunica al enfermo a quien se da por sano, para que vuelva a su vida normal. ‖ Documento que acredita la entrada de un militar en servicio activo. ‖ Ingreso en un cuerpo, profesión, carrera.

altanería f. fig. Altivez, soberbia.

altar m. Piedra sobre la que se ofrecen sacrificios a la divinidad. ‖ Mesa sobre la que se celebra la misa.

altavoz m. Aparato electroacústico que transforma la energía eléctrica en ondas sonoras y eleva la intensidad del sonido.

alterar tr. y prnl. Cambiar la esencia o forma de una cosa. ‖ Perturbar, inquietar. ‖ Estropear, descomponer.

altercado m. Disputa, porfía.

alternar tr. Hacer o decir algo por turno y sucesivamente. ‖ Distribuir alguna cosa entre personas o cosas que se turnan sucesivamente. ‖ intr. Sucederse unas cosas a otras repetidamente. También prnl. ‖ Mantener comunicación amistosa unas personas con otras. ‖ En ciertas salas de fiesta o lugares similares, tratar las mujeres contratadas para ello con los clientes, para estimularles a hacer gasto en su compañía.

alternativa f. Opción entre dos o más cosas. || Cada una de las cosas entre las cuales se opta. || Ceremonia en la que un torero presenta a un novillero que pasa a ser matador de toros.

alteza f. fig. Tratamiento honorífico que se da a los príncipes e infantes.

altibajos m. pl. fam. Desigualdades o altos y bajos de un terreno. || fig. y fam. Alternativa de bienes y males o de sucesos prósperos y adversos.

altillo m. Armario que se construye rebajando el techo, o que está empotrado en lo alto del muro o pared. || Entreplanta, piso elevado en el interior de otro.

altipampa f. *amer.* Meseta de mucha extensión y a gran altitud.

altisonante adj. [Lenguaje o estilo] poco natural, muy rebuscado.

altitud f. Altura con respecto al nivel del mar.

altivo, va adj. Orgulloso, soberbio.

alto, ta adj. Levantado, elevado sobre la Tierra. || De gran estatura. || [Porción de un país] que se halla a mayor altitud. || De altura considerable. || Elevado. || Sonoro, ruidoso. || De gran dignidad o categoría. || m. Altura. || Sitio elevado. || Detención, parada. || adv. l. En lugar o parte superior. || adv. m. En voz fuerte o que suene bastante.

altoparlante m. *amer.* Altavoz.

altozano m. Monte de poca altura en terreno bajo.

altruismo m. Diligencia en procurar el bien ajeno.

altura f. Elevación de cualquier cuerpo sobre la superficie de la Tierra. || Distancia del nivel del mar a la que se encuentra un punto determinado. || Dimensión de los cuerpos geométricos perpendicular a su base. || Cumbre de los montes o parajes altos del campo. || Tono de un sonido por un aumento o disminución de las vibraciones. || Nivel o grado en el que se encuentra una persona o cosa.

alubia f. Judía, planta, fruto y semilla.

alucinación f. Sensación subjetiva falsa.

alucinar intr. Percibir cosas que no están sucediendo en realidad. || tr. y prnl. fam. Deslumbrar o impresionar vivamente a alguien.

alucinógeno m. Sustancia que provoca alucinación.

alud m. Gran masa de nieve que se desprende de los montes con violencia y estrépito.

aludir intr. Hacer referencia. || Referirse a personas o cosas, mencionarlas.

alumbrar tr. Llenar de luz y claridad. También intr. || Poner luz o luces en algún lugar. || Acom-

aluminio

pañar con luz a otro. ‖ Parir la mujer. También intr.

aluminio m. Metal de color y brillo similares a los de la plata, ligero y buen conductor del calor y de la electricidad.

alumno, na m. y f. Persona que recibe enseñanza de otro. ‖ Discípulo respecto de su maestro o de la escuela, clase, colegio o universidad donde estudia.

alusión f. Referencia o mención que se hace sobre alguien o algo sin referirse expresamente a ello o de forma breve y de pasada.

aluvión m. Avenida fuerte de agua, inundación. ‖ fig. Cantidad de personas o cosas agolpadas.

alveolo o **alvéolo** m. Celdilla. ‖ Cavidad en que están engastados los dientes. ‖ Cada una de las ramificaciones de los bronquiolos.

alza f. Aumento o subida de precio, valor, intensidad, etc. ‖ Pedazo de suela con que se aumenta la altura o anchura del zapato.

alzado, da adj. [Ajuste o precio] que se fija en determinada cantidad. ‖ Rebelde, sublevado. ‖ *amer.* [Persona] engreída, soberbia e insolente. ‖ *amer.* [Animal] doméstico que se hace montaraz y, en algunas partes, [animal] que está en celo. ‖ m. Dibujo, sin perspectiva, de la proyección vertical de un edificio, pieza, máquina, etc.

alzar tr. Levantar. ‖ Quitar, recoger, guardar. ‖ prnl. Sublevarse, levantarse en rebelión. ‖ Sobresalir en una superficie.

ama f. Señora de la casa. ‖ Dueña de algo. ‖ La que tiene uno o más criados, respecto de ellos. ‖ Criada principal de una casa. ‖ Nodriza.

amable adj. Afable, complaciente.

amaestrar tr. y prnl. Enseñar o adiestrar.

amago m. Amenaza. ‖ Señal o indicio de alguna cosa.

amainar tr. Recoger las velas de una embarcación. ‖ intr. Perder su fuerza el viento. ‖ fig. Aflojar en algún deseo o empeño. También tr.

amalgama f. Aleación de mercurio con otro metal. ‖ fig. Mezcla.

amamantar tr. Dar de mamar.

amancay m. *amer.* Nombre de diversas plantas de la zona andina, cuya flor, blanca o amarilla, recuerda a la azucena. ‖ Flor de estas plantas.

amancebarse prnl. Convivir y mantener relaciones sexuales un hombre y una mujer sin estar casados.

amanecer impers. Empezar a aparecer la luz del día. ‖ intr. Estar en un paraje, situación o condición determinados al aparecer la luz del día. ‖ Aparecer de nuevo o manifestarse alguna cosa al rayar el día. ‖ m. Tiempo durante el cual amanece. ‖ Comienzo de algo.

amanerado, da adj. y s. Poco natural, muy rebuscado || Que tiene posturas y movimientos propios de la mujer.

amansar tr. y prnl. Hacer manso a un animal, domesticarlo. || fig. Sosegar, mitigar. || intr. Apaciguarse, amainar algo. || Ablandarse una persona en su carácter.

amante com. Persona que tiene relaciones sexuales periódicas con otra sin estar casados.

amanuense com. Escribiente.

amañar tr. Hacer trampas o engañar en alguna cosa para beneficiar a alguien.

amapola f. Planta silvestre con flores rojas que crece en los sembrados en primavera y verano.

amar tr. Tener amor, querer. || Desear. || Hacer el amor.

amargo, ga adj. [Sabor] característico de la hiel, de la quinina y de otros alcaloides. || fig. Que causa aflicción. || fig. Que implica amargura.

amargura f. Aflicción, disgusto.

amarillo, lla adj. De color semejante al del oro, el limón, etc. También s. || Pálido, demacrado. || [Individuo] de raza asiática. || [Organización obrera, prensa, etc.] que prestan su apoyo a la patronal. || [Periodismo] sensacionalista.

amarra f. Cabo con que se asegura la embarcación en el puerto o paraje donde da fondo. || pl. fig. y fam. Protección, apoyo.

amasar tr. Hacer masa, mezclando harina, yeso, tierra o cosa semejante con agua u otro líquido. || fig. Unir, amalgamar. || fig. Acumular, atesorar.

amasijo m. Mezcla desordenada de cosas distintas.

amateur (Voz fr.) dj. y com. Aficionado, no profesional.

amazona f. Mujer que monta a caballo. || fig. Mujer de ánimo varonil. || fig. Traje de falda que usan algunas mujeres para montar a caballo.

amazónico, ca adj. Del río Amazonas, en América del Sur, y de la región que lo rodea, llamada Amazonia, o relacionado con ellos.

ámbar m. Resina fósil, de color amarillo más o menos oscuro, con la que se fabrican adornos y barnices. || adj. y m. [Color] amarillo como el de esta resina.

ambición f. Deseo ardiente de conseguir poder, riquezas, dignidades o fama.

ambidextro, tra o **ambidiestro, tra** adj. Que se sirve igualmente de la mano izquierda y de la derecha.

ambientador m. Producto que despide un olor agradable y se utiliza para perfumar espacios cerrados.

ambiente m. Condiciones o circunstancias de un lugar, que pa-

ambiguo

recen favorables o no para las personas, animales o cosas que en él están. ‖ fam. Ambiente propicio, agradable.

ambiguo, gua adj. Que puede entenderse de varios modos. ‖ Incierto, confuso. ‖ [Sustantivo] masculino y femenino indistintamente.

ámbito m. Espacio comprendido dentro de límites determinados. ‖ Esfera, campo de actividad.

ambivalencia f. Condición de lo que se presta a dos interpretaciones opuestas.

ambos, bas adj. pl. El uno y el otro; los dos.

ambulancia f. Coche para el transporte de heridos y enfermos.

ambulante adj. y com. Que va de un lugar a otro sin tener sitio fijo.

ambulatorio m. Dispensario en que se atiende a los enfermos que no necesitan ser internados en un hospital.

amedrentar tr. y prnl. Infundir miedo.

amelcochar tr. *amer.* Dar a una confitura el punto espeso de la miel. También prnl.

amén Voz hebrea que se dice al final de las oraciones con el significado de así sea. ‖ Conforme, de acuerdo. ‖ adv. Además. ‖ Salvo, excepto.

amenaza f. Palabra o hecho con que se asusta y avisa a alguien de que puede sucederle algo malo. ‖ Peligro o situación difícil que puede hacer daño.

amenazar tr. Dar a entender con actos o palabras que se quiere hacer algún mal a otro. ‖ fig. Dar indicios de ser inminente alguna cosa mala o desagradable. También intr.

ameno, na adj. Divertido, entretenido.

amenorrea f. Ausencia de menstruación.

americana f. Chaqueta.

americanismo m. Amor o apego a las cosas de América. ‖ Vocablo, giro, rasgo fonético, gramatical o semántico peculiar o procedente del español hablado en algún país de América.

americano, na adj. y s. De América. Suele aplicarse restrictivamente a los naturales de Estados Unidos y a todo lo relativo a este país.

amerindio, dia adj. y s. [Pueblo] aborigen americano. ‖ De los pueblos aborígenes americanos o relativo a ellos.

ameritar tr. *amer.* Dar méritos. ‖ *amer.* Merecer. También prnl.

ametralladora f. Arma de fuego automática que dispara proyectiles por ráfagas.

amígdala f. Cada uno de los dos cuerpos glandulares y rojizos que el hombre y algunos animales tienen entre los pilares del velo del paladar.

amigo, ga adj. y s. Que tiene amistad con otra persona. || Amistoso. || fig. Aficionado o inclinado a alguna cosa.

amilanar tr. fig. Causar miedo, acobardar. || prnl. Desanimarse, abatirse.

aminorar tr. y prnl. Disminuir, reducir algo.

amistad f. Afecto entre las personas. || pl. Personas con las que se tiene amistad. || Conocidos influyentes.

amnesia f. Pérdida de la memoria.

amnistía f. Perdón colectivo de delitos políticos.

amo m. Dueño de alguna cosa. || Cabeza o señor de la casa o de la familia. || Quien tiene uno o más criados, respecto de ellos. || Mayoral o capataz.

amodorrar tr. Producir modorra. || prnl. Caer en modorra, adormilarse.

amoldar tr. y prnl. Ajustar, acomodar a la forma conveniente. || prnl. Adaptarse a una situación o una persona determinada.

amonestar tr. Reprender, recriminar, regañar || Publicar en la iglesia los nombres de las personas que quieren casarse.

amoniaco o **amoníaco** m. Gas formado por hidrógeno y nitrógeno, que no tiene color y huele muy fuerte; se utiliza disuelto en agua para la limpieza.

amontonar tr. y prnl. Poner unas cosas sobre otras sin orden ni concierto. || Apiñar personas o animales. || tr. Juntar, reunir cosas en abundancia. || prnl. Sobrevenir muchos sucesos en poco tiempo.

amor m. Sentimiento de vivo afecto o inclinación hacia una persona o cosa. || Pasión que atrae un sexo hacia el otro. || Persona amada. || Esmero. || pl. Relaciones amorosas.

amoral adj. Desprovisto de sentido moral.

amoratar tr. y prnl. Poner o ponerse morado.

amordazar tr. Poner mordaza. || fig. Impedir mediante coacción hablar o expresarse libremente.

amorfo, fa adj. Sin forma regular o bien determinada.

amorío m. fam. Enamoramiento. || Relación amorosa superficial y pasajera. Más en pl.

amortajar tr. Poner la mortaja al difunto.

amortiguador m. Dispositivo para evitar el efecto de las sacudidas bruscas.

amortiguar tr. fig. Hacer menos intensa o viva alguna cosa. También prnl. || fig. Templar la viveza de los colores.

amortizar tr. Pagar el capital de un préstamo o deuda. || Recuperar o compensar los fondos invertidos. || En derecho, pasar los bienes a manos muertas.

amotinar tr. Provocar un motín. || prnl. Sublevarse contra la autoridad constituida.

amparar tr. Favorecer, proteger. || prnl. Valerse del favor o protección de alguno. || Defenderse, guarecerse.

amperio m. Unidad de medida de la intensidad de corriente eléctrica.

ampliar tr. Aumentar el tamaño de algo o el tiempo que dura una cosa. || Profundizar. || Reproducir fotografías, planos, etc., a mayor tamaño que el original.

amplificador, ra adj. y s. Que aumenta la amplitud o intensidad de un fenómeno físico, especialmente del sonido. || m. Aparato que aumenta la intensidad o potencia de una corriente eléctrica.

amplio, plia adj. Extenso, dilatado. || Holgado.

ampolla f. Vejiga de suero o sangre que se forma en la epidermis. || Pequeño recipiente de vidrio cerrado herméticamente, que contiene por lo común una dosis de líquido inyectable.

ampolleta f. *amer.* Bombilla.

ampuloso, sa adj. Hinchado y redundante.

amputar tr. Cortar y separar enteramente del cuerpo un miembro o parte de él.

amueblar tr. Dotar de muebles un edificio, una habitación, una casa, etc.

amuleto m. Objeto al que supersticiosamente se atribuye virtud sobrenatural.

anacoreta com. Persona que vive en lugar solitario, entregada a la contemplación y a la penitencia.

anacronismo m. Error en la época a que corresponde alguna cosa. || Cosa impropia de las costumbres o ideas de una época.

anagrama m. Palabra que resulta de la transposición de las letras de otra: de amor, Roma.

anales m. pl. Relaciones de sucesos por años.

analfabeto, ta adj. y s. Que no sabe leer ni escribir. || fig. Ignorante.

analgésico, ca adj. y m. Que calma el dolor físico. Designa especialmente a algunos medicamentos.

análisis m. Distinción y separación de las partes de un todo hasta llegar a conocer sus principios o elementos. || Estudio minucioso. || Examen químico o bacteriológico para dar un diagnóstico.

analizar tr. Distinguir y separar las partes de un todo hasta llegar a conocer sus principios, elementos, etc. || Estudiar detalladamente algo. || Examinar ciertos componentes o sustancias del organismo según métodos especializados, con un fin diagnóstico.

analogía f. Semejanza entre cosas distintas.

anarquía f. Falta de todo gobierno en un Estado. || fig. Desorden, confusión, por ausencia o debilidad de la autoridad pública. || Por ext., desconcierto, barullo.

anatomía f. Ciencia que estudia la estructura de los seres vivos, y especialmente del cuerpo humano.

anca f. Cada una de las dos mitades laterales de la parte posterior de algunos animales.

ancestral adj. Relativo a los antepasados. || Tradicional y de origen remoto.

ancho, cha adj. Que mide más de lo normal horizontalmente. || Holgado, amplio. || Orgulloso, satisfecho. || m. Medida de una cosa, tomada horizontalmente.

anchoa f. Boquerón curado en agua con sal.

anchura f. La menor de las dos dimensiones principales de los cuerpos. || Amplitud o capacidad grandes.

anciano, na adj. y s. [Persona] que tiene muchos años y [lo] que es propio de ella.

ancla f. Instrumento de hierro, en forma de arpón o anzuelo doble, que sirve para sujetar las naves al fondo del mar.

áncora f. Ancla. || Defensa, refugio.

andalucismo m. Locución o modo de hablar propio de los andaluces. || Amor o apego a las cosas típicas de Andalucía.

andamio m. Armazón de tablones o vigas para colocarse encima de ella y trabajar en la construcción o reparación de edificios.

andar intr. Ir dando pasos. También prnl. || Funcionar un mecanismo. || Encontrarse una persona de una determinada manera o en una situación. || Estar algo en un lugar, aunque no se sabe exactamente dónde. || Comportarse o actuar de una determinada manera. || Tocar o meter las manos en un lugar para buscar algo o revolver || m. Modo de andar.

andén m. En las estaciones de los ferrocarriles, especie de acera a lo largo de la vía. || En los puertos de mar, espacio de terreno sobre el muelle. || *amer*. Acera de la calle.

andino, na adj. De la cordillera de los Andes o relacionado con ella.

andrajo m. Pedazo o jirón de ropa muy usada. || fig. y *desp*. Persona o cosa muy despreciable.

andrógino, na adj. [Organismo], animal o vegetal, que reúne en un mismo individuo los dos sexos.

androide m. Autómata de figura de hombre.

andurrial m. Paraje extraviado o fuera del camino. Más en pl.

anécdota f. Relato breve de un suceso curioso.

anegar tr. y prnl. Ahogar a alguien sumergiéndolo en el agua.

anejo

|| Inundar de agua. || prnl. Naufragar la nave.

anejo, ja adj. y s. Anexo, agregado. || m. Iglesia sujeta a otra principal.

anemia f. Empobrecimiento de la sangre, por disminución de su cantidad total, o la cantidad de hemoglobina y el número de glóbulos rojos.

anestesia f. Falta o privación general o parcial de la sensibilidad. || Sustancia utilizada para anestesiar.

anexión f. Unión de una cosa a otra, de la que pasa a depender.

anexo, xa adj. y s. Unido o agregado a otra cosa respecto de ella. || m. Aquello que se une.

anfetamina f. Fármaco que se usa como estimulante de los sistemas nervioso y cardiovascular y aumenta el rendimiento físico e intelectual.

anfibio, bia adj. [Animal y planta] que puede vivir en el agua y fuera de ella. También s. || [Vehículo] que puede desplazarse por tierra y por agua.

anfiteatro m. Edificio de forma redonda u oval con gradas alrededor, y en el cual se celebraban varios espectáculos. || Conjunto de asientos colocados en gradas semicirculares en las aulas y en los teatros.

anfitrión, ona m. y f. Persona que tiene invitados a su mesa.

ánfora f. Cántaro alto y estrecho, de cuello largo, con dos asas.

ángel m. En algunas religiones, ser que habita en el cielo, junto a Dios, del que es servidor y mensajero || fig. Gracia, simpatía. || fig. Persona muy buena.

ángelus m. Oración en honor del misterio de la Encarnación.

angina f. Inflamación de las amígdalas o de estas y la faringe.

anglicanismo m. Conjunto de doctrinas de la religión de inspiración protestante, predominante en Inglaterra.

anglicismo m. Vocablo o giro de la lengua inglesa empleado en otra.

anglosajón, ona adj. Individuo procedente de los pueblos germanos que en el s. V invadieron a Inglaterra. También s. || De los anglosajones. || m. Lengua germánica de la que procede el inglés moderno.

angosto, ta adj. Estrecho, reducido.

ángulo m. Cada una de las dos porciones de plano limitadas por dos semirrectas que parten de un mismo punto. || Figura formada por dos líneas que parten de un mismo punto. || Esquina o arista. || fig. Punto de vista.

angustia f. Aflicción, congoja. || Temor opresivo.

anhelar tr. Tener ansia o deseo vehemente de conseguir alguna cosa.

anidar intr. Hacer nido las aves o vivir en él. También prnl. || fig. Morar, habitar. También prnl. || Hallarse o existir algo en una persona o cosa.

anilla f. Cada uno de los anillos que sirven para colocar colgaduras. || pl. En gimnasia, aros en los que se hacen diferentes ejercicios.

anillo m. Aro pequeño. || Aro de metal u otra materia que se lleva, principalmente por adorno, en los dedos de la mano. || Moldura que rodea el fuste de las columnas. || Cada uno de los segmentos en que está dividido el cuerpo de los gusanos o artrópodos.

ánima f. Alma. || Alma del purgatorio. || fig. Hueco del cañón de las piezas de artillería.

animado, da adj. Dotado de alma. || Alegre, divertido. || Concurrido.

animadversión f. Aversión, antipatía, manía.

animal m. Ser orgánico que vive, siente y se mueve por propio impulso. || adj. Relativo al animal. || fig. [Persona] incapaz, grosera o muy ignorante. También s.

anímico, ca adj. De los sentimientos y emociones de una persona.

ánimo m. Alma o espíritu en cuanto es principio de la actividad humana. || Valor, esfuerzo, energía. || Intención, voluntad.

animosidad f. Aversión, antipatía.

aniñado, da adj. Con las características que se consideran propias de un niño.

aniquilar tr. y prnl. Reducir a la nada. || fig. Destruir o arruinar enteramente.

anís m. Planta de flores pequeñas y blancas, y de semillas aromáticas y de sabor agradable. || Semilla de esta planta. || Aguardiente anisado.

aniversario m. Día en que se cumplen años de algún suceso.

ano m. Orificio del conducto digestivo por el cual se expele el excremento.

anoche adv. t. En la noche de ayer.

anochecer impers. Empezar a faltar la luz del día, venir la noche. || intr. Llegar a estar en un paraje, situación o condición determinados al empezar la noche. || m. Tiempo durante el cual anochece.

anodino, na adj. Que carece de importancia o interés.

anomalía f. Irregularidad, discrepancia de una regla.

anonadar tr. Sorprender mucho a alguien o dejarlo sin saber qué hacer ni qué decir.

anónimo, ma adj. [Obra] que no lleva el nombre de su autor. || [Autor] cuyo nombre no es conocido. Más c. m. || m. Escrito en el que no se expresa el nombre del autor.

anorak m. Prenda impermeable de abrigo, generalmente con capucha.

anorexia f. Falta de apetito, debida generalmente a causas psíquicas.

anormal adj. No normal. || com. Persona cuyo desarrollo físico o intelectual es inferior al que corresponde a su edad.

anotar tr. Poner notas en un escrito o libro. || Apuntar. || Hacer anotación en un registro público.

ansia f. Deseo muy grande de conseguir algo.

ansiedad f. Estado de inquietud o agitación a causa del miedo o los nervios. || Estado de angustia que suele acompañar a algunas enfermedades y que intranquiliza a quien las padece.

ansiolítico, ca adj. y m. [Fármaco] que sirve para paliar la ansiedad.

antagonismo m. Oposición sustancial en doctrinas y opiniones. || Rivalidad.

antaño adv. t. En el año pasado. || Por ext., en tiempo antiguo.

antártico, ca adj. [Polo] Sur, opuesto al [polo] Norte o ártico. || Por ext., meridional.

ante prep. En presencia de, delante de. || En comparación, respecto de. || Se usa como prefijo.

antebrazo m. Parte del brazo desde el codo hasta la muñeca.

anteceder tr. Preceder.

antecesor, ra adj. Anterior en tiempo. || m. y f. Persona que precedió a otra en una dignidad, empleo u obra. || m. Antepasado, ascendiente. Más en pl.

antediluviano, na adj. Anterior al diluvio universal. || fig. Antiquísimo.

antelación f. Anticipación con que sucede una cosa respecto a otra.

antemano adv. t. Con anticipación, anteriormente.

antena f. Dispositivo de formas muy diversas que, en los emisores y receptores de ondas electromagnéticas, sirve para emitirlas o recibirlas. || Apéndices articulados que tienen en la cabeza muchos animales artrópodos.

anteojo m. Instrumento óptico para ver objetos lejanos, compuesto principalmente de dos tubos cilíndricos, entrantes uno en otro, y de dos lentes.

antepasado, da m. y f. Abuelo o ascendiente. Más en pl.

antepenúltimo, ma adj. y s. Inmediatamente anterior al penúltimo.

anteponer tr. y prnl. Poner delante. || Preferir, estimar más.

anterior adj. Que precede en lugar o tiempo.

antes adv. t. y l. que denota prioridad de tiempo o lugar. || conj. ad. que denota idea de contrariedad y preferencia en el sentido de una oración respecto del de otra.

antesala f. Sala que precede a la principal de una casa.

antibiótico, ca adj. [Sustancia] química, como la penicilina, que destruye los microbios. Más c. m. ‖ [Acción] de esta sustancia.

anticiclón m. Área de alta presión atmosférica, en la que reina buen tiempo.

anticipar tr. Hacer que ocurra alguna cosa antes del tiempo regular. ‖ Fijar tiempo anterior al señalado para hacer alguna cosa. ‖ Tratándose de dinero, darlo antes del tiempo señalado.

anticipo m. Adelanto en el tiempo con que sucede algo. ‖ Dinero que se da antes del tiempo señalado para ello.

anticlerical adj. y com. Contrario al clero.

anticonceptivo, va adj. y s. [Medio, práctica o agente] que impide el embarazo de las mujeres.

anticongelante adj. Que impide la congelación. ‖ m. Sustancia que se mezcla con el agua del motor de un vehículo para evitar que esta se congele.

anticuado, da adj. Pasado de moda.

anticuario, ria m. y f. Persona que colecciona o negocia con cosas antiguas.

anticuerpo m. Sustancia que existe o se produce en el organismo animal y que sirve para defenderlo de los virus, bacterias, toxinas, etc., que provocan enfermedades.

antídoto m. Medicamento contra un veneno. ‖ fig. Medio para no incurrir en un vicio o falta.

antiestético, ca adj. Contrario a la estética. ‖ Feo.

antifaz m. Velo o máscara con que se cubre la cara.

antigualla f. Obra u objeto muy antiguo o que ya no está de moda.

antiguo, gua adj. Que existe desde hace mucho tiempo. ‖ Que existió o sucedió en tiempo remoto. ‖ m. pl. Los que vivieron en siglos remotos.

antiinflamatorio, ria adj. y m. Que sirve para bajar la inflamación.

antipatía f. Sentimiento de aversión, repulsión o desacuerdo hacia alguna persona o cosa.

antípoda adj. y com. [Habitante o lugar del globo terrestre] diametralmente opuesto con respecto a los que se toman como punto de referencia. Más en pl. ‖ fig. y fam. [Persona o cosa] que está en situación opuesta a algo o alguien.

antirrobo adj. y m. [Dispositivo] destinado a impedir un robo.

antojarse prnl. Hacerse objeto de vehemente deseo alguna cosa.

antojo m. Deseo intenso y pasajero de alguna cosa. ‖ Lunar, mancha o tumor en la piel.

antología f. Libro que contiene una selección de textos literarios de uno o varios autores y,

antónimo

por ext., cualquier medio (libro, disco o colección de discos, exposición, etc.) que incluya una selección de obras artísticas.

antónimo, ma adj. y m. [Palabra] que significa lo contrario de otra.

antorcha f. Hacha, vela grande de cera. || fig. Lo que sirve de guía. || Lámpara eléctrica de gran potencia que, en cinematografía, se usa para poder filmar en la oscuridad.

antro m. Caverna, cueva, gruta. || fig. Local, establecimiento, vivienda, etc., de mal aspecto o reputación.

antropocentrismo m. Doctrina que supone que el hombre es el centro de todas las cosas.

antropófago, ga adj. y s. Salvaje que come carne humana.

antropología f. Ciencia que tiene por objeto el estudio del hombre y considera sus variedades raciales y culturales.

anual adj. Que sucede o se repite cada año. || Que dura un año.

anuario m. Libro que se publica al principio de cada año para que sirva de guía a las personas de determinadas profesiones.

anudar tr. y prnl. Hacer nudos. || fig. Juntar, unir.

anular tr. Dar por nulo un precepto, contrato, etc. || adj. Relativo al anillo. || De figura de anillo. || Cuarto [dedo] de la mano. También m.

anunciar tr. Dar noticia o aviso de alguna cosa. || Pronosticar. || Hacer propaganda o anuncios comerciales.

anuncio m. Aviso o notificación de algo. || Mensaje publicitario. || Pronóstico.

anverso m. En las monedas y medallas, cara principal. || Primera página impresa de un pliego.

anzuelo m. Arponcillo o garfio, que pendiente de un sedal, sirve para pescar. || Trampa, atractivo.

añadir tr. Agregar, incorporar una cosa a otra. || Aumentar, acrecentar, ampliar.

añejo, ja adj. Que tiene mucho tiempo.

añicos m. pl. Pedazos pequeños en que se divide alguna cosa al romperse.

añil m. Arbusto leguminoso. || Pasta de color azul oscuro obtenida de esta planta. || Color de esta planta.

año m. Tiempo que transcurre durante una revolución real de la Tierra en su órbita alrededor del Sol. || Periodo de doce meses.

añojo, ja m. y f. Becerro de un año.

añorar tr. e intr. Recordar con pena la ausencia o pérdida de persona o cosa muy querida.

apabullar tr. Confundir, intimidar a una persona, haciendo exhibición de fuerza o superioridad.

apacentar tr. Dar pasto a los ganados. || prnl. Pacer el ganado.

apacible adj. Manso, dulce y agradable. ‖ De buen temple, tranquilo.

apaciguar tr. y prnl. Poner en paz, sosegar, aquietar.

apadrinar tr. Asistir como padrino a una persona. ‖ fig. Patrocinar, proteger.

apagar tr. Extinguir el fuego o la luz. También prnl. ‖ Aplacar, disipar. También prnl. ‖ Echar agua a la cal viva. ‖ Interrumpir el funcionamiento de un aparato desconectándolo de su fuente de energía.

apaisado, da adj. [Figura u objeto] de forma rectangular cuya base es mayor que su altura.

apalabrar tr. Concertar de palabra alguna cosa.

apalancar tr. Levantar, mover alguna cosa con palanca. ‖ prnl. Acomodarse en un sitio, permanecer inactivo en él.

apalear tr. Dar golpes con palo. ‖ Varear el fruto del árbol.

apañar tr. Recoger y guardar alguna cosa, o apoderarse de ella ilícitamente. ‖ Acicalar, asear, ataviar. ‖ Aderezar o condimentar. ‖ Remendar lo que está roto. ‖ fam. Abrigar, arropar. ‖ prnl. Darse maña para hacer algo, arreglárselas, ingeniárselas. ‖ *amer*. Encubrir.

aparador m. Mueble donde se guarda lo necesario para el servicio de la mesa.

aparato m. Instrumento o reunión de lo que se necesita para algún fin. ‖ Pompa, ostentación. ‖ Artificio mecánico. ‖ Conjunto de órganos que en los animales o en las plantas desempeñan una misma función. ‖ Conjunto de instituciones, leyes, etc., de un Estado.

aparatoso, sa adj. Exagerado, muy grande o espectacular.

aparcar tr. Colocar transitoriamente en un lugar coches u otros vehículos. ‖ Aplazar, postergar un asunto o decisión.

aparear tr. Juntar las hembras de los animales con los machos para que críen. También prnl.

aparecer intr. y prnl. Manifestarse, dejarse ver. ‖ Parecer, encontrarse, hallarse. ‖ Cobrar existencia o darse a conocer por primera vez.

aparejo m. Preparación, disposición para alguna cosa. ‖ Arreo necesario para montar, uncir o cargar los animales. ‖ Objetos necesarios para hacer ciertas cosas.

aparentar tr. Manifestar o dar a entender lo que no es o no hay. ‖ Tener una persona el aspecto correspondiente a su edad.

apariencia f. Aspecto exterior de una persona o cosa. ‖ Verosimilitud, probabilidad. ‖ Cosa que parece y no es.

apartado, da adj. Retirado, remoto. ‖ Diferente, diverso. ‖ m. Cada una de las partes en las que se divide algo. ‖ Servicio de la oficina de correos por el que se alquila al usuario una caja numera-

apartamento

da, en donde se deposita su correspondencia.

apartamento m. Piso, vivienda, generalmente pequeña, que forma parte de un edificio.

apartar tr. y prnl. Separar, dividir. || Quitar a una persona o cosa del lugar donde estaba. || Retirar. || fig. Disuadir.

aparte adv. l. En otro lugar. || A distancia, desde lejos. || adv. m. Separadamente. || Con omisión. || m. En la representación escénica, lo que dice cualquier a de los personajes, suponiendo que no le oyen los demás. || Párrafo.

apasionar tr. y prnl. Causar, excitar alguna pasión. || prnl. Aficionarse con exceso a una persona o cosa.

apatía f. Impasibilidad del ánimo. || Dejadez, indolencia, falta de vigor o energía.

apátrida adj. y com. Que carece de patria o nacionalidad.

apear tr. Bajar de un vehículo. Más c. prnl. || Hacer cambiar a una persona de opinión, ideas, creencias, etc.

apechugar intr. fam. Cargar con alguna obligación o circunstancia ingrata o no deseada.

apedrear tr. Arrojar piedras a una persona o cosa. || Matar a pedradas. || impers. Caer pedrisco. || prnl. Padecer daño con el pedrisco las viñas, los árboles frutales o las mieses.

apego m. Afecto, cariño.

apelar intr. Recurrir al juez o tribunal superior para que revoque la sentencia que se supone injustamente dada por el inferior. || Recurrir a una persona o cosa. || Referirse.

apelativo m. Nombre por el que se llama a una persona o cosa.

apellido m. Nombre de familia con que se distinguen las personas.

apelmazar tr. y prnl. Hacer que una cosa esté menos esponjada de lo requerido.

apelotonar tr. y prnl. Formar pelotones, amontonar.

apenar tr. y prnl. Causar pena, afligir.

apenas adv. m. Penosamente. || Casi no. || adv. t. Luego que, al punto que.

apencar intr. fam. Apechugar.

apendejarse prnl. *amer.* Ponerse bobo o acobardarse.

apéndice m. Cosa adjunta o añadida a otras. || Prolongación delgada y hueca que se halla en la parte inferior del intestino ciego. || Anexo, suplemento.

apendicitis f. Inflamación del apéndice.

apercibir tr. Prevenir, disponer lo necesario para alguna cosa. También prnl. || Amonestar, advertir. || prnl. Percibir, observar, caer en la cuenta.

aperitivo, va adj. y m. Que sirve para abrir el apetito. || m. Bebida y manjares que se toman antes de una comida principal.

apero m. Conjunto de instrumentos de cualquier oficio. Más en pl.

apertura f. Hecho de abrir lo que estaba cerrado, doblado o pegado. ‖ Inauguración de un local, curso académico, etc. ‖ Tendencia favorable a la comprensión de actitudes ideológicas, políticas, etc., distintas de las que se tiene. ‖ Combinación de ciertas jugadas con que se inicia una partida de ajedrez.

apesadumbrar tr. y prnl. Causar pesadumbre, afligir.

apestar tr. Causar, comunicar la peste. También prnl. ‖ intr. Arrojar o comunicar mal olor. ‖ Fastidiar, cansar.

apetecer tr. Tener gana de alguna cosa, o desearla. ‖ intr. Gustar, agradar una cosa.

apetito m. Impulso instintivo que nos lleva a satisfacer deseos y necesidades. ‖ Gana de comer.

apiadar tr. Causar piedad. ‖ prnl. Tener piedad.

ápice m. Extremo superior o punta de alguna cosa. ‖ Acento o signo que se pone sobre las letras. ‖ Parte pequeñísima.

apilar tr. y prnl. Amontonar, poner una cosa sobre otra, haciendo pila o montón.

apiñar tr. y prnl. Juntar o agrupar estrechamente personas y cosas.

apisonar tr. Apretar con pisón la tierra.

aplacar tr. y prnl. Amansar, mitigar, suavizar.

aplanadora f. *amer.* Máquina para aplanar.

aplanar tr. Allanar, poner llano algo. ‖ fig. y fam. Dejar a alguien pasmado. ‖ prnl. Venirse al suelo algún edificio.

aplastar tr. Deformar una cosa, aplanándola o disminuyendo su grueso. También prnl. ‖ fig. Derrotar, vencer, humillar. ‖ fig. y fam. Apabullar.

aplatanarse prnl. Quedarse sin fuerzas, ánimos o ganas de hacer nada.

aplaudir tr. Dar palmadas en señal de aprobación o entusiasmo. ‖ Celebrar con palabras u otras demostraciones a personas o cosas.

aplazar tr. Convocar. ‖ Diferir un acto. ‖ *amer.* Suspender un examen.

aplicación f. Colocación de una cosa en contacto con otra o sobre otra. ‖ Uso determinado que tiene una cosa. ‖ Dedicación al estudio o a una tarea determinada. ‖ Adorno que se pone sobre una cosa, hecho con un material distinto al que le sirve de base.

aplicar tr. Poner una cosa sobre otra. ‖ Emplear alguna cosa para mejor conseguir un determinado fin. ‖ fig. Referir a un caso particular lo que se ha dicho en general. || fig. Destinar, adjudicar. || prnl. fig. Dedicarse a un estudio. || fig. Esmerarse en una tarea.

aplique m. Aparato de luz que se fija en la pared. || Adorno que se pone sobre una cosa, hecho en un material distinto al que le sirve de base.

aplomo m. Tranquilidad que se muestra ante los problemas o las situaciones difíciles.

apocar tr. Mermar, disminuir. || fig. Humillar, abatir. También prnl.

apócope f. Supresión de letras al fin de un vocablo.

apócrifo, fa adj. No auténtico, falso.

apoderado, da adj. y s. [Persona] que tiene autorización legal de otra para representarla o actuar en su nombre.

apoderar tr. Dar poder una persona a otra para que la represente. || prnl. Hacerse alguien o algo dueño de alguna cosa, ocuparla, dominarla.

apodo m. Nombre que suele darse a una persona, tomado de sus defectos corporales o de alguna otra circunstancia.

apogeo m. Punto en que la Luna se halla a mayor distancia de la Tierra. || Punto culminante o más intenso de un proceso.

apolillar tr. y prnl. Roer la polilla.

apología f. Discurso en alabanza de personas o cosas.

apólogo m. Fábula, composición literaria.

apoltronarse prnl. Hacerse perezoso, holgazán.

apoquinar tr. *vulg.* Pagar uno, generalmente con desagrado, lo que le corresponde.

aporrear tr. Golpear. || fig. Importunar, molestar.

aportar tr. Dar o proporcionar, sobre todo bienes. || Contribuir cada cual con lo que le corresponde. || Presentar pruebas, razones, etc.

aposento m. Cuarto o pieza de una casa. || Posada, hospedaje.

apósito m. Remedio que se aplica exteriormente sujetándolo con vendas.

aposta adv. m. Adrede.

apostar tr. y prnl. Pactar entre sí los que disputan que, aquel que no tuviera razón, perderá la cantidad de dinero que se determine o cualquiera otra cosa. || Poner una o más personas en determinado paraje para algún fin. || Arriesgar cierta cantidad de dinero en la creencia de que alguna cosa, como juego, contienda deportiva, etc., tendrá tal o cual resultado.

apostatar intr. Renegar de la fe cristiana o de las creencias en que uno ha sido educado.

apostilla f. Acotación que aclara, interpreta o completa un texto.

apóstol m. Cada uno de los doce principales discípulos de Jesucristo. ‖ También se da este nombre a San Pablo y a San Bernabé. ‖ El que propaga una doctrina.

apóstrofo m. Signo ortográfico (') que indica la elisión de una o más letras.

apoteosis f. Ensalzamiento de una persona con grandes honores y alabanzas.

apoyar tr. Hacer que una cosa descanse sobre otra. ‖ Basar, fundar. ‖ fig. Favorecer, ayudar. ‖ fig. Confirmar, probar, sostener alguna opinión o doctrina. ‖ prnl. fig. Servirse de algo como apoyo.

apoyo m. Soporte sobre el que se apoya algo para sujetarlo. ‖ Protección, auxilio o favor. ‖ Fundamento, confirmación o prueba de algo.

apreciar tr. Estimar el mérito de las personas o de las cosas. ‖ fig. Graduar el valor de alguna cosa.

aprehender tr. Coger, asir, prender.

apremiar tr. Dar prisa. También intr. ‖ Obligar legalmente a alguien a que haga algo que no quiere hacer. ‖ Imponer apremio o recargo.

aprender tr. Adquirir el conocimiento de alguna cosa. ‖ Fijar algo en la memoria.

aprendizaje m. Proceso que se sigue para llegar a conocer algo, especialmente un arte u oficio, y tiempo que se emplea en ello.

aprensión f. Miedo a padecer o a contagiarse de una determinada enfermedad. ‖ Idea infundada o extraña. Más en pl.

apresar tr. Hacer presa con las garras o colmillos. ‖ Aprisionar.

apresurar tr. y prnl. Dar prisa, acelerar.

apretar tr. Estrechar fuertemente. ‖ Poner una cosa sobre otra o en torno a ella haciendo fuerza. ‖ Poner más tirante. ‖ Reducir a menor volumen. ‖ fig. Activar, tratar de llevar a efecto con urgencia.

apretujar tr. fam. Apretar mucho y reiteradamente. ‖ prnl. Oprimirse varias personas en un recinto demasiado estrecho.

apretura f. Opresión causada por la excesiva concurrencia de gente. ‖ fig. Aprieto, apuro.

aprieto m. Conflicto, apuro.

aprisa adv. m. Con celeridad, presteza y prontitud.

aprisionar tr. Poner en prisión. ‖ fig. Atar, sujetar.

aprobado m. En los exámenes, calificación mínima de aptitud o idoneidad.

aprobar tr. Dar por bueno. ‖ Asentir a doctrinas u opiniones. ‖ Declarar hábil y competente a una persona. ‖ Obtener aprobado en una asignatura o examen.

apropiado, da adj. Acomodado o proporcionado para el fin a que se destina.

apropiarse prnl. Tomar para

aprovechar 46

sí alguna cosa haciéndose dueño de ella.

aprovechar intr. Servir de provecho alguna cosa. ‖ Adelantar en estudios, virtudes, artes, etc. ‖ tr. Emplear útilmente alguna cosa. ‖ prnl. Sacar utilidad de alguna cosa.

aproximar tr. y prnl. Arrimar, acercar.

aptitud f. Capacidad para ejercer una tarea o cumplir una función determinada.

apto, ta adj. Idóneo, hábil.

apuesta f. Acción de apostar una cantidad. ‖ Cosa que se apuesta.

apuesto, ta adj. De buena presencia. ‖ Elegante, gallardo.

apunarse prnl. *amer.* Padecer puna o soroche.

apuntar tr. Asestar un arma. ‖ Señalar. ‖ Tomar nota por escrito de algo. ‖ En los teatros, ejercer el apuntador su tarea. ‖ intr. Empezar a manifestarse.

apunte m. Nota que se hace por escrito de alguna cosa. ‖ Pequeño dibujo tomado del natural rápidamente. ‖ pl. Extracto de las explicaciones de un profesor que toman los alumnos para sí.

apuñalar tr. Dar puñaladas.

apurar tr. Acabar o agotar. ‖ fig. Apremiar, dar prisa. ‖ prnl. Afligirse, preocuparse.

apuro m. Escasez grande. ‖ Aflicción, conflicto. ‖ Apremio, prisa.

aquejar tr. fig. Acongojar, afligir, fatigar.

aquel, lla, llo, llos, llas Formas de pron. dem. en los tres géneros m., f. y n. y en ambos números sing. y pl. Designan lo que física o mentalmente está lejos de la persona que habla o de la persona con quien se habla. Las formas m. y f. se usan c. adj. y como c. s.

aquelarre m. Reunión nocturna de brujos y brujas.

aquí adv. l. En este lugar. ‖ A este lugar. ‖ adv. t. Ahora, en el tiempo presente.

aquiescencia f. Asenso, consentimiento.

aquietar tr. y prnl. Sosegar, apaciguar.

ara f. Altar en que se ofrecen sacrificios. ‖ Piedra consagrada del altar.

árabe adj. De Arabia o de los pueblos de lengua árabe. También com. ‖ m. Idioma árabe.

arabismo m. Vocablo o giro del árabe empleado en otra lengua.

arado m. Instrumento de agricultura que sirve para arar la tierra.

arameo, a adj. y s. Descendiente de Aram, ant. región de Asia. ‖ m. Lengua semítica hablada por los arameos.

arancel m. Dinero que hay que pagar como impuesto, principalmente por introducir en un país productos extranjeros para venderlos.

araña f. Arácnido pulmonado de cuatro pares de patas y abdomen abultado, que segrega un hilo sedoso. ‖ Candelabro sin pie y con varios brazos.

arañar tr. Rasgar ligeramente la piel con las uñas, un alfiler u otra cosa. También prnl. ‖ Rayar superficialmente.

arar tr. Remover la tierra haciendo surcos con el arado.

araucano, na adj. [Pueblo] del centro y sur de Chile. Más en pl. ‖ Relativo a este pueblo. ‖ m. Idioma de los araucanos.

arbitrariedad f. Acto contra la justicia o la razón, dictado por el capricho.

arbitrario, ria adj. Que está hecho según el gusto o capricho de alguien. ‖ Convencional, acordado entre varias personas.

árbitro, tra adj. y s. Que puede hacer algo por sí solo sin dependencia de otro. ‖ m. y f. Persona que en las competiciones deportivas cuida de la aplicación del reglamento.

árbol m. Planta perenne, de tronco leñoso y elevado, que se ramifica a cierta altura del suelo.

arbusto m. Planta perenne, de tallos leñosos y ramas desde la base, como la liga, la jara, etc.

arca f. Caja, comúnmente de madera sin forrar y con tapa llana. ‖ Caja para guardar dinero, cofre. ‖ pl. Pieza donde se guarda el dinero en las tesorerías.

arcada f. Serie de arcos. ‖ Movimiento violento del estómago que incita al vómito.

arcaico, ca adj. Relativo al arcaísmo. ‖ Muy antiguo.

arcaísmo m. Voz, frase o manera de decir anticuadas.

arcano, na adj. Secreto, recóndito, reservado. ‖ m. Misterio, cosa oculta y muy difícil de conocer.

arcén m. Margen u orilla. ‖ En una carretera, cada uno de los márgenes reservados a un lado y otro de la calzada para uso de peatones, tránsito de vehículos no automóviles, etc.

archipiélago m. Conjunto, generalmente numeroso, de islas agrupadas en una superficie, más o menos extensa, de mar.

archivador m. Mueble de oficina o carpeta para guardar documentos ordenados.

archivo m. Local en que se custodian documentos públicos o particulares. ‖ Conjunto de estos documentos.

arcilla f. Sustancia constituida por agregados de silicatos hidratados de aluminio con hierro, magnesio, calcio, sodio y potasio, que se endurece al agregarle agua.

arcipreste m. Presbítero que, por indicación del obispo de la diócesis, tiene ciertas atribuciones sobre las iglesias de un determinado territorio.

arco m. En geometría, porción de curva. || Arma que sirve para disparar flechas. || Construcción curva sobre un vano.

arder intr. Estar encendido. || fig. Estar muy agitado, apasionado.

ardid m. Artificio empleado para el logro de algún intento.

ardilla f. Mamífero roedor de unos 20 cm de largo sin la cola, de color oscuro rojizo por el lomo y blanco por el vientre. Vivo y ligero, se cría en los bosques.

ardor m. Calor intenso. || Sensación de calor en alguna parte del cuerpo. || Agitación, apasionamiento. || Intrepidez, valentía.

arduo, dua adj. Muy difícil.

área f. Espacio de tierra comprendido entre ciertos límites. || Medida de superficie, que es un cuadrado de 10 m de lado. Abr., *a*. || En determinados juegos, zona marcada delante de la meta. || En geometría, superficie comprendida dentro de un perímetro. || Conjunto de materias o ideas que están relacionadas entre sí.

arena f. Conjunto de partículas desagregadas de las rocas. || fig. Lugar del combate o la lucha. || fig. Redondel de la plaza de toros.

arenga f. Discurso pronunciado ante una multitud con el fin de enardecer los ánimos.

arenque m. Pez marino comestible de color azulado por encima y plateado por el vientre.

arepa f. *amer.* Torta hecha de maíz seco que generalmente se sirve rellena de carne.

argamasa f. Mortero hecho de cal, arena y agua, que se emplea en las obras de albañilería.

argelino, na adj. y s. De Argelia o de Argel.

argénteo, a adj. De plata. || Plateado.

argentino, na adj. De la República Argentina. Apl. a pers., también s.

argolla f. Aro grueso de hierro, que sirve para amarre o de asidero.

argot m. Jerga, jerigonza, germanía. || Lenguaje especial entre personas de un mismo oficio o actividad.

argucia f. Sutileza, sofisma, argumento falso presentado con agudeza.

argüir tr. Sacar en claro, deducir como consecuencia natural. || Descubrir, probar. || Acusar. || intr. Refutar, poner argumentos en contra.

argumentar intr. Aportar razones a favor o en contra de algo.

argumento m. Razonamiento empleado para demostrar algo. || Asunto de que se trata en una obra.

árido, da adj. Seco, de poca humedad. || fig. Falto de amenidad. || m. pl. Granos, legumbres y otras cosas sólidas a que se aplican medidas de capacidad.

aries m. Uno de los signos del Zodiaco, al que pertenecen las personas que han nacido entre el 21 de marzo y el 19 de abril.

ario, ria adj. Individuo o estirpe noble en las lenguas antiguas de India e Irán. También s. || Indoeuropeo. || [Individuo] de un pueblo de estirpe nórdica, formado por los descendientes de los antiguos indoeuropeos, que la ideología nazi consideraba superior y por ello destinada a dominar el mundo. También s.

arisco, ca adj. Áspero, intratable.

arista f. Línea que resulta de la intersección de dos superficies, considerada por la parte exterior del ángulo que forman.

aristocracia f. Gobierno en el que solo ejercen el poder las personas más notables del Estado. || Clase noble de una nación, provincia, etc.

aritmética f. Parte de las matemáticas que estudia la composición y descomposición de la cantidad representada por números.

arlequín m. Personaje cómico de la antigua comedia italiana.

arma f. Instrumento, medio o máquina destinados a ofender o a defenderse. || Cada uno de los institutos combatientes de una fuerza militar. || pl. Conjunto de las que lleva un guerrero. || fig. Medios para conseguir alguna cosa.

armada f. Conjunto de fuerzas navales de un Estado. || Escuadra, conjunto de buques de guerra.

armadura f. Conjunto de armas de hierro con que se vestía para su defensa a los que habían de combatir. || Pieza o conjunto de piezas unidas unas con otras, en que o sobre que se arma alguna cosa.

armar tr. Vestir o poner a alguien armas. También prnl. || Proveer de armas. También prnl. || Preparar para la guerra. También prnl. || Juntar entre sí las varias piezas de que se compone un mueble, artefacto, etc. || prnl. Disponer del ánimo necesario para conseguir un fin o resistir una contrariedad.

armario m. Mueble en que se guardan libros, ropas u otros objetos.

armatoste m. Cualquier máquina o mueble tosco, pesado y mal hecho.

armazón amb. Armadura, pieza sobre la que se arma alguna cosa.

armenio, nia adj. y s. De Armenia. || m. Lengua armenia.

armisticio m. Suspensión de hostilidades pactadas entre pueblos y ejércitos beligerantes.

armonía f. Combinación de sonidos simultáneos y diferentes, pero acordes. || fig. Conveniente proporción y correspondencia de unas cosas con otras. || fig. Amistad.

armónica f. Instrumento musical provisto de una serie de orificios con lengüetas que producen sonidos al vibrar cuando se sopla o aspira por ellos.

arnés m. Armadura. ‖ pl. Guarniciones de las caballerías.

aro m. Pieza de hierro o de otra materia rígida, en forma de circunferencia.

aroma m. Perfume, olor muy agradable.

arpa f. Instrumento musical, de figura triangular, con cuerdas colocadas verticalmente y que se tocan con ambas manos.

arpón m. Astil de madera armado por uno de sus extremos con una punta de hierro que sirve para herir o penetrar, y de otras dos que miran hacia atrás y hacen presa.

arqueología f. Ciencia que estudia todo lo que se refiere a las artes y a los monumentos de la antigüedad.

arquetipo m. Modelo.

arquitectura f. Arte de proyectar y construir edificios. ‖ Estructura.

arrabal m. Barrio fuera del recinto de la población a que pertenece. ‖ Cualquiera de los sitios extremos de una población. ‖ pl. Afueras.

arraigar intr. y prnl. Echar o criar raíces. ‖ Hacerse muy firme y difícil de extinguir o extirpar un afecto, virtud, vicio, uso o costumbre. ‖ prnl. Establecerse, radicarse en un lugar.

arramblar tr. Dejar los ríos, arroyos o torrentes cubierto de arena el suelo por donde pasan, en tiempo de avenidas. ‖ fig. Arrastrarlo todo, llevándoselo con violencia.

arramplar tr. e intr. fam. Llevarse codiciosamente todo lo que hay en algún lugar.

arrancar tr. Sacar de raíz. ‖ Sacar con violencia una cosa del lugar a que está adherida, o de que forma parte. También prnl. ‖ intr. Iniciarse el funcionamiento de una máquina o el movimiento de traslación de un vehículo. También tr. ‖ Obtener o conseguir algo de una persona con trabajo, violencia o astucia. ‖ Empezar a hacer algo de modo inesperado. También prnl. ‖ Provenir.

arras f. pl. Lo que se da como prenda o señal en algún contrato. ‖ Las 13 monedas que, al celebrarse el matrimonio, entrega el marido a la mujer.

arrasar tr. Allanar la superficie de alguna cosa. ‖ Echar por tierra, arruinar. ‖ intr. Tener algo o alguien un éxito extraordinario.

arrastrar tr. Llevar a una persona o cosa por el suelo, tirando de ella. ‖ fig. Llevar uno tras sí, o traer a otro a su dictamen o voluntad. ‖ prnl. fig. Humillarse.

arrear tr. Estimular a las bestias para que echen a andar o para que aviven el paso. || Dar prisa, estimular. También intr. || Pegar o dar golpes. || *amer.* Robar ganado.

arrebatar tr. Quitar o tomar algo con violencia. || Llevar tras sí o consigo con fuerza irresistible. || fig. Sacar de sí, conmover poderosamente. También prnl. || prnl. Enfurecerse. || Cocerse o asarse mal y precipitadamente un alimento por exceso de fuego.

arrebato m. Impulso que incita a hacer o decir una cosa. || Furor o enfado repentino que pasa pronto. || Arrobamiento, éxtasis.

arrechucho m. fam. Ataque de cólera. || fam. Indisposición repentina y pasajera.

arreciar intr. y prnl. Irse haciendo cada vez más recia, fuerte o violenta alguna cosa.

arrecife m. Banco o bajo en el mar, casi a flor de agua.

arredrar tr. y prnl. Apartar, separar. || fig. Retraer, hacer volver atrás; amedrentar, atemorizar.

arreglar tr. y prnl. Ajustar, conformar. || Componer, ordenar, concertar. || Reparar algo roto o que no funciona. || Solucionar, enmendar. || Acicalar.

arreglo m. Reparación de algo que está roto o estropeado. || Ordenación de alguna cosa. || Acuerdo al que llegan dos o más personas sobre algo. || pl. Cambios que se hacen a una obra musical.

arremangar tr. y prnl. Remangar.

arremeter intr. Acometer con ímpetu y furia. || Arrojarse con presteza.

arremolinarse prnl. fig. Amontonarse o apiñarse desordenadamente las gentes.

arrendar tr. Ceder o adquirir por precio el goce o aprovechamiento temporal de cosas, obras o servicios.

arrepentirse prnl. Pesarle a alguien haber hecho o haber dejado de hacer algo.

arrestar tr. Detener, poner preso.

arriar tr. Bajar las velas, las banderas, etc., que estén en lo alto.

arriba adv. l. A lo alto, hacia lo alto. || En lo alto, en la parte alta. || En lugar anterior. || En situación de superioridad. || interj. Se emplea para animar a alguno a que se levante, a que suba, etc.

arribar intr. Llegar la nave al puerto. || Llegar por tierra a cualquier paraje. También prnl. || fig. y fam. Llegar a conseguir lo que se desea.

arribismo m. Modo de pensar y actuar del que progresa en la vida por medios rápidos y sin escrúpulos.

arriero m. El que trajina con bestias de carga.

arriesgar tr. y prnl. Poner algo en riesgo de perderse o destruirse.

arrimar tr. y prnl. Acercar o poner una cosa junto a otra. || prnl.

arrinconar 52

Acogerse a la protección de alguien o de algo, valerse de ella.

arrinconar tr. Poner algo en un rincón o lugar retirado. || fig. Privar a alguien del cargo o favor que gozaba; no hacer caso de él.

arritmia f. Falta de ritmo regular. || Irregularidad y desigualdad en las contracciones del corazón.

arrobar tr. Embelesar. || prnl. Enajenarse, quedar fuera de sí.

arrodillar prnl. e intr. Ponerse de rodillas.

arrogante adj. Altanero, soberbio. || Valiente, brioso. || Gallardo, airoso.

arrogarse prnl. Atribuirse o apropiarse algo.

arrojar tr. Impulsar con violencia una cosa. || Echar. || fig. Tratándose de cuentas, documentos, etc., presentar, dar como resultado. || fam. Vomitar. También intr.

arrojo m. Osadía, intrepidez.

arrollar tr. Desbaratar o derrotar al enemigo. || Atropellar, no hacer caso de leyes ni de otros miramientos. || fig. Confundir, dejar a una persona sin poder replicar.

arropar tr. y prnl. Cubrir o abrigar con ropa.

arroyo m. Caudal corto de agua, casi continuo. || Cauce por donde corre.

arroz m. Planta gramínea que se cría en terrenos muy húmedos, y cuyo fruto es un grano oval, harinoso y blanco después de descascarillado, que, cocido, es alimento de mucho uso.

arruga f. Pliegue que se hace en la piel. || Pliegue deforme e irregular que se hace en la ropa o en cualquiera tela o cosa flexible.

arruinar tr. y prnl. Causar ruina. || Destruir, causar grave daño.

arrullo m. Canto grave o monótono con que se enamoran las palomas y las tórtolas. || Habla dulce con que se enamora a una persona. || fig. Cantarcillo grave y monótono para adormecer a los niños.

arrumaco m. Demostración de cariño, mimo.

arsenal m. Establecimiento en que se construyen, reparan y conservan las embarcaciones. || Almacén general de armas y otros efectos de guerra. || Conjunto o depósito de noticias, datos, etc.

arte amb. Aptitud e industria para hacer algo. || Acto mediante el cual imita o expresa el hombre lo material o lo invisible, y crea copiando o fantaseando. || Conjunto de reglas para hacer bien algo. || Cautela, astucia.

artefacto m. Obra mecánica hecha según arte. || Artificio, máquina, aparato.

arteria f. Vaso que lleva la sangre desde el corazón a las demás partes del cuerpo. || Calle principal de una población.

arteriosclerosis f. Endurecimiento de las arterias.

artero, ra adj. Mañoso, astuto, falso.

artesa f. Cajón para amasar el pan, mezclar cemento, etc.

artesanía f. Arte y técnica de fabricar objetos de forma manual o sin la ayuda de grandes máquinas. ‖ Conjunto de obras fabricadas de este modo.

artesano, na m. y f. Persona que hace por su cuenta y manualmente objetos a los que imprime un sello personal, a diferencia del obrero fabril. ‖ adj. De la artesanía o relacionado con ella.

artesonado, da adj. Decorado con figuras geométricas dispuestas en serie. ‖ m. Techo o bóveda, generalmente de madera, decorado de esta manera.

ártico, ca adj. Del polo Norte.

articulación f. Enlace de dos partes de una máquina. ‖ Pronunciación de sonidos. ‖ Unión de un hueso con otro.

articular tr. Unir, enlazar. También prnl. ‖ Pronunciar las palabras claras y distintamente.

artículo m. Parte de la oración que expresa el género y número del nombre. ‖ Mercancía con que se comercia. ‖ Cada una de las partes en que se divide un escrito, tratado, ley, etc. ‖ Escrito de cierta extensión de un periódico o revista. ‖ Cada una de las divisiones de un diccionario encabezada por una voz.

artífice com. Artista. ‖ Autor.

artificial adj. Hecho por mano o arte del hombre. ‖ No natural, falso, ficticio.

artificio m. Arte o habilidad. ‖ Predominio de la elaboración artística sobre la naturalidad. ‖ Artefacto. ‖ fig. Disimulo, doblez.

artillería f. Material de guerra que comprende cañones, morteros y otras máquinas. ‖ Cuerpo militar destinado a este servicio.

artilugio m. Mecanismo, artefacto; suele usarse con sentido despectivo. ‖ Ardid o maña.

artimaña f. Trampa. ‖ fam. Artificio.

artista com. Persona que se dedica a algún arte. ‖ Persona que hace alguna cosa con suma perfección.

artritis f. Inflamación de las articulaciones.

artrosis f. Enfermedad crónica de las articulaciones.

arzobispo m. Obispo de provincia eclesiástica de quien dependen otras sufragáneas.

as m. Carta de la baraja o cara del dado que llevan el número uno. ‖ fig. Persona que destaca en su clase, profesión, etc.

asa f. Parte que sobresale en un recipiente, bolsa, maleta, etc., normalmente con forma de U, que sirve para cogerlos.

asado m. Carne o pescado cocinado al fuego, generalmente en el horno.

asador m. Restaurante especializado en asados. || Utensilio para asar. || Varilla en que se clava y se pone al fuego lo que se quiere asar.

asadura f. Conjunto de las entrañas del animal. También en pl. || Hígado.

asalariado, da adj. y s. Que percibe un salario por su trabajo.

asaltar tr. Acometer una fortaleza para conquistarla. || Atacar a una persona. || Robar. || Acometer, sobrevenir, ocurrir de pronto alguna cosa; como una enfemedad, un pensamiento, etc.

asamblea f. Reunión de personas para algún fin. || Cuerpo político y deliberante, como el congreso o el senado.

asar tr. Hacer comestible un manjar tostándolo al fuego. || prnl. fig. Sentir extremado ardor o calor.

ascendencia f. Serie de ascendientes de una persona.

ascender intr. Subir. || fig. Progresar en empleo o dignidad. || Importar una cuenta. || tr. Dar o conceder un ascenso.

ascendiente com. Persona de quien desciende otra. || m. Influencia sobre otro.

ascenso m. Subida. || fig. Mejora de categoría en un empleo.

ascensor m. Aparato para subir o bajar en los edificios.

asceta com. Persona que lleva una vida centrada en la oración, la meditación y el sacrificio, para mejorar espiritualmente.

asco m. Repugnancia producida por algo que incita a vómito. || fig. Impresión desagradable.

ascua f. Pedazo de materia sólida candente.

asear tr. y prnl. Limpiar, lavar.

asechanza f. Engaño o artificio.

asediar tr. Aislar con tropas un punto fortificado. || fig. Importunar.

asegurar tr. Dejar firme y seguro. || Afirmar. || Poner a cubierto por un contrato mediante el cual una persona, natural o jurídica, previo pago de una prima, se obliga a resarcir las pérdidas o daños que ocurran a determinadas cosas.

asemejar intr. Tener semejanza. || prnl. Mostrarse semejante.

asentar tr. Poner en un asiento. Más c. prnl. || Tratándose de pueblos o edificios, situar, fundar. || Anotar algo para que conste. || prnl. Establecerse. || Posarse un líquido o fijarse un sólido.

asentir intr. Admitir como cierto.

aseo m. Limpieza, esmero, cuidado. || Cuarto de baño.

asepsia f. Ausencia de microbios.

asequible adj. Que puede conseguirse.

aserción f. Afirmación de que algo es cierto.

aserrar tr. Cortar con sierra.

aserruchar tr. *amer.* Cortar o dividir con serrucho la madera u otra cosa.

asesinar tr. Matar con alevosía o premeditación.

asesino, na adj. y s. Que mata a alguien con premeditación, alevosía o cualquier otra circunstancia agravante.

asesor, ra adj. y s. Que aconseja o dictamina sobre algo.

asesorar tr. Dar consejo o dictamen en materia de cierta dificultad. || prnl. Tomarlo.

asestar tr. Dirigir o descargar contra un objetivo un proyectil o un golpe.

aseverar tr. Afirmar o asegurar lo que se dice.

asexuado, da adj. Sin sexo definido.

asexual adj. Sin intervención del sexo.

asfaltar tr. Recubrir de asfalto una calle, carretera, etc.

asfalto m. Betún negro, sólido, que se emplea en el pavimento de carreteras, aceras, etc.

asfixia f. Suspensión de las funciones vitales por falta de respiración. || Sensación de agobio producida por el excesivo calor o por el enrarecimiento del aire.

así adv. m. De esta o de esa manera. || adv. cant. Tan. || conj. En consecuencia, por lo cual, de tal suerte que. || Aunque, por más que.

asiático, ca adj. y s. De Asia.

asiduo, dua adj. Frecuente, puntual, perseverante.

asiento m. Lo que sirve para sentarse. || Emplazamiento. || Localidad de un espectáculo. || Poso, sedimento de un líquido. || Anotación en libros de contabilidad.

asignar tr. Señalar lo que corresponde a uno, fijar. || Nombrar para un cargo. || Destinar a un uso determinado.

asignatura f. Cada una de las materias que se enseñan en un centro docente o de que consta una carrera o plan de estudios.

asilo m. Refugio. || Establecimiento benéfico en que se recogen ancianos o desvalidos.

asimetría f. Falta de simetría.

asimilar tr. Asemejar. También prnl. || Conceder a los individuos de una profesión derechos iguales a los de otra. || Apropiarse los organismos de las sustancias necesarias para su conservación o desarrollo. || Comprender lo que se aprende.

asir tr. Agarrar algo o a alguien con la mano.

asistencia f. Presencia en un lugar. || Conjunto de personas que están presentes en un acto.

asistenta f. Mujer que sirve como criada en un casa sin residir en ella y que cobra generalmente por horas.

asistir tr. Socorrer, ayudar. || Servir interinamente un criado. || intr. Hallarse presente.

asma f. Enfermedad de los bronquios, caracterizada por sofocaciones intermitentes.

asno m. Animal más pequeño que el caballo y de orejas largas. || fig. Persona bruta.

asociación f. Conjunto de personas, animales o plantas. || Sociedad, comunidad.

asociar tr. y prnl. Juntar personas para defender un interés común. || tr. Relacionar cosas o ideas.

asolar tr. Destruir. || Secar los campos el calor, una sequía.

asomar intr. Empezar a verse. || Dejar entrever por una abertura, ventana, etc. También prnl.

asombrar tr. y prnl. Causar gran admiración o extrañeza.

asombro m. Sorpresa, admiración.

asonancia f. Correspondencia de un sonido con otro. || En métrica, correspondencia de vocales a partir del último acento.

aspa f. Cruz en forma de X. || Mecanismo exterior del molino de viento.

aspaviento m. Demostración aparatosa de un sentimiento.

aspecto m. Apariencia, semblante.

áspero, ra adj. De superficie desigual. || fig. Desabrido, falto de afabilidad.

aspersor m. Mecanismo para esparcir un líquido a presión.

aspirador, ra m. y f. Máquina que absorbe el polvo o la suciedad.

aspirar tr. Atraer el aire exterior a los pulmones. || Pretender, ansiar. || Succionar el polvo con una máquina.

aspirina f. Medicamento contra el dolor.

asqueroso, sa adj. Repugnante.

asta f. Palo de la bandera. || Cuerno.

asterisco m. Signo ortográfico (*) para notas aclaratorias.

asteroide m. Planeta pequeño.

astigmatismo m. Defecto visual por desigualdad en la curvatura del cristalino.

astil m. Mango que tienen las hachas, azadas, picos y otros instrumentos semejantes. || Barra horizontal, de cuyos extremos penden los platillos de la balanza.

astilla f. Fragmento irregular de madera o mineral.

astillero m. Lugar donde se construyen y reparan los buques.

astracán m. Piel de cordero no nacido o recién nacido, muy fina y con el pelo rizado. || Tejido de lana o de pelo de cabra muy rizado.

astro m. Cuerpo celeste.

astrología f. Pronóstico del porvenir mediante los astros.

astronauta com. Tripulante de una astronave.

astronave f. Vehículo destinado a la navegación espacial.

astronomía f. Ciencia de los astros.

astuto, ta adj. Hábil, sutil, sagaz.

asueto m. Vacación corta.

asumir tr. Tomar para sí. || Aceptar.

asunto m. Materia de que se trata. || Tema o argumento de una obra. || Negocio.

asustar tr. y prnl. Causar susto.

atacar tr. Acometer, embestir. || Actuar una sustancia sobre otra.

atajo m. Senda que abrevia el camino.

atalaya f. Torre en lugar alto para vigilancia. || Altura desde donde se descubre mucho espacio de tierra o mar.

atañer intr. Corresponder, incumbir.

ataque m. Acometida contra algo o alguien con la intención de hacerle daño o vencerlo. || Aparición de algo de forma repentina y violenta.

atar tr. Sujetar con ligaduras. || fig. Inmovilizar. || prnl. fig. Ceñirse o reducirse a una cosa o materia determinada.

atardecer intr. e impers. Caer la tarde. || m. Final de la tarde.

atarear tr. Señalar tarea. || prnl. Entregarse mucho al trabajo.

atasco m. Impedimento, estorbo. || Obstrucción de un conducto. || Embotellamiento de vehículos.

ataúd m. Caja donde se lleva un cadáver a enterrar.

atavío m. Adorno; vestidura.

ateísmo m. Negación de la existencia de Dios.

atemorizar tr. y prnl. Acobardar, intimidar.

atemperar tr. y prnl. Moderar, templar. || Acomodar una cosa a otra.

atenazar tr. fig. Hacer sufrir, atormentar.

atención f. Interés. || fig. Cuidado, esmero. || Cortesía. || pl. Cumplidos, miramientos.

atender tr. e intr. Aplicar el entendimiento a un objeto. || Tener en cuenta, escuchar. || Cuidar.

ateneo m. Asociación científica o literaria.

atenerse prnl. Ajustarse, sujetarse a algo.

atentado adj. m. Acto criminal contra el Estado o una autoridad y, por ext., contra cualquier persona o cosa, con la finalidad de alterar el orden establecido. || Acción contraria a un principio que se considera recto.

atentar tr. Infringir, transgredir. || intr. Cometer atentado.

atento, ta adj. Que fija la atención en algo. || Cortés, amable.

atenuar tr. fig. Disminuir.

ateo, a adj. y s. Que niega la existencia de Dios.

aterir tr. y prnl. Pasmar de frío.

aterrar tr. Aterrorizar. También prnl.

aterrizaje m. Descenso de una aeronave para posarse en el suelo.

aterrizar intr. Posar en tierra un avión. || fig. Caer al suelo. || fig. Aparecer, presentarse una persona repentinamente en alguna parte.

aterrorizar tr. y prnl. Causar terror.

atesorar tr. Guardar cosas de valor. || fig. Tener buenas cualidades.

atestar tr. Llenar de algo alguna cosa.

atestiguar tr. Declarar como testigo. || Testimoniar.

atiborrar tr. y prnl. Llenar algo en exceso. || Atracar de comida.

ático, ca adj. Del Ática o de Atenas. También s. || m. Dialecto de la lengua griega. || Último piso de un edificio.

atinar intr. Acertar.

atípico, ca adj. Que no encaja en un tipo, modelo.

atisbar tr. Observar.

atisbo m. Conjetura.

atizar tr. Remover el fuego. || Avivar, estimular. || fig. y fam. Pegar, golpear.

atlas m. Libro de mapas geográficos o láminas.

atletismo m. Práctica de ejercicios deportivos individuales que tienen como base la carrera, el salto y los lanzamientos de pesos y jabalina.

atmósfera o **atmosfera** f. Masa gaseosa que rodea la Tierra y, por ext., de cualquier astro. || fig. Ambiente.

atocinarse prnl. Quedarse atontado hasta el punto de no saber qué hacer.

atolladero m. Situación de apuro de la que es difícil salir.

atolón m. Arrecife de coral en forma de anillo, con una laguna interior.

atolondrar tr. y prnl. Aturdir.

atómico, ca adj. Relativo al átomo. || Relacionado con los usos de la energía atómica o sus efectos.

atomizar tr. Dividir en partes sumamente pequeñas, pulverizar.

átomo m. Elemento primario de la composición química de los cuerpos. || fig. Cualquier cosa muy pequeña.

atónito, ta adj. Estupefacto, pasmado o espantado.

átono, na adj. Sin acento prosódico. || Sin fuerza.

atontar tr. y prnl. Aturdir o atolondrar.

atorar tr., intr. y prnl. Atascar, obstruir.

atormentar tr. y prnl. Causar dolor. || fig. Causar aflicción.

atornillar tr. Sujetar con tornillos.

atosigar tr. y prnl. Fatigar, apremiar.

atracar tr. Arrimar una embarcación a tierra. || Asaltar con propósito de robo. || tr. y prnl., fam. Hartar de comida y bebida.

atraco m. Asalto con la intención de robar.

atraer tr. Traer hacia sí. ‖ fig. Captar la voluntad.

atragantar tr. y prnl. Atravesarse en la garganta. ‖ fig. y fam. Atascarse en la conversación.

atrancar tr. Cerrar la puerta con tranca. ‖ Atascar, obstruir.

atrapar tr. fam. Coger al que huye. ‖ fam. Agarrar.

atrás adv. l. En o hacia la parte posterior.

atrasar tr. Retardar. También prnl. ‖ Hacer retroceder las agujas del reloj. ‖ intr. Señalar el reloj tiempo que ya ha pasado. También prnl. ‖ prnl. Quedarse atrás. ‖ Dejar de crecer las personas, los animales y las plantas.

atravesar tr. Poner algo de modo que pase de una parte a otra ‖ Pasar de parte a parte. ‖ Pasar circunstancialmente por una situación favorable o desfavorable. ‖ prnl. Interponerse. ‖ fig. Sentir antipatía.

atreverse prnl. Osar.

atribuir tr. Aplicar, conceder. También prnl. ‖ Asignar algo a alguien como de su competencia. ‖ fig. Achacar, imputar.

atribular tr. Causar tribulación. ‖ prnl. Padecerla.

atributo m. Cualidad de un ser. ‖ En arte, símbolo que denota el carácter de las figuras. ‖ En gramática, función que desempeña el adjetivo cuando se coloca en posición inmediata al sustantivo de que depende.

atril m. Mueble en forma de plano inclinado para sostener libros o papeles abiertos.

atrincherar tr. Fortificar una posición militar con trincheras. ‖ prnl. Ponerse en trincheras a cubierto del enemigo.

atrio m. Patio interior por lo común cercado de pórticos. ‖ Espacio que hay delante de algunos templos y palacios. ‖ Zaguán.

atrofia f. Falta de desarrollo de cualquier parte del cuerpo.

atronar tr. Ensordecer con ruido.

atropellar tr. Pasar precipitadamente por encima de alguna persona. ‖ Alcanzar violentamente un vehículo a alguien. ‖ fig. Proceder sin miramiento o respeto. ‖ prnl. fig. Precipitarse.

atroz adj. Cruel, inhumano. ‖ fam. Muy grande o desmesurado.

atuendo m. Atavío, vestido.

atufar tr. y prnl. Oler mal. ‖ Marearse con el tufo.

atún m. Pez marino comestible, que suele medir de 2 a 3 metros de largo; es negro azulado por el lomo y plateado por el vientre.

aturdimiento m. Perturbación de los sentidos.

aturdir tr. y prnl. Causar aturdimiento. ‖ fig. Confundir, desconcertar.

aturrullar tr. y prnl., fam. Confundir, turbar.

atusar tr. y prnl. Recortar e igualar el pelo con tijeras. ‖ prnl. Acicalarse.

audaz adj. Osado, atrevido.

audición f. Acción de oír. ‖ Función del sentido del oído. ‖ Concierto público. ‖ Sesión de prueba de un artista.

audiencia f. Acto de oír la autoridad a quien acude a ella. ‖ Tribunal de justicia de un territorio. ‖ Este mismo territorio y el edificio del tribunal. ‖ Conjunto de personas que en un momento dado atienden un programa de radio o televisión.

audífono m. Aparato para oír mejor los sordos.

audiovisual adj. Que se refiere conjuntamente al oído y a la vista.

auditor, ra m. y f. Revisor de cuentas colegiado.

auditorio m. Conjunto de oyentes. ‖ Sala destinada a conciertos, recitales, conferencias.

auge m. Periodo o momento de mayor elevación o intensidad de un proceso o estado de cosas.

augurio m. Presagio.

aula f. Sala destinada a la enseñanza.

aullido m. Voz triste y prolongada de algunos animales.

aumentar tr. y prnl. Acrecentar. También intr. ‖ Mejorar.

aumento m. Proceso por el que una cosa se hace mayor o más intensa. ‖ Facultad amplificadora de una lente, anteojo o telescopio.

aun adv. m. Incluso. ‖ conj. conc. Seguido de gerundio, aunque.

aún adv. t. Todavía. ‖ adv. m. Denota ponderación.

aunar tr. y prnl. Unir para algún fin.

aunque conj. Denota una oposición no absoluta.

aupar tr. y prnl. Levantar a una persona. ‖ fig. Ensalzar.

aura f. Irradiación luminosa de ciertos seres. ‖ fig. Favor, aplauso, aceptación general.

áureo, a adj. De oro.

aureola o **auréola** f. Disco o círculo luminoso. ‖ fig. Fama de algunas personas por sus virtudes.

auricular m. En los aparatos radiofónicos y telefónicos, pieza que se aplica a los oídos.

aurora f. Claridad que precede a la salida del Sol.

auscultar tr. Aplicar el oído o el estetoscopio a ciertos puntos del cuerpo humano a fin de explorar los sonidos normales o patológicos producidos en las cavidades del pecho o vientre.

ausente adj. y com. Que no está presente. ‖ Distraído.

auspicio m. Agüero. ‖ Protección, favor. ‖ pl. Señales que presagian un resultado favorable o adverso.

austero, ra adj. Severo, rígido. ‖ Sobrio.

austral adj. Relativo al polo y al hemisferio Sur.

australiano, na adj. y s. De Australia.

austriaco, ca o **austríaco, ca** adj. y s. De Austria.

auténtico, ca adj. Acreditado. || Autorizado o legalizado.

autismo m. Enfermedad psicológica infantil caracterizada por la tendencia a desinteresarse del mundo exterior y a encerrarse en su propio mundo.

auto m. abr. de *automóvil*. || Resolución judicial. || pl. Conjunto de actuaciones de un procedimiento judicial.

autobiografía f. Vida de una persona escrita por ella misma.

autobús m. Vehículo de gran capacidad dedicado preferentemente al transporte urbano de viajeros.

autocar m. Autobús para transporte entre distintas ciudades.

autóctono, na adj. Aborigen, originario del país en que vive.

autodeterminación f. Decisión de los pobladores de un territorio acerca de su futuro estatuto político.

autodidacto, ta adj. y s. Que se instruye por sí mismo.

autoescuela f. Escuela para enseñar a conducir automóviles.

autogobierno m. Sistema de administración de algunas unidades territoriales de un país que han alcanzado la autonomía.

autógrafo, fa adj. y m. Escrito por la mano de su autor.

autómata m. Máquina que imita los movimientos de un ser animado y, por ext., persona que se mueve como un autómata.

automático, ca adj. Mecanismo que funciona por sí mismo. || Aparato que funciona por medios mecánicos. || fig. Maquinal. || m. Especie de corchete.

automóvil adj. Que se mueve por sí mismo. || m. Vehículo movido por un motor de explosión.

autonomía f. Condición de la persona que no depende de nadie. || Potestad que dentro del Estado goza un determinado territorio para regir su vida interior. || Ese mismo territorio. || Capacidad máxima de un vehículo para efectuar un recorrido sin repostar.

autopista f. Carretera de alta velocidad con varios carriles para cada dirección y desviaciones a distinto nivel.

autopsia f. Examen anatómico de un cadáver.

autor, ra m. y f. Realizador de algo, especialmente el creador de una obra literaria o artística.

autoridad f. Potestad, facultad de mandar y hacerse obedecer. || Persona que las ejerce. || Especialista en determinada materia.

autorizar tr. Conceder permiso, poder o facultad. || Aprobar.

autorretrato m. Retrato de una persona hecho por ella misma.

autoservicio m. Lugar público en que el cliente se sirve solo.

autostop m. Sistema de viajar que consiste en que un peatón solicita a un automovilista que le lleve de forma gratuita en su coche.

autovía f. Especie de autopista con desviaciones al mismo nivel.

auxiliar tr. Socorrer, ayudar.

auxiliar adj. y com. Que auxilia. || [Verbo], como *haber* y *ser*, que sirve para conjugar los demás. || com. Empleado subalterno.

auxilio m. Ayuda, socorro, amparo.

aval m. Firma al pie de un escrito por la que una persona responde de otra. || Escrito con ese mismo fin.

avanzar intr. Ir hacia adelante. || Progresar.

avaricioso, sa adj. y s. Tacaño, miserable.

avaro, ra adj. y s. Que acumula dinero y no lo emplea. || fig. Tacaño, miserable.

avasallar tr. Dominar, rendir o someter a obediencia.

avatar m. Visicitud. Más en pl.

ave f. Animal vertebrado, de respiración pulmonar y sangre caliente, cuerpo cubierto de plumas y con dos alas aptas, por lo común, para el vuelo.

avejentar tr. y prnl. Envejecer antes de tiempo.

avellana f. Fruto del avellano, con una cáscara redondeada marrón y muy dura y una semilla comestible más blanda en su interior.

avemaría f. Oración cristiana.

avena f. Planta parecida al trigo, cuyas semillas se utilizan como alimento, especialmente para los animales.

avenida f. Crecida impetuosa de un río. || Calle muy ancha. || fig. Concurrencia de varias cosas.

avenir tr. y prnl. Reconciliar. || prnl. Entenderse bien con alguien. || Ponerse de acuerdo.

aventajar tr. Dar, llevar o sacar ventaja. || prnl. Adelantarse.

aventar tr. Echar al viento los granos que se limpian en la era.

aventura f. Suceso extraño y peligroso. || Casualidad. || Empresa de resultado incierto. || Relación amorosa ocasional.

avergonzar tr. Causar vergüenza. || prnl. Sentirla.

avería f. Daño, deterioro que impide el funcionamiento de algo.

averiar tr. y prnl. Dañar o deteriorar algo.

averiguar tr. Buscar la verdad hasta descubrirla.

aversión f. Asco, repugnancia.

avestruz f. Ave corredora, con el cuello muy largo, la cabeza pequeña y las patas largas y fuertes.

aviación f. Navegación aérea en aparatos más pesados que el aire. || Cuerpo militar que utiliza este medio.

aviar tr. Disponer algo para el camino. || Arreglar, vestir. También prnl.

ávido, da adj. Ansioso, codicioso.

avieso, sa adj. Torcido, malintencionado. || fig. Malvado.

avío m. Cosas que se necesitan para hacer algo.

avión m. Vehículo, provisto de alas, que vuela propulsado por uno o varios motores.

avisar tr. Notificar, anunciar. || Advertir o aconsejar. || Llamar a alguien para que preste un servicio.

avispa f. Insecto provisto de aguijón que vive en sociedad.

avispado, da adj. Vivo, despierto, agudo.

avistar tr. Alcanzar con la vista.

avivar tr. Excitar, animar. || fig. Hacer que arda más el fuego.

axila f. Sobaco.

ayatolá m. Autoridad religiosa entre los chiítas, especialmente en Irán.

ayer adv. t. En el día inmediatamente anterior al de hoy. || fig. Hace algún tiempo. || m. Tiempo pasado.

ayo, ya m. y f. Persona encargada de criar y educar a un niño.

ayuda f. Colaboración, apoyo o socorro. || Persona o cosa que ayuda o sirve para ayudar.

ayudar tr. Cooperar. || Auxiliar, socorrer. También prnl. || Valerse de la ayuda de otro.

ayunar intr. Abstenerse de comer o beber.

ayuntamiento m. Corporación que administra el municipio. || Casa consistorial. || Acto sexual.

azada f. Pala para remover la tierra.

azafata f. Mujer que atiende al público en congresos, exposiciones, o a los pasajeros de un avión, tren, autobús, etc.

azafrán m. Planta cuyos estigmas, de color rojo anaranjado, se usan para condimento.

azar m. Casualidad.

azaroso, sa adj. Incierto, agitado, desgraciado.

azorar tr. y prnl. Turbar, sobresaltar, aturdir.

azote m. Instrumento de suplicio. || Golpe dado con el azote. || Golpe en las nalgas con la palma de la mano. || Golpe repetido del agua o del aire. || fig. Aflicción, calamidad. || fig. Persona extremadamente violenta.

azotea f. Cubierta llana de un edificio. || fig. y fam. Cabeza.

azteca adj. y com. Antiguo pueblo dominador del territorio conocido después con el nombre de México.

azúcar amb. Cuerpo sólido de color blanco y sabor dulce, que se extrae de la caña en los países tropicales y de la remolacha en los templados.

azucarero m. Recipiente donde se guarda el azúcar.

azucena f. Planta con tallo alto y flores muy olorosas.

azufre m. Metaloide de color amarillo que, por frotación, se electriza fácilmente y da un olor agrio característico.

azul adj. y m. Del color del cielo sin nubes.

azulejo m. Ladrillo pequeño vidriado, de varios colores.

azuzar tr. Incitar, achuchar a los perros para que embistan. || fig. Irritar, estimular.

B

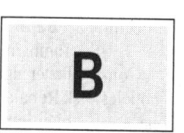

b f. Segunda letra del abecedario español y primera de sus consonantes. Su nombre es *be*.

baba f. Saliva espesa y abundante. || Líquido viscoso segregado por algunos animales y plantas.

babero m. Prenda que se pone a los niños sobre el pecho para evitar que se manchen.

bable m. Dialecto que se habla en el Principado de Asturias, comunidad autónoma española.

babor m. Lado izquierdo de la embarcación mirando de popa a proa.

babucha f. Zapato ligero y sin tacón.

baca f. Parte superior de los vehículos para llevar bultos.

bacalao m. Pez marino de gran tamaño, cuya carne, muy apreciada, se consume fresca o conservada en sal.

bachata f. *amer.* Juerga.

bache m. Hoyo que se hace en el pavimento de calles o caminos. || Interrupción accidental. || Desigualdad de la densidad atmosférica que determina un momentáneo descenso del avión. || Mal momento en la vida de una persona.

bachicha com. *amer.* Apodo con que se designa al inmigrante italiano.

bachiller m. Bachillerato. || Persona que ha terminado el bachillerato.

bachillerato m. Conjunto de estudios que se realizan después de la educación básica y que permiten acceder a la enseñanza superior.

bacilo m. Bacteria en forma de bastoncillo.

bacteria f. Microorganismo unicelular, sin núcleo, que puede ser causa de enfermedades infecciosas como el tifus, el cólera, etc.

báculo m. Cayado.

badajo m. Pieza que pende en el interior de las campanas, y con la cual se golpean estas para hacerlas sonar.

badén m. Zanja que forma en el terreno el paso de las aguas llovedizas. || Cauce empedrado que se hace en una carretera para dar paso a un corto caudal de agua. || Por ext., bache de la carretera.

bafle m. Altavoz de un equipo de música.

bagaje m. Equipaje. || Conjunto de conocimientos o noticias de que dispone una persona.

bagatela f. Cosa de poca sustancia y valor.

bagual, la adj. *amer.* Incivil. || m. *amer.* Potro o caballo no domado.

bahía f. Entrada de mar en la costa, de extensión menor que el golfo.

bailarín, ina m. y f. Persona que tiene como profesión el baile.

bailar intr. Mover el cuerpo al compás de la música. También tr. || Moverse una cosa sin salir de un espacio determinado. También tr. || Girar algo rápidamente en torno a su eje. || Llevar algo demasiado ancho.

baile m. Conjunto de movimientos del cuerpo que se realizan al ritmo de la música. || Cada una de las formas de bailar que tienen un ritmo y unos movimientos comunes, como el vals, las sevillanas, etc. || Fiesta en la que se juntan varias personas para bailar. || Confusión en el orden de algo, como, por ejemplo, números o letras.

baja f. Disminución del precio. || Pérdida o falta de un individuo. || Cese de industrias o profesiones sometidas a impuesto. || Documento que acredita la baja laboral. || Cese de una persona en un cuerpo, profesión, carrera, etc.

bajar intr. Ir a lugar más bajo. También prnl. || Disminuirse. || tr. Poner alguna cosa en lugar inferior. || Rebajar el nivel. || Apear. También intr. y prnl. || Inclinar hacia abajo. || Disminuir la estimación, precio o valor de alguna cosa. || Descender en el sonido desde un tono agudo a otro más grave.

bajel m. Buque, barco.

bajo, ja adj. De poca altura. || Que está en lugar inferior. || Inclinado hacia abajo. || Que tiene intensidad o valor por debajo de lo normal. || Humilde. || Despreciable. || Vulgar. || Barato. || m. Piso que está a la altura de la calle. || Casco de las caballerías. || Voz e instrumento que produce sonidos más graves. || adv. Abajo. || En voz baja o que apenas se oiga. || prep. Debajo de.

bala f. Proyectil de armas de fuego.

balacera f. *amer.* Tiroteo.

balada f. Composición poética de tono sentimental.

baladí adj. Insignificante, de poco valor.

balance m. Comparación entre lo que posee y lo que debe una empresa. || Valoración que se hace de algo para comprobar si los resultados han sido buenos o malos.

balancear tr., intr. y prnl. Mover continuamente algo o a alguien de un lado a otro.

balancín m. Madero paralelo al eje de las ruedas delanteras de un carruaje. || Columpio. || Mecedora.

balanza f. Instrumento que sirve para pesar.

balar intr. Dar balidos.

balaustrada f. Conjunto de las pequeñas columnas que forman una barandilla.

balbucear intr. Balbucir.

balbucir intr. Hablar o leer con pronunciación dificultosa, trastocando a veces las letras o las sílabas.

balcón m. Hueco abierto al exterior desde el suelo de la habitación, con barandilla saliente. || Esta barandilla.

balda f. Anaquel de armario o alacena.

baldar tr. Privar una enfermedad o accidente el uso de algún miembro. También prnl. || Fallar en juegos de cartas.

balde m. Cubo para sacar y transportar agua.

balde (de) loc. adv. Gratis. || Sin motivo, sin causa.

baldío, a adj. [Terreno] que no se labra. || Vano, sin fundamento.

baldosa f. Ladrillo para solar.

baldosín m. Baldosa pequeña que se usa para cubrir las paredes.

balido m. Voz del carnero, el cordero, la oveja, la cabra, el gamo y el ciervo.

baliza f. Señal fija o flotante que se pone de marca en el agua.

ballena f. Mamífero cetáceo, el mayor de todos los animales conocidos, que llega a crecer hasta más de 30 m de longitud. Vive en todos los mares. || Cada una de las láminas córneas y elásticas que tiene la ballena en la mandíbula superior.

ballesta f. Máquina antigua de guerra para arrojar piedras o saetas gruesas. || Arma portátil antigua, para disparar flechas, saetas y bodoques. || Cada uno de los muelles en los que descansa la caja de los coches.

ballet m. Danza escénica que desarrolla un argumento. || Compañía de bailarines que representan esta danza.

balneario m. Establecimiento de baños, especialmente los medicinales.

balompié m. Fútbol.

balón m. Pelota grande que se usa en varios deportes. || Este mismo deporte. || Recipiente para contener cuerpos gaseosos.

baloncesto m. Juego entre dos equipos de cinco jugadores cada uno, que valiéndose de las manos, tratan de introducir el balón en un aro al que se le llama cesto.

balonmano m. Juego parecido al fútbol que se juega con las manos entre dos equipos de once o siete jugadores cada uno.

balsa f. Charca. || Conjunto de maderos, que unidos, forman una superficie flotante.

bálsamo m. Líquido aromático que fluye de ciertos árboles

bambolear

y que se espesa por la acción del aire. ‖ Medicamento que se aplica como remedio en las heridas y llagas. ‖ fig. Consuelo, alivio.

bambolear intr. y prnl. Moverse a un lado y otro sin perder el sitio en que está.

bambú m. Planta de los países tropicales, con tallo muy alto y ramitos de hojas grandes de color verde en la parte de arriba. Sus cañas, ligeras y resistentes, se utilizan para fabricar casas y muebles.

banal adj. Trivial, común, insustancial.

banana f. Plátano.

bancal m. Rellano de tierra que se aprovecha para algún cultivo. ‖ Arena amontonada a la orilla del mar.

bancario, ria adj. De los bancos o que tiene relación con ellos.

bancarrota f. Quiebra comercial.

banco m. Asiento en que pueden sentarse varias personas. ‖ Establecimiento público de crédito. ‖ Multitud de peces. ‖ En los mares, ríos y lagos navegables, bajo que se prolonga en una gran extensión. ‖ Tratándose de hielo, iceberg.

banda f. Cinta ancha que se lleva atravesada desde un hombro al costado opuesto. ‖ Lado. ‖ Cuadrilla de gente armada. ‖ Bandada, manada. ‖ Grupo musical. ‖ Todas las frecuencias comprendidas entre dos límites definidos de frecuencia. ‖ Cada una de las zonas delimitadas como tales en un campo deportivo.

bandada f. Conjunto de aves que vuelan juntas y, por ext., conjunto de peces. ‖ Tropel o grupo bullicioso de personas.

bandazo m. Tumbo o balanceo violento que da una embarcación hacia cualquiera de los dos lados. ‖ Por ext., cualquier movimiento semejante a ese. ‖ fig. Cambio inesperado de ideas, opiniones, etc.

bandear tr. *amer.* Cruzar un río de una orilla a otra. ‖ prnl. Saberse gobernar o ingeniar para satisfacer las necesidades de la vida o para salvar otras dificultades.

bandeja f. Pieza plana o algo cóncava, para servir, presentar o depositar cosas.

bandera f. Tela cuadrada o rectangular, que se asegura por uno de sus lados a un asta o una driza, y se emplea como insignia y señal.

banderilla f. Palo delgado armado de un arponcillo que usan los toreros para clavarlo en la cerviz de los toros.

banderillero, ra m. y f. Torero que pone las banderillas.

bandido, da m. y f. Bandolero, salteador. ‖ Persona perversa.

bando m. Edicto. ‖ Facción, partido.

bandolera f. Correa que cruza por el pecho y la espalda y que lleva un gancho para colgar un arma de fuego.

bandolero m. Ladrón, salteador de caminos. ‖ Bandido.

bandurria f. Instrumento musical parecido a la guitarra; tiene doce cuerdas, unidas de dos en dos, y se toca con una púa.

bangaña f. *amer.* Vasija tosca elaborada con la cáscara de ciertas frutas.

banquero, ra m. y f. Propietario o persona que trabaja en la dirección de un banco.

banqueta f. Asiento pequeño y sin respaldo.

banquete m. Comida para celebrar algo. ‖ Comida espléndida.

banquillo m. Asiento en que se coloca el procesado ante el tribunal.

bañador m. Prenda que se utiliza para bañarse.

bañar tr. Meter el cuerpo o parte de él en agua o en otro líquido. También prnl. ‖ Sumergir algo en un líquido. ‖ Humedecer, regar o tocar el agua del mar, de un río, etc. ‖ Cubrir algo con una capa de otra sustancia.

bañera f. Baño, pila.

baño m. Introducción de un cuerpo en un líquido. ‖ Acción y resultado de someter al cuerpo o parte de él al influjo intenso o prolongado de un agente físico (calor, frío, vapor, sol, etc.). ‖ Agua o líquido para bañarse. ‖ Pila que sirve para bañar o lavar el cuerpo o parte de él. ‖ Cuarto de baño. ‖ Sitio donde hay aguas para bañarse. ‖ Capa de materia extraña con que queda cubierto lo bañado. ‖ pl. Lugar con aguas medicinales.

bar m. Establecimiento de bebidas. ‖ Unidad de medida de la presión atmosférica.

barahúnda f. Ruido y confusión grandes.

baraja f. Conjunto de naipes que sirven para varios juegos.

barajar tr. Mezclar los naipes unos con otros antes de repartirlos. ‖ Pensar o considerar varias posibilidades antes de tomar una decisión.

baranda f. Barandilla. ‖ Borde o cerco que tienen las mesas de billar.

barandilla f. Antepecho compuesto de balaustres y pasamanos.

baratija f. Cosa menuda y de poco valor.

barato, ta adj. De bajo precio. ‖ adv. Por poco precio.

barba f. Pelo que crece en las mejillas y en la barbilla, sobre todo en los hombres. ‖ Mechón de pelo que crece en la quijada inferior de algunos animales.

barbacoa f. Parrilla usada para asar comida al aire libre.

barbarie f. fig. Rusticidad, falta de cultura. ‖ fig. Fiereza, crueldad.

barbarismo m. Vicio del lenguaje, que consiste en pronunciar

bárbaro

o escribir mal las palabras, o en emplear vocablos impropios.

bárbaro, ra adj. Individuo de cualquiera de los grupos de pueblos que en el s. V invadieron el imperio romano y se extendieron por la mayor parte de Europa. También s. || Relativo a los bárbaros. || fig. Fiero, cruel. || Estupendo.

barbecho m. Tierra de labranza que no se siembra durante uno o más años.

barbilampiño adj. m. Que no tiene barba, o tiene poca.

barbilla f. Parte de la cara situada debajo de la boca que sobresale hacia afuera.

barbitúrico, ca adj. Fármaco que produce sueño y se utiliza como tranquilizante.

barca f. Embarcación pequeña.

barco m. Vehículo flotante que se utiliza para transportar por el agua personas, animales o cosas.

baremo m. Conjunto de normas establecidas convencionalmente para evaluar los méritos personales, la solvencia de las empresas, etc. || Cuaderno o tabla de cuentas ajustadas. || Lista o repertorio de tarifas.

barítono m. Voz media entre la de tenor y la de bajo. || El que tiene esta voz.

barniz m. Disolución de una o más resinas en un líquido que al aire se volatiliza o se deseca. || Baño que se da al barro, loza y porcelana. || fig. Noción superficial de una ciencia.

barómetro m. Instrumento para determinar la presión atmosférica.

barón, esa m. y f. Título nobiliario, que en España es inmediatamente inferior al de vizconde. || f. Mujer del barón.

barquillo m. Hoja delgada de pasta de harina sin levadura y azúcar, generalmente en forma de canuto.

barra f. Pieza generalmente prismática o cilíndrica y más larga que gruesa. || Pieza de pan de forma alargada. || Mostrador de un bar. || En música, línea que corta el pentagrama para separar los compases.

barraca f. Vivienda rústica de las huertas de Valencia y Murcia, con cubierta de cañas. || *amer.* Edificio en que se almacenan cueros, lanas, maderas, etc.

barracón m. Caseta tosca.

barragana f. Concubina.

barranco m. Despeñadero, precipicio. || Erosión producida en la tierra por las corrientes de aguas de lluvia.

barrendero, ra m. y f. Persona que se dedica profesionalmente a barrer.

barreño m. Recipiente grande, más ancho por arriba que por abajo, que se usa en algunas tareas de la casa.

barrer tr. Limpiar el suelo con la escoba. ‖ fig. Llevarse todo lo que había en alguna parte. ‖ Recorrer un lugar para encontrar lo que se busca.

barrera f. Valla, obstáculo. ‖ Parapeto. ‖ Antepecho de las plazas de toros. ‖ En las mismas plazas, primera fila de ciertas localidades.

barrica f. Tonel de tamaño mediano que sirve para guardar vino y otros licores.

barricada f. Parapeto improvisado para defenderse de algo.

barriga f. Vientre. ‖ fig. Parte abultada de una vasija, columna, etc.

barril m. Vasija de madera, de tamaño variable, que sirve para conservar y transportar diferentes licores y géneros.

barrio m. Cada una de las zonas en que se divide una población. ‖ Arrabal. ‖ Grupo de casas o aldea dependiente de otra población.

barrito m. Berrido del elefante.

barro m. Masa que resulta de la mezcla de tierra y agua. ‖ Lodo que se forma cuando llueve. ‖ Granillo que sale en el rostro.

barroco, ca adj. [Estilo] artístico desarrollado en Europa y América durante los ss. XVII y XVIII, que se caracteriza por la profusión de adornos en los que predomina la línea curva. También m. ‖ Excesivamente recargado en adornos.

barrote m. Barra gruesa. ‖ Barra de hierro para afianzar o reforzar algo.

barruntar tr. Conjeturar, presentir.

barullo m. fam. Confusión, desorden.

basar tr. Asentar algo sobre una base. ‖ fig. Fundar, apoyar. También prnl.

basca f. Náusea, desazón en el estómago. Más en pl. ‖ fig. Ímpetu colérico o muy precipitado, en una acción o en un asunto. ‖ fam. Pandilla de amigos.

báscula f. Balanza para grandes pesos.

bascular intr. Moverse un cuerpo de un lado a otro girando sobre un eje vertical. ‖ En algunos vehículos de transporte, inclinarse la caja para que la carga resbale por su propio peso.

base f. Fundamento o apoyo principal. ‖ Basa. ‖ Línea o superficie en que descansa una figura. ‖ En una potencia, cantidad que ha de multiplicarse por sí misma tantas veces como indica el exponente. ‖ En química, cuerpo orgánico o inorgánico, que tiene la propiedad de combinarse con los ácidos para formar sales. ‖ Instalación en que se guarda material bélico o se entrena parte de un ejército.

básico, ca adj. Fundamental, esencial.

basílica f. Iglesia muy grande e importante.

basilisco m. Animal fabuloso, al que se atribuía la propiedad de matar con la vista.

bastante adv. En cantidad suficiente, ni mucho ni poco. || Más de lo normal. || indef. Suficiente para algo.

bastar intr. Ser suficiente. También prnl.

bastardilla adj. y f. Letra cursiva.

bastardo, da adj. y s. [Hijo] natural o nacido fuera del matrimonio.

bastidor m. Armazón de madera o metal para fijar lienzos, vidrios, etc. || Armazón sobre el que se instala la decoración teatral. || Armazón metálica que soporta la caja de un vehículo.

bastión m. Baluarte.

basto m. Cualquiera de los naipes del palo de bastos. || pl. Uno de los cuatro palos de la baraja española.

basto, ta adj. Tosco, áspero, sin pulimentar. || Inculto, ordinario.

bastón m. Vara con puño y contera para apoyarse al andar. || Insignia de mando o de autoridad.

bastoncillo m. Pequeño palillo con algodones en los extremos, que se utiliza para el aseo personal.

basura f. Inmundicia, suciedad. || Desecho, residuos. || Persona o cosa despreciable. || Cubo en el que se tiran los desperdicios.

bata f. Prenda para estar en casa o para trabajar.

batacazo m. Golpe fuerte y ruidoso que da alguna persona cuando cae. || Caída.

batalla f. Combate de un ejército con otro. || Justa, torneo. || fig. Lucha, pelea.

batata f. Planta con tubérculos parecidos a las patatas. || Tubérculo comestible de las raíces de esta planta.

batería f. Conjunto de piezas de artillería. || Unidad de tiro de artillería. || Obra de fortificación. || Conjunto de cañones de los barcos de guerra. || Conjunto de instrumentos de percusión de una banda u orquesta. || Acumulador de electricidad. || Conjunto de utensilios de cocina. || com. Persona que toca la batería en un grupo musical.

batiborrillo o **batiburrillo** m. Mezcla de cosas.

batidor, ra m. y f. Instrumento que sirve para mezclar o picar alimentos.

batín m. Bata corta de hombre para estar en casa.

batir tr. Mover con fuerza algo. || Revolver alguna cosa para que se condense o para que se disuelva. || Derrotar al enemigo. || Reconocer, explorar. || Vencer a un contrincante. || prnl. Combatir.

batuta f. Varita con que el director de orquesta indica el compás.

baúl m. Arca, cofre.

bautismo m. Sacramento de la Iglesia que confiere el carácter de cristiano.

baya f. Fruto carnoso, jugoso, cuyas semillas están rodeadas de pulpa, como la uva, la grosella y otros.

bayeta f. Tela de lana, floja y poco tupida. || Paño para fregar.

bayoneta f. Arma blanca que se ajusta en boca del fusil.

bayunco, ca adj. *amer.* Rústico, grosero.

baza f. Número de cartas que en ciertos juegos de naipes recoge el que gana. || Oportunidad.

bazar m. En Oriente, mercado público. || Tienda donde se venden mercancías diversas.

bazofia f. Mezcla de heces o sobras de comida. || fig. Cosa mala, despreciable.

bazo, za adj. De color moreno y que tira a amarillo. || m. Víscera de los vertebrados, situada a la izquierda del estómago.

be f. Nombre de la letra *b*. || Onomatopeya de la voz del carnero, de la oveja y de la cabra.

beato, ta adj. Feliz, bienaventurado. || [Persona] beatificada. Más c. s. || Piadoso. || fig. Que finge virtud. También s.

bebé m. Niño muy pequeño.

bebedizo m. Bebida medicinal. || Filtro, elixir.

beber tr. e intr. Ingerir un líquido. || fig. Informarse, recibir opiniones, ideas, etc. || intr. Ingerir bebidas alcohólicas. || Brindar.

bebida f. Líquido que se bebe.

beca f. Faja de paño que se usa como insignia. || Plaza o prebenda de colegial. || fig. Ayuda económica para cursar estudios.

becario, ria m. y f. Persona que ha recibido una cantidad de dinero para estudiar, investigar o realizar una actividad artística.

becerro, rra m. y f. Cría de la vaca menor de un año. || m. Piel de ternero o ternera curtida.

bedel, la m. y f. Empleado subalterno de los establecimientos de enseñanza y otros centros oficiales.

beduino, na adj. y s. De los árabes nómadas que viven en la península Arábiga, Siria o el norte de África.

beicon m. Carne de cerdo con tocino, que se expone al humo para conservarla y darle su sabor.

beige o **beis** adj. y m. Color café con leche; pajizo, amarillento.

béisbol m. Juego de pelota entre dos equipos, en el que los jugadores han de recorrer ciertos puestos o bases de un circuito.

beldad f. Belleza. || Persona muy bella.

belén m. fig. Nacimiento, representación del de Jesucristo. || fig. y fam. Confusión, desorden.

belga adj. y com. De Bélgica.

bélico, ca adj. Relativo a la guerra.

beligerante adj. y com. Que está en guerra con otro país o bando. || Agresivo, que tiene tendencia a discutir o pelear.

bellaco, ca adj. y s. Ruin, villano, pícaro.

bello, lla adj. Que agrada a los sentidos. || Bueno, excelente.

bemba f. *amer*. Boca de labios gruesos y abultados.

bemol adj. [Nota musical] que suena medio tono más baja que su sonido natural.

bendecir tr. Alabar, ensalzar. || Consagrar al culto divino una cosa. || Formar cruces en el aire con la mano extendida.

beneficiario, ria adj. y s. Que obtiene ganancia de algo.

beneficio m. Bien que se hace o se recibe. || Utilidad, provecho, ganancia. || Labor y cultivo que se da a los campos. || Derecho que corresponde a alguien por ley o privilegio.

beneplácito m. Aprobación, permiso. || Complacencia.

benevolencia f. Simpatía y buena voluntad.

bengala f. Fuego artificial que al arder produce chispas de distintos colores.

benigno, na adj. Afable, benévolo. || Templado, apacible. || En medicina, que no es grave.

benjamín, ina m. y f. Hijo menor. || Persona de menor edad en cualquier grupo.

beodo, da adj. y s. Embriagado, borracho.

berberecho m. Animal marino comestible que tiene dos conchas casi circulares con estrías y vive enterrado en la arena.

beréber adj. y s. De un pueblo que, desde la Antigüedad, vive en el norte de África. || m. Lengua hablada por este pueblo.

berenjena f. Planta solanácea, de fruto aovado de piel morada, comestible.

bergantín m. Buque de dos palos y velas cuadradas.

berlina f. Coche cerrado, de dos asientos comúnmente.

bermejo, ja adj. Rubio, rojizo.

bermudas adj. y m. pl. Pantalón ajustado que llega hasta la rodilla.

berrido m. Voz del becerro y otros animales. || fig. Grito estridente.

berrinche m. fam. Rabieta, enojo grande.

berro m. Planta de tallos gruesos y flores pequeñas de color blanco; sus hojas se utilizan para hacer ensaladas.

berzotas com. fig. Persona ignorante o necia.

besar tr. Tocar o acariciar con los labios, en señal de saludo, amistad o reverencia. || fig. y fam. Tropezar.

beso m. Roce suave o caricia que se hace con los labios, como señal de amor o amistad.

bestia f. Animal cuadrúpedo, especialmente el doméstico de carga. || com. fig. Persona ruda e ignorante.

besugo m. Pez marino de color rojizo, cuya carne, blanca y sabrosa, es muy apreciada para comer.

betún m. Crema o líquido para lustrar el calzado.

biberón m. Utensilio para la lactancia artificial.

biblia f. Conjunto de los libros del Antiguo y Nuevo Testamento.

bibliografía f. Descripción, conocimiento de libros, de sus ediciones, etc. || Relación de libros o escritos referentes a una materia determinada.

biblioteca f. Local donde se tiene considerable número de libros ordenados para su lectura o consulta. || Colección de libros. || Mueble para colocar libros.

bicarbonato m. Sal del ácido carbónico; es una sustancia de color blanco que, disuelta en agua, ayuda a hacer la digestión.

bíceps adj. [Músculos] pares que tienen por arriba dos porciones o cabezas, especialmente el del brazo. También m.

bicho m. Animal pequeño. || fam. Niño travieso || fig. Persona mala.

bicicleta f. Vehículo de dos ruedas iguales. La delantera es directriz y la trasera motriz.

bicoca f. fig. y fam. Ganga.

bidé m. Lavabo de asiento.

bidón m. Recipiente con cierre hermético para transportar líquidos.

biela f. Barra que en las máquinas transforma un movimiento de vaivén en otro de rotación, o viceversa.

bien m. Lo que en sí mismo tiene el complemento de la perfección, o lo que es objeto de la voluntad. || Objeto que satisface una necesidad. || Lo que enseña la moral que se debe hacer, o lo que es conforme al deber. || Utilidad, beneficio. || adj. De buena posición social. || Sano. || adv. Perfecta o acertadamente. || Con gusto, de buena gana. || Mucho, muy. || Repetido, hace las veces de conj. distributiva. || m. pl. Hacienda, riqueza.

bienaventurado, da adj. Afortunado, feliz.

bienestar m. Comodidad. || Abundancia, riqueza.

bienhechor, ra adj. Que hace el bien. || Protector.

bienio m. Tiempo de dos años.

bienvenida f. Venida o llegada feliz. || Parabién.

bies m. Trozo de tela cortado en diagonal.

bife m. *amer*. Trozo de carne que se sirve asada o a la plancha. || *amer*. Bofetada.

bifocal adj. [Gafas] cuyos cristales están graduados para ver tanto de lejos como de cerca.

bifurcarse prnl. Dividirse en dos ramales, brazos o puntas.

bigamia f. Estado del hombre o mujer casados con dos personas al mismo tiempo.

bigardo, da adj. y s. Alto, de gran estatura.

bigote m. Pelo que crece sobre el labio de arriba.

bilateral adj. Relativo a ambos lados. || [Acuerdo, contrato, o negociación] en la que intervienen dos partes.

bilingüismo m. Uso habitual de dos lenguas en una misma región.

bilis f. Humor amargo, de color amarillo o verdoso, segregado por el hígado.

billar m. Juego que se practica sobre una mesa rectangular forrada con un paño verde, en la que hay varias bolas que se golpean con un palo largo llamado taco. || Mesa en que se juega. || Lugar donde está el billar.

billete m. Tarjeta que da derecho para entrar u ocupar asiento en alguna parte o para viajar en un vehículo. || Cédula que acredita participación en una rifa o lotería. || Cédula impresa que representa cantidades de dinero en metálico.

billón m. Un millón de millones.

binario, ria adj. Compuesto de dos elementos, unidades o guarismos.

bingo m. Juego de azar parecido a la lotería con cartones. || Premio que se entrega al ganador. || Sala donde se juega.

binóculo m. Anteojo con lentes para ambos ojos.

binomio m. Expresión compuesta de dos términos algebraicos separados por los signos de suma o resta.

biodegradable adj. [Sustancia] que se descompone por un proceso natural biológico.

biografía f. Historia de la vida de una persona.

biología f. Ciencia que trata de los seres vivos, considerándolos en su doble aspecto morfológico y fisiológico.

biombo m. Mampara compuesta de varios bastidores articulados.

biopsia f. Procedimiento de investigación clínica que consiste en separar del organismo vivo una porción de un órgano determinado para practicar su examen histológico.

bioquímica f. Parte de la química que estudia la composición y las transformaciones químicas de los seres vivos.

biosfera f. Conjunto de los medios en que se desenvuelve la vida vegetal y animal. || Conjunto que forman los seres vivos con el medio en que se desarrollan.

bipartidismo m. Sistema político en el que hay dos partidos principales que compiten por el poder.

bípedo, da o **bípede** adj. y s. De dos pies.

biquini m. Bañador de mujer de dos piezas de reducidas dimensiones.

birlar tr. Quitar algo, robar.

birria f. Mamarracho, adefesio. || Persona o cosa de poco valor o importancia.

bis adv. cant. Se emplea para dar a entender que una cosa debe repetirse o está repetida. || m. Repetición de una obra musical o recitada para corresponder a los aplausos del público.

bisabuelo, la m. y f. Respecto de una persona, el padre o la madre de su abuelo o de su abuela.

bisagra f. Herraje de dos piezas que permite el giro de puertas y ventanas.

bisbisar o **bisbisear** tr. fam. Musitar.

bisexual adj. y com. Hermafrodita. || [Persona] que mantiene relaciones sexuales con personas de su mismo sexo o del contrario, indistintamente.

bisiesto adj. y m. [Año] de 366 días. Excede del común en un día, que se añade al mes de febrero. Se repite cada cuatro años.

bisnieto, ta m. y f. Respecto de una persona, hijo o hija de su nieto o de su nieta.

bisojo, ja adj. y s. Persona que padece estrabismo.

bisoñé m. Peluca que cubre solo la parte anterior de la cabeza.

bisoño, ña adj. y s. Soldado o tropa nuevos. || fig. y fam. Nuevo, inexperto.

bistec m. Filete de carne de vaca frito o a la parrilla.

bisturí m. Instrumento cortante usado en cirugía.

bisutería f. Objetos de adorno, como pendientes, sortijas o pulseras, que no están fabricados con materiales preciosos, aunque los imitan.

bit m. En informática, unidad de medida de la capacidad de memoria de un ordenador.

bitácora f. Armario situado cerca del timón, en que se pone la brújula.

bizantino, na adj. De Bizancio. || fig. [Discusión] baldía o demasiado sutil.

bizco, ca adj. Bisojo. También s. || [Ojo y mirada] torcidos.

bizcocho m. Pan sin levadura que se cuece dos veces para que se seque y dure mucho. || Masa de harina, huevos y azúcar cocida al horno.

biznieto, ta m. y f. Bisnieto.

blanco, ca adj. De color de nieve o leche. También s. || [Raza] europea o caucásica. También s. || m. Objeto para ejercitarse en el tiro y puntería. || Intermedio entre dos cosas.

blandir tr. Mover un arma u otra cosa con movimiento oscilante o vibratorio.

blando, da adj. Tierno, suave, que cede fácilmente al tacto. || fig. Falto de violencia, fuerza o intensidad. || Benévolo, falto de energía o severidad. || Débil de carácter.

blasfemia f. Palabra o expresión injuriosa contra Dios o las cosas sagradas.

blasón m. Arte de explicar y describir los escudos de armas. || Figura de un escudo. || Escudo de armas. || Honor, fama.

bledo m. fig. Cosa insignificante, de poco o ningún valor.

blindar tr. Revestir con chapas metálicas de protección.

bloc m. Conjunto de hojas de papel en blanco.

blondo, da adj. Rubio, claro. || f. Encaje de seda.

bloque m. Trozo grande de piedra u hormigón. || Conjunto de hojas de papel superpuestas y pegadas por uno de sus cantos. || Agrupación ocasional de partidos políticos. || Manzana de casas. || Conjunto de países que, en torno a otro de mayor ascendencia mundial, mantienen características ideológicas, políticas, militares y económicas comunes.

bloquear tr. Cortar las comunicaciones de una ciudad, puerto, territorio, etc. || Detener, frenar el funcionamiento de un mecanismo o el desarrollo de un proceso. || Interrumpir la prestación de un servicio por la interposición de un obstáculo o por el exceso de demanda. || Inmovilizar la autoridad una cantidad, cuenta o crédito.

blues m. Tipo de canción de tono triste y ritmo repetitivo, que tiene su origen en la población negra de los Estados Unidos de América.

blusa f. Prenda de vestir, amplia y con mangas, que cubre la parte superior del cuerpo.

boato m. Ostentación, lujo.

bobina f. Carrete. || Rollo de hilo, cable, papel, etc. || Cilindro de hilo conductor devanado. || Cilindro con dos discos laterales, en el que se enrolla la película cinematográfica.

boa f. Serpiente americana de gran tamaño, no venenosa, que mata a sus presas comprimiéndolas con su cuerpo.

bobo, ba adj. y s. De poco entendimiento y capacidad.

boca f. Órgano del aparato digestivo de los animales, destinado a la recepción del alimento. || Pinza de las patas delanteras de los crustáceos. || Parte afilada de algunas herramientas. || fig. Entrada o salida. || fig. Abertura, agujero.

bocacalle f. Entrada de una calle.

bocadillo m. Trozo de pan que se abre por la mitad y se rellena con diversos alimentos. ‖ Pompa o globo que sale de la boca de los personajes de cómics y tebeos y que contiene sus palabras o pensamientos. ‖ *amer.* Dulce que en unas partes se hace de coco y en otras de batata.

bocado m. Cantidad de comida que cabe de una vez en la boca. ‖ Un poco de comida. ‖ Mordisco. ‖ Pedazo de cualquier cosa que se arranca con la boca. ‖ Freno de las caballerías.

bocajarro (a) loc. adv. A quemarropa. ‖ fig. De improviso, inopinadamente.

bocanada f. Cantidad de aire, humo o líquido que se toma en la boca de una vez. ‖ Por ext., cualquier porción de humo, aire, etc., que sale o entra de alguna abertura.

boceras com. pl. Bocazas, persona habladora y jactanciosa.

boceto m. Esbozo o bosquejo que hace el artista antes de empezar una obra, que sirve de base a la definitiva. ‖ fig. Esquema, croquis.

boche f. *amer.* Desaire. ‖ *amer.* Pelea, pendencia. ‖ *amer.* Fiesta bulliciosa.

bochinche m. Tumulto, barullo.

bochorno m. Aire caliente en el estío. ‖ Calor sofocante. ‖ Sofocación. ‖ fig. Rubor, vergüenza.

bocina f. Instrumento de metal, en forma de trompeta, para hablar a distancia. ‖ Aparato acústico de los automóviles.

boda f. Casamiento y fiesta con que se solemniza.

bodega f. Lugar donde se guarda y cría el vino. ‖ Almacén o tienda de vinos. ‖ Despensa. ‖ Espacio interior de los buques.

bodrio m. Caldo con algunas sobras de sopa, mendrugos, verduras y legumbre. ‖ Guiso mal aderezado. ‖ Cosa mal hecha.

bofetada f. Golpe que se da en el carrillo con la mano abierta.

bogar intr. Remar.

bogavante m. Crustáceo marino parecido a la langosta, con dos grandes pinzas en las patas delanteras y de carne muy apreciada.

bohemio, mia adj. y s. De Bohemia. ‖ Gitano. ‖ [Persona] inconformista, que lleva una vida libre y no convencional. ‖ [Vida] que tiene estas características. También f.

boicot o **boicoteo** m. Presión que se ejerce sobre una persona o entidad suprimiendo o dificultando cualquier relación con ella.

boina f. Gorra sin visera, redonda y chata.

bol m. Taza grande sin asas.

bola f. Cuerpo esférico. ‖ Juego que consiste en tirar con la mano una bola de hierro. ‖ En algunos juegos de naipes, lance que consiste en hacer uno todas las bazas. ‖ Canica. ‖ fig. y fam. Embuste, mentira.

boleadoras f. pl. Conjunto de dos o tres bolas de piedra u otra materia pesada, usado en América del Sur para cazar animales.

bolera f. Lugar destinado al juego de bolos.

bolero, ra adj. y s. fig. y fam. Que dice muchas mentiras. || m. Canción melódica lenta, de tema amoroso, originaria de las Antillas. || Baile popular español. || Música y canto de este baile. || Chaquetilla corta de señora.

boletería f. *amer.* Taquilla, casillero o despacho de billetes.

boletín m. Publicación especial de asuntos científicos, artísticos, históricos o literarios.

boleto m. *amer.* Billete.

boliche m. Bola pequeña. || Juego de bolos. || Bolera. || *amer.* Establecimiento comercial de poca importancia, especialmente en el que se despachan y consumen bebidas y comestibles.

bólido m. Automóvil que alcanza gran velocidad, especialmente el que participa en carreras.

bolígrafo m. Utensilio para escribir cargado con tinta especial y una bolita metálica en la punta.

bolilla f. *amer.* Bola pequeña numerada que se usa en los sorteos. || *amer.* Cada uno de los temas numerados en que se divide el programa de una materia para su enseñanza.

boliviano, na adj. y s. De Bolivia.

bollo m. Pieza esponjosa de varias formas y tamaños, hecha con masa de harina y agua y cocida al horno. || Abolladura. || fig. Hinchazón.

bolo m. Trozo de palo labrado, con base plana. || pl. Juego que consiste en derribar con bolas los palos llamados bolos.

bolsa f. Especie de saco que sirve para llevar o guardar algo. || Saquillo en el que se echaba dinero. || Cierta arruga del vestido. || Reunión oficial de los que operan con efectos públicos. || Lugar donde se celebran estas reuniones.

bolsear tr. *amer.* Quitarle a alguien furtivamente algo de valor.

bolsillo m. Bolsa en que se guarda el dinero. || Saquillo cosido en la ropa y que sirve para meter en él cosas.

bolso m. Bolsa de mano frecuentemente pequeña, en general usada por las mujeres para llevar dinero, documentos, objetos de uso personal, etc.

bomba f. Máquina para elevar un líquido. || Cualquier pieza hueca, llena de materia explosiva y provista del artificio necesario para que estalle en el momento conveniente. || fig. Información inesperada que se suelta de improviso y causa estupor.

bombacha f. *amer.* Calzón o pantalón bombacho usado en el campo. También en pl.

bombacho adj. y m. [Pantalón] ancho y ceñido por abajo.

bombardear tr. Arrojar o disparar bombas. ‖ fig. Acosar a preguntas.

bombardero m. Avión especialmente dispuesto y equipado para lanzar bombas.

bombear tr. Elevar o empujar un líquido o un gas por medio de una bomba o de un objeto que funciona de forma semejante. ‖ Lanzar por alto una pelota o balón haciendo que siga una trayectoria parabólica.

bombero, ra m. y f. Cada uno de los operarios encargados de extinguir los incendios.

bombilla f. Globo de cristal en el que se ha hecho el vacío y dentro del cual va colocado un hilo de platino, carbón, tungsteno, etc., que al paso de una corriente eléctrica se pone incandescente. ‖ *amer.* Caña delgada, usada para sorber el mate en América, que termina en forma de almendra agujereada, para que pase la infusión y no la hierba del mate.

bombillo m. *amer.* Bombilla eléctrica.

bombín m. Sombrero hongo. ‖ Bomba de aire pequeña usada sobre todo para hinchar balones y neumáticos de bicicleta.

bombo m. Tambor muy grande que se emplea en las orquestas y en las bandas militares. ‖ Persona que toca este instrumento. ‖ Caja cilíndrica o esférica y giratoria que sirve para efectuar sorteos.

bombón m. Pequeño dulce de chocolate.

bombona f. Vasija metálica muy resistente, que sirve para contener gases a presión y líquidos muy volátiles.

bonachón, ona adj. y s. fam. De carácter bueno y amable.

bonanza f. Tiempo tranquilo en el mar. ‖ fig. Prosperidad.

bondad f. Calidad de bueno. ‖ Natural inclinación a hacer el bien. ‖ Blandura y apacibilidad de genio.

bonete m. Gorro, comúnmente de cuatro picos, usado por los eclesiásticos.

bongo m. *amer.* Especie de canoa usada por los indios de América Central. ‖ *amer.* Balsa de maderos para pasaje y carga.

boniato m. Batata, raíz parecida a la patata pero de sabor más dulce.

bonificar tr. Tomar en cuenta y asentar una partida en el haber. ‖ Conceder, por algún concepto, un aumento, generalmente proporcional y reducido, en una cantidad que alguien ha de cobrar o un descuento en la que ha de pagar.

bonito, ta adj. Lindo, agraciado. ‖ m. Pez parecido al atún, pero más pequeño y muy sabroso.

bono m. Vale que puede canjearse por dinero o por algún pro-

bonoloto

ducto. ‖ Abono que permite disfrutar algún servicio durante una temporada.

bonoloto f. Lotería con apuestas que sirve para varios días y con diferentes premios según la cantidad de números que se acierten.

bonsái m. Técnica japonesa consistente en detener el crecimiento de los árboles con fines ornamentales. ‖ Árbol obtenido mediante esta técnica.

boñiga f. Excremento del ganado vacuno.

boquete m. Entrada angosta de un lugar. ‖ Abertura en una pared.

boquilla f. Pieza por donde se sopla en algunos instrumentos de viento. ‖ Tubo pequeño que sirve para fumar cigarros. ‖ Parte de la pipa que se introduce en la boca. ‖ Extremo anterior del cigarro puro. ‖ Filtro del cigarrillo.

borbollón m. Erupción del agua al hervir, manar, llover, etc.

borbotar intr. Nacer o hervir el agua impetuosamente o haciendo ruido.

borbotón m. Borbollón.

borda f. Canto superior del costado de un buque.

bordar tr. Adornar una tela con un dibujo en relieve hecho con aguja e hilo. ‖ Ejecutar algo con arte y primor.

borde adj. fam. Tosco, torpe. También com. ‖ m. Extremo u orilla de algo. ‖ En las vasijas, orilla o labio que tienen alrededor de la boca.

bordillo m. Borde de las aceras o cosas parecidas.

boreal adj. Septentrional.

borla f. Conjunto de hebras o cordoncillos sujeto por uno de sus cabos. ‖ Insignia de los doctores y licenciados universitarios.

borracho, cha adj. Ebrio, embriagado por la bebida. También s. ‖ Que se embriaga habitualmente. También s.

borrador m. Escrito de primera intención, en que se hacen o pueden hacerse adiciones, supresiones o enmiendas. ‖ Libro en que se anota algo que luego se pasa a otro definitivo. ‖ Goma de borrar. ‖ Utensilio para borrar la pizarra.

borrar tr. y prnl. Hacer desaparecer lo escrito o pintado. ‖ Quitar, hacer que desaparezca una cosa. ‖ Dar de baja.

borrasca f. Tempestad, temporal.

borrego, ga m. y f. Cordero o cordera de uno a dos años. ‖ Persona que se somete gregaria o dócilmente a la voluntad ajena.

borrico, ca m. y f. Asno. ‖ fig. y fam. Persona muy necia. También adj.

borriqueta f. Armazón o soporte en el que se apoya una madera o tablero.

borrón m. Mancha de tinta sobre el papel. ‖ Imperfección que

desluce o afea. || fig. Acción indigna que mancha y oscurece la reputación o fama.

borroso, sa adj. Escrito, dibujo o pintura cuyos trazos aparecen desvanecidos y confusos. || Que no se distingue con claridad.

bosnio, nia adj. y s. De Bosnia.

bosque m. Sitio poblado de árboles y otras plantas.

bosquejo m. Traza primera y no definitiva de una obra pictórica. || fig. Idea vaga de algo.

bostezar intr. Abrir la boca involuntariamente.

bota f. Odre pequeño con una boquilla con pitorro por donde se llena de vino y se bebe. || Cuba para guardar vino y otros líquidos. || Calzado que resguarda el pie y parte de la pierna.

botafumeiro m. Incensario colgado del techo.

botánica f. Rama de la biología que tiene por objeto el estudio de los vegetales.

botar tr. Arrojar, tirar, echar fuera. || Echar al agua un buque. || intr. Saltar la pelota, balón, etc., al chocar contra una superficie dura. || Dar botes, saltar.

botarate com. y adj. fam. Alocado, poco reflexivo.

bote m. Salto. || Vasija pequeña, comúnmente cilíndrica. || Barco pequeño, de remo y sin cubierta. || En bares y otros establecimientos públicos, caja para recoger las propinas. || Dinero que no se ha repartido en un sorteo por no haber aparecido acertantes y que se acumula para el siguiente.

botella f. Vasija de cristal, vidrio o barro cocido, con el cuello estrecho, que sirve para contener líquidos. || Contenido de una botella.

botellín m. Botella pequeña, especialmente la de cerveza.

botica f. Farmacia.

botijo m. Vasija de barro poroso, que se usa para refrescar el agua.

botín m. Despojo del enemigo. || Calzado que cubre parte de la pierna a la que se ajusta con botones, hebillas o correas.

botiquín m. Mueble para guardar medicinas. || Conjunto de estas medicinas.

botón m. Yema de un vegetal. || Flor cerrada y cubierta por las hojas. || Pieza pequeña para abrochar. || Pieza que al oprimirla hace funcionar a algunos aparatos eléctricos. || pl. usado en sing. Muchacho que hace los recados.

boutique f. Tienda pequeña para artículos de moda. || Tienda especializada en cualquier producto selecto.

bóveda f. Obra de fábrica curvada que cubre un espacio entre muros o pilares.

bóvido, da adj. y s. [Mamífero] rumiante con cuernos.

bovino, na adj. Relativo al toro o a la vaca. || [Mamífero] rumiante con el estuche de los cuernos liso, el hocico ancho y desnudo y la cola larga, con un mechón en el extremo. También s.

boxeo m. Deporte que consiste en la lucha de dos púgiles que solo pueden emplear los puños, enfundados en guantes especiales.

boya f. Cuerpo flotante que se pone en el agua como señal. || Corcho que se pone en la red para que no se hunda.

boyante adj. Próspero, que marcha bien.

bozal m. Esportilla que, colgada de la cabeza, se pone en la boca a las bestias de labor y de carga, para que no deterioren los sembrados. || Aparato que se pone en la boca a los perros para que no muerdan.

braga f. Prenda interior, generalmente ceñida, usada por las mujeres y los niños de corta edad, que cubre desde la cintura hasta el arranque de los muslos con aberturas para el paso de estos. También en pl.

braguero m. Aparato o vendaje destinado a contener las hernias o quebraduras.

bragueta f. Abertura de los pantalones por delante.

brahmanismo m. Religión de la India, hoy denominada oficialmente hinduismo.

braille m. Sistema de lectura y escritura para los ciegos que consiste en grabar los signos en relieve para poder descifrarlos a través del tacto.

bramido m. Voz del toro y de otros animales salvajes. || fig. Grito del hombre cuando está colérico y furioso. || fig. Ruido grande producido por el aire, el mar.

brandy (Voz i.) Coñac.

branquia f. Órgano respiratorio de muchos animales acuáticos. Más en pl.

brasa f. Leña o carbón encendidos.

brasero m. Pieza de metal, en la que se echan brasas para calentarse. || Aparato semejante pero con una resistencia eléctrica como fuente de calor.

brasileño, ña adj. y s. De Brasil.

bravata f. Amenaza proferida con arrogancia.

bravo, va adj. Valiente, que tiene ánimo para hacer frente a las situaciones difíciles. || [Animal] fiero, peligroso. || Muy enfadado, violento. || interj. Se usa para expresar entusiasmo.

braza f. Medida de longitud equivalente a 2 varas o 1,6718 m. || Estilo especial de natación.

brazalete m. Aro de metal que rodea el brazo y se usa como adorno.

brazo m. Miembro superior del cuerpo humano. || Parte de este miembro desde el hombro hasta el codo. || Pata delantera de los cuadrúpedos. || Lo que tiene forma de brazo. || Cada uno de los palos que salen desde la mitad del respaldo del sillón hacia adelante y que sirven para apoyar los brazos. || Ramificación. || Sección dentro de una asociación. || pl. Braceros, jornaleros.

brea f. Sustancia espesa y pegajosa que se obtiene de la madera de algunos árboles; mezclada con otros componentes, se extiende sobre las zonas donde se unen las maderas de los barcos, para evitar que entre agua.

brebaje m. Bebida, en especial la compuesta de ingredientes desagradables.

brecha f. Abertura que hace en la muralla la artillería. || Cualquier abertura hecha en una pared o edificio. || Rotura de un frente de combate. || Herida, especialmente la hecha en la cabeza.

brécol m. Col de color oscuro y cuyas hojas no se apiñan.

bregar intr. Luchar, reñir. || Trabajar afanosamente. || fig. Luchar con trabajos o dificultades.

breve adj. De corta duración o extensión. || Aplicado a palabra, grave. || m. Documento pontificio menos solemne que la bula. || adv. t. Pronto.

bribón, ona adj. y s. Haragán. || Pícaro, bellaco.

bricolaje m. Serie de pequeños trabajos o arreglos caseros.

brida f. Freno del caballo con las riendas y todo el correaje. || Reborde circular en el extremo de los tubos metálicos para acoplar unos a otros.

brigada f. Unidad integrada por dos o más regimientos de un arma determinada. || Categoría superior dentro de la clase de suboficial. || Conjunto de personas reunidas para ciertos trabajos.

brillante adj. Que despide o refleja luz. || Admirable o sobresaliente en algo. || m. Diamante tallado.

brillantina f. Cosmético para dar brillo y sujeción al cabello.

brillar intr. Resplandecer. || fig. Lucir o sobresalir en talento, hermosura, etc.

brinco m. Salto.

brindar intr. Manifestar, al ir a beber vino u otro licor, el bien que se desea a personas o cosas. || tr. Ofrecer voluntariamente algo a alguien. || fig. Invitar las cosas a que alguien se aproveche de ellas o las goce. || prnl. Ofrecerse voluntariamente a hacer alguna cosa.

brindis m. Gesto de levantar la copa de vino o de otro licor para expresar un deseo o festejar algo. || Lo que se dice al brindar.

brío m. Pujanza. || fig. Espíritu, resolución. || fig. Garbo, gallardía, gentileza.

brisa f. Viento fresco y suave.

británico, ca adj. y s. De Gran Bretaña.

brizna f. Filamento o hebra. || Parte delgada de alguna cosa.

broca f. Barrena que se usa con las máquinas de taladrar.

brocado m. Tela de seda entretejida con oro o plata. || Tejido fuerte, todo de seda, con dibujo de distinto color que el del fondo.

brocha f. Escobilla de cerda con mango que sirve para pintar. || Pincel para enjabonar la barba.

broche m. Conjunto de dos piezas para engancharse entre sí. || Adorno de joyería que se prende en la ropa.

broma f. Lo que se dice o se hace a alguien para reírse, sin intención de molestar. || Diversión, guasa. || Cosa sin importancia, pero que tiene malas consecuencias.

bronca f. Disputa ruidosa. || Represión áspera. || Manifestación colectiva y ruidosa de desagrado. || *amer*. Enojo, enfado, rabia.

bronce m. Aleación de cobre y estaño de color amarillo rojizo, muy tenaz y sonoro.

broncear tr. Dar color de bronce. || prnl. Ponerse morena la piel por efecto de los rayos del sol.

bronco, ca adj. Tosco, áspero. || fig. [Voz] desagradable y áspera.

bronquio m. Cada uno de los dos conductos en que se bifurca la tráquea y que entran en los pulmones. Más en pl.

bronquiolo o **bronquíolo** m. Cada una de las últimas ramificaciones de los bronquios. Más en pl.

bronquitis f. Inflamación aguda o crónica de la mucosa de los bronquios.

brotar intr. Salir la planta de la tierra. || Salir en la planta renuevos, flores, hojas, etc. || Manar el agua de los manantiales. || Salir algo a la superficie, manifestarse de repente.

brote m. Tallo nuevo de una planta. || Primera aparición de algo que no se esperaba.

bruces (de) loc. adv. Boca abajo.

brujería f. Práctica supersticiosa atribuida a personas que se supone tienen pacto con el diablo o con espíritus malignos.

brujo, ja m. y f. Persona que practica la brujería. || m. Mago de una tribu. || f. Mujer fea, gruñona o de malas intenciones. || adj. Que hechiza.

brújula f. Instrumento que sirve para orientarse, porque tiene una aguja imantada que siempre señala hacia el norte.

bruma f. Niebla, especialmente la que se forma sobre el mar.

bruñir tr. Dar lustre a una cosa.

brusco, ca adj. áspero, desapacible. || Rápido, repentino.

bruto, ta adj. Necio, incapaz. También s. ‖ Vicioso. ‖ [Peso] total, sin descontar la tara. ‖ [Sueldo] sin descuentos. ‖ m. Animal irracional.

bucanero m. Pirata que saqueaba las posesiones españolas de ultramar en los ss. XVII y XVIII.

bucear intr. Nadar debajo del agua. ‖ Estudiar o investigar sobre algo.

buche m. Bolsa membranosa que comunica con el esófago de las aves. ‖ Porción de líquido que cabe en la boca. ‖ fam. Estómago.

bucle m. Rizo del pelo, largo y en forma de espiral.

budín m. Dulce hecho con bizcocho o pan deshecho en leche, frutas y azúcar. También, plato parecido a este aunque no sea dulce.

budismo m. Doctrina filosófica, religiosa y moral fundada en la India en el s. VI a. C. por Buda.

buen adj. apóc. de *bueno*. Se usa precediendo a un sustantivo o a un verbo en infinitivo.

buenaventura f. Buena suerte. ‖ Adivinación que hacen las gitanas de la suerte de las personas.

bueno, na adj. Que tiene bondad en su género. ‖ A propósito para alguna cosa. ‖ Gustoso, divertido. ‖ Sano. ‖ No deteriorado y que puede servir. ‖ Bastante, suficiente. ‖ fam. [Persona] de gran atractivo físico. ‖ adv. De acuerdo. ‖ Basta.

buey m. Toro castrado.

bufanda f. Prenda con que se abriga el cuello y la boca.

bufar intr. Resoplar con furor el toro y el caballo y otros animales. ‖ fig. y fam. Manifestar ira o extremo enojo de algún modo.

bufé m. Comida compuesta de alimentos calientes y fríos, expuestos a la vez en una mesa para que los comensales se sirvan solos. ‖ Local donde se sirve este tipo de comida.

bufete m. Mesa de escribir con cajones. ‖ fig. Estudio o despacho de un abogado.

bufón, ona m. y f. Persona vestida grotescamente que vivía en los palacios dedicada a hacer reír al rey y al resto de la corte. ‖ Payaso, individuo que intenta hacer reír.

buhardilla f. Ventana en el tejado de una casa. ‖ Último piso de un edificio, situado debajo del tejado, que tiene el techo inclinado.

buhonero, ra m. y f. Vendedor ambulante que vende chucherías y objetos de poco valor.

bujía f. Vela de cera blanca o parafina. ‖ Pieza que en los motores de combustión sirve para que salte la chispa eléctrica.

bulerías f. pl. Cante o baile popular andaluz de ritmo vivo.

bulevar m. Calle generalmente ancha y con árboles.

búlgaro, ra adj. y s. De Bulgaria.

bulimia f. Enfermedad cuyo principal síntoma es el hambre exagerada e insaciable.

bulla f. Griterío. || Concurrencia de mucha gente.

bullicio m. Ruido y rumor de mucha gente. || Movimiento y actividad de la gente.

bullir intr. Hervir un líquido. || Agitarse una masa de personas, animales u objetos.

bulo m. Noticia falsa propalada con algún fin.

bulto m. Volumen de cualquier cosa. || Cuerpo que por alguna circunstancia no se distingue lo que es. || Elevación causada por cualquier hinchazón. || Fardo, maleta, baúl, etc., hablando de transportes o viajes.

bumerán m. Arma arrojadiza, característica de los indígenas australianos, que vuelve al punto de partida.

bungalow (Voz i.) m. Casa de campo o playa de construcción ligera.

bunker o **búnker** m. Fortificación, a menudo subterránea, para defenderse de los bombardeos.

buque m. Barco grande y sólido, adecuado para navegaciones de importancia.

burbuja f. Glóbulo de aire que se forma en los líquidos.

burdel m. Casa de prostitución.

burdeos adj. y m. Color rojo oscuro, que tira a morado, parecido al del vino.

burdo, da adj. Tosco, grosero.

burguesía f. Conjunto de los ciudadanos de las clases medias y acomodadas.

buril m. Instrumento para grabar sobre metales.

burla f. Acción o palabras con que se ridiculiza a personas o cosas. || Engaño.

burlar tr. Esquivar algo o a alguien con astucia. Más c. prnl. || prnl. Hacer burla de personas o cosas. También intr.

burocracia f. Conjunto de normas, papeles y trámites necesarios para gestionar cualquier asunto en un despacho u oficina. || Complicación y lentitud excesiva en la realización de estas gestiones, particularmente las que dependen de la administración de un Estado. || Influencia excesiva de los funcionarios públicos en los negocios del Estado. || Conjunto de funcionarios públicos.

burro, rra m. y f. Asno, animal. || fig. y fam. Persona laboriosa y de mucho aguante. || fig. y fam. Persona de poco entendimiento. También adj.

bursátil adj. De la bolsa, sus operaciones y valores cotizables, o relacionado con ellos.

busca m. Aparato con un determinado radio de acción que permite localizar al que lo lleva y enviarle un mensaje.

buscar tr. Hacer algo para hallar o encontrar alguna persona o cosa. ‖ Provocar.

busto m. Escultura o pintura de la cabeza y parte superior del tórax. ‖ Parte superior del cuerpo humano.

butaca f. Silla de brazos con el respaldo inclinado hacia atrás. ‖ Asiento de la planta baja de cines y teatros.

butano m. Hidrocarburo gaseoso natural o derivado del petróleo que se emplea como combustible, envasado en bombonas a presión.

buzo m. El que se dedica profesionalmente a trabajar sumergido en el agua. ‖ Nombre dado a algunas prendas de vestir de una sola pieza.

buzón m. Conducto por donde desaguan los estanques. ‖ Abertura por donde se echan las cartas para el correo. ‖ Por ext., caja preparada para este fin. ‖ fig. Boca enorme.

byte (Voz i.) m. En informática, unidad de medida de la capacidad de memoria de un ordenador o de un disco magnético, equivalente a ocho bits.

C

c f. Tercera letra del alfabeto español y segunda de sus consonantes. Su nombre es *ce*. || Cien en la numeración romana.

cabal adj. Exacto, preciso. || fig. Completo, perfecto.

cábala f. Conjetura, suposición. || Conjunto de doctrinas que surgieron entre los judíos para explicar el sentido de los libros del Antiguo Testamento.

cabalgar intr. Montar a caballo. También tr.

cabalgata f. Comparsa de jinetes, carrozas, bandas de música, etc.

caballería f. Caballo, mulo, asno o cualquier animal que sirve para cabalgar. || Cuerpo de soldados a caballo. || Institución de los caballeros que hacían profesión de las armas. || Orden militar.

caballeriza f. Sitio destinado para estancia de los caballos y bestias de carga.

caballero m. Hidalgo de calificada nobleza. || El que pertenece a alguna de las órdenes de caballería. || El que se porta con nobleza y generosidad || Señor, tratamiento de cortesía. || Hombre. Se emplea para referirse a lo relativo al hombre.

caballete m. Soporte donde se coloca el cuadro para pintar. || Pieza formada por un madero horizontal apoyado en dos palos cruzados que sirve de soporte a un tablero usado como mesa.

caballo m. Mamífero équido, grande y fuerte, que se domestica fácilmente, muy útil al hombre como montura y animal de tiro. || Pieza del juego de ajedrez, la única que salta sobre las demás. || Naipe que representa un caballo con su jinete. || Aparato gimnástico. || fam. Heroína, droga.

cabaña f. Casa tosca hecha en el campo. || Grupo de cabezas de ganado.

cabaret (Voz fr.) m. Nombre que se da a salas donde se baila y se dan espectáculos variados, especialmente nocturnos.

cabecera f. Principio o parte principal de algunas cosas. || Parte de la cama donde se ponen las almohadas. || Origen de un río. || Título o adorno que se pone al

cabecilla m. Jefe de rebeldes. ‖ Individuo más importante de un grupo o de una banda.

cabellera f. El pelo de la cabeza.

cabello m. Cada uno de los pelos que nacen en la cabeza. ‖ Conjunto de todos ellos.

caber intr. Poder contenerse una cosa dentro de otra. ‖ Poder entrar algo por una abertura o agujero. ‖ Corresponderle o pertenecerle algo a alguien. ‖ Ser algo posible.

cabero, ra adj. *amer.* Último.

cabestrillo m. Banda pendiente del hombro para sostener la mano o el brazo lastimados.

cabestro m. Ronzal que se ata a la cabeza o al cuello de la caballería. ‖ Buey manso que sirve de guía a los toros.

cabeza f. Parte superior del cuerpo del hombre y superior o anterior del de muchos animales. ‖ Principio o parte extrema de una cosa. ‖ Cráneo. ‖ Juicio, talento, intelecto. ‖ fig. Persona, individuo. ‖ fig. Res. ‖ Parte de los magnetófonos que sirve para grabar, borrar o reproducir lo grabado. ‖ m. Jefe de una familia, comunidad, corporación, etc.

cabezota adj. y com. Que no cambia fácilmente de opinión.

cabildo m. Comunidad de eclesiásticos capitulares de una iglesia. ‖ Ayuntamiento, corporación. ‖ Junta celebrada por un cabildo. ‖ Sala donde se celebra. ‖ Corporación que en Canarias representa a los pueblos de cada isla.

cabina f. Pequeño departamento, generalmente aislado. ‖ Locutorio individual de teléfono. ‖ En los cines, recinto aislado donde están los aparatos de proyección. ‖ En aeronaves, camiones y otros vehículos automóviles, espacio reservado para el conductor y personal técnico.

cabizbajo, ja adj. Persona que tiene la cabeza inclinada hacia abajo por abatimiento o tristeza. ‖ Preocupado.

cable m. Maroma gruesa. ‖ Cordón más o menos grueso formado por uno o varios hilos conductores, que se emplea en electricidad, en las comunicaciones telegráficas o telefónicas, etc. ‖ Telegrama o mensaje escrito transmitido a larga distancia por un conductor eléctrico submarino. ‖ fig. Pequeña ayuda que se presta a alguien para hacerle salir de un apuro.

cabo m. Cualquiera de los extremos de las cosas. ‖ Extremo que queda de alguna cosa. ‖ Hilo o hebra. ‖ Punta de tierra que penetra en el mar. ‖ Fin, término de una cosa. ‖ Individuo de la clase de tropa inmediata superior al soldado.

cabra f. Mamífero rumiante doméstico, con cuernos huecos y vueltos hacia atrás.

cabracho m. Pez marino de color rojizo, con la boca saliente y una aleta dorsal que recorre todo su cuerpo; su carne es muy apreciada.

cabrear tr. fig. y fam. Enfadar. Más c. prnl.

cabriola f. Brinco que dan los que danzan, cruzando varias veces los pies en el aire. || fig. Voltereta o salto en el aire.

cabrón, ona adj. y s. vulg. Persona de mala índole. || m. Macho de la cabra, con grandes cuernos y un gran mechón debajo de la mandíbula inferior. || fig. y vulg. Marido de mujer adúltera.

caca f. fam. Excremento humano. || fig. y fam. Suciedad, inmundicia. || fig. y fam. Cosa mal hecha.

cacahuete m. Planta procedente de América, con fruto en legumbre que penetra en el suelo para madurar. || Fruto de esta planta.

cacao m. Árbol de América cuyo fruto se emplea como principal ingrediente del chocolate. || Semilla de este árbol. || Polvo obtenido moliendo esta semilla, que se consume solo o disuelto en leche. || fig. Jaleo, follón, escándalo.

cacarear intr. Cantar el gallo o la gallina.

cacastle m. amer. Armazón de madera para llevar algo a cuestas. || amer. Especie de banasta para transportar frutos, hortalizas, etc. || amer. Esqueleto de los vertebrados, especialmente del hombre.

cacerola f. Vasija con asas o mango para guisar.

cacha f. Cada una de las dos piezas que forman el mango de las navajas y de algunos cuchillos. Más en pl. || fam. Nalga.

cacharpas f. pl. amer. Trastos de poco valor.

cacharpaya f. amer. Fiesta con que se despide al carnaval y, en ocasiones, al viajero.

cacharro m. Vasija tosca. || fam. Aparato viejo. || Vasija o recipiente para usos culinarios.

cachava f. Cayado.

cachear tr. Registrar a alguien.

cachete m. Golpe que se da con la mano en la cabeza o en la cara. || Carrillo de la cara, y especialmente el abultado.

cachetón, ona adj. amer. De carrillos abultados. || amer. Vanidoso.

cachimba f. Pipa para fumar.

cachimbo m. amer. Cachimba.

cachiporra f. Palo que termina en una bola. || adj. amer. Farsante, vanidoso.

cachiporrearse prnl. amer. Jactarse, alabarse de alguna cosa.

cacho m. Pedazo pequeño de alguna cosa. || amer. Racimo de bananas. || amer. Cuerno de animal. || amer. Cubilete de dados.

cachondearse prnl. fam. Burlarse de algo o de alguien.

cachondeo m. fam. Burla o broma. ‖ Juerga. ‖ Falta de seriedad o de orden.

cachorro, rra m. y f. Perro de poco tiempo. ‖ Cría de otros mamíferos.

cacique m. Jefe de una tribu de indios. ‖ com. fig. y fam. Persona que en un pueblo o comarca ejerce excesiva influencia. ‖ fig. y fam. Déspota.

caco m. fig. Ladrón.

cacofonía f. Vicio del lenguaje, que consiste en la repetición frecuente de unas mismas sílabas o letras.

cacto o **cactus** m. Planta cactácea, de tallo grueso acostillado y verrugoso con pelos y espinas.

cada Pronombre de función adjetiva que establece una correspondencia distributiva.

cadalso m. Tablado que se levanta para un acto solemne, y en especial el que se utilizaba para ajusticiar a los condenados a muerte.

cadáver m. Cuerpo muerto.

cadena f. Serie de eslabones enlazados entre sí. ‖ fig. Sometimiento, dominio. ‖ Sucesión de cosas, acontecimientos, etc. ‖ Serie de montañas. ‖ fig. Conjunto de establecimientos pertenecientes a una sola empresa o sometidos a una sola dirección. ‖ Conjunto de instalaciones destinadas a la fabricación sucesiva de las distintas fases de un proceso industrial. ‖ Sistema de reproducción del sonido, que consta básicamente de tocadiscos, magnetófono, radiorreceptor, amplificador y altavoces. ‖ Conjunto de centros emisores que emiten simultáneamente el mismo programa de radio o televisión.

cadencia f. Serie de sonidos, movimientos o acciones que se suceden de un modo regular. ‖ Ritmo, compás.

cadera f. Cada una de las dos partes salientes formadas por los huesos superiores de la pelvis.

cadete m. Alumno de una academia militar. ‖ *amer*. Aprendiz o recadero de un establecimiento comercial.

caducar intr. Estropearse algunas cosas, especialmente los alimentos o las medicinas, por haber pasado el tiempo previsto para usarlas. ‖ Prescribir, perder su validez una ley, testamento, contrato, etc.

caducidad f. Hecho de estropearse o perder su valor algunas cosas, porque ha pasado el tiempo previsto para usarlas.

caduco, ca adj. Decrépito, muy anciano. ‖ Perecedero, poco durable. ‖ Gastado, obsoleto. ‖ [Hoja] que se cae todos los años.

caer intr. Venir un cuerpo de arriba abajo por la acción de su propio peso. También prnl. ‖ Per-

café

der un cuerpo el equilibrio. También prnl. || Desprenderse una cosa del lugar u objeto a que estaba adherida. También prnl. || fig. Dejar de ser, desaparecer. || fig. Sentar bien o mal. || fig. Perder la prosperidad, fortuna, empleo o favor. || fig. Llegar a comprender algo, darse cuenta de ello. || fig. Dejar de ser, desaparecer.

café m. Cafeto. || Semilla del cafeto. || Bebida que se hace por infusión con esta semilla tostada y molida. || Casa o sitio público donde se vende y toma esta bebida.

cafeína f. Alcaloide blanco, estimulante del sistema nervioso. Se encuentra en el café, té, cola, mate, cacao, y otros vegetales. Se llama también teína.

cafetería f. Establecimiento donde se sirve café y otras bebidas.

cafetero, ra adj. Del café o relacionado con él. || adj. y s. [Persona] muy aficionada a tomar café. || m. y f. Persona que recoge la cosecha del café o que lo vende en sitio público. || f. Recipiente donde se hace o se sirve café.

cafeto m. Árbol tropical, de hojas persistentes muy verdes y flores blancas, cuyo fruto en baya roja con dos semillas es el café.

cafre adj. y com. Sin modales, muy bruto.

cagar intr., tr. y prnl. Evacuar el vientre. || tr. fig. y fam. Manchar, deslucir, echar a perder alguna cosa.

cagarruta f. Cada una de las porciones del excremento del ganado menor y de ciervos, gamos, corzos, conejos y liebres.

caja f. Pieza hueca de varias formas y tamaños que sirve para meter o guardar alguna cosa. || Mueble para guardar con seguridad dinero y objetos de valor. || Ataúd. || Parte exterior de madera que cubre y resguarda algunos instrumentos, como el órgano o el piano, o que forma parte del instrumento, como la guitarra o el violín. || Lugar o dependencia destinada en las tesorerías, bancos y casas de comercio para recibir o guardar dinero o valores equivalentes y para hacer pagos.

cajero, ra m. y f. Persona que en las tesorerías, bancos, etc., está encargada de la caja.

cajetilla f. Paquete de tabaco.

cajón m. Caja grande. || Cualquiera de los receptáculos de algunos muebles que se pueden sacar y meter en ciertos huecos donde se ajustan. || *amer.* Cañada larga por donde fluye algún río o arroyo. || *amer.* Ataúd.

cajonera f. Cajón situado debajo de los pupitres para guardar el material escolar. || Mueble formado por diversos cajones.

cal f. Óxido de calcio, sustancia blanca que al contacto del agua se hidrata o apaga hinchándose con desprendimiento de calor, y, mezclada con arena, forma la argamasa o mortero.

calabacín m. Fruto cilíndrico de corteza verde y carne blanca, producido por una de las especies de la calabacera.

calabaza f. Planta también llamada calabacera, de tallos que se arrastran por el suelo y flores amarillas, cuyo fruto es la calabaza. || Fruto de esta planta, de gran tamaño y formas variadas, comúnmente de color amarillo o anaranjado.

calabobos m. Lluvia menuda y continua.

calabozo m. Lugar donde se encierra a determinados presos o arrestados. || Celda de una cárcel. || Celda para presos incomunicados.

calafatear tr. Cerrar las junturas de las maderas de las naves con estopa y brea para que no entre agua.

calamar m. Molusco comestible, de cuerpo oval, con diez tentáculos y dos láminas laterales a modo de aletas. Posee una bolsa de tinta que expulsa cuando le persiguen.

calambre m. Contracción espasmódica, involuntaria y dolorosa de ciertos músculos. || Sensación de temblor que experimenta el cuerpo humano al recibir una pequeña descarga eléctrica.

calamidad f. Desgracia o infortunio. || fig. y fam. Persona incapaz, inútil o molesta.

calaña f. Naturaleza de una persona o cosa. Suele tener sentido negativo.

calar tr. Penetrar un líquido en un cuerpo permeable. || Atravesar un cuerpo con una espada, barrena, etc. || *amer.* Apabullar, confundir. || prnl. Mojarse una persona. || Pararse bruscamente un motor.

calato, ta adj. *amer.* Desnudo, en cueros.

calavera f. Conjunto de los huesos de la cabeza mientras permanecen unidos, pero despojados de la carne y de la piel. || m. Hombre libertino.

calcar tr. Sacar copia de un dibujo, inscripción o relieve por contacto con el original. || fig. Imitar o reproducir con exactitud y a veces servilmente.

calcetín m. Media que cubre el tobillo y parte de la pierna.

calcinar tr. Reducir a cal viva los minerales calcáreos. || Someter al calor los minerales de cualquier clase. || Quemar.

calcio m. Metal blanco, que, combinado con el oxígeno, forma la cal.

calco m. Copia de un dibujo, inscripción o relieve. || Plagio o imitación de algo. || Papel carbón para calcar.

calcomanía f. Papel o cartulina con una imagen que puede estamparse en cualquier objeto pegándola y levantando el papel cuidadosamente.

cálculo m. Cómputo de alguna cosa con operaciones matemáticas. || Conjetura. || Concreción anormal que se forma en el interior de algún tejido o conducto.

caldear tr. y prnl. Hacer que algo que antes estaba frío, aumente perceptiblemente de temperatura. || Excitar. || Animar, estimular el ánimo de un auditorio, de un ambiente, etc.

caldera f. Recipiente metálico cerrado donde se calienta el agua que luego circula por los tubos y radiadores de la calefacción. || Recipiente de metal, grande y redondo, que sirve para calentar o cocer alguna cosa.

calderilla f. Monedas de metal de valores bajos.

caldero m. Caldera pequeña. || Lo que cabe en él.

caldo m. Líquido que resulta de cocer en agua carne, pescado, legumbres, etc. || Cualquiera de los jugos vegetales destinados a la alimentación, especialmente el vino.

calé com. Gitano.

calefacción f. Sistema de producir calor. || Conjunto de aparatos destinados a calentar un edificio.

calefón m. *amer.* Calentador de agua para uso generalmente doméstico.

calendario m. Sistema de división del tiempo. || Lista de los días, semanas, meses, fiestas, etc., del año. || Previsión y distribución de un trabajo o actividad.

calentador m. Aparato que sirve para calentar, especialmente el agua de una vivienda. || Aparato que sirve para proporcionar calor, como los que antiguamente se metían en las camas antes de dormir. || Calcetín sin pie para calentar los tobillos, usado principalmente en gimnasia.

calentar tr. y prnl. Dar calor. || fig. Avivar, animar, enardecer. || fig. y fam. Golpear, pegar, azotar. || Excitar sexualmente. || prnl. fig. Enfervorizarse en la disputa o porfía.

calentura f. Fiebre. || *amer.* Descomposición por fermentación lenta que sufre el tabaco apilado.

calesita f. *amer.* Tiovivo.

calibre m. Diámetro interior o exterior de los cuerpos cilíndricos, e instrumento que sirve para medirlo. || fig. Tamaño, importancia, clase.

calidad f. Propiedad o conjunto de propiedades inherentes a una persona o cosa que permiten valorarla en relación con otra. || Superioridad, excelencia o conjunto de buenas cualidades.

cálido, da adj. Que da calor. || Caluroso. || Afectuoso.

caliente adj. Que tiene o produce calor. || fig. Excitado sexualmente. || [Color] dorado o rojizo.

califa m. Título de los príncipes sarracenos que ejercieron la

calificar tr. Apreciar o determinar las cualidades o circunstancias de una persona o cosa. ‖ Expresar o declarar este juicio. ‖ Juzgar el grado de suficiencia de un alumno u opositor en un examen o ejercicio. ‖ fig. Ennoblecer, ilustrar, acreditar. ‖ En gramática, denotar un adjetivo la cualidad de un sustantivo.

caligrafía f. Arte de escribir con letra clara y bien formada. ‖ Conjunto de rasgos que caracterizan la escritura de una persona, escrito, etc.

calima o **calina** f. Bruma, neblina.

cáliz m. Vaso sagrado donde se consagra el vino en la misa. ‖ Cubierta externa de las flores completas. ‖ fig. Padecimiento, amargura.

callampa f. *amer.* Seta. ‖ *amer.* Sombrero de fieltro.

callar intr. y prnl. No hablar, guardar silencio. ‖ Cesar de hablar, gritar, cantar, hacer ruido, etc. ‖ No manifestar lo que se siente o se sabe. También tr.

calle f. Vía en poblado. ‖ Espacio o camino limitado por dos líneas o hileras de cosas. ‖ fig. La gente, el público en general. ‖ fig. Libertad, por contrastre con cárcel, detención, etc. ‖ En deportes, franja por la que ha de desplazarse cada deportista.

callejear intr. Andar paseando sin rumbo fijo por las calles.

callejero, ra adj. Relativo a la calle. ‖ Que gusta de callejear. ‖ m. Lista de las calles de una ciudad.

callejón m. Paso estrecho y largo entre paredes, casas o elevaciones del terreno.

callejuela f. Calle estrecha y corta.

callo m. Dureza que por roce o presión se forma en los pies, manos, rodillas, etc. ‖ pl. Pedazos de estómago de la vaca, ternera o carnero, que se comen guisados.

calma f. Estado de la atmósfera cuando no hay viento. ‖ fig. Paz, tranquilidad.

calmante adj. y m. [Medicamento] que disminuye o hace desaparecer un dolor o una molestia.

caló m. Lenguaje o dialecto de los gitanos.

calor m. (usado a veces como f.) Energía producida por la vibración acelerada de las moléculas, que se manifiesta elevando la temperatura y dilatando los cuerpos y llega a fundir los sólidos y a evaporar los líquidos. ‖ Sensación que experimenta un cuerpo ante otro de temperatura más elevada. ‖ Aumento de la temperatura del cuerpo. ‖ fig. Ardor, actividad, entusiasmo. ‖ fig. Afecto, buena acogida.

caloría f. Unidad de energía térmica. También se utiliza como

calumnia

medida del contenido energético de los alimentos.

calumnia f. Acusación falsa, hecha maliciosamente para causar daño.

calvario m. Vía crucis. ‖ fig. y fam. Serie o sucesión de adversidades y padecimientos.

calvicie f. Pérdida o falta de pelo en la cabeza.

calvinismo m. Doctrina protestante de Calvino que defiende la predestinación y reconoce como únicos sacramentos el bautismo y la eucaristía.

calvo, va adj. Que ha perdido el cabello. También s. ‖ f. Parte de la cabeza de la que se ha caído el pelo.

calza f. Cuña con que se calza. ‖ fam. Media.

calzada f. Camino empedrado y ancho. ‖ Parte de la calle comprendida entre dos aceras, por donde circula el tráfico rodado.

calzado, da adj. Con zapatos. ‖ m. Cualquier prenda que sirve para cubrir y resguardar el pie o la pierna.

calzador m. Utensilio de forma acanalada que sirve para ayudar a meter el pie en el zapato.

calzar tr. Cubrir el pie y algunas veces la pierna con el calzado. También prnl. ‖ Poner cuñas o calzas.

calzón m. Especie de pantalón que cubre desde la cintura hasta el muslo o las rodillas.

calzonazos m. Hombre débil que se deja manejar fácilmente.

calzoncillo m. Prenda interior masculina, cuyas perneras pueden ser de longitud variable. Más en pl.

cama f. Mueble para dormir o descansar, acondicionado con colchón, sábanas, mantas, almohada, etc. ‖ Plaza para un enfermo en el hospital.

camada f. Conjunto de crías que paren de una vez las hembras de ciertos animales.

camaleón m. Animal cuya piel cambia de color para parecerse al lugar donde se encuentra y así poder esconderse. ‖ Persona que cambia fácilmente de aspecto, comportamiento u opinión.

cámara f. Sala o pieza principal de una casa. ‖ Junta, asociación. ‖ Nombre de ciertos cuerpos legislativos. ‖ Habitación de un rey o de un papa. ‖ En las armas de fuego, espacio que ocupa la carga. ‖ Anillo tubular de goma, que forma parte de los neumáticos. ‖ Máquina fotográfica. ‖ Aparato destinado a registrar imágenes animadas para el cine o la televisión. ‖ com. Operador de cine o televisión.

camarada com. Compañero de estudios, profesión, ideología, etc.

camarero, ra m. y f. Persona que sirve a los clientes en bares, restaurantes, hoteles o establecimientos similares.

camarilla f. Conjunto de personas que influyen en las decisiones de alguna autoridad superior o personaje importante. || Grupo de familiares, amigos o colegas que acaparan un asunto sin dejar participar a los demás.

camarón m. Crustáceo marino muy parecido a la gamba, aunque algo más pequeño, y de carne muy apreciada como alimento.

camarote m. Habitación de un barco.

cambiar tr. Tomar o hacer tomar, en vez de lo que se tiene, algo que lo sustituya. También prnl. y, con la prep. *de*, intr. || Convertir en otra cosa. También prnl. || Dar o tomar monedas o valores por sus equivalentes. || Intercambiar. || Devolver algo que se ha comprado. || intr. Mudar o alterar una persona o cosa su condición o apariencia física o moral. También prnl. || En los vehículos de motor, pasar de una marcha o velocidad a otra.

cambiazo m. Cambio fraudulento de una cosa por otra.

cambucho m. *amer.* Cucurucho. || *amer.* Cesta o canasto en que se echan los papeles inútiles, o se guarda la ropa sucia. || *amer.* Tugurio. || *amer.* Funda o forro de paja que se pone a las botellas para que no se rompan.

camelar tr. fam. Galantear, requebrar. || fam. Seducir, engañar adulando. || fam. Amar, querer.

camello, lla m. y f. Rumiante, oriundo de Asia central, de gran tamaño, que tiene el cuello largo, la cabeza proporcionalmente pequeña y dos gibas en el dorso. || m. Traficante o vendedor de droga en pequeñas cantidades.

camerino m. En los teatros, cuarto donde los actores se visten, maquillan, etc.

camerunés, esa adj. y s. De Camerún.

camilla f. Cama estrecha y portátil para trasladar enfermos o heridos. || Mesa redonda cubierta por una faldilla, debajo de la cual hay una tarima en la que se coloca el brasero.

caminar intr. Ir andando de un lugar a otro. || fig. Seguir su curso los ríos, los planetas. || tr. Andar determinada distancia.

caminata f. fam. Paseo o recorrido largo y fatigoso.

camino m. Vía de tierra por donde se transita habitualmente. || Jornada, viaje, recorrido, ruta. || fig. Dirección que ha de seguirse para llegar a un lugar. || fig. Medio para hacer o conseguir alguna cosa.

camión m. Vehículo automóvil destinado al transporte de mercancías pesadas.

camionero, ra m. y f. Persona que conduce un camión.

camioneta f. Camión pequeño. || Autobús, sobre todo el interurbano.

camisa f. Prenda de vestir con cuello, botones y mangas, que cubre el torso. ‖ Piel de la culebra, de la que se desprende periódicamente. ‖ Revestimiento exterior o interior de algo, como una pieza mecánica o la cubierta de un libro.

camiseta f. Prenda interior, ajustada y sin cuello, que se pone directamente sobre el cuerpo, debajo de la camisa. ‖ La misma prenda, más ancha y de colores variados, que se lleva externamente.

camisola f. Camisa amplia, generalmente de cuello camisero.

camisón m. Prenda de vestir que se usa para dormir.

camomila f. Manzanilla, hierba y flor.

camorra f. fam. Riña o pendencia. ‖ Organización de tipo mafioso que opera en Nápoles y otras ciudades del sur de Italia.

camote m. *amer.* Batata. ‖ *amer.* Enamoramiento. ‖ *amer.* Amante, querida. ‖ *amer.* Mentira, bola.

campamento m. Lugar donde se establecen temporalmente fuerzas del ejército o grupos de personas, con tiendas, barracas, etc. ‖ Conjunto de estas personas e instalaciones.

campana f. Instrumento de metal, en forma de copa invertida, que suena al golpearlo el badajo. ‖ Instrumento metálico de diversas formas que suena golpeado por un martillo o resorte.

campanario m. Torre, espadaña o armadura donde se colocan las campanas.

campaña f. Campo llano sin montes ni aspereza. ‖ Expedición militar. ‖ Conjunto de actos que se dirigen a conseguir un fin determinado de tipo político, económico, publicitario, etc.

campechano, na adj. Que se comporta con llaneza y cordialidad. ‖ fam. Afable, sencillo.

campeonato m. Certamen o competición en que se disputa el premio en ciertos juegos o deportes. ‖ Triunfo obtenido en el certamen.

campeón, ona m. y f. Vencedor de una competición, especialmente deportiva.

campesino, na adj. Del campo o propio de él. ‖ Labrador. También s.

camping m. Lugar acondicionado para acampar o vivir al aire libre. ‖ Esta actividad.

campiña f. Campo llano, especialmente dedicado al cultivo.

campo m. Terreno extenso fuera de poblado. ‖ Tierra laborable. ‖ Campiña. ‖ Sembrados, árboles y demás cultivos. ‖ Terreno contiguo a una población. ‖ Terreno reservado para ciertos ejercicios, especialmente deportivos. ‖ fig. Ámbito real o imaginario propio de una actividad. ‖ Conjunto determinado de materias, ideas o conocimientos. ‖ Espacio en que se manifiesta cualquier acción física a distancia.

camposanto m. Cementerio católico.

campus m. Espacio, terrenos, jardines, etc., adjuntos a una ciudad universitaria.

camuflar tr. Disimular la presencia de armas, tropas, etc. ‖ fig. Disimular dando a una cosa el aspecto de otra. ‖ Esconder algo o a alguien. También prnl.

can m. Perro.

cana f. Cabello blanco. Más en pl. ‖ *amer.* Cárcel.

canadiense adj. y com. De Canadá. ‖ f. Cazadora o chaquetón de piel con el pelo hacia el interior.

canal m. Estrecho marítimo, natural o artificial. ‖ amb. Cauce artificial por donde se conduce el agua. ‖ Parte más profunda y limpia de la entrada de un puerto. ‖ Teja delgada y combada que, en los tejados, forma los conductos por donde corre el agua. ‖ Cada uno de estos conductos. ‖ Cada una de las bandas de frecuencia en que puede emitir una estación de televisión.

canalizar tr. Abrir canales. ‖ Regularizar el cauce o la corriente de un río. ‖ fig. Encauzar, orientar.

canalla f. fig. y fam. Gente baja, ruin. ‖ m. fig. y fam. Persona despreciable y ruin.

canallada f. Acción o dicho propio de una persona despreciable y ruin.

canalón m. Conducto que recibe y vierte el agua de los tejados.

canana f. Cinto dispuesto para llevar cartuchos.

canapé m. Escaño o sofá con el asiento y el respaldo acolchados. ‖ Aperitivo que consta de una rebanadita de pan con otros manjares.

canario, ria adj. y s. De las islas Canarias o relacionado con ellas. ‖ m. Pájaro cantor de cola larga y ahorquillada, pico cónico y delgado y plumaje amarillo, verdoso o blanquecino.

canasta f. Cesto de mimbres, ancho de boca, que suele tener dos asas. ‖ Juego de naipes. ‖ Tanto en el juego del baloncesto. ‖ Aro de hierro fijado a un tablero por el que hay que introducir el balón en este juego.

cancán m. Danza muy movida, de origen francés. ‖ Prenda interior femenina para mantener holgada la falda.

cancanear intr. *amer.* Tartajear, tartamudear. ‖ *amer.* Trepidar con un ruido especial el motor que empieza a fallar.

cancela f. Verja de hierro que tienen algunas casas para cerrar el paso al jardín o al patio.

cancelar tr. Anular, dejar sin validez. ‖ Saldar, pagar una deu-

cáncer

da. || Suspender lo que se tenía previsto.

cáncer m. Tumor maligno que invade y destruye los tejidos orgánicos. || Uno de los signos del Zodiaco, al que pertenecen las personas que han nacido entre el 22 de junio y el 22 de julio.

cancerígeno, na adj. Que causa o favorece el desarrollo del cáncer.

cancha f. Local o espacio destinado a la práctica de determinados deportes o juegos. || Suelo del frontón o trinquete con pavimento de piedra o cemento y del mismo ancho que el frontis. || *amer.* En general, terreno, espacio, local o sitio llano y despejado. || *amer.* Corral o cercado espacioso para depositar ciertos objetos. || *amer.* Habilidad que se adquiere con la experiencia. || interj. *amer.* Se emplea para pedir que abran paso.

canchero, ra m. y f. *amer.* Persona que tiene una cancha de juego y cuida de ella. || adj. *amer.* Ducho y experto en determinada actividad. || *amer.* [Trabajador] encargado de una cancha.

canciller m. Empleado auxiliar en las embajadas, legaciones, consulados y agencias diplomáticas y consulares. || En algunos países, jefe de Gobierno o magistrado supremo. || En algunos países, ministro de Asuntos Exteriores.

canción f. Composición hecha para ser cantada y que generalmente se acompaña de música. || Composición lírica amorosa de estilo petrarquista, que se cultivó sobre todo en el s. XVI. || Cosa dicha con repetición insistente o pesada.

candado m. Cerradura suelta contenida en una caja de metal, que por medio de anillas o armellas asegura puertas, cofres, etc.

candela f. Vela para alumbrar. || fig. Lumbre, fuego. || Unidad de intensidad luminosa.

candelabro m. Candelero de dos o más brazos.

candente adj. [Cuerpo], generalmente de metal, cuando se enrojece o blanquea por la acción del calor. || fig. Vivo, de actualidad, apasionante.

candidato, ta m. y f. Persona que pretende alguna dignidad, honor o cargo, o que es propuesta para alguno de ellos.

cándido, da adj. Ingenuo, sin malicia ni doblez.

candil m. Lámpara de aceite para alumbrar formada por dos recipientes de metal superpuestos. || *amer.* Araña, especie de candelabro colgado del techo. || pl. Planta trepadora.

candileja f. Cualquier vaso pequeño en que se pone aceite u otra materia combustible para que ardan una o más mechas. || pl. En el teatro, línea de luces colocadas en el borde del escenario más cercano al público.

candinga f. *amer.* Majadería. || *amer.* Enredo, batiburrillo.

candombe m. *amer.* Baile de los negros de América del Sur. || *amer.* Tambor. || *amer.* Casa o sitio donde se baila.

canela f. Corteza del árbol llamado canelo, de color rojo amarillento, olor muy aromático y sabor agradable.

canelón m. Canalón de tejados. || Pasta de harina de trigo, cortada de forma rectangular con la que se envuelve un relleno de carne, pescado, verduras, etc. Más en pl.

cangrejo m. Crustáceo de río o de mar comestible.

canguro m. Mamífero marsupial herbívoro de Australia, que anda a saltos, con las extremidades delanteras mucho más cortas que las posteriores, cola robusta en la que se apoya y una bolsa en el vientre para llevar la cría. || com. Persona que se dedica a cuidar a niños pequeños, en su domicilio, y que cobra el servicio por horas.

caníbal adj. y com. Antropófago. || fig. Salvaje, cruel, feroz.

canica f. Juego de niños que se hace con bolitas de barro, vidrio u otra materia dura. Más en pl. || Cada una de estas bolitas.

canijo, ja adj. y s. fam. Débil y enfermizo. || Pequeño.

canillita m. *amer.* Vendedor callejero de periódicos.

canino, na adj. Relativo al can. || [Propiedad] que tiene semejanza con las del perro. || adj. y m. Cada uno de los cuatro dientes, situados entre los incisivos y los premolares, llamados también colmillos.

canjear tr. Intercambiar recíprocamente algo a alguien.

cano, na adj. Que tiene blanco todo o lo más del pelo o de la barba. || fig. y *poét.* Blanco.

canoa f. Embarcación de remo muy estrecha, ordinariamente de una pieza.

canon m. Regla o precepto. || Modelo de características perfectas. || Impuesto que se paga por algún servicio, generalmente oficial. || Composición musical en la que van entrando sucesivamente varias voces, cada una de las cuales repite o imita el canto de la anterior.

canónico, ca adj. Conforme a los sagrados cánones y demás disposiciones eclesiásticas.

canónigo m. Eclesiástico que forma parte del cabildo de una catedral.

canonizar tr. Declarar el Papa santa a una persona.

canoso, sa adj. Que tiene muchas canas.

cansancio m. Falta de fuerzas que resulta de haberse fatigado. || Aburrimiento, tedio.

cansar tr. y prnl. Causar cansancio, fatigar. || Aburrir, hartar. || Enfadar, molestar.

cantamañanas com. Persona informal, fantasiosa, irresponsable.

cantante com. Persona que canta profesionalmente.

cantaor, ra m. y f. Persona que canta flamenco.

cantar intr. y tr. Formar con la voz sonidos melodiosos y variados. ‖ fig. Celebrar, ensalzar. ‖ fig. En algunos juegos de naipes, declarar cierta jugada. ‖ tr. Decir algo entonada y rítmicamente. ‖ intr. fig. y fam. Descubrir o confesar lo secreto. ‖ fig. y fam. Ser algo muy llamativo y evidente. ‖ fig. y fam. Oler mal. ‖ m. Composición poética destinada a ser cantada. ‖ Poema narrativo que canta hechos históricos o legendarios.

cántaro m. Vasija grande de barro o metal, angosta de boca, con una o dos asas.

cantautor, ra m. y f. Persona que compone las canciones que canta.

cantera f. Sitio de donde se extrae piedra. ‖ fig. Lugar, institución, etc., que proporciona personas con una capacidad específica para una determinada actividad.

cántico m. Canto religioso.

cantidad f. Propiedad de lo que es capaz de aumento y disminución y puede medirse y numerarse. ‖ Cierto número de unidades. ‖ Porción grande o abundante de algo. ‖ Porción indeterminada de dinero.

cantimplora f. Frasco aplanado para llevar la bebida. ‖ Especie de garrafa.

cantina f. Local público en que se venden bebidas y algunos comestibles.

canto m. Arte y técnica de producir sonidos melodiosos con la voz. ‖ Composición que se canta. ‖ Composición poética en la que se alaba a algo o a alguien. ‖ Extremidad, lado, punta, esquina o remate de algo. ‖ Trozo de piedra. ‖ En el cuchillo o en el sable, lado opuesto al filo. ‖ Corte del libro, opuesto al lomo.

cantón m. Región, territorio. ‖ División administrativa de algunos países.

canuto m. Parte de una caña comprendida entre dos nudos. ‖ Cañón de palo, metal u otra materia, corto y no muy grueso, que sirve para diferentes usos. ‖ fam. Porro, cigarrillo de marihuana o hachís.

caña f. Tallo de las plantas gramíneas. ‖ Nombre de varias plantas gramíneas, por lo común de tallo hueco y nudoso. ‖ Hueso largo, generalmente del brazo o de la pierna. ‖ Parte de la bota o de la media que cubre la pierna. ‖ Vaso, alto y estrecho generalmente, de vino o cerveza. ‖ Vara larga y flexible que se emplea para pescar.

cañada f. Espacio de la tierra entre dos alturas poco distantes entre sí. ‖ Vía para los ganados trashumantes.

cáñamo m. Planta anual de unos 2 m de altura, cuya semilla es el cañamón. Con su fibra textil se hacen tejidos, cuerdas, alpargatas, etc.

cañaveral m. Sitio poblado de cañas.

cañería f. Conducto o tubería por donde circulan o se distribuyen las aguas o el gas.

cañinque adj. y com. *amer.* Enclenque, débil.

cañizo m. Armazón de cañas entretejidas que se usa para cubrir cobertizos, techos, etc.

caño m. Tubo corto de metal, vidrio o barro. ‖ Chorro de agua. ‖ Tubo por el que sale el agua en una fuente.

cañón m. Pieza hueca y larga, a modo de caña. ‖ Tubo de un arma de fuego. ‖ Pieza de artillería, de gran longitud respecto a su calibre. ‖ Parte córnea y hueca de la pluma del ave. ‖ Paso estrecho o garganta profunda entre dos montañas, por donde suelen correr los ríos.

caoba f. Árbol americano de hasta de 30 m de altura, cuya madera es muy estimada en ebanistería. ‖ m. Color rojizo parecido al de esta madera. También adj.

caos m. Gran confusión y desorden.

caótico, ca adj. Muy confuso o desordenado.

capa f. Prenda de vestir larga y suelta, sin mangas, abierta por delante. ‖ Tela encarnada con vuelo para torear. ‖ Sustancia diversa que se sobrepone en una cosa para cubrirla o bañarla. ‖ Estrato de los terrenos.

capacidad f. Espacio disponible para contener algo. ‖ Extensión o espacio de algún sitio o local. ‖ Aptitud o suficiencia para algo. ‖ fig. Talento o disposición para comprender bien las cosas. ‖ En informática, máximo número de bits almacenable en una memoria.

capar tr. Extirpar o inutilizar los órganos genitales.

caparazón m. Cubierta rígida que cubre el tórax y a veces todo el dorso de muchos crustáceos. ‖ Esqueleto torácico del ave. ‖ Coraza que protege el cuerpo de las tortugas. ‖ fig. Coraza, protección.

capataz m. El que gobierna y vigila a cierto número de trabajadores. ‖ Persona a cuyo cargo está la labranza y administración de las haciendas de campo.

capaz adj. Que tiene capacidad. ‖ Grande o espacioso. ‖ fig. Apto, proporcionado, suficiente para alguna cosa determinada. ‖ fig. De buen talento, diestro.

capcioso, sa adj. Engañoso, artificioso.

capea f. Lidia de becerros por aficionados.

capellán m. Sacerdote que ejerce sus funciones en una institución, comunidad o casa particular.

caperuza f. Gorro o capucha que remata en punta inclinada hacia atrás.

capi m. *amer.* Maíz. || *amer.* Vaina de simiente, como la judía o fréjol, cuando está tierna.

capia f. *amer.* Maíz blanco y muy dulce que se emplea en la preparación de dulces. || *amer.* Dulce o masita compuesta con harina de capia y azúcar.

capicúa adj. y m. Cifra que se lee igual de izquierda a derecha que de derecha a izquierda.

capilar adj. Relativo al cabello o a la capilaridad. || [Vaso] sanguíneo muy fino. También m.

capilla f. Iglesia pequeña. || Edificio contiguo a una iglesia o parte integrante de ella, con altar y advocación particular. || Oratorio privado.

capirotada f. *amer.* Plato criollo que se hace con carne, maíz tostado y queso, manteca y especias. || *amer.* Entre el vulgo, la fosa común del cementerio.

capital adj. De la cabeza. || Fundamental, principal, importante. || [Pena] de muerte. || m. Hacienda, caudal, patrimonio. || Valor de lo que, de manera periódica o accidental, rinde u ocasiona rentas, intereses o frutos. || Factor de la producción, constituido por el dinero frente al trabajo. || f. Población principal y cabeza de un Estado. || Población importante en relación con algo que se expresa.

capitalismo m. Régimen económico fundado en el predominio del capital como elemento de producción y creador de riqueza.

capitalizar tr. Fijar el capital que corresponde a determinado interés, según un tipo dado. || Aumentar el capital con los intereses que ha producido. || Rentabilizar una situación en beneficio propio.

capitán, ana m. y f. Oficial del ejército que tiene a su cargo una compañía, escuadrón o batería. || Persona que manda un barco o un avión. || Jefe de un grupo, banda, equipo deportivo, etc. || adj. [Nave] en la que va el jefe de la escuadra. Más c. f.

capitel m. Parte superior de la columna.

capitular adj. Relativo a un cabildo o al capítulo de una orden.

capitular intr. Rendirse bajo determinadas condiciones.

capítulo m. Cada división de un libro u otro escrito. || Asamblea o cabildo de religiosos o clérigos regulares.

capó m. Cubierta del motor del automóvil.

capón m. Golpe dado en la cabeza con el nudillo del dedo del corazón. || Pollo que se castra y se ceba para comerlo. || adj. y m.

[Hombre o animal macho] que está castrado.

capota f. Cubierta plegable de algunos carruajes o automóviles.

capote m. Capa de abrigo hecha con mangas. ‖ Capa de los toreros. ‖ Especie de gabán ceñido al cuerpo y con faldones largos, que usan los militares.

capotera f. *amer.* Percha para la ropa. ‖ *amer.* Maleta de viaje hecha de lienzo y abierta por los extremos.

capricho m. Idea o propósito que uno forma sin razón aparente. ‖ Antojo, deseo pasajero. ‖ Objeto de tal antojo o deseo.

capricornio m. Uno de los signos del Zodiaco, al que pertenecen las personas que han nacido entre el 21 de diciembre y el 20 de enero.

cápsula f. Envoltura soluble de ciertos medicamentos, y también, estos medicamentos. ‖ Compartimento de las naves espaciales en el que van los cosmonautas y los aparatos de observación y transmisión. ‖ Envoltura membranosa que envuelve un órgano.

captar tr. Percibir por medio de los sentidos. ‖ Recibir, recoger sonidos o imágenes. ‖ Percatarse de algo. ‖ Atraer a una persona.

capturar tr. Apresar, aprehender, apoderarse de alguien o de algo.

capucha f. Pieza en forma de gorro puntiagudo que llevan algunas prendas de vestir en la parte superior de la espalda.

capullo m. Envoltura del gusano de seda o de las larvas de otros insectos. ‖ Botón de las flores. ‖ fig. Prepucio, glande. ‖ *vulg.* Persona que hace faenas.

caqui m. Color que va desde el amarillo ocre al verde gris. ‖ Tela de este color que se utiliza para uniformes militares. ‖ Árbol originario del Japón y la China, que produce un fruto del mismo nombre, parecido al tomate, dulce y carnoso.

cara f. Parte anterior de la cabeza. ‖ Semblante, expresión del rostro. ‖ fig. Aspecto, apariencia. ‖ Fachada o frente de alguna cosa. ‖ Superficie de alguna cosa. ‖ Anverso de las monedas. ‖ fig. y fam. En ciertas expresiones, descaro. ‖ Cada una de las superficies que forman o limitan un poliedro.

carabela f. Antigua embarcación muy ligera, larga y angosta, con tres palos.

carabina f. Arma de fuego de menor longitud que el fusil. ‖ Persona que acompaña a una pareja para que no esté sola o para vigilarla.

carabinero m. Crustáceo parecido a la gamba, aunque de mayor tamaño y color rojo oscuro. Es muy apreciado como comestible.

caracol m. Molusco gasterópodo de concha en espiral. ‖ Rizo del pelo. ‖ Una de las cavidades que constituyen el laberinto del oído de los vertebrados.

caracola f. Concha de forma cónica de un caracol marino grande. || El mismo caracol marino.

carácter m. Conjunto de cualidades psíquicas y afectivas, que condicionan la conducta de cada individuo humano. || Rasgo distintivo. || Condición, índole, naturaleza. || Firmeza, energía. || Letra o signo de escritura. Más en pl. || En informática, cada uno de los signos, dígitos o letras en que se subdivide una palabra o un registro de ordenador.

característico, ca adj. Propio de alguien o de algo, y lo hace distinto de otras personas o cosas. || m. y f. Actor o actriz de teatro que representa personajes maduros. || f. Cualidad peculiar de algo.

caracterizar tr. Determinar los atributos peculiares de una persona o cosa. || Maquillar o vestir al actor conforme al personaje que ha de representar. También prnl.

caradura adj. y com. Persona descarada, sinvergüenza.

carámbano m. Pedazo de hielo más o menos largo y puntiagudo que se va formando al helarse el agua que gotea.

carambola f. Lance del juego de billar que consiste en conseguir que una de las bolas toque a las otras dos. || fig. y fam. Doble resultado que se alcanza mediante una sola acción. || Casualidad.

caramelo m. Pasta de azúcar hecha almíbar al fuego y endurecida al enfriarse. Se presenta en pequeños trozos de diferentes colores y sabores. || Azúcar derretido que no cristaliza.

carantoña f. fam. Caricia o demostración de cariño que se hace a una persona. Más en pl.

carátula f. Portada de un libro o funda de un disco.

caravana f. Grupo de personas que viajan juntas con sus vehículos, animales, etc., especialmente por desiertos o lugares peligrosos. || Aglomeración de vehículos en una carretera. || Semirremolque habitable.

carbón m. Mineral sólido, negro y muy combustible, que resulta de la combustión incompleta de la leña. || Carboncillo de dibujar.

carbónico, ca adj. [Combinación] en la que entra el carbono. || Del carbono.

carbonizar tr. y prnl. Reducir a carbón un cuerpo orgánico, calcinar.

carbono m. Elemento químico no metálico, que se encuentra en todos los compuestos orgánicos y algunos inorgánicos.

carburador m. Aparato de los motores de explosión donde se mezcla el carburante con el aire.

carburante m. Combustible, mezcla de hidrocarburos, que se emplea en los motores de explosión y de combustión interna.

carburar tr. Mezclar los gases o el aire atmosférico con los carburantes gaseosos o con los vapores de los carburantes líquidos, para hacerlos combustibles o detonantes. ‖ intr. fam. Funcionar con normalidad.

carcajada f. Risa impetuosa y ruidosa.

carcamal com. y adj. fam. Persona decrépita y achacosa. Suele tener valor despectivo.

carcasa f. Armazón, estructura sobre la que se monta algo.

cárcel f. Edificio destinado para la custodia y reclusión de los presos.

carcinoma m. Tumor de naturaleza cancerosa.

carcoma f. Pequeño insecto que roe la madera.

cardar tr. Peinar con un cepillo lana u otra materia textil antes del hilado. ‖ Peinar de forma que el pelo quede más esponjoso. También prnl.

cardenal m. Cada uno de los prelados miembros del Sacro Colegio de consejeros del papa. ‖ Mancha amoratada en la piel a causa de un golpe.

cárdeno, na adj. Morado.

cardiaco, ca o **cardíaco, ca** adj. Del corazón. ‖ Enfermo de él. También s.

cardinal adj. Principal, fundamental. ‖ [Punto] de los cuatro en que se divide el horizonte y que sirven para orientarse. ‖ [Adjetivo numeral] que expresa el número, sin relación de orden.

cardiología f. Especialidad de la medicina que estudia el corazón, sus enfermedades y sus funciones.

cardo m. Planta de hojas espinosas, a veces comestibles. ‖ fig. Persona arisca.

carecer intr. No tener.

carencia f. Falta o privación de algo necesario.

carente adj. Que está falto de alguna cosa.

careo m. Situación en la que se enfrenta a dos o más personas y se las interroga a la vez para observar sus reacciones y confrontar sus opiniones.

carero, ra adj. y s. Que vende demasiado caro.

carestía f. Penuria, falta o escasez. ‖ Subido precio de las cosas de uso común.

careta f. Máscara para cubrir la cara o para protegerla.

carga f. Colocación de un peso sobre algo o alguien. ‖ Cosa transportada. ‖ Cosa que descansa sobre otra. ‖ Impuesto. ‖ Gravamen. ‖ Cantidad de energía eléctrica acumulada en un cuerpo. ‖ Cantidad de sustancia explosiva que se utiliza para hacer estallar algo, o para disparar en un arma de fuego. ‖ Recambio de una materia que se consume con el uso. ‖ Embestida o ataque militar resuelto contra el enemigo. ‖ Situación o persona que produce preocupaciones, sufrimientos o problemas a alguien.

cargamento m. Conjunto de mercancías que carga un vehículo.

cargar tr. Echar peso sobre algo. ‖ Poner algo sobre lo que lo ha de transportar. ‖ Preparar un arma. ‖ Proveer a algo de la carga que necesita para ser útil. ‖ Acumular energía eléctrica en un aparato. ‖ Gravar, imponer. ‖ Atacar. ‖ Anotar en una cuenta, adeudar. ‖ fig. Fastidiar. ‖ Tomar o tener sobre sí alguna obligación o cuidado. ‖ prnl. fig. y fam. Matar. ‖ Llenarse o llegar a tener abundancia de ciertas cosas.

cargosear tr. *amer.* Importunar, molestar.

cari adj. *amer.* De color pardo o plomizo.

caricatura f. Retrato en el que se deforman o exageran los rasgos característicos de alguien. ‖ Imitación mala o ridícula de algo o alguien.

caricia f. Roce como demostración de cariño. ‖ Sensación suave y agradable que produce el roce de algo.

caridad f. Sentimiento de amor al prójimo. ‖ Limosna o auxilio que se da a los necesitados.

caries f. Infección de un diente.

carillón m. Grupo de campanas con sonido armónico. ‖ Ese sonido. ‖ Instrumento de percusión.

cariño m. Amor, afecto. ‖ fig. Expresión de dicho sentimiento. Más en pl. ‖ fig. Esmero.

carisma m. Fascinación, encanto que ejercen algunas personas.

cariz m. Aspecto que va tomando algo.

carmesí adj. y m. Rojo.

carmín adj. De color rojo encendido. ‖ m. Lápiz rojo de labios.

carnal adj. Relativo a la carne. ‖ Sensual.

carnaval m. Tiempo que precede a la cuaresma. ‖ Fiesta popular que se celebra en él. Más en pl.

carne f. Parte muscular del cuerpo humano o animal. ‖ Alimento de muchos animales en contraposición al pescado. ‖ Parte mollar de la fruta, que está bajo la cáscara o pellejo. ‖ El cuerpo y los placeres relacionados con él, en oposición al alma y la espiritualidad.

carné m. Documento de carácter personal que indica la identidad o la afiliación a una asociación, partido, etc.

carnear tr. *amer.* Matar y descuartizar las reses, para aprovechar su carne.

carnero m. Rumiante doméstico de cuernos en espiral.

carnicería f. Tienda donde se vende carne. ‖ Destrozo. ‖ Escabechina. ‖ Herida o lesión con mucha sangre.

carnívoro, ra adj. y s. Que se alimenta de carne.

caro, ra adj. De precio elevado. ‖ Amado, querido. ‖ adv. m. A muy alto precio.

carpa f. Pez de río comestible. ‖ Toldo sobre un circo o mercado. ‖ *amer.* Tienda de playa. ‖ *amer.* Tenderete que, en las fiestas populares, despacha comestibles y bebidas.

carpeta f. Cartera grande para escribir sobre ella y guardar papeles.

carpintero, ra m. y f. Persona que por oficio labra la madera.

carraspear intr. Sentir o padecer aspereza o irritación de la garganta. ‖ Toser levemente para limpiar la garganta y aclarar la voz.

carrera f. Acción de correr. ‖ Competición deportiva en la que se corre. ‖ Recorrido de un vehículo de alquiler. ‖ Estudios universitarios repartidos en una serie de años con los que se obtiene un título profesional. ‖ Profesión. ‖ Línea de puntos sueltos de una media o prenda de punto.

carreta f. Carro bajo y alargado de dos ruedas.

carrete m. Cilindro taladrado por el eje en el que se enrolla algo.

carretera f. Vía pública destinada a la circulación de vehículos.

carretilla f. Carro pequeño de mano con una rueda.

carriel m. *amer.* Maletín de cuero. ‖ *amer.* Bolsa de viaje con varios compartimientos para papeles y dinero.

carril m. Surco. ‖ Cada una de las dos barras de acero laminado o hierro de las vías férreas. ‖ En las vías públicas, banda longitudinal destinada al tránsito de una sola fila de vehículos.

carrillo m. Parte carnosa de la cara, desde el pómulo al mentón.

carro m. Carruaje de dos o cuatro ruedas, con lanza o varas para enganchar el tiro, y tablas para sostener la carga. ‖ Pieza de la máquina de escribir en la que va el rodillo con el papel y que se desplaza a un lado y otro. ‖ *amer.* Automóvil.

carrocería f. Parte exterior de un vehículo, fabricada en metal, que se sujeta sobre las ruedas y recubre los espacios destinados al motor, los pasajeros y la carga.

carroña f. Carne corrompida.

carroza f. Coche grande adornado. ‖ *amer.* Coche fúnebre. ‖ com. *col.* Viejo, antiguo, anticuado.

carruaje m. Vehículo montado sobre ruedas.

carrusel m. Tiovivo.

carta f. Escrito, generalmente cerrado, que se envía a una persona para comunicarle algo. ‖ Naipe. ‖ Norma constitucional de una

cartabón 112

entidad u organización política. ‖ Lista de ofertas de un restaurante. ‖ Mapa.

cartabón m. Instrumento de dibujo en forma de triángulo rectángulo.

cartapacio m. Funda o bolsa para libros y papeles.

cartearse prnl. Escribirse cartas con alguien.

cartel m. Anuncio o aviso en sitio público con fines informativos o publicitarios. ‖ Reputación.

cartelera f. Sección de los periódicos donde se anuncian espectáculos.

carterista com. Ladrón de carteras de bolsillo.

cartero, ra m. y f. Persona que reparte el correo. ‖ f. Estuche rectangular de bolsillo plegado por la mitad para documentos, tarjetas, billetes, etc. ‖ Bolsa o maletín de mano para libros, papeles y documentos. ‖ Empleo y ejercicio de ministro. ‖ Valores comerciales que forman parte del activo. ‖ *amer.* Bolso de las mujeres.

cartílago m. Ternilla, tejido elástico adherido a ciertas articulaciones óseas de los animales vertebrados.

cartilla f. Cuaderno pequeño que contiene el alfabeto. ‖ Libreta o cuaderno donde se anotan ciertas circunstancias que afectan a su titular.

cartografía f. Arte y técnica de trazar cartas geográficas.

cartomancia o **cartomancía** f. Adivinación por los naipes de la baraja.

cartón m. Conjunto de varias hojas de papel húmedas, fuertemente comprimidas. ‖ Hoja hecha de pasta de trapo, papel viejo y otras materias. ‖ Dibujo previo a una obra de pintura, mosaico, tapicería o vidriería. ‖ Caja con diez paquetes de cigarrillos.

cartucho m. Carga de pólvora encerrada en un tubo metálico. ‖ Cucurucho. ‖ Cajita de plástico que puede contener películas fotográficas, cinematográficas, cintas magnetofónicas, etc.

cartulina f. Cartón delgado y terso.

casa f. Edificio o parte de él para habitar. ‖ Conjunto de personas que viven juntas. ‖ Descendencia o linaje. ‖ Establecimiento industrial o mercantil. ‖ Cada una de sus delegaciones. ‖ Nombre de ciertas casillas de algunos juegos, como el parchís.

casaca f. Prenda ceñida, con mangas y faldones.

casamentero, ra adj. y s. Que gusta de facilitar bodas de los demás.

casar intr. Contraer matrimonio. Más c. prnl. ‖ Corresponder, ajustar, encajar, unir. ‖ tr. Autorizar y llevar a cabo el matrimonio de dos personas el que tiene licencia para ello.

casar m. Conjunto de casas que no llega a formar pueblo.

cascabel m. Bola hueca de metal que lleva algo en su interior que la hace sonar.

cascada f. Caída desde cierta altura del agua de un río u otra corriente por un desnivel brusco del cauce.

cascanueces m. Instrumento a modo de tenaza para partir nueces.

cascar tr. Quebrar. También prnl. ‖ fam. Golpear. ‖ intr. fig. y fam. Morir. ‖ fam. Charlar sin parar.

cáscara f. Corteza exterior de los huevos y de varias frutas.

cascarrabias com. Persona que se enoja fácilmente.

casco m. Armadura u otra cubierta resistente que protege la cabeza. ‖ Cuerpo de un barco o avión sin el aparejo y las máquinas. ‖ Botella o envase para líquidos. ‖ Cada uno de los pedazos de vasija o vaso que se rompe. También en pl. ‖ Conjunto de edificios de una población. ‖ Uña del pie o de la mano del caballo que se corta y alisa para poner la herradura.

caserío m. Conjunto de casas. ‖ Casa de campo y sus dependencias.

caserón m. Casa muy grande y destartalada.

caseta f. Garita, casilla en playas, ferias, exposiciones, etc. ‖ Casita del perro guardián.

casete amb. Cinta magnetofónica y la cajita de plástico que la contiene. ‖ Magnetófono.

casi adv. cant. Poco menos de, cerca de, con corta diferencia, por poco. ‖ adv. m. Indica indecisión.

casilla f. Casa pequeña. ‖ División del papel rayado o del tablero de ajedrez.

casillero m. Mueble con divisiones para clasificación. ‖ Cada una de estas divisiones. ‖ Marcador de puntos en algunos deportes.

casino m. Casa de juego. ‖ Club, sociedad de recreo.

caso m. Suceso, acontecimiento. ‖ Casualidad, combinación de circunstancias. ‖ Asunto, situación. ‖ Cada enfermo en que se manifiesta una enfermedad. ‖ Función de una palabra en la oración, y forma adoptada según el caso.

caspa f. Escamilla que se forma en la cabeza o raíz del cabello.

caspiroleta f. *amer*. Bebida compuesta de leche caliente, huevos, canela, aguardiente, azúcar y algún otro ingrediente.

casquería f. Tienda donde se venden los despojos de las reses. ‖ Estos mismos despojos.

casquillo m. Cartucho vacío. ‖ Soporte metálico de una bombilla.

casquivano, na adj. [Persona] insensata e informal. ‖ f. Mujer de trato frívolo con los hombres.

casta f. Generación, estirpe. ‖ Parte de los habitantes de un país que forma una clase especial y no se mezcla con los demás por razones religiosas, sociales, políticas o económicas. ‖ Raza animal formada por unos determinados caracteres que se transmiten por herencia.

castaño, ña adj. y m. Color de cáscara de castaña. ‖ m. Árbol de copa alta y fruto comestible, y su madera. ‖ f. Fruto del castaño, como una nuez. ‖ fam. Golpe, bofetada. ‖ fam. Borrachera. ‖ fam. Persona o cosa muy aburrida.

castañuela f. Instrumento de percusión, con dos mitades cóncavas.

castellano, na adj. y s. De Castilla. ‖ m. Lengua oficial de España e Hispanoamérica. ‖ Alcaide o gobernador de un castillo.

casticismo m. Admiración o simpatía hacia lo típico de un país o una región en lo que se refiere a costumbres y modales. ‖ Actitud de las personas que al hablar o escribir evitan utilizar palabras extranjeras y prefieren el empleo de otras de su propia lengua.

castidad f. Renuncia total al placer sexual o solo al que está fuera de determinados principios morales o religiosos.

castigo m. Sanción, pena impuesta. ‖ fig. Persona o cosa que causa continuas molestias o padecimientos.

castillo m. Edificio fortificado con murallas. ‖ En un barco, cubierta de proa.

castizo, za adj. y s. Del carácter tradicional de un país. ‖ [Lenguaje] puro.

casto, ta adj. Que practica la castidad o está de acuerdo con ella. ‖ Honesto, puro, sin picardía ni sensualidad.

castrar tr. Extirpar los órganos genitales. ‖ fig. Debilitar o inutilizar algo.

castrense adj. Relativo al ejército o a la profesión militar.

casual adj. Eventual, fortuito.

casualidad f. Combinación de circunstancias imprevisibles e inevitables.

casuística f. Conjunto de los diversos casos particulares que se pueden dar en una determinada materia.

cata f. Prueba o degustación de un producto. ‖ Porción de alguna cosa que se prueba.

cataclismo m. Desastre, catástrofe. ‖ fig. Gran desastre social, económico o político.

catacumba f. Templo y cementerio subterráneo de los primitivos cristianos, especialmente en Roma. Más en pl.

catadura f. Gesto, aspecto, semblante.

catalán, ana adj. y s. De Cataluña. ‖ m. Lengua oficial de Cataluña y hablada en otros dominios de la antigua Corona de Aragón.

catalanismo m. Doctrina política que defiende la autonomía política de Cataluña. ‖ Expresión, vocablo o giro propios de la lengua catalana.

catalejo m. Anteojo que sirve para ver a larga distancia.

catálogo m. Lista ordenada de personas o cosas.

cataplasma f. Masa de consistencia blanda, aplicada como calmante. ‖ fig. Persona pesada y fastidiosa.

catapulta f. Antigua máquina militar para arrojar piedras o saetas.

catar tr. Probar.

catarata f. Cascada grande de agua. ‖ Opacidad del cristalino del ojo.

catarro m. Resfriado común.

catastro m. Censo y patrón estadístico de las fincas rústicas y urbanas.

catástrofe f. Desastre, suceso desgraciado e inesperado. ‖ fig. Cosa de mala calidad o mal hecha.

catear tr. fig. y fam. Suspender en los exámenes a un alumno. ‖ *amer.* Explorar terrenos en busca de alguna veta minera. ‖ *amer.* Allanar la casa ajena.

catecismo m. Compendio de la doctrina cristiana.

cátedra f. Cargo o empleo del profesor de categoría más alta en un instituto o universidad. ‖ Asiento elevado desde donde el maestro enseña a los alumnos. ‖ Conjunto de personas que forman un departamento encargado de enseñar una asignatura en un instituto o universidad.

catedral f. Iglesia principal de una diócesis.

catedrático, ca m. y f. Profesor o profesora titular de una cátedra.

categoría f. Clase, condición. ‖ Cada uno de los grupos de una clasificación de objetos. ‖ Cada una de las jerarquías establecidas en una profesión o carrera. ‖ Uno de los diferentes elementos de clasificación que suelen emplearse en las ciencias.

categórico, ca adj. Rotundo.

catequesis f. Enseñanza de la religión cristiana.

caterva f. Grupo desordenado de cosas o personas.

cateto, ta m. y f. *desp.* Persona palurda, torpe, inculta. ‖ m. Cada lado del ángulo recto en el triángulo rectángulo.

catolicismo m. Religión cristiana profesada por la Iglesia católica romana.

catorce adj. Diez más cuatro. ‖ Decimocuarto. También m.

catre m. Cama ligera individual.

cauce m. Lecho fluvial. ‖ fig. Procedimiento, camino seguido.

caucho m. Látex producido por varias plantas tropicales que, después de coagulado, es una masa impermeable muy elástica que tiene muchas aplicaciones en la industria, como la fabricación de neumáticos, aislantes y tuberías.

caudal adj. Relativo a la cola. || m. Hacienda, bienes. || Cantidad de agua de una corriente.

caudillo m. Jefe de un ejército o comunidad.

causa f. Motivo, fundamento u origen. || Empresa o ideal. || Litigio, pleito judicial. || *amer.* Puré de papas, aderezado con lechugas, queso fresco, aceitunas, choclo y ají. Se come frío.

cáustico, ca adj. Que quema o corroe. || fig. Mordaz, agresivo.

cautela f. Precaución o cuidado con que se hace o dice algo.

cautivar tr. Aprisionar. || fig. Atraer, ganar.

cauto, ta adj. Que obra con sagacidad o precaución.

cava m. Vino espumoso. || f. Bodega. || adj. [Vena], cada una de las dos que llevan la sangre a la aurícula derecha del corazón. También f.

cavar tr. Levantar y mover la tierra. || intr. Ahondar, penetrar.

caverna f. Cueva, oquedad profunda, subterránea o entre rocas.

cavernícola adj. y com. Que vive en cuevas, especialmente [hombre] prehistórico.

caviar o **cavial** m. Manjar de huevas de diferentes peces, sobre todo del esturión.

cavidad f. Hueco dentro de un cuerpo.

cavilar tr. Pensar, fijar tenazmente la atención.

cayado m. Bastón curvo por la parte superior. || Báculo de los obispos.

cazadotes com. Persona que intenta casarse con otra porque es rica.

cazatalentos com. Persona que se dedica a buscar a otras, desconocidas y bien preparadas, para desempeñar una labor.

cazar tr. Coger o matar animales silvestres. || Atrapar, pillar algo difícil. || fig. y fam. Sorprender en un descuido.

cazo m. Recipiente de cocina, metálico y con mango. || Especie de cucharón semiesférico con mango largo para pasar líquidos de un recipiente a otro. || Cantidad de líquido que puede contener.

cazuela f. Recipiente de cocina más ancho que alto. || Guisado.

cazurro, rra adj. y s. fam. Tosco, bruto.

CD-ROM m. En informática, disco utilizado para almacenar una gran cantidad de datos, que solo puede ser leído con un mecanismo de luz láser y su contenido puede verse en un ordenador.

ce f. Nombre de la letra *c*.

cebada f. Planta herbácea gramínea anual, parecida al trigo.

cebadura f. *amer.* Cantidad de yerba que se pone en el mate cuando se prepara la infusión.

cebar tr. Engordar a un animal, y por ext., a una persona. || fig. Cargar de combustible una máquina para que funcione. || *amer.* Preparar mate. || prnl. fig. Ensañarse.

cebo m. Comida para alimentar, engordar o atraer a los animales. || Engaño, atractivo, incentivo.

cebolla f. Planta de huerta, de bulbo comestible.

cebolleta f. Planta muy parecida a la cebolla.

cebón, ona adj. y s. [Animal] que ha sido cebado, especialmente el cerdo.

cebra f. Animal africano parecido al asno, de piel rayada.

cecear intr. Pronunciar la *s* con sonido de *c*.

cecina f. Carne de la pierna de la vaca, cabra, caballo o buey, salada y secada al sol, al aire o al humo.

cedazo m. Criba muy tupida, tamiz. || Red grande para pescar.

ceder tr. Dar, transferir. || intr. Rendirse alguien. || Cesar, disminuir la fuerza o resistencia.

cedilla f. Letra *c* con una virgulilla debajo (*ç*). || Dicha virgulilla.

cédula f. Papel o documento en que se hace constar algo.

cefalea f. Dolor de cabeza.

cegar tr. Quitar la vista. || fig. Ofuscar. También intr. y prnl. || fig. Cerrar, tapar. || intr. Perder la vista.

ceguera f. Pérdida total de la vista. || Obcecación, ofuscación.

ceja f. Prominencia curva con pelo sobre la cuenca del ojo. || Pelo que lo cubre. || Listón que tiene los instrumentos de cuerda entre el clavijero y el mástil, para apoyo y separación de las cuerdas. || Cejilla.

cejar intr. Rendirse, dejar de oponerse a algo.

cejilla f. Pieza que se pone sobre las cuerdas del mástil de la guitarra para que haga presión sobre ellas y así elevar su sonido.

celada f. Emboscada. || Pieza de la armadura para cubrir la cabeza.

celador, ra m. y f. Persona con autoridad para vigilar, mantener el orden y cuidar de algún sitio.

celda f. Cuarto pequeño en un convento, una cárcel, etc. || Cada una de las casillas de un panal de abejas.

celebrar tr. Alabar. || Conmemorar, festejar. También prnl. || Realizar con solemnidad. También prnl. || Decir misa. También intr.

célebre adj. Famoso. || Ocurrente, gracioso.

celeridad f. Prontitud, rapidez, velocidad.

celeste adj. Del cielo. || [Color] azul claro parecido al del cielo.

celestina f. fig. Alcahueta.

célibe adj. y com. [Persona] que no se ha casado o que voluntariamente renuncia a las relaciones sexuales.

celo m. Cuidado, esmero, interés. || Envidia, recelo. || Excitación sexual de los animales. || pl. Sospecha, inquietud por la fidelidad de la persona amada. || Envidia que siente alguien hacia otro que acapara todas las atenciones o todos los éxitos.

celofán m. Película transparente y flexible para envolver.

celosía f. Enrejado de pequeños listones de las ventanas.

célula f. Pequeña cavidad. || Unidad microscópica esencial de los seres vivos. || Unidad básica de algunas organizaciones políticas.

celulitis f. Aumento de tamaño del tejido que hay debajo de la piel de las personas, que produce una acumulación de grasas.

celuloide m. Nitrocelulosa flexible plastificada con alcanfor. || Por ext., cinta cinematográfica.

celulosa f. Componente sólido de la membrana de las células vegetales.

cementerio m. Necrópolis, lugar cercado para enterrar cadáveres.

cemento m. Mezcla de arcilla molida y cal que en contacto con el agua se endurece. Se utiliza para unir los elementos de la construcción.

cena f. Comida que se hace al atardecer o por la noche.

cenar intr. Tomar la cena. || tr. Comer en la cena un determinado alimento.

cencerro m. Campana pequeña que se ata al cuello de las reses.

cenefa f. Borde o ribete.

cenicero m. Lugar para depositar la ceniza.

cenit m. Punto del firmamento que corresponde verticalmente a un lugar de la Tierra. || Culminación, apogeo.

cenizo, za adj. De color de ceniza. || m. Planta silvestre. || fam. Aguafiestas, persona de mala suerte. || f. Polvo gris que queda después de una combustión completa. || pl. fig. Residuos de un cadáver.

censura f. Juicio negativo sobre algo. || Organismo oficial encargado de decidir que partes de cualquier obra que se va a difundir deben cambiarse o suprimirse.

censo m. Lista de la población o riqueza de un país. || Contrato por el que un inmueble se sujeta al pago de una renta anual.

censurar tr. Juzgar, criticar. || Suprimir algo en una obra o información dirigida al público. || Reprobar, reprochar.

centauro m. Monstruo fabuloso, con tronco de hombre y cuerpo de caballo.

centavo m. Cada una de las cien partes en que se dividen muchas monedas.

centella f. Rayo. || Chispa. || Destello intermitente de luz. || fig. Persona o cosa muy veloz o muy breve.

centena o **centenada** f. Conjunto de cien unidades.

centenar m. Centena.

centenario, ria adj. De la centena. || Que tiene cien años de edad. También s. || m. Tiempo en que se cumplen una o más centenas de años de algún acontecimiento.

centeno m. Planta gramínea parecida al trigo.

centésimo, ma adj. Que ocupa el lugar número cien en una serie ordenada. || [Parte] de las cien iguales en que se divide un todo. También m.

centígrado, da adj. De la escala termométrica dividida en cien grados, en la que el cero corresponde a la temperatura de fusión del hielo, y el cien, a la de ebullición del agua.

centímetro m. Centésima parte de un metro.

céntimo m. Centésima parte de una unidad monetaria.

centinela com. Soldado que vigila un puesto. || fig. Observador.

centollo m. Animal marino de caparazón redondeado con puntas y cinco pares de patas, cuya carne es muy apreciada.

centralismo m. Sistema político que defiende la concentración del poder en un organismo central, en detrimento de los provinciales o regionales.

centralita f. Aparato que conecta una o varias líneas telefónicas.

centralizar tr. Reunir en un centro común. También prnl. || Asumir el poder público facultades atribuidas a organismos regionales y locales.

céntrico, ca adj. Del centro, relacionado con él o que está situado en él.

centrifugar tr. Separar los componentes de una masa o mezcla, según sus distintas densidades, mediante la acción de la fuerza centrífuga.

centro m. Punto del que equidistan todos los de la circunferencia, o los extremos de cualquier superficie. || Lo que está en medio. || Parte central de una ciudad. || Institución educativa, científica, social, etc. || Grupo de células con una función. || En deporte, pase largo. || fig. Punto de atención. || Conjunto de ideas políticas que se encuentran entre la derecha y la izquierda.

centroamericano, na adj. y s. De América central.

centroeuropeo, a adj. De Europa central.

centuria f. Siglo. || En la milicia romana, compañía de cien hombres.

ceñir tr. Rodear, ajustar la cintura. || prnl. fig. Mantenerse, ajustarse a unos límites en lo que se hace o se dice. || fig. Amoldarse a lo que uno tiene.

ceño m. Gesto de enfado o preocupación arrugando la frente.

cepa f. Tronco de la vid. || fig. Raíz u origen de una familia.

cepillo m. Caja para limosnas en la iglesia. || Utensilio de limpieza hecho con cerdas o material análogo. || Herramienta de carpintero.

cepo m. Trampa para cazar animales. || Cualquier instrumento que sirve para sujetar algo.

ceporro, rra m. y f. Persona torpe o poco inteligente.

cera f. Sustancia amarillenta combustible que segregan las abejas. || Sustancia que segregan ciertas glándulas del conducto auditivo externo.

cerámica f. Arte de fabricar objetos de barro, loza y porcelana. || Conjunto de estos objetos.

cerbatana f. Canuto para lanzar flechas soplando por un extremo.

cerca f. Valla, tapia que rodea algo. || adv. l. y t. Denota proximidad.

cercano, na adj. Próximo, inmediato.

cercenar tr. Cortar. || Disminuir.

cerciorar tr. y prnl. Asegurar la verdad de una cosa.

cerco m. Lo que ciñe o rodea. || Asedio. || Marco de una puerta o ventana.

cerda f. Pelo grueso de la cola y crin de las caballerías y del cuerpo de otros animales.

cerdo, da adj. y s. Persona sucia o de malas intenciones. || m. y f. Mamífero doméstico de hocico cilíndrico que se cría para aprovechar su carne.

cereal adj. De los cereales. || m. Planta gramínea de cuyos frutos se obtiene harina. || Este mismo fruto, como el trigo, el centeno o la cebada.

cerebelo m. Parte inferior y posterior del encéfalo.

cerebro m. Parte superior del encéfalo; es el centro del sistema nervioso. || fig. Inteligencia, talento, y persona que los posee. || fig. Persona que tiene las ideas o que dirige un proyecto.

ceremonia f. Forma exterior de un culto. || Acto solemne. || Cumplido, formalidad, ademán afectados.

cereza f. Fruto del cerezo, casi redondo, de piel roja y carne sabrosa y jugosa. || adj. y m. Color de esta fruta.

cerilla f. Vela muy delgada. || Fósforo. || Cerumen.

cerner o **cernir** tr. Separar con el cedazo la harina del salvado. || prnl. Mantenerse en el aire. || fig. Amenazar un mal inminente.

cero m. Cardinal que expresa una cantidad nula. ‖ Signo con que se representa. ‖ Signo sin valor propio.

cerradura f. Mecanismo con llave que sirve para cerrar.

cerrajero, ra m. y f. Persona que hace o repara cerraduras.

cerrar tr. Encajar en su marco una puerta o ventana. ‖ Tapar una abertura. ‖ Poner término a una cosa. ‖ Terminar un plazo. ‖ Cesar una actividad. ‖ Ir en último lugar. ‖ Juntar las partes de algo. ‖ Dar por concertado un acuerdo o pacto. ‖ Dar por finalizada la actividad de un negocio, definitivamente o a diario. También intr. ‖ tr., intr. y prnl. Cicatrizar una herida. ‖ prnl. fig. Empeñarse en algo.

cerrazón f. Mantenimiento de una determinada opinión o postura sin ceder. ‖ Torpeza, dificultad para entender las cosas.

cerril adj. fig. y fam. Grosero. ‖ fig. Obstinado, obcecado.

cerro m. Colina, elevación del terreno.

cerrojo m. Barra cilíndrica de hierro para cerrar puertas. ‖ En ciertas armas de fuego, cilindro metálico que cierra la recámara.

certamen m. Competición. ‖ Concurso para estimular con premios una actividad.

certero, ra adj. Seguro, acertado.

certeza o **certidumbre** f. Conocimiento seguro y evidente de algo.

certificado, da adj. [Carta o paquete postal] enviado con la seguridad de que va a llegar a su destino porque se tiene un resguardo que lo garantiza. ‖ m. Documento oficial en el que se asegura que los datos que contiene son ciertos.

certificar tr. Afirmar algo. También prnl. ‖ Obtener un certificado que acredite haber enviado algo por correo. ‖ Asegurar algo por documento público.

cerumen m. Cera de los oídos.

cerveza f. Bebida espumosa obtenida por fermentación de la cebada y aromatizada con lúpulo.

cervical adj. De la cerviz. ‖ [Vértebra] de la cerviz. ‖ f. pl. Conjunto de las siete vértebras del cuello.

cerviz f. Parte posterior del cuello, nuca, cogote, pescuezo.

cesar intr. Suspenderse, acabarse algo. ‖ Dejar de desempeñar un cargo, o dejar de hacer algo.

cesárea f. Operación quirúrgica en la que, a través de una abertura practicada en el abdomen, se extrae al niño del útero de la madre.

césped m. Hierba menuda y tupida que cubre el suelo.

cesta f. Recipiente de mimbre o madera flexible. ‖ Especie de paleta cóncava para jugar a la pelota. || En baloncesto, red que cuelga del aro por donde debe introducirse el balón.

cesto m. Cesta grande más ancha que alta.

cesura f. En poesía moderna, corte o pausa que divide un verso en dos partes o hemistiquios.

cetrería f. Arte de criar halcones y demás aves de caza. || Caza con halcones.

cetro m. Vara, bastón o insignia de mando. || El mando mismo.

ch f. Conjunto de dos letras que forman un único fonema que tradicionalmente era considerado la cuarta letra del alfabeto español, y la tercera de sus consonantes. En este diccionario, siguiendo la decisión aprobada en abril de 1994 por el X Congreso de la Asociación de Academias de la Lengua Española, se engloba en la c, según las normas de alfabetización universal.

chabacano, na adj. Grosero, de mal gusto.

chabola f. Choza, caseta. || Vivienda muy pobre en los suburbios de los grandes núcleos urbanos.

chacal m. Mamífero cánido, de tamaño medio entre el lobo y la zorra. Es carnívoro y vive en Asia y África.

chacanear tr. *amer.* Espolear con fuerza a la cabalgadura.

chácara f. *amer.* Chacra, granja. || *amer.* Monedero.

chacarero, ra adj. *amer.* Dueño de una chácara o granja. || m. y f. *amer.* Persona que trabaja en ella. || f. *amer.* Baile popular argentino de parejas sueltas.

chacha f. fam. Niñera. || Sirvienta.

cháchara f. fam. Charla inútil y frívola.

chachi adj. fam. Bueno, estupendo. || adv. fam. Estupendamente.

chacra f. *amer.* Alquería o granja.

chafar tr. Aplastar. También prnl. || Estropear, echar a perder. || fig. y fam. Confundir, apabullar.

chaflán m. Cara que resulta en un sólido de cortar por un plano una esquina o ángulo diedro. || Plano largo y estrecho que, en lugar de esquina, une dos paramentos o superficies planas, que forman ángulo.

chagual m. *amer.* Planta de tronco escamoso y flores verdosas. La médula del tallo nuevo es comestible; las fibras sirven para cordeles, y la madera seca para suavizar las navajas de afeitar.

chajá m. *amer.* Ave zancuda de más de medio metro de longitud, de color gris, cuello largo, plumas altas en la cabeza y dos púas en la parte anterior de sus grandes alas.

chajuán m. *amer.* Bochorno, calor.

chal m. Paño más largo que

ancho que usan las mujeres como abrigo o adorno.

chala f. *amer.* Hoja que envuelve la mazorca de maíz que, una vez seca, se usa para liar cigarrillos. || *amer.* Sandalia de cuero crudo.

chalado, da adj. y s. fam. Alelado, necio. || fam. Muy enamorado.

chalé o **chalet** m. Casa independiente, de una o varias plantas, con jardín.

chaleco m. Prenda de vestir, sin mangas, que se pone encima de la camisa.

chamaco, ca m. y f. *amer.* Niño, muchacho.

chamagoso, sa adj. *amer.* Mugriento. || *amer.* Aplicado a cosas, bajo, vulgar y deslucido.

chamán m. Hechicero que se supone con poder para entrar en contacto con los espíritus y los dioses, adivinar el porvenir y curar enfermos.

chamarilero, ra m. y f. Persona que se dedica a comprar y vender trastos viejos.

chamizo m. Leño medio quemado. || Choza cubierta de ramas secas. || fig. y fam. Tugurio.

champán o **champaña** m. Vino blanco espumoso de origen francés.

champiñón m. Hongo comestible.

champú m. Jabón líquido para lavar la cabeza.

chamuscar tr. y prnl. Quemar una cosa por la parte exterior.

chancar tr. *amer.* Triturar, moler, especialmente minerales. || *amer.* Apalear, golpear, maltratar algo o a alguien.

chancho, cha m. y f. *amer.* Cerdo, animal. || adj. *amer.* Puerco, sucio, desaseado.

chanchullo m. fam. Negocio ilícito, tejemaneje.

chancla o **chancleta** f. Chinela sin talón, o con el talón doblado. || *amer.* Mujer, en especial la recién nacida.

chándal m. Prenda para hacer deporte.

changa f. *amer.* Insecto dañino para las plantas. || *amer.* Persona bribona. || *amer.* Colilla del cigarro de marihuana. || *amer.* Trabajo del changador. || *amer.* Chapuza.

changador m. *amer.* Mozo encargado de transportar los equipajes.

chanquete m. Pez pequeño comestible, de color blanquecino o rosado y parecido a la cría del boquerón.

chantaje m. Amenaza que se ejerce sobre alguien para obligarle a obrar en determinado sentido.

chanza f. Dicho festivo y gracioso. || Burla, broma.

chapa f. Hoja o lámina de metal, madera u otra materia. || Tapón metálico que cierra herméticamente las botellas. || Placa,

chaparrón

distintivo de algún cuerpo especial. || fig. Dinero.

chaparrón m. Lluvia fuerte de corta duración. || fig. Abundancia de cosas. || *amer.* Riña, regaño, reprimenda.

chapitel m. Remate de las torres en forma piramidal. || Capitel.

chapotear intr. Sonar el agua batida por los pies o las manos. || Producir ruido al mover las manos o los pies en el agua o en el lodo.

chapucero, ra adj. Hecho de forma descuidada y mal. || adj. y s. Que trabaja deprisa y mal.

chapulín m. *amer.* Langosta, cigarrón.

chapurrear o **chapurrar** tr. e intr. Hablar con dificultad un idioma.

chapuza f. Trabajo ocasional de poca monta. || Cosa mal hecha.

chapuzar tr., intr. y prnl. Meter de cabeza en el agua.

chaqué m. Especie de levita, que a partir de la cintura se abre hacia atrás formando dos faldones.

chaqueta f. Prenda exterior de vestir con mangas, que se ajusta al cuerpo y llega hasta las caderas.

chaquetón m. Prenda más larga y de más abrigo que la chaqueta.

charada f. Adivinanza, acertijo.

charanga f. Música militar solo con instrumentos de viento. || Grupo musical de carácter jocoso.

charango m. Especie de bandurria, de cinco cuerdas, que usan los indios andinos.

charape m. *amer.* Bebida fermentada hecha con aguardiente de jugo de maguey, miel, clavo y canela.

charca f. Charco grande.

charco m. Agua u otro líquido estancada en un hoyo o depresión del terreno.

charcutería f. Establecimiento donde se venden embutidos y, a veces, quesos.

charla f. fam. Conversación amistosa. || Conferencia breve.

charlar intr. fam. Hablar mucho y sin sustancia. || fam. Conversar, platicar por pasatiempo.

charol m. Barniz muy brillante. || Cuero con este barniz. || *amer.* Bandeja para servir, presentar o depositar cosas.

charqui m. *amer.* Tasajo, carne salada.

charquicán m. *amer.* Guiso hecho con charqui, ají, patatas, judías y otros ingredientes.

chascar intr. y tr. Dar chasquidos.

chascarrillo m. fam. Anécdota jocosa. || Chiste.

chasco m. Burla, engaño. || fig. Decepción.

chasis m. Armazón. || Bastidor para placas fotográficas.

chasquido m. Sonido que se hace con el látigo o la honda cuando se sacuden en el aire. || Ruido que se produce al romperse alguna cosa. || Ruido que se produce con la lengua al separarla súbitamente del paladar o al frotar las yemas de los dedos corazón y pulgar de una mano.

chatarra f. Escoria que deja el mineral de hierro. || Hierro viejo. || Aparato viejo e inservible. || fig. y fam. Cosa de poco valor.

chato, ta adj. De nariz pequeña y aplastada. También s. || [Nariz] que tiene esta forma. || Romo, plano, corto. || m. fig. y fam. Vaso de vino. || m. y f. Apelativo cariñoso. Más c. interj.

chaucha f. *amer.* Moneda chica de plata o níquel. || *amer.* Moneda de plata de baja ley. || *amer.* Patata temprana o menuda que se deja para simiente. || *amer.* Judía verde. || pl. *amer.* Escasa cantidad de dinero.

chaval, la m. y f. Muchacho, joven.

chécheres m. pl. *amer.* Baratijas, cachivaches.

checo, ca adj. y s. De la República Checa. || m. Lengua de los checos.

chele adj. y com. *amer.* [Persona] muy blanca o rubia. || m. *amer.* Legaña.

chepa f. fam. Corcova, joroba.

cheque m. Documento u orden de pago para que una persona retire la cantidad asignada de los fondos que el librador dispone en una cuenta bancaria.

chequeo m. Reconocimiento médico.

chequera f. Cartera para guardar el talonario de cheques. || Talonario de cheques.

chévere adj. *amer.* Gracioso, bonito, elegante, agradable. || *amer.* Excelente.

chic adj. Elegante.

chicano, na adj. y s. [Persona] de origen mexicano nacida y criada o residente en los EE. UU.

chicha f. fam. Carne comestible. || *amer.* Bebida alcohólica que resulta de la fermentación del maíz en agua azucarada.

chiche adj. *amer.* [Persona] muy blanca o rubia. || m. *amer.* Cosa pequeña, delicada, bonita. || *amer.* Pecho de la mujer. También en f. || *amer.* Juguete, entretenimiento de niños.

chichón m. Bulto en la cabeza producido por un golpe.

chicle m. Goma de mascar.

chico, ca adj. Pequeño, de poco tamaño. || Niño, muchacho. También s. || m. y f. Recadero, aprendiz. || f. Criada.

chiflar intr. Silbar con un silbato o con la boca. || Encantarle a una persona algo o alguien. || prnl. Perder alguien las facultades mentales. || Sentir gran atracción, enamorarse de alguien.

chigua f. *amer.* Especie de ces-

chilaba

to hecho con cuerdas o corteza de árboles, de forma oval y boca de madera. Sirve para muchos usos domésticos y hasta de cuna.

chilaba f. Prenda de vestir, con capucha, que usan los árabes.

chile m. Ají, pimiento.

chileno, na adj. y s. De Chile.

chillar intr. Dar chillidos. || Chirriar. || Levantar mucho la voz por costumbre o por enfado.

chillido m. Grito agudo y desagradable.

chillón, ona adj. Que chilla mucho. También s. || [Sonido] muy fuerte, agudo y desagradable. || [Color] demasiado vivo o mal combinado. || [Cosa] que tiene este color.

chilpayate, ta m. y f. *amer.* Niño pequeño; hijo.

chimenea f. Conducto para dar salida al humo. || Hogar o fogón. || Conducto por donde sale la lava en los volcanes. || Grieta estrecha en una mina o muro.

chimpancé m. Mono antropomorfo africano, de brazos largos y cabeza grande.

china f. Piedra pequeña. || Cantidad suficiente de hachís para liar un porro.

chinama f. *amer.* Choza, cobertizo de cañas y ramas.

chinche f. Insecto hemíptero, de color rojo oscuro y cuerpo aplastado. Sus picaduras son muy irritantes. || com. fig. y fam. Persona fastidiosa. También adj.

chincheta f. Clavito metálico de cabeza circular y chata.

chinchilla f. Mamífero roedor, propio de América meridional, parecido a la ardilla. || Piel de este animal, de color gris, muy estimada.

chinchulín m. *amer.* Tripas del ganado ovino o vacuno, trenzadas y asadas. Más en pl.

chinerío m. *amer.* Conjunto de mujeres.

chingar tr. Beber con frecuencia. || Importunar, molestar. || Estropear, fracasar. También prnl. || *amer.* Practicar el coito, fornicar. Es voz vulgar y malsonante. || intr. *amer.* Colgar un vestido más de un lado que de otro. || prnl. *amer.* No acertar, fracasar.

chino, na adj. y s. De China. || *amer.* [Persona] aindiada. || adj. *amer.* Se usa como designación afectiva, cariñosa o despectiva. || m. Idioma de los chinos.

chip (Voz i.) m. Placa de silicio de unos pocos milímetros de superficie, que sirve de soporte de un circuito integrado.

chipirón m. Calamar pequeño.

chipriota adj. y com. De Chipre.

chiquillada f. Acción propia de chiquillos.

chiribita f. Chispa. || pl. Partículas que se mueven en el interior de los ojos y ofuscan la vista.

chirigota f. fam. Burla, broma.

chirimoya f. Fruta comestible del chirimoyo, con piel verde y carne blanca, jugosa, dulce y con semillas negras.

chiringuito m. Quiosco o puesto de bebidas al aire libre.

chiripa f. En el juego del billar, tanto hecho por casualidad. || fig. y fam. Casualidad favorable.

chiripá m. *amer.* Paño rectangular que se pasa por entre los muslos y que se sujeta por los extremos delantero y trasero, usado por los gauchos de Argentina, Brasil, Paraguay y Uruguay.

chirla f. Molusco, más pequeño que la almeja, que vive encerrado entre dos conchas iguales de color gris.

chirona f. fam. Cárcel.

chirriar intr. Emitir un sonido agudo. || Chillar algunos pájaros.

chirusa f. *amer.* Mujer del pueblo bajo, normalmente mestiza o descendiente de mestizos.

chisme m. Murmuración, cuento. || Baratija, trasto pequeño. || Cualquier objeto del que se desconoce el nombre.

chispa f. Partícula encendida que salta de la lumbre, del hierro herido por el pedernal, etc. || Diamante muy pequeño. || Gota de lluvia menuda y escasa. || Partícula de cualquier cosa. || fig. Ingenio.

chispear intr. Echar chispas. || Brillar, relucir. || Lloviznar.

chisporrotear intr. fam. Despedir chispas reiteradamente.

chistar intr. Hablar o hacer ademán de hacerlo. Más con neg. || Llamar la atención de alguien.

chiste m. Dicho agudo y gracioso. || Suceso gracioso. || Burla, chanza.

chistera f. Sombrero de copa.

chivarse prnl. *vulg.* Delatar, acusar.

chivato, ta adj. y s. Soplón, delatador, acusador. || m. Dispositivo que advierte de una anormalidad.

chivo, va m. y f. Cría de la cabra. || f. *amer.* Perilla, barba.

chocar intr. Dar violentamente una cosa con otra. || fig. Pelear. || fig. Indisponerse con alguno. || Causar extrañeza. || tr. Darse las manos en señal de saludo, conformidad, enhorabuena, etc.

chochear intr. Tener debilitadas las facultades mentales por la edad. || fig. y fam. Tener debilidad exagerada por algo o alguien.

chocho, cha adj. Que tiene mermadas las facultades por la edad. || Que está embobado por una cosa o una persona. || m. *vulg.* Órgano genital femenino.

choclo m. *amer.* Mazorca tierna de maíz.

chocolate m. Pasta alimenticia hecha con cacao y azúcar molidos. || Bebida que se hace con esta pasta junto con agua o leche. || fig. Hachís.

chocolatina f. Tableta delgada de chocolate.

chófer o **chofer** m. Conductor de automóvil.

chollo m. fam. Ganga. || Trabajo o negocio que produce beneficio con muy poco esfuerzo.

cholo, la adj. *amer.* Mestizo de sangre europea e indígena. También s. || m. y f. *amer.* Tratamiento cariñoso.

chomba f. *amer.* Prenda de vestir hecha de lana a modo de chaleco cerrado.

chongo m. *amer.* Moño o rizo de pelo.

chonta f. *amer.* Árbol, variedad de la palma espinosa, cuya madera, fuerte y de color oscuro y jaspeado, se emplea para hacer bastones y otros objetos de adorno.

chontal adj. y com. *amer.* [Tribu] maya-quiché de América Central y [persona o cosa] pertenecientes a ella. || *amer.* [Persona] rústica e inculta.

chopito m. Animal marino comestible, parecido a un calamar pero más pequeño, de cuerpo alargado y con una serie de patas para agarrarse y capturar a sus presas.

choricear tr. fam. Robar, birlar.

chorizo m. Embutido de carne de cerdo, picada y adobada. || *vulg.* Ratero, ladronzuelo. || *amer.* Haz hecho con barro, mezclado con paja, que se utiliza para hacer las paredes de los ranchos.

choro m. *amer.* Mejillón.

chorote m. *amer.* Chocolatera de loza sin vidriar. || *amer.* Toda bebida espesa. || *amer.* Especie de chocolate con el cacao cocido en agua y endulzado con pan de azúcar sin refinar.

chorrada f. fam. Bobada, tontería.

chorrear intr. Caer un líquido formando chorro. || Gotear.

chorrera f. Lugar por donde chorrea un líquido y señal que deja al chorrear. || Adorno de encaje que se ponía en la abertura de la camisa.

chorro m. Líquido o gas que sale con fuerza por una abertura. || Caída sucesiva de cosas iguales y menudas. || fig. Abundancia, gran cantidad.

choto, ta m. y f. Cabrito. || Ternero.

chovinismo m. Amor excesivo a todo lo de la patria propia con desprecio de lo ajeno.

choza f. Cabaña cubierta de ramas o paja.

chubasco m. Chaparrón, aguacero. || fig. Adversidad, contratiempo.

chubasquero m. Impermeable.

chúcaro, ra adj. *amer.* [Ganado vacuno, caballar y mular] arisco, bravío, sin desbravar.

chuchería f. Baratija, fruslería. || Dulce, golosina.

chucho, cha m. y f. fam. Perro que no es de raza pura. || m.

amer. Escalofrío. || *amer.* Fiebre producida por el paludismo, fiebre intermitente. || *amer.* Miedo. || f. Apatía. || fam. Peseta.

chueco, ca adj. *amer.* De piernas arqueadas. || *amer.* Torcido, ladeado.

chufla f. Burla, broma.

chuleta f. Costilla de ternera, carnero o cerdo. || fig. y fam. Bofetada, guantazo. || Entre estudiantes, nota o papelito que se lleva oculto para consultarlo disimuladamente en los exámenes. || m. fam. Chulo, presumido.

chulla adj. *amer.* [Objeto] que se ha quedado sin su par.

chulo, la adj. Que actúa o habla de forma desafiante o con insolencia. También s. || Bonito, gracioso. || Rufián.

chuño m. *amer.* Fécula de la patata.

chupa f. Cazadora, sobre todo la de cuero. || Lluvia abundante.

chupar tr. Extraer con los labios el jugo de una cosa. También intr. || Embeber los vegetales el agua o la humedad. || fig. y fam. Absorber, tragar. || fig. y fam. Despojar a alguien de sus bienes con astucia y engaño. || prnl. Adelgazar, enflaquecer. || Tener que soportar algo.

chupete m. Pieza de goma en forma de pezón que se pone en el biberón o se da a los niños para que chupen.

chupetear tr. e intr. Chupar algo varias veces.

chupi adj. fam. Estupendo, muy bueno. || adv. fam. Muy bien.

churo m. *amer.* Rizo de pelo.

churrasco m. Carne asada a la plancha o a la parrilla.

churrete m. Mancha alargada.

churro, rra adj. [Res] ovina de lana basta y rígida. También s. || [Lana] de la res ovina. || m. Pasta de harina y azúcar frita, en forma cilíndrica estriada. || fam. Chapuza, cosa mal hecha.

churumbel m. Niño, muchacho.

chusco, ca adj. Que tiene gracia. || m. Pedazo de pan, panecillo.

chusma f. Gente soez, gentuza, populacho. || Muchedumbre.

chuspa f. *amer.* Bolsa, morral. || *amer.* Bolsa pequeña para llevar el tabaco.

chutar tr. En el fútbol, lanzar fuertemente el balón con el pie. || prnl. Inyectarse droga.

chuzo m. Palo con un pincho utilizable como arma, como el que utilizaban los serenos. || Carámbano.

cianuro m. Sal muy venenosa resultante del ácido cianhídrico.

ciático, ca adj. y s. De cada uno de los nervios que recorren las piernas desde la región sacra. || f. Dolor del nervio ciático.

cibernética f. Ciencia sobre las conexiones nerviosas y de comunicación en los seres vivos. || Ciencia que estudia la construc-

cicatería

ción de aparatos y las disposiciones que transforman los datos que se les suministran en un resultado.

cicatería f. Ruindad, tacañería, mezquindad.

cicatero, ra adj. y s. Tacaño. ‖ Que da importancia a pequeñas cosas o se ofende por ellas.

cicatriz f. Señal que queda de una herida. ‖ fig. Impresión que queda en el ánimo por algún sentimiento pasado.

cicerone com. Persona, guía que explica a los visitantes las peculiaridades de un monumento, ciudad.

ciclismo m. Deporte y uso de la bicicleta.

ciclo m. Periodo de tiempo, o fenómenos que se repiten ordenadamente. ‖ Serie de fases por las que pasa un fenómeno periódico hasta que se reproduce una fase anterior. ‖ Conjunto de una serie de fenómenos u operaciones que se repiten ordenadamente. ‖ Serie de conferencias relacionadas entre sí por el tema. ‖ Conjunto de tradiciones épicas concernientes a un determinado periodo de tiempo, a un grupo de sucesos o a un personaje heroico.

ciclomotor m. Motocicleta pequeña con un motor poco potente.

ciclón m. Huracán. ‖ fig. Persona muy impetuosa.

ciego, ga adj. Sin vista. También s. ‖ fig. Obcecado, dominado por una pasión. ‖ fig. [Conducto] obstruido. ‖ [Intestino] grueso, anterior al colon. Más c. m.

cielito m. *amer.* Baile campesino de parejas con ritmo de vals.

cielo m. Espacio que rodea la Tierra. ‖ Paraíso. ‖ Parte superior de alguna cosa. ‖ Apelativo cariñoso.

ciempiés m. Animal invertebrado con veintiún pares de patas.

cien adj. apóc. de *ciento*.

ciénaga f. Lugar lleno de cieno o pantanoso.

ciencia f. Conocimiento ordenado y, generalmente experimental, de las cosas. ‖ Conjunto de conocimientos relativo a un objeto determinado. ‖ fig. Saber, cultura. ‖ pl. Conjunto de conocimientos relativos a las matemáticas, física, química y naturaleza.

cieno m. Lodo blando en el fondo del agua o en sitios bajos y húmedos.

científico, ca adj. De la ciencia, o de sus métodos. ‖ Que practica o investiga una ciencia. También s.

ciento adj. Diez veces diez. ‖ m. Guarismo del número ciento. ‖ Centena.

cierre m. Acción y resultado de cerrar. ‖ Lo que sirve para ello.

cierto, ta adj. Verdadero. ‖ Se usa algunas veces en sentido indeterminado. ‖ adv. af. Sí, ciertamente.

ciervo, va m. y f. Mamífero rumiante de cuernos que se ramifican con los años.

cifra f. Número, signo con que se representa. ‖ Escritura secreta, clave.

cifrar tr. Escribir en clave. ‖ Con la prep. *en*, reducir a una sola cosa fundamental lo que ordinariamente consiste en varias.

cigala f. Animal marino parecido al cangrejo de río pero más grande, con caparazón duro y patas delanteras terminadas en pinzas; su carne es muy apreciada.

cigarrillo m. Cigarro pequeño de picadura envuelta en un papel de fumar.

cigarro m. Rollo de hojas de tabaco. ‖ Cigarrillo.

cilantro m. Hierba olorosa con flores rojizas que se utiliza como condimento y en medicina.

cigüeña f. Ave zancuda, migradora, que anida en las torres.

cilicio m. Vestidura áspera o con pinchos para la mortificación.

cilindro m. Cuerpo limitado por una superficie curva y dos planos circulares. ‖ Tubo en que se mueve el émbolo de una máquina. ‖ Cualquier pieza mecánica con esta forma.

cima f. Parte más alta de los montes, árboles, etc. ‖ fig. Remate, culminación.

cimiento m. Parte del edificio debajo de tierra. Más en pl. ‖ fig. Fundamento, principio.

cinc m. Metal blanco azulado y de brillo intenso. Símbolo, Zn.

cincel m. Herramienta para labrar piedras y metales.

cincha f. Correa para asegurar la silla o albarda sobre la caballería.

cinco adj. Cuatro y uno. ‖ Quinto. ‖ m. Guarismo del número cinco.

cincuenta adj. Cinco veces diez. ‖ m. Guarismo del número cincuenta.

cine m. apóc. de *cinematógrafo* y *cinematografía*. ‖ Local donde se proyectan películas cinematográficas.

cinematografía f. Arte e industria de hacer películas cinematográficas.

cinético, ca adj. Del movimiento. ‖ f. Teoría según la cual los cuerpos están compuestos de moléculas o átomos, cuya energía de movimiento constituye el calor. ‖ Parte de la física que estudia el movimiento. ‖ Parte de la química relativa a la velocidad de las reacciones.

cingalés, esa adj. y s. De Ceilán, actualmente Sri Lanka. ‖ m. Idioma hablado en esta isla.

cínico, ca adj. Hipócrita. ‖ Descarado, irreverente.

cinta f. Tira de tela u otro material para distintos usos: para sujetar el pelo, de máquina de escri-

bir, transportadora, magnetofónica, de vídeo. ‖ Película cinematográfica.

cinto m. Cinta para ceñir y ajustar la cintura.

cintura f. Parte del cuerpo humano, por encima de las caderas.

cinturón m. Cinto de cuero que sujeta el pantalón a la cintura. ‖ Conjunto de cosas que rodean algo. ‖ En algunos deportes, cinta que sirve para ajustar el traje y que indica, con su color, la categoría del deportista.

circo m. Edificio romano para algunos espectáculos. ‖ Lugar donde actúan malabaristas, payasos, animales amaestrados, etc. ‖ El mismo espectáculo. ‖ Depresión entre cimas altas formada por la erosión de las aguas.

circuito m. Lugar comprendido dentro de un perímetro. ‖ Contorno. ‖ Trayecto fijado para diversas carreras. ‖ Cada enlace de una red de establecimientos de servicios públicos. ‖ Conjunto de conductores que recorre una corriente eléctrica.

circular intr. Andar en derredor, ir y venir. ‖ Transitar. ‖ adj. Del círculo. ‖ f. Escrito a varias personas para ordenar o notificar algo.

círculo m. Superficie limitada por la circunferencia. ‖ Grupo de personas. ‖ Sociedad recreativa, política, artística, y su edificio. ‖ Conjunto de relaciones de una persona.

circuncidar tr. Cortar circularmente una porción del prepucio.

circundar tr. Cercar, rodear.

circunferencia f. Curva cerrada, cuyos puntos equidistan de otro interior llamado centro. ‖ Contorno de una superficie, territorio, mar, etc.

circunflejo adj. [Acento gráfico (^)] que se pone a las vocales de algunos idiomas como el francés y el portugués.

circunloquio m. Rodeo de palabras para expresar algo.

circunscribir tr. Concretar, limitar. ‖ Trazar una figura geométrica dentro de otra, con determinados puntos comunes. ‖ prnl. Ceñirse, concretarse.

circunscripción f. División administrativa, militar, electoral, de un territorio.

circunspecto, ta adj. Que se comporta con prudencia, seriedad o gravedad.

circunstancia f. Elemento accidental y objetivo que afecta a la sustancia de algo. ‖ Ese mismo elemento cuando se convierte en subjetivo. ‖ pl. En derecho, motivos que afectan a una responsabilidad o culpa.

circunvalar tr. Cercar, rodear.

cirio m. Vela de cera de un pabilo, larga y gruesa. ‖ fam. Lío, pelea.

cirro m. Nube blanca y ligera que se presenta en las regiones superiores de la atmósfera.

cirrosis f. Enfermedad del hígado consistente en la destrucción de sus células, frecuentemente causada por la excesiva ingestión de bebidas alcohólicas.

ciruela f. Fruto comestible del ciruelo.

ciruelo m. Árbol frutal de hojas entre aovadas y lanceoladas, dentadas y con flores blancas. Su fruto es la ciruela.

cirugía f. Especialidad y técnica de la medicina cuyo fin es curar las enfermedades mediante operaciones con instrumentos concebidos científicamente.

cisma m. División en el seno de una comunidad, especialmente la que se produce entre los seguidores de una misma religión. || Discordia.

cisne m. Ave palmípeda de cuello largo y flexible, cabeza pequeña, patas cortas y alas grandes.

cisterna f. Depósito para el agua de lluvia o para la retenida en un retrete. || Recipiente en un vehículo para transportar líquidos.

cistitis f. Inflamación de la vejiga de la orina que produce escozor y continuas ganas de orinar.

cita f. Día, hora y lugar para encontrarse dos personas. || Repetición de palabras dichas o escritas por alguien con las que se intenta dar autoridad o justificar lo que se está diciendo.

citar tr. Convocar señalando día, hora y lugar. || Alegar, mencionar autores, textos para probar lo se dice o escribe. || En derecho, notificar mediante llamamiento judicial. || Incitar al toro para que embista.

cítrico, ca adj. Del limón. || m. pl. Frutas agrias o agridulces, como el limón y la naranja, y plantas que las producen.

ciudad f. Población grande, y su núcleo urbano. || Conjunto de edificios o instalaciones destinadas a una determinada actividad.

ciudadano, na adj. y s. De una ciudad. || m. y f. El habitante de un Estado como sujeto de derechos políticos.

ciudadela f. Fortificación permanente en el interior de una plaza.

cívico, ca adj. Civil. || Patriótico. || Del civismo.

civil adj. De la ciudad, de los ciudadanos o relacionado con ellos. || adj. y com. Que no es militar o eclesiástico. || com. Guardia civil.

civilización f. Cultura o estado social de un grupo humano.

civilizar tr. y prnl. Introducir en un pueblo la civilización de otro. || Educar.

civismo m. Interés por los acontecimientos institucionales del país. || Cortesía, educación.

cizaña f. Planta gramínea que crece espontáneamente en los sembrados. || fig. Cosa mala que se mezcla entre las buenas. || fig. Disensión, enemistad.

clamar intr. Quejarse a voces pidiendo ayuda. ‖ Desear en alta voz con vehemencia.

clamor m. Grito fuerte o lastimero. ‖ Griterío confuso de una multitud.

clan m. En sociedades primitivas, tribu o familia. ‖ *desp*. Grupo restringido de personas unidas por vínculos o intereses comunes.

clandestino, na adj. Secreto, oculto. ‖ Sin los requisitos exigidos por una disposición gubernativa.

clara f. Materia que rodea la yema del huevo. ‖ Claridad. ‖ Bebida compuesta por cerveza y gaseosa.

claraboya f. Tragaluz, ventana en el techo o en lo alto de las paredes.

clarear impers. Empezar a amanecer. También intr. ‖ Irse disipando las nubes. ‖ prnl. Transparentarse.

clarín m. Instrumento de viento, de sonidos muy agudos. ‖ Registro muy agudo del órgano. ‖ com. Persona que toca el clarín.

clarinete m. Instrumento de viento que posee un tubo de madera con agujeros que se tapan con los dedos o con llaves. ‖ com. Persona que toca este instrumento.

clarividencia f. Facultad de comprender y discernir claramente las cosas. ‖ Penetración, perspicacia.

claro, ra adj. Bañado de luz. ‖ Evidente, patente. ‖ Limpio, puro, cristalino, diáfano. ‖ Inteligible. ‖ fig. Sincero, franco. ‖ m. Especie de claraboya. ‖ Espacio sin árboles en el interior de un bosque. ‖ adv. m. Con claridad. ‖ interj. para afirmar o dar por cierto algo.

clase f. Orden o número de personas del mismo grado, calidad u oficio. ‖ Orden en que, con arreglo a determinadas condiciones o calidades, se consideran comprendidas diferentes personas o cosas. ‖ Cada división de estudiantes que asisten a un aula. ‖ Aula, lugar en que se enseña. ‖ Lección diaria del maestro. ‖ Grupo taxonómico que comprende varios órdenes.

clásico, ca adj. [Autor u obra] que se tiene por modelo digno de imitación en cualquier literatura o arte. Apl. a pers., también s. ‖ De la literatura o al arte de la antigüedad griega y romana, y a los que en los tiempos modernos los han imitado. Apl. a pers., también s. ‖ Partidario del clasicismo. También s. ‖ [Música] de tradición culta, por oposición a la ligera o pop.

clasificar tr. Ordenar o disponer por clases. ‖ prnl. Obtener determinado puesto en una competición.

clasista adj. y com. Que es partidario de las diferencias de clase en la sociedad.

claudicar intr. Ceder, transigir, consentir, rendirse. || Dejar de seguir los propios principios o normas, por flaqueza.

claustro m. Galería que cerca el patio principal de una iglesia o convento. || Conjunto de profesores de un centro docente en ciertos grados de la enseñanza.

claustrofobia f. Sensación morbosa de angustia, producida por la permanencia en lugares cerrados.

cláusula f. Cada una de las disposiciones de un contrato, tratado, etc. || Oración gramatical.

clausura f. En los conventos religiosos, recinto interior donde no pueden entrar seglares. || Acto solemne con que se termina un congreso, un tribunal, etc.

clausurar tr. Cerrar, poner fin a la actividad de organismos, establecimientos, etc. || Cerrar un local por mandato oficial. || Cerrar físicamente algo.

clavar tr. Introducir un clavo u otra cosa aguda, a fuerza de golpes, en un cuerpo. || Asegurar con clavos una cosa en otra. || fig. Fijar. || fig. y fam. Cobrar a alguien más de lo justo.

clave f. Explicación de los signos convenidos para escribir en cifra. || Noticia o idea por la cual se hace comprensible algo. || En música, signo al principio del pentagrama para determinar el nombre de las notas. || m. Instrumento musical de cuerdas accionadas por un teclado.

clavel m. Planta herbácea perenne de tallo nudoso y delgado, hojas largas, estrechas y puntiagudas y flores terminales de cinco pétalos. || Flor de esta planta.

clavícula f. Cada uno de los dos huesos situados transversalmente en uno y otro lado de la parte superior del pecho.

clavija f. Trozo cilíndrico o ligeramente cónico de madera, metal, etc., que sirve para asegurar el ensamblaje de dos maderos, para eje de giro en las partes movibles de una máquina o aparato, etc. || Cada una de las llaves de madera que se usan en los instrumentos para asegurar y tensar las cuerdas.

clavo m. Pieza metálica, larga y delgada, con cabeza y punta, que sirve para fijarla en alguna parte, o para asegurar una cosa a otra. || Callo duro que se cría regularmente sobre los dedos de los pies. || Especia de olor muy aromático y agradable, y sabor acre y picante, obtenida de la flor del clavero.

claxon m. Bocina de los automóviles.

clemencia f. Virtud que modera el rigor de la justicia.

cleptomanía f. Propensión morbosa al hurto.

clérigo m. Sacerdote, religioso.

clero m. Conjunto de los clérigos.

cliché m. Plancha que tiene grabado un texto o una imagen, de la que se pueden sacar copias. || Imagen fotográfica negativa. || fig. Idea o expresión demasiado repetida o formularia.

cliente, ta m. y f. Respecto del que ejerce alguna profesión, persona que utiliza sus servicios. || Persona que compra en un establecimiento o suele comprar en él.

clima m. Conjunto de condiciones atmosféricas de una zona geográfica. || Ambiente, circunstancias de un lugar o situación.

climaterio m. Período de la vida que precede y sigue a la extinción de la función genital.

climatizar tr. Realizar las operaciones necesarias para obtener un clima ideal en el interior de un local.

climatología f. Ciencia que estudia el clima.

clímax m. Gradación retórica ascendente, y su término más alto. || Punto más alto de un proceso. || Momento culminante de un poema o de una acción dramática.

clínico, ca adj. Relativo a la clínica o a la enseñanza práctica de la medicina. || f. Enseñanza práctica de la medicina. || Departamento de los hospitales destinados a dar esta enseñanza. || Hospital privado.

clip m. Barrita de metal o plástico, doblada sobre sí misma, que sirve para sujetar papeles. || Especie de horquilla del pelo. || Película o vídeo de corta duración, generalmente de carácter musical.

clítoris m. Órgano carnoso eréctil situado en la parte exterior del aparato sexual femenino.

cloaca f. Conducto para las aguas sucias de las poblaciones. || Porción final del intestino de las aves. || fig. Lugar inmundo o repugnante.

clon m. Conjunto de individuos pluricelulares nacidos de una misma célula o estirpe celular, absolutamente homogéneos desde el punto de vista genético.

cloro m. Metaloide gaseoso de color verde amarillento, olor fuerte y sabor cáustico. Símbolo, *Cl*.

clorofila f. Pigmento verde de los vegetales y de algunas algas que transforma la energía luminosa en energía química en virtud de la cual se produce la fotosíntesis.

cloroformo m. Líquido incoloro, de olor agradable que se emplea como anestésico.

club m. Sociedad donde se debaten asuntos públicos. || Sociedad creada para la consecución de fines deportivos, culturales, políticos, etc. || Bar, generalmente nocturno, donde se bebe y se baila.

coacción f. Violencia física, psíquica o moral para obligar a una persona para que diga o haga algo contra su voluntad.

coadyuvar tr. Contribuir o ayudar a la consecución de alguna cosa.

coagular tr. y prnl. Cuajar, solidificar un líquido.

coalición f. Confederación, liga, unión.

coartada f. Argumento de inculpabilidad de un reo por hallarse en el momento del crimen en otro lugar. || Excusa.

coartar t. Limitar, restringir.

coba f. Adulación, alabanza excesiva.

cobarde adj. y com. Pusilánime, miedoso.

cobaya o **cobayo** f. Mamífero roedor, parecido al conejo, pero más pequeño, y con orejas y patas cortas. Se llama también conejillo de Indias.

cobertizo m. Tejado saledizo para guarecerse de la lluvia. || Sitio cubierto rústicamente para resguardarse de la intemperie.

cobertor m. Colcha o manta.

cobijar tr. y prnl. Cubrir, tapar. || fig. Albergar.

cobra f. Serpiente venenosa.

cobrador, ra m. y f. Persona que se dedica profesionalmente a recaudar dinero como pago por algo.

cobrar tr. Percibir una cantidad que se debe. || Tomar o empezar a tener un sentimiento. || Adquirir o sentir ciertos afectos. || Adquirir, lograr. || fam. Recibir golpes. || Recoger los animales que se han cazado. || prnl. Causar muertes. || Obtener algo de alguien, para compensar el daño o las molestias que ha causado.

cobre m. Metal rojizo, maleable y dúctil. Símbolo, *Cu*.

coca f. Arbusto de cuyas hojas se extrae la cocaína. || Hoja de este árbol. || Cocaína.

cocaína f. Alcaloide de la coca que se usa como anestésico y también como droga y estupefaciente.

cocainómano, na adj. y s. Drogadicto que consume cocaína.

cocal m. *amer.* Sitio poblado de cocoteros.

cocer tr. Preparar alimentos por medio del fuego. || Someter a la acción del calor en el horno pan, cerámica, piedra caliza, etc. || intr. Hervir un líquido. || prnl. Prepararse alguna cosa sin que se manifieste al exterior. || Sentir mucho calor.

cochambre amb. fam. Suciedad, cosa puerca.

coche m. Vehículo, por lo común, de cuatro ruedas. || Vagón del tren o del Metro.

cochinada f. Porquería, suciedad. || Hecho grosero o que tiene mala intención.

cochinillo m. Cría del cerdo que se alimenta todavía de la leche de su madre.

cochino, na m. y f. Cerdo. || fig. y fam. Persona muy sucia.

También adj. || fig. y fam. Persona de malas intenciones.

cochiquera f. Pocilga.

cocido m. Guiso de carne, tocino, hortalizas y legumbres, muy común en España.

cociente m. Resultado que se obtiene dividiendo una cantidad por otra.

cocina f. Lugar en que se guisa. || Aparato para cocinar. || fig. Arte de guisar.

cocinar tr. e intr. Guisar.

coco m. Palma de las zonas tropicales, de 20 a 25 m de altura, que produce fruto dos o tres veces al año. || Fantasma que se figura para meter miedo a los niños. || fig. y fam. Cabeza humana.

cococha f. Protuberancia carnosa de la parte baja de la cabeza de la merluza y del bacalao.

cocodrilo m. Reptil de 4 a 5 m de largo, cubierto de escamas durísimas en forma de escudo, que vive en las regiones intertropicales y es temible por su voracidad.

cocotero m. Coco, árbol.

cóctel m. Bebida compuesta de una mezcla de licores a los que se añaden otros ingredientes. || Fiesta o recepción en la que se sirven bebidas y aperitivos.

cocuyo m. *amer.* Insecto coleóptero de la América tropical, que despide de noche una luz azulada.

codearse prnl. Relacionarse, tratarse de igual a igual una persona con otra.

códice m. Manuscrito antiguo de importancia artística, literaria o histórica.

codicia f. Deseo intenso de riquezas, poder, fama, etc.

codiciar tr. Desear algo como dinero, poder, fama, etc., con mucha fuerza.

codificar tr. Transformar un mensaje utilizando un código secreto. || En informática, traducir la información al lenguaje del ordenador. || Realizar una emisión de televisión mediante un sistema que necesita un dispositivo adicional para poder recibirla.

código m. Recopilación de leyes de un país. || Conjunto de leyes sobre una materia determinada. || fig. Conjunto de reglas y signos que permite formular y comprender un mensaje.

codo m. Parte exterior de la articulación del brazo con el antebrazo. || Coyuntura de los cuadrúpedos. || Trozo de tubo, doblado en ángulo o en arco, usado en cañerías.

coeficiente m. Número o, en general, factor que, escrito inmediatamente antes de un monomio, hace oficio de multiplicador. || Número que expresa el grado o intensidad con que se da una propiedad o una característica.

coerción f. Represión o impedimento para que alguien haga cierta cosa mediante la fuerza o un castigo.

coetáneo, a adj. y s. De la misma edad. || Contemporáneo.

coexistir intr. Existir una persona o cosa a la vez que otra.

cofia f. Red de seda o hilo que se ajusta a la cabeza para recogerse el pelo. || Tocado femenino que forma parte del uniforme de algunas profesiones.

cofradía f. Congregación o hermandad de devotos. || Gremio o asociación.

cofre m. Caja para guardar objetos de valor.

cogedor m. Utensilio formado por una especie de caja abierta por delante y un mango que sirve para recoger la basura y otros desperdicios.

coger tr. Agarrar, asir, tomar. || Atrapar, apresar. || Sorprender. || Alcanzar, atropellar. || Contraer una enfermedad. || Enganchar el toro. || Ocupar cierto espacio. || *vulg.* Realizar el acto sexual. || intr. Hallarse, estar situado.

cogollo m. Parte interior de algunas hortalizas. || Brote que arrojan los árboles y otras plantas. || fig. Lo escogido, lo mejor.

cogorza f. Borrachera.

cogote m. Parte superior y posterior del cuello.

cohabitar tr. Habitar con otro u otros. || Hacer vida marital el hombre y la mujer.

cohecho m. Soborno a un funcionario público.

coherencia f. Conexión, enlace lógico de una cosa con otra.

cohesión f. Fuerte unión de las cosas o de las personas entre sí.

cohete m. Artificio de pólvora que se eleva en el aire, donde estalla con fuerte estampido produciendo formas coloreadas diversas. || Artificio que se mueve en el espacio por propulsión a chorro.

cohibir tr. y prnl. Refrenar, reprimir, contener.

coincidir intr. Convenir o ajustarse una cosa con otra. || Ocurrir dos cosas al mismo tiempo. || Concurrir simultáneamente dos personas en el mismo lugar.

coito m. Cópula, unión sexual.

cojear intr. Andar inclinando el cuerpo más hacia un lado que hacia otro a causa de un defecto, una lesión o un dolor en los pies o en las piernas. || Moverse un mueble por no descansar bien sus patas en el suelo. || Fallar en algo, tener algún defecto.

cojín m. Almohadón.

cojo, ja adj. y s. [Persona o animal] que cojea o al que le falta un pie o una pierna. || [Mueble] que se balancea de un lado a otro por no asentar bien sobre una superficie.

cojón m. *vulg.* Testículo. || pl. Se usa como interj.

col f. Planta hortense crucífera de la que se cultivan muchas variedades, todas comestibles.

cola f. Extremidad posterior de la columna vertebral de algunos animales. || Extremo posterior de cualquier cosa. || Hilera de personas que esperan vez. || Pasta que sirve para pegar.

colaborar intr. Trabajar con otra u otras personas en obras literarias, científicas, políticas, etc.

colada f. Lavado periódico de la ropa. || Ropa lavada.

colador m. Utensilio para colar un líquido, sobre todo en las cocinas.

colapso m. Estado de postración extrema, con insuficiencia circulatoria. || Paralización del tráfico o de otras actividades.

colar tr. Pasar un líquido por cedazo o colador. || intr. fam. Intentar dar apariencia de verdad a lo que es un engaño. || prnl. fam. Introducirse a escondidas. || fig. y fam. Cometer equivocaciones. || fam. Saltarse el turno. || fam. Estar muy enamorado.

colcha f. Cobertura de cama.

colchón m. Saco relleno de lana, pluma, cerda, etc., que sirve para dormir sobre él.

colchoneta f. Colchón más estrecho que los ordinarios.

cole m. fam. apóc. de *colegio*.

colección f. Conjunto de cosas de una misma clase.

coleccionar tr. Reunir ordenadamente objetos de una misma clase.

colecta f. Recaudación de donativos hechos con un mismo fin.

colectividad f. Conjunto de individuos que forman un grupo.

colectivo, va adj. Relativo a cualquier agrupación de individuos. || m. Grupo de personas con intereses comunes. || *amer.* Autobús.

colega com. Persona que tiene la misma profesión o actividad que otra. || fam. Amigo, compañero.

colegiado, da adj. [Persona] que pertenece a una corporación de profesionales que forma un colegio. || adj. y s. De un cuerpo constituido en colegio o relacionado con él. || m. y f. Árbitro de algunos juegos o deportes, como el fútbol o el baloncesto, que es miembro de un colegio oficialmente reconocido.

colegial, la m. y f. Estudiante que asiste a un colegio.

colegiata f. Iglesia, que no siendo sede episcopal, tiene abad y canónigos seculares.

colegio m. Establecimiento de enseñanza para niños y jóvenes. || Agrupación formada por los individuos de una misma profesión.

cólera f. Ira, enojo. || m. Enfermedad aguda caracterizada por vómitos repetidos y abundantes deposiciones.

colesterol m. Sustancia grasa que existe normalmente en la sangre, en la bilis y en otros humores.

coleta f. Cabello recogido en el cogote que cae en forma de cola.

coletilla f. Adición breve a lo escrito o hablado. ‖ Repetición, durante una conversación, de una misma expresión o palabra.

colgar tr. Poner una cosa pendiente de otra, sin que llegue al suelo. ‖ fig. y fam. Ahorcar. ‖ fig. Imputar, achacar. ‖ Cortar una comunicación telefónica, dejando el auricular del teléfono en su sitio. ‖ intr. Estar una cosa en el aire pendiente de otra, como las campanas. ‖ Dejar de realizar una profesión o una actividad. ‖ prnl. Ser dependiente de las drogas.

colibrí m. Pájaro americano de tamaño muy pequeño y pico largo y débil.

cólico m. Trastorno orgánico doloroso caracterizado por violentos retortijones, sudores y vómitos.

coliflor f. Variedad de col comestible que, cuando echa el tallo, forma una masa carnosa de color blanco.

colilla f. Resto del cigarro que se tira.

colina f. Elevación natural de terreno, menor que una montaña.

colindar intr. Lindar entre sí dos o más fincas.

colirio m. Medicamento que se emplea en las enfermedades de los ojos.

colisión f. Choque de dos cuerpos. ‖ fig. Oposición.

colitis f. Inflamación de una parte del intestino llamada colon, que produce diarreas.

collado m. Depresión suave por donde se puede pasar fácilmente de un lado a otro de una sierra.

collar m. Adorno que rodea el cuello. ‖ Aro que se ciñe al cuello de los animales domésticos como adorno, sujeción o defensa.

collarín m. Aparato ortopédico en forma de collar que se emplea para inmovilizar las vértebras cervicales.

colmar tr. Llenar una medida de modo que lo que se echa en ella levante más que los bordes. ‖ Dar con abundancia.

colmena f. Lugar o recipiente donde se alojan las abejas y fabrican los panales de miel. ‖ Conjunto de abejas alojadas en él.

colmillo m. Diente agudo y fuerte, colocado entre el más lateral de los incisivos y la primera muela. ‖ Cada uno de los dos dientes en forma de cuerno que tienen los elefantes.

colmo m. Cantidad de una cosa que desborda el recipiente que la contiene. ‖ Grado máximo al que puede llegar una cosa.

colocar tr. y prnl. Poner a una persona o cosa en su debido lugar. ‖ Poner a alguien en un empleo. También prnl. ‖ prnl. Ponerse eufórico por efecto del alcohol o de las drogas.

colofón m. Anotación al final de los libros, que expresa el nombre del impresor y el lugar y fecha de la impresión. ‖ fig. Frase, actitud, que pone término a un asunto, obra, situación, etc.

colombiano, na adj. y s. De Colombia.

colombino, na adj. Relativo a Cristóbal Colón o a su familia.

colon m. Parte del intestino grueso entre el ciego y el recto.

colonia f. Territorio dominado y administrado por una potencia extranjera. ‖ Agua perfumada. ‖ Conjunto de edificios. ‖ Grupo de animales de una misma especie que conviven en un territorio limitado. ‖ Lugar destinado a albergar a un grupo numeroso de personas, especialmente niños, durante un periodo de vacaciones.

coloniaje m. *amer.* Periodo de dominación española en América.

colonizar tr. Establecer colonia en un país.

colono com. Persona que habita en una colonia. ‖ Labrador que cultiva una heredad por arrendamiento.

coloquial adj. Relativo al coloquio. ‖ [Voz, frase, lenguaje, etc.] propios de la conversación cotidiana.

coloquio m. Conversación entre dos o más personas. ‖ Reunión en que se convoca a un número limitado de personas para que debatan un tema elegido previamente. ‖ Género de composición literaria en forma de diálogo.

color m. Impresión que los rayos de luz reflejados por un cuerpo producen en la retina del ojo. ‖ Sustancia preparada para pintar. ‖ Colorido. ‖ fig. Carácter peculiar de algunas cosas. ‖ fig. Matiz de opinión o facción política.

colorado, da adj. Que tiene color más o menos rojo.

colorante adj. Que tiñe o da color. ‖ m. Sustancia natural o artificial que se emplea para teñir o dar color a las cosas.

colorete m. Cosmético de color rojo para poner en las mejillas.

colorido m. Disposición e intensidad de los diversos colores de una pintura. ‖ fig. Carácter peculiar de algo. ‖ fig. Animación.

coloso m. Estatua que excede mucho al tamaño natural. ‖ fig. Persona o cosa que por sus cualidades sobresale muchísimo.

columna f. Cuerpo cilíndrico, compuesto por lo común de basa, fuste y capitel, y que sirve para sostener techumbres o adornar edificios. ‖ En hojas impresas, cualquiera de las partes en que suelen dividirse las páginas de arriba abajo. ‖ Forma cilíndrica que toman algunos fluidos, en su movimiento ascensional.

columnata f. Serie de columnas de un edificio.

columnista com. Redactor o colaborador de un periódico, que escribe regularmente una columna que firma con su nombre.

columpio m. Cuerda fuerte atada en alto por sus dos extremos y en cuyo centro puede sentarse y mecerse una persona.

colutorio m. Líquido para enjuagarse la boca.

coma f. Signo ortográfico (,) que sirve para indicar la división de las frases o miembros más cortos de la oración y que en aritmética separa los enteros de los decimales.

coma m. Estado de inconsciencia con pérdida de la sensibilidad y capacidad de movimiento, pero manteniendo las funciones circulatoria y respiratoria.

comadre f. Partera. || Madrina de bautizo de una criatura respecto del padre, la madre o el padrino. || Vecina y amiga con quien se tiene más trato y confianza.

comadreja f. Mamífero carnicero nocturno de color pardo, muy perjudicial para las aves.

comadrona f. Partera.

comandante m. Jefe militar de categoría comprendida entre las de capitán y teniente coronel. || Militar que ejerce el mando en ocasiones determinadas, sin tener el grado.

comando m. Mando militar. || Pequeño grupo de tropas de choque. || Grupo armado de terroristas.

comarca f. División de territorio que comprende varias poblaciones.

comba f. Juego de niños que consiste en saltar por encima de una cuerda. || Esta misma cuerda. || Curvatura que toman algunos cuerpos sólidos cuando se encorvan.

combar tr. y prnl. Doblar, encorvar una cosa.

combatir intr. Pelear. También prnl. || tr. Acometer, embestir. || fig. Atacar, reprimir. || fig. Contradecir, impugnar.

combinar tr. Unir cosas diversas, de manera que formen un compuesto. || fig. Concertar, traer a identidad de fines. || Armonizar una cosa con otra. || prnl. Ponerse de acuerdo dos o más personas para una acción conjunta.

combustible adj. Que puede arder. || m. Cuerpo o sustancia, que al arder produce energía calorífica.

combustión f. Acción o efecto de arder o quemar. || Reacción química entre el oxígeno y un material combustible, acompañada de desprendimiento de energía.

comedia f. Obra dramática de enredo y desenlace festivos o placenteros. || Obra dramática de cualquier género. || Género cómico. || fig. Farsa o fingimiento. || fig. Suceso cómico.

comedirse prnl. Moderarse, contenerse.

comedor m. Aposento destinado en las casas para comer. ‖ Establecimiento destinado para servir comidas.

comensal com. Cada una de las personas que comen en una misma mesa.

comentar tr. Explicar algo para su mejor comprensión. ‖ Decir o escribir opiniones sobre algo.

comentario m. Explicación que se hace de algo para que se entienda mejor. ‖ Juicio u opinión, oral o por escrito, sobre personas o cosas.

comentarista com. Persona que hace comentarios en los medios de comunicación.

comenzar tr. e intr. Empezar.

comer intr. Masticar el alimento en la boca y pasarlo al estómago. También tr. ‖ Tomar alimento. ‖ Tomar la comida principal. ‖ fig. Gastar, corroer. ‖ fig. En algunos juegos, ganar una pieza al contrario. ‖ prnl. fig. Cuando se habla o escribe, omitir alguna cosa.

comercial adj. Del comercio o los comerciantes, o relacionado con ellos. ‖ Que se vende bien o tiene fácil aceptación en el mercado que le es propio. ‖ com. Encargado del lanzamiento en el mercado y venta de un determinado producto.

comerciar intr. Negociar comprando y vendiendo o permutando géneros.

comercio m. Establecimiento donde se compran o venden productos. ‖ Resultado de la compra, la venta o el cambio de productos para obtener ganancias.

comestible adj. Que se puede comer. ‖ m. Cualquier alimento. Más en pl.

cometa m. Astro que suele ir acompañado de un rastro luminoso llamado cola y que sigue órbitas elípticas muy excéntricas alrededor del Sol. ‖ f. Armazón plana de cañas sobre la cual se pega papel o tela y que se arroja al aire sujeta por un hilo largo.

cometer tr. Hablando de faltas, incurrir en ellas.

cometido m. Comisión, encargo. ‖ Trabajo u obligación.

cómic m. Secuencia de viñetas o representaciones gráficas que narran una historia mediante imágenes y texto que aparece encerrado en un globo o bocadillo.

comicios m. pl. Junta que tenían los romanos para tratar de los negocios públicos. ‖ Actos electorales.

cómico, ca adj. Relativo a la comedia. ‖ [Actor] que representa papeles jocosos. ‖ Divertido. ‖ m. y f. Comediante.

comida f. Alimento. ‖ Alimento que se toma al mediodía o primeras horas de la tarde. ‖ Acción de comer.

comienzo m. Principio de una cosa.

comillas f. pl. Signo ortográfico («...», "...") que se pone al principio y al fin de las frases incluidas como citas o ejemplos. También se emplea para destacar una palabra o frase.

comino m. Hierba umbelífera, cuyas semillas se usan en medicina y para condimento. ‖ fig. Cosa insignificante, de poco valor.

comisario, ria m. y f. Persona que tiene poder y facultad de otro para ejecutar alguna orden o entender en algún negocio. ‖ Agente policial encargado de una comisaría de distrito.

comisión f. Acción de cometer. ‖ Conjunto de personas encargadas por una corporación o autoridad para entender en algún asunto. ‖ Porcentaje que, sobre lo que vende, cobra un vendedor de cosas ajenas.

comisura f. Punto de unión de ciertas partes similares del cuerpo, como los labios y los párpados.

comité m. Comisión de personas encargadas para un asunto. ‖ Junta directiva de una colectividad.

comitiva f. Acompañamiento, gente que va acompañando a alguno.

como adv. m. Del modo o la manera que. ‖ En sent. comp. denota equivalencia o igualdad. ‖ Según, conforme. ‖ En calidad de. ‖ conj. cond. Si. ‖ conj. causal. Porque.

cómoda f. Mueble con tablero de mesa y cajones que ocupan todo el frente y sirven para guardar ropa.

comodín m. En algunos juegos, carta o cara del dado que se puede aplicar a cualquier jugada favorable. ‖ Persona o cosa que sirve para distintos fines.

cómodo, da adj. Fácil, que requiere poco esfuerzo. ‖ Agradable, que hace que alguien se encuentre a gusto. ‖ [Persona] que se encuentra a gusto. ‖ [Persona] a la que no le gusta hacer esfuerzos ni molestarse.

comoquiera adv. m. De cualquier manera.

compact disc (Expr. i.) m. Disco que utiliza la técnica de grabación digital y que se reproduce mediante lectura óptica de rayo láser.

compacto, ta adj. [Cuerpo] de textura apretada y poco porosa. ‖ Apretado, denso. ‖ m. Compact disc.

compadecer tr. y prnl. Sentir lástima o pena por la desgracia o el sufrimiento ajenos.

compadre m. Padrino de un niño respecto de los padres o la madrina. ‖ Amigo, conocido.

compaginar tr. y prnl. Ordenar cosas que tienen alguna conexión. ‖ Corresponderse bien una cosa con otra. ‖ Hacer compatible una cosa con otra.

compañero, ra m. y f. Persona que acompaña a otra para algún fin. || En los cuerpos y comunidades, cada uno de los individuos con relación a los demás. || Lo que hace juego con otra cosa.

compañía f. Efecto de acompañar. || Persona o personas que acompañan a otra u otras. || Sociedad de hombres de negocios. || Unidad militar, mandada normalmente por un capitán. || Grupo de actores teatrales.

comparar tr. Cotejar, confrontar.

comparecer intr. Presentarse uno en algún lugar, llamado o convocado por otra persona, o de acuerdo con ella.

comparsa f. Acompañamiento. || Conjunto de personas que en festejos públicos van vestidas con trajes de una misma clase. || com. Persona que forma parte del acompañamiento en las representaciones teatrales.

compartimiento o **compartimento** m. Cada parte en que se divide un territorio, edificio, caja, etc. || Departamento de un vagón de tren.

compartir tr. Repartir, distribuir las cosas en partes. || Estar de acuerdo en algo o tener los mismos sentimientos dos o más personas. || Usar algo en común.

compás m. Instrumento formado por dos piernas articuladas que sirve para trazar curvas regulares y tomar distancias. || En música, cada uno de los periodos de tiempo iguales en que se marca el ritmo de una fase musical. || Por ext., ritmo de otras actividades.

compasión f. Sentimiento de conmiseración y lástima hacia quienes sufren penalidades o desgracias.

compatible adj. Susceptible de estar, ocurrir o hacerse con otra cosa.

compatriota com. Persona de la misma patria que otra.

compendio m. Resumen o exposición breve, oral o escrita, de lo más sustancial de una materia. || Aquello que reúne en sí todo lo que se expresa.

compenetrarse prnl. Penetrar las partículas de una sustancia en las de otra, o recíprocamente. || fig. Influirse hasta identificarse a veces cosas distintas. || fig. Identificarse las personas en ideas, gustos, opiniones y sentimientos.

compensar tr. y prnl. Igualar en opuesto sentido el efecto de una cosa con el de otra. También intr. || Resarcir, indemnizar. || Merecer la pena hacer algo.

competencia f. Disputa o contienda entre dos o más sujetos. || Rivalidad. || Incumbencia. || Aptitud, idoneidad. || *amer*. Competición deportiva.

competer intr. Pertenecer, incumbir a alguien alguna cosa.

competir intr. Rivalizar entre sí dos o más personas para conseguir un mismo fin. ‖ Igualar en calidad una cosa a otra.

compilar tr. Reunir, en un solo cuerpo de obra, extractos o fragmentos de otras. ‖ En informática, traducir un programa en lenguaje de alto nivel al lenguaje del ordenador.

compinche com. fam. Amigo, camarada. ‖ fam. Amigote.

complacer tr. Causar a otro satisfacción o placer, agradarle. ‖ prnl. Deleitarse.

complejo, ja adj. Que se compone de elementos diversos. ‖ Complicado. ‖ m. Conjunto o unión de dos o más cosas. ‖ Conjunto de establecimientos comerciales, deportivos, turísticos, industriales, etc. ‖ En psicología, conjunto de tendencias, ideas y emociones, generalmente inconscientes y adquiridas durante la infancia, que influyen en la personalidad y conducta de un individuo.

complemento m. Lo que se añade a otra cosa para hacerla íntegra o perfecta. ‖ En gramática, palabra o palabras que, en una oración, completan el significado de uno o varios componentes de la misma.

completar tr. Integrar, hacer cabal una cosa. ‖ Hacerla perfecta en su clase.

completo, ta adj. Lleno, cabal. ‖ Acabado, perfecto. ‖ Entero, con todas sus partes. ‖ Total, absoluto.

complexión f. Constitución fisiológica del individuo.

complicar tr. Mezclar, unir cosas diversas entre sí. ‖ fig. Enredar, dificultar, confundir. También prnl. ‖ Comprometer a alguien en un asunto.

cómplice com. Persona que sin ser autora de un delito coopera a su perpetración.

complot m. Conjuración o conspiración de carácter político o social. ‖ fam. Confabulación.

componenda f. Arreglo o transacción censurable.

componer tr. Formar una cosa juntando y ordenando varias. ‖ Constituir. ‖ Reparar, ordenar. ‖ Adornar. También prnl. ‖ Ajustar, concordar. ‖ Moderar. ‖ Hacer una obra literaria o musical. ‖ Juntar los caracteres de imprenta para formar las palabras.

comportamiento m. Conducta, manera de portarse.

comportar tr. fig. Sufrir, tolerar. ‖ prnl. Portarse, conducirse.

compositor, ra adj. y s. Que compone. ‖ Que hace composiciones musicales.

compostura f. Reparación de una cosa descompuesta o rota. ‖ Aseo personal. ‖ Mesura, buenos modales.

compota f. Dulce de fruta cocida con agua y azúcar.

comprar tr. Adquirir algo por dinero. ‖ Sobornar.

comprender tr. Contener, incluir en sí alguna cosa. También prnl. ‖ Entender, alcanzar, penetrar. ‖ Encontrar justificados o naturales los actos o sentimientos de otro.

compresa f. Tela fina, gasa u otro material absorbente que se emplea para contener hemorragias, cubrir heridas, etc.

compresión f. Hecho de apretar algo de manera que ocupe menos espacio.

comprimir tr. y prnl. Oprimir, apretar, estrechar, reducir a menor volumen.

comprobar tr. Verificar, confirmar la veracidad o exactitud de alguna cosa.

comprometer tr. y prnl. Exponer o poner a riesgo a alguna persona o cosa, en una acción o caso aventurado. ‖ Responsabilizar. ‖ prnl. Contraer un compromiso.

compromiso m. Convenio entre litigantes por el que se someten al dictamen de un tercero. ‖ Obligación contraída, palabra dada. ‖ Dificultad.

compuerta f. Plancha fuerte de madera o de hierro que se coloca en los canales, diques, etc., para graduar o cortar el paso del agua.

compulsar tr. Cotejar dos o más documentos. ‖ Legalizar la copia de un documento oficial.

compungir tr. y prnl. Causar pena, hacer que alguien se sienta muy triste.

computador, ra m. y f. Ordenador.

computar tr. Contar o calcular una cosa por números. ‖ Tomar en cuenta.

comulgar intr. Recibir la comunión, Eucaristía. ‖ fig. Coincidir en ideas o sentimientos con otra persona.

común adj. Que, no siendo privativamente de ninguno, pertenece o se extiende a varios. ‖ Corriente. ‖ Ordinario, vulgar. ‖ m. Todo el pueblo de cualquier provincia, ciudad, villa o lugar.

comuna f. Conjunto de individuos que viven en comunidad autogestionada por ellos y al margen de las conveniencias sociales. ‖ *amer.* Ayuntamiento.

comunicación f. Acción y resultado de comunicar o comunicarse. ‖ Escrito en que se comunica alguna cosa. ‖ Escrito que un autor presenta a un congreso o reunión de especialistas para su conocimiento y discusión. ‖ Trato entre las personas. ‖ Unión y medio de unión entre cosas o lugares. ‖ pl. Correos, telégrafos, teléfonos, etc.

comunicado, da adj. [Lugar] al que se puede acceder con facilidad. ‖ m. Nota, declaración o parte que se comunica para conocimiento público.

comunicar tr. y prnl. Hablar o ponerse en contacto entre sí las personas. || tr. Hacer saber a alguien alguna cosa, informar. || Unir, poner en contacto dos o más lugares. || Transmitir un sentimiento, una enfermedad. || intr. Dar un teléfono la señal de línea ocupada. || prnl. Estar en contacto o tener paso unas cosas con otras.

comunidad f. Junta o congregación de personas que viven unidas bajo ciertas constituciones o reglas, como los conventos, colegios, etc. || Nombre que reciben algunas asociaciones u organismos internacionales.

comunión f. Unión, relación. || Grupo de personas que comparten ideas religiosas o políticas. || En la Iglesia católica, acto de recibir la Eucaristía.

comunismo m. Sistema de organización político-social que propugna la abolición de la propiedad privada y el establecimiento de la comunidad de bienes.

con prep. que sign. el medio, modo o instrumento que sirve para hacer alguna cosa. || Antepuesta al infinitivo, equivale a gerundio. || Juntamente, en compañía de.

conato m. Empeño, esfuerzo. || Propensión, tendencia. || Comienzo de una acción, especialmente si no llega a cumplirse.

concatenar tr. fig. Unir o enlazar.

cóncavo, va adj. Línea o superficie curvas que, respecto del que mira, tienen su parte más deprimida en el centro.

concebir tr. Formar una idea en la mente. || Comprender algo. || tr. e intr. Quedar fecundada la hembra. || Comenzar a tener algunos sentimientos.

conceder tr. Dar, otorgar. || Atribuir una cualidad o condición a una persona o cosa.

concejal, la m. y f. Persona que tiene un cargo en el ayuntamiento o concejo municipal.

concejo m. Ayuntamiento, casa y corporación municipales. || Municipio.

concentrar tr. fig. Reunir en un centro o punto lo que estaba separado. También prnl. || prnl. Reflexionar profundamente.

concéntrico, ca adj. [Figura o sólido] que tienen un mismo centro.

concepto m. Idea que concibe o forma el entendimiento. || Opinión, juicio. || Aspecto, calidad, título.

concernir intr. Atañer, corresponder.

concertar tr. Componer, ordenar, arreglar. || Pactar, ajustar, tratar, acordar un negocio. También prnl. || Acordar entre sí voces o instrumentos músicos. || Cotejar, concordar.

concesión f. Adjudicación o entrega de algo. || Contrato gubernativo a favor de particulares o de empresas. ‖ Contrato que una empresa hace a otra o a un particular, de vender y administrar sus productos en una localidad determinada. ‖ Ceder en una posición ideológica o actitud.

concesionario, ria adj. y m. Persona o entidad que tiene la exclusiva de distribución de un producto determinado en una zona.

concha f. Cubierta que protege el cuerpo de los moluscos, y por ext., caparazón de las tortugas y pequeños crustáceos. ‖ fig. Cualquier cosa que tiene la forma de la concha de los animales. ‖ Carey.

conciencia f. Propiedad del espíritu humano de reconocerse en sus atributos esenciales y en todas las modificaciones que en sí mismo experimenta. ‖ Conocimiento interior del bien y del mal, según el cual se juzgan las acciones humanas.

concierto m. Acuerdo, convenio. ‖ Función en la que se ejecutan composiciones musicales. ‖ Composición musical para diversos instrumentos en que uno o varios llevan la parte principal.

conciliábulo m. Junta o reunión ilegal para tratar de algo que se quiere mantener oculto.

conciliar tr. y prnl. Poner de acuerdo, reconciliar. ‖ Granjear o ganar los ánimos y la benevolencia. También prnl.

concilio m. Junta o congreso para tratar alguna cosa, especialmente de los obispos y otros eclesiásticos de la Iglesia católica.

concisión f. Brevedad.

conciudadano, na m. y f. Cada uno de los ciudadanos de una misma ciudad o nación, respecto de los demás.

cónclave o **conclave** m. Lugar en donde los cardenales se juntan y se encierran para elegir sumo pontífice. ‖ La misma junta de los cardenales.

concluir tr. Acabar o finalizar una cosa. También prnl. ‖ Determinar y resolver sobre lo que se ha tratado. ‖ Inferir, deducir una verdad de otras.

concordancia f. Correspondencia y conformidad de una cosa con otra. ‖ En gramática, correspondencia de accidentes entre dos o más palabras variables.

concordar tr. Poner de acuerdo lo que no lo está. ‖ intr. Coincidir una cosa con otra. ‖ En gramática, formar concordancia. También tr.

concordia f. Paz, armonía. ‖ Ajuste o convenio entre personas.

concretar tr. Hacer más precisa alguna cosa. ‖ Fijar o determinar algo de una manera exacta. ‖ prnl. Tratar de una sola cosa, excluyendo las otras.

concreto, ta adj. [Objeto] considerado en sí mismo, con exclusión de cuanto pueda serle extraño o accesorio. ‖ Exacto, preciso. ‖ m. *amer.* Hormigón.

concubina f. Mujer que cohabita con un hombre que no es su marido.

concupiscencia f. Apetito y deseo de los bienes terrenos. ‖ Deseo desordenado de placeres sexuales.

concurrir intr. Juntarse en un mismo lugar o tiempo diferentes personas, sucesos o cosas. ‖ Contribuir para determinado fin. ‖ Tomar parte en un concurso.

concurso m. Prueba o competición entre varias personas para conseguir un premio, un trabajo o para prestar un servicio. ‖ Asistencia o ayuda.

conde, sa m. Título nobiliario, situado en jerarquía después del marqués y antes que el vizconde. ‖ f. Mujer del conde, o la que por sí heredó u obtuvo un condado.

condecorar tr. Dar o imponer condecoraciones.

condena f. Sentencia judicial que pronuncia una pena. ‖ Extensión y grado de la pena.

condenar tr. Pronunciar el juez sentencia, imponiendo al reo la pena correspondiente. ‖ Reprobar una doctrina u opinión. ‖ Tabicar o incomunicar una habitación. ‖ prnl. Para los cristianos, incurrir en la pena eterna.

condensar tr. Convertir un vapor en líquido o en sólido. También prnl. ‖ Reducir una cosa a menor volumen. También prnl. ‖ fig. Sintetizar, resumir, compendiar.

condescender intr. Acomodarse por bondad al gusto y voluntad de otro.

condición f. Índole, naturaleza o propiedad de las cosas. ‖ Calidad del nacimiento o estado social de los hombres. ‖ Calidad o circunstancia con que se hace o promete una cosa. ‖ Circustancia necesaria para que otra pueda ocurrir.

condicional adj. Que incluye y lleva consigo una condición o requisito. ‖ En gramática, [modo] potencial, que expresa la acción del verbo como posible.

condicionar intr. Convenir una cosa con otra. ‖ tr. Hacer depender una cosa de alguna condición. ‖ Influir.

condimento m. Lo que sirve para sazonar la comida y darle buen sabor.

condolencia f. Participación en el pesar ajeno. ‖ Pésame.

condolerse prnl. Compadecerse de lo que otro siente o padece.

condón m. Preservativo.

cóndor m. Ave rapaz diurna, de la misma familia que el buitre. Habita en los Andes y es la mayor de las aves que vuelan.

conducir tr. Llevar, transportar de una parte a otra. ‖ Guiar un vehículo automóvil. ‖ Dirigir un negocio o la actuación de una colectividad. ‖ intr. Convenir, ser a propósito para algún fin. ‖ prnl. Comportarse, proceder de esta o la otra manera.

conducta f. Manera de conducirse o comportarse una persona.

conducto m. Canal, comúnmente cubierto, que sirve para dar paso y salida a las aguas y otras cosas. ‖ fig. Medio, vía, procedimiento.

conductor, ra adj. y s. Que conduce. ‖ [Cuerpo] que, en mayor o menor medida, conduce el calor y la electricidad.

conectar tr., intr. y prnl. Establecer contacto entre dos partes de un sistema mecánico o eléctrico. ‖ Unir, enlazar, establecer relación, poner en comunicación.

conejo m. Mamífero roedor de orejas largas, pelo espeso y cola muy corta. Su carne es comestible.

conexión f. Enlace, concatenación. ‖ pl. Amistades.

confabularse prnl. Ponerse de acuerdo dos o más personas, generalmente para perjudicar a otras.

confeccionar tr. Hacer determinadas cosas materiales, especialmente compuestas, como licores, dulces, venenos, prendas de vestir, etc.

confederación f. Alianza, liga, unión o pacto entre personas, grupos, organizaciones, Estados, etc., para un determinado fin. ‖ Organismo resultante de esta unión.

conferencia f. Disertación en público sobre algún punto doctrinal. ‖ Reunión de representantes de gobiernos o Estados para tratar asuntos internacionales. ‖ Comunicación telefónica interurbana.

conferir tr. Conceder, asignar a alguien dignidad o derechos. ‖ Cotejar y comparar una cosa con otra. ‖ fig. Atribuir o prestar una cualidad no física a una persona o cosa.

confesar tr. Manifestar algo que antes se había mantenido en secreto. ‖ Declarar sus pecados el penitente al confesor en el sacramento de la penitencia. También prnl. ‖ Oír el confesor al penitente en el sacramento de la penitencia. ‖ Declarar el reo ante el juez.

confesonario m. Cabina dentro de la cual se coloca el sacerdote para oír las confesiones sacramentales en las iglesias.

confeti m. Pedacitos de papel de varios colores que se arrojan las personas unas a otras en los días de carnaval u otras fiestas.

confiar intr. y prnl. Tener confianza en alguien o algo. ‖ tr. y prnl. Encargar algo a alguien o ponerlo bajo su cuidado.

confidencia f. Revelación secreta, noticia reservada.

configurar tr. y prnl. Dar determinada forma a una cosa.

confín m. Término o raya que divide las poblaciones, provincias, naciones, etc. ‖ Último término a que alcanza la vista.

confinar tr. Desterrar a alguien, señalándole un lugar determinado de donde no puede salir en cierto tiempo.

confirmación f. Acción y resultado de confirmar. ‖ Uno de los siete sacramentos de la Iglesia católica. ‖ Prueba de la verdad y certeza de un suceso.

confirmar tr. Corroborar la verdad de algo. ‖ Asegurar. También prnl. ‖ Administrar el sacramento de la confirmación. También prnl. ‖ Dar validez definitiva a algo. También prnl.

confiscar tr. Privar a alguien de sus bienes y aplicarlos al fisco.

confitar tr. Cubrir con baño de azúcar las frutas o semillas para hacerlas más gratas al paladar. ‖ Cocer las frutas en almíbar.

confitería f. Tienda en que se venden dulces.

confitura f. Fruta u otra cosa confitada.

conflagración f. Incendio. ‖ fig. Guerra.

conflicto m. Lo más recio de un combate. ‖ fig. Lucha. ‖ fig. Apuro.

confluir intr. Juntarse en un lugar varios ríos o caminos. ‖ fig. Concurrir en un sitio mucha gente que viene de diversas partes. ‖ fig. Concurrir diversos factores en un determinado momento.

conformar tr., intr. y prnl. Ajustar, concordar una cosa con otra. ‖ intr. y prnl. Convenir una persona con otra. ‖ prnl. Resignarse.

conforme adj. Igual, proporcionado, correspondiente. ‖ Acorde con otro en un mismo dictamen. ‖ adv. m. En proporción a, con arreglo a, de manera que, según.

confort m. Comodidad.

confortar tr. y prnl. Dar vigor o animar.

confrontar tr. Ponerse frente a frente para luchar, competir o discutir. ‖ Cotejar una cosa con otra, especialmente escritos.

confundir tr. y prnl. Mezclar dos o más cosas diversas, de modo que las partes de las unas se incorporen con las de las otras. ‖ Equivocar. ‖ Turbar, desconcertar. También prnl.

confusión f. Acción y resultado de confundir. ‖ fig. Perplejidad, desasosiego. ‖ fig. Humillación. ‖ Falta de orden, de concierto y de claridad.

confuso, sa adj. Mezclado, revuelto. ‖ Oscuro, dudoso. ‖ fig. Turbado.

conga f. Danza popular de Cuba, de origen africano.

congelador m. Compartimento especial, generalmente el de los frigoríficos, donde se produce hielo y se guardan los alimentos.

congelar tr. Helar un líquido. Más c. prnl. || Someter alimentos a muy bajas temperaturas para conservarlos. || fig. Declarar inmodificables sueldos, precios, créditos, etc.

congénere adj. y com. Del mismo género, origen o clase.

congeniar intr. Tener dos o más personas genio, carácter o inclinaciones que concuerdan fácilmente.

congénito, ta adj. Que se engendra juntamente con otra cosa. || Connatural, que nace con uno.

congestión f. Acumulación excesiva de líquidos en alguna parte del cuerpo. || fig. Concurrencia excesiva de personas, vehículos, etc., que ocasiona un entorpecimiento del tráfico en un paraje o vía pública.

congoja f. Sentimiento de gran tristeza y preocupación.

congoleño, ña o **congolés, esa** adj. y s. Del Congo.

congraciar tr. Conseguir la benevolencia o simpatía de alguien. Más c. prnl.

congratular tr. y prnl. Manifestar alegría y satisfacción a la persona a quien ha acaecido un suceso feliz.

congregación f. Junta o reunión. || Hermandad autorizada de devotos. || Institución religiosa cuyos miembros viven en comunidad y emiten votos simples.

congregar tr. y prnl. Juntar, reunir.

congreso m. Junta de varias personas para deliberar sobre algún asunto. || Edificio donde los diputados a Cortes celebran sus sesiones. || En algunos países, asamblea nacional.

congruencia f. Conveniencia, oportunidad. || Relación lógica.

conífero, ra adj. y s. [Planta] fanerógama gimnosperma, de hojas persistentes y fruto en forma cónica, como los pinos, cipreses y abetos.

conjetura f. Juicio probable que se forma de algo.

conjugación f. Acción y resultado de conjugar. || En gramática, serie ordenada de las distintas formas de un mismo verbo o comunes a un grupo de verbos de igual flexión, con las cuales se denotan sus diferentes modos, tiempos, números y personas.

conjugar tr. Poner o decir en serie ordenada las diferentes palabras con que en el verbo se denotan sus diferentes modos, tiempos, números y personas. || Unir.

conjunción f. Junta, unión. || Parte invariable de la oración que une palabras u oraciones, señalando la relación existente entre ellas.

conjunto, ta adj. Unido o contiguo a otra cosa. || m. Unión de varias cosas o personas. ‖ Juego de vestir compuesto de la combinación de varias prendas. ‖ Grupo musical. ‖ En matemáticas, colección de elementos que cumplen una determinada condición característica.

conjurar intr. Ligarse con otro, mediante juramento, para algún fin. También prnl. ‖ fig. Conspirar, uniéndose muchas personas o cosas contra uno, para hacerle daño o perderle. También prnl. ‖ tr. Exorcizar. ‖ Impedir, alejar un daño.

conllevar tr. Implicar, suponer, acarrear. ‖ Soportar, sufrir.

conmemorar tr. Recordar públicamente un personaje o acontecimiento.

conmensurar tr. Medir con igualdad o debida proporción.

conmigo Forma especial del pron. personal *mi*, cuando va precedido de la prep. *con*.

conminar tr. Amenazar. ‖ Exigir algo bajo amenaza de castigo.

conmiseración f. Compasión que uno tiene del mal de otro.

conmoción f. Movimiento o perturbación violenta del ánimo o del cuerpo. ‖ fig. Alteración de una multitud, ciudad, etc.

conmover tr. y prnl. Perturbar, inquietar, alterar, mover fuertemente o con eficacia. ‖ Enternecer, mover a compasión.

conmutar tr. Cambiar una cosa por otra. ‖ Sustituir castigos impuestos por otros menos graves.

connotar tr. Sugerir una palabra, frase o discurso, un significado secundario que se suma a su valor principal.

cono m. Volumen limitado por una superficie cónica, cuya directriz es una circunferencia, y por un plano que forma su base. ‖ Por ext., cualquier superficie que tenga esta forma.

conocer tr. Averiguar por el ejercicio de las facultades intelectuales la naturaleza, cualidades y relaciones de las cosas. ‖ Reconocer. ‖ Tener trato y comunicación con alguno. También prnl. ‖ Juzgar adecuadamente. También prnl. ‖ Saber, entender.

conque conj. il. con la cual se enuncia una consecuencia natural de lo que acaba de decirse.

conquistar tr. Ganar mediante operación de guerra un territorio, población, posición, etc. ‖ fig. Ganar la voluntad de una persona. ‖ fig. Conseguir alguna cosa, generalmente con esfuerzo, habilidad o venciendo algunas dificultades. ‖ fig. Enamorar a una persona.

consabido, da adj. Sabido, conocido por todos.

consagrar tr. Hacer sagrada a una persona o cosa. ‖ Pronunciar el sacerdote en la misa las palabras de la transustanciación. ‖ Dedicar, ofrecer a Dios por culto

consanguinidad

o voto una persona o cosa. También prnl. ‖ fig. Dedicar con suma eficacia y ardor una cosa a determinado fin. ‖ fig. Conferir a alguien fama o éxito. También prnl.

consanguinidad f. Unión, por parentesco natural, de varias personas que descienden de una misma raíz o tronco.

consciente adj. Que siente, piensa, quiere y obra con conocimiento de lo que hace.

conscripción f. *amer*. Servicio militar.

conscripto m. *amer*. Soldado.

consecuencia f. Proposición que se deduce de otra o de otras. ‖ Hecho o acontecimiento que se sigue o resulta de otro. ‖ Correspondencia lógica entre la conducta de un individuo y los principios que profesa.

consecuente adj. Que sigue en orden respecto de una cosa. ‖ [Persona] cuya conducta guarda correspondencia lógica con los principios que profesa. ‖ m. Proposición que se deduce de otra que se llama antecedente.

consecutivo, va adj. Que se sigue o sucede sin interrupción. ‖ [Oración gramatical] que expresa consecuencia de lo indicado en otra u otras. También f. ‖ [Conjunción] que expresa relación de consecuencia.

conseguir tr. Alcanzar, lograr lo que se desea.

consejo m. Parecer o dictamen que se da o toma para hacer o no hacer una cosa. ‖ Organismo encargado oficialmente de una función consultiva, legislativa, judicial o administrativa.

consenso m. Acuerdo de un conjunto de personas sobre un tema.

consentir tr. Permitir algo o condescender en que se haga. También intr. ‖ Mimar excesivamente a alguien, ser muy indulgente.

conserje com. Persona que cuida y vigila un edificio o establecimiento público.

conserva f. Alimento preparado de forma que se mantenga inalterable en sus propiedades hasta su consumo.

conservante adj. y m. Que conserva. ‖ m. Sustancia que retrasa el proceso de deterioro de los alimentos.

conservar tr. Mantener algo o cuidar de su permanencia. También prnl. ‖ Guardar con cuidado una cosa. ‖ Hacer conservas.

conservatorio m. Establecimiento, oficial por lo común, en el que se dan enseñanzas de música, declamación y otras artes conexas.

considerar tr. Pensar, reflexionar una cosa con cuidado. ‖ Tratar a alguien con respeto. ‖ Examinar con detenimiento. ‖ Juzgar, estimar.

consigna f. Orden, instrucción que se da, por ejemplo, en el ejército o en un partido político. || En las estaciones de ferrocarril, aeropuertos, etc., local en que los viajeros depositan temporalmente equipajes, paquetes, etc.

consignar tr. Señalar y destinar una cantidad determinada para el pago de algo que se debe o se constituye. || Poner en depósito una cosa. || Depositar a disposición de la autoridad judicial la cosa debida. || Tratándose de opiniones, votos, doctrinas, hechos, circunstancias, datos, etc., hacerlos constar por escrito.

consigo Forma especial del pron. pers. *sí*, cuando va precedido de la prep. *con*.

consistencia f. Duración, estabilidad, solidez. || Trabazón, coherencia entre las partículas de una masa.

consistir intr. Basarse, estar fundada una cosa en otra. || Estar compuesto de, equivaler, ser.

consistorio m. Junta que celebra el papa con asistencia de los cardenales. || En algunas ciudades y villas principales de España, ayuntamiento o cabildo secular.

consola f. Mesa hecha para estar arrimada a la pared; se destina de ordinario a sostener adornos. || Aparato de videojuegos. || Panel de control y mandos.

consolar tr. y prnl. Aliviar la pena o aflicción de uno.

consolidar tr. Dar firmeza y solidez a una cosa. || fig. Asegurar del todo, afianzar más y más una cosa, como la amistad, la alianza, etc.

consomé m. Caldo, generalmente de carne.

consonancia f. Identidad de sonido en la terminación de dos palabras, desde la vocal que lleva el acento. || fig. Relación de igualdad o conformidad que tienen algunas cosas entre sí.

consonante adj. [Letra] que no puede pronunciarse si no es con una vocal. También f. || [Rima] que se consigue con la igualdad de sonidos a partir de la última vocal acentuada. || Que tiene relación de igualdad o conformidad con otra cosa.

consorcio m. Agrupación de personas o entidades con intereses comunes.

consorte com. Marido y mujer respecto a su cónyuge.

conspirar intr. Aliarse contra alguien o contra algo, especialmente contra una autoridad.

constancia f. Firmeza y perseverancia del ánimo en las resoluciones y en los propósitos. || Acción de hacer constar o certificar alguna cosa.

constar intr. Ser cierta y manifiesta alguna cosa. || Quedar registrado por escrito u oralmente algo. || Tener un todo determinadas partes.

constatar tr. Comprobar, hacer constar.

constelación f. Conjunto de estrellas identificable a simple vista por su peculiar disposición.

consternar tr. y prnl. Preocupar mucho, desalentar.

constiparse prnl. Acatarrarse, resfriarse.

constitución f. Acto y resultado de constituir. || Esencia y calidades de una cosa. || Ley escrita fundamental de la organización de un Estado. || Manera en que están constituidos los sitemas y aparatos orgánicos, cuyas funciones determinan el grado de fuerza y vitalidad de cada individuo.

constituir tr. y prnl. Establecer. || tr. Ser una cosa lo que se indica. || Formar, componer || prnl. Seguido de una de las preposiciones en o por, asumir obligación, cargo o cuidado.

constreñir tr. Obligar, compeler por fuerza a alguien a que haga algo. || Apretar, cerrar.

construir tr. Fabricar, edificar. || Ordenar las palabras, o unirlas entre sí con arreglo a las leyes de la construcción gramatical.

consubstancial adj. Consustancial.

consuegro, gra m. y f. Los padres de un cónyuge con respecto a los del otro.

consuelo m. Descanso, alivio.

consuetudinario, ria adj. Que es de costumbre.

cónsul m. Nombre de ciertos magistrados en distintas épocas. || com. Representante de un país en otra nación.

consulta f. Búsqueda de datos en libros, periódicos o ficheros. || Parecer u opinión que se pide o se da acerca de una cosa. || Conferencia entre profesionales para resolver alguna cosa. || Examen o inspección que el médico hace a un enfermo. || Local en que el médico recibe a los pacientes.

consultar tr. Deliberar una o varias personas sobre un asunto. || Pedir parecer o consejo. || fig. Buscar datos en libros, periódicos, ficheros, etc.

consumar tr. Llevar a cabo totalmente una cosa. || En derecho, dar cumplimiento a un contrato o a otro acto jurídico.

consumir tr. Tomar alimentos o bebidas, especialmente en bares, establecimientos públicos, etc. || Comprar y utilizar lo que ofrece el mercado. || Destruir, extinguir. También prnl. || Gastar. También prnl. || fig. Desazonar, afligir. || fig. Agotar, debilitar. También prnl.

consustancial adj. Que es de la misma sustancia y esencia que otro.

contabilidad f. Sistema para llevar las cuentas de una entidad. || Conjunto de esas cuentas.

contabilizar tr. Contar, llevar la cuenta. || Apuntar una partida o cantidad en los libros de cuentas.

contable com. Persona que lleva la contabilidad de una empresa.

contactar tr. Establecer contacto o comunicación.

contacto m. Acto y resultado de tocarse o relacionarse. || Relación o trato que se establece entre dos o más personas o entidades. || Persona que sirve de enlace. || Conexión entre dos partes de un circuito eléctrico.

contagiar tr. y prnl. Transmitir a otro u otros una enfermedad contagiosa. || fig. Comunicar o transmitir a otro gustos, vicios, costumbres, sentimientos, etc.

contaminar tr. Alterar la pureza de alguna cosa. || Degradar el medio ambiente con sustancias perjudiciales. También prnl. || Contagiar. También prnl.

contar tr. Numerar o computar las cosas considerándolas como unidades homogéneas. || Referir un suceso. || Poner o meter en cuenta. || Tener en cuenta, considerar. || Hablando de años, tenerlos. || intr. Decir los números ordenadamente. || Valer por.

contemplar tr. Poner la atención en alguna cosa. || Considerar, juzgar. || Mirar algo con detenimiento.

contemporáneo, a adj. y s. Existente en la misma época. || Actual.

contemporizar intr. Acomodarse uno al gusto o dictamen ajeno.

contencioso, sa adj. y m. [Tema o problema] que se está discutiendo en un juicio.

contender intr. Batallar, luchar. || fig. Disputar, discutir.

contenedor m. Embalaje metálico grande y recuperable, de dimensiones normalizadas internacionalmente, usado para el transporte de mercancías. || Recipiente para depositar basuras y otros desperdicios.

contener tr. Encerrar dentro de sí una cosa a otra. || Sujetar el impulso de un cuerpo. || prnl. fig. Reprimir o moderar una pasión.

contenido, da adj. fig. Que se conduce con moderación. || m. Lo que se contiene dentro de una cosa. || Asunto, tema del que trata algo, o significado de una o más palabras.

contento, ta adj. Alegre, satisfecho.

contestar tr. Responder. || Protestar, hacer ver que no se está de acuerdo en algo, a veces violentamente. || intr. Responder con malos modales.

contexto m. Serie del discurso, tejido de la narración, hilo de la historia. || fig. Conjunto de circunstancias que acompañan a un suceso.

contienda f. Pelea, batalla. || Discusión, debate.

contigo Forma especial del pron. pers. *ti*, cuando va precedido de la prep. *con*.

contigüidad f. Inmediación de una cosa a otra.

continencia f. Moderación en pasiones y afectos. || Abstinencia de las actividades sexuales.

continente m. Cosa que contiene en sí a otra. || Cada una de las grandes masas emergidas de la corteza terrestre, generalmente separadas por los océanos.

contingencia f. Posibilidad de que una cosa suceda o no; y esta misma cosa. || Riesgo.

contingente adj. Que puede suceder o no. || m. Grupo numeroso de policías o militares. || Cuota que se señala a un país o a un industrial para la importación de determinados productos.

continuar tr. Proseguir lo comenzado. || intr. Durar, permanecer. || prnl. Seguir, extenderse.

continuo, nua adj. Que se produce sin interrrupción temporal o espacial. || [Corriente] que no cambia de sentido ni de intensidad. || [Cantidad o magnitud] compuesta de unidades o partes unidas unas a otras.

contonearse prnl. Mover al andar afectadamente los hombros y las caderas.

contorno m. Conjunto de líneas que limitan una figura. || Canto de una moneda o medalla. || Lo que rodea a algo.

contorsión f. Movimiento convulsivo de músculos o miembros. || Ademán grotesco, gesticulación ridícula.

contra prep. Denota oposición y contrariedad. || Enfrente. || Hacia, en dirección. || A cambio de. || m. Concepto opuesto o contrario a otro. Se usa en contraposición a *pro*. || f. Oposición ante un proceso revolucionario.

contraataque m. Reacción ofensiva contra el avance del enemigo.

contrabajo m. Instrumento de arco, el más grave y mayor de los de su clase. || Voz más grave que la de bajo. || com. Persona que toca este instrumento o tiene esta voz.

contrabando m. Tráfico ilegal de mercancías sin pagar derechos de aduana.

contracción f. Acción y resultado de contraer. || Figura de dicción que consiste en hacer una sola palabra de dos. || Sinéresis.

contraceptivo o **contraconceptivo** m. Anticonceptivo.

contrachapado adj. y m. [Tablero] formado por varias capas finas de madera encoladas de modo que sus fibras queden entrecruzadas.

contráctil adj. Capaz de contraerse con facilidad.

contractual adj. Estipulado por contrato.

contradecir tr. y prnl. Decir lo contrario de lo que otro dice o de lo que uno mismo ha dicho antes. || Oponerse una cosa con otra. || prnl. Decir o hacer lo contrario de lo que se ha dicho o hecho.

contraer tr. Adquirir costumbres, vicios, enfermedades, etc. || Asumir compromisos, obligaciones. || prnl. Reducirse a menor tamaño. También tr. || Encogerse un nervio o un músculo.

contrafuerte m. Pieza de cuero con que se refuerza el calzado por la parte del talón. || Pilar adosado a un muro para fortalecerlo.

contrahecho, cha adj. y s. Que tiene deformado el cuerpo.

contraindicar tr. Disuadir de la utilidad de un medicamento, remedio o acción. || Señalarlo como perjudicial en determinados casos.

contralto m. Voz media entre tiple y tenor. || com. Persona que la tiene.

contraluz amb. Vista desde el lado opuesto a la luz. || Fotografía tomada en esas condiciones.

contramaestre m. Oficial que dirige la marinería de un barco.

contraorden f. Orden que revoca otra anterior.

contrapartida f. Asiento para corregir algún error en la contabilidad. || Asiento del haber, compensado en el debe, y viceversa. || fig. Algo que tiene por objeto compensar lo que se recibe de otro.

contrapeso m. Peso que sirve para contrabalancear otro. || fig. Lo que equilibra una cosa.

contraponer tr. Comparar una cosa con otra contraria. || Poner una cosa contra otra. También prnl.

contraportada f. Página anterior a la portada o posterior a la portadilla de un libro o revista. || Parte posterior de la cubierta de un libro.

contraproducente adj. [Acto o dicho] que produce un efecto opuesto a lo que se persigue.

contrapuerta f. Portón. || Puerta detrás de otra.

contrapunto m. Concordancia armoniosa de dos voces contrapuestas. || Contraste entre dos cosas simultáneas. || amer. Desafío de dos o más cantantes populares.

contrario, ria adj. Opuesto. También s. || fig. Que daña o perjudica. || m. y f. Persona que tiene enemistad, sigue pleito o contiende con otra.

contrarreforma f. Movimiento de reacción católica, intelectual y político, destinado a combatir los efectos de la Reforma protestante.

contrarrestar tr. Resistir. || fig. Neutralizar una cosa los efectos de otra.

contrasentido m. Interpretación contraria al sentido lógico de las palabras, expresiones, ideas, etc.

contraseña f. Seña reservada que se dan unas personas a

contrastar

otras para entenderse o reconocerse.

contrastar tr. Mostrar notable diferencia o condiciones opuestas dos cosas al compararlas. ‖ tr. Comprobar la veracidad de algo.

contrata f. Escritura en que se asegura un contrato. ‖ El mismo contrato. ‖ Contrato para ejecutar una obra o prestar un servicio por un precio determinado.

contratiempo m. Accidente inesperado.

contrato m. Pacto o convenio oral o escrito, entre partes que se obligan sobre una materia o cosa determinada. ‖ Documento que lo acredita.

contravenir intr. Obrar en contra de lo que está mandado.

contraventana f. Puerta que interiormente cierra sobre la vidriera. ‖ Puerta exterior para mayor resguardo de ventanas y vidrieras.

contribuir intr. Pagar cada uno la cuota que le corresponde por un impuesto. Más c. tr. ‖ Concurrir voluntariamente con una cantidad para determinado fin. ‖ fig. Ayudar a otros al logro de un fin.

contrición f. Dolor de haber ofendido a Dios.

contrincante com. Persona que pretende una cosa, o discute, con otro u otros.

control m. Comprobación, fiscalización, intervención. ‖ Dominio, mando. ‖ Sitio donde se controla.

controversia f. Discusión larga y reiterada.

controvertir intr. y tr. Discutir detenidamente sobre una materia.

contumacia f. Obstinación en el error.

contundente adj. Que produce contusión. ‖ fig. Que convence.

contusión f. Daño producido por un golpe que no causa herida.

convalecer intr. Recobrar las fuerzas perdidas por enfermedad.

convalidar tr. Revalidar lo y aprobado. ‖ Dar validez académica en un país, institución, facultad, etc., a estudios aprobados en otro lugar.

convencer tr. y prnl. Persuadir, conseguir que uno cambie de opinión. ‖ Probarle una cosa de manera que no la pueda negar. ‖ Gustar, satisfacer.

convención f. Norma o práctica admitida por responder a precedentes o a la costumbre. ‖ Acuerdo, convenio. ‖ Asamblea de los representantes de un país, partido político, etc.

convenio m. Pacto, acuerdo entre personas, organizaciones, instituciones, etc.

convenir intr. Ser de un mismo parecer. También tr. y prnl. ‖ Ser útil, provechoso.

convento m. Casa de religiosos o religiosas. ‖ Comunidad que habita en él.

convergir o **converger** intr. Dirigirse a un mismo punto. ‖ fig. Concurrir varias cosas al mismo fin.

conversación f. Acción y resultado de conversar.

conversar intr. Hablar entre sí dos o más personas.

converso, sa adj. y s. [Persona] convertida al cristianismo, especialmente musulmanes y judíos.

convertir tr. Trocar una cosa en otra. También prnl. ‖ Ganar a alguien para que profese una religión o la practique. También prnl. ‖ prnl. Mudarse de religión, vida o ideario.

convexo, xa adj. [Línea o superficie] curvas con su parte más prominente, respecto del que las mira, en el centro.

convicción f. Convencimiento. ‖ Idea fuertemente arraigada.

convicto, ta adj. y s. [Reo] a quien se ha probado su delito legalmente.

convidar tr. y prnl. Invitar a algo una persona a otra. ‖ tr. Mover, incitar.

convite m. Acción y resultado de convidar. ‖ Comida o banquete a que es uno convidado.

convivir intr. Cohabitar.

convocar tr. Citar, llamar para una reunión. ‖ Anunciar un examen, oposición, etc.

convoy m. Escolta, guardia. ‖ Conjunto de buques, carruajes o efectos escoltados. ‖ Vinagreras para el servicio de mesa. ‖ fig. y fam. Séquito.

convulsión f. Contracción y estiramiento involuntario de uno o más miembros o músculos del cuerpo. ‖ fig. Agitación violenta. ‖ Sacudida de la tierra o del mar.

cónyuge com. Consorte, marido y mujer, respectivamente uno al otro.

coñá o **coñac** m. Aguardiente de graduación alcohólica elevada, obtenido por destilación de vinos envejecidos en barriles de roble.

coño m. *vulg.* Parte externa del aparato genital femenino. ‖ interj. que denota enfado o asombro.

cooperar intr. Obrar juntamente con otro u otros.

coordenado, da adj. [Línea] que sirve para determinar la posición de un punto, y [eje o plano] a que se refiere esta línea. Más en f. pl.

coordinar tr. Ordenar metódicamente. ‖ Reunir medios, esfuerzos, etc., para una acción común.

copa f. Vaso con pie para beber. ‖ Líquido que cabe en una copa. ‖ Conjunto de ramas y hojas de la parte superior del árbol. ‖ Parte hueca del sombrero. ‖ Carta del palo de copas de los naipes. ‖ pl. Este palo.

copar tr. Hacer en ciertos juegos una puesta equivalente a la de la banca. || fig. Conseguir en una elección todos los puestos. || fig. Ganar todos los premios de una competición.

copete m. Pelo levantado sobre la frente. || Moño de plumas de algunas aves. || Mechón de crin que cae al caballo sobre la frente.

copetín m. *amer.* Aperitivo, copa de licor.

copia f. Abundancia. || Reproducción de un escrito. || Reproducción exacta de una obra artística. || Imitación servil del estilo o de una obra artística. || Remedo de una persona. || Lo que resulta de reproducir algo.

copiar tr. Hacer una copia. || Escribir lo que dice otro en un discurso o dictado. || Imitar. || fig. *poét.* Hacer descripción de una cosa. || Hacer un trabajo o examen reproduciendo indebidamente un libro, el examen de otro compañero, apuntes, etc. También intr.

copiloto m. Piloto auxiliar.

copioso, sa adj. Abundante.

copla f. Estrofa. || Composición poética que sirve de letra para una canción popular. || pl. fam. Versos. || Cuentos, habladurías, impertinencias.

copo m. Mechón de cáñamo, lana, lino, algodón, etc., en disposición de hilarse. || Porción de nieve trabada que cae cuando nieva. || Grumo.

copón m. Copa grande en que se guarda el Santísimo Sacramento.

cópula f. Atadura, ligazón. || Acto sexual. || Término que une el predicado con el sujeto.

coqueta f. Tocador con espejo.

coquetear intr. Tratar de agradar a alguien valiéndose de ciertos medios y actitudes. || Tomar contacto con alguna actividad, idea, opinión, etc., sin entregarse a ella por completo.

coraje m. Valor. || Irritación, ira.

coral adj. Relativo al coro. || m. Colonia de pólipos celentéreos. || Polípero del coral, que se emplea en joyería. || f. Coro de cantantes.

coraza f. Armadura compuesta de peto y espaldar. || Blindaje. || Cubierta del cuerpo de los quelonios.

corazón m. Víscera muscular, impulsora de la circulación de la sangre, que existe en muchos animales. || Palo de la baraja francesa. Más en pl. || fig. Ánimo, valor. || fig. Voluntad, amor. || fig. Centro de una cosa. || fig. Pedazo de algunas materias que se corta en forma de corazón. || Apelativo cariñoso. || adj. Tercer [dedo] de la mano y el más largo. También m.

corazonada f. Impulso espontáneo con que uno se mueve a ejecutar alguna cosa arriesgada y difícil. || Presentimiento.

corbata f. Tira de tela que, como adorno, se anuda al cuello.

corcel m. Caballo ligero.

corchea f. Figura o nota musical cuyo valor es la cuarta parte de una negra o de dos semicorcheas.

corchete m. Broche compuesto de macho y hembra que sirve para sujetar. || Macho del corchete. || Pieza de madera con que los carpinteros sujetan el madero que labran. || Signo ortográfico ([ ]), que equivale al paréntesis. || *amer.* Grapa.

corcho m. Tejido vegetal de la zona periférica del tronco de árboles y arbustos, especialmente del alcornoque.

corcova f. Corvadura anómala de la columna vertebral o del pecho.

cordel m. Cuerda delgada.

cordero, ra m. Cría de la oveja, que no pasa de un año. || fig. Persona mansa y dócil.

cordial adj. Afectuoso.

cordillera f. Serie de montañas enlazadas entre sí.

cordón m. Cuerda delgada. || Cuerda con que se ciñen el hábito los religiosos de algunas órdenes. || Conjunto de personas o elementos dispuestos para proteger o vigilar.

cordura f. Prudencia, juicio.

coreano, na adj. y s. De Corea.

coreografía f. Arte de componer bailes o danzas. || Conjunto de movimientos que componen una pieza de baile.

corinto adj. y m. Color rojo oscuro.

cornada f. Golpe dado con el cuerno. || Herida que produce dicho golpe.

cornamenta f. Cuernos de algunos cuadrúpedos.

córnea f. Membrana dura y transparente, situada en la parte anterior del globo del ojo.

corneta f. Instrumento músico de viento, semejante al clarín. || com. Persona que toca la corneta.

cornisa f. Cuerpo voladizo con molduras que remata una construcción.

cornudo, da adj. Que tiene cuernos. || fig. [Marido] de mujer adúltera. También m.

coro m. Conjunto de personas reunidas para cantar. || Conjunto de actores que actuaban en los intervalos de las tragedias griegas y romanas. || Composición musical para varias voces. || Lugar del templo dedicado al coro.

corona f. Cerco de ramas o flores, o de metal precioso, con que se ciñe la cabeza. || Conjunto de flores y hojas dispuestas en círculo. || Aureola de las imágenes. || Coronilla. || Tonsura de los eclesiásticos. || Halo. || fig. Dignidad real. || fig. Reino o monarquía. || Superficie comprendida entre dos circunferencias concéntricas. ‖ Parte de un diente que sobresale de la encía.

coronar tr. Poner la corona en la cabeza. También prnl. ‖ Investir de autoridad soberana. También prnl. ‖ En el juego de damas, poner un peón sobre otro cuando este llega a ser dama. ‖ fig. Terminar, rematar.

coronario, ria adj. y f. De las arterias que riegan el corazón, el estómago y los labios, o relacionado con ellas. ‖ [Enfermedad] que tiene que ver con el corazón y con las arterias que lo riegan.

coronel m. Jefe militar que manda un regimiento.

coronilla f. Parte superior de la cabeza. ‖ Tonsura de los clérigos.

corpiño m. Prenda de vestir muy ajustada al cuerpo.

corporación f. Agrupación de profesionales. ‖ Asociación u organismo oficial, generalmente público pero independiente de la administración estatal, como las cámaras de comercio, los ayuntamientos, etc.

corporal adj. Del cuerpo o relacionado con él.

corporativismo m. Doctrina económica y social que rechaza el sindicalismo y defiende la agrupación de empresarios y trabajadores en asociaciones de tipo profesional.

corpóreo, a adj. Que tiene cuerpo o consistencia. ‖ Relativo al cuerpo.

corpulencia f. Tamaño y magnitud de un cuerpo.

corpus m. Conjunto de datos, textos u otros materiales sobre determinada teoría, doctrina, disciplina, etc. ‖ Con mayúscula, día que celebra la Iglesia católica la institución de la Eucaristía.

corpúsculo m. Cuerpo muy pequeño.

corral m. Sitio cerrado y descubierto en las casas o en el campo donde generalmente se guardan animales domésticos. ‖ Patio donde se representaban comedias.

correa f. Tira de cuero. ‖ La que, unida en sus extremos, sirve en las máquinas para transmitir el movimiento rotativo de una rueda o polea a otra. ‖ Cinturón. ‖ fig. Aguante, paciencia.

correccional m. Establecimiento penitenciario para menores, reformatorio.

correcto, ta adj. Libre de errores o defectos. ‖ [Persona] cuya conducta es irreprochable.

corrector, ra adj. y s. Que corrige o sirve para corregir. ‖ m. y f. Persona cuya profesión es corregir y revisar textos.

corredera f. Ranura o carril por donde resbala una pieza en ciertas máquinas.

corredor, ra adj. y s. Que corre mucho. ‖ [Ave] muy apta para correr y no para el vuelo. ‖ m. y f. Persona que por oficio interviene en compras y ventas de cualquier clase. || Persona que practica la carrera en competiciones deportivas. || m. Galería corrida alrededor del patio de algunas casas.

corregir tr. Enmendar lo errado. || Advertir, amonestar, reprender. || Repasar y evaluar un profesor los ejercicios y exámenes de sus estudiantes.

correlación f. Correspondencia o relación recíproca.

correligionario, ria adj. y s. Que profesa la misma religión que otro. || Que tiene la misma opinión política que otro.

correntada f. *amer.* Corriente impetuosa de agua.

correo m. Servicio público que transporta la correspondencia. También en pl. || Tren, coche, etc., que lleva correspondencia. || Edificio donde se recibe y se reparte la correspondencia. Más en pl. || Buzón donde se deposita. || Correspondencia que se despacha o recibe.

correoso, sa adj. Flexible y elástico. || Blando, pero difícil de partir.

correr intr. Caminar deprisa. || Hacer alguna cosa con rapidez. || Moverse los fluidos y líquidos. || Fluir o moverse el agua, el viento, etc. || Ir, pasar, extenderse. || Transcurrir el tiempo. || Circular, difundir. || tr. Perseguir. || Cambiar de sitio. También prnl. || Cerrar cerrojos. || Desplazar, hacer que se deslice una cosa. || Exponerse a un peligro. || fig. Avergonzar, confundir. También prnl. || prnl. Apartarse. || Hablando de colores, manchas, etc., extenderse fuera de su lugar. || *vulg.* Eyacular o experimentar el orgasmo.

correspondencia f. Acción y resultado de corresponder o corresponderse. || Trato recíproco entre personas. || Conjunto de cartas que se envían o reciben. || Relación que existe o se establece entre distintos elementos. || Sinonimia. || Comunicación entre estancias, habitaciones o ámbitos.

corresponder intr. Pagar, compensar con igualdad afectos, beneficios o agasajos. También tr. || Tocar o pertenecer. || Tener proporción o relación una cosa con otra. También prnl.

corresponsal adj. y com. [Periodista] que desde otra ciudad o desde el extranjero envía noticias a la redacción de un periódico, revista, etc. || [Persona] encargada de mantener en el extranjero las relaciones comerciales de una empresa.

corretear intr. Correr de un lado para otro, sin destino determinado.

corrida f. Espectáculo en que se lidian toros.

corriente adj. Que corre. || [Mes, año, etc.] actual o que va transcurriendo. || Que está en uso en el momento. || Sabido, admitido comúnmente. || Que sucede con frecuencia. || Común, no extraordinario. || f. Movimiento de una masa de agua, aire, etc., en una dirección. || Paso de la electricidad por un conductor. || Tendencia, opinión.

corro m. Conjunto de personas que se colocan formando un círculo. || Juego infantil en el que los niños forman un círculo cogidos de las manos y cantan dando vueltas.

corroborar tr. y prnl. Apoyar el argumento o la opinión con nuevos raciocinios o datos.

corroer tr. Desgastar lentamente una cosa como rayéndola. También prnl. || fig. Sentir los efectos de algún sentimiento.

corromper tr. Alterar y trastocar la forma de alguna cosa. También prnl. || Echar a perder, pudrir. También prnl. || Sobornar o cohechar. || fig. Viciar, pervertir. También prnl.

corrupción f. Acción y resultado de corromper o corromperse.

corsario, ria adj. [Embarcación y navegante] autorizados por su país para perseguir y saquear a los de un país enemigo. || m. Pirata.

corsé m. Prenda interior que usan las mujeres para ajustarse el cuerpo.

cortafrío m. Cincel fuerte para cortar hierro frío a golpes de martillo.

cortafuego m. Vereda ancha que se deja en los sembrados y montes para que no se propaguen los incendios. || Pared gruesa de fábrica que se construye en los edificios con el mismo fin.

cortapisa f. Condición, limitación.

cortar tr. Dividir una cosa o separar sus partes con algún instrumento cortante. También prnl. || Alzar la baraja. || Acortar distancia. || Recortar. || Suspender, interrumpir. || intr. Tomar el camino más corto. || prnl. Turbarse, apocarse. || Separarse los componentes de la leche o una salsa.

cortaúñas m. Utensilio para cortarse las uñas.

corte m. Filo del instrumento con que se corta y taja. || Acción y resultado de cortar o cortarse. || Arte y acción de cortar las diferentes piezas que requieren la hechura de un vestido, de un calzado, etc. || fig. Vergüenza, turbación. || f. Población donde habitualmente reside el soberano en las monarquías. || Familia y comitiva del rey. || Séquito, acompañamiento. || *amer*. Tribunal de justicia. || f. pl. En España, cámara legislativa o consultiva.

cortejar tr. Galantear, requebrar.

cortés adj. Atento, comedido, afable.

cortesano, na adj. De la corte. || m. y f. Persona que sirve al rey o vive en su corte. ‖ f. Prostituta refinada.

cortesía f. Acto con que se manifiesta atención, respeto o afecto. ‖ Regalo, favor. ‖ Periodo de tiempo concedido a una persona para llegar más tarde de la hora acordada.

corteza f. Porción externa de órganos animales o vegetales. ‖ fig. Exterioridad de una cosa no material.

cortijo m. Posesión de tierra y casa de labor.

cortina f. Paño grande con que se cubren y adornan las puertas, ventanas, etc. ‖ Masa densa de una sustancia o material que se despliega como este trozo de tela.

cortometraje m. Película cuya duración es entre ocho y treinta minutos.

corto, ta adj. De poca longitud, tamaño o duración. ‖ Escaso o defectuoso. ‖ Que no alcanza al punto de su destino. ‖ fig. Tímido. ‖ fig. De escaso talento o poca instrucción. ‖ fig. Falto de palabras para explicarse. ‖ m. apóc. de *cortometraje*.

cortocircuito m. Fenómeno eléctrico que se produce accidentalmente por contacto entre dos conductores y suele determinar una descarga.

corvo, va adj. Arqueado o combado. ‖ f. Parte de la pierna opuesta a la rodilla.

cosa f. Todo lo que existe, ya sea real o irreal, concreto o abstracto. ‖ Ser inanimado, en contraposición con los seres animados. ‖ Aquello que se piensa, se dice o se hace. ‖ En oraciones negativas equivale a nada. ‖ pl. Instrumentos. ‖ Hechos o dichos propios de alguna persona. ‖ Acontecimientos que afectan a una o varias personas.

coscorrón m. Golpe en la cabeza.

cosecha f. Conjunto de frutos de la recolección. ‖ Temporada en que se recogen.

cosechar intr. y tr. Hacer la cosecha. ‖ fig. Atraerse simpatías, odios, etc.

coser tr. Unir con hilo enhebrado en la aguja. ‖ Hacer labores de aguja. ‖ Engrapar papeles uniéndolos con máquina. ‖ fig. Unir una cosa con otra, de suerte que queden muy juntas. ‖ fig. Producir varias heridas en el cuerpo con algún arma.

cosijo m. *amer.* Inquietud.

cosmético, ca adj. y m. [Producto] hecho para el cuidado o embellecimiento del cuerpo humano. ‖ f. Arte de preparar y aplicar estos productos.

cósmico, ca adj. Del cosmos o relacionado con él.

cosmología f. Ciencia que estudia las leyes que rigen el mundo físico.

cosmonauta com. Tripulante de una cosmonave.

cosmonave f. Vehículo capaz de navegar más allá de la atmósfera terrestre.

cosmopolita adj. [Persona] que ha vivido en muchos países y que conoce sus costumbres. También com. ‖ Común a todos los países. ‖ [Lugar] donde convive gente de diferentes países.

cosmos m. Mundo, universo.

coso m. Plaza de toros.

cosquillas f. pl. Sensación que experimentan algunas partes del cuerpo al tocarlas otra persona y que provoca involuntariamente la risa.

costa f. Orilla del mar y tierra que está cerca de ella. ‖ Cantidad que se paga por una cosa. ‖ pl. Gastos judiciales.

costado m. Cada una de las dos partes laterales del cuerpo humano. ‖ Lado derecho o izquierdo de un ejército. ‖ Lado.

costal adj. De las costillas. ‖ m. Saco grande.

costalada f. Golpe que uno da al caer de espaldas o de costado.

costar intr. Tener que pagar determinado precio por una cosa. ‖ fig. Causar una cosa dificultad.

costarricense o **costarriqueño, ña** adj. y com. o s. De Costa Rica.

coste m. Gasto realizado para la obtención de una cosa o servicio.

costear tr. Pagar los gastos de alguna cosa. ‖ Ir navegando sin perder de vista la costa. ‖ prnl. Producir una cosa los gastos que ocasiona.

costilla f. Cada uno de los huesos largos y encorvados que nacen del espinazo y van hacia el pecho.

costo m. Coste. ‖ fig. Hachís.

costoso, sa adj. Que cuesta mucho dinero o esfuerzo.

costra f. Corteza endurecida sobre una cosa blanda o húmeda. ‖ Placa endurecida que se forma sobre una herida cuando se seca.

costumbre f. Modo habitual de proceder o conducirse. ‖ Práctica muy usada que ha adquirido fuerza de ley. ‖ Lo que se hace más comúnmente.

costura f. Acción y resultado de coser.

costurar tr. *amer.* Coser.

cotarro m. fam. Grupo de gente reunida.

cotejar tr. Confrontar una cosa con otra u otras.

cotidiano, na adj. Diario.

cotilla com. Persona aficionada a los chismes y cuentos.

cotillear intr. fam. Chismorrear.

cotillón m. Fiesta con que se celebra algún día señalado.

cotizar tr. Pagar una cuota. ‖ Alcanzar un precio la acciones, valores, etc. de una sociedad. También prnl. ‖ fig. Gozar de mayor o menor estimación una persona o cosa en relación con un fin determinado. También prnl.

coto m. Terreno de uso reservado y con los límites marcados.

cotorra f. Papagayo pequeño. || Urraca. || Ave prensora americana, parecida al papagayo. || fig y fam. Persona habladora.

cotorrear intr. Hablar con exceso.

covacha f. Cueva pequeña. || Vivienda pobre, incómoda, pequeña.

coyuntura f. Articulación entre dos huesos. || fig. Conjunto de circunstancias que intervienen en la resolución de un asunto importante. || fig. Sazón, oportunidad para alguna cosa.

coz f. Patada violenta, especialmente la que dan las caballerías.

crac m. Quiebra económica de una empresa, Estado, etc.

cráneo m. Caja ósea en que está contenido el encéfalo.

craso, sa adj. Grueso, gordo o espeso. || fig. [Error] grave.

cráter m. Boca por donde los volcanes arrojan humo, ceniza, lava, etc.

creación f. Hecho de establecer algo que no existía, de formarlo o fundarlo. || En religión, el Universo o conjunto de todas las cosas creadas por Dios. || Obra o cosa inventada por alguien, especialmente por un artista.

crear tr. Producir algo de la nada. || Producir una obra literaria, artística, etc. || fig. Establecer, fundar. || fig. Instituir un nuevo empleo o dignidad. || fig. Hacer, por elección o nombramiento, a una persona lo que antes no era. || prnl. Imaginarse, formarse una imagen en la mente.

creativo, va adj. Que posee o estimula la capacidad de creación. || m. y f. Persona que crea los anuncios y campañas de publicidad.

crecer intr. Aumentar, desarrollarse. || prnl. Tomar uno mayor autoridad, importancia o atrevimiento.

credencial adj. Que acredita. || f. Documento que permite tomar posesión de su plaza a un empleado.

credibilidad f. Calidad de creíble.

crédito m. Préstamo que se pide a una entidad bancaria habiendo garantizado su devolución. || Reputación, fama. || Situación o condiciones que facultan a una persona o entidad para obtener de otra fondos. || Opinión que goza una persona de que cumplirá los compromisos que contraiga. || Aceptación de algo como verdadero.

credo m. Símbolo de la fe. || fig. Conjunto de doctrinas comunes a una colectividad.

crédulo, la adj. Que cree fácilmente.

creencia f. Conjunto de ideas sobre algo.

creer tr. y prnl. Suponer, juzgar que algo es de determinada manera. || Tener una opinión sobre alguien. || tr. Tener por cierto, aceptar como verdad. || Confiar en algo o en alguien.

creído, da adj. fam. Persona vanidosa, orgullosa. || Crédulo, confiado.

crema f. Mezcla de leche, azúcar, huevos y otros ingredientes que se utiliza en la elaboración de pasteles. || Pasta para dar brillo al calzado. || Confección cosmética para diversos usos. || Sopa espesa. || Nata de la leche. || Natillas espesas. || fig. Lo más distinguido de un grupo social.

cremación f. Acción de quemar.

cremallera f. Cierre que se utiliza en las prendas de vestir y bolsos, formado por dos tiras de tela con dientes metálicos o de plástico que se enganchan al deslizar una pequeña pieza. || Barra metálica con dientes en uno de sus cantos que se engrana con un piñón.

crematorio, ria adj. Relativo a la cremación. || m. Lugar donde se incineran los cadáveres.

cremería f. *amer.* Lugar donde se fabrica mantequilla, queso y otros productos lácteos.

crepitar intr. Producir un ruido la madera y otras cosas al arder.

crepúsculo m. Claridad que hay al anochecer y al atardecer. || fig. Decadencia.

crespo, pa adj. Ensortijado o rizado. || fig. Irritado o alterado.

cresta f. Carnosidad roja sobre la cabeza de algunas aves. || Moño de plumas de ciertas aves. || fig. Cumbre de una montaña. || Cima de una ola.

cretinismo m. Retraso patológico en lo físico y en la inteligencia por el mal funcionamiento o ausencia del tiroides. || fig. Estupidez, idiotez, falta de talento.

cretino, na adj. y s. Que padece cretinismo. || fig. Estúpido, necio.

cretona f. Tela de algodón, blanca o estampada.

creyente adj. y com. Que cree, particularmente en una religión.

cría f. Acción de cuidar, alimentar y hacer que se reproduzcan los animales. || Animal mientras se está criando. || Conjunto de animales nacidos de una vez, mientras están en el nido o en la camada.

criadero, ra m. Lugar donde se trasplantan los árboles. || Lugar destinado para la cría de animales.

criadilla f. Testículo en algunos animales de matadero.

criado, da m. y f. Sirviente.

criandera f. *amer.* Nodriza.

crianza f. Hecho de alimentar y cuidar a los niños y animales pequeños. || Actividad que consiste en cuidar, alimentar y hacer que se reproduzcan los animales. || Proceso de envejecimiento del vino.

criar tr. Crear. || Producir, engendrar. También prnl. || Nutrir y alimentar. || Instruir, educar y dirigir.

criatura f. Ser vivo, particularmente el humano. || Niño de poco tiempo.

criba f. Lámina agujereada y fija en un aro de madera, que sirve para cribar. || Cualquier aparato mecánico que se emplea para cribar.

crimen m. Delito muy grave, sobre todo el que consiste en matar a una persona. || Acción que perjudica a alguien o algo.

criminal adj. Del crimen. || Que ha cometido un crimen. También com.

crin f. Conjunto de cerdas que tienen algunos animales en la parte superior del cuello. Más en pl.

crío, a m. y f. Niño o niña pequeños. || Persona infantil, poco madura.

criollo, lla adj. Descendiente de padres europeos nacido en América. También s. || Relacionado con algún país hispanoamericano.

cripta f. Piso subterráneo en una iglesia. || Lugar subterráneo utilizado para enterrar a los muertos.

crisis f. Cambio considerable en una enfermedad, tras el cual se produce un empeoramiento o mejoría. || Situación difícil o delicada provocada por un cambio importante en el desarrollo de algo.

crisma amb. Óleo consagrado que se usa para unciones sacramentales. || f. fig. Cabeza.

crisol m. Vaso que se emplea para fundir metales. || Cavidad inferior de los hornos que sirve para recibir el metal fundido.

crispar tr. y prnl. Causar contracción repentina y pasajera en un músculo. || fig. Irritar, exasperar.

cristal m. Vidrio incoloro y muy transparente. || Cuerpo sólido de forma poliédrica.

cristalizar intr. Tomar forma cristalina. También prnl. || fig. Tomar forma clara y precisa las ideas, sentimientos o deseos. || tr. Hacer tomar la forma cristalina a ciertas sustancias.

cristianar tr. Bautizar.

cristianismo m. Religión cristiana. || Conjunto de los fieles cristianos.

cristiano, na adj. De la religión de Cristo. || Que profesa la fe de Cristo. También s. || fig. Persona, ser viviente.

criterio m. Norma para juzgar o para conocer la verdad. || Opinión.

crítica f. Arte de juzgar y evaluar las cosas. || Juicio formado sobre una obra de literatura o arte. || Censura. || Conjunto de opiniones sobre cualquier asunto.

criticar tr. Juzgar algo de forma negativa, expresar sus defectos y errores.

crítico, ca adj. De la crítica. || Decisivo, que ocasiona o supone un cambio importante. || m. y f. Persona que ejerce la crítica.

croar intr. Cantar la rana.

crol m. Forma de natación en que la cabeza va sumergida, salvo para respirar, y el avance del cuerpo es de costado.

cromático, ca adj. Relativo a los colores. || [Escala] musical que procede por semitonos.

cromosoma m. Cada uno de ciertos corpúsculos que existen en el núcleo de las células y en los que residen los factores hereditarios.

crónica f. Historia en que se observa el orden de los tiempos. || Artículo periodístico sobre temas de actualidad.

crónico, ca adj. [Enfermedad] de larga duración. || Que viene de tiempo atrás.

cronología f. Ciencia que determina el orden y fechas de los sucesos históricos. || Serie de personas o sucesos históricos por orden de fechas.

cronometrar tr. Medir con el cronómetro.

cronómetro m. Reloj de precisión.

croqueta f. Masa en forma de bola, con trozos de pollo, jamón o pescado, que se reboza en huevo y pan rallado, y se fríe.

croquis m. Esquema o plano poco detallado de un terreno o lugar. || Diseño o dibujo ligero.

crótalo m. Instrumento músico semejante a la castañuela. || Serpiente venenosa de América, llamada también serpiente de cascabel.

cruce m. Acción de cruzar o poner dos cosas en forma de cruz. || Punto donde se cortan mutuamente dos líneas. || Paso destinado a los peatones. || Unión de dos animales o plantas de distinta raza, para producir una nueva variedad. || Interferencia telefónica o de emisiones radiadas.

crucero m. El que lleva la cruz en las procesiones. || Cruce de calles. || Cruz de piedra que se coloca en el cruce de caminos y en los atrios. || Buque de guerra de gran velocidad. || Viaje por mar recorriendo un itinerario turístico. || Barco dedicado a estos viajes.

crucial adj. Decisivo, fundamental, crítico.

crucificar tr. Fijar o clavar en una cruz a una persona. || fig. y fam. Sacrificar, perjudicar.

crucifijo m. Efigie o imagen de Cristo crucificado.

crucifixión f. Hecho de clavar en una cruz a una persona.

crucigrama m. Pasatiempo que consiste en rellenar un casillero con palabras que se entrecruzan.

crudo, da adj. [Comestible] que no está bien cocido o madu-

ro. || *fig.* [Tiempo] muy frío. || [Petróleo] que está sin refinar. También m. || De color semejante al de la arena; amarillento. || Duro, cruel.

cruel adj. Que disfruta haciendo sufrir a los demás o viendo el sufrimiento de otros. || Duro, violento, que hace sufrir mucho.

cruento, ta adj. Sangriento.

crujir intr. Hacer cierto ruido algunos cuerpos cuando se frotan o rozan unos con otros o se rompen.

cruz f. Figura formada de dos líneas que se atraviesan o cortan perpendicularmente. || Insignia y señal de cristiano. || Distintivo de muchas órdenes religiosas, militares y civiles. || Reverso de las monedas. || *fig.* Peso, carga o trabajo.

cruzar tr. Atravesar una cosa sobre otra en forma de cruz. || Atravesar un camino, campo, calle, etc. || Unir animales de la misma especie, pero de distinta raza, para que tengan crías; se utiliza también para plantas. || Dirigirse palabras o gestos dos personas. || prnl. Pasar por un mismo punto dos personas o cosas en dirección opuesta.

cu f. Nombre de la letra *q*.

cuaderno m. Conjunto o agregado de algunos pliegos de papel, doblados y cosidos en forma de libro.

cuadra f. Lugar donde se guardan los animales. || Conjunto de caballos, generalmente de carreras. || *amer.* Manzana de casas.

cuadrado, da adj. [Figura] plana cerrada por cuatro líneas rectas iguales que forman otros tantos ángulos rectos. También m. || Por ext., [cuerpo] prismático de sección cuadrada. || *fig.* [Persona] muy gruesa y corpulenta. || m. Segunda potencia de un número.

cuadrangular adj. Que tiene o forma cuatro ángulos.

cuadrar tr. Hacer que coincidan los totales de una cuenta, balance, etc. || intr. Conformarse o ajustarse una cosa con otra. || prnl. Pararse una persona con los pies formando una escuadra. || *fig.* Mantenerse firme en una actitud.

cuadrícula f. Conjunto de los cuadrados que resultan de cortarse perpendicularmente dos series de rectas paralelas.

cuadriga f. Carro tirado por cuatro caballos.

cuadrilátero, ra adj. Que tiene cuatro lados. || m. Polígono de cuatro lados. || En boxeo, plataforma cuadrada donde tienen lugar los combates.

cuadrilla f. Reunión de personas que realizan juntas una misma obra.

cuadro m. Figura con forma de cuadrado. || Lienzo, lámina, etc. de pintura. || Marco, cerco que guarnece algunas cosas. || Grupo de personas que durante algunos momentos de los espectáculos teatrales permanecen a vista del público.

cuadrúpedo, da adj. y s. [Animal] de cuatro patas.

cuádruple adj. Que contiene un número cuatro veces exactamente. ‖ [Serie] de cuatro cosas iguales o semejantes.

cuajada f. Leche cuajada similar al requesón o el yogur.

cuajar intr. Solidificar un líquido. También prnl. ‖ Crear la nieve una capa sobre el suelo u otra superficie. ‖ fig. y fam. Lograrse, tener efecto una cosa. Más c. prnl.

cual pron. relat. Detrás del artículo, equivale a que. ‖ adv. Indica una comparación; equivale a como.

cualidad f. Cada una de las circunstancias o caracteres, naturales o adquiridos, que distinguen a las personas o cosas. ‖ Manera de ser de una persona o cosa.

cualificar tr. Atribuir o apreciar cualidades.

cualitativo, va adj. Que denota cualidad.

cualquier pron. indet. apóc. de *cualquiera*.

cualquiera pron. indet. Se utiliza para referirse a una persona, animal o cosa, pero sin señalar cuál. También adj.

cuando conj. Puesto que, si, ya que. ‖ adv. t. Equivale al momento en que se hace algo. ‖ adv. interr. Con acento, equivale a en qué momento.

cuantía f. Cantidad o valor de una cosa.

cuantificar tr. Expresar numéricamente una magnitud.

cuantitativo, va adj. Perteneciente o relativo a la cantidad.

cuanto, ta pron. relat. cant. m. pl. Todas las personas que. ‖ pron. relat. cant. m. y f. pl. Todos los que, todas las que. ‖ pron. relat. cant. m. y f. pl. Todos los... que, todas las... que. Se agrupa con un nombre y se usa sobre todo en plural. ‖ pron. relat. cant. n. Todo lo que.

cuarenta adj. Cuatro veces diez. ‖ m. Conjunto de signos con que se representa el número cuarenta.

cuarentena f. Conjunto de 40 unidades. ‖ Espacio de tiempo que están privados de comunicación los que vienen de lugares infectados o sospechosos de algún mal contagioso.

cuaresma f. Tiempo de cuarenta y seis días que, desde el miércoles de ceniza inclusive, precede a la festividad de la Resurrección.

cuartear tr. Dividir en trozos o partes. ‖ prnl. Hendirse, rajarse, agrietarse alguna cosa.

cuartel m. Cada uno de los sitios en que se reparte y acuartela el ejército. ‖ Edificio destinado para alojamiento de la tropa. ‖

Buen trato que los vencedores ofrecen a los vencidos.

cuarterón, ona adj. y s. Nacido en América de mestizo y española, o de español y mestiza. || m. Cuarta parte de una libra.

cuartilla f. Hoja de papel para escribir cuyo tamaño es el de la cuarta parte de un pliego.

cuarto, ta adj. Que ocupa el lugar número cuatro en una serie ordenada. || [Parte] de las cuatro iguales en que se divide un todo. También m. || f. Palmo. || m. Habitación, aposento. || pl. Dinero.

cuate adj. *amer.* Gemelo, mellizo. También com. || *amer.* Igual o semejante. || *amer.* Amigo íntimo. También com.

cuatrero, ra adj. y s. [Ladrón] de ganado.

cuatro adj. Tres y uno. || Con ciertas voces se usa con valor indeterminado para indicar escasa cantidad. || Cuarto, que sigue al tercero. || m. Guarismo del número cuatro.

cuatrocientos, tas adj. Cuatro veces ciento. || m. Conjunto de signos con que se representa el número cuatrocientos.

cuba f. Recipiente de madera, que sirve para contener líquidos. || fig. Líquido que cabe en una cuba.

cuba-libre o **cubalibre** m. Bebida que se compone de ron, ginebra, coñac, etc., y un refresco de cola.

cubano, na adj. y s. De Cuba.

cubata m. fam. Cubalibre.

cubertería f. Conjunto de cucharas, tenedores, y utensilios semejantes para el servicio de mesa.

cubeta f. dim. de *cuba*. || Recipiente muy usado en operaciones químicas, y especialmente en las fotográficas.

cúbico, ca adj. Del cubo, sólido regular. || De figura de cubo geométrico o parecido a él.

cubículo m. Aposento, alcoba.

cubierta f. Lo que se pone encima de una cosa para taparla o resguardarla. || Forro de papel del libro en rústica. || Banda que protege exteriormente la cámara de los neumáticos. || Cada uno de los pisos de un navío, especialmente el superior.

cubierto m. Servicio de mesa que se pone a cada uno de los que han de comer. || Juego compuesto de cuchara, tenedor y cuchillo. || Comida que en los restaurantes se da por un precio fijo.

cubil m. Guarida de las fieras.

cubilete m. Recipiente parecido a un vaso.

cúbito m. El hueso más grueso y largo del antebrazo.

cubo m. Recipiente de figura de cono truncado, con asa en la circunferencia mayor. || Tercera potencia de un monomio, polinomio o número. || Sólido regular limitado por seis cuadrados iguales.

cubrir tr. Ocultar y tapar una cosa con otra. También prnl. ‖ Juntarse el macho con la hembra para fecundarla. ‖ Poner el techo a un edificio. ‖ Proteger. ‖ Completar. ‖ Seguir de cerca un periodista las incidencias de un acontecimiento. ‖ prnl. Ponerse el sombrero, la gorra, etc.

cucaña f. Palo largo, untado de jabón o de grasa, por el cual se ha de trepar o andar para coger como premio un objeto atado a su extremidad.

cucaracha f. Insecto nocturno y corredor, de unos tres centímetros de largo, cuerpo aplanado, antenas largas y finas y de color negro o pardo que habita en sitios húmedos y oscuros.

cuchara f. Instrumento que se compone de una palita cóncava y un mango, y que sirve para llevar a la boca las cosas líquidas, blandas o menudas. ‖ *amer.* Herramienta de los albañiles para alisar el yeso o la argamasa.

cucharada f. Porción de líquido o comida que cabe en una cuchara.

cucharilla f. Cuchara pequeña para postre, café o té.

cuchí m. *amer.* Cerdo.

cuchichear intr. Hablar en voz baja o al oído a uno.

cuchilla f. Instrumento compuesto de una hoja muy ancha de hierro acerado, de un solo corte, con su mango para manejarlo. ‖ Hoja de cualquier arma blanca de corte. ‖ Hoja de afeitar. ‖ Pieza del arado que sirve para cortar verticalmente la tierra.

cuchillo m. Instrumento formado por una hoja de acero y de un corte solo, con mango.

cuchitril m. fig. y fam. Habitación estrecha y desaseada.

cuclillas (en) loc. adv. con que se explica la postura o acción de doblar el cuerpo de manera que las nalgas se acerquen al suelo o descansen en los talones.

cuco, ca adj. fig. y fam. Bonito, mono. ‖ fig. y fam. Taimado y astuto. También s. ‖ m. Cuclillo, ave.

cucurucho m. Papel, cartón o barquillo arrollado en forma cónica.

cueca f. *amer.* En Bolivia, Chile, Perú y otros países suramericanos, baile de pareja suelta, en el que se representa el asedio amoroso de una mujer por un hombre. ‖ *amer.* Música que acompaña este baile.

cuello m. Parte del cuerpo más estrecha que la cabeza, que une a esta con el tronco. ‖ Parte superior y más angosta de una vasija. ‖ Tira de una tela unida a la parte superior de los vestidos que rodea el cuello.

cuenca f. Cavidad en que está cada uno de los ojos. ‖ Territorio cuyas aguas afluyen todas a un mismo río, lago o mar.

cuenco m. Vaso de barro, hondo y ancho, y sin borde o labio.

cuenta f. Hecho de numerar las cosas de un conjunto para saber cuántas hay. ‖ Cálculo u operación aritmética. ‖ Registro de cantidades que se han de pagar o cobrar. ‖ Cada una de las bolitas que componen un rosario, collar, etc. ‖ Cuidado, obligación. ‖ Consideración, atención. ‖ Explicación, justificación.

cuentagotas m. Utensilio para verter un líquido gota a gota.

cuentakilómetros m. Aparato que registra los kilómetros recorridos por un vehículo.

cuento m. Relato de un suceso. ‖ Mentira, pretexto, simulación. ‖ Enredo, chisme. ‖ Breve narración de sucesos ficticios y de carácter sencillo, hecha con fines morales o recreativos.

cuerazo m. *amer.* Latigazo.

cuerda f. Conjunto de hilos torcidos que forman un solo cuerpo más o menos grueso, largo y flexible. ‖ Hilo especial que se emplea en muchos instrumentos músicos para producir los sonidos por su vibración. ‖ Línea recta tirada de un punto a otro de un arco o porción de curva. ‖ Resorte o muelle para poner en funcionamiento diversos mecanismos, como un reloj, un juguete, etc.

cuerdo, da adj. y s. Que está en su juicio. ‖ Prudente, sensato.

cuerear tr. *amer.* Dar una paliza, azotar. ‖ *amer.* Ocuparse de las tareas de desollar una res para sacarle la piel.

cuerno m. Prolongación ósea que tienen algunos animales en la frente. ‖ Antena de los animales articulados. ‖ Instrumento músico de viento. ‖ *fig.* Término con que se alude a la infidelidad de uno de los miembros de una pareja. Más en pl.

cuero m. Pellejo que cubre la carne de los animales. ‖ Esta misma piel ya curtida. ‖ Odre que sirve para contener líquidos. ‖ *amer.* Prostituta. ‖ *amer.* Látigo.

cuerpo m. Lo que tiene extensión limitada y produce impresión en nuestros sentidos por calidades que le son propias. ‖ En el hombre y en los animales, conjunto de las partes materiales que componen su organismo. ‖ Conjunto de personas que desempeñan una misma profesión. ‖ Objeto material en que pueden apreciarse la longitud, la latitud y la profundidad. ‖ Parte central o principal de una cosa. ‖ Cadáver. ‖ Tamaño de los caracteres de imprenta.

cuervo m. Pájaro carnívoro, algo mayor que la paloma y de plumaje negro.

cuesta f. Terreno en pendiente.

cuestación f. Petición o demanda de limosnas.

cuestión f. Pregunta que se hace o propone para averiguar la verdad de una cosa, controvertiéndola. || Gresca, riña. || Punto o materia dudosos o discutibles. || Asunto o materia en general.

cuestionar tr. Controvertir algo dudoso, proponiendo las razones, pruebas y fundamentos de una y otra parte.

cuestionario m. Lista de cuestiones o preguntas. || Programa de temas de una oposición, una clase, etc.

cueva f. Cavidad subterránea. || Sótano.

cuévano m. Cesto grande y hondo.

cuidado m. Solicitud y atención para hacer bien algo. || Recelo, temor.

cuidar tr. Poner diligencia en la ejecución de algo. || Asistir a alguien que lo necesita. || Guardar, proteger, conservar. || prnl. Mirar uno por su salud, darse buena vida.

cuita f. Trabajo, desventura.

culata f. Parte posterior de la caja de la escopeta, pistola o fusil. || Parte posterior del tubo de cualquier arma grande o pieza de artillería. || Pieza metálica que se ajusta al bloque de los motores de explosión y cierra el cuerpo de los cilindros.

culebra f. Reptil de cuerpo en forma de cilindro, sin patas, se mueve arrastrándose, y no es venenoso.

culinario, ria adj. Relativo a la cocina.

culminación f. Momento más alto o importante de algo o su fin.

culminar intr. Llegar algo al grado más elevado, significativo o extremado que pueda tener. || tr. Dar fin o cima a una tarea.

culo m. Nalgas de las personas y ancas de los animales. || Ano. || fig. Extremo inferior o posterior de algo.

culpa f. Falta más o menos grave cometida a sabiendas y voluntariamente. || Responsabilidad que recae sobre alguien por haber cometido un acto incorrecto.

culpable adj. [Persona] a quien se puede echar o se echa la culpa de una falta, un delito, etc. También com. || [Persona o cosa] que es causante de algo malo.

cultismo m. Palabra procedente del latín y que no ha sufrido alteraciones fonéticas. || Culteranismo.

cultivar tr. Dar a la tierra y las plantas las labores necesarias para que fructifiquen. || fig. Hablando del conocimiento, del trato o de la amistad, poner todos los medios necesarios para mantenerlos y estrecharlos. || fig. Desarrollar, ejercitar el talento, la memoria, el ingenio, etc. || fig. Practicar o dedicarse a un arte, ciencia o lengua.

culto, ta adj. Cultivado. || fig. Dotado de cultura o formación. ||

m. Homenaje que se tributa a Dios, a la Virgen y a los santos.

cultura f. Conjunto de conocimientos de una persona. ǁ Conjunto de modos de vida y costumbres de una época o grupo social.

culturismo m. Práctica sistemática de ejercicios gimmásticos para el desarrollo de los músculos.

cumbia f. *amer*. Danza popular colombiana y panameña de ritmo vivo que se baila por parejas.

cumbre f. Cima o parte superior de un monte. ǁ fig. La mayor elevación de algo o último grado a que puede llegar. ǁ Reunión del más alto nivel.

cumpleaños m. Aniversario del nacimiento de una persona.

cumplimentar tr. Recibir o hacer visita de cumplimiento. ǁ Poner en ejecución una orden, trámite, etc.

cumplir tr. Ejecutar, llevar a efecto. ǁ Llegar a tener la edad que se indica o un número cabal de años o meses. ǁ intr. Quedar bien. ǁ Acabar el plazo señalado para algo. También prnl.

cúmulo m. Montón de muchas cosas puestas unas sobre otras. ǁ fig. Multitud de cosas aunque no sean materiales. ǁ Conjunto de nubes propias del verano, que tiene apariencia de montañas nevadas.

cuna f. Camita para niños, con unas barandillas laterales. ǁ fig. Patria o lugar de nacimiento de alguien. ǁ fig. Estirpe, linaje. ǁ fig. Origen de algo.

cundir intr. Extenderse hacia todas partes algo. ǁ Dar mucho de sí una cosa. ǁ fig. Hablando de trabajos, adelantar, progresar.

cuneta f. Zanja en cada uno de los lados de un camino.

cuña f. Pieza de madera o metal terminada en ángulo diedro muy agudo. ǁ Recipiente para recoger la orina y los excrementos del enfermo que no puede abandonar el lecho.

cuñado, da m. y f. Hermanos del esposo respecto a la esposa o al revés. ǁ Esposo o esposa de los hermanos.

cuño m. Molde para grabar piezas de metal. ǁ Este mismo grabado.

cuota f. Cantidad fija con que se contribuye a los fines y sostenimiento de un club, sociedad deportiva, etc.

cupo m. Parte asignada o repartida a una persona o colectividad. ǁ Número de reclutas asignado para hacer el servicio militar cada año.

cupón m. Parte que se corta de un anuncio, invitación, bono, etc.

cúpula f. Bóveda en forma de una media esfera u otra aproximada, con que se cubre un edificio o parte de él. ǁ fig. Grupo dirigente de un organismo, institución, entidad, etc.

cura m. Sacerdote encargado de una parroquia. || f. Acción y resultado de curar o sanar.

curandero, ra m. y f. Persona que se dedica al arte de curar sin título oficial de médico.

curar intr. y prnl. Sanar, recobrar la salud. || tr. Aplicar al enfermo los remedios correspondientes a su enfermedad. También prnl. || Hablando de carnes, pescados, embutidos, etc., prepararlos por medio de la sal, el humo, el frío seco, etc.

curare m. Sustancia negra, resinosa y amarga, muy venenosa, con la que los indígenas de América del Sur impregnan sus flechas para paralizar a sus presas.

curcuncho m. *amer.* Jorobado o joroba.

curia f. Conjunto de organismos que ayudan al Papa en el gobierno de la Iglesia católica.

curioso, sa adj. Que tiene curiosidad. También s. || Que excita curiosidad. || Limpio y aseado. || Que trata una cosa con particular cuidado. || m. *amer.* Curandero.

currar tr., intr. y prnl. fam. Trabajar. || tr. fam. Pegar a alguien.

currículo m. Plan de estudios. || Conjunto de estudios y prácticas destinadas a que el alumno desarrolle plenamente sus posibilidades. || Currículum vitae.

currículum vitae m. Conjunto de datos biográficos, académicos y laborales de una persona, que se utiliza sobre todo cuando se aspira a un puesto de trabajo.

curro m. fam. Trabajo.

cursar tr. Estudiar una materia en un centro educativo. || Dar curso a una solicitud, instancia, etc.

cursi adj. y com. Persona que presume de fina y elegante sin serlo. También s. || fam. Que, con apariencia de elegancia o riqueza, es ridículo y de mal gusto.

cursivo, va adj. y s. [Carácter y letra de imprenta] inclinadas a la derecha.

curso m. Dirección o evolución de algo. || Camino, recorrido que sigue algo. || Tiempo señalado en cada año para que los alumnos asistan a clase. || Cada una de las partes en que se divide un ciclo de enseñanza. || Clases o conferencias sobre una materia determinada.

cursor m. Pieza que se desliza a lo largo de otra. || Marca luminosa parpadeante o fija que, en algunos aparatos como el ordenador, indica la posición en al que aparecerá el siguiente carácter que se introduzca.

curtir tr. Adobar, aderezar las pieles. || fig. Tostar el sol o el aire el cutis. Más c. prnl. || fig. Acostumbrar a alguien a la vida dura, endurecer. También prnl.

curva f. Línea que tiene sus puntos en distinta dirección sin formar ángulos. || Representación gráfica de las fases sucesivas de un fenómeno. ‖ Tramo curvo de una carretera, camino, línea férrea, etc.

curvar tr. y prnl. Encorvar, doblar, torcer.

curvatura f. Calidad de curvo.

cuscús o **cuzcuz** m. Plato árabe elaborado con sémola de trigo, carne, pollo y verduras.

cúspide f. Cumbre de los montes. ‖ Remate superior. ‖ Vértice de la pirámide o del cono. ‖ fig. Momento o situación culminante de algo o alguien.

custodia f. Protección, vigilancia. ‖ Escolta de un preso. ‖ Pieza en que se expone la Eucaristía.

cutáneo, a adj. Del cutis o de la piel.

cutícula f. Película de piel delgada y delicada, sobre todo la que está pegada a la base de las uñas. ‖ Epidermis.

cutis m. Piel del cuerpo humano, principalmente la del rostro.

cuto, ta adj. *amer.* [Animal] de rabo muy corto o que carece de él. ‖ *amer.* Aplicado a un ser humano, manco. También s. ‖ *amer.* [Vestido] muy corto.

cutre adj. y com. fam. Pobre, de mala calidad.

cuy m. *amer.* Cobaya.

cuyo, ya pron. relat. De quien, del cual, de lo cual. Indica posesión y se utiliza para sustituir a un nombre que ya ha aparecido antes.

D

d f. Cuarta letra del abecedario español y tercera de sus consonantes. Su nombre es *de*. ‖ Letra numeral romana que tiene el valor de quinientos.

dactilar adj. Relacionado con los dedos.

dádiva f. Donativo, regalo.

dado m. Cubito en cuyas caras hay señalados puntos de uno a seis, y que sirve para varios juegos de azar.

daga f. Arma blanca antigua, de hoja corta.

daltonismo m. Defecto de la vista que impide distinguir algunos colores, sobre todo el rojo y el verde.

dama f. Mujer distinguida. ‖ La que acompañaba y servía a la reina, a la princesa o a las infantas. ‖ Actriz principal. ‖ Reina en el juego del ajedrez. ‖ pl. Juego que se ejecuta en un tablero con piezas redondas.

damasquinado m. Objeto de hierro, acero o cobre adornado con metales preciosos, como el oro y la plata.

damnificado, da adj. Persona que, junto a otras, ha sufrido grave daño, normalmente colectivo.

dandi m. Hombre elegante y atildado.

danés, esa adj. y s. De Dinamarca.

danza f. Baile.

danzar tr. e intr. Bailar. ‖ intr. Moverse con rapidez, agitación.

dañar tr. y prnl. Causar un mal, sufrimiento o perjuicio. ‖ Echar a perder, estropear.

daño m. Perjuicio que se hace a algo o alguien. ‖ Dolor, mal físico.

dar tr. Donar. ‖ Entregar. ‖ Producir. ‖ Otorgar, conceder. ‖ Con voces que expresan un efecto, ejecutar la acción significada por ellas. A veces también intr. ‖ fam. Golpear, zurrar. ‖ Comunicar, informar. ‖ Causar. ‖ Sonar las campanas de un reloj. ‖ intr. Importar, valer. ‖ prnl. Entregarse, dedicarse. ‖ En la frase *«dársele»* a alguien *bien* o *mal* algo*»*, tener especial habilidad, o no, para hacerlo.

dardo m. Lanza pequeña arrojadiza.

dársena f. Parte resguardada de un puerto para carga y descarga.

datar tr. Fechar. || Determinar la fecha. || intr. Haber empezado algo en el tiempo que se determina.

dátil m. Fruto comestible de la palmera datilera.

dato m. Información necesaria para conocer algo.

de f. Nombre de la letra *d*.

de prep. Denota posesión o pertenencia. || Expresa origen o procedencia. || Indica naturaleza o cualidad. || Expresa el modo de hacer algo, la materia de que está hecho o lo contenido en ello. || Indica el asunto de que se trata o el tiempo en que sucede o se ejecuta. || Denota sentido partitivo.

deambular intr. Caminar sin dirección determinada; pasear.

debajo adv. l. En lugar inferior. || Dependiendo de alguien.

debate m. Discusión sobre un tema entre varias personas.

debatir tr. e intr. Intercambiar opiniones sobre algo.

deber tr. Estar obligado a algo que se expresa. || Adeudar, tener deudas. || tr. y prnl. Tener compromisos que cumplir. || intr. Seguido de la prep. *de*, expresa una suposición o una duda. || prnl. Seguido de la prep. *a*, ser consecuencia de.

deber m. Obligación. || pl. Trabajos escolares para hacer en casa.

débil adj. Que tiene poca fuerza o resistencia.

debilitar tr. y prnl. Disminuir la fuerza, el vigor o el poder de una persona o cosa.

debut m. Estreno de una obra. || Presentación pública de un artista. || Por ext., primera actuación de alguien en cualquier actividad.

debutar intr. Presentarse por primera vez ante el público o iniciar una actividad.

década f. Periodo de diez años.

decadencia f. Principio de debilidad o de ruina.

decaer intr. Ir a menos. || Debilitarse, perder fuerza, importancia o valor.

decano, na m. y f. Miembro más antiguo de una comunidad. También adj. || Persona nombrada para presidir una corporación o una facultad universitaria.

decantarse prnl. Decidirse por alguien o por algo.

decapitar tr. Cortar la cabeza.

decena f. Conjunto de diez unidades.

decenio m. Década.

decente adj. Honesto, justo. || Digno. || Suficiente, regular. || De buena calidad. || Limpio, aseado.

decepción f. Desengaño, desilusión.

dechado m. Ejemplo o modelo de algo por reunir las más altas cualidades.

decidir tr. Dar una solución definitiva. || Resolver, tomar una determinación. También prnl.

décima f. Combinación métrica de diez versos octosílabos. ‖ Décima parte de un grado de fiebre en el termómetro.

decimal adj. De cada una de las diez partes iguales en que se divide una cantidad. ‖ Del sistema métrico de pesas y medidas, cuyas unidades son múltiplos o divisores de diez. ‖ Del sistema de numeración cuya base es diez. ‖ adj. y m. [Cifra] que está a la derecha de la coma en una expresión numérica.

décimo, ma adj. Que ocupa el lugar número diez en una serie ordenada. ‖ [Parte] de las diez iguales en que se divide un todo. También m. ‖ m. Décima parte del billete de lotería.

decimoctavo, va adj. Que ocupa el lugar número dieciocho en una serie ordenada.

decimocuarto, ta adj. Que ocupa el lugar número catorce en una serie ordenada.

decimonónico, ca adj. Del siglo XIX o relativo a él. ‖ Anticuado, sin vigencia.

decimonono, na o **decimonoveno, na** adj. Que ocupa el lugar número diecinueve en una serie ordenada.

decimoquinto, ta adj. Que ocupa el lugar número quince en una serie ordenada.

decimoséptimo, ma adj. Que ocupa el lugar número diecisiete en una serie ordenada.

decimosexto, ta adj. Que ocupa el lugar número dieciséis en una serie ordenada.

decimotercero, ra adj. Que ocupa el lugar número trece en una serie ordenada.

decir tr. Pronunciar. ‖ Declarar. ‖ Explicar. ‖ Asegurar, opinar. ‖ Nombrar. ‖ intr. Convenir, armonizar o no una cosa con otra.

decir m. Dicho, palabra.

decisión f. Resolución. ‖ Firmeza de carácter.

declamar tr. e intr. Recitar un texto con la entonación y gestos convenientes.

declarar tr. Exponer, manifestar, conocer. ‖ Manifestar a la Administración del Estado los ingresos y los bienes que se tienen y que están sometidos a impuesto. ‖ intr. Testificar, manifestar los testigos o el reo ante el juez bajo juramento lo que saben sobre los hechos que originaron la causa judicial. ‖ prnl. Revelar algo personal o un sentimiento.

declinar intr. Caer. ‖ fig. Decaer, menguar. ‖ fig. Aproximarse a su fin. ‖ tr. fig. Rehusar, rechazar. ‖ Poner las palabras en sus casos gramaticales.

declive m. Pendiente. ‖ Decadencia.

decolorar tr. y prnl. Quitar color.

decomisos m. Tienda en la que se venden a bajo precio

mercancías confiscadas por el Estado.

decorado m. Conjunto de muebles, telas pintadas y otros muchos objetos que se utilizan en el cine, el teatro o la televisión para representar el lugar donde se desarrolla la acción.

decorar tr. Adornar, embellecer. || Poner en una casa o habitación muebles, cuadros, lámparas, etc., para crear en ella un ambiente determinado.

decoro m. Honra, recato. || Seriedad.

decrecer intr. Menguar, disminuir.

decrépito, ta adj. De edad muy avanzada y con achaques. También s. || Que ha llegado a su decadencia.

decretar tr. Resolver, decidir. || Decidir el juez acerca de las peticiones de las partes. || Hacer y publicar decretos.

decreto m. Decisión que toma una persona o una institución que tiene autoridad para ello.

dedal m. Utensilio pequeño, cónico y hueco, que se pone en la extremidad de un dedo para empujar la aguja sin herirse.

dedicar tr. Dar a algo un uso determinado. || Consagrar al culto. || tr. y prnl. Dirigir a alguien un objeto cualquiera como obsequio o cortesía. || prnl. Tener como ocupación o profesión. || Ocupar el tiempo en hacer algo.

dedicatoria f. Mensaje dirigido a la persona a quien se ofrece o regala un objeto.

dedo m. Cada una de las extremidades móviles en que terminan las manos y los pies del hombre y de muchos animales. || Medida de longitud del ancho de un dedo.

deducir tr. Sacar consecuencias. || Rebajar, restar, descontar.

defecar intr. Expulsar los excrementos.

defecto m. Carencia, falta. || Imperfección.

defectuoso, sa adj. Que tiene alguna imperfección.

defender tr. Amparar, proteger, luchar para ello. También prnl. || Mantener, sostener una ideología, causa, etc., contra la opinión ajena. || Abogar por alguien. También prnl. || prnl. Responder suficientemente bien en una actividad o situación difícil.

defensa f. Protección de algo o alguien frente a un daño. || Hecho de decir algo en favor de alguien para evitar que lo castiguen o lo critiquen. || Mecanismo del organismo que evita que se desarrolle una enfermedad. Más en pl. || Abogado defensor, su equipo y el conjunto de razones alegadas por él en el juicio. || En ciertos deportes, línea de jugadores que defiende la portería. || com. En ciertos deportes, jugador que está en la línea donde se defiende la portería.

deferencia f. Consideración, muestra de respeto o cortesía.

deficiencia f. Defecto o imperfección.

déficit m. En economía, cantidad que falta para que los ingresos se equilibren con los gastos. || Falta o escasez de algo que se juzga necesario.

definir tr. Fijar y explicar con claridad y precisión la significación de una palabra, la naturaleza de una cosa, los caracteres de un concepto. También prnl.

definitivo, va adj. Decisivo, que resuelve o concluye.

deflación f. Medida destinada a combatir la inflación que consiste en la disminución de los precios y de la circulación del papel moneda.

deforestar tr. Despojar un terreno de plantas forestales.

deformación f. Cambio producido en la forma natural de algo.

deforme adj. Desproporcionado o irregular en la forma. || Que ha sufrido una deformación.

defraudar tr. e intr. Resultar algo o alguien peor de lo que se esperaba. || Eludir el pago de algo, generalmente impuestos.

defunción f. Muerte de una persona.

degenerar intr. y prnl. No corresponder algo a su primitiva calidad. || Decaer en un individuo o una especie animal o vegetal las virtudes y características de sus antepasados.

deglutir tr. Engullir, ingerir, tragar los alimentos.

degollar tr. Cortar la garganta o el cuello. || fig. Matar el espada al toro con una estocada delantera.

degradar tr. Deponer o rebajar de grado y dignidad. || Humillar. También prnl. || Disminuir progresivamente la luz y el color de un cuadro para conseguir la perspectiva.

degüello m. Hecho de cortar el cuello o la garganta.

degustar tr. Probar o paladear alimentos.

dehesa f. Tierra acotada y dedicada a pastos.

dejar tr. Soltar algo o apartarse de ello. || Seguido de la prep. *de*, omitir. || Consentir, permitir. También prnl. || Producir ganancia. || Abandonar. || Encargar. || Faltar, ausentarse. || Legar. || No continuar lo empezado. También intr. || Prestar. || prnl. Descuidarse de sí mismo. || Entregarse a una ocupación. || Abandonarse. || Someterse. || Olvidar algo en un sitio.

deje m. Acento o modo de hablar peculiar de una comunidad o persona.

del contr. de la prep. *de* y del art. *el*.

delantal m. Prenda que, atada a la cintura, cubre la delantera de la ropa para evitar que se manche.

delante adv. 1. En la parte anterior. || Enfrente. || adv. m. A la vista, en presencia.

delatar tr. Revelar voluntariamente a la autoridad un delito, designando al autor. || Descubrir, poner de manifiesto algo.

delegado, da adj. y s. Persona que actúa en nombre de otra.

delegar tr. Dar una persona a otra facultad o poder para que le represente.

deleitar tr. y prnl. Agradar, producir deleite.

deletrear intr. Pronunciar separadamente cada letra o sílaba.

deleznable adj. Desagradable.

delfín m. Mamífero marino de dos o tres metros de largo, generalmente oscuro por encima y blanquecino por debajo, y boca muy grande con forma de pico. || Título que se daba al primogénito del rey de Francia.

delgado, da adj. Flaco, de pocas carnes. || Estrecho, fino.

deliberado, da adj. Voluntario, intencionado.

deliberar intr. Meditar sobre el pro y el contra de una decisión antes de adoptarla. || tr. Someter a discusión.

delicado, da adj. Que se rompe o estropea con facilidad. || Débil, enfermizo. || Educado, amable, atento. || Sabroso, agradable, placentero. || Difícil, comprometido, expuesto a cambios conflictivos. || Liso, suave.

delicia f. Placer muy intenso. || Lo que lo produce.

delictivo, va adj. Que implica delito.

delimitar tr. Limitar, poner límites.

delincuencia f. Actividad de cometer delitos. || Conjunto de delitos y delincuentes de un país o época.

delinquir intr. Cometer delito.

delirar intr. Decir o ver cosas raras por enfermedad u otro motivo. || Decir o hacer cosas absurdas o sin sentido.

delirio m. Expresión incoherente y perturbación de la razón a causa de una enfermedad u otro motivo. || Despropósito, disparate.

delito m. Acción que quebranta la ley.

delta m. Isla triangular entre los brazos de la desembocadura de un río.

demacrado, da adj. Demasiado delgado o con mal aspecto.

demagogia f. Ideología o actuación política que trata de agradar al pueblo con promesas o realizaciones fáciles ocultándole o no afrontando problemas más importantes.

demanda f. Petición. || Cantidad de un producto que la gente desea comprar. || Documento que una persona presenta ante un juez, en el que acusa a otra de algo.

demandar tr. Pedir, exigir. ‖ Presentar una demanda judicial contra alguien.

demarcar tr. Limitar, señalar los límites.

demás adj. y pron. indef. El resto; las otras personas, animales o cosas.

demasiado, da adj. Excesivo. ‖ adv. cant. Con exceso.

demencia f. Locura.

demencial adj. De la demencia o relacionado ella. ‖ Enorme, disparatado, sin sentido.

demérito m. Falta de mérito o valor.

democracia f. Forma de gobierno en que el pueblo ejerce la soberanía mediante la elección de sus dirigentes. ‖ Comunidad gobernada de esta forma.

demografía f. Estudio estadístico de una colectividad humana.

demoler tr. Destruir, derribar.

demonio m. Diablo. ‖ Persona mala o traviesa.

demorar tr. y prnl. Retardar. ‖ intr. y prnl. Detenerse en un lugar.

demostrar tr. Probar mediante una demostración. ‖ fig. Dar pruebas. ‖ Manifestar algo indicio de otra cosa. ‖ Enseñar algo prácticamente.

demostrativo, va adj. Que demuestra. ‖ En gramática, adjetivo y pronombre que señala personas o cosas. También m.

denegar tr. No conceder lo que se pide.

dengue m. Delicadeza afectada.

denigrante adj. Que ofende o insulta gravemente.

denigrar tr. Desacreditar, desprestigiar. ‖ Agraviar, ultrajar.

denominar tr. y prnl. Poner un nombre a una persona, animal o cosa.

denostar tr. Insultar.

denotar tr. Indicar, significar.

denso, sa adj. Compacto, muy pesado en relación con su volumen. ‖ Apiñado, apretado, unido. ‖ fig. [Escrito] con demasiado contenido en relación con su extensión.

dentadura f. Conjunto de dientes de una persona o un animal.

dental adj. De los dientes o relacionado con ellos.

dentera f. Sensación áspera en los dientes por comer o ver ciertas cosas u oír ruidos desagradables.

dentición f. Tiempo de formación, salida y crecimiento de los dientes.

dentífrico, ca adj. y m. Sustancia para la limpieza de la dentadura.

dentista adj. y com. Especialista dedicado al cuidado de la boca.

dentro adv. l. y t. A o en el interior de un espacio.

denuedo m. Brío, esfuerzo, valor, intrepidez.

denuesto m. Injuria grave.

denuncia f. Información a las autoridades de un delito. ‖ Expresión pública de algo que está mal.

denunciar tr. Informar a las autoridades de un delito. ‖ Expresar públicamente algo que está mal.

deparar tr. Dar, proporcionar, conceder.

departamento m. Parte de una empresa, edificio, vehículo, etc. ‖ Ministerio o ramo de la administración pública. ‖ *amer.* Apartamento. ‖ En las universidades, unidad de docencia e investigación. ‖ En algunos países de América, división de un territorio sujeta a una autoridad administrativa.

departir intr. Hablar, conversar.

depauperar tr. Empobrecer. ‖ Debilitar, extenuar. Más c. prnl.

dependencia f. Necesidad de alguien o de algo para vivir. ‖ Cada una de las habitaciones de un edificio grande.

depender intr. Estar subordinado. ‖ Necesitar de otro. ‖ Producirse una cosa condicionada por otra.

dependiente, ta m. y f. Persona empleada en un comercio.

depilar tr. Arrancar o provocar la caída del pelo o vello.

deplorar tr. Lamentar, sentir profundamente.

deponer tr. Abandonar. ‖ Destituir. ‖ intr. Evacuar el vientre.

deportar tr. Desterrar.

deporte m. Juego, ejercicio físico. ‖ Pasatiempo, diversión.

deposición f. Acción y resultado de deponer. ‖ Evacuación de vientre.

depositar tr. Poner cosas de valor bajo custodia. ‖ Colocar. ‖ prnl. Sedimentarse.

depósito m. Acto de poner cosas de valor al cuidado de alguien. ‖ Dicha cosa de valor. ‖ Lugar o recipiente donde se guarda un líquido u otra cosa. ‖ Sedimento que, tras haber estado en suspensión en un líquido, se posa en el fondo.

depravar tr. y prnl. Corromper, pervertir.

depreciar tr. Disminuir o rebajar el valor o precio de algo.

depredador, ra adj. y s. [Animal] que caza a otros animales para subsistir.

depresión f. Estado de ánimo caracterizado por una tristeza profunda, una disminución de energía y pérdida generalizada de interés. ‖ Hundimiento o hueco de una extensión considerable en un terreno o en una superficie. ‖ Periodo de crisis económica.

deprimir tr. Disminuir el volumen de un cuerpo por la presión. ‖ Hundir alguna parte de un cuerpo. ‖ fig. Humillar. También prnl. ‖ Producir, sufrir, manifestar desaliento o pesimismo. También prnl.

deprisa adv. m. Con celeridad, presteza o prontitud.

depurador, ra adj. y s. Que elimina impurezas de algo. || f. Aparato para eliminar las impurezas de algo, especialmente del agua.

depurar tr. Limpiar, purificar. También prnl. || Echar de un grupo político a los miembros considerados como disidentes.

derecho, cha adj. Recto. || Que está o queda del lado opuesto al corazón. || Justo. || f. Todo lo situado en el lado opuesto al corazón. || La parte moderada y conservadora de la colectividad política de un país. || m. Facultad de disponer o hacer legítimamente. || Justicia. || Conjunto de disposiciones de una comunidad. || Ciencia que las estudia. || Privilegio. || m. pl. Tributo que se paga por una mercancía o por otro uso consignado por la ley. || Honorarios de ciertas profesiones.

deriva f. Desvío de un barco de su verdadero rumbo.

derivar intr. Proceder de algo. También prnl. || tr. Desviar, tomar una nueva dirección o encaminar a otra parte. || Formar una palabra a partir de otra. || En matemáticas, obtener una derivada.

dermatología f. Parte de la medicina que se ocupa de la piel y de sus enfermedades.

dermis f. Capa situada debajo de la epidermis.

derogar tr. Abolir, anular una norma o ley.

derramar tr. y prnl. Provocar la caída de un líquido o sustancia sólida de forma que se extienda.

derrame m. Salida anormal de un líquido orgánico por rotura de vasos.

derrapar intr. Patinar un vehículo.

derredor m. Circuito o contorno.

derrengar tr. y prnl. Cansarse.

derretir tr. Hacer líquido un sólido por el calor. También prnl. || Enamorarse o ponerse excesivamente cariñoso con alguien.

derribar tr. Demoler. || Arrojar a tierra. || prnl. Dejarse caer.

derrocar tr. Echar a alguien de un cargo con violencia.

derrochar tr. Despilfarrar, dilapidar.

derrotar tr. Vencer a un enemigo o rival.

derrotero m. Rumbo señalado en la carta de navegación. || fig. Camino, rumbo para llegar a un fin.

derruir tr. Derribar, destruir un edificio.

derrumbar tr. y prnl. Precipitar, despeñar. || Destruir una construcción. || fig. Hacer caer el ánimo de alguien.

desabotonar tr. y prnl. Sacar los botones de los ojales.

desabrochar tr. y prnl. Soltar los broches, corchetes, botones.

desacato m. Falta de respeto. ‖ En derecho, ofensa a una autoridad.

desacertado, da adj. Sin acierto.

desaconsejar tr. Convencer a alguien de que no haga algo que ha previsto.

desacreditar tr. Disminuir o quitar el crédito o la estimación.

desactivar tr. Inutilizar los dispositivos que harían estallar un artefacto explosivo. ‖ fig. Anular cualquier potencia activa, como la de procesos fisicoquímicos, planes económicos, etc.

desacuerdo m. Falta de acuerdo o conformidad entre dos o más personas.

desafiar tr. Retar, provocar. ‖ Enfrentarse a algo o alguien.

desafinar intr. Apartarse del tono adecuado al cantar o al tocar un instrumento. ‖ tr. y prnl. Perder o hacer que pierda un instrumento el tono correcto.

desafío m. Hecho de provocar una persona a otra o luchar o competir. ‖ Labor difícil de realizar.

desaforado, da adj. Excesivo, desmedido.

desagradar intr. y prnl. Disgustar, fastidiar.

desagradecido, da adj. y s. Que no muestra aprecio o no corresponde debidamente a un favor recibido. ‖ adj. Que no luce el esfuerzo o la dedicación que se pone en ella.

desagüe m. Conducto de salida de aguas.

desaguisado m. Cosa mal hecha.

desahogar tr. Aliviar a alguien en su trabajo. ‖ Consolar. También prnl. ‖ prnl. Expansionarse, dar rienda suelta a un sentimiento o queja.

desahuciar tr. Abandonar toda esperanza. ‖ Expulsar a un inquilino. ‖ Dar por incurable los médicos a un enfermo.

desaire m. Desdén, desprecio.

desalentar tr. y prnl. Desanimar.

desaliño m. Abandono, falta de aseo y pulcritud.

desalmado, da adj. Cruel, inhumano.

desalojar tr. Hacer salir. ‖ intr. Abandonar un lugar voluntariamente.

desamortización f. Acción jurídica que hace posible la venta de bienes pertenecientes a manos muertas o entidades que no los pueden vender (Iglesia, corona, nobleza, etc.).

desamparar tr. Dejar sin amparo o protección.

desangrarse prnl. Perder mucha sangre.

desanimar tr. Desalentar. ‖ Disuadir. ‖ prnl. Perder la ilusión.

desapacible adj. Desagradable.

desaparecer intr. Ocultarse, esconderse. ‖ Ausentarse de un lugar.

desapercibido, da adj. Desprevenido, inadvertido.

desaprensivo, va adj. y s. Sin escrúpulos.

desaprovechar tr. No obtener de algo todo el provecho o utilidad posibles.

desarmador m. *amer.* Destornillador.

desarmar tr. Quitar las armas. || Desmontar, separar las piezas de algo. También prnl. || Dejar a alguien sin respuesta en una discusión. || Templar, calmar las iras de alguien.

desarme m. Reducción o supresión de las fuerzas militares o de determinado tipo de armamento.

desarraigar tr. y prnl. Separar, echar a alguien del lugar donde vive o ha nacido. || Arrancar de raíz. || Suprimir una pasión, una costumbre, un vicio, etc.

desarrollar tr. Crecer, ampliar. También prnl. || fig. Explicar. || prnl. Suceder, ocurrir, acontecer de un modo, en un lugar, etc., determinados.

desarrollo m. Proceso por el que algo aumenta o mejora. || Proceso durante el cual ocurre o sucede algo. || Época en la que algo o alguien crece. || En matemáticas, realización de las operaciones necesarias para obtener un resultado o para cambiar la forma de una expresión analítica.

desarticular tr. Separar dos huesos articulados. || Desorganizar una conspiración o una banda de malhechores.

desasistir tr. Desamparar.

desasosiego m. Inquietud.

desastre m. Calamidad, catástrofe. || fig. Cosa de mala calidad, mal resultado, mal aspecto, etc. || Persona con muy mala suerte, sin habilidad o llena de imperfecciones.

desatar tr. y prnl. Soltar lo atado. || fig. Provocar una reacción brusca de algo. || prnl. Desencadenarse. || fig. Excederse en hablar. || fig. Proceder con una conducta o un lenguaje desordenado.

desatascar tr. Sacar lo que está atascado. || Quitar lo que obstruye un conducto.

desatender tr. No mostrar interés o atención a algo. || No hacer caso de consejos o peticiones. || Abandonar, no ocuparse de algo o alguien.

desatornillar tr. Sacar un tornillo dándole vueltas.

desatino m. Falta de tino. || Despropósito, error.

desatrancar tr. Quitar la tranca o el mecanismo que cierra la puerta. || Desatascar.

desautorizar tr. y prnl. Quitar autoridad, poder o estimación.

desavenencia f. Desacuerdo, discordia.

desayuno m. Primera comida del día.

desazón f. Desasosiego. | Picor.

desbancar tr. Quitar el puesto, suplantar. || En ciertos juegos, ganar todo el dinero al banquero.

desbandada f. Huida en desorden.

desbarajuste m. Desorden.

desbaratar tr. fig. Deshacer, impedir.

desbarrar intr. fig. Disparatar, errar.

desbocarse prnl. Dejar de obedecer un caballo al freno y dispararse. || Darse de sí, agrandarse excesivamente una abertura.

desbordar tr. Sobrepasar, abrumar. || Derramarse, salir de un cauce. También intr. y prnl. || prnl. Exaltarse.

descabalar tr. y prnl. Dejar incompleto algo que normalmente se compone de varias cosas.

descabellado, da adj. fig. Absurdo.

descafeinado adj. [Café] al que se le ha quitado la cafeína. También m. || Que ha perdido su fuerza original.

descalabrar tr. Herir en la cabeza. || fig. Perjudicar.

descalabro m. Contratiempo, infortunio.

descalificar tr. y prnl. Excluir de una competición. || Desacreditar.

descalzar tr. y prnl. Quitar el calzado.

descaminar tr. y prnl. Apartar a alguien del camino que debe seguir o de un buen propósito.

descampado m. Terreno llano y descubierto.

descansar intr. Cesar en el trabajo. || fig. Tener algún alivio. || Reposar, dormir. || Estar algo apoyado en otra cosa. También tr.

descansillo m. Rellano de una escalera.

descanso m. Pausa en el trabajo. || Tranquilidad al disminuir un dolor o una preocupación. || Intermedio de un espectáculo.

descapotable adj. y m. [Coche] de capota plegable.

descarado, da adj. y s. Atrevido, que habla o actúa sin la menor vergüenza.

descargar tr. Quitar la carga. || Disparar armas de fuego. || Golpear con violencia. También intr. || fig. Librar de un cargo u obligación. || intr. Deshacerse una nube en lluvia.

descarnar tr. y prnl. Quitar al hueso la carne.

descaro m. Desvergüenza, atrevimiento.

descarozar tr. *amer.* Quitar el hueso o carozo a las frutas.

descarriar tr. y prnl. Apartar a alguien del camino que debe seguir.

descarrilar intr. Salir un vehículo del carril por el que circula.

descartar tr. y prnl. Desechar.

descastado, da adj. y s. Ingrato o poco cariñoso con los parientes o amigos.

descender intr. Bajar, disminuir. ‖ Venir, a través de las generaciones, de una familia o de una persona.

descendiente com. Hijo, nieto u otro miembro de las generaciones sucesivas por línea directa.

descenso m. Hecho de bajar o disminuir. ‖ Competición deportiva de esquí o piragüismo que consiste en bajar por una pendiente o un torrente.

descerrajar tr. Forzar una cerradura. ‖ fig. y fam. Disparar con un arma de fuego contra alguien.

descifrar tr. Leer un escrito cifrado o en caracteres desconocidos mediante la clave adecuada. ‖ Explicar o interpretar algo oscuro y de difícil comprensión.

descodificar o **decodificar** tr. Aplicar inversamente a un mensaje codificado las reglas de su código para obtener la forma primitiva del mensaje.

descolgar tr. Bajar lo colgado. ‖ Levantar el auricular del teléfono. ‖ En algunos deportes, dejar atrás un corredor a sus competidores. También prnl. ‖ prnl. Escurrirse por una cuerda. ‖ Decir o hacer algo inoportunamente.

descollar intr. Sobresalir.

descolorido, da adj. De color pálido.

descompensar tr. y prnl. Perder o hacer perder la compensación o el equilibrio.

descomponer tr. y prnl. Desordenar. ‖ Separar las partes de un compuesto. ‖ fig. Irritar, alterar. ‖ prnl. Pudrirse. ‖ Enfermar.

descomposición f. Separación de las partes que forman algo. ‖ Hecho de pudrirse un cuerpo orgánico. ‖ Diarrea.

descomunal adj. Extraordinario, enorme.

desconcertar tr. y prnl. Dejar a alguien sorprendido, desorientado o confundido.

desconcierto m. Hecho de dejar a alguien sorprendido, desorientado o confundido. ‖ Desorden, confusión, desbarajuste.

desconectar tr. y prnl. Interrumpir una conexión eléctrica. ‖ fig. Perder contacto.

desconfiar intr. Recelar, sospechar.

descongelar tr. y prnl. Hacer que algo pierda el estado de congelación. ‖ Desbloquear una cuenta, un sueldo, etc., congelados.

descongestionar tr. y prnl. Quitar o disminuir la acumulación excesiva de algo.

desconocer tr. Ignorar.

desconsiderado, da adj. y s. Que no tiene consideración, amabilidad o respeto.

desconsuelo m. Angustia y pena profundas por falta de consuelo.

descontar tr. Quitar una cantidad o parte de algo.

descontento, ta adj. Disgustado, insatisfecho. || m. Disgusto o desagrado.

descontrol m. Falta de control, orden o disciplina.

desconvocar tr. Cancelar una convocatoria.

descorazonar tr. y prnl. fig. Desanimar, acobardar.

descorchar tr. Sacar el corcho a un envase.

descorrer tr. Plegar lo que estaba estirado, como unas cortinas, etc.

descortesía f. Falta de respeto o amabilidad.

descoser tr. y prnl. Quitar o soltarse el hilo con que está cosida una cosa.

descoyuntar tr. y prnl. Desencajar un hueso.

descrédito m. Disminución o pérdida de la buena fama.

descreído, da adj. y s. Incrédulo.

descremado, da adj. [Leche y derivados] a los que se ha quitado la grasa.

describir tr. Dibujar un cuerpo al moverse una determinada figura imaginaria. || Explicar, reseñar con detalle cómo es algo o alguien.

descripción f. Explicación muy detallada, oral o escrita, de cómo es algo o alguien.

descuajaringar o **descuajeringar** tr. y prnl. Romper o separar las partes que forman algo, desarmar. || prnl. Relajarse las partes del cuerpo por efecto del cansancio.

descuartizar tr. Despedazar.

descubrir tr. Encontrar. || Manifestar. || Destapar. || Inventar. || prnl. Quitarse el sombrero.

descuento m. Rebaja que se hace en el precio de algo.

descuerar tr. amer. Desollar, despellejar. || amer. Murmurar de alguien, criticarlo.

descuidar tr. y prnl. Abandonar, desatender. || prnl. No cuidar de sí mismo.

desde prep. Indica principio en el tiempo y en el espacio.

desdecir intr. Desmentir. || prnl. Retractarse de lo dicho.

desdén m. Menosprecio.

desdentado, da adj. y s. Sin dientes.

desdibujarse prnl. Hacerse confusa una imagen.

desdicha f. Desgracia o mala suerte.

desdoblar tr. y prnl. Extender lo doblado. || Separar los elementos o partes que constituyen una cosa.

desdoro m. Descrédito, desprestigio.

desear tr. Aspirar, querer con vehemencia. || Sentir apetito sexual por una persona.

desechar tr. Excluir, arrojar. || Apartar de sí. || Rechazar.

desecho m. Desperdicio, residuo.

desembarazar tr. y prnl. Quitar un obstáculo. ‖ prnl. Apartarlo de sí.

desembarcar tr. e intr. Bajar de una embarcación.

desembocar intr. Desaguar una corriente de agua. ‖ Tener una calle salida.

desembolsar tr. fig. Pagar o entregar dinero.

desembuchar tr. fig. y fam. Decir lo que se tenía callado.

desempate m. Hecho de deshacer el empate o estado de igualdad existente entre ciertas cosas, especialmente en competiciones deportivas.

desempeñar tr. Recuperar lo empeñado. ‖ Llevar a cabo, realizar un trabajo o una función determinada.

desempleo m. Paro forzoso.

desempolvar tr. Quitar el polvo. ‖ fig. Usar, hacer de nuevo o recordar algo que llevaba mucho tiempo olvidado.

desencadenar tr. Quitar las cadenas que atan algo o a alguien. ‖ fig. Originar o producir movimientos impetuosos de fuerzas naturales. También prnl. ‖ fig. Originar, provocar sentimientos o actitudes generalmente apasionados o violentos. También prnl.

desencajar tr. y prnl. Sacar algo de su sitio. ‖ prnl. Desfigurarse el rostro.

desencanto m. Desilusión.

desenchufar tr. Desconectar de la red eléctrica el enchufe de un aparato.

desenfado m. Forma de actuar desenvuelta y sin prejuicios.

desenfreno m. Libertinaje.

desengañar tr. y prnl. Sacar del error o engaño. ‖ Quitar esperanzas o ilusiones o dejar de creer en algo.

desengrasar tr. y prnl. Quitar la grasa.

desenlace m. Solución o conclusión de un relato, obra dramática, etc.

desenmarañar tr. Deshacer algo que está enredado, desenredar. ‖ Poner en claro un asunto que está oscuro o enredado.

desenmascarar tr. Quitar la máscara. También prnl. ‖ fig. Descubrir cómo es en realidad una persona o cosa.

desenredar tr. Deshacer una cosa enredada.

desenrollar tr. y prnl. Extender lo enrollado.

desenroscar tr. y prnl. Extender lo que está enroscado. ‖ Sacar de su sitio lo que está introducido a rosca.

desentenderse prnl. Ignorar algo o fingir que no se entiende. ‖ Dejar de ocuparse de algo, no intervenir en ello.

desenterrar tr. Exhumar. ‖ fig. Recordar lo olvidado largo tiempo.

desentonar tr. En música, desafinar. || fig. Quedar mal dentro de un conjunto.

desentrañar tr. Averiguar el verdadero significado de algo difícil de descubrir.

desentumecer tr. y prnl. Hacer recuperar el movimiento normal o agilidad del cuerpo o de parte del mismo.

desenvainar tr. Sacar de su vaina o funda la espada u otra arma blanca.

desenvolver tr. Extender lo envuelto o empaquetado. También prnl. || prnl. fig. Desarrollarse algo. || fig. Obrar con soltura.

deseo m. Ansia de conseguir algo. || Cosa que se quiere conseguir. || Apetito sexual.

desequilibrar tr. y prnl. Hacer perder el equilibrio. || Volver loco a alguien.

desertar intr. Abandonar un militar su puesto. || Abandonar una obligación, un ideal o un grupo.

desesperación f. Pérdida total de la esperanza. || Gran nerviosismo o enfado.

desesperar tr. y prnl. Perder toda esperanza. También intr. || prnl. fam. Impacientarse.

desestimar tr. Desdeñar, despreciar. || Denegar una petición.

desfachatez f. Descaro, desvergüenza.

desfalcar tr. Apropiarse uno de bienes o dinero que tenía bajo su custodia.

desfallecer intr. Perder las fuerzas. || Desmayarse. || fig. Abatirse, perder el ánimo.

desfase m. Falta de concordancia o sincronización, desajuste.

desfavorable adj. Perjudicial. || Adverso.

desfigurar tr. y prnl. Deformar. || Afear. || Disfrazar, enmascarar.

desfiladero m. Paso estrecho entre montañas.

desfilar intr. Marchar en fila o formación. || Pasar una tropa formada delante de una autoridad, monumento, bandera, etc. || Pasear los modelos una colección de ropa por una pasarela.

desfogar tr. y prnl. Desahogar.

desgajar tr. y prnl. Arrancar con violencia una rama del tronco. || Despedazar.

desgalichado, da adj. Desgarbado.

desgana f. Inapetencia. || fig. Disgusto, indiferencia, abulia.

desgañitarse prnl. fam. Gritar con todas las fuerzas. || Quedarse ronco.

desgarrar tr. y prnl. Romper una cosa al tirar de ella o al engancharse con algo. || Causar mucha pena o compasión.

desgastar tr. y prnl. Gastar poco a poco algo por el roce o el uso. || prnl. Perder fuerza, poder o vigor.

desglosar tr. Separar algo de un todo, para estudiarlo por separado.

desgracia f. Mala suerte. || Acontecimiento funesto.

desgraciar tr. y prnl. Dañar, estropear, perjudicar.

desgravar tr. Rebajar un impuesto.

desguace m. Desmontaje total de vehículos y otros aparatos. || Lugar donde se desguazan o desmontan vehículos y otros aparatos.

desguañangar tr. *amer.* Desvencijar. || *amer.* Dañar, perjudicar. || *amer.* Desanimarse.

deshabitado, da adj. Que se ha quedado sin habitantes.

deshacer tr. y prnl. Quitar la forma o la figura a una cosa, descomponiéndola. || Hacer que una cosa sólida pase a líquida. || Romper un trato, alterarlo o hacer que quede sin efecto. || Dejar una cosa como estaba antes de haber hecho algo con ella.

desharrapado, da adj. y s. Andrajoso.

deshecho, cha adj. Muy cansado o muy triste.

desheredar tr. Excluir de una herencia.

deshidratar tr. y prnl. Quitar a un cuerpo el agua que contiene.

deshielo m. Acción de deshacerse la nieve y el hielo, y época en que sucede. || fig. Distensión en las relaciones entre países, personas, etc.

deshojar tr. y prnl. Quitar las hojas o los pétalos.

deshollinar tr. Limpiar de hollín las chimeneas.

deshonesto, ta adj. Que no obra con buena intención o como debe.

deshonor m. Pérdida de la buena fama que se tenía o del respeto de los demás. || Hecho o dicho que causan esta pérdida.

deshonrar tr. y prnl. Quitar la buena fama que se tenía o el respeto de los demás.

desidia f. Negligencia.

desierto, ta adj. Despoblado. || [Subasta] en la que nadie participa o [concurso o certamen] sin ganador. || m. Territorio arenoso o pedregoso que, por la falta casi total de lluvias, carece de vegetación o la tiene muy escasa.

designar tr. Destinar para un fin. || Denominar, nombrar.

designio m. Proyecto, propósito.

desigual adj. Diferente. || Accidentado, con diferencias de nivel. || fig. Arduo. || Variable, inconstante.

desilusión f. Desengaño, decepción.

desinencia f. Terminación variable de una palabra.

desinfectante adj. y m. Que sirve para destruir los gérmenes que pueden causar infecciones.

desinfectar tr. y prnl. Destruir los gérmenes nocivos.

desinflar tr. y prnl. Sacar el contenido de un cuerpo inflado. ‖ fig. Desanimar, desilusionar rápidamente.

desinsectar tr. Limpiar de insectos.

desintegrar tr. y prnl. Disgregar, separar los elementos de un todo.

desinterés m. Falta de interés. ‖ Generosidad.

desistir intr. Renunciar a una empresa, un intento o un derecho.

deslavazado, da adj. Blando. ‖ Sin trabazón ni unión.

desleal adj. y com. Que no es fiel, falso.

desleír tr. y prnl. Diluir, disolver algo en un líquido.

deslenguado, da adj. fig. Mal hablado, desvergonzado.

desligar tr. y prnl. Desatar, soltar las ligaduras. ‖ fig. Dispensar. ‖ prnl. Independizarse.

deslindar tr. Señalar los límites. ‖ fig. Aclarar, detallar.

desliz m. Desacierto, equivocación.

deslizar tr. y prnl. Pasar suavemente un cuerpo sobre otro. ‖ tr. Incluir disimuladamente en un escrito o discurso frases o palabras intencionadas. ‖ prnl. Andar o moverse con disimulo.

deslucir tr. y prnl. Quitar la gracia, el atractivo. ‖ fig. Desacreditar.

deslumbrar tr. y prnl. Cegar la vista por demasiada luz. ‖ fig. Asombrar, fascinar.

desmadrarse prnl. Actuar una persona sin inhibiciones, de manera alocada, desenfrenada.

desmadre m. Desbarajuste, caos, confusión. ‖ Jolgorio, juerga.

desmán m. Exceso, abuso, atropello.

desmanchar tr. *amer.* Quitar las manchas de una cosa. ‖ *amer.* Separarse de un grupo.

desmantelar tr. Destruir las fortificaciones. ‖ fig. Quitar los muebles de un lugar. ‖ Desmontar los aparejos de un barco, un andamiaje o una estructura.

desmañado, da adj. y s. Falto de destreza y habilidad.

desmaquillador, ra adj. y m. Que sirve para quitar el maquillaje.

desmarcarse prnl. En algunos deportes, liberarse un jugador de la vigilancia de un contrario. ‖ Distanciarse o alejarse, sobre todo si con ello se consigue destacar.

desmayarse prnl. Perder el conocimiento.

desmedido, da adj. Enorme, excesivo, desproporcionado.

desmejorar tr. y prnl. Hacer perder el lustre y perfección. ‖ intr. y prnl. Ir perdiendo la salud.

desmelenar tr. y prnl. Despeinar. ‖ prnl. fig. Enardecerse, perder el control.

desmembrar tr. Separar los miembros del cuerpo. ‖ fig. Separar, dividir. También prnl.

desmemoriado, da adj. y s. Que pierde la memoria fácilmente.

desmentir tr. Decir a alguien que miente. ‖ Sostener o demostrar la falsedad de un dicho o hecho.

desmenuzar tr. Triturar, dividir en partes muy pequeñas. También prnl. ‖ fig. Examinar atentamente.

desmerecer tr. No ser digno de algo. ‖ intr. Perder valor o mérito. ‖ Ser una cosa inferior a otra con la que se compara.

desmesurado, da adj. y s. Desproporcionado, excesivo.

desmontar tr. Cortar en un monte o en parte de él los árboles o matas. ‖ Rebajar un terreno. ‖ Desarmar, desunir, separar las piezas de una cosa. ‖ En algunas armas de fuego, poner el mecanismo de disparar en posición de que no funcione. ‖ Bajar a alguien de una caballería. También intr. y prnl.

desmoralizar tr. y prnl. Hacer perder a alguien el ánimo o las esperanzas.

desmoronar tr. y prnl. Deshacer poco a poco algo sólido formado por partículas unidas entre sí. ‖ fig. Destruir lentamente algo no material. ‖ prnl. fig. Sufrir una persona, física o moralmente, una grave depresión, los efectos de un disgusto, etc. ‖ Venir a menos, irse destruyendo los imperios, los caudales, el crédito.

desnatar tr. Quitar la nata a la leche o a otros líquidos.

desnaturalizado, da adj. y s. Que no cumple con las obligaciones familiares que se consideran naturales.

desnivel m. Falta de nivel. ‖ Diferencia de alturas entre dos o más puntos.

desnucar tr. y prnl. Sacar de su lugar los huesos de la nuca. ‖ Causar la muerte por un golpe en la nuca.

desnudar tr. y prnl. Quitar la ropa o parte de ella. ‖ Despojar una cosa de lo que la cubre o adorna.

desnudo, da adj. Sin ropa. ‖ Sin adornos ni complementos. ‖ Claro, sincero. ‖ m. En arte, figura humana desnuda o cuyas formas se perciben aunque esté vestida.

desnutrición f. Degeneración y debilitamiento del organismo por una nutrición insuficiente o inadecuada.

desobedecer tr. No hacer uno lo que le ordenan las leyes o los superiores.

desobediente adj. Que no hace lo que le ordena un superior.

desocupar tr. Dejar libre un lugar. ‖ prnl. Quedarse libre de una tarea. ‖ *amer.* Parir, dar a luz.

desodorante adj. y m. [Producto] que destruye los olores molestos y nocivos.

desolar tr. Asolar, destruir, arrasar.

desollar tr. Quitar la piel del cuerpo de un animal. También prnl. ‖ Criticar a alguien cruelmente o hacerle un daño irreparable.

desorbitar tr. Sacar un cuerpo de órbita. ‖ Exagerar, desquiciar.

desorden m. Confusión y alteración del concierto propio de una cosa. ‖ Revuelta, disturbio público. ‖ Exceso, vicio. Más en pl.

desordenar tr. y prnl. Referido a algo ordenado, dejarlo sin orden o alterárselo.

desorganizar tr. y prnl. Desordenar, deshacer el orden o la organización de algo.

desorientar tr. y prnl. Hacer que una persona pierda el conocimiento de la posición que ocupa geográficamente. ‖ fig. Confundir, ofuscar, extraviar.

despabilado, da adj. Que no tiene sueño. ‖ Listo, hábil.

despachar tr. Abreviar y concluir un negocio. ‖ Resolver y determinar las causas y negocios. ‖ Enviar. ‖ Vender los géneros o mercaderías. ‖ Despedir. ‖ fig. y fam. Matar, quitar la vida. ‖ prnl. Desembarazarse de una cosa. ‖ fam. Decir uno cuanto le viene en gana.

despacho m. Habitación destinada para trabajar o estudiar. ‖ Tienda donde se venden determinados productos. ‖ Comunicado oficial.

despacio adv. m. Poco a poco, lentamente.

despampanante adj. Que causa sensación o deja atónito.

despanzurrar tr. y prnl. Despachurrar, espachurrar.

desparpajo m. Facilidad y desenvoltura para hablar y actuar.

desparramar tr. Esparcir, extender por muchas partes lo que estaba junto. ‖ fig. Malbaratar, malgastar. ‖ intr. y prnl. Divertirse desordenadamente.

despavorido, da adj. Lleno de pavor.

despecho m. Malquerencia nacida en el ánimo por desengaños sufridos. ‖ Desesperación.

despectivo, va adj. Despreciativo. ‖ adj. y m. En gramática, [Palabra] formada con un sufijo que indica desprecio o burla.

despedazar tr. Hacer pedazos un cuerpo. También prnl. ‖ fig. Maltratar, destruir.

despedida f. Acompañamiento que se hace a alguien que va a irse. ‖ Expresión de afecto para despedir a alguien. ‖ Reunión o acto en honor de alguien que se va o cambia de estado.

despedir tr. Soltar, arrojar una cosa. ‖ Alejar de sí a uno, prescindiendo de sus servicios. ‖ Acompañar al que se va. ‖ fig. Difundir o esparcir. ‖ prnl. Separarse una persona de otra con alguna expresión de cortesía.

despegar tr. Desasir y desprender una cosa de otra. ‖ intr. Iniciar el vuelo un avión. ‖ prnl.

fig. Perder el afecto hacia una persona o cosa.

despeinar tr. y prnl. Deshacer el peinado.

despejar tr. Desembarazar, desocupar. || fig. Aclarar, poner en claro. || Separar por medio del cálculo una incógnita en una ecuación. || En algunos deportes, alejar la pelota de la meta propia. || prnl. Aclararse, serenarse el día, el tiempo, etc. || Recobrar alguien la claridad mental después de haber dormido, bebido alcohol, etc.

despellejar tr. y prnl. Quitar el pellejo, desollar. || fig. Criticar cruel y duramente a alguien.

despenalizar tr. Eliminar el carácter penal de lo que constituía delito.

despensa f. Lugar donde se guardan las cosas comestibles.

despeñar tr. y prnl. Precipitar a una persona o cosa desde un lugar alto.

desperdiciar tr. Malbaratar, gastar o emplear mal una cosa. || No aprovechar debidamente una cosa.

desperdicio m. Hecho de gastar más de lo necesario, emplear mal o no aprovechar algo. || pl. Residuo, desecho.

desperdigar tr. y prnl. Separar, desunir, esparcir. || fig. Dispersar la atención o el tiempo en diferentes actividades.

desperezarse prnl. Extender y estirar los miembros, para sacudir la pereza o librarse del entumecimiento.

desperfecto m. Leve deterioro. || Falta, defecto.

despertador m. Reloj que, a la hora previamente fijada, hace sonar una campana o alarma.

despertar tr., intr. y prnl. Interrumpir el sueño al que está durmiendo. || tr. y prnl. Traer a la memoria una cosa ya olvidada. || Provocar, incitar, estimular. || intr. Hacerse más astuto, más listo.

despiadado, da adj. Impío, inhumano.

despido m. Acto de echar a alguien de un empleo. || Indemnización que se cobra por ello.

despilfarrar tr. Derrochar, malgastar.

despistar tr. Hacer perder la pista. || prnl. Extraviarse, perder el rumbo. || fig. Andar desorientado en algún asunto o materia.

desplante m. Dicho o acto lleno de arrogancia, descaro o desabrimiento.

desplazar tr. y prnl. Mover a una persona o cosa del lugar en que está. || tr. Quitar a alguien del puesto que ocupa para sustituirle. || prnl. Ir de un lugar a otro.

desplegar tr. y prnl. Desdoblar, extender lo que está plegado. || Hacer que se extiendan por un lugar las personas que forman un grupo. || tr. Manifestar o realizar.

desplomar tr. y prnl. Hacer perder la posición vertical o caerse. ‖ prnl. Caerse sin vida o sin conocimiento una persona. ‖ Arruinarse, perderse.

desplumar tr. Quitar las plumas al ave. También prnl. ‖ fig. Pelar, quitar los bienes.

despoblar tr. y prnl. Hacer desaparecer la población de un lugar o hacer que disminuya.

despojar tr. Privar a alguien de lo que tiene. ‖ prnl. Desposeerse voluntariamente de una cosa.

desposar tr. y prnl. Casar o unir en matrimonio.

despostar tr. *amer.* Descuartizar una res o un ave.

despotismo m. Autoridad absoluta no limitada por las leyes. ‖ Abuso de poder o fuerza.

despotizar tr. *amer.* Gobernar o tratar despóticamente, tiranizar.

despotricar intr. y prnl. Hablar sin consideración ni reparo.

despreciar tr. Tener poca estima a alguien o algo. ‖ Mostrar indiferencia o rechazo por alguien o algo.

desprecio m. Desestimación, falta de aprecio. ‖ Desaire, desdén.

desprender tr. Desunir, desatar, soltar. También prnl. ‖ prnl. Dar, renunciar. ‖ Deducirse, inferirse. ‖ Echar de sí alguna cosa. También prnl. ‖ fig. Apartarse o desapropiarse de una cosa.

despreocuparse prnl. Salir o librarse de una preocupación. ‖ Desentenderse.

desprestigio m. Pérdida de autoridad, renombre o buen crédito.

desprevenido, da adj. Que no está prevenido o preparado para algo.

desproporción f. Falta de la proporción debida.

despropósito m. Dicho o hecho fuera de sentido o de conveniencia.

desproveer tr. Despojar a alguien de lo necesario.

después adv. t. y l. Denota posterioridad de tiempo, lugar, jerarquía o preferencia. ‖ conj. Seguido de que o de que, equivale a desde que, cuando. ‖ adj. Posterior, siguiente.

despuntar tr. Quitar o gastar la punta. También prnl. ‖ intr. Empezar a brotar y entallecer las plantas. ‖ fig. Manifestar agudeza o ingenio. ‖ fig. Adelantarse, descollar. ‖ Empezar a amanecer.

desquiciar tr. y prnl. Hacer perder la seguridad, la paciencia o la tranquilidad. ‖ Desencajar o sacar de su quicio una puerta o una ventana.

desquicio m. *amer.* Desorden.

desquitar tr. y prnl. Restaurar la pérdida, reintegrarse de lo perdido. ‖ fig. Tomar satisfacción, vengarse.

destacar tr. y prnl. Poner de relieve los méritos o cualidades.

destajo m. Trabajo que se valora por la labor realizada y no por un jornal.

destapar tr. Quitar la tapa. || Descubrir lo tapado. También prnl. || prnl. Dar uno a conocer habilidades, intenciones o sentimientos propios no manifiestos antes. || fig. Desnudarse en ciertos lugares públicos.

destartalado, da adj. y s. Descompuesto, desproporcionado.

destellar tr. Despedir o emitir destellos de luz.

destello m. Resplandor, ráfaga de luz. || fig. Manifestación repentina de alguna cualidad, actitud, talento, etc.

destemplar tr. Alterar la armonía, el orden y concierto de una cosa. || prnl. Sentir malestar físico. || Perder el temple el acero u otros metales. También tr. || Descomponerse, alterarse.

desteñir tr. y prnl. Quitar el tinte, borrar o apagar los colores. || tr. e intr. Manchar un tejido a otro.

desternillarse prnl. Reírse mucho.

desterrar tr. Echar a alguien por justicia de un territorio o lugar. || fig. Apartar de sí. || prnl. Expatriarse.

destetar tr. y prnl. Hacer que deje de mamar el niño o las crías de los animales.

destiempo (a) loc. adv. Fuera de tiempo, sin oportunidad.

destilar tr. y prnl. Separar de una sustancia la parte que más se evapora para calentarla hasta que salga vapor, enfriando este luego para convertirlo en líquido. || tr. e intr. Correr un líquido gota a gota.

destinar tr. Ordenar, señalar o determinar una cosa para algún fin o efecto. || Designar el punto o establecimiento en que un individuo ha de servir el empleo, cargo o comisión que se le ha conferido.

destinatario, ria m. y f. Persona a quien va destinada una cosa.

destino m. Fuerza desconocida que se cree obra sobre las personas y los acontecimientos de forma inevitable. || Aplicación o consignación de una cosa para determinado fin. || Punto de llegada o lugar al que se dirige alguien o algo. || Lugar o puesto donde alguien está destinado para realizar un trabajo.

destituir tr. Separar a alguien de su cargo como corrección o castigo.

destornillador m. Instrumento para destornillar y atornillar.

destornillar tr. y prnl. Sacar un tornillo dándole vueltas.

destreza f. Habilidad, arte con que se hace una cosa.

destronar tr. Deponer a un rey o reina. || fig. Quitar a alguien su preponderancia.

destrozar tr. Despedazar, destruir. También prnl. || fig. Estropear, maltratar, deteriorar. || fig. Aniquilar, causar gran quebranto moral.

destrucción f. Hecho de romper algo por completo. || Hecho de hacer desaparecer o inutilizar totalmente.

destruir tr. y prnl. Deshacer por completo. || Inutilizar una cosa no material.

desunir tr. y prnl. Apartar, separar una cosa de otra. || fig. Introducir discordia entre los que estaban en buena correspondencia.

desuso m. Falta de uso o de ejercicio de una cosa.

desvaído, da adj. Pálido, descolorido.

desvalido, da adj. y s. Abandonado, desamparado.

desvalijar tr. Robar el contenido de una maleta. || fig. Despojar a alguien de sus bienes.

desván m. Parte más alta de la casa, inmediatamente debajo del tejado.

desvanecer tr. y prnl. Deshacer, anular. || Quitar de la mente una idea. || prnl. Evaporarse, exhalarse. || Perder el sentido.

desvarío m. Dicho o hecho disparatado. || Delirio, locura.

desvelar tr. y prnl. Quitar el sueño. || Descubrir lo que estaba oculto. || prnl. fig. Poner gran cuidado en hacer algo.

desvencijar tr. y prnl. Aflojar, desarmar algo.

desventaja f. Mengua, perjuicio que se nota por comparación con dos cosas, personas o situaciones.

desventurado, da adj. Desgraciado, desafortunado.

desvergüenza f. Falta de vergüenza, insolencia. || Dicho o hecho insolente.

desvestir tr. y prnl. Desnudar.

desviar tr. y prnl. Apartar, alejar, separar de su lugar o camino una cosa. || fig. Disuadir o apartar a alguien de la intención o propósito en que estaba.

desvincular tr. y prnl. Anular un vínculo, liberando lo que estaba sujeto a él.

desvío m. Hecho de apartar a alguien o algo del camino o la dirección que llevaba. || Cambio provisional de trazado en un trecho de carretera o camino.

desvirgar tr. Quitar la virginidad.

desvirtuar tr. y prnl. Quitar la virtud, sustancia o vigor.

desvivirse prnl. Mostrar vivo interés por una persona o cosa.

detallar tr. Tratar, referir una cosa con todos sus pormenores. || Vender al por menor.

detalle m. Parte pequeña que forma parte de otra mayor. || Circunstancia que aclara o completa un relato, suceso, etc. || Delicadeza, atención.

detectar tr. Poner de manifiesto, por métodos físicos o químicos, lo que no puede ser observado directamente. || Captar, descubrir.

detective com. Persona que se dedica a investigaciones privadas.

detener tr. Parar una cosa, impedir que pase adelante. También prnl. ‖ Arrestar. ‖ Retener, conservar. ‖ prnl. Pararse a considerar una cosa.

detentar tr. Retener uno lo que manifiestamente no le pertenece. ‖ Retener y ejercer ilícitamente algún poder o cargo público.

detergente adj. Sustancia o producto que limpia químicamente.

deteriorar tr. y prnl. Estropear, menoscabar.

determinado, da adj. Decidido, valiente. ‖ Exacto, preciso. ‖ [Artículo] que limita la extensión del nombre.

determinante adj. Que determina. ‖ m. En lingüística, palabra que limita la extensión del sustantivo, como los artículos.

determinar tr. Fijar los términos de una cosa. ‖ Distinguir, discernir. ‖ Hacer tomar una resolución. ‖ Decidir. También prnl. ‖ Sentenciar. ‖ Definir.

detestar tr. Condenar, maldecir. ‖ Aborrecer.

detonar tr. Iniciar una explosión o un estallido. ‖ intr. Dar estampido.

detrás adv. l. En la parte posterior.

detrimento m. Se utiliza en la frase «*en detrimento de* alguien o algo», que significa 'con perjuicio o con daño para alguien o algo'.

detrito o **detritus** m. Resultado de la descomposición de una masa sólida en partículas. ‖ Restos, basura.

deuda f. Obligación que uno tiene de pagar o reintegrar el dinero que debe a otro. ‖ La cantidad de dinero adeudado. ‖ Obligación moral contraída con otro.

deudo, da m. y f. Pariente, familiar.

devaluar tr. Rebajar el valor de una moneda o de otra cosa, depreciarla.

devanar tr. Arrollar un hilo, alambre, etc., alrededor de un eje, carrete.

devaneo m. Distracción o pasatiempo vano. ‖ Amorío pasajero.

devastar tr. Destruir, arrasar un lugar por completo.

devengar tr. Proporcionar derecho a cobrar un dinero por razón de trabajo, servicios, cuentas en un banco, etc.

devenir intr. Sobrevenir, suceder, acaecer. ‖ Llegar a ser.

devenir m. Proceso de cambio o transformación de algo.

devoción f. Amor, veneración y fervor religiosos. ‖ fig. Inclinación, afición especial. ‖ fig. Costumbre devota.

devolución f. Restitución de algo prestado o comprado.

devolver tr. Volver una cosa al estado que tenía. ‖ Restituirla a la persona que la poseía. ‖ Corresponder a un favor o a un agravio. ‖ En-

tregar de nuevo en un establecimiento comercial lo que antes había sido comprado. || fam. Vomitar. || prnl. *amer.* Volverse, dar la vuelta.

devorar tr. Tragar con ansia y apresuradamente. || fig. Consumir, destruir. || fig. Consagrar atención ávida a una cosa.

devoto, ta adj. y s. Que siente un fuerte respeto y amor por lo religioso. || Aficionado a una persona o cosa. || adj. Que mueve a devoción.

día m. Tiempo que la Tierra emplea en dar una vuelta alrededor de su eje. || Tiempo que dura la claridad del Sol sobre el horizonte. || Tiempo atmosférico que hace durante el día. || Momento, ocasión. || pl. Vida.

diabetes f. Enfermedad causada por un desorden de nutrición, y que se caracteriza por una concentración excesiva de azúcar en la sangre.

diablo m. Nombre general de los ángeles que se rebelaron contra Dios y fueron arrojados al infierno. || fig. Persona traviesa. || fig. Persona astuta, sagaz.

diadema f. Adorno en forma de semicírculo que se pone en la cabeza para sujetar o retirar el pelo de la cara. || Faja o cinta blanca que en la antigüedad ceñía la cabeza de los reyes.

diáfano, na adj. [Cuerpo] a través del cual pasa la luz casi en su totalidad. || fig. Claro, limpio.

diafragma m. Músculo ancho que en el cuerpo de los mamíferos separa la cavidad torácica de la abdominal. || Disco que regula la cantidad de luz que se ha de dejar pasar en las cámaras fotográficas. || Disco de material flexible que se coloca en el cuello del útero como anticonceptivo.

diagnosticar tr. Determinar el carácter de una enfermedad mediante el examen de sus síntomas.

diagnóstico m. Conocimiento de la naturaleza de una enfermedad mediante la observación de sus síntomas.

diagonal adj. y f. [Línea] recta que en un polígono va de un vértice a otro no inmediato. || [Línea, calle, etc.,] que corta a otra sin ser perpendicular a ella.

diagrama m. Representación gráfica, esquema.

dial m. Superficie graduada que mide o señala una determinada magnitud.

dialecto m. Variedad adoptada por una lengua en una zona geográfica concreta. || Cualquier lengua derivada de un tronco o familia común. || Estructuras lingüísticas, simultáneas a otras, que no alcanzan la categoría de lengua.

diálogo m. Conversación entre dos o más personas. || Género literario que se representa en forma de conversación entre dos o más personas.

diamante m. Piedra preciosa formada de carbono puro natural cristalizado. Es el más duro de los minerales. || Uno de los palos de la baraja francesa. Más en pl.

diámetro m. Línea recta que pasa por el centro del círculo y termina por ambos extremos en la circunferencia.

diana f. Toque militar para que la tropa se levante. || Centro de un blanco de tiro.

diapasón m. Instrumento de acero en forma de horquilla, que cuando se hace sonar, produce un tono determinado. || Serie de notas que abarca una voz o un instrumento.

diapositiva f. Fotografía positiva sacada en una materia transparente para ser proyectada.

diario, ria adj. Correspondiente a todos los días. || m. Periódico que se publica todos los días. || Cuaderno en que se recogen acontecimientos y pensamientos día a día.

diarrea f. Anormalidad en la función del aparato digestivo consistente en la frecuencia de las deposiciones y en la consistencia líquida de las mismas.

diástole f. Movimiento de dilatación del corazón y de las arterias, cuando la sangre penetra en su cavidad.

diatriba f. Discurso o escrito violento e injurioso.

dibujar tr. Trazar sobre una superficie la figura de una cosa empleando un lápiz, carboncillo, pincel, etc. || fig. Describir. || prnl. Revelarse, manifestarse.

dibujo m. Arte de trazar figuras sobre una superficie. || Delineación o figura que se ha dibujado.

dicción f. Manera de hablar o de escribir. || Manera de pronunciar.

diccionario m. Libro en que por orden comúnmente alfabético se contienen y explican todas las palabras de uno o más idiomas, o bien de una ciencia o materia determinada.

dicha f. Felicidad.

diciembre m. Duodécimo mes del año, que tiene 31 días.

dicotomía f. División en dos partes de una cosa.

dictado m. Ejercicio escolar en que los colegiales escriben lo que alguien va leyendo. || pl. Inspiraciones o preceptos de la razón o la conciencia.

dictador, ra m. y f. Gobernante que asume todos los poderes del Estado y que no se somete a ningún control. || fig. Persona que abusa de la autoridad o trata con dureza a los demás. También s.

dictadura f. Gobierno cuyo poder se concentra en una sola persona y se ejerce fuera de las leyes constitutivas de un país. || Concentración de la autoridad en un individuo, organismo, institución, etc.

dictamen m. Opinión y juicio que se forma o emite sobre algo.

dictar tr. Decir uno algo para que otro lo vaya escribiendo. || Tratándose de leyes, fallos, preceptos, etc., darlos, expedirlos, pronunciarlos.

didáctico, ca adj. Relativo a la enseñanza o didáctica. || f. Área de la pedagogía que se ocupa de las técnicas y métodos de enseñanza.

diecinueve adj. Diez y nueve. || Decimonoveno. || m. Conjunto de signos con los que se representa este número.

dieciocho adj. Diez y ocho. || Decimoctavo. || m. Conjunto de signos con los que se representa este número.

dieciséis adj. Diez y seis. || Decimosexto. || m. Conjunto de signos con los que se representa este número.

diecisiete adj. Diez y siete. || Decimoséptimo. || m. Conjunto de signos con los que se representa este número.

diente m. Cada una de las piezas duras implantadas en los huesos maxilares de los vertebrados y destinadas a sujetar y, en su caso, a partir y triturar el alimento. || Punta o saliente de algunas cosas. || Cada una de las partes en que se divide una cabeza de ajo.

diéresis f. Licencia poética que permite, en un verso, deshacer un diptongo para obtener dos sílabas métricas. || Signo ortográfico (¨) que se pone sobre la *u* de las sílabas *gue, gui*, para indicar que esta letra debe pronunciarse.

diesel adj. y m. [Motor] de combustión interna por inyección y compresión de aire y combustible.

diestro, tra adj. Derecho, lo que cae a mano derecha. || Hábil. || m. Matador de toros.

dieta f. Régimen alimenticio que se manda observar a los enfermos. || Por ext., régimen de alimentación. || pl. Cantidad que suele abonarse a un empleado cuando viaja.

dietario m. Libro en que se anotan los ingresos y gastos diarios de una casa.

diez adj. Nueve y uno. || Décimo. || m. Signo o conjunto de signos con que se representa el número diez.

diezmar tr. Causar gran mortandad las enfermedades u otro mal.

diezmo m. Parte de los frutos, generalmente la décima, que se pagaba como tributo a la Iglesia o al rey.

difamar tr. Desacreditar a uno, publicando cosas contra su buena fama.

diferencia f. Cualidad o aspecto por el cual una persona o cosa se distingue de otra. || Desacuerdo, discordia. || En matemáticas, resultado de una resta.

diferente adj. Diverso, distinto. || adv. De forma distinta, diferentemente.

diferir tr. Dilatar, retardar o suspender la ejecución de una cosa. || intr. Distinguirse. || Discrepar con alguien o algo.

difícil adj. Que no se logra, ejecuta o entiende sin mucho trabajo. || [Persona] poco tratable.

dificultad f. Que supone mucho trabajo o esfuerzo conseguirlo, hacerlo o entenderlo. || Inconveniente, contrariedad, obstáculo.

difteria f. Enfermedad infecciosa caracterizada por la formación de falsas membranas en las mucosas, comúnmente de la garganta.

difuminar tr. Desvanecer o esfumar.

difundir tr. y prnl. Extender, esparcir. || Propagar o divulgar.

difunto, ta adj. y s. Persona muerta. || m. Cadáver.

difusión f. Proceso por el cual se extiende algo para que llegue a gran cantidad de lugares y personas.

difuso, sa adj. Ancho, dilatado, extenso. || Impreciso.

digerir tr. Convertir en el aparato digestivo los alimentos en sustancia propia para la nutrición. || fig. Meditar cuidadosamente una cosa. || fig. Superar una desgracia o una ofensa.

digestión f. Proceso por el cual se convierten los alimentos en el aparato digestivo en sustancias que puedan ser aprovechadas por el organismo para la nutrición.

digital adj. Relativo a los dedos. || [Aparato o instrumento] que representa las medidas con números dígitos. || f. Planta herbácea con corola en forma de dedal, utilizada en medicamentos contra la insuficiencia cardíaca. || Flor de esta planta.

dígito adj. y m. [Número] que se expresa con un solo guarismo.

dignarse prnl. Servirse o tener a bien hacer algo.

dignatario, ria m. y f. Persona investida de una dignidad o cargo.

dignidad f. Forma de comportarse una persona con seriedad y educación, lo que merece respeto. || Excelencia, realce. || Cargo o empleo honorífico y de autoridad.

digno, na adj. Que merece algo, en sentido favorable o adverso. || Decoroso.

digresión f. Efecto de romper el hilo del discurso y de hablar en él de cosas que no tengan conexión con aquello de que se está tratando.

dilación f. Retardación o detención de una cosa por algún tiempo.

dilapidar tr. Malgastar los bienes propios, o los que uno tiene a su cargo.

dilatar tr. y prnl. Extender, alargar, y hacer mayor una cosa o que ocupe más lugar o tiempo. ‖ Diferir, retardar.

dilema m. Alternativa, opción entre dos cosas, ambas malas. ‖ Argumento formado por dos proposiciones contrarias que conducen a una misma conclusión. ‖ Problema.

diligencia f. Cuidado y actividad en ejecutar una cosa. ‖ Prontitud, agilidad, prisa. ‖ Trámite. ‖ Coche grande arrastrado por caballerías, y destinado al transporte de viajeros.

dilucidar tr. Aclarar y explicar un asunto.

diluir tr. Desleír. También prnl. ‖ Difuminar. ‖ En química, añadir líquido en las disoluciones.

diluviar impers. Llover abundantemente.

diluvio m. Lluvia muy abundante. ‖ Fábula que cuenta la Biblia, según la cual se produjo la inundación de la Tierra con la que Dios castigó a los hombres en tiempos de Noé. ‖ fig. Abundancia excesiva de algo.

dimanar intr. Proceder.

dimensión f. Cada una de las magnitudes que permiten describir un cuerpo o un fenómeno físico, tales como la longitud de una línea, la extensión de una superficie o el volumen de un cuerpo. ‖ Tamaño. ‖ fig. Importancia de algo. Más en pl.

diminuto, ta adj. Excesivamente pequeño.

dimisión f. Renuncia de un cargo que se desempeña.

dimitir tr. Renunciar, hacer dejación de un cargo que se desempeña, presentar la dimisión.

dinamarqués, esa adj. y s. De Dinamarca.

dinámico, ca adj. Relativo a la fuerza cuando produce movimiento. ‖ fig. y fam. [Persona o cosa] notable por su actividad. ‖ f. Parte de la mecánica, que trata de las leyes del movimiento en relación con las fuerzas que lo producen.

dinamita f. Mezcla explosiva de nitroglicerina con un cuerpo muy poroso, que la absorbe.

dinastía f. Serie de príncipes soberanos en un determinado país, pertenecientes a una familia.

dinero m. Moneda corriente. ‖ fig. y fam. Caudal, fortuna.

dinosaurio adj. y m. [Reptil] fósil propio de la era secundaria.

dintel m. Parte superior de las puertas y ventanas que carga sobre las jambas.

diócesis f. Territorio sujeto a la jurisdicción de un obispo.

dioptría f. Unidad de medida usada por los oculistas para graduar la vista.

dios, sa m. y f. Cualquiera de las deidades de las religiones politeístas. ‖ m. Con mayúscula, nombre del ser supremo, creador

dióxido 214

del universo, según las religiones monoteístas.

dióxido m. En química, compuesto cuya molécula contiene dos átomos de oxígeno.

diploma m. Título o credencial que expiden ciertas entidades para acreditar un grado académico, una prerrogativa, un premio, etc.

diplomacia f. Estudio y práctica de las relaciones internacionales. || Conjunto de individuos que intervienen en esas relaciones. || fig. y fam. Habilidad, sagacidad y disimulo.

dipsomanía f. Tendencia irresistible al abuso de las bebidas alcohólicas.

díptico m. Cuadro o bajorrelieve formado con dos tableros.

diptongo m. Conjunto de dos vocales diferentes, una fuerte *(a, e, o)* y otra débil *(i, u)*, o de dos débiles, que se pronuncian en una sola sílaba.

diputado, da m. y f. Persona que, por nombramiento o elección, tiene la representación de otras. || Persona nombrada por elección popular como representante en una cámara legislativa, nacional o provincial.

dique m. Muro artificial hecho para contener las aguas. || Recinto cerrado en la orilla de una dársena en donde se limpian y reparan los barcos cuando baja la marea.

dirección f. Acción y resultado de dirigir. || Rumbo que un cuerpo sigue en su movimiento. || Persona o conjunto de personas encargadas de dirigir una sociedad, establecimiento, explotación, etc. || Señas escritas sobre un envío. || Mecanismo que sirve para guiar los vehículos automóviles. || Domicilio de una persona, institución, etc. || Técnica para la realización de una película, obra de teatro, programa de televisión, etc.

directivo, va adj. y s. Que tiene facultad o virtud de dirigir. || m. y f. Miembro de una junta de dirección. || f. Junta de gobierno de una corporación, sociedad, etc.

directo, ta adj. Derecho o en línea recta. || Que va de una parte a otra sin detenerse. || Sin intermediario. || Sin rodeos. || Que se sigue de padres a hijos.

director, ra m. y f. Persona a cuyo cargo está la dirección de un negocio, administración, orquesta, etc.

directorio m. Conjunto de direcciones o nombres, generalmente catalogados alfabéticamente, de utilidad en un tema concreto. || Junta directiva de ciertas asociaciones o partidos políticos. || En informática, cada una de las subdivisiones de la información almacenada en un ordenador que recibe un nombre concreto y que puede incluir a su vez diferentes archivos o ficheros.

directriz f. Conjunto de instrucciones o normas generales para la ejecución de alguna cosa. Más en pl.

dirigible adj. Que puede ser dirigido. || m. Globo aerostático con un sistema de dirección.

dirigir tr. y prnl. Llevar hacia un término o lugar señalado. || Encaminar la atención o la mirada a una persona determinada. || tr. Poner las señas a una carta o un paquete que va a ser enviado por correo. || Guiar. || Gobernar, regir.

dirimir tr. Deshacer, desunir. || Resolver.

disc-jockey (Voz i.) com. Persona encargada de seleccionar los discos que se ponen en discotecas o en algunos programas musicales de radio y televisión.

discernir tr. Distinguir una cosa de otra.

disciplina f. Conjunto y observancia de las normas que rigen una actividad, conducta u organización. || Arte, facultad o ciencia. || Asignatura. || Látigo para azotar.

discípulo, la m y f. Persona que aprende una doctrina, ciencia o arte bajo la dirección de un maestro.

disco m. Objeto plano y circular. || Lámina circular de material termoplástico empleada en la grabación y reproducción fonográfica. || Placa magnética que se utiliza como soporte de datos en los ordenadores. || Cada uno de los tres círculos luminosos de que consta un semáforo de circulación, y por extensión, el propio semáforo.

discografía f. Técnica de la grabación de discos fonográficos. || Conjunto de discos de un autor, tema, etc.

díscolo, la adj. y s. Rebelde, indócil.

disconformidad f. Desacuerdo.

discontinuo, nua adj. Interrumpido, intermitente o no continuo.

discordar intr. Ser opuestas, desavenidas o diferentes entre sí dos o más cosas. || No convenir uno en opiniones con otro.

discordia f. Oposición, desavenencia de voluntades o diversidad de opiniones.

discoteca f. Colección de discos fonográficos. || Local público para bailar.

discreción f. Sensatez para formar juicio y tacto para hablar u obrar. || Don de expresarse con agudeza, ingenio u oportunidad. || Reserva, prudencia.

discrecional adj. Que no está sujeto a normas estrictas, sino que depende de la prudencia u opinión del responsable.

discrepar intr. Disentir una persona de otra. || Diferenciarse una cosa de otra, ser desigual.

discreto, ta adj. y s. Sensato, prudente. || Moderado, sin exceso. || Que manifiesta discreción.

discriminar tr. Separar. || Dar trato de inferioridad a una persona o colectividad por motivos raciales, religiosos, políticos, etc.

disculpa f. Razón con que alguien se excusa.

disculpar tr. Dar razones que descarguen de una culpa. También prnl. || Perdonar las faltas que otro comete.

discurrir intr. Andar por diversas partes y lugares. || Transcurrir el tiempo. || fig. Reflexionar.

discurso m. Exposición oral sobre un tema dirigida por una persona a otras. || Serie de las palabras y frases empleadas para manifestar lo que se piensa o siente.

discusión f. Intercambio de opiniones en el que cada uno defiende su punto de vista.

discutir tr. Examinar y ventilar atenta y particularmente una materia. || Alegar razones contra el parecer de otro. Más c. intr.

disecar tr. Preparar un organismo para que, después de su muerte, conserve un aspecto parecido al que tenía en vida.

disección f. Corte de un organismo muerto para su examen o estudio.

diseminar tr. y prnl. Sembrar, esparcir.

disensión f. Oposición. || fig. Contienda, riña.

disentir intr. No ajustarse al sentir o parecer de otro.

diseño m. Delineación de un edificio, de una figura, de un vestido, de un folleto.

disertar intr. Razonar, discurrir detenida y metódicamente sobre alguna materia.

disfraz m. Ropa y adornos que alguien se pone para aparentar ser diferente a como en realidad es. || Artificio para cambiar el aspecto de una cosa y que no sea reconocida.

disfrutar tr. Aprovechar. || intr. Deleitarse, gozar, sentir satisfacción. También tr.

disgregar tr. y prnl. Separar, desunir.

disgusto m. Sensación que se tiene ante cosas o situaciones que causan desagrado, pena o pesar. || Disputa, riña.

disidencia f. Grave desacuerdo de opiniones.

disidente adj. y com. Persona que se separa de una creencia, grupo o partido.

dislate m. Disparate.

disimular tr. Encubrir un pensamiento, sentimiento, intención, etc. || Tolerar algo fingiendo ignorarlo. || Disfrazar, desfigurar las cosas. También intr. y prnl. || intr. Fingir alguien que no conoce, siente o ve algo.

disipar tr. y prnl. Hacer que algo desaparezca. || tr. Desperdiciar, malgastar. || prnl. Evaporarse, convertirse en vapores.

dislocar tr. y prnl. Sacar una

disminuido, da adj. y s. [Persona] que tiene incompletas sus facultades físicas o psíquicas.

disminuir tr., intr. y prnl. Hacer menor la extensión, la intensidad o número de alguna cosa.

disnea f. Dificultad de respirar.

disociar tr. y prnl. Separar, desunir.

disoluto, ta adj. y s. Licencioso, entregado a los vicios.

disolver tr. y prnl. Desunir, separar las partículas o moléculas de un cuerpo sólido o espeso, por medio de un líquido con el cual se incorporan. ‖ Separar, desunir. ‖ Deshacer, destruir, aniquilar.

disonancia f. Sonido desagradable. ‖ Falta de conformidad o proporción. ‖ En música, acorde no consonante.

dispar adj. Desigual, diferente.

disparada f. *amer.* Acción de echar a correr de repente o de partir con precipitación; fuga.

disparar tr. Hacer que una máquina despida el cuerpo arrojadizo. ‖ Arrojar o despedir con violencia una cosa. También prnl. ‖ Hacer funcionar un disparador. ‖ prnl. fig. Correr deprisa o precipitadamente. ‖ fig. Hablar u obrar con extraordinaria violencia y, por lo común, sin razón.

disparatar intr. Decir o hacer una cosa fuera de sentido.

disparate m. Hecho o dicho disparatado. ‖ fam. Exceso, abuso.

disparo m. Acción y resultado de disparar. ‖ Tiro.

dispendio m. Gasto excesivo, por lo general innecesario.

dispensar tr. Dar, conceder, otorgar. ‖ Eximir de una obligación. ‖ Absolver.

dispensario m. Establecimiento destinado a prestar asistencia médica a enfermos que no se alojan en él.

dispersar tr. Separar y diseminar. También prnl. ‖ fig. Distraer la atención o la actividad en múltiples direcciones.

displicencia f. Actitud de indiferencia y cierto desprecio que se muestra hacia alguien o algo.

displicente adj. y com. Que demuestra falta de interés y cierto desprecio hacia alguien o algo.

disponer tr. Colocar, poner las cosas en orden. También prnl. ‖ Mandar lo que ha de hacerse. ‖ Preparar, prevenir. También prnl. ‖ intr. Valerse de una persona o cosa. ‖ prnl. Estar a punto de.

dispositivo m. Mecanismo o artificio dispuesto para obtener un resultado automático.

disputa f. Riña, discusión.

disquete m. En informática, disco de material plástico magnetizable, que sirve de soporte para grabar datos.

disquisición f. Examen riguroso que se hace de alguna cosa.

distancia f. Espacio o intervalo de lugar o de tiempo que media entre dos cosas o sucesos. || fig. Alejamiento.

distante adj. Apartado, remoto, lejano. || Frío, poco comunicativo.

distar intr. Estar apartada una cosa de otra cierto espacio de lugar o de tiempo. || fig. Diferenciarse.

distender tr. Aflojar, relajar. || Causar una tensión violenta en los tejidos, membranas, etc. También prnl.

distinguir tr. y prnl. Conocer la diferencia que hay de unas cosas a otras. || Ver un objeto, diferenciándolo de los demás. || Otorgar a alguien alguna dignidad, prerrogativa, etc. || prnl. Descollar, sobresalir entre otros.

distinto, ta adj. Que no es lo mismo. || Inteligible, claro.

distorsión f. Deformación de una cosa de manera que no aparece tal y como es en realidad.

distraer tr. y prnl. Divertir, entretener, recrear. || Apartar la atención de una persona del objeto a que la aplicaba.

distribuir tr. y prnl. Dividir una cosa entre varios. || Dar a cada cosa su oportuna colocación. || Entregar una mercancía a los vendedores y consumidores.

distrito m. Cada una de las demarcaciones en que se subdivide un territorio o una población.

disturbio m. Alteración, turbación de la paz y concordia.

disuadir tr. Inducir, mover con razones a alguien a desistir de un propósito.

disyunción f. Separación y desunión.

diurético, ca adj. y m. Que tiene virtud para aumentar la secreción y excreción de la orina.

diurno, na adj. Del día o que sucede o vive durante el día.

divagar intr. Separarse, al hablar, del asunto de que se trata.

diván m. Sofá por lo común sin respaldo, y con almohadones sueltos.

divergir intr. Irse apartando sucesivamente unas de otras, dos o más líneas o superficies. || fig. Discordar, discrepar.

diversidad f. Variedad existente en un conjunto. || Abundancia de cosas distintas o de variedades de una misma clase.

diversión f. Recreo, pasatiempo, solaz.

diverso, sa adj. De distinta naturaleza, especie, figura, etc. || pl. Varios, muchos.

divertir tr. y prnl. Entretener, recrear. || Apartar.

dividendo m. Cantidad que ha de dividirse por otra. || Parte de los beneficios de una sociedad atribuida a cada accionista.

dividir tr. Partir, separar en partes. || Distribuir. || fig. Desunir voluntades introduciendo discordia. ‖ Averiguar cuántas veces el divisor está contenido en el dividendo.

divinidad f. Esencia divina. ‖ Dios o dioses de ciertas religiones y mitologías.

divisa f. Señal exterior para distinguir personas, grados u otras cosas. ‖ Moneda extranjera.

divisar tr. Ver, percibir, aunque confusamente, un objeto.

división f. Reparto, separación de algo. ‖ Falta de acuerdo o de unión en un grupo de personas. ‖ En matemáticas, operación de dividir. ‖ En el ejército, unidad muy grande, formada por varios regimientos. ‖ En deportes, cada uno de los grupos en que compiten, según su categoría, los equipos o deportistas.

divisor, ra adj. y s. Submúltiplo. ‖ m. Cantidad por la cual ha de dividirse otra.

divo, va m. y f. Cantante, de ópera o de zarzuela, de sobresaliente mérito. ‖ Por ext., artista de fama.

divorcio m. Separación legal de un matrimonio. ‖ Separación, desunión.

divulgar tr. y prnl. Dar a conocer algo a mucha gente.

do m. Primera nota de la escala musical.

dobladillo m. Pliegue que se hace a la ropa en los bordes.

doblaje m. En una película, sustitución de las voces de los actores por las de otras personas, sobre todo para traducirlas a otro idioma.

doblar tr. Aumentar una cosa, haciéndola otro tanto más de lo que era. ‖ Aplicar una sobre otra dos partes de una cosa flexible. ‖ Pasar a otro lado de una esquina, cerro, etc. También intr. ‖ En el cine sonoro, sustituir la voz del actor que aparece en la pantalla, por la de otra persona. ‖ intr. Tocar a muerto. ‖ prnl. Ceder.

doble adj. Duplo. También m. ‖ [Cosa] que va acompañada de otra semejante. ‖ com. Sosia, persona muy parecida a otra. ‖ Persona que sustituye a otra en algunas escenas cinematográficas.

doblegar tr. y prnl. Hacer desistir a alguien de un propósito.

doblez m. Parte que se dobla o pliega en una cosa. ‖ amb. fig. Simulación, hipocresía.

doce adj. Diez y dos. ‖ Duodécimo. ‖ m. Conjunto de signos con los que se representa este número.

docena f. Conjunto de doce cosas.

docente adj. Relacionado con la enseñanza. ‖ adj. y com. Que enseña.

dócil adj. Suave. ‖ Obediente.

docto, ta adj. y s. Erudito, culto.

doctor, ra m. y f. Persona que ha recibido el más alto grado académico. ‖ Médico.

doctrina f. Enseñanza sobre una materia. ‖ Opinión de un autor, escuela o partido político.

documentación f. Conjunto de documentos que sirven para probar algo. ‖ Documento o documentos con que alguien se identifica.

documental adj. Que está basado en documentos o se refiere a ellos. ‖ [Película] cinematográfica tomada de la realidad con propósitos meramente informativos. Más c. m.

documentalista com. Persona encargada de recoger, preparar y organizar datos bibliográficos, informaciones, noticias, etc., sobre una determinada materia. ‖ Persona que realiza cine documental.

documento m. Escrito que ilustra acerca de un hecho. ‖ fig. Cualquier cosa que sirve para comprobar algo.

dogma m. Punto fundamental de todo sistema, ciencia, doctrina y religión.

dólar m. Moneda de varios países como Canadá, EE. UU. y Nueva Zelanda.

doler intr. Padecer dolor una parte del cuerpo. También prnl. ‖ fig. Sentir pesar o disgusto. ‖ prnl. Arrepentirse. ‖ Compadecerse. ‖ Quejarse y explicar el dolor. ‖ Lamentarse.

dolo m. Engaño, fraude.

dolor m. Sensación aflictiva en una parte del cuerpo. ‖ fig. Pesar y tristeza.

domar tr. Amansar y hacer dócil al animal. ‖ fig. Sujetar, reprimir.

doméstico, ca adj. Relativo a la casa u hogar. ‖ [Animal] que se cría en compañía del hombre. ‖ [Criado] que sirve en una casa.

domiciliar tr. Autorizar pagos o cobros con cargo o abono a una cuenta existente en una entidad bancaria.

domicilio m. Lugar donde vive una persona. ‖ Sede de una entidad.

dominar tr. Tener dominio. ‖ Contener, reprimir. ‖ fig. Poseer a fondo una ciencia o arte. ‖ Divisar una extensión considerable de terreno desde una altura. ‖ prnl. Reprimirse.

domingo m. Día de la semana que va después del sábado.

dominicano, na adj. y s. De la República Dominicana.

dominio m. Poder que uno tiene de usar y disponer de lo suyo. ‖ Territorios sujetos a un Estado. Más en pl. ‖ Conocimiento profundo de alguna materia, ciencia, técnica, arte, etc. ‖ Esfera de influencia o alcance de una actividad intelectual, artística, de una disciplina académica, etc.

don m. Dádiva, regalo. ‖ Habilidad para hacer una cosa. ‖ Tratamiento de respeto que se antepone a los nombres masculinos.

donaire m. Discreción y gracia en lo que se dice. ‖ Gentileza.

donar tr. Traspasar uno gratuitamente a otro alguna cosa.

donativo m. Dádiva, regalo, cesión.

doncella f. Muchacha joven. ‖ Mujer virgen. ‖ Criada que sirve cerca de la señora.

donde adv. relat. l. Indica el lugar donde se lleva a cabo una acción, o en el que está una persona o cosa. ‖ adv. interr. Con acento, equivale a preguntar por el lugar en el que se lleva a cabo una acción, o en el que está algo o alguien. ‖ Con función de prep., equivale a *en casa de*.

dondequiera adv. l. En cualquier parte.

donoso, sa adj. Que tiene donaire y gracia.

doña f. Tratamiento de respeto que se aplica a las mujeres y precede a su nombre propio.

dopar tr. y prnl. En deportes, administrar fármacos o sustancias estimulantes para potenciar artificialmente el rendimiento de los deportistas.

dorar tr. Cubrir con oro. ‖ fig. Tostar ligeramente una cosa de comer. También prnl.

dormir intr. Descansar con el sueño. También prnl. ‖ Pernoctar. ‖ tr. Hacer que una persona se entregue al sueño. ‖ Anestesiar. ‖ prnl. Adormecerse un miembro. ‖ fig. Descuidarse.

dormitar intr. Estar medio dormido.

dormitorio m. Habitación para dormir.

dorso m. Revés o espalda de una cosa.

dos adj. Uno y uno. ‖ Segundo. Aplicado a los días del mes, También s. ‖ m. Signo con que se representa el número dos.

doscientos adj. pl. Dos veces ciento. ‖ m. Conjunto de signos con que se representa este número.

dosel m. Colgadura o techo que cubre un sillón, altar, trono, lecho, etc.

dosificar tr. y prnl. Dividir o graduar alguna cosa.

dosis f. Cantidad de medicina que se toma cada vez. ‖ fig. Cantidad o porción.

dotar tr. Dar a una persona o cosa alguna propiedad o cualidad ventajosa. ‖ Dar dote a una mujer. ‖ Señalar bienes para una fundación, institución benéfica, etc. ‖ Dar, proveer. ‖ Asignar a un buque, taller, oficina, etc., las personas y el material necesarios. ‖ Gozar de determinadas cualidades ventajosas. ‖ Asignar sueldo a un empleo o cargo cualquiera.

dote amb. Caudal que la mujer aporta al matrimonio o que entrega al ingresar en un convento o institución religiosa. ‖ f. pl. Cualidades o aptitudes sobresalientes de una persona.

dragar tr. Ahondar y limpiar con draga los puertos de mar, ríos, etc. || Recoger las minas submarinas.

dragón m. Animal fabuloso de figura de serpiente con pies y alas, y que echa fuego por la boca.

drama m. Obra escénica. || Pieza teatral de tono menos elevado que la tragedia, donde a veces lo cómico se mezcla con lo trágico. || Género teatral. || fig. Suceso triste y conmovedor.

dramaturgo, ga m. y f. Autor de obras dramáticas.

drástico, ca adj. fig. Riguroso, enérgico, radical.

drenar tr. Avenar, desaguar. || Facilitar la salida de líquidos de una herida, absceso o cavidad.

droga f. Nombre genérico de ciertas sustancias usadas en industria, medicina o química. || Cualquier sustancia de efecto estimulante, deprimente, narcótico o alucinógeno. || Estupefaciente. || fig. Cualquier cosa que crea hábito o dependencia. || *amer.* Deuda.

drogadicto, ta adj. y s. [Persona] que es adicta a alguna droga debido al consumo reiterado de esta.

droguería f. Establecimiento donde se venden productos de limpieza, pinturas, etc.

dromedario m. Rumiante parecido al camello, pero con una giba.

dualidad f. Reunión de dos caracteres distintos en una misma persona o cosa. || Cualidad de existir dos cosas de la misma clase.

dubitativo, va adj. Que implica duda.

ducado m. Dignidad de duque o territorio gobernado por él. || Antigua moneda de oro.

ducha f. Aplicación de agua que se hace caer sobre el cuerpo en forma de chorro o de lluvia para fines higiénicos o curativos. || Aparato o espacio que sirve para este fin.

ducho, cha adj. Experimentado, diestro.

dúctil adj. [Metal] que mecánicamente se puede extender en alambres o hilos. || Maleable. || Dócil.

duda f. Vacilación e indeterminación ante varias posibilidades. || Cuestión que se propone.

duelo m. Combate entre dos personas a consecuencia de un desafío. || Dolor, aflicción, particularmente por la muerte de alguien.

duende m. Espíritu fantástico y travieso del que se dice que habita en algunas casas. || Encanto misterioso.

dueño, ña m. y f. Persona que tiene la propiedad de algo.

duermevela amb. Sueño ligero del que está dormitando. || Sueño fatigoso y frecuentemente interrumpido.

dulce adj. De sabor agradable,

como la miel, el azúcar, etc. ‖ fig. Grato, apacible. ‖ fig. Afable, complaciente, cariñoso. ‖ m. Manjar hecho con azúcar. ‖ Confite.

dulzor m. Sabor dulce.

dulzura f. Calidad de dulce. ‖ fig. Suavidad, deleite. ‖ fig. Afabilidad, bondad, docilidad.

duna f. Colina de arena que se forma en los desiertos y playas por la acción del viento. Más en pl.

dúo m. Composición para dos voces o instrumentos. ‖ Los mismos ejecutantes.

dúplex adj. y m. [Vivienda] de dos plantas unidas entre sí por un escalera interior.

duplicar tr. Hacer o ser doble. También prnl. ‖ Multiplicar por dos. ‖ Reproducir, sacar copia.

duplo, pla adj. y m. Que contiene un número exactamente dos veces.

duque, esa m. Título de la nobleza, superior al de marqués. ‖ f. Mujer del duque, o que por sí posee un título ducal.

durante prep. Mientras dura algo.

durar intr. Ocurrir o existir una cosa durante un periodo de tiempo determinado. ‖ Subsistir, permanecer.

duro, ra adj. Difícil de cortar, rayar, comprimir o desfigurar. ‖ Que no está todo lo blando que debe estar. ‖ Fuerte, que resiste la fatiga. ‖ Excesivamente severo, violento o cruel. ‖ Obstinado. ‖ Difícil de llevar o tolerar. ‖ m. Moneda de cinco pesetas.

E

e f. Quinta letra del abecedario español y segunda de sus vocales. || conj. cop. Se usa en vez de la *y*, para evitar el hiato, antes de palabras que empiezan por *i* o *hi*.

ebanista com. Persona que trabaja fabricando objetos con maderas valiosas como el ébano.

ébano m. Árbol de madera dura, pesada y de color negro. || Madera de este árbol.

ebrio, bria adj. Embriagado, borracho.

ebullición f. Fenómeno que ocurre en un líquido cuando se calienta a una temperatura determinada y se convierte en vapor.

eccema m. Afección de la piel que forma manchas irregulares y rojizas.

echar tr. Hacer que una cosa vaya a alguna parte dándole impulso. También prnl. || Despedir de sí una cosa. || Hacer que una cosa caiga en sitio determinado. || Inclinar, mover, recostar. También prnl. || Hacer salir a alguien de algún lugar. || Tratándose de seres vivos, salir o aumentar alguna parte natural de su organismo. || Brotar en las plantas sus raíces, hojas o frutos. || Deponer a alguien de su empleo o dignidad. || Cerrar o abrir llaves, cerrojos, pestillos, etc. || Jugar dinero a alguna cosa. También intr. || Calcular el precio, la edad, etc. || Tratándose de películas, espectáculos, etc., representar, proyectar, ejecutar. || Decir. || Imponer, aplicar. || prnl. Arrojarse, tirarse. || Acostarse.

ecléctico, ca adj. y s. Relativo a lo que está compuesto de elementos, opiniones o estilos de carácter diverso. || [Persona] que tiene ideas, opiniones o un modo de actuar muy variado.

eclesiástico, ca adj. De la Iglesia o relacionado con ella. || m. Clérigo.

eclipsar tr. y prnl. Tapar un astro a otro, totalmente o en una parte. || Oscurecer, deslucir.

eclipse m. Ocultación transitoria, total o parcial, de un astro por interposición de otro entre él y la Tierra.

eclosión f. Aparición repentina de algo. || Hecho de abrirse el ovario en el momento de la ovulación, para dar salida al óvulo.

eco m. Repetición de un sonido al chocar contra un cuerpo duro. || Sonido que se percibe débil y confusamente. || Persona que imita o repite aquello que otro dice o hace. || Chisme, rumor, noticia imprecisa. || Importancia de algo o hecho de extenderse.

ecografía f. Técnica que se emplea en medicina para la exploración del interior de un cuerpo mediante ondas electromagnéticas o acústicas. || Imagen obtenida por este método.

ecología f. Ciencia que estudia las relaciones existentes entre los seres vivientes y el medio en que viven. || Protección del medio ambiente y defensa de la naturaleza.

ecologismo m. Movimiento social que propugna la defensa de la naturaleza y la protección del medio ambiente.

economato m. Almacén o tienda con precios más baratos que en las tiendas normales.

economía f. Ciencia que estudia la mejor forma de administrar los bienes y el dinero, para obtener beneficios. || Riqueza pública o conjunto de los recursos de un país, una empresa o una persona. || Reducción o moderación de los gastos, o ahorro de tiempo o de dinero.

economizar tr. Ahorrar, guardar.

ecosistema m. Comunidad de los seres vivos de un mismo ambiente.

ecuación f. En álgebra, igualdad que contiene una o más incógnitas.

ecuador m. Círculo que, en sentido horizontal, divide la Tierra en dos mitades. || Círculo máximo que se considera en la esfera celeste, perpendicular al eje de la Tierra. || Punto medio en la duración de algo.

ecualizador m. Dispositivo que en los equipos de alta fidelidad sirve para ecualizar el sonido y lograr una mejor audición, aumentando o disminuyendo las frecuencias de los sonidos.

ecuanimidad f. Actitud equilibrada, constante, tranquila. || Imparcialidad, justicia.

ecuatorial adj. Relativo al ecuador.

ecuatoriano, na adj. y s. De Ecuador.

ecuestre adj. Relativo al caballero, a la equitación o al caballo.

edad f. Tiempo que una persona o cosa ha existido. || Cada uno de los periodos en que se considera dividida la vida humana. || Periodo histórico. || Vejez, ancianidad.

edema m. Hinchazón blanda de una parte del cuerpo.

edén m. Paraíso terrenal. || fig. Lugar muy ameno y delicioso.

edición f. Impresión de un libro para su publicación. ‖ Conjunto de ejemplares de una obra impresos en una sola tirada. ‖ Cada celebración de determinado certamen, exposición, festival, etc.

edicto m. Mandato, decreto. ‖ Escrito que se fija en lugares públicos.

edificar tr. Construir un edificio. ‖ Incitar a otros a obrar bien.

edificio m. Construcción hecha con materiales resistentes para ser usada como vivienda, industria, local, etc.

edil, la m. y f. Concejal.

editar tr. Publicar y distribuir en el mercado un libro, revista, obra cinematográfica, discográfica, etc.

editor, ra m. y f. Persona o entidad encargada de editar y distribuir una obra. También adj. ‖ Persona que se dedica a preparar la publicación de un texto siguiendo criterios filológicos.

editorial adj. Relativo a editores o a ediciones. ‖ m. Artículo de un periódico o revista que expresa la opinión de la empresa sobre algún asunto. ‖ f. Empresa destinada a editar.

edredón m. Plumón de ciertas aves del Norte. ‖ Cobertor de cama relleno con plumas de ciertas aves, o de algodón, guano, etc.

educación f. Conjunto de conocimientos y normas de comportamiento que se enseñan a una persona para vivir en sociedad. ‖ Desarrollo o perfeccionamiento de los sentidos o de alguna capacidad. ‖ Enseñanza de determinadas prácticas o costumbres a los animales. ‖ Cortesía, urbanidad.

educar tr. Dirigir, enseñar. ‖ Desarrollar o perfeccionar las facultades intelectuales y morales y los sentidos. ‖ Enseñar los buenos modales de urbanidad y cortesía.

edulcorar tr. Endulzar con sustancias naturales o sintéticas cualquier producto de sabor desagradable o insípido.

efe f. Nombre de la letra *f*.

efectismo m. Procedimiento o recurso empleado para impresionar fuertemente el ánimo.

efectivo, va adj. Real y verdadero. ‖ [Empleo o cargo] de plantilla, en contraposición al interino. ‖ m. Dinero en metálico. ‖ pl. Fuerzas militares o políticas.

efecto m. Lo que resulta de una causa. ‖ Impresión hecha en el ánimo. ‖ Fin para que se hace una cosa. ‖ Artículo de comercio. ‖ Documento o valor mercantil. ‖ Objeto, pertenencia. ‖ Truco o artificio. ‖ En cine, teatro y otros espectáculos, truco o artificio para provocar determinadas impresiones. Más en pl.

efectuar tr. Ejecutar una cosa. ‖ prnl. Cumplirse una cosa.

efeméride f. Acontecimiento notable que se recuerda en su aniversario. ‖ pl. Sucesos notables ocurridos en diferentes años, pero en un mismo día.

efervescencia f. Desprendimiento de burbujas a través de un líquido. ‖ fig. Agitación, acaloramiento de los ánimos.

eficacia f. Característica que tienen las personas o las cosas que consiguen llevar a cabo lo que se proponen o funcionan bien.

eficaz adj. Que logra hacer efectivo un intento o propósito.

eficiencia f. Capacidad para lograr un efecto determinado.

efigie f. Personificación, representación de algo real o ideal. ‖ Imagen, representación de una persona.

efímero, ra adj. Que dura un solo día. ‖ Pasajero.

efluvio m. Olor o conjunto de pequeñas partículas que se desprenden de algo.

efusión f. Expresión viva e intensa de sentimientos de afecto y alegría.

efusivo, va adj. Que se manifiesta con efusión.

egipcio, cia adj. y s. De Egipto.

egocentrismo m. Exagerada exaltación de la propia personalidad, hasta considerarla como centro de la atención y actividad generales.

egoísmo m. Inmoderado y excesivo amor que uno tiene a sí mismo y que le hace atender desmedidamente a su propio interés, sin cuidarse del de los demás.

egolatría f. Culto, adoración, amor excesivo a sí mismo.

egregio, gia adj. Insigne, ilustre.

eje m. Varilla que atraviesa un cuerpo giratorio. ‖ Barra horizontal que une ruedas opuestas de un carruaje. ‖ Línea que divide por la mitad el ancho de una cosa. ‖ fig. Idea, persona, circunstancia, etc., que se considera fundamental con respecto a algo.

ejecutar tr. Hacer, realizar una cosa. ‖ Ajusticiar. ‖ Hacer cumplir una orden o disposición judicial. ‖ Tocar una pieza musical.

ejecutivo, va adj. y s. Encargado de llevar a cabo alguna cosa, como por ejemplo, órdenes o leyes. ‖ m. y f. Persona que desempeña un cargo directivo en una empresa. ‖ f. Junta directiva.

ejecutoria adj. Firme, invariable. ‖ f. Sentencia firme e inapelable, y documento comprobante de ella.

ejemplar adj. Que da buen ejemplo. ‖ Que sirve de escarmiento. ‖ m. Original, prototipo. ‖ Cada una de las copias sacadas de un mismo original o modelo. ‖ Cada uno de los individuos de una especie o de un género.

ejemplificar tr. Demostrar, ilustrar o autorizar con ejemplos.

ejemplo m. Caso o hecho que sirve de modelo. ‖ Acción o conducta que puede inclinar a que la imiten.

ejercer tr. e intr. Practicar un oficio. || Hacer uso de una facultad.

ejercicio m. Acción de ejercitarse. || Acción y resultado de ejercer. || Esfuerzo corporal que se hace para mantenerse saludable y en forma, o para entrenar en algún deporte. || Trabajo práctico para el aprendizaje de ciertas disciplinas. || Tiempo durante el cual rige una ley de presupuestos. || Cada una de las pruebas de que consta un examen.

ejercitar tr. y prnl. Practicar un arte, oficio o profesión.

ejército m. Gente de guerra unida en un cuerpo a las órdenes de un general. || Conjunto de fuerzas aéreas o terrestres de una nación.

ejote m. *amer.* Vaina de la judía cuando aún está tierna.

el art. determinado en gén. m. y núm. sing.

él pron. pers. de 3.ª pers. en gén. m. y núm. sing.

elaboración f. Preparación o fabricación de un producto por medio de un trabajo adecuado. || Hecho de idear algo complicado, como por ejemplo, un plan o un proyecto.

elaborar tr. y prnl. Preparar o fabricar un producto. || Idear algo complicado, como por ejemplo, un plan o un proyecto.

elasticidad f. Flexibilidad. || Propiedad de los cuerpos que recobran su extensión y figura primitivas, tan pronto como cesa la acción que las alteraba.

ele f. Nombre de la letra *l*.

elección f. Hecho de escoger entre varias posibilidades; también lo que se ha escogido. || Nombramiento de una persona para algún cargo, comisión, etc. || pl. Votación que se hace para designar a alguien entre varios candidatos.

electorado m. Conjunto de personas que pueden votar en unas elecciones políticas.

electoral adj. Relacionado con los electores o las elecciones.

electricidad f. Conjunto de fenómenos físicos derivados del efecto producido por el movimiento y la interacción entre cargas eléctricas positivas y negativas. || Corriente eléctrica.

electricista adj. y com. [Persona] que se dedica profesionalmente a hacer instalaciones eléctricas.

eléctrico, ca adj. Que tiene o comunica electricidad, o está relacionado con ella. || Que funciona con electricidad o que la produce.

electrizar tr. y prnl. Comunicar o producir la electricidad en un cuerpo. || Exaltar, avivar el ánimo, entusiasmar.

electrocutar tr. y prnl. Matar o morir por medio de una descarga eléctrica.

electrodoméstico m. y adj. Aparato eléctrico de uso doméstico.

electrodo o **eléctrodo** m. Cuerpo conductor por donde entra y sale la corriente. ‖ Polo o terminal de una fuente eléctrica.

electrón m. Partícula elemental de un átomo dotada de carga negativa.

electrónica f. Rama de la física que estudia dispositivos basados en el movimiento de los electrones libres en el vacío, gases o semiconductores. ‖ Conjunto de aplicaciones técnicas derivadas de este estudio.

elefante m. Mamífero ungulado, el mayor de los animales terrestres.

elegante adj. y com. [Persona] que viste, actúa y habla con buen gusto. ‖ Distinguido, que tiene gracia. ‖ De alto nivel. ‖ Mesurado, correcto, bien proporcionado.

elegía f. Composición poética del género lírico, que expresa sentimientos de tristeza.

elegir tr. Escoger, preferir. ‖ Nombrar por elección a alguien.

elemental adj. Fundamental, primordial. ‖ Obvio, evidente.

elemento m. Principio físico o químico de los cuerpos. ‖ Cuerpo simple. ‖ En la filosofía natural antigua: la tierra, el agua, el aire y el fuego. ‖ Parte integrante de una cosa. ‖ Individuo valorado positiva o negativamente para la acción conjunta. ‖ Medio ambiente natural. ‖ pl. Fundamentos y primeros principios de las ciencias y artes. ‖ Medios y recursos.

elenco m. Catálogo, índice. ‖ Nómina de una compañía teatral.

elepé m. Del inglés *disco de larga duración*.

elevar tr. y prnl. Levantar una cosa. ‖ Mejorar a alguien en su condición social o política. ‖ Dirigir un escrito o petición a una autoridad. ‖ En matemáticas, poner un número en una potencia.

eliminar tr. Quitar, separar. ‖ Alejar, excluir. ‖ Hacer desaparecer una incógnita en una ecuación. ‖ Expeler el organismo una sustancia.

eliminatoria f. En una competición, prueba que se hace para seleccionar los participantes.

elipse f. Curva cerrada, simétrica respecto a dos ejes perpendiculares entre sí, con dos focos.

elipsis f. Figura de construcción que consiste en omitir en la oración una o más palabras sin que se pierda el sentido de la frase.

elite o **élite** f. Minoría selecta.

elixir o **elíxir** m. Piedra filosofal. ‖ Licor compuesto de diferentes sustancias medicinales. ‖ fig. Medicamento o remedio maravilloso.

ella pron. pers. de 3.ª pers. en gén. f. y núm. sing.

ello pron. pers. de 3.ª pers. en gén. n.

ellos, ellas pron. pers. de 3.ª pers. en gén. m. y f., y núm. pl.

elocuencia f. Facultad de hablar o escribir de modo eficaz para deleitar y conmover, y especialmente para persuadir a oyentes o lectores.

elogio m. Alabanza que se hace de una persona o cosa.

elote m. *amer.* Mazorca tierna de maíz que, cocida o asada, se consume como alimento.

elucidar tr. Poner en claro, explicar.

elucubrar tr. Pensar reiteradamente en un asunto.

eludir tr. Esquivar una dificultad. || Evitar.

emanar intr. Proceder, derivar. || Desprenderse de los cuerpos las sustancias volátiles. También tr. || tr. Desprender algo de sí, especialmente sentimientos.

emancipar tr. y prnl. Libertar de la patria potestad, de la tutela o de la servidumbre. || prnl. Salir de la sujeción en que se estaba.

emascular tr. Capar, extirpar los órganos genitales masculinos.

embadurnar tr. y prnl. Untar, embarrar, manchar, pintarrajear.

embajada f. Mensaje para tratar algún asunto de importancia, especialmente los que se envían los jefes de Estado por medio de sus embajadores. || Cargo de embajador. || Casa en que reside el embajador. || Conjunto de sus empleados.

embajador, ra m. y f. Agente diplomático que representa a su país en otro.

embalar tr. Preparar bultos o paquetes para que su contenido no sufra desperfectos. || prnl. Aumentar en exceso la velocidad. || Dejarse llevar por un deseo o sentimiento.

embalsamar tr. Preparar un cadáver para preservarlo de la putrefacción. || Perfumar, aromatizar. También prnl.

embalse m. Hecho de retener agua en una hondonada del terreno, de donde no se puede escapar. || Lago artificial que se forma reteniendo las aguas de un río mediante una presa.

embarazo m. Impedimento, dificultad. || Estado en que se encuentra una mujer que va a tener un hijo. || Vergüenza, falta de soltura.

embarazoso, sa adj. Que molesta o incomoda.

embarcación f. Barco. || Tiempo que dura un viaje en barco.

embarcadero m. Lugar acondicionado para embarcar y desembarcar, muelle.

embarcar tr. Dar ingreso a personas, mercancías, etc., en una embarcación. También prnl. || Destinar a alguien a un buque. || fig. Hacer que uno intervenga en una empresa difícil o arriesgada. También prnl. || *amer.* Engañar.

embargar tr. Retener una cosa por orden de un juez o de otra autoridad cuando no se ha pagado una deuda. ‖ Llenar completamente, absorber la atención. ‖ Dificultar, impedir.

embarrancar intr. Encallar una embarcación. También prnl. ‖ prnl. Atascarse una cosa en un lugar estrecho. ‖ Atascarse en una dificultad. También intr.

embaucar tr. Engañar, alucinar.

embeleco m. Embuste, engaño.

embelesar tr. y prnl. Fascinar, arrebatar, cautivar.

embellecedor, ra adj. Que hace que algo se vuelva más bello. ‖ m. Adorno cromado en los vehículos.

embellecer tr. y prnl. Hacer o poner bella a una persona o cosa.

emberretinarse prnl. *amer.* Encapricharse.

embestir tr. Venir con ímpetu sobre una persona o cosa.

embijar tr. *amer.* Ensuciar, manchar, embarrar.

emblema m. Jeroglífico, símbolo. ‖ Cualquier cosa que es representación simbólica de otra.

emblemático, ca adj. Relativo al emblema.

embobar tr. y prnl. Tener suspenso y admirado a uno.

embocadura f. Entrada de un puerto, un canal o cosas parecidas. ‖ Boquilla de un instrumento musical de viento. ‖ En los vinos, gusto, sabor. ‖ Objeto de hierro que se coloca en la boca de algunos animales, como caballos o mulas, para que se paren o cambien de dirección cuando se tira de él.

embolia f. Obstrucción de un vaso sanguíneo por un coágulo.

émbolo m. Pieza que se mueve dentro de un cilindro y sirve para empujar un líquido o un gas, como por ejemplo, el de las jeringuillas. ‖ Coágulo, burbuja de aire u otro cuerpo extraño que, introducido en un vaso sanguíneo, produce la embolia.

embolsar tr. Guardar una cosa en la bolsa. ‖ Cobrar. ‖ prnl. Ganar dinero.

emborrachar tr. Causar embriaguez. ‖ Atontar, adormecer. También prnl. ‖ Mojar con exceso de combustible líquido una mecha. ‖ Empapar bizcochos o pasteles en vino, licor o almíbar.

emborronar tr. Llenar de borrones. ‖ fig. Escribir desaliñadamente.

emboscada f. Ataque por sorpresa a otra u otras personas. ‖ fig. Asechanza, maquinación.

embotar tr. y prnl. Quitar los filos y puntas de las armas y otros instrumentos cortantes. ‖ Debilitar. ‖ prnl. Aturdise.

embotellamiento m. Hecho de meter un líquido en botellas. ‖ Congestión de vehículos.

embotellar tr. Echar el vino u otro líquido en botellas. ‖ Obstaculizar, obstruir.

embozar tr. Cubrir el rostro por la parte inferior hasta las narices o los ojos. Más c. prnl. ‖ fig. Encubrir algo.

embozo m. Parte de la capa, banda u otra cosa con que uno se cubre el rostro. ‖ Doblez de la sábana de la cama por la parte que toca el rostro.

embragar tr. Hacer que un eje participe del movimiento de otro.

embrague m. Mecanismo dispuesto para que un eje participe o no en el mecanismo de otro. ‖ Pedal con que se acciona dicho mecanismo.

embriagar tr. y prnl. Emborrachar, causar embriaguez. ‖ Atontar, perturbar.

embrión m. Organismo en desarrollo, desde su iniciación en el huevo o en el óvulo hasta que se han diferenciado todos sus órganos. ‖ fig. Principio, informe todavía, de una cosa.

embrollar tr. Enredar, confundir las cosas. También prnl.

embrujar tr. Hechizar. ‖ fig. Ejercer atracción o influencia sobre alguien.

embrujo m. Hechizo, encantamiento. ‖ Fascinación, encanto, atracción misteriosa y oculta.

embrutecer tr. y prnl. Entorpecer y casi privar a alguien del uso de la razón.

embuchar tr. Embutir carne picada en una tripa de animal. ‖ Introducir comida en el buche de un ave.

embudo m. Instrumento hueco en figura de cono y rematado en un canuto, que sirve para trasvasar líquidos.

embuste m. Mentira.

embutido m. Tripa, principalmente de cerdo, rellena con carne picada u otras sustancias.

eme f. Nombre de la letra *m*.

emergencia f. Accidente que sobreviene.

emerger intr. Brotar, salir del agua u otro líquido. ‖ Salir algo del interior. ‖ fig. Surgir alguna cosa.

emérito, ta adj. y s. [Persona] que se ha retirado de un empleo o cargo y disfruta de algún premio o compensación por sus buenos servicios.

emigrante adj. y com. [Persona] que abandona el lugar donde vive para establecerse en otro país o región, normalmente para trabajar.

emigrar intr. Abandonar su propio país con ánimo de establecerse en otro extranjero. ‖ Cambiar periódicamente de clima algunas especies animales.

eminente adj. Que sobresale entre los demás.

emir m. Príncipe o caudillo árabe.

emisario, ria m. y f. Mensajero.

emitir tr. Echar hacia fuera una cosa. ‖ Poner en circulación papel moneda o valores. ‖ Tratándose de juicios, opiniones, etc., darlos. ‖ Transmitir un programa las estaciones de radio o televisión.

emoción f. Conmoción afectiva de carácter intenso.

emocionante adj. Que causa emoción.

emolumento m. Sueldo o remuneración de un cargo o empleo. Más en pl.

emotivo, va adj. Relativo a la emoción. ‖ Que produce emoción. ‖ Que se emociona fácilmente.

empacar tr. Empaquetar. ‖ intr. *amer.* Hacer las maletas o empaquetar cualquier cosa.

empachar tr., intr. y prnl. Causar indigestión. ‖ Cansar, aburrir. ‖ prnl. Avergonzarse.

empadronar tr. y prnl. Asentar o inscribir a alguien en el padrón.

empalagar tr. Causar hastío una comida, principalmente si es dulce. También intr. y prnl. ‖ Enfadar, fastidiar. También prnl.

empalizada f. Estacada, cerca, vallado.

empalmar tr. Juntar dos cosas entrelazándolas de modo que queden en comunicación o a continuación unas de otras. ‖ fig. Ligar o combinar planes. ‖ intr. Enlazar adecuadamente los medios de transporte para poder combinar la hora de llegada de uno con la salida de otro. ‖ prnl. Excitarse sexualmente el macho, con erección del pene.

empalme m. Unión de dos cosas, de modo que quedan comunicadas o una a continuación de otra. ‖ Lugar donde se unen dos cosas. ‖ Cosa que empalma con otra.

empanada f. Manjar cubierto con masa, y cocido después en el horno.

empanadilla f. Pastel pequeño relleno de dulce, carne picada o de otro alimento.

empanar tr. Rebozar con pan rallado un manjar para freírlo.

empantanar tr. y prnl. Llenar de agua un terreno. ‖ fig. Detener, interrumpir.

empañar tr. y prnl. Quitar el brillo o diafanidad. ‖ Cubrirse un cristal con vapor de agua. ‖ Manchar u oscurecer la fama, el mérito, etc.

empapar tr. y prnl. Humedecer una cosa. ‖ Absorber una cosa dentro de sus poros algún líquido. ‖ prnl. Imbuirse de un afecto, idea o doctrina.

empapelar tr. Envolver en papel. ‖ Forrar de papel una superficie. ‖ fig. y fam. Formar causa criminal a uno.

empaque m. Aspecto de una persona distinguida o seria en su forma de vestir o de comportarse, y que la hace parecer importante delante de otras.

empaquetar tr. Hacer paquetes. || fam. Acomodar en un recinto un número excesivo de personas.

emparedado, da adj. y s. Encerrado entre paredes. || m. Porción pequeña de una vianda entre dos rebanadas de pan.

emparedar tr. Encerrar a una persona entre paredes.

emparejar tr. y prnl. Formar parejas, reunir cosas o personas de dos en dos. || intr. y prnl. Ponerse al nivel de otro más avanzado.

emparentar intr. Contraer parentesco por vía de casamiento. || Tener una cosa relación de afinidad o semejanza con otra.

empastar tr. Encuadernar en pasta los libros. || Rellenar con pasta el hueco producido por la caries en un diente o una muela. || En pintura, poner el color en bastante cantidad para que no deje ver el primer dibujo.

empaste m. Pasta con que se llena el hueco hecho por la caries de un diente. || En pintura, unión acertada de los colores.

empatar tr. e intr. Tratándose de una confrontación, obtener dos o más contrincantes un mismo número de puntos o votos. || prnl. *amer.* Empalmar, juntar una cosa a otra.

empate m. Igualdad en el número de puntos o de votos que obtienen dos o más contrincantes.

empecinarse prnl. Obstinarse, aferrarse.

empedernido, da adj. fig. [Persona] que tiene una costumbre o un vicio muy arraigado.

empedrar tr. Cubrir el suelo con piedras ajustadas unas con otras.

empeine m. Parte superior del pie. || Parte de la bota desde la caña a la pala.

empellón m. Empujón fuerte a una persona o cosa.

empeñar tr. Dejar una cosa en garantía de un préstamo. || prnl. Llenarse de deudas. || Insistir con tesón en una cosa.

empeorar tr., intr. y prnl. Poner o volver peor algo que ya estaba mal.

empequeñecer tr. Hacer una cosa más pequeña.

emperador, triz m. y f. Soberano de un imperio. || Pez espada.

empero conj. ad. Pero. || Sin embargo.

emperifollar tr. y prnl. Arreglar o adornar mucho una cosa o arreglarse mucho una persona.

emperrarse prnl. fam. Obstinarse, empeñarse en no ceder.

empezar tr. Comenzar, dar principio a una cosa. || intr. Tener principio una cosa.

empinar tr. Enderezar y levantar en alto. || Inclinar mucho una vasija para beber. || fig. y fam. Beber mucho. || prnl. Ponerse uno sobre las puntas de los pies y erguirse. ‖ Ponerse un cuadrúpedo sobre los dos patas de atrás.

empírico, ca adj. Que se basa en la experiencia, en los hechos que se pueden observar y comprobar.

emplazamiento m. Situación, colocación de algo en un lugar determinado.

emplazar tr. Citar a una persona en determinado tiempo y lugar. ‖ Poner una cosa en determinado lugar.

empleado, da m. y f. Persona que desempeña un cargo o trabajo y que a cambio de ello recibe un sueldo.

emplear tr. Dar trabajo a una persona. ‖ tr. y prnl. Gastar, consumir. ‖ Utilizar una cosa para algo.

empleo m. Uso de alguna cosa para un fin. ‖ Destino, ocupación, oficio.

empobrecer tr., intr. y prnl. Hacer que alguien se vuelva pobre o más pobre. ‖ Decaer, venir a menos.

empollar tr. Calentar el ave los huevos para sacar pollos. También prnl. ‖ Entre estudiantes, preparar mucho las lecciones.

empolvar tr. Echar polvo. ‖ prnl. Cubrirse de polvo.

emponzoñar tr. y prnl. Envenenar con ponzoña. ‖ Echar a perder, destruir.

emporio m. Ciudad o lugar notable por el florecimiento del comercio y, por ext., de las ciencias, las artes, etc. ‖ *amer.* Gran almacén comercial.

empotrar tr. Meter una cosa en la pared o en el suelo, asegurándola. ‖ prnl. Encajarse una cosa con otra.

emprendedor, ra adj. Decidido, que se pone con ganas a hacer algo que es difícil.

emprender tr. Acometer y comenzar una obra o empresa.

empresa f. Entidad integrada por el capital y el trabajo, como factores de la producción, y dedicada a actividades industriales, mercantiles o de prestación de servicios con fines lucrativos. ‖ Acción ardua y dificultosa que se comienza.

empresario, ria m. y f. Persona que posee o dirige una empresa, industria o negocio. ‖ Persona que explota un espectáculo o diversión.

empréstito m. Préstamo. ‖ Cantidad prestada.

empujar tr. Hacer fuerza contra una cosa para moverla. ‖ fig. Hacer presión.

empuje m. Fuerza que se hace contra alguien o contra algo para moverlo. ‖ Brío, arranque, resolución con que se acomete una empresa. ‖ Fuerza ascendente a que está sometido un cuerpo que se halla sumergido en un fluido.

empuñadura f. Puño de la espada, y de otros utensilios y herramientas.

empuñar tr. Asir por el puño una cosa. || Asir una cosa con la mano.

emular tr. y prnl. Imitar las acciones de otro procurando igualarle o incluso excederle.

emulsión f. Líquido que tiene en suspensión pequeñísimas partículas de sustancias insolubles en agua.

en prep. Indica en qué lugar, tiempo o modo se determinan las acciones de los verbos a que se refiere.

enagua f. Prenda femenina que se usa debajo de la falda. Más en pl.

enajenar tr. y prnl. Vender o darle una propiedad a otra persona. || Sacar a alguien fuera de sí, privarle del juicio.

enaltecer tr. y prnl. Ensalzar.

enamorar tr. Excitar en uno el amor a otra persona. || tr. y prnl. Gustar mucho algo. || prnl. Sentir amor hacia una persona.

enano, na adj. Muy pequeño o más pequeño que otras cosas de su misma clase. || m. y f. Persona que por haber sufrido trastornos del crecimiento tiene menor estatura. || Apelativo cariñoso dirigido a niños. || Personaje fabuloso que aparece en los cuentos infantiles.

enarbolar tr. Levantar en alto. || prnl. Encabritarse. || Enfadarse.

enardecer tr. y prnl. Excitar.

encabezar tr. Iniciar una suscripción o lista. || Poner el encabezamiento de un libro o escrito. || Presidir, poner o ponerse al frente.

encabritarse prnl. Empinarse el caballo. || fig. Enojarse.

encadenar tr. Ligar y atar con cadena. || fig. Trabar y unir unas cosas con otras. || fig. Dejar a alguien sin movimiento y sin acción.

encajar tr. Meter una cosa dentro de otra ajustadamente. || Unir ajustadamente una cosa con otra. También intr. || intr. Coincidir, estar de acuerdo. || Ajustarse, adaptarse. || prnl. Ponerse una prenda de vestir.

encaje m. Acción de encajar una cosa en otra. || Sitio o hueco en que se mete o encaja algo. || Ajuste de dos piezas que cierran o se adaptan entre sí. || Cierto tejido de mallas, lazadas o calados, con flores, figuras u otras labores.

encajonar tr. Meter y guardar algo dentro de uno o más cajones. || Meter en un sitio angosto. Más c. prnl.

encalar tr. Dar de cal o blanquear algo. Se utiliza principalmente refiriéndose a las paredes.

encallar intr. Dar la embarcación en arena o piedra, quedando en ellas sin movimiento. || prnl. Endurecerse algunos alimentos por mala cocción.

encaminar tr. Enseñar a alguien por dónde ha de ir, ponerle en camino. También prnl. || Dirigir una cosa hacia un punto determinado. || fig. Enderezar la intención a un fin determinado; poner los medios que conducen a él.

encamotarse prnl. *amer.* Enamorarse, amartelarse.

encandilar tr. y prnl. Deslumbrar. || Despertar o excitar el sentimiento o deseo amoroso. || prnl. Encender o avivar los ojos la bebida o la pasión. || *amer.* Enfadarse.

encanecer intr. Ponerse cano.

encanijar tr. y prnl. Poner flaco y enfermizo.

encantador, ra adj. [Persona o cosa] que deja muy grata impresión.

encantar tr. Obrar por arte de magia. || Cautivar la atención de uno por medio de la hermosura, la gracia o el talento. || intr. Gustar mucho algo o alguien.

encanto m. Persona o cosa que agrada por sus cualidades. || pl. Atractivos físicos.

encapotar tr. y prnl. Cubrir con el capote. || prnl. Cubrirse de nubes oscuras el cielo, el aire, la atmósfera, etc.

encapricharse prnl. Empeñarse uno en sostener o conseguir su capricho. || Tener capricho por una persona o cosa.

encaramar tr. y prnl. Levantar a una persona o cosa a lugar difícultoso de alcanzar. || fig. y fam. Colocar en puestos encumbrados.

encarar intr. y prnl. Ponerse uno cara a cara enfrente y cerca de otro. || tr. fig. Hacer frente a una dificultad. También prnl. || prnl. Colocarse una persona o animal frente a otra en actitud violenta o agresiva.

encarcelar tr. Recluir a alguien en la cárcel.

encarecer tr. Aumentar el precio de algo. También intr. y prnl. || fig. Ponderar, exagerar, alabar mucho una cosa. || Recomendar con empeño.

encargado, da adj. Que ha recibido un encargo. || m. y f. Persona que tiene algo a su cargo en representación del dueño o interesado.

encargar tr. Encomendar, poner una cosa al cuidado de uno. También prnl. || Pedir que se traiga o envíe de otro lugar alguna cosa. || prnl. Hacerse cargo de alguien o algo.

encariñarse prnl. Empezar a querer mucho algo o a alguien.

encarnado, da adj. Colorado, rojo.

encarnar intr. Tomar un ser espiritual, una idea, etc., forma corporal. También prnl. || En el cristianismo, hacerse hombre el Hijo de Dios. || tr. Personificar, representar alguna idea, doctrina, etc. || Representar alguien un personaje en una obra dramática o cinematográfica. || prnl. Introducirse una uña al crecer en las partes blandas que la rodean.

encarnizado, da adj. Cruento, reñido.

encarrilar tr. Encaminar, dirigir y enderezar una cosa o un asunto. || Colocar sobre los carriles o rieles un vehículo descarrilado.

encasillar tr. Poner en casillas. || Clasificar personas o cosas, generalmente con criterios poco flexibles o limitados.

encasquillar tr. Poner casquillos. || prnl. Atascarse un arma de fuego con el casquillo de la bala al disparar.

encausar tr. Proceder judicialmente contra uno.

encauzar tr. Dar dirección por un cauce a una corriente. || fig. Encaminar, dirigir por buen camino un asunto, una discusión, etc.

encéfalo m. Conjunto de órganos que forman parte del sistema nervioso de los vertebrados y están contenidos en la cavidad del cráneo.

encefalograma m. Técnica que se utiliza en medicina para descubrir si existe algún daño en el cerebro; refleja en un gráfico o dibujo las corrientes eléctricas producidas por la actividad cerebral.

encendedor m. Mechero.

encender tr. Hacer que una cosa arda para que dé luz o calor. || Pegar fuego, incendiar. || Avivar un sentimiento o pasión. También prnl. || Conectar un circuito eléctrico. También prnl. || prnl. Ponerse rojo, ruborizarse.

encerado adj. Que tiene cera, o el color de ella. || m. Lienzo preparado con cera, aceite de linaza u otros materiales, para hacerlo impermeable. || Tablero de madera u otro material, que se usa para escribir o dibujar en él con tiza.

encerrar tr. Meter a una persona o cosa en un lugar del que no pueda salir. || Incluir, contener. || prnl. Incomunicarse, aislarse del mundo.

encerrona f. Situación, preparada de antemano, en que se coloca a una persona para obligarla a que haga algo en contra de su voluntad.

encestar tr. Poner algo en una cesta. || En el juego del baloncesto, introducir el balón en el cesto o red de la meta contraria.

encharcar tr. y prnl. Cubrir de agua una parte de terreno, que queda como si fuera un charco. || prnl. Llenarse de sangre, agua u otros líquidos algún órgano humano, como los pulmones.

enchilada f. *amer.* Tortilla de maíz enrollada o doblada, frita, y aderezada con salsa de chile y otros ingredientes.

enchilar tr. *amer.* Aderezar con chile.

enchufar tr. Ajustar la boca de un caño en la de otro. También intr. || Establecer una conexión eléctrica con un enchufe. || fig. y fam. Dar un cargo, empleo, etc., a alguien, utilizando la influencia.

También prnl. ‖ tr. e intr. Apuntar o dirigir algo hacia un lugar.

enchufe m. Aparato que consta de dos piezas esenciales que se encajan una en otra cuando se quiere establecer una conexión eléctrica. ‖ Cargo o destino que se obtiene por influencia. ‖ Recomendación.

encía f. Carne que cubre interiormente los maxilares y la raíz de los dientes.

encíclica f. Carta o escrito que dirige el Papa a todos los obispos o a los fieles de la iglesia católica.

enciclopedia f. Diccionario que no solo recoge los significados de las palabras, sino también información sobre muy diferentes materias o personajes.

encierro m. Hecho de meter una persona o una cosa en un lugar del que no puede salir. ‖ Fiesta de algunos pueblos que consiste en llevar a los toros a través de un recorrido antes de encerrarlos en el lugar donde van a ser toreados.

encima adv. l. En lugar o puesto superior respecto de otro inferior. ‖ Sobre sí, sobre la propia persona. ‖ Muy cerca. ‖ adv. cant. Además. ‖ adv. m. Vigilando.

encimera f. Tablero que se coloca sobre la parte de arriba de los muebles y los electrodomésticos de una cocina, para cubrirlos.

encina f. Árbol de copa grande y redonda, con hojas verdes, pequeñas y terminadas en punta, que da como fruto la bellota.

enclaustrar tr. y prnl. Encerrar en un claustro. ‖ Por ext., encerrar en cualquier lugar. También prnl.

enclavar tr. Situar, ubicar, colocar.

enclave m. Territorio incluido en otro de mayor extensión con características diferentes: políticas, administrativas, geográficas, etc.

enclenque adj. y com. Falto de salud, enfermizo.

encoger tr. y prnl. Contraer el cuerpo o sus miembros. ‖ fig. Apocar el ánimo. ‖ intr. Disminuir lo largo y ancho de algunas telas o ropas, por apretarse su tejido cuando se mojan o lavan.

encolar tr. Pegar con cola una cosa. ‖ Dar la encoladura a las superficies que han de pintarse al temple.

encolerizar tr. y prnl. Hacer que uno se ponga colérico.

encomendar tr. Encargar a alguien que haga alguna cosa o que cuide de ella o de una persona. ‖ Recomendar. ‖ prnl. Entregarse, confiarse al amparo o protección de alguien.

encomiar tr. Alabar con encarecimiento a una persona o cosa.

encomienda f. Encargo, cosa encomendada. ‖ *amer.* Institución de la América colonial mediante la cual se concedía a un colonizador un grupo de indios para que trabajaran para él.

encono m. Animadversión, rencor arraigado.

encontrar tr. Dar con una persona o cosa que se busca. || Dar con una persona o cosa sin buscarla. También prnl. || prnl. Oponerse, enemistarse uno con otro. || Hallarse.

encopetado, da adj. Muy presumido en su forma de vestir o de comportarse. || De alto copete o alcurnia.

encorvar tr. y prnl. Doblar y torcer una cosa poniéndola corva.

encrespar tr. y prnl. Ensortijar, rizar. || Enfurecer, irritar. || Levantar y alborotar las ondas del agua. || prnl. fig. Enredarse y dificultarse un asunto.

encrucijada f. Paraje en donde se cruzan dos o más calles o caminos. || fig. Panorama de varias opciones que se le presentan a alguien para elegir. || fig. Punto en que confluyen varias cosas.

encuadernar tr. Juntar, unir y coser varios pliegos o cuadernos y ponerles cubiertas.

encuadrar tr. Encajar, ajustar una cosa dentro de otra. || Determinar los límites de algo, incluyéndolo en un esquema u organización. || Distribuir las personas conforme a un esquema de organización determinado. También prnl. || Hacer un encuadre con una cámara fotográfica o de cine.

encubrir tr. Ocultar una cosa o no manifestarla. También prnl. || Impedir que llegue a saberse una cosa. || Hacerse responsable de ocultación de un delito.

encuentro m. Acto de coincidir en un punto dos o más personas o cosas. || Oposición, contradicción. || Competición deportiva.

encuerar tr. *amer.* Desnudar, dejar en cueros a una persona. También prnl.

encuesta f. Acopio de datos obtenidos mediante consulta o interrogatorio a un número determinado de personas sobre un asunto.

encumbrar tr. Ensalzar, engrandecer a alguien. También prnl. || prnl. Envanecerse, ensoberbecerse.

encurtido m. Fruto u hortaliza conservado en vinagre.

endeble adj. Débil, de resistencia insuficiente.

endémico, ca adj. [Enfermedad o mal] propio de un país o de una época. || [Animal o planta] que solo vive en un lugar determinado.

endemoniar tr. Introducir los demonios en el cuerpo de una persona. || Irritar, encolerizar. También prnl.

enderezar tr. Poner derecho lo que está torcido o inclinado. También prnl. || Remitir, dirigir, dedicar. || fig. Gobernar bien; poner en buen estado una cosa. Tam-

bién prnl. || fig. Enmendar, corregir, castigar. También prnl.

endeudarse prnl. Llenarse de deudas.

endibia o **endivia** f. Planta parecida a la lechuga pero con las hojas alargadas, de color verde claro y apretadas entre sí; se utiliza, sobre todo, para preparar ensaladas.

endiñar tr. fam. Dar un golpe a alguien.

endodoncia f. Tratamiento para curar las enfermedades que se producen en el tejido interno de los dientes y las muelas.

endogamia f. Fecundación entre individuos de la misma especie. || Por ext., práctica u obligación de contraer matrimonio cónyuges del mismo grupo étnico, social, etc.

endosar tr. Ceder a favor de otro una letra de cambio u otro documento de crédito expedido a la orden, haciéndolo así constar al respaldo o dorso. || fig. Trasladar a alguien una carga, trabajo o cosa no apetecible.

endrogarse prnl. *amer.* Drogarse, usar estupefacientes. || *amer.* Entramparse, contraer deudas.

endulzar tr. y prnl. Poner dulce una cosa. || Suavizar un trabajo o disgusto.

endurecer tr. y prnl. Poner dura una cosa. || Hacer a una persona áspera, severa, exigente.

ene f. Nombre de la letra *n*.

enea f. Planta que crece en sitios donde hay agua; se utiliza para fabricar objetos, como sillas o cestas.

eneldo m. Hierba de flores amarillas que se emplea, sobre todo, como condimento para dar más sabor a algunos platos.

enema f. Líquido introducido en el recto para evacuar el vientre.

enemigo, ga adj. Contrario, opuesto a una cosa. || m. y f. El que tiene mala voluntad a otro y le desea o hace mal. || m. El contrario en la guerra.

enemistar tr. y prnl. Perder o hacer perder la amistad con alguien.

energía f. Eficacia, poder, virtud para obrar. || Fuerza de voluntad, vigor y tesón en la actividad. || Capacidad de los cuerpos para producir un trabajo.

enérgico, ca adj. Que tiene energía, o relativo a ella.

energúmeno, na m. y f. Persona poseída del demonio. || fig. Persona furiosa, alborotada.

enero m. Primer mes del año, que tiene 31 días.

enervar tr. y prnl. Debilitar, quitar las fuerzas. || Poner nervioso.

enésimo, ma adj. Número indeterminado de veces que se repite una cosa. || Lugar de orden n, generalmente indeterminado en una serie.

enfado m. Disgusto de una persona por algo.

énfasis amb. Fuerza de expresión o de entonación con que se quiere realzar la importancia de lo que se dice o se lee. Más c. m. || m. Afectación en la expresión. || Importancia que se da a algo.

enfatizar intr. Expresarse con fuerza para destacar la importancia de lo que se dice.

enfermedad f. Alteración de la salud. || Lo que es un mal para algo o alguien, o hace que no funcione bien.

enfermería f. Local o dependencia destinados para enfermos o heridos.

enfermero, ra m. y f. Persona destinada para la asistencia de los enfermos.

enfermo, ma adj. y s. Que padece enfermedad.

enfermoso, sa adj. *amer.* Que tiene poca salud. || Propio de un enfermo.

enfilar tr. Pasar por un hilo, cuerda o alambre, ensartándolas, cosas como perlas, cuentas o anillos. || Poner en fila. También intr. y prnl. || Dirigir la vista, ver o divisar en determinada dirección. || fig. Dirigir un asunto en determinado sentido.

enfocar tr. Hacer que la imagen de un objeto producida en el foco de una lente se recoja con claridad sobre un plano u objeto determinado. || Centrar en el visor de una cámara fotográfica la imagen que se quiere obtener. || Dirigir la atención o el interés hacia un asunto o problema desde unos supuestos previos, para tratar de resolverlo acertadamente.

enfoscar tr. Cubrir un muro con una capa de mortero. || prnl. Ponerse hosco. || Encapotarse, cubrirse el cielo de nubes.

enfrascarse prnl. Aplicarse con gran intensidad a una actividad.

enfrentar tr. y prnl. Afrontar, poner frente a frente. También intr. || Afrontar, hacer frente, oponer.

enfrente adv. l. A la parte opuesta, en punto que mira a otro, o que está delante de otro. || adv. m. En contra.

enfriar tr. y prnl. Poner o hacer que se ponga fría una cosa. También intr. || Moderar los afectos, la fuerza o las pasiones. || prnl. Acatarrarse.

enfrijolarse prnl. *amer.* Enredarse un negocio u otro asunto.

enfundar tr. Poner una cosa dentro de su funda.

enfurecer tr. y prnl. Irritar a alguien o ponerle furioso. || prnl. Alborotarse, alterarse el viento, el mar, etc.

enfurruñarse prnl. fam. Ponerse enfadado.

engalanar tr. y prnl. Adornar.

enganchar tr. Agarrar una cosa con gancho o colgarla de él.

También prnl. y intr. ‖ Poner las caballerías en los carruajes de manera que puedan tirar de ellos. También intr. ‖ Atraer a alguien, captar su afecto o voluntad. ‖ prnl. Alistarse como soldado. ‖ Hacerse adicto a alguna droga.

engañar tr. Dar a la mentira apariencia de verdad. ‖ Inducir a otro a creer y tener por cierto lo que no lo es. ‖ Producir ilusión, como acontece con algunos fenómenos naturales. ‖ Ser infiel a su cónyuge. ‖ prnl. Negarse a aceptar la verdad. ‖ Equivocarse.

engaño m. Hecho de engañar o engañarse. ‖ Falta de verdad, falsedad.

engarzar tr. Trabar una cosa con otra u otras, formando cadena, por medio de hilo de metal. ‖ Engastar.

engastar tr. Encajar y embutir una cosa en otra, como una piedra preciosa en un metal.

engatusar tr. fam. Ganar la voluntad de uno con halagos y engaños.

engendrar tr. Procrear, propagar la propia especie. ‖ fig. Causar, ocasionar, formar.

engendro m. Feto. ‖ Criatura deforme. ‖ Obra mal concebida.

englobar tr. Incluir varias cosas en una sola. ‖ Abarcar un conjunto una o más cosas. También prnl.

engolar tr. Dar resonancia gutural a la voz.

engordar tr. Cebar. ‖ intr. Ponerse gordo.

engorro m. Embarazo, impedimento, molestia.

engranar intr. Encajar los dientes de una rueda. ‖ fig. Enlazar, trabar.

engrandecer tr. Aumentar. ‖ Alabar, exagerar. ‖ fig. Exaltar, elevar a alguien a grado o dignidad superior. También prnl.

engrasar tr. Untar, manchar con grasa. También prnl. ‖ Untar ciertas partes de una máquina con aceites u otras sustancias lubricantes para disminuir el rozamiento.

engreír tr. y prnl. Envanecer. ‖ *amer.* Encariñar. ‖ tr. *amer.* Mimar, malcriar.

engrosar tr. Hacer gruesa y más corpulenta una cosa. También prnl. ‖ Aumentar en número.

engrudo m. Masa comúnmente hecha con harina o almidón que se cuece en agua, y sirve para pegar papeles y otras cosas ligeras.

engullir tr. e intr. Tragar la comida atropelladamente y sin mascarla.

enharinar tr. y prnl. Manchar de harina; cubrir con ella la superficie de una cosa.

enhebrar tr. Pasar la hebra por el ojo de la aguja o por el agujero de las cuentas, perlas, etc. ‖ Decir seguidas muchas cosas sin orden ni concierto.

enhiesto, ta adj. Levantado, derecho.

enhorabuena f. Felicitación. || adv. m. En buena hora, con bien.

enigma m. Dicho o conjunto de palabras de sentido encubierto para que sea difícil entenderlo o interpretarlo. || Por ext., dicho o cosa que no se alcanza a comprender.

enjabonar tr. Frotar algo con jabón para lavarlo. || Adular, halagar.

enjambre m. Conjunto de abejas que salen de una colmena con una abeja reina para fundar otra. || fig. Muchedumbre de personas o cosas juntas.

enjaular tr. Encerrar o poner dentro de la jaula a una persona o animal. || fig. y fam. Meter en la cárcel a uno.

enjuagar tr. Limpiar la boca y dentadura con agua u otro licor. Más c. prnl. || Aclarar y limpiar con agua clara lo que se ha enjabonado.

enjugar tr. Quitar la humedad a una cosa. || Cancelar una deuda o un déficit.

enjuiciar tr. fig. Someter una cuestión a examen, discusión y juicio. || Instruir un procedimiento con las diligencias y documentos necesarios para que se pueda determinar en juicio. || Juzgar, sentenciar o determinar una causa.

enjundia f. Lo más sustancioso e importante de alguna cosa.

enjuto, ta adj. Delgado, seco o de pocas carnes.

enlace m. Unión, conexión de una cosa con otra. || Empalme de un medio de transporte. || Casamiento. || Persona que establece o mantiene relación entre otras, especialmente dentro de alguna organización.

enlatar tr. Meter alguna cosa en latas de hojalata.

enlazar tr. y prnl. Unir unas cosas con otras. || tr. Capturar un animal arrojándole el lazo. || intr. Estar combinado el horario de trenes, aviones, autobuses o barcos. || prnl. Casarse.

enloquecer tr. Hacer perder el juicio a alguien. || intr. Volverse loco, perder el juicio. || fig. Gustar mucho de algo. También prnl.

enlozar tr. *amer.* Cubrir algo con un baño de loza o de esmalte vítreo.

enlucir tr. Dar una capa de yeso o de otro material parecido sobre una pared. || Limpiar y dar brillo a la plata o las armas.

enmarañar tr. y prnl. Enredar, revolver una cosa. || fig. Confundir, enredar un asunto haciendo más difícil su buen éxito.

enmarcar tr. Encerrar en un marco o cuadro. || Situar algo dentro de un determinado lugar, tiempo, corriente artística, etc.

enmascarar tr. Cubrir el rostro con máscara. También prnl. || fig. Encubrir, disfrazar.

enmendar tr. Corregir, quitar defectos. También prnl. || Resarcir, subsanar los daños.

enmohecer tr. y prnl. Cubrir de moho una cosa.

enmudecer intr. Quedar mudo, perder el habla. || Guardar silencio. || tr. Hacer callar.

ennegrecer tr. Teñir de negro, poner negro. También prnl. || fig. Enturbiar, turbar, oscurecer. || intr. Ponerse negro o negruzco. También prnl. || fig. Ponerse muy oscuro, nublarse.

enojo m. Estado de ánimo, que suscita ira contra una persona. || Molestia, pesar, trabajo. Más en pl.

enología f. Conjunto de conocimientos relativos a la elaboración y conservación de los vinos.

enorgullecer tr. y prnl. Llenar de orgullo.

enorme adj. Desmedido, excesivo. || Muy grande.

enquistarse prnl. Formarse un quiste.

enraizar intr. y prnl. Arraigar, echar raíces.

enrarecer tr. Dilatar un cuerpo gaseoso haciéndolo menos denso. También prnl. || Hacer que escasee una cosa. También intr. y más c. prnl. || prnl. fig. Deteriorarse una relación, situación, etc.

enredadera adj. y f. [Planta] trepadora.

enredar tr. Prender con red. || Enlazar, entretejer, enmarañar una cosa con otra. También prnl. || Complicar, liar. || fig. Meter discordia o cizaña. || fig. Meter a alguien en negocios comprometidos o peligrosos. || Entretener. || intr. Travesear, revolver. || prnl. Empezar una discusión o pelea. || Aturdirse al ir a decir o hacer algo. || Mantener dos personas una relación amorosa.

enredo m. Complicación y maraña que resulta de trabarse entre sí cosas flexibles. || fig. Engaño, mentira. || Confusión, lío. || fig. En una obra literaria, conjunto de sucesos que preceden al desenlace.

enrevesado, da adj. Complicado.

enriquecer tr. Hacer rico. || fig. Adornar, engrandecer. || intr. y prnl. Hacerse uno rico. || Prosperar un país, una empresa, etc.

enrocar intr., tr. y prnl. En el juego del ajedrez, mover en una sola jugada el rey y la torre del mismo color.

enrojecer tr. Poner roja una cosa. || prnl. Encenderse el rostro. También tr. || intr. Ruborizarse.

enrolar tr. Inscribir un individuo en una lista o rol de tripulantes de un barco mercante. También prnl. || prnl. Alistarse en alguna organización o en el ejército.

enrollar tr. Envolver una cosa de forma que se parezca a un rollo. || intr. fig. Agradar mucho una cosa. También prnl. || prnl. fig. Ex-

enroscar

tenderse demasiado en alguna actividad, especialmente en una conversación o escrito. ‖ fig. Participar en algún asunto. ‖ fig. Tener relaciones sexuales o amorosas dos personas.

enroscar tr. Torcer en forma de rosca una cosa. También prnl. ‖ Introducir una cosa a vuelta de rosca.

ensalada f. Hortaliza aderezada con sal, aceite y vinagre u otro aliño.

ensaladilla f. Manjar frío compuesto generalmente de patata, zanahoria, guisantes, pimiento, etc., con salsa mayonesa. Se conoce más por ensaladilla rusa.

ensalzar tr. Engrandecer, exaltar. ‖ Alabar, elogiar. También prnl.

ensamblar tr. Unir, juntar. Se utiliza especialmente cuando se refiere al ajuste de piezas de madera.

ensanchar tr. Aumentar la anchura de una cosa. También intr. y prnl. ‖ Extender, dilatar.

ensangrentar tr. y prnl. Manchar o teñir con sangre.

ensañarse prnl. Deleitarse en causar el mayor daño o dolor posibles a quien ya no está en condiciones de defenderse.

ensartar tr. Pasar por un hilo, cuerda, alambre, etc., varias cosas. ‖ Enhebrar. ‖ Espetar, atravesar, introducir. ‖ fig. Decir muchas cosas sin orden ni conexión.

ensayar tr. e intr. Preparar la ejecución y montaje de un espectáculo antes de ofrecerlo al público. ‖ Hacer pruebas con algo para ver si funciona o si es bueno.

ensayo m. Obra en prosa de extensión variable, en la que un autor reflexiona sobre determinado tema. ‖ Prueba que se hace para ver si algo funciona o es bueno. ‖ Representación completa de una obra dramática, musical, etc., que se hace antes de presentarla al público.

enseguida adv. m. Inmediatamente después.

ensenada f. Parte de mar que entra en la tierra.

enseña f. Insignia o estandarte.

enseñar tr. Instruir, doctrinar. ‖ Dar advertencia, ejemplo o escarmiento que sirve como experiencia. ‖ Mostrar o exponer algo.

enseres m. pl. Utensilios, muebles.

ensillar tr. Poner la silla al caballo, mula, etc.

ensimismarse prnl. Abstraerse, entregarse alguien a sus propios pensamientos, aislándose del mundo.

ensombrecer tr. y prnl. Oscurecer, cubrir de sombras.

ensordecedor, ra adj. [Ruido o sonido] tan fuerte que no deja oír bien.

ensuciar tr. y prnl. Manchar, poner sucia una cosa. || Manchar la fama, el prestigio, el honor, etc.

entablar tr. Cubrir con tablas una cosa. || Dar comienzo a una conversación, batalla, etc. || intr. *amer.* Igualar.

entablillar tr. Asegurar con tablillas y vendaje el hueso roto.

entallar tr. Hacer figuras en relieve. || Hacer que una cosa se ajuste al talle.

ente m. Lo que es, existe o puede existir. || Asociación u organismo, particularmente el vinculado al Estado.

entelequia f. Cosa irreal.

entender tr. Comprender, captar el sentido de algo. || Conocer, penetrar. || Discurrir, inferir, deducir. || No extrañarse de algo, encontrarlo natural o justo. || Creer, pensar, juzgar. || tr. e intr. Seguido de la prep. *de*, ser experto en alguna materia. || prnl. Mantener relaciones amorosas dos personas. || Ponerse de acuerdo.

entendimiento m. Facultad humana de comprender, comparar, juzgar las cosas, o inducir y deducir otras de las que ya se conocen. || Acuerdo, relación amistosa.

enterar tr. y prnl. Informar a alguien de algo. || prnl. Darse cuenta.

enternecer tr. y prnl. Poner blanda y tierna una cosa. || fig. Mover a ternura o a compasión.

entereza f. Integridad, perfección, firmeza de ánimo.

entero, ra adj. Completo. || [Persona] que tiene firmeza de carácter. || adj. y s. En matemáticas, relativo a un número, que consta de una o más unidades completas, a diferencia de los decimales o los quebrados. || m. En la bolsa, variación en los valores de cotización.

enterrar tr. Poner debajo de tierra. || Dar sepultura a un cadáver. || fig. Sobrevivir a alguien. || fig. Arrinconar, relegar al olvido.

entidad f. Ente o ser. || En filología, lo que constituye la esencia o la forma de una cosa. || Valor o importancia de una cosa. || Colectividad considerada como unidad.

entierro m. Ceremonia en que se lleva a enterrar un cadáver y su acompañamiento.

entonar tr. Cantar ajustado al tono. También intr. || Dar determinado tono a la voz. || Empezar uno a cantar una cosa para que los demás continúen en el mismo tono. || Refortalecer el organismo. || prnl. Ponerse alegre con el alcohol.

entonces adv. t. En aquel tiempo u ocasión. || adv. m. En tal caso, siendo así.

entornar tr. Dejar una puerta o ventana sin cerrarla por completo. || Dejar los ojos medio abiertos.

entorno m. Ambiente, lo que rodea.

entorpecer tr. y prnl. Poner torpe. || Turbar, oscurecer el entendimiento. || Retardar, dificultar.

entrada f. Espacio por donde se entra. || Billete para entrar a un espectáculo o en un lugar público. || Hecho de entrar en alguna parte. || Vestíbulo, parte de una casa o de otro lugar, que queda cerca de la puerta. || Plato que se sirve antes del primero o del plato principal. || Cada uno de los ángulos entrantes que forma el pelo. Más en pl. || Cantidad inicial que se paga por algo que se compra a plazos o por ingresar en ciertas instituciones. || Cada una de las unidades léxicas o términos que aparecen definidos en un diccionario. || Principio o comienzo de una cosa.

entraña f. Cada uno de los órganos contenidos en las principales cavidades del cuerpo humano y de los animales. || Lo más íntimo o esencial. || pl. Lo más oculto y escondido.

entrañable adj. Muy querido. || Íntimo.

entrañar tr. y prnl. Contener, estar una cosa unida a otra o llevarla dentro de sí.

entrar intr. Pasar de fuera adentro, o por una parte para introducirse en otra. || Encajar o poderse meter una cosa en otra, o dentro de otra. || Penetrar o introducirse. || Empezar a formar parte de una empresa, institución, etc. || Hallarse, tener parte en la composición de ciertas cosas. || En música, empezar a tocar o cantar en el momento preciso. || En ciertos deportes de pelota, ir un jugador al encuentro de otro del equipo contrario para arrebatarle la pelota. || tr. Introducir o hacer entrar.

entre prep. Denota la situación o estado entre dos o más cosas o acciones. || Dentro de, en lo interior. || Expresa estado intermedio. || Indica colaboración o participación.

entreabrir tr. y prnl. Abrir un poco o a medias.

entreacto m. Intermedio en una representación dramática.

entrecejo m. Espacio que hay entre las cejas. || fig. Ceño.

entrecortar tr. Cortar una cosa sin acabar de dividirla. || prnl. Interrumpirse la voz al hablar por la turbación, el miedo, la timidez, etc.

entrecot m. Filete, generalmente grueso y grande, que se saca del lomo de la vaca o del buey.

entredicho m. Se utiliza con los verbos *quedar*, *estar* o *poner*, para expresar una duda sobre una cualidad o una característica de una persona.

entrega f. Hecho de dar una cosa a alguien. || Cada una de las partes en que se divide y se vende un libro, o cada libro o fascículo de una serie que forma una colección. ‖ Esfuerzo o interés muy grandes que se ponen en una actividad. ‖ Parte de algo que se da de una vez.

entregar tr. Poner en poder de otro. ‖ prnl. Ponerse en manos de alguien. ‖ Dedicarse enteramente a una cosa.

entrelazar tr. Enlazar, entretejer una cosa con otra.

entremés m. Cualquiera de los platos ligeros que se ponen en la mesa para picar antes de servir la comida. Más en pl. ‖ Pieza dramática breve, jocosa y de un solo acto, que se representaba entre los actos de una comedia.

entremeter tr. Meter una cosa entre otras. ‖ prnl. Meterse uno donde no le llaman.

entremezclar tr. Mezclar una cosa con otra sin confundirlas.

entrenar tr. y prnl. Preparar, adiestrar, especialmente para la práctica de un deporte.

entrepaño m. Parte de pared comprendida entre dos pilastras, dos columnas o dos huecos. ‖ Anaquel del estante o de la alacena.

entrepierna f. Parte interior de los muslos. Más en pl. ‖ Parte de las prendas de vestir correspondiente a esta zona.

entreplanta f. Planta situada entre el piso bajo y el primer piso de un edificio.

entresacar tr. Sacar unas cosas de entre otras. ‖ Aclarar un monte. ‖ Cortar parte del cabello.

entresijo m. Parte oculta o más profunda de un asunto, donde es difícil llegar.

entresuelo m. Piso entre el bajo y el principal de una casa. ‖ Planta de los teatros y cines situada encima del patio de butacas.

entretejer tr. Meter o introducir en la tela que se teje hilos diferentes para que hagan distinta labor. ‖ fig. Entremezclar una cosa con otra. También prnl.

entretener tr. y prnl. Divertir, hacer pasar un rato agradable. ‖ Detener, hacer perder el tiempo. ‖ Mantener, conservar.

entretiempo m. Tiempo de primavera y otoño.

entrever tr. Ver confusamente una cosa. ‖ Conjeturarla, sospecharla.

entreverado, da adj. Que tiene mezcladas cosas diferentes. ‖ Referido al tocino, que tiene vetas de magro.

entreverar tr. Mezclar. ‖ prnl. *amer.* Mezclarse desordenadamente.

entrevía f. Espacio libre que queda entre los dos rieles de una vía de ferrocarril.

entrevista f. Encuentro y conversación de dos o más personas en lugar determinado. ‖ Conversación que entabla un periodista con un personaje de actualidad para difundir sus opiniones. || Charla a la que se somete el aspirante a un trabajo para que la empresa compruebe si reúne las condiciones necesarias para el puesto.

entrometer tr. y prnl. Entremeter. || prnl. fig. Meterse uno donde no le llaman.

entristecer tr. Causar tristeza. || Poner de aspecto triste. || prnl. Ponerse triste.

entroncar intr. Tener relación unas cosas con otras. || Tener o contraer parentesco con un linaje o persona.

entronizar tr. Colocar en el trono. || Ensalzar a alguien.

entubar tr. Poner tubos en algo o alguien.

entuerto m. Ofensa, agravio.

entumecer tr. y prnl. Hacer que un miembro se quede rígido o torpe de movimientos.

enturbiar tr. y prnl. Perder o hacer que pierda su transparencia o claridad una cosa. || Apagar la alegría y animación de un festejo.

entusiasmo m. Exaltación del ánimo por algo que causa admiración o placer. || Viveza, afán o empeño que se pone al hacer algo.

enumerar tr. Hacer enumeración de las cosas.

enunciado m. Conjunto de palabras con las que se expone un problema matemático, o cualquier cuestión. || En lingüística, secuencia finita de palabras delimitada por silencios muy marcados.

enunciar tr. Expresar breve y sencillamente una idea. || Exponer el conjunto de datos que componen un problema.

envainar tr. Meter en la vaina un arma blanca.

envasar tr. Meter un producto dentro de un recipiente para conservarlo o transportarlo.

envase m. Acción y resultado de envasar. || Recipiente en que se conservan y transportan ciertos géneros. || Todo lo que sirve para envolver.

envegarse prnl. *amer.* Empantanarse, tener exceso de humedad un terreno.

envejecer tr. e intr. Poner vieja a una persona o cosa.

envenenar tr. y prnl. Hacer que alguien muera o enferme por ingerir veneno. || Estropear algo, dañarlo, especialmente la relación entre las personas.

envergadura f. Distancia entre las puntas de las alas desplegadas de las aves, y por ext., distancia entre los extremos de las alas de un avión y los brazos humanos. || Importancia, amplitud, alcance.

envés m. Parte opuesta al haz de una tela o de otras cosas.

enviar tr. Hacer que una persona vaya a alguna parte. || Hacer que una cosa se dirija o sea llevada a alguna parte.

enviciar tr. Corromper con un vicio. || intr. Echar las plantas muchas hojas y escaso fruto. || prnl. Aficionarse demasiado a una cosa.

envidia f. Tristeza o pesar del bien ajeno. || Deseo honesto de emular algo o a alguien.

envilecer tr. y prnl. Hacer vil y despreciable una persona o cosa.

envite m. Apuesta que se hace en algunos juegos de naipes y de azar. || Empujón, avance.

enviudar intr. Quedar viudo o viuda.

envoltorio m. Paquete hecho descuidadamente. || Papel con que se envuelve algo.

envolver tr. Cubrir un objeto por todas partes. || Mezclar o complicar a alguien en un asunto o negocio. || Rodear una cosa inmaterial a alguien o algo.

enyerbar tr. *amer.* Dar a alguien un bebedizo. || prnl. *amer.* Cubrirse de yerba un terreno. || *amer.* Envenenarse, tomar uno veneno.

enyesar tr. Tapar o acomodar una cosa con yeso. || Igualar o allanar con yeso. || Escayolar.

enzarzar tr. Enredar, sembrar discordias y disensiones. También prnl. || prnl. Enredarse en zarzas, matorrales, etc. || Meterse en negocios arduos y de salida dificultosa. || Reñir, pelearse.

enzima amb. En bioquímica, molécula de gran tamaño, de naturaleza proteica, que cataliza diversas reacciones químicas del organismo.

eñe f. Nombre de la letra ñ.

eólico, ca adj. Relativo al viento; producido y accionado por el viento.

epazote m. *amer.* Planta herbácea anual, con tallo ramoso de hasta un metro de altura; hojas verdes, lanceoladas, algo dentadas. Es muy aromática, y sus hojas y flores se toman en infusión.

epiceno adj. [Nombre] común animado que, con un solo género gramatical, masculino o femenino, puede designar al macho o a la hembra indistintamente.

epicentro m. Centro del área de acción de un fenómeno sísmico en la superficie.

épico, ca adj. Relativo a la epopeya o a la poesía heroica. También s. || fig. Grandioso, tremendo. || f. Género poético que narra acciones extraordinarias y heroicas de personajes históricos o míticos.

epidemia f. Enfermedad que durante un tiempo ataca, simultáneamente y en una misma población, a gran número de habitantes. || fig. Mal generalizado.

epidermis f. Capa exterior de la piel del hombre y de los animales.

epifanía f. Festividad que celebra la Iglesia católica anualmente el día 6 de enero.

epígono m. El que sigue las huellas de otro; se refiere especial-

epígrafe 252

mente a quien sigue una escuela o un estilo de una generación anterior.

epígrafe m. Resumen que suele preceder a cada uno de los capítulos u otras divisiones de una obra. || Cita o sentencia que suele ponerse a la cabeza de una obra científica o literaria. || Inscripción en piedra, metal, etc.

epilepsia f. Enfermedad nerviosa crónica caracterizada principalmente por accesos repentinos con pérdida brusca del conocimiento y convulsiones.

epílogo m. Recapitulación de todo lo dicho en un discurso u otra composición literaria. || fig. Conjunto o compendio. || Última parte de algunas obras literarias.

episcopal adj. Relativo al obispo.

episodio m. Cada una de las acciones parciales o partes integrantes de la acción principal. || fig. Incidente, suceso pasajero, uno más de una serie que forma un todo o conjunto.

epístola f. Carta que se escribe a los ausentes. || Lectura que se hace en la misa y que se suele tomar de una epístola de los apóstoles.

epitafio m. Inscripción que se pone sobre un sepulcro.

epíteto m. Adjetivo cuyo fin principal no es determinar o especificar el nombre, sino caracterizarlo.

época f. Periodo de tiempo que se señala por los hechos históricos durante él acaecidos. || Por ext., cualquier espacio de tiempo caracterizado por algo concreto.

epopeya f. Poema narrativo extenso que relata hechos heroicos realizados por personajes históricos o legendarios. || fig. Conjunto de hechos memorables. || fig. Actividad que se realiza con mucho esfuerzo y dificultad.

equidad f. Justicia, imparcialidad en un trato o reparto.

equidistar intr. Hallarse a igual distancia.

equilibrado, da adj. Prudente, sensato, ecuánime. || m. Acción de equilibrar algo.

equilibrio m. Estado de un cuerpo cuando fuerzas encontradas que obran en él se compensan y anulan mutuamente. || Peso que es igual a otro peso y lo contrarresta. || fig. Contrapeso, armonía entre cosas diversas. || fig. Ecuanimidad, mesura, sensatez.

equino, na adj. Relativo al caballo. || m. Animal de la especie equina.

equinoccio m. Época en que, por hallarse el Sol sobre el Ecuador, los días son iguales a las noches en toda la Tierra. Esto ocurre cada año del 20 al 21 de marzo y del 22 al 23 de septiembre.

equipaje m. Conjunto de cosas que se llevan en los viajes.

equipal m. *amer.* Especie de sillón hecho de varas entretejidas, con el asiento y el respaldo de cuero o de palma tejida.

equipar tr. Proveer a alguien de las cosas necesarias para su uso particular. También prnl.

equiparar tr. Comparar una cosa con otra. || Igualar, asimilar.

equipo m. Grupo de personas organizado para una investigación o servicio determinado. || Cada uno de los grupos que se disputan el triunfo en ciertos deportes. || Conjunto de ropas y otras cosas para uso particular de una persona. || Colección de utensilios, instrumentos y aparatos especiales para un trabajo. || Conjunto de aparatos para oír y grabar música.

equis f. Nombre de la letra *x*.

equitación f. Arte de montar y manejar bien el caballo.

equitativo, va adj. Que tiene equidad.

equivalencia f. Igualdad en el valor, estimación, potencia o eficacia de dos o más cosas.

equivaler intr. Ser o considerarse igual una cosa a otra, o tener el mismo valor.

equivocar tr. y prnl. Tener o tomar una cosa por otra, juzgando u obrando desacertadamente. || Hacer que alguien se equivoque.

equívoco, ca adj. Que puede entenderse o interpretarse de varias maneras. || m. Cosa que se hace o se dice por error.

era f. Punto fijo o fecha determinada de un suceso, desde el cual se empiezan a contar los años. || Extenso periodo histórico caraterizado por una gran innovación en las formas de vida y de cultura. || Espacio de tierra limpia y firme, algunas veces empedrada, donde se trillan las mieses. || Cuadro pequeño de tierra destinado al cultivo de tierras u hortalizas.

erario m. Tesoro público de una nación, provincia o pueblo. || Lugar donde se guarda.

erección f. Acción y resultado de levantar, enderezar o poner rígida una cosa. || Acción de endurecerse y dilatarse un órgano por la afluencia de sangre a él, por ejemplo, el pene.

eremita m. Ermitaño.

erguir tr. Levantar y poner derecha una cosa. También prnl. || prnl. Engreírse, ensoberbecerse.

erial adj. y m. [Tierra o campo] sin cultivar ni labrar.

erigir tr. Fundar, instituir o levantar. || Constituir a una persona o cosa con un carácter que antes no tenía. También prnl.

erizar tr. Levantar, poner rígida y tiesa una cosa. Más c. prnl.

erizo m. Mamífero insectívoro de unos 22 cm de largo, con el dorso y los costados cubiertos de púas.

ermita f. Santuario o capilla, generalmente pequeños, situados

ermitaño

por lo común en despoblado y que suelen no tener culto permanente.

ermitaño, ña m. y f. Persona que vive en la ermita y cuida de ella. || Persona que vive en soledad. || m. Crustáceo que vive con frecuencia ocupando conchas de caracoles marinos.

erógeno, na adj. Que produce o es sensible a la excitación sexual.

erosión f. Desgaste de una superficie producido por fricción. || Desgaste de la superficie terrestre por agentes externos como el agua o el viento. || Lesión superficial de la epidermis, excoriación. || fig. Pérdida de prestigio o influencia que puede sufrir una persona, institución, etc.

erótico, ca adj. Perteneciente o relativo al amor sexual. || Que excita sexualmente. || f. fig. Conjunto de características por las que algo resulta atrayente.

erradicar tr. Arrancar de raíz.

errar tr. e intr. No acertar. || intr. Andar vagando de una parte a otra. || Divagar el pensamiento, la imaginación, la atención, etc. || prnl. Equivocarse.

errata f. Equivocación material cometida en lo impreso o manuscrito.

errático, ca adj. Vagabundo, ambulante, que va de un lado a otro sin tener un sitio fijo donde estar.

erre f. Nombre de la letra r en su sonido fuerte.

erróneo, a adj. Que contiene un error o equivocación.

error m. Concepto equivocado o juicio falso. || Acción desacertada o equivocada. || Cosa hecha erradamente.

eructar intr. Expeler con ruido por la boca los gases del estómago.

eructo m. Expulsión por la boca de los gases del estómago, haciendo ruido.

erudición f. Conocimiento profundo y extenso sobre ciencias, artes y otras materias.

erupción f. Aparición y desarrollo en la piel, o las mucosas, de granos, manchas o vesículas. || Estos mismos granos o manchas. || Emisión de materias sólidas, líquidas o gaseosas por grietas en la tierra.

esbelto, ta adj. Gallardo, bien formado y alto.

esbirro m. Persona pagada por otra para que lleve a cabo acciones violentas en su lugar.

esbozar tr. Bosquejar. || Insinuar un gesto, normalmente del rostro.

escabeche m. Salsa o adobo para conservar y hacer sabrosos los pescados y otros alimentos. || Alimento conservado en esta salsa.

escabroso, sa adj. Desigual, lleno de tropiezos y embarazos. ||

escabullirse prnl. Irse o escaparse de entre las manos una cosa. || fig. Ausentarse disimuladamente. || fig. Evitar una dificultad o una obligación con sutileza.

fig. Áspero, duro, de mala condición. || fig. Comprometido al borde de lo inconveniente o de lo inmoral.

escacharrar tr. y prnl. Romper, estropear algo.

escafandra f. Aparato compuesto de una vestidura impermeable y un casco hermético, con un cristal frente a la cara y orificios y tubos para renovar aire. Sirve para permanecer y trabajar bajo el agua. || Traje parecido que usan los astronautas para salir de la nave en el espacio.

escala f. Escalera de mano. || Sucesión ordenada de cosas distintas, pero de la misma especie. || Línea recta dividida en partes iguales que representan proporcionadamente determinadas unidades de medida. || Tamaño de un mapa, plano, diseño, etc., según la escala a que se ajusta. || Graduación para medir los efectos de diversos instrumentos. || Lugar donde tocan las aeronaves o embarcaciones entre su punto de origen y el de destino.

escalafón m. Lista de los individuos de una corporación, clasificados según su grado, antigüedad, méritos, etc.

escalar tr. Entrar en un lugar por medio de escalas o trepando. || Subir, trepar por una gran pendiente o a una gran altura. || fig. Ascender social o profesionalmente, no siempre por buenos medios.

escaldar tr. Bañar con agua hirviendo una cosa. || Abrasar.

escalera f. Serie de escalones que sirve para subir y bajar. || Reunión de naipes de valor correlativo.

escalfar tr. Cocer en agua hirviendo o en caldo los huevos sin la cáscara.

escalinata f. Escalera grande y ancha, generalmente con elementos artísticos.

escalofrío m. Sensación de frío que suele preceder a un ataque de fiebre. Más en pl. || Sensación semejante producida por una emoción intensa, especialmente de terror.

escalón m. En la escalera de un edificio, cada parte en que se apoya el pie para subir o bajar. || fig. Grado a que se asciende social o profesionalmente.

escalope m. Filete delgado de carne de vacuno, empanado y frito.

escama f. Membrana córnea, delgada y en forma de escudete, que suele cubrir total o parcialmente la piel de algunos animales, y principalmente la de los peces y reptiles.

escamotear tr. Hacer desaparecer algo con tanta habilidad que los presentes no se den cuenta. ‖ Robar o quitar algo con especial agilidad o astucia.

escampar tr. Despejar, desembarazar un sitio. ‖ intr. Aclararse el cielo nublado, dejar de llover.

escándalo m. Alboroto, tumulto, ruido. ‖ Acción o palabra que provoca rechazo e indignación pública.

escandinavo, va adj. y s. De Escandinavia.

escáner m. Aparato tubular para la exploración de cuerpos por rayos X que permite obtener la imagen completa de varias secciones transversales de la región corporal explorada. ‖ Aparato que realiza copias de fotografía u otros objetos para poder verlas en un ordenador.

escaño m. Banco con respaldo para sentarse tres o más personas. ‖ Puesto, asiento de los parlamentarios en las cámaras.

escapar tr. Librar, sacar de un trabajo, mal o peligro. ‖ intr. Salir uno deprisa y ocultamente. También prnl. ‖ prnl. Salirse un líquido o un gas de un depósito, cañería, etc. ‖ Quedar fuera del dominio o influencia de alguna persona o cosa.

escaparate m. Hueco acristalado que hay en la fachada de las tiendas y que sirve para colocar en él muestras de los géneros que allí se venden.

escapulario m. Tira o pedazo de tela con una abertura por donde se mete la cabeza, y que cuelga sobre el pecho y la espalda. Es distintivo de algunas órdenes religiosas.

escaquearse prnl. fam. Eludir una responsabilidad.

escarabajo m. Insecto de color negro, con antenas y el cuerpo cubierto por un caparazón duro, que se alimenta de estiércol con el que hace unas bolas, dentro de las cuales deposita sus huevos.

escaramuza f. Género de pelea entre los jinetes o soldados de a caballo. ‖ Refriega de poca importancia sostenida especialmente por las avanzadas de los ejércitos. ‖ fig. Riña de poca importancia.

escarbar tr. Rayar o remover repetidamente la superficie de la tierra. ‖ Mondar, limpiar los dientes o los oídos. ‖ fig. Investigar algo encubierto.

escarceo m. Prueba o tentativa antes de iniciar una determinada acción. ‖ fig. Divagación. ‖ fig. Aventura amorosa.

escarcha f. Rocío de la noche congelado.

escardar tr. Entresacar y arrancar las hierbas nocivas de los sembrados. ‖ fig. Separar y apartar lo malo de lo bueno.

escarlata adj. y m. [Color] que es rojo fuerte, aunque menos intenso que el carmín.

escarlatina f. Fiebre eruptiva, contagiosa y con frecuencia epidémica.

escarmentar tr. Castigar con dureza al que ha obrado mal, para que se corrija. || intr. Aprender uno de los errores propios o ajenos para evitar caer en ellos.

escarnio m. Burla muy ofensiva y humillante.

escarola f. Planta de huerta parecida a la lechuga, pero que tiene las hojas rizadas y más duras; se come en ensalada.

escarpado, da adj. Que tiene gran pendiente. || [Altura] que no tiene subida ni bajada transitables.

escarpia f. Clavo con cabeza acodillada, que sirve para sujetar bien lo que se cuelga.

escaso, sa adj. Corto, insuficiente. || Con poca cantidad de algo. || Que no llega a ser completo algo que se expresa.

escatimar tr. Dar, usar o hacer algo lo mínimo posible.

escatología f. Conjunto de creencias y doctrinas referentes a la vida de ultratumba. || Conjunto de anécdotas, expresiones, etc., relacionadas con los excrementos.

escavar tr. Cavar ligeramente la tierra.

escayola f. Yeso calcinado que, mezclado con agua, se emplea como material plástico para modelar figuras o adornos. || Venda recubierta de este yeso para inmovilizar miembros fracturados.

escena f. Escenario de un teatro. || Sitio o parte del teatro en que se representa un espectáculo. || Cada una de las partes en que se divide el acto de la obra dramática. || Actitud, manifestación exagerada o aparatosa fingida para impresionar. || Suceso o situación que ocurre en un determinado momento.

escenario m. Parte del teatro construida y dispuesta para que en ella se puedan colocar las decoraciones y representar. || fig. Conjunto de circunstancias que se consideran en torno de una persona o suceso.

escenificar tr. Dar forma dramática a una obra literaria para ponerla en escena.

escenografía f. Arte de proyectar o realizar decoraciones escénicas. || Conjunto de decorados que se montan en el escenario.

escepticismo m. Doctrina filosófica que afirma que la verdad no existe, o que el hombre es incapaz de conocerla, en caso que exista. || Incredulidad o duda acerca de la verdad o eficacia de cualquier cosa.

escindir tr. y prnl. Cortar, dividir, separar.

esclarecer tr. Iluminar, poner clara una cosa. || fig. Ennoblecer, ilustrar. ‖ fig. Iluminar el entendimiento. ‖ fig. Poner en claro. ‖ intr. Empezar a amanecer.

esclavo, va adj. y s. [Persona] que, por estar bajo el dominio de otra, carece de libertad. ‖ fig. Sometido rigurosa o fuertemente a deber, pasión, afecto, vicio, etc., que priva de libertad. ‖ f. Pulsera sin adornos y que no se abre.

esclerosis f. Enfermedad que consiste en el endurecimiento de cualquier tejido u órgano, por por ejemplo, de las arterias.

esclusa f. Compartimento con compuertas dentro de un canal para que los barcos puedan superar niveles diferentes de agua.

escoba f. Manojo de fibras flexibles con un mango que sirve para barrer. ‖ Cierto juego de naipes.

escobajo m. Raspa que queda del racimo después de quitarle las uvas.

escobilla f. Escobita formada de cerdas o de alambre que se usa para limpiar. ‖ Planta pequeña, especie de brezo, de la que se hacen escobas. ‖ Haz de hilos de cobre destinado a mantener el contacto, por frotación, entre dos partes de una máquina eléctrica.

escobillar intr. *amer.* En algunos bailes tradicionales, zapatear suavemente como si se estuviese barriendo el suelo.

escocer intr. Producirse una sensación muy desagradable, parecida a la quemadura. ‖ fig. Sentirse molesto u ofendido por algo. También prnl. ‖ prnl. Irritarse una parte del cuerpo por el roce con algo.

escocés, esa adj. y s. De Escocia.

escoger tr. Tomar o elegir una o más cosas o personas entre otras.

escolar adj. Del estudiante o de la escuela. ‖ com. Estudiante que cursa y sigue las escuelas.

escolarizar tr. Proporcionar a alguien los medios necesarios para que reciba la enseñanza obligatoria.

escoliosis f. Desviación con convexidad lateral de la columna vertebral.

escollo m. Peñasco que está a flor de agua o que no se descubre bien. ‖ fig. Peligro, riesgo. ‖ fig. Dificultad, obstáculo.

escoltar tr. Acompañar, resguardar o conducir a una persona o cosa.

escombro m. Conjunto de desechos de albañilería o de una mina.

esconder tr. y prnl. Encubrir, ocultar una cosa. ‖ fig. Encerrar, incluir y contener en sí una cosa que no es manifiesta a todos.

escondidas (a) loc. adv. Sin ser visto.

escondite m. Lugar propio para esconderse. ‖ Juego de muchachos.

escondrijo m. Rincón o lugar oculto y retirado donde se esconde algo.

escopeta f. Arma de fuego portátil, con uno o dos cañones de 70 a 80 cm de largo.

escorbuto m. Enfermedad producida por la carencia de vitamina C en la alimentación y caracterizada por hemorragias cutáneas y musculares.

escoria f. Residuo que queda en la fundición de los metales. || fig. Persona o cosa vil y despreciable.

escorpión m. Artrópodo arácnido con cuatro pares de patas y la parte posterior en forma de cola que acaba en un aguijón venenoso. || Uno de los signos del Zodiaco, al que pertenecen las personas que han nacido entre el 24 de octubre y el 22 el noviembre.

escorzo m. Figura que tiene una parte girada con respecto al resto del cuerpo.

escote m. Abertura en una prenda de vestir por la que asoma el cuello y parte del pecho y la espalda. || Parte del busto que queda descubierto por estar escotado el vestido. || Parte que toca pagar a cada uno en un gasto común.

escotilla f. Cada una de las aberturas que hay en la cubierta de un buque, carro de combate, avión, etc.

escozor m. Sensación dolorosa, como la que produce una quemadura. || fig. Sentimiento causado en el ánimo por una pena o desazón.

escriba m. Doctor o intérprete de la ley entre los hebreos. || En la antigüedad, copista, amanuense.

escribano m. Funcionario público que daba fe de las escrituras y demás actos que pasaban ante él. || *amer.* Notario.

escribir tr. Representar palabras o ideas con signos convencionales. || Trazar las notas y demás signos de la música. || Componer libros, discursos, etc. || Comunicar algo a alguien por escrito.

escrito m. Carta, documento o cualquier papel manuscrito, mecanografiado o impreso. || Obra o composición científica o literaria. || Petición en un pleito o causa.

escritorio m. Mueble para guardar papeles o escribir sobre él.

escritor, ra m. y f. Autor de obras escritas o impresas.

escritura f. Acción y resultado de escribir. || Sistema utilizado para escribir. || Arte de escribir. || Documento público que especifica un acuerdo y que firman los interesados ante el notario que da fe de ello.

escriturar tr. Hacer constar con escritura pública y en forma legal un otorgamiento o un hecho.

escrúpulo m. Duda o recelo de conciencia. || Aprensión, asco hacia alguna cosa.

escrutar tr. Indagar, escudriñar. || Reconocer y computar los votos para elecciones y otros actos análogos.

escuadra f. Instrumento de figura de triángulo rectángulo, o compuesto solamente de dos reglas que forman ángulo recto. || Corto número de soldados a las órdenes de un cabo. || Conjunto de buques de guerra para determinado servicio.

escuadrilla f. Escuadra de buques pequeños. || Grupo de aviones que vuelan juntos dirigidos por un jefe.

escuadrón m. Unidad de caballería mandada normalmente por un capitán. || Unidad del cuerpo de aviación equiparable en importancia al batallón terrestre.

escuálido, da adj. Flaco, macilento.

escuchar intr. Aplicar el oído para oír. || tr. Prestar atención a lo que se oye. || Atender a un aviso, consejo o sugerencia. || prnl. Hablar o recitar con pausas afectadas demostrando gusto por lo que se dice y cómo se dice.

escudar tr. Resguardar y defender a una persona del peligro que le está amenazando. || prnl. Valerse uno de algún medio como justificación para salir de un riesgo o compromiso.

escudo m. Arma defensiva de metal, madera o cuero para cubrir y resguardar el cuerpo. || Superficie o espacio con el emblema o las armas de una nación o familia. || Unidad monetaria de Portugal y Cabo Verde. || Lo que sirve de protección o defensa. || Antigua moneda de oro o de plata.

escudriñar tr. Inquirir y averiguar cuidadosamente.

escuela f. Establecimiento público de enseñanza. || Método o estilo peculiar de cada maestro. || Doctrina, principios y sistema de un autor. || Conjunto de discípulos e imitadores de una persona o de su doctrina, arte, etc.

escueto, ta adj. Breve, sin rodeos ni palabras innecesarias.

escuincle m. y f. *amer.* Niño.

esculpir tr. Labrar a mano una obra de escultura. || Grabar, labrar en hueco o en relieve.

escultor, ra m. y f. Persona que profesa el arte de la escultura.

escultura f. Arte de modelar, tallar y esculpir figuras a partir de un material cualquiera. || Obra esculpida.

escupir intr. Arrojar saliva por la boca. || tr. Despedir o arrojar con violencia una cosa. || fig. Confesar, decir lo que uno sabe.

escurrir tr. Apurar las últimas gotas de un líquido que han quedado en un vaso, botella, etc. || Hacer que una cosa que tiene líquido despida la parte que ha quedado detenida. También prnl. || intr. Destilar y caer gota a gota. || Resbalar. También prnl.

esdrújulo, la adj. y s. [Palabra] que lleva el acento fonético en la antepenúltima sílaba.

ese f. Nombre de la letra *s*.

ese, esa, eso, esos, esas Formas del pron. dem. en los tres géneros m., f. y n., y en ambos números, sing. y pl., que designan lo que está cerca de la persona con quien se habla, o representan lo que esta acaba de mencionar.

esencia f. Naturaleza de las cosas. ‖ Lo permanente e invariable de ellas. ‖ Extracto líquido concentrado de una sustancia, generalmente aromática.

esfera f. Sólido terminado por una superficie curva cuyos puntos equidistan todos de otro interior llamado centro. ‖ Círculo en que giran las manecillas del reloj. ‖ fig. Clase o condición de una persona. ‖ fig. Ámbito, espacio al que alcanza la influencia, la acción de algo o alguien.

esfinge f. Monstruo fabuloso con cabeza, cuello y pecho de mujer, y cuerpo y pies de león.

esfínter m. Músculo que abre y cierra algún orificio del cuerpo, como el de la vejiga de la orina o el del ano.

esforzarse prnl. Hacer esfuerzos.

esfuerzo m. Acción enérgica del cuerpo o del espíritu para conseguir algo. ‖ Empleo de elementos costosos en la consecución de algún fin.

esfumar tr. Extender los trazos del lápiz difuminándolos. ‖ Rebajar los contornos de una pintura. ‖ prnl. fig. Disiparse, desvanecerse. ‖ fig. Escabullirse de un lugar.

esgrima f. Arte de manejar la espada, el sable y otras armas blancas.

esgrimir tr. Manejar la espada, el sable y otras armas blancas. ‖ fig. Usar de algo para lograr algún objetivo.

esguince m. Lesión que se produce en una articulación por una torcedura violenta.

eslabón m. Pieza que, enlazada con otras, forma cadena.

eslogan m. Frase publicitaria. ‖ Lema.

eslora f. Longitud de la nave desde la proa a popa por la parte de adentro.

eslovaco, ca adj. y s. De Eslovaquia. ‖ m. Idioma de los eslovacos.

esloveno, na adj. y s. De Eslovenia. ‖ m. Idioma de los eslovenos.

esmalte m. Barniz vítreo que se aplica a la porcelana, loza, metales, etc. ‖ Obra esmaltada. ‖ Materia dura que cubre la corona de los dientes. ‖ Laca para las uñas.

esmeralda f. Piedra preciosa verde.

esmerarse prnl. Poner sumo cuidado y atención en algo.

esmoquin m. Prenda de etiqueta a modo de chaqueta sin faldones.

esnifar tr. Aspirar cocaína u otra droga por la nariz.

esnob adj. y com. [Persona] que, por parecer distinguida, adopta las costumbres y la ropa de moda. || Propio del esnob.

esófago m. Conducto por el que los alimentos pasan desde la boca al estómago.

esotérico, ca adj. Oculto, reservado. || Impenetrable o de difícil comprensión.

espabilar tr. Hacer desaparecer el sueño, despejar. También prnl. || Avivar y ejercitar el entendimiento o el ingenio. También prnl. || intr. Darse prisa.

espachurrar tr. Aplastar una cosa blanda al apretarla con fuerza o poner algún peso encima de ella.

espaciador m. Tecla de las máquinas de escribir o de los ordenadores para dejar espacios en blanco.

espacial adj. Relativo al espacio.

espacio m. Extensión del universo donde están contenidos todos los objetos sensibles que coexisten. || Lugar de esa extensión que ocupa cada objeto sensible. || Separación entre dos cosas o personas. || Sitio o lugar. || Transcurso de tiempo. || Programa de televisión o radio. || Separación entre las rayas del pentagrama.

espada f. Arma blanca, larga, recta, aguda y cortante, con empuñadura. || Torero que mata con espada. Más c. m. || Persona diestra en su manejo. || Palo y carta de la baraja.

espadachín m. El que sabe manejar bien la espada.

espagueti m. Pasta alimenticia de harina formando cilindros macizos, más largos que los fideos.

espalda f. Parte posterior del cuerpo humano desde los hombros hasta la cintura. || Parte del vestido que corresponde a la espalda. || Lomo de un animal. || Estilo de natación. || pl. Parte posterior de una cosa.

espantapájaros m. Espantajo en sembrados y árboles para ahuyentar los pájaros.

espantar tr. Causar espanto. También intr. || Echar de un lugar a una persona o animal. || prnl. Sentir espanto, asustarse.

espanto m. Terror, asombro. || Persona o cosa extremadamente fea. || *amer.* Fantasma, aparecido.

español, la adj. y s. De España. || m. Lengua oficial de España e Hispanoamérica.

esparadrapo m. Tira de tela, una de cuyas caras es adhesiva, que sirve para cubrir heridas y sujetar vendajes.

esparcir tr. y prnl. Separar, extender lo que está junto o amontonado. || fig. Divulgar, extender una noticia. || Divertir, desahogar, recrear.

espárrago m. Planta con yemas de tallo recto y blanco y cabezuelas comestibles. || Yema comestible que produce la raíz de la esparraguera. || Palo largo para asegurar un entoldado.

esparto m. Planta textil, con hojas enrolladas sobre sí, duras y muy resistentes, utilizada principalmente en cordelería. || Hojas de esta planta.

espasmo m. Contracción involuntaria de los músculos.

espátula f. Paleta pequeña, con bordes afilados y mango largo, de que se sirven los albañiles, pintores, etc.

especia f. Sustancia con que se sazonan los manjares y guisados.

especial adj. Singular o particular. || Muy adecuado o propio para algo.

especialidad f. Particularidad, singularidad. || Confección o producto en cuya preparación sobresale una persona, establecimiento, región, etc. || Rama de una ciencia, arte o actividad, cuyo objeto es una parte limitada de las mismas.

especializar tr. y prnl. Cultivar en profundidad un ramo determinado de una ciencia o arte.

especie f. Conjunto de cosas que tienen características comunes o semejantes; se utiliza, sobre todo, para referirse a los grupos de seres vivos que pueden reproducirse entre sí.

especificar tr. Fijar o determinar de modo preciso.

específico, ca adj. Que es característico de un ser vivo, de una cosa o de un grupo, y no de otros. || m. Medicamento fabricado industrialmente y con envase especial.

espécimen m. Muestra, modelo, ejemplar, normalmente con las características de su especie muy bien definidas.

espectacular adj. Que causa impresión o llama mucho la atención.

espectáculo m. Función o diversión pública de cualquier tipo. || Todo lo que es capaz de atraer la atención. || Acción que causa escándalo o extrañeza.

espectador, ra adj. y s. Persona que está viendo un espectáculo o mira con atención cualquier otra cosa.

espectro m. Imagen fantasmal y horrible. || Resultado de la descomposición de un haz de luz. || Imagen gráfica de un sonido. || Serie de las diversas microbianas sobre las que es terapéuticamente activo un medicamento.

especular intr. Meditar, reflexionar. || Hacer suposiciones sin fundamento. || Comprar bienes que se cree van a subir de precio para venderlos y obtener una ganancia rápida.

espejismo m. Ilusión óptica debida a la reflexión de la luz.

espejo m. Superficie lisa que refleja los objetos, especialmente la superficie brillante hecha de una placa de vidrio recubierta de mercurio por detrás.

espeluznante adj. Pavoroso, terrorífico.

espera f. Hecho de esperar a alguien o a que pase algo.

esperanto m. Idioma creado en 1887 por el médico polaco Zamenhof, con idea de que pudiese servir como lengua universal.

esperanza f. Confianza en que ocurrirá o se logrará lo que se desea. || Virtud teologal.

esperar tr. Tener esperanza de conseguir lo que se desea. || Creer que ha de suceder alguna cosa. || Permanecer en sitio adonde se cree que ha de ir alguna persona o ha de ocurrir alguna cosa. || Detenerse en el obrar hasta que suceda algo.

esperma amb. Semen, secreción de las glándulas genitales masculinas.

espermatozoide m. Célula sexual masculina, destinada a la fecundación del óvulo.

esperpento com. fam. Persona o cosa notable por su fealdad o mala traza. || m. Desatino, absurdo. || Género literario creado por Ramón del Valle Inclán, en el que se deforma sistemáticamente la realidad, recargando sus rasgos grotescos y absurdos.

espesor m. Grueso de un sólido. || Densidad o condensación de un fluido.

espeso, sa adj. [Sustancia] fluida o gaseosa que tiene mucha densidad o condensación. || [Cualquier cosa] cuyos elementos están muy juntos y apretados.

espetar tr. Atravesar con el asador carne o pescados para asarlos. || Decir a alguien bruscamente algo que le sorprende o molesta.

espía com. Persona que con disimulo observa lo que pasa, para comunicarlo al que tiene interés en saberlo.

espiar tr. Observar disimuladamente lo que se dice o hace, especialmente cuando se realiza intentando obtener información secreta de un Estado extranjero, de una empresa de la competencia, etc.

espiga f. Inflorescencia cuyas flores son hermafroditas y están sentadas a lo largo de un eje. || Parte de una herramienta adelgazada para introducirla en el mango. || Parte superior de la espada, en donde se asegura la guarnición. || Extremo de un madero cuyo espesor se ha disminuido para que encaje en un hueco.

espigado, da adj. [Planta] anual cuando se la deja crecer hasta la completa madurez de la semilla. || En forma de espiga. || fig. [Joven] alto y delgado.

espina f. Púa que nace del tejido de algunas plantas. || Astilla pequeña y puntiaguda. || Parte dura y puntiaguda que en los peces hace el oficio de hueso. || Espinazo de los vertebrados.

espinaca f. Planta hortense, anual, con hojas radicales, estrechas y suaves.

espinazo m. Conjunto de las vértebras de los mamíferos y aves.

espinilla f. Parte anterior de la canilla de la pierna. || Especie de barrillo que aparece en la piel.

espiral adj. y f. [Línea] curva que gira alrededor de un punto y se aleja cada vez más de él.

espirar tr. Exhalar buen o mal olor. || intr. Tomar aliento, alentar. || Expeler el aire aspirado. También tr.

espiritismo m. Doctrina de los que suponen que pueden ser evocados los espíritus.

espíritu m. Parte no física del hombre que le permite pensar, sentir o querer. || Ser no material que tiene inteligencia. || Ser sobrenatural de las leyendas o la mitología. || Demonio infernal. Más en pl. || Ánimo, valor. || Principio generador, tendencia general, carácter íntimo, esencia o sustancia de una cosa.

espléndido, da adj. Magnífico, muy bueno. || Generoso, que no le cuesta gastarse o dar lo que tiene.

esplendor m. Hermosura, grandiosidad. || fig. Apogeo, cualidad de la persona o cosa que ha alcanzado su máximo desarrollo o su máxima perfección.

espliego m. Lavanda.

espolear tr. Picar con la espuela a la cabalgadura. || fig. Avivar, incitar, estimular a uno.

espolio m. Conjunto de bienes que, por haber sido adquiridos con rentas eclesiásticas, quedan como propiedad de la Iglesia al morir sin testar el clérigo que los poseía.

espolón m. Apófisis ósea que tienen en el tarso varias aves. || Malecón que suele hacerse a orillas de los ríos o del mar. || Punta en que remata la proa de la nave.

espolvorear tr. Esparcir sobre una cosa otra hecha polvo.

esponja f. Animal con forma parecida a un saco que vive sujeto a las rocas y otros objetos del fondo del mar; su esqueleto, que es muy poroso, se utiliza para lavarse. || Todo cuerpo que se asemeja al esqueleto de las esponjas y sirve como utensilio de limpieza.

esponjoso, sa adj. Hueco, ligero y suave como una esponja.

esponsales m. pl. Promesa de casarse que se hacen y aceptan los novios.

espontáneo, a adj. Que se produce por sí solo o sin cuidados del hombre. ‖ [Persona o animal] que actúa con naturalidad, sinceramente. ‖ m. y f. Persona que interviene en un espectáculo público sin tener autorización para ello, especialmente en las corridas de toros.

esporádico, ca adj. fig. Ocasional.

esposar tr. Sujetar a alguien con esposas.

esposo, sa m. y f. Persona que ha contraído esponsales. ‖ Persona casada con respecto a su cónyuge. ‖ f. pl. Manillas de hierro con que se sujeta a los presos por las muñecas.

espuela f. Espiga de metal terminada en una estrella con puntas que se ajusta al talón del calzado para picar a la cabalgadura. ‖ Última copa que toman los amigos antes de separarse.

espuerta f. Receptáculo de forma cóncava, con dos asas pequeñas.

espulgar tr. y prnl. Quitar las pulgas o los piojos.

espuma f. Conjunto de burbujas que se forman en la superficie de los líquidos. ‖ Parte del jugo y de impurezas que sobrenadan al cocer ciertas sustancias. ‖ Tejido sintético elástico y esponjoso.

espumadera f. Paleta llena de agujeros con que se saca la espuma de los líquidos o los fritos de la sartén.

espumillón m. Tira con flecos de un tipo de papel de seda o brillante que se utiliza como adorno navideño.

espumoso, sa adj. Que tiene o hace mucha espuma. ‖ [Vino] al que se ha sometido a una segunda fermentación para que tenga burbujas.

espurio, ria adj. Que degenera de su origen o naturaleza; que no es auténtico.

esputo m. Lo que se arroja de una vez en cada expectoración.

esqueje m. Tallo o cogollo que se introduce en tierra para multiplicar la planta.

esquela f. Carta breve. ‖ Papel en que se comunican ciertas noticias a varias personas. ‖ Aviso de la muerte de una persona que se publica en los periódicos.

esquelético, ca adj. Muy flaco.

esqueleto m. Armazón óseo de los vertebrados. ‖ fig. Estructura que sostiene algo. ‖ fig. Persona muy delgada. ‖ *amer.* Modelo o patrón impreso en que se dejan blancos que se rellenan a mano. ‖ *amer.* Bosquejo, plan de una obra.

esquema m. Representación de algo en sus líneas más generales.

esquematizar tr. Exponer o representar una cosa recogiendo solo sus líneas, ideas o puntos principales.

esquí m. Especie de patín muy largo, de madera u otro material, que se usa para deslizarse sobre la nieve o el agua, o por pistas apropiadas.

esquilar tr. Cortar con la tijera el pelo o lana de los ganados.

esquilmar tr. Agotar una fuente de riqueza por explotarla excesivamente. || Arruinar a alguien sacándole abusivamente dinero y bienes.

esquimal adj. y com. [Pueblo] de raza mongólica que se extiende desde las costas árticas de Norteamérica hasta el extremo NO. de Siberia. Vive de la caza y de la pesca. || Relativo a este pueblo.

esquina f. Arista, principalmente la que resulta del encuentro de las paredes de un edificio.

esquirol m. *desp*. Obrero que se presta a realizar el trabajo abandonado por un huelguista, o que no abandona el trabajo en una huelga.

esquivar tr. Realizar un movimiento para evitar un golpe, un obstáculo, etc. || fig. Rehuir, eludir.

esquizofrenia f. Grupo de enfermedades mentales que se caracterizan por una disociación de la personalidad y falta de contacto con la realidad.

estabilidad f. Característica que tienen las cosas estables, que no están en peligro de caerse, moverse o cambiar.

estable adj. Constante, durable, firme, permanente.

establecer tr. Fundar, instituir, hacer de nuevo. || Ordenar, mandar. || Sentar un principio de valor general. || prnl. Avecindarse uno o fijar su residencia en alguna parte. || Abrir por su cuenta un establecimiento.

establecimiento m. Acción de establecer o establecerse. || Lugar donde se ejerce una actividad comercial, industrial, profesional, etc.

establo m. Lugar cubierto en que se cierra ganado.

estaca f. Palo que termina en punta por uno de sus extremos para fijarlo en el suelo. || Palo grueso, que puede utilizarse como bastón.

estacada f. Cualquier obra hecha de estacas clavadas en la tierra.

estación f. Cada una de las cuatro partes en que se divide el año: primavera, verano, otoño e invierno. || Tiempo, temporada. || Visita que se hace a las iglesias, principalmente en los días de Jueves y Viernes Santo. || En los ferrocarriles y líneas de autobuses o del metropolitano, sitio donde hacen parada los vehículos y se admiten viajeros y mercancías. || Local y conjunto de instalaciones en los que se realiza una actividad determinada.

estacionamiento m. Aparcamiento de un vehículo. ‖ Lugar donde pueden aparcarse los vehículos.

estacionar tr. y prnl. Situar, colocar en un lugar, particularmente un coche en un hueco apropiado de la calle. ‖ prnl. Quedarse estacionario, estancarse.

estadio m. Recinto con graderías para los espectadores, destinado a competiciones deportivas. ‖ Etapa o fase de un proceso, desarrollo o transformación.

estadista com. Jefe de Estado. ‖ Especialista en asuntos de dirección de los Estados.

estadística f. Ciencia que utiliza conjuntos de datos numéricos para obtener, a partir de ellos, inferencias basadas en el cálculo de probabilidades.

estado m. Situación en que está una persona o cosa, en relación con los cambios que influyen en su condición. ‖ Clase o condición social de la vida de cada uno. ‖ Cada uno de los grados o modos de cohesión de las moléculas de los cuerpos. ‖ Cuerpo político de una nación y territorio y población a los que se extiende su autoridad. ‖ Por ext., país, nación. ‖ Cada uno de los territorios independientes de una federación.

estadounidense adj. y com. De los Estados Unidos de América.

estafar tr. Pedir o sacar dinero o cosas de valor con engaño. ‖ Dar a alguien menos o cobrarle más de lo justo. ‖ fig. Defraudar, no ofrecer lo que se espera de algo.

estafeta f. Correo ordinario que iba a caballo de un lugar a otro. ‖ Casa u oficina del correo. ‖ Correo especial para el servicio diplomático.

estallar intr. Reventar de golpe una cosa con estruendo. ‖ Restallar. ‖ fig. Sobrevenir, ocurrir violentamente una cosa. ‖ fig. Sentir y manifestar repentina y violentamente una pasión.

estamento m. Estrato de una sociedad, definido por un estado de vida común o una análoga función social. ‖ Cada uno de los dos cuerpos colegisladores establecidos por el Estatuto Real en el s. XIX.

estampa f. Efigie o figura impresa. ‖ Papel o tarjeta con una figura grabada. ‖ Escena, imagen típica, representativa de algo. ‖ Apariencia, porte.

estampado, da adj. y m. [Tela o prenda de vestir] que tiene dibujos. ‖ m. Impresión de letras, figuras o dibujos sobre un papel, una tela, una plancha de metal o cosas parecidas.

estampar tr. Imprimir, sacar en estampas una cosa. También intr. ‖ Dar forma a una plancha metálica por percusión entre dos matrices. || Señalar o imprimir una cosa en otra. || fam. Arrojar a una persona o cosa o hacerla chocar contra algo.

estampida f. Huida impetuosa que emprende una persona, animal o conjunto de ellos. || Estampido.

estampido m. Ruido fuerte y seco como el producido por el disparo de un cañón.

estancar tr. y prnl. Detener o detenerse el curso y corriente de una cosa. || Suspender o suspenderse la marcha de un asunto o un negocio.

estancia f. Habitación o sala de una vivienda u otro edificio. || Tiempo que permanece alguien en un lugar. || Estrofa formada por más de seis versos endecasílabos y heptasílabos con rima variable en consonante, y cuya estructura se repite a lo largo del poema. || *amer.* Hacienda de campo destinada al cultivo, y más especialmente a la ganadería.

estanciero, ra m. y f. *amer.* Persona que es dueña de una estancia, casa de campo, o que cuida de ella.

estanco, ca adj. Que está muy bien cerrado e incomunicado. || m. Lugar donde se venden géneros estancados, y especialmente sellos, tabaco y cerillas.

estándar adj. Que sirve como tipo, modelo, patrón, norma o referencia. Solo en sing. || com. En aposición con un sustantivo, normal, de serie.

estandarizar tr. Ajustar las características de algo a un modelo determinado.

estandarte m. Insignia o bandera que usan algunas corporaciones.

estanque m. Balsa construida para remansar o recoger el agua.

estante m. Mueble con anaqueles o entrepaños, y generalmente sin puertas. || Anaquel.

estantería f. Juego de estantes o de anaqueles.

estaño m. Metal blanco, de brillo argénteo, dúctil y maleable, poco conductor de la electricidad y poco alterable en contacto con el aire.

estar intr. Existir, hallarse una persona o cosa en un lugar, situación, condición, etc. También prnl. || Tratándose de prendas de vestir, sentar o caer bien o mal. || Permanecer el tiempo indicado en un lugar. También prnl. || prnl. Encontrarse de una determinada manera.

estatal adj. Relativo al Estado.

estático, ca adj. Relativo a la estática. || Que permanece en un mismo estado, sin modificación en él. || f. Parte de la mecánica que estudia el equilibrio de los cuerpos.

estatua f. Figura de bulto labrada a imitación del natural.

estatura f. Altura, medida de una persona desde los pies a la cabeza.

estatuto m. Conjunto de leyes y normas por las que se rige un grupo de personas, por ejemplo, los habitantes de una región o los trabajadores de un país.

este m. Levante, oriente. || Viento que viene de la parte de oriente.

este, esta, esto, estos, estas Formas de pron. dem. en los tres géneros m., f. y n., y en ambos núms., sing. y pl. Designan lo que está cerca de la persona que habla. Las formas m. y f. se usan como adj. y como s.

estela f. Rastro de espuma y agua removida que deja tras sí en la superficie del agua una embarcación u otro cuerpo en movimiento. || Rastro que deja en el aire un cuerpo luminoso en movimiento.

estelar adj. Relativo a las estrellas.

estentóreo, a adj. Muy fuerte, ruidoso o retumbante.

estepa f. Erial llano y muy extenso.

estera f. Tejido grueso de esparto, juncos, palma, etc.

estercolero m. Lugar donde se recoge el estiércol.

estereotipo m. Modelo fijo de cualidades o de conducta. || Tópico. || Plancha utilizada en estereotipia.

estéril adj. Que no da fruto. || Infecundo.

esterilizar tr. Hacer infecundo y estéril lo que antes no lo era. || Destruir los gérmenes patógenos que hay o puede haber en los instrumentos, objetos de curación, agua, etc.

esternón m. Hueso plano, situado en la parte anterior del pecho, al que se unen parte de las costillas y las clavículas.

estertor m. Respiración anhelosa que suele presentarse en los moribundos.

estético, ca adj. Relativo a la estética. || Artístico, de bello aspecto. || f. Ciencia que trata de la belleza y de la teoría fundamental y filosófica del arte.

estiércol m. Excremento de cualquier animal. || Materias orgánicas, comúnmente vegetales, podridas, que se destinan al abono de las tierras.

estigma m. Marca o señal en el cuerpo.

estilete m. Púa o punzón. || Puñal de hoja muy estrecha y aguda.

estilista com. Escritor que se distingue por lo esmerado y elegante de su estilo. || Persona que cuida del estilo o la imagen en otras actividades.

estilizar tr. Interpretar convencionalmente la forma de un objeto haciendo resaltar tan solo sus rasgos más característicos.

estilo m. Manera de escribir o de hablar. ‖ Carácter propio que da a sus obras el artista. ‖ Modo, forma. ‖ Uso, moda. ‖ Elegancia.

estilográfica adj. y f. Pluma de mango hueco lleno de tinta.

estima f. Consideración y aprecio que se siente por algo o alguien.

estimular tr. Aguijonear, punzar. ‖ fig. Incitar, excitar con viveza a la ejecución de una cosa. ‖ Activar el funcionamiento de un órgano.

estío m. Verano.

estipendio m. Remuneración. ‖ Tasa fijada por la autoridad eclesiástica católica que dan los fieles al sacerdote, para que realice ciertos actos religiosos.

estipular tr. Convenir, concertar, acordar.

estiramiento m. Extensión de las distintas partes del cuerpo hasta dejarlas tirantes, que se hace para relajarlas o para facilitar los movimientos después de permanecer durante mucho tiempo en la misma postura. ‖ Orgullo, ensoberbecimiento.

estirar tr. Alargar, dilatar una cosa. También prnl. ‖ intr. y prnl. Crecer una persona. ‖ prnl. Desperezarse.

estirpe f. Raíz y tronco de una familia o linaje.

estival adj. Relativo al estío.

estocada f. Golpe que se da con la punta de la espada o estoque. ‖ Herida que resulta de él.

estofado m. Guiso, normalmente de carne, condimentado con aceite, vino o vinagre, ajo, cebolla y varias especias.

estoicismo m. Fortaleza de carácter ante la adversidad y el dolor. ‖ Escuela filosófica fundada en el s. III por el griego Zenón de Citio, y basada en una doctrina que defiende el autodominio y la fraternidad universal.

estola f. Banda de tela que los sacerdotes usan en el ejercicio de su ministerio colgada del cuello. ‖ Banda larga de piel que usan las mujeres para abrigarse el cuello.

estomacal adj. Relativo al estómago.

estomagar tr. Causar indigestión, empachar. ‖ fig. y fam. Causar fastidio o enfado.

estómago m. Parte más dilatada del tubo digestivo, que sigue al esófago, y en el que se transforman los alimentos.

estopa f. Parte basta o gruesa del lino o del cáñamo.

estoque m. Espada angosta, con la cual solo se puede herir de punta.

estor m. Especie de cortina que cubre el hueco de una ventana y que se enrolla o recoge de abajo arriba.

estorbar tr. Poner obstáculo a la ejecución de algo. ‖ fig. Molestar, incomodar.

estornudar intr. Arrojar con estrépito por la nariz y la boca el aire inspirado.

estrabismo m. Desviación de la dirección normal de uno o de ambos globos oculares.

estrado m. Sitio de honor, algo elevado sobre el suelo, donde en un salón de actos se sitúa la presidencia, el conferenciante, etc.

estrafalario, ria adj. y s. Desaliñado en el vestido o en el porte. || fig. y fam. Extravagante.

estrago m. Ruina, daño, asolamiento.

estragón m. Hierba con las hojas verdes y estrechas y flores amarillas, que se utiliza como aperitivo, aliñada con vinagre, y como condimento.

estrambótico, ca adj. Extravagante.

estrangular tr. y prnl. Ahogar a una persona o a un animal oprimiéndole el cuello hasta impedir la respiración. || fig. Dificultar o impedir el paso por una vía o conducto. || fig. Impedir con fuerza la realización de un proyecto, intento, etc.

estraperlo m. Comercio ilegal de artículos intervenidos por el Estado o sujetos a tasa.

estratagema f. Astucia, engaño.

estrategia f. Arte de dirigir las operaciones militares. || fig. Arte, traza para dirigir un asunto.

estrato m. Masa mineral en forma de capa que constituye los terrenos sedimentarios. || Nube en forma de faja.

estratosfera f. Región de la atmósfera, que va desde los 10-20 km a los 50 km de altura, compuesta por capas de diferentes temperaturas, una de las cuales es la de ozono.

estrechar tr. y prnl. Reducir la anchura de una cosa. || Apretar algo o a alguien con las manos o los brazos. || Hacer más fuertes los lazos de unión de cualquier relación. || prnl. Ceñirse, recogerse. || Reducir gastos.

estrecho, cha adj. Que tiene poca anchura. || Ajustado, apretado. || fig. [Parentesco] cercano y [amistad] íntima. || fig. Rígido, austero. || fig. Reprimido en el terreno sexual. También s. || m. Paso angosto de mar comprendido entre dos costas cercanas.

estrella f. Cuerpo celeste que brilla en el cielo con luz propia. || Cualquier objeto que tiene la forma con la que habitualmente se representan las estrellas. || Signo de esta forma que indica la graduación de jefes y oficiales de las fuerzas armadas, o la categoría de los establecimientos hoteleros. || fig. Artista o deportista destacado y muy famoso. || fig. Sino, hado, destino.

estrellar tr. Arrojar con violencia una cosa contra otra, ha-

ciéndola pedazos. También prnl. ‖ prnl. Quedar malparado o matarse por efecto de un choque violento. ‖ fig. Fracasar en una pretensión por tropezar contra un obstáculo insuperable.

estremecer tr. Conmover, hacer temblar. ‖ fig. Ocasionar sobresalto en el ánimo una causa extraordinaria. ‖ prnl. Temblar.

estrenar tr. Hacer uso por primera vez de una cosa. ‖ Tratándose de ciertos espectáculos públicos, representarlos por primera vez. ‖ prnl. fig. Empezar uno a desempeñar un oficio, empleo, cargo, etc.

estreno m. Primer uso que se hace de una cosa. ‖ Primera representación que se hace de un espectáculo.

estreñimiento m. Dificultad de evacuar el vientre.

estrépito m. Ruido considerable, estruendo.

estrés m. Alteración física o psíquica de un individuo por someter su organismo a un exceso de trabajo, de tensión nerviosa, etc.

estresante adj. Que causa mucho malestar o cansancio físico y mental.

estría f. Raya en hueco que suelen tener algunos cuerpos. ‖ Cada una de las marcas, como cicatrices, que aparecen en la piel tras un proceso de excesivo estiramiento.

estribar intr. Fundarse, apoyarse.

estribillo m. Expresión o cláusula en verso, que se repite después de cada estrofa.

estribo m. Pieza en que el jinete apoya el pie. ‖ Especie de escalón que sirve para subir o bajar de un coche.

estribor m. Banda derecha del navío mirando de popa a proa.

estricto, ta adj. Riguroso. ‖ Preciso.

estridente adj. Sonido agudo, desapacible y chirriante.

estrofa f. Cualquiera de las partes compuestas del mismo número de versos y ordenados de modo igual, de que constan algunas composiciones poéticas.

estrógeno m. Hormona sexual femenina responsable de la formación de los caracteres sexuales secundarios.

estropajo m. Porción de esparto machacado, que sirve principalmente para fregar. ‖ Por ext., porción de cualquier otra materia, como plástico, alambre, nailon, etc., que sirve para fregar.

estropear tr. Maltratar o deteriorar una cosa. También prnl. ‖ Malograr cualquier asunto o proyecto.

estructura f. Distribución y orden de las partes importantes de algo. ‖ Armazón que soporta algo.

estructurar tr. y prnl. Distribuir, ordenar las partes de una obra o de un conjunto.

estruendo m. Ruido grande. || fig. Confusión, bullicio.

estrujar tr. Apretar una cosa para sacarle el zumo. || Apretar a alguien tan fuerte y violentamente que se le llegue a lastimar. || fig. y fam. Agotar una cosa; sacar de ella todo el partido posible.

estuario m. Desembocadura de un río que se caracteriza por tener una forma semejante al corte longitudinal de un embudo.

estuche m. Caja o envoltura para guardar ordenadamente un objeto o varios.

estuco m. Masa de yeso blanco, cal apagada, mármol pulverizado u otras materias.

estudiar tr. e intr. Ejercitar el entendimiento para comprender o aprender una cosa. || Cursar estudios en las universidades u otros centros docentes. || tr. Examinar atentamente.

estudio m. Esfuerzo del entendimiento para conocer alguna cosa. || Obra en que un autor estudia y dilucida una cuestión. || Aposento donde el escritor, fotógrafo, artista, etc., trabaja. || Apartamento compuesto por una sala grande, un cuarto de baño y una cocina. || Pieza musical didáctica. || Conjunto de edificios o dependencias destinado al rodaje de películas cinematográficas o emisiones de radio y televisión. Más en pl. || pl. Conjunto de temas que se estudian de una materia.

estufa f. Aparato para calentar las habitaciones.

estupefaciente m. Sustancia que hace perder o estimula la sensibilidad, o produce alucinaciones, y cuyo uso consumo, no controlado médicamente, suele producir hábito.

estupefacto, ta adj. Atónito, pasmado.

estupendo, da adj. Muy bueno. || adv. Muy bien.

estúpido, da adj. y s. Necio, falto de inteligencia.

estupor m. Asombro, pasmo.

estupro m. Acceso carnal de un adulto con un menor logrado con abuso de confianza o engaño.

etapa f. En un viaje, cada trayecto recorrido entre dos paradas. || fig. Época o avance en el desarrollo de una acción u obra.

etarra adj. y com. Perteneciente o relativo a la organización terrorista ETA.

etcétera m. Voz que se emplea para indicar que en el discurso se omite lo que quedaba por decir. Se abrevia etc.

éter m. Fluido sutil e invisible que se suponía llenaba todo el espacio. Por ext., cielo, espacio. || Sustancia líquida o gaseosa, que huele muy fuerte, utilizada en medicina para eliminar durante un tiempo la sensibilidad total o parcial del cuerpo.

etéreo, a adj. No concreto, poco determinado. || Celestial.

eterno, na adj. Que no tuvo principio ni tendrá fin. || fig. Que dura mucho tiempo.

ética f. Parte de la filosofía, que trata de la moral y de las obligaciones del hombre. || Conjunto de normas morales que regulan cualquier relación o conducta humana, sobre todo dentro de un ámbito específico.

étimo m. Raíz o vocablo del que procede otro u otros.

etimología f. Origen de las palabras. || Parte de la gramática que estudia el origen de las palabras.

etíope o **etiope** adj. y com. Natural de Etiopía.

etiqueta f. Marca, señal que se coloca en algo para su identificación, valoración, clasificación, etc. || Por ext., calificación identificadora de una dedicación, profesión, significación, ideología, etc., de alguien. || Conjunto de normas que se deben observar en los actos públicos solemnes.

etnia f. Agrupación natural de hombres que presentan ciertas afinidades somáticas, lingüísticas o culturales.

eucalipto m. Árbol de gran altura, con ramas en forma de cono, hojas alargadas y acabadas en punta que huelen muy bien y se utilizan en medicina para aliviar la tos y los síntomas del constipado.

eucaristía f. Sacramento de la Iglesia católica, en el cual, mediante las palabras pronunciadas por el sacerdote, el pan y el vino se transustancian en el cuerpo y la sangre de Cristo.

eufemismo m. Palabra o expresión con que se sutituye a otra más grosera, impertinente, violenta o que se considera tabú.

euforia f. Alegría grande, sensación de bienestar.

eunuco m. Hombre al que se le han extirpado los órganos genitales.

euro m. Unidad monetaria de la Unión Europea.

eurodiputado, da m. y f. Diputado del parlamento de la Comunidad Europea.

europeo, a adj. y s. De Europa.

eusquera o **euskera** adj. Relativo a la lengua vasca. || m. Vascuence, la lengua vasca.

eutanasia f. Acción de provocar la muerte de un enfermo incurable para evitarle sufrimiento físico.

evacuar tr. Desocupar. || tr. e intr. Expeler un ser orgánico humores o excrementos.

evadir tr. y prnl. Evitar un daño o peligro. || Sacar ilegalmente dinero de un país. || prnl. Fugarse, escaparse. || fig. Distraerse.

evaluar tr. Valorar una cosa.

evangelio m. Historia de la vida, doctrina y milagros de Jesucristo. || Cada uno de los cuatro libros escritos por los evangelistas San Mateo, San Marcos, San Lucas y San Juan. ‖ Parte de la misa católica en la que se lee y comenta alguno de estos libros.

evangelista m. Cada uno de los cuatro escritores que escribieron el Evangelio.

evaporar tr. y prnl. Convertir en vapor un líquido. ‖ fig. Disipar, desvanecer. ‖ prnl. fig. Fugarse, desaparecer.

evasión f. Huida de un lugar. ‖ Entretenimiento, distracción.

evasiva f. Recurso para evadir una dificultad.

evento m. Acontecimiento muy importante. ‖ Eventualidad, hecho imprevisto.

eventual adj. Que no es fijo ni regular, sino sujeto a las circunstancias. ‖ [Trabajo y contrato] temporales.

evidencia f. Certeza clara y tan perceptible de una cosa, que nadie puede racionalmente dudar de ella.

evidente adj. Cierto, seguro, que no se puede dudar de ello.

evitar tr. Apartar algún peligro; precaver, impedir que suceda. ‖ Intentar evadirse de alguna situación.

evocar tr. Traer alguna cosa a la memoria.

evolución f. Desarrollo de las cosas o de los organismos. ‖ fig. Mudanza de conducta, de propósito o de actitud.

exabrupto m. Salida de tono.

exacerbar tr. y prnl. Causar un gran enfado o enojo. ‖ Hacer más fuerte una enfermedad, una molestia, etc.

exacto, ta adj. Puntual, fiel y cabal. ‖ Cierto, verdadero.

exagerar tr. Decir o hacer una cosa de modo que exceda de lo natural, justo o conveniente.

exaltar tr. Elevar a una persona o cosa a mayor auge o dignidad. ‖ fig. Realzar el mérito de uno. ‖ prnl. Excitarse, perder la calma.

examen m. Indagación y estudio de algo. ‖ Prueba que se hace de la idoneidad de un sujeto para una profesión o para demostrar el aprovechamiento en los estudios.

exangüe adj. Desangrado. ‖ Agotado. ‖ Muerto.

exánime adj. Sin señal de vida, muerto. ‖ Desmayado, muy débil.

exasperar tr. y prnl. Enfurecer, dar motivo de enojo grande.

excavar tr. Hacer en el terreno hoyos, zanjas, pozos o galerías subterráneas.

exceder tr. Ser una persona o cosa más grande o aventajada que otra. ‖ intr. Sobrar. ‖ prnl. Propasarse.

excelencia f. Superior calidad o bondad que hace digna de singular aprecio a una cosa. ‖ Tratamiento de respeto y cortesía.

excelso, sa adj. Muy elevado, alto, eminente.

excéntrico, ca adj. De carácter raro, extravagante. || Que está fuera del centro.

excepción f. Cosa que se aparta de la regla general.

excepto adv. m. y conj. A excepción de, fuera de, menos.

exceptuar tr. y prnl. Excluir a una persona o cosa de lo que se trata.

exceso m. Parte que excede y sale de la medida o regla. || Abuso.

excipiente m. Sustancia por lo común inerte, que se mezcla con los medicamentos para darles consistencia, sabor, etc.

excitar tr. Estimular, provocar algún sentimiento, pasión o movimiento. || prnl. Animarse por el entusiasmo, la alegría, etc.

exclamación f. Voz, grito o frase en que se refleja una emoción. || Signo ortográfico (¡!) que se coloca delante y detrás de la voz o expresión que lo indica.

exclamar tr. e intr. Emitir palabras con fuerza o vehemencia para dar vigor o eficacia a lo que se dice.

excluir tr. Echar a una persona o cosa fuera del lugar que ocupaba. || Descartar, rechazar. || prnl. Ser incompatibles en una misma situación dos o más cosas.

exclusiva f. Privilegio o concesión para hacer algo negado a los demás.

exclusive adv. m. Sin tomar en cuenta la última o últimas cosas que se han mencionado.

exclusivo, va adj. Que excluye. || Único, solo.

excomulgar tr. Expulsar el Papa de la Iglesia Católica a alguien y prohibirle el uso de los sacramentos.

excomunión f. Censura por la cual la Iglesia expulsa a alguien de la comunidad de los fieles.

excremento m. Materias que se arrojan del cuerpo por las vías naturales, especialmente las fecales.

exculpar tr. y prnl. Descargar a alguien de culpa.

excursión f. Viaje corto para estudio, recreo o ejercicio físico.

excusa f. Motivo o pretexto para eludir una obligación o disculpar alguna omisión.

excusar tr. y prnl. Disculpar algo o a alguien. || Liberar a alguien de un trabajo o molestia. || prnl. Alegar razones para evitar o rehusar hacer algo.

execrar tr. Condenar, maldecir, aborrecer.

exégesis o **exegesis** f. Explicación, interpretación, especialmente de los libros de la Biblia.

exento, ta adj. Libre, desembarazado de cargas, obligaciones, culpas, etc.

exequias f. pl. Honras fúnebres.

exfoliador, ra adj. *amer.* [Cuaderno] que tiene las hojas ligeramente pegadas para que puedan desprenderse fácilmente.

exhalar tr. Despedir gases, vapores u olores. ‖ fig. Lanzar, despedir suspiros, quejas, etc.

exhaustivo, va adj. Muy completo, teniendo en cuenta todos los detalles.

exhausto, ta adj. Enteramente apurado o agotado. ‖ Muy cansado.

exhibicionismo m. Afán de exhibirse. ‖ Perversión consistente en el impulso de mostrar los órganos genitales para sentir placer sexual.

exhibir tr. y prnl. Manifestar, mostrar en público.

exhortar tr. Inducir a alguien con palabras, razones y ruegos a que haga o deje de hacer alguna cosa.

exhumar tr. Desenterrar, sacar de la sepultura un cadáver o restos humanos.

exigir tr. Cobrar, percibir, sacar de uno por autoridad pública dinero u otra cosa. ‖ Demandar imperiosamente. ‖ intr. Mostrarse exigente.

exiguo, gua adj. Insuficiente, escaso.

exiliar tr. Expulsar a alguien de un territorio. ‖ prnl. Expatriarse, generalmente por motivos políticos.

exilio m. Abandono de su país, al que se ve obligada una persona generalmente por motivos políticos. ‖ Lugar en que vive el exiliado y tiempo que pasa en él.

eximio, mia adj. Excelente, sobresaliente.

eximir tr. y prnl. Libertar, desembarazar de cargas, obligaciones, culpas, etc.

existencia f. Acto de existir. ‖ Vida del hombre. ‖ En filosofía, por oposición a esencia, la realidad concreta de un ente cualquiera. ‖ pl. Mercancías que aún no han tenido salida.

existir intr. Tener una cosa ser real y verdadero. ‖ Haber, estar, hallarse. ‖ Tener vida.

éxito m. Resultado feliz de un negocio, actuación, etc. ‖ Buena acogida que tiene algo o alguien.

éxodo m. Emigración de un pueblo o de una muchedumbre de personas.

exonerar tr. y prnl. Aliviar, descargar de peso, carga u obligación.

exorbitante adj. Que excede mucho del orden y término regular.

exorcismo m. Conjuro para expulsar al demonio de la persona que se cree poseída por él.

exordio m. Principio, introducción, preámbulo de una obra literaria. ‖ Preámbulo de un razonamiento o conversación familiar.

exótico, ca adj. Extranjero, peregrino. ‖ Extraño, chocante, extravagante.

expandir tr. y prnl. Extender, dilatar, difundir.

expansión f. Acción de expandir o expandirse. ‖ Recreo, diversión, ocio. ‖ Una de las fases del motor de explosión en la que se mezclan el aire y el combustible. ‖ Periodo de desarrollo económico.

expatriarse prnl. Abandonar uno su patria.

expectación f. Espera, generalmente curiosa o tensa, de un acontecimiento que interesa o importa.

expectativa f. Esperanza o posibilidad de conseguir una cosa.

expectorar tr. Arrancar y arrojar por la boca las flemas y secreciones que se depositan en las vías respiratorias.

expedición f. Envío de alguna cosa. ‖ Excursión colectiva a una ciudad o paraje con un fin científico o deportivo. ‖ Conjunto de personas que realizan esta excursión.

expediente m. Conjunto de todos los documentos correspondientes a un asunto o negocio. ‖ Historial de incidencias de un estudiante, un profesional, etc. ‖ Procedimiento administrativo en que se enjuicia a un funcionario.

expedir tr. Dar curso a las causas y negocios; despacharlos. ‖ Extender por escrito un documento. ‖ Remitir, enviar.

expeditivo, va adj. Eficaz, resuelto.

expeler tr. Arrojar, lanzar, despedir.

expendeduría f. Tienda en que se vende al por menor tabaco u otros productos monopolizados.

expender tr. Vender al por menor.

expendio m. *amer.* En comercio, venta al por menor. ‖ *amer.* Tienda en que se venden géneros estancados.

expensar tr. *amer.* Costear, pagar los gastos de alguna gestión o negocio, principalmente jurídico.

expensas f. pl. Gastos, costas.

experiencia f. Enseñanza que se adquiere con la práctica. ‖ Acontecimiento que se vive y del que se aprende algo. ‖ Experimento.

experimentado, da adj. Persona que tiene mucha práctica o conocimientos en alguna cosa.

experimentar tr. e intr. Probar y examinar prácticamente la eficacia y propiedades de una cosa. ‖ Sentir, sufrir algo o alguien algo, como un cambio, un sentimiento, etc. ‖ Conocer algo por la propia práctica.

experto, ta adj. Práctico, hábil, experimentado.

expiar tr. Borrar las culpas por medio de algún sacrificio. ‖ Sufrir el delincuente la pena impuesta por los tribunales.

expirar intr. Acabar la vida. || fig. Acabarse, fenecer una cosa.

explanada f. Espacio de terreno allanado.

explayar tr. y prnl. Ensanchar, extender. || prnl. fig. Extenderse mucho al explicar algo. || fig. Esparcirse, distraerse. || fig. Confiar los sentimientos íntimos a una persona para desahogarse.

explicar tr. Dar a conocer a otro lo que uno piensa. También prnl. || Exponer cualquier materia o doctrina con palabras que la hagan más comprensible. || Justificar, disculpar algo. También prnl. || prnl. Entender algo. || Darse a entender.

explícito, ta adj. Que expresa clara y determinadamente una cosa.

explorar tr. Reconocer, registrar, averiguar.

explosión f. Rotura violenta de algo por un aumento rápido de la presión interior. || Ruido que hace esta rotura. || Liberación brusca de una gran cantidad de energía encerrada en un volumen relativamente pequeño, la cual produce un incremento violento y rápido de la presión, con desprendimiento de calor, luz y gases. || fig. Manifestación súbita y violenta de ciertos sentimientos o estados de ánimo. || fig. Desarrollo rápido de algo.

explosionar intr. Hacer explosión. || tr. Provocar una explosión.

explotar tr. Extraer de las minas la riqueza que contienen. || fig. Sacar utilidad de un negocio. || fig. Sacar provecho de algo.

expoliar tr. Despojar con violencia o con iniquidad.

expolio m. Hecho de quitar a alguien por la fuerza o de forma injusta una cosa que le pertenece.

exponente m. Número o expresión algebraica que denota la potencia a que se ha de elevar otro número u otra expresión. || Índice, medida de algo.

exponer tr. Presentar una cosa para que sea vista. También intr. || Declarar, explicar. || Colocar una cosa para que reciba la acción de un agente. También prnl. || Arriesgar, aventurar. También prnl.

exportar tr. Enviar géneros del propio país a otro.

exposición f. Manifestación pública de artículos de industria o de artes y ciencias. || Espacio de tiempo durante el cual se expone a la luz una placa fotográfica o un papel sensible para que se impresione.

expósito, ta adj. y s. Que recién nacido fue abandonado o confiado a un establecimiento benéfico.

expositor, ra adj. y s. Persona o empresa que presenta una cosa, generalmente una obra de arte, para enseñarla o para que los demás la conozcan. || m. Mueble preparado para colocar lo que se quiere enseñar.

exprés adj. Rápido. || [Café] que se hace en una cafetera rápida, también llamada exprés. || adj. y m. [Tren] muy rápido que transporta viajeros y realiza muy pocas paradas.

expresar tr. y prnl. Decir, manifestar con palabras o con otros signos exteriores lo que uno quiere dar a entender.

expresión f. Especificación, declaración de una cosa para darla a entender. || Palabra o locución. || Aspecto físico o semblante de alguien que indica una determinada forma de ser.

expreso, sa adj. Claro, patente. || [Tren] rápido que solo tiene parada en las estaciones más importantes de su recorrido. Más c. m. || m. Correo extraordinario. || adv. m. Ex profeso, a propósito.

exprimidor m. Instrumento manual o eléctrico que sirve para sacar de frutas como la naranja, el limón o el pomelo, todo su zumo.

exprimir tr. Extraer el zumo o líquido de una cosa. || fig. Estrujar, agotar una cosa.

expropiar tr. Desposeer de una cosa a su propietario por motivos de utilidad pública.

expulsar tr. Echar de alguna parte a una persona. || Arrojar.

expurgar tr. Limpiar o purificar una cosa. || Censurar la autoridad competente ciertas partes de un libro o un escrito, sin prohibir su lectura.

exquisito, ta adj. De singular y extraordinaria calidad, primor o gusto.

éxtasis m. Estado del alma enteramente embargada por un intenso sentimiento de admiración, alegría, etc. || Estado de unión del alma con Dios.

extemporáneo, a adj. Impropio del tiempo en que sucede o se hace. || Inoportuno, inconveniente.

extender tr. Aumentar la superficie de una cosa. También prnl. || Esparcir, desparramar. || Desenvolver, desplegar. También prnl. || prnl. Ocupar algo cierta porción de espacio. || Durar algo cierta cantidad de tiempo. || Tumbarse. || fig. Propagarse, difundirse.

extensión f. Aumento del espacio que ocupa una cosa. || Medida del espacio ocupada por un cuerpo. || Cada una de las líneas telefónicas que se sacan de una central y que dependen de una misma centralita.

extenso, sa adj. Que tiene extensión. || Vasto.

extenuar tr. y prnl. Enflaquecer, debilitar.

exterior adj. Que está por la parte de afuera. || Relativo a otros países, por contraposición a na-

exteriorizar

cional e interior. ‖ m. Superficie externa de los cuerpos. ‖ Aspecto o porte de una persona. ‖ pl. En cine, planos de una película rodados fuera del estudio de grabación.

exteriorizar tr. y prnl. Revelar o mostrar algo al exterior, sobre todo hablando de pensamientos o sentimientos.

exterminar tr. fig. Acabar del todo con una cosa. ‖ fig. Desolar, devastar.

externo, na adj. Que obra o se manifiesta al exterior. ‖ [Alumno] que solo permanece en el colegio durante las horas de clase. También s.

extinguir tr. y prnl. Apagar. ‖ fig. Hacer que cesen o se acaben del todo ciertas cosas que desaparecen gradualmente. ‖ prnl. Prescribir un plazo, un derecho, etc.

extintor m. Aparato para extinguir incendios.

extinto, ta adj. Muerto, fallecido.

extirpar tr. Arrancar de cuajo o de raíz. ‖ fig. Acabar del todo con una cosa.

extorsionar tr. Usurpar, arrebatar. ‖ Causar extorsión o daño.

extra prep. insep. Fuera de. ‖ Además. ‖ adj. Extraordinario, óptimo. ‖ m. fam. Gaje, plus. ‖ En el cine, persona que interviene como comparsa.

extractar tr. Resumir un escrito, un libro, etc.

extracto m. Resumen de un escrito. ‖ Sustancia que, en forma concentrada, se extrae de otra, de la cual conserva sus propiedades.

extractor, ra adj. y m. Que sirve para extraer.

extradición f. Entrega de una persona que está refugiada en un país extranjero para huir de la justicia del suyo propio, a las autoridades de este.

extraditar tr. Conceder el gobierno la extradición de un reclamado por la justicia de otro país.

extraer tr. Sacar. ‖ Tratándose de raíces, averiguar cuáles son las de una cantidad dada. ‖ fig. Deducir.

extralimitarse prnl. y tr. fig. Excederse en el uso de las facultades o atribuciones. ‖ Abusar de la benevolencia ajena.

extranjero, ra adj. Que es o viene de un país de otra soberanía. ‖ Natural de una nación con respecto a los naturales de cualquier otra. Más c. s. ‖ m. Toda nación que no es la propia.

extranjis (de) loc. Ocultamente, de tapadillo.

extrañar tr. y prnl. Producir admiración o extrañeza una cosa. ‖ tr. Echar de menos a alguna persona o cosa. ‖ Notar la novedad de algo por no estar acostumbrado a ello.

extraño, ña adj. De nación, familia o profesión distintas. También s. ‖ Raro, singular. ‖ Ajeno a la naturaleza o condición de una cosa de la que forma parte. ‖ m. Movimiento inesperado y repentino.

extraoficial adj. No oficial.

extraordinario, ria adj. Fuera del orden o regla natural o común. ‖ Mejor que lo normal. ‖ Que se añade a lo usual. ‖ f. Paga que se añade al sueldo normal. ‖ m. Número de un periódico que se publica por algún motivo especial.

extrapolar tr. Aplicar un criterio conocido a otros casos similares para extraer conclusiones o hipótesis. ‖ Deducir el valor de una variable en una magnitud a partir de otros valores no incluidos en dicha magnitud.

extrarradio m. Zona que rodea el casco y radio de la población.

extraterrestre adj. Que pertenece al espacio exterior de la Tierra o procede de él. ‖ [Objeto o ser viviente] que se supone habitante del espacio exterior de la Tierra. También com.

extravagante adj. Que habla, procede, viste, etc., de un modo fuera de lo común. ‖ Raro, extraño, desacostumbrado.

extravertido, da adj. y s. Extrovertido.

extraviar tr. Hacer perder el camino. ‖ Perder una cosa. ‖ prnl. No encontrar una cosa en su sitio e ignorarse su paradero.

extremar tr. Llevar al extremo. ‖ prnl. Emplear todo el esmero en la ejecución de una cosa.

extremidad f. Parte extrema de una cosa. ‖ pl. Cabeza, pies, manos y cola de los animales. ‖ Pies y manos del hombre.

extremo, ma adj. Último. ‖ Excesivo. ‖ m. Parte primera o última de una cosa. ‖ En el fútbol, cada uno de los delanteros más próximos a las bandas del campo.

extrínseco, ca adj. Externo.

extrovertido, da adj. [Persona] que tiende a comunicar a los que le rodean sus problemas, sentimientos, etc. También s. ‖ [Carácter] de estas personas.

exuberancia f. Abundancia extraordinaria.

exuberante adj. Abundante y copioso.

exudar intr. y tr. Salir un líquido fuera de sus vasos.

exultar intr. Saltar de alegría, no caber en sí de gozo.

exvoto m. Ofrenda en recuerdo de un bien recibido que se cuelga en los muros de los templos.

eyacular tr. Lanzar con fuerza el contenido de un órgano, cavidad o depósito. ‖ Expeler el semen de los testículos.

F

f f. Sexta letra del abecedario español y cuarta de sus consonantes. Su nombre es *efe*.

fa m. Cuarta nota de la escala musical.

fabada f. Plato típico asturiano compuesto de judías acompañadas de tocino, morcilla, chorizo, etc.

fábrica f. Establecimiento industrial donde se transforman los productos semielaborados o materias primas para la obtención de objetos destinados al consumo. || Construcción o parte de ella hecha de piedra o ladrillo y argamasa.

fabricar tr. Producir objetos por medios mecánicos. || Construir, elaborar.

fabril adj. Industrial.

fábula f. Composición literaria, generalmente en verso, de la que se extrae frecuentemente una enseñanza útil o moral. || Relato falso.

fabuloso, sa adj. Imaginario, que no existe en realidad. || Extraordinario, increíble.

facción f. Grupo o pandilla que se separa de uno más grande por tener ideas diferentes. || Cada bando de un enfrentamiento. || Rasgo del rostro humano. Más en pl.

faceta f. Cada uno de los aspectos que se pueden considerar en un asunto. || Cada una de las caras o lados de un poliedro.

facha f. fam. Traza, aspecto. || *amer.* Vanidad, jactancia. || m. y f. fam. Mamarracho. || *desp.* Fascista.

fachada f. Parte exterior de un edificio. || fig. y fam. Apariencia, aspecto externo.

facial adj. Relativo al rostro.

fácil adj. Que cuesta poco trabajo. || Que puede suceder con mucha probabilidad. || Dócil. || adv. Con facilidad, sin esfuerzo.

facineroso, sa adj. y s. Malhechor, delincuente.

facsímil m. Copia exacta de un manuscrito, impreso, etc.

factible adj. Que se puede hacer.

factor m. Cada uno de los términos de un producto o cantidad. || Elemento, condicionante.

factoría f. Fábrica o complejo industrial.

factótum com. Persona que desempeña todas las labores en una casa o dependencia. ‖ Persona de plena confianza de otra y que, en nombre de esta, atiende sus asuntos y negocios.

factura f. Hechura, ejecución. ‖ Cuenta detallada de una operación comercial.

facturar tr. Extender las facturas. ‖ Registrar equipajes o mercancías para que sean remitidos a su destino.

facultad f. Aptitud, potencia física o moral. ‖ Poder, derecho para hacer alguna cosa. ‖ Virtud, propiedad. ‖ Cada una de las secciones en que se dividen los estudios universitarios y centro donde se cursan estos estudios.

facultar tr. Autorizar.

facultativo, va adj. Relativo a una facultad. ‖ Potestativo, voluntario. ‖ m. Médico.

fado m. Canción popular portuguesa de música suave y tema generalmente triste.

faena f. Trabajo, labor. ‖ Quehacer. Más en pl. ‖ Conjunto de las suertes que realiza el torero principalmente con la muleta. ‖ fig. Mala pasada.

fagot m. Instrumento músico de viento.

faisán m. Ave del tamaño de un gallo, con plumaje verde y rojizo con reflejos metálicos. Su carne es muy apreciada.

faja f. Tira de tela o de tejido elástico con que se rodea el cuerpo por la cintura. ‖ Lista, tira mucho más larga que ancha.

fajo m. Haz o atado. ‖ Paquete.

falacia f. Engaño, mentira.

falange f. Cada uno de los huesos de los dedos. ‖ Cualquier cuerpo de tropas numeroso. ‖ Conjunto numeroso de personas unidas en cierto orden y para un mismo fin.

falangista adj. y com. Del falangismo o de Falange Española, o relacionado con este movimiento político y social.

falaz adj. Engañoso, mentiroso.

falda f. Parte inferior del vestido de mujer o prenda de vestir suelta que cae desde la cintura hacia abajo. ‖ Parte baja de los montes o sierras.

falible adj. Que puede engañarse o equivocarse. ‖ Que puede faltar o fallar.

falla f. Quiebra que los movimientos geológicos han producido en un terreno. ‖ Defecto, falta. ‖ Tinglado de madera y cartón, con figuras generalmente grotescas, que se quema en las calles de Valencia en la noche del 19 de marzo, fiesta de San José. También en pl.

fallar tr. Pronunciar sentencia un jurado o tribunal. ‖ Decidir un jurado la adjudicación de los premios de un concurso. ‖ intr. Frustrarse, faltar o salir fallido algo.

También tr. || Perder una cosa su resistencia. || En algunos juegos de naipes, poner un triunfo por no tener el palo que se juega.

fallecer intr. Morir.

fallido, da adj. Frustrado.

fallo m. Sentencia de un juez o árbitro. || Falta. || Error, equivocación.

falo m. Pene, miembro viril.

falsedad f. Falta de verdad o autenticidad. || Dicho o acto que falta a la verdad.

falsificar tr. Imitar fraudulentamente.

falso, sa adj. Engañoso, fingido, simulado. || Contrario a la verdad. || Que no es real, auténtico o verdadero.

falta f. Carencia o privación. || Quebrantamiento de la obligación. || Ausencia de una persona del sitio en que debiera estar. || Defecto. || Error. || Privación. || Transgresión de las reglas de un juego o deporte. || Infracción de la ley.

faltar intr. No existir una cosa, no haber, carecer de ella. || Consumirse, fallecer. || No acudir a una cita u obligación. || Ausentarse o estar ausente. || Quedar. || No cumplir con lo que debe. || No tratar a alguien con la consideración o respeto debidos.

faltriquera o **faldriquera** f. Bolsillo que se ata a la cintura y que se lleva colgando debajo del vestido.

fama f. Opinión sobre la excelencia de alguien o algo. || Reputación, prestigio, popularidad.

famélico, ca adj. Hambriento.

familia f. Grupo de personas emparentadas entre sí que viven juntas o en lugares diferentes, y especialmente el formado por el matrimonio y los hijos. || Prole. || fam. Grupo numeroso de personas o cosas con alguna condición común. || Grupo taxonómico constituido por varios géneros naturales con caracteres comunes.

familiar adj. Relativo a la familia. || Muy sabido o conocido. || De trato llano y sin ceremonia. || Natural, sencillo, corriente. || m. Allegado, pariente.

famoso, sa adj. Que tiene fama o es muy conocido.

fanal m. Farol grande. || Campana de cristal para resguardar algo.

fanatismo m. Celo excesivo, apasionamiento.

fandango m. Canción y baile popular español típico de Andalucía.

fanfarrón, ona adj. y s. fam. Que hace alarde de lo que no es.

fango m. Lodo. || fig. Deshonor, degradación.

fantasear intr. Dejar correr la fantasía o imaginación.

fantasía f. Facultad de la mente para reproducir en imágenes cosas inexistentes o de idealizar las reales. || Imaginación. || Ficción,

fantasma m. Visión, espectro, presunto espíritu de un difunto. || fig. Persona presuntuosa. || Espantajo. || adj. Inexistente.

fantástico, ca adj. Irreal, imaginario. || fam. Increíble. || Sensacional, magnífico.

fantoche m. Títere, muñeco. || Persona informal o presumida. || Persona ridícula.

faquir m. Asceta de la India.

farándula f. Profesión de los comediantes. || Compañía antigua de cómicos ambulantes.

faraón m. Soberano del antiguo Egipto.

fardar intr. fam. Presumir, alardear. || fam. Lucir, ser vistoso algo.

fardo m. Lío o bulto grande.

farfullar tr. fam. Hablar muy de prisa, atropelladamente.

faringe f. Conducto musculoso situado entre la boca, la parte posterior de las fosas nasales y el esófago.

farmacia f. Establecimiento donde se preparan y venden medicamentos. || Ciencia que enseña a preparar y conocer los medicamentos. || Profesión de esta ciencia.

fármaco m. Medicamento.

faro m. Torre alta en las costas, con luz en la parte superior para guía de los navegantes durante la noche. || Farol potente que llevan los automóviles en la parte delantera.

farol m. Caja de materia transparente dentro de la cual se pone luz. || fig. Hecho o dicho jactancioso, exageración. || En el juego, jugada o envite falso que se hace para sorprender o apabullar.

farola f. Farol grande para el alumbrado público, a veces con varios brazos.

farolero, ra adj. y s. Fanfarrón, presumido o que hace creer a los demás cosas que no son verdad.

farra f. Juerga, jarana, parranda.

farragoso, sa adj. Confuso.

farruco, ca adj. fam. Valiente, desafiante.

farsa f. Comedia burlesca. || fig. Enredo, engaño, comedia.

farsante adj. y com. Tramposo, mentiroso. || com. Comediante que se dedicaba a representar farsas.

fascículo m. Entrega, cada uno de los cuadernos que forman parte de un libro, y que se van publicando sucesivamente.

fascinar tr. Atraer, seducir.

fascismo m. Régimen político de carácter nacionalista y totalitario, implantado en Italia por Mussolini. || Doctrina de este movimiento y de cualquier régimen político de ideología dictatorial derechista.

fase f. Cada una de las formas que presenta la Luna y otros planetas según los ilumina el Sol. ‖ Cada uno de los estados sucesivos de una cosa que cambia o se desarrolla.

fastidio m. Disgusto, desazón. ‖ fig. Enfado, cansancio, hastío, repugnancia.

fasto m. m. Esplendor, gran ostentación y derroche de riqueza.

fastuoso, sa adj. Ostentoso.

fatal adj. Desgraciado, funesto, aciago. ‖ Inevitable, predestinado. ‖ Muy mal o muy malo. ‖ [Mujer] que seduce y destruye a los hombres.

fatídico, ca adj. Desgraciado. ‖ Que pronostica el porvenir y, sobre todo, las desgracias.

fatiga f. Agitación, cansancio. ‖ Respiración frecuente o difícil. ‖ fig. Molestia, sufrimiento. Más en pl.

fatuo, tua adj. y s. Necio. ‖ Engreído.

fauces f. pl. Parte posterior de la boca de los mamíferos.

fauna f. Conjunto de animales de un determinado país o región, o de un periodo geológico.

fausto adj. Feliz, venturoso. ‖ m. Lujo, ostentación y pompa.

favela f. *amer.* Chabola, barraca de los suburbios brasileños.

favor m. Ayuda, asistencia que se presta de forma gratuita. ‖ Privilegio, concesión que se recibe de una autoridad. ‖ Confianza, apoyo. ‖ Gesto amable que las mujeres dedicaban a los hombres, y por ext., consentimiento de la mujer a la relación amorosa que le insinúa el hombre. Más en pl.

favorecer tr. Ayudar, apoyar. ‖ Mejorar el aspecto o apariencia. También intr.

favorito, ta adj. Que es con preferencia estimado y apreciado. ‖ m. y f. Probable ganador en un deporte. ‖ Valido de un rey o personaje.

fax m. Aparato que permite transmitir por medio del cable telefónico documentos, dibujos, fotografías, etc. ‖ Documento transmitido por este aparato.

faz f. Rostro, cara. ‖ Aspecto, lado.

fe f. Creencia en algo que no necesita ser confirmado por la experiencia o la razón, o no está demostrado científicamente. ‖ Conjunto de creencias de una religión. ‖ Confianza, buen concepto. ‖ Promesa. ‖ Testimonio. ‖ Documento que acredita algo.

febrero m. Segundo mes del año, que tiene 28 días y en los bisiestos 29.

febril adj. De la fiebre. ‖ fig. Ardoroso, desasosegado, violento.

fecal adj. Perteneciente o relativo al excremento intestinal.

fecha f. Tiempo en que se hace o sucede algo. ‖ Día. ‖ Tiempo o momento actual.

fechar tr. Poner fecha a un escrito o documento. ‖ Determinar la fecha de un documento, suceso, etc.

fechoría f. Mala acción.

fécula f. Sustancia blanca que se encuentra en las semillas, tubérculos y raíces de muchas plantas.

fecundar tr. Unirse los elementos reproductores masculino y femenino para dar origen a un nuevo ser. ‖ Hacer fecundo o productivo.

fecundo, da adj. Que produce o se reproduce. ‖ Fértil, prolífico, abundante.

federación f. Unión de colectividades (Estados, partidos políticos, etc.) que forman una más importante, manteniendo cierta autonomía. ‖ Estado federal. ‖ Organismo que establece la reglamentación y el control de un determinado deporte.

federal adj. Relativo a la federación. ‖ Partidario de los Estados del Norte en la guerra de Secesión estadounidense. También com.

federar tr. y prnl. Organizar una federación o asociación de varios países, estados, partidos o agrupaciones que reconocen una misma autoridad y comparten algunas funciones, pero que mantienen un gobierno interior autónomo, o incorporarse a ella. ‖ Pasar a formar parte de un organismo deportivo.

fehaciente adj. Fidedigno.

felicidad f. Estado del ánimo del que disfruta de lo que desea. ‖ Satisfacción, gusto, contento.

felicitación f. Palabra o expresión con la que se manifiesta a una persona la satisfacción que se experimenta con motivo de algún suceso favorable a ella. ‖ Tarjeta con la que en Navidad, cumpleaños y otras fechas señaladas, una persona desea felicidad a otra.

felicitar tr. Manifestar a una persona la satisfacción que se experimenta con motivo de algún suceso favorable a ella. También prnl.

félido adj. y m. Mamífero carnívoro como el tigre, el lince o el gato.

feligrés, esa m. y f. Persona que pertenece a una parroquia.

felino, na adj. y s. De gato, relativo o parecido a él.

feliz adj. Que tiene u ocasiona felicidad. ‖ Oportuno, acertado. ‖ Afortunado.

felonía f. Traición.

felpa f. Tejido de seda, algodón, etc., que tiene pelo por uno de sus lados.

felpear tr. *amer*. Reprender duramente a una persona.

felpudo, da m. Esterilla que suele ponerse a la entrada de las casas para limpiarse el calzado.

femenino, na adj. Propio o característico de la mujer. ‖ [Ser] dotado de órganos para ser fecundado. || [Género] gramatical de los sustantivos que designan a personas o animales del sexo femenino o de los sustantivos de cosas que se asimilan a él por la terminación o el uso. También m.

feminismo m. Movimiento social que defiende la emancipación de la mujer hasta conseguir la igualdad de derechos con el hombre.

fémur m. Hueso del muslo, el más largo del cuerpo, que se extiende desde la ingle hasta la rodilla.

fenecer intr. Morir, fallecer.

fenomenal adj. Extraordinario, magnífico. || adv. Muy bien.

fenómeno m. Toda apariencia o manifestación material o espiritual. || Suceso, hecho. || Cosa extraordinaria y sorprendente. || fam. Persona sobresaliente en su línea.

feo, a adj. Que carece de belleza y hermosura. || fig. De aspecto malo o desfavorable. || m. fam. Desaire manifiesto, grosero.

féretro m. Ataúd.

feria f. Mercado extraordinario y fiestas que se celebran con tal ocasión. || Exposición comercial, generalmente anual. || Conjunto de instalaciones recreativas y de puestos de venta que se montan con ocasión de alguna fiesta.

feriante adj. y com. Expositor, comprador o vendedor en una feria.

fermentación f. Proceso químico por el que se forman los alcoholes y ácidos orgánicos a partir de los azúcares.

fermentar tr. e intr. Producir el proceso químico por el que se forman los alcoholes y ácidos orgánicos a partir de los azúcares.

feroz adj. Aplicado a animales carnívoros, fiero. || Que causa daño, terror o destrozo. || Enorme, tremendo.

férreo, a adj. De hierro o que tiene sus propiedades. || fig. Duro, tenaz.

ferretería f. Tienda donde se venden objetos de metal. || Conjunto de objetos de hierro que se venden en este tipo de tiendas.

ferrocarril m. Camino con dos filas de barras de hierro paralelas sobre las cuales rueden los trenes. || Conjunto formado por vías férreas, trenes e instalaciones propias de este medio de transporte.

ferroso, sa adj. Que contiene hierro.

ferroviario, ria adj. De los ferrocarriles. || m. y f. Empleado de ferrocarriles.

ferry m. Barco para el transporte de mercancías, viajeros o vehículos, de una orilla a otra de un río, canal, mar, etc.

fértil adj. Que produce en abundancia.

fertilizante adj. y m. Que hace que la tierra produzca más

fertilizar tr. Abonar la tierra para que dé abundantes frutos.

fervor m. Celo ardiente y afectuoso, especialmente referido a la religión. || Entusiasmo, ardor.

festejo m. Fiesta. || pl. Actos de diversión o recreo que se celebran en unas fiestas populares.

festín m. Banquete espléndido.

festival m. Concurso o exhibición de manifestaciones deportivas o artísticas.

festivo, va adj. De fiesta. || [Día] no laborable. || Chistoso, agudo. || Alegre.

festón m. Cualquier bordado, dibujo o recorte en forma de ondas o puntas que adorna la orilla o borde de una cosa.

fetiche m. Objeto material, de culto supersticioso en algunos pueblos, que es venerado como un ídolo. || fig. Cualquier objeto que se cree que trae suerte.

fétido, da adj. De olor muy desagradable.

feto m. Producto de la concepción desde que pasa el periodo embrionario hasta el momento del parto. || Este mismo embrión después de abortado.

feudo m. Contrato por el cual los soberanos y los grandes señores concedían tierras u otros bienes a sus vasallos a cambio de ciertos servicios y obligaciones. || Tierra o dominio que se concede en feudo.

fiable adj. Digno de confianza.

fiambre adj. y m. [Comida] preparada para comerse fría. || m. fig. y fam. Cadáver.

fianza f. Obligación que uno contrae de hacer lo que otro promete si este no lo cumple. || Garantía. || Cantidad de dinero que se paga por la libertad de un individuo pendiente de juicio o sentencia firme. || Cualquier cosa que se deja como garantía de algo, generalmente se trata de dinero.

fiar tr. Asegurar uno que cumplirá lo que otro promete, obligándose, en caso de que no lo haga, a satisfacer por él. || Vender sin cobrar al contado, demorando el pago para más adelante. || Confiar. También prnl.

fibra f. Cada uno de los filamentos que entran en la composición de los tejidos orgánicos vegetales o animales, de ciertos minerales y de algunos productos químicos.

fibroma m. Tumor benigno.

ficción f. Presentación como verdadero y cierto de algo que no lo es. || Invención. || Género literario de la narrativa.

ficha f. Pieza pequeña, generalmente plana y delgada, a la que se puede dar usos diversos (contraseña en guardarropas, aparcamientos de automóviles, etc.). ‖ Tarjeta de cartón o papel fuerte en la que se consignan ciertos datos y que suele clasificarse. ‖ Pieza que se usa en sustitución de moneda o para señalar los tantos en el juego. ‖ Cada una de las piezas del dominó u otros juegos de mesa. ‖ Contrato de un jugador o técnico deportivo.

fichaje m. Contrato que se firma con una persona, especialmente en un deporte. ‖ Persona que se contrata.

fichar tr. Hacer la ficha antropométrica, policial, médica, etc., de un individuo. ‖ intr. Controlar en un reloj especial la hora de entrada y salida de los obreros o empleados. ‖ fig. y fam. Poner a una persona en el número de aquellas que se miran con sospecha y desconfianza. ‖ Contratar un club o entidad deportiva los servicios de un jugador o técnico. También intr.

fichero m. Conjunto de fichas ordenadas y mueble donde se guardan.

ficticio, cia adj. Fingido, falso. ‖ Aparente, irreal.

fidedigno, na adj. Digno de fe y crédito.

fidelidad f. Lealtad. ‖ Exactitud, veracidad.

fideo m. Pasta de harina que ordinariamente se toma en sopa. Más en pl. ‖ fig. y fam. Persona muy delgada.

fiebre f. Elevación de la temperatura normal del cuerpo. ‖ fig. Entusiasmo y excitación con la que se realiza una actividad.

fiel adj. Que cumple sus compromisos. ‖ Exacto, conforme a la verdad. ‖ com. De una iglesia. ‖ m. Aguja de una balanza.

fieltro m. Especie de paño no tejido que resulta de conglomerar borra, lana o pelo.

fiera f. Animal salvaje. ‖ fig. Persona cruel o de carácter malo y violento. ‖ com. fig. Persona que hace muy bien algo.

fiero, ra adj. Perteneciente o relativo a las fieras. ‖ Feroz, duro, agreste, intratable. ‖ fig. Horroroso, terrible.

fiesta f. Alegría, regocijo o diversión. ‖ Solemnidad civil o religiosa en conmemoración de algún acontecimiento o fecha especial y día en que se celebra. ‖ Día en que no se trabaja. ‖ Agasajo, caricia u obsequio. Más en pl. ‖ pl. Período de vacaciones por alguna fiesta, sobre todo religiosa.

figura f. Forma exterior de un cuerpo. ‖ Cara, rostro, aspecto. ‖ Estatua o pintura que representa el cuerpo de un hombre o animal. ‖ Cosa que representa o significa otra. ‖ Serie de variaciones en la danza, patinaje artístico, etc. ‖ Persona de renombre o que destaca en alguna actividad. ‖ Espacio cerrado por líneas o superficies.

figuración f. Invención o representación de una cosa. ‖ Cosa inventada o imaginada. ‖ Conjunto de actores secundarios en una obra, película o escena cuyo papel es muy breve y generalmente sin texto.

figurado, da adj. [Sentido] en que se toman las palabras desviado del literal por una asociación de ideas.

figurar tr. Disponer, delinear y formar la figura de una cosa. ‖ Aparentar, suponer, fingir. ‖ intr. Formar parte. ‖ Destacar. ‖ prnl. Imaginarse uno algo que no conoce.

figurín m. Dibujo o modelo para hacer vestidos. ‖ Lechuguino, de elegancia afectada y exagerada.

fijador m. Líquido para asentar y dar forma al cabello. ‖ Líquido para fijar un dibujo, una fotografía, etc.

fijar tr. Hincar, clavar, asegurar un cuerpo en otro. ‖ Hacer fijo o estable. ‖ Determinar, limitar, precisar, designar. ‖ Dirigir o aplicar intensamente. ‖ Hacer que la imagen fotográfica impresionada en una placa o en un papel sensible quede inalterable a la acción de la luz. ‖ prnl. Determinarse, resolverse. ‖ Poner atención. ‖ Reparar, notar.

fijo, ja adj. Firme, asegurado. ‖ Permanente, estable. ‖ Invariable, que no cambia. ‖ [Contrato] de trabajo indefinido y [persona] contratada así. ‖ adv. m. Con seguridad. ‖ Fijamente.

fila f. Serie de personas o cosas colocadas en línea. ‖ f. pl. fig. Bando, partido. ‖ Milicia, ejército.

filamento m. Cuerpo filiforme, flexible o rígido, especialmente el hilo conductor de las lámparas eléctricas.

filantropía f. Amor al género humano.

filarmónico, ca adj. y s. Apasionado por la música. ‖ adj. y f. [Orquesta] de música clásica u [organización] de amantes de la música.

filatelia f. Arte que trata del conocimiento de los sellos.

filete m. Moldura larga y angosta. ‖ Lonja delgada de carne magra o de pescado limpio de raspas. ‖ Línea o lista fina que sirve de adorno.

filiación f. Lazo de parentesco entre padres e hijos. ‖ Dependencia. ‖ Señas personales. ‖ Hecho de estar afiliado a un partido o a una doctrina determinada.

filial adj. Del hijo. ‖ [Establecimiento] que depende de otro. También f.

filiforme adj. Que tiene forma o apariencia de hilo.

filigrana f. Obra formada de hilos de oro o plata, unidos y soldados con mucha perfección y delicadeza. ‖ fig. Cosa delicada y

filipino, na adj. y s. De las islas Filipinas.

filmar tr. Tomar o fotografiar escenas, paisajes, personas o cosas en movimiento.

filme o **film** m. Película cinematográfica.

filmina f. Diapositiva.

filmografía f. Relación de películas de un realizador, productor, actor, etc.

filmoteca f. Lugar donde se guardan películas de cine para su conservación, exhibición y estudio. || Conjunto o colección de filmes.

filo m. Arista o borde agudo de un instrumento cortante.

filología f. Ciencia que estudia las lenguas y los fenómenos culturales de un pueblo a través de sus textos. || Técnica de reconstrucción, fijación e interpretación de textos.

filón m. Masa metalífera o pétrea entre dos capas de un terreno. || fig. Materia, negocio, recurso del que se espera sacar gran provecho.

filosofía f. Ciencia que trata de la esencia, propiedades, causas y efectos de las cosas naturales. || Cada una de las teorías desarrolladas en este campo. || Espíritu, principios y conceptos generales de una materia o de una teoría. || fig. Serenidad para soportar los contratiempos. || fig. Sistema particular de entender la vida y todo lo relacionado con ella.

filósofo, fa m. y f. Persona que estudia, profesa o tiene especiales conocimientos de filosofía.

filtro m. Materia porosa o dispositivo a través del cual se hace pasar un fluido para purificarlo o separar ciertas sustancias. || Boquilla de los cigarrillos para retener la nicotina. || Pantalla que se interpone al paso de la luz para excluir ciertos rayos.

filudo, da adj. *amer.* De filo muy agudo.

fimosis f. Estrechez del orificio del prepucio.

fin m. Término, remate, extremo o consumación de una cosa. || Objeto, motivo, finalidad. || Destino.

finado, da m. y f. Persona muerta.

final adj. Que remata, cierra o perfecciona una cosa. || m. Fin, término. || f. Última y decisiva competición en un campeonato o concurso.

finalista adj. y com. Competidor que llega a la prueba final de un campeonato, concurso, certamen, etc.

financiar tr. Aportar el dinero necesario para una empresa, proyecto u otra actividad.

finanzas f. pl. Caudales, bienes. || Hacienda pública.

finar intr. Fallecer, morir.

finca f. Propiedad inmueble.

finés, esa adj. y s. Finlandés.

fingir tr. Dar a entender lo que no es cierto. También prnl. ‖ Simular, aparentar.

finiquito m. Liquidación de una cuenta. ‖ Documento y cantidad de dinero con la que se liquida la relación laboral entre el trabajador y la empresa.

finito, ta adj. Que tiene fin, o se puede contar.

finlandés, esa adj. y s. De Finlandia. ‖ m. Idioma de Finlandia.

fino, na adj. Delicado y de buena calidad. ‖ Delgado, sutil. ‖ De exquisita educación. ‖ Astuto, sagaz, agudo. ‖ [Jerez] muy seco, de color pálido. También m.

fiordo m. Golfo en las costas de Noruega, estrecho y profundo.

firma f. Nombre y apellido de una persona, que esta pone con rúbrica al pie de un escrito. ‖ Nombre comercial, empresa o razón social. ‖ fig. Sello, estilo característico de algo o alguien.

firmamento m. Cielo, bóveda celeste.

firmar tr. e intr. Poner la firma.

firme adj. Estable, fuerte. ‖ fig. Entero, constante. ‖ Definitivo. ‖ m. Capa sólida o pavimento de una carretera. ‖ adv. m. Con firmeza.

fiscal adj. Del fisco o hacienda pública. ‖ com. Funcionario judicial que representa y ejerce el ministerio público en los tribunales.

fiscalizar tr. Hacer el oficio de fiscal. ‖ fig. Controlar.

fisco m. Erario, tesoro público. ‖ Administración encargada de recaudar los impuestos.

fisgar o **fisgonear** tr. Husmear indagando, curiosear.

físico, ca adj. De la física. ‖ Relativo a la constitución y naturaleza corpórea. ‖ m. y f. Especialista en física. ‖ m. Exterior de una persona. ‖ f. Ciencia que tiene por objeto el estudio de la materia y de la energía, y de las leyes que tienden a modificar su estado y su movimiento sin alterar su naturaleza.

fisiología f. Ciencia que estudia las funciones de los seres orgánicos.

fisión f. Reacción en la que el núcleo de un átomo pesado se divide en dos o más núcleos de elementos más ligeros con gran liberación de energía.

fisioterapia f. Tratamiento terapéutico por medio de los agentes naturales (frío, calor, etc.), sin emplear medicamentos o remedios químicos.

fisonomía o **fisionomía** f. Aspecto particular del rostro de una persona. ‖ fig. Aspecto exterior de las cosas.

fisura f. Hendidura longitudinal, grieta.

fláccido, da o **flácido, da** adj. Flojo, blando, sin consistencia.

flaco, ca adj. De pocas carnes. || fig. Flojo, endeble, sin fuerzas.

flagelar tr. Azotar. También prnl.

flagelo m. Instrumento para azotar. || Cada una de las prolongaciones de los seres unicelulares con las que se mueven.

flagrante adj. Que se está ejecutando en el momento de que se habla. || Evidente.

flamante adj. Nuevo, reciente, resplandeciente.

flamear intr. Despedir llamas. || Ondear al viento una bandera, vela, etc.

flamenco, ca adj. y s. Del baile y cante gitano popular de Andalucía, de sus artistas o relacionado con ellos. || De Flandes o relacionado con esta región histórica. || m. Ave zancuda con pico, cuello y patas muy largas y plumaje blanco, rosado o rojo. || Antigua lengua de Flandes.

flan m. Dulce que se hace mezclando yemas de huevo, leche y azúcar.

flanco m. Lado.

flaquear intr. Debilitarse, perder la fuerza y la firmeza moral o física. || Fallar, flojear en algo esporádicamente.

flash m. Lámpara que despide un destello al mismo tiempo que se abre el obturador de una máquina fotográfica. || Información concisa de última hora.

flato m. Acumulación molesta de gases en el tubo digestivo.

flatulencia f. Acumulación de gases en el tubo digestivo. || Molestias que produce.

flauta f. Instrumento músico de viento, en forma de tubo con varios agujeros y llaves.

flecha f. Arma arrojadiza puntiaguda, que se dispara con arco. || Signo con esta forma que indica una dirección. || Remate en punta de algunas torres.

flechazo m. Disparo o herida de flecha. || fig. y fam. Amor repentino.

fleco m. Adorno compuesto de una serie de hilos o cordoncillos colgantes de una tira de tela.

flema f. Mucosidad que se arroja por la boca. || fig. Cachaza, lentitud.

flemón m. Inflamación de las encías.

flequillo m. Porción de cabello recortado que se deja caer sobre la frente.

fletar tr. Alquilar un barco o parte de él para el transporte. || Por ext., alquilar cualquier medio de transporte. || Embarcar mercancías o personas. || *amer.* Soltar, espetar, largar acciones o palabras inconvenientes o agresivas. || *amer.* Enviar a alguien a alguna parte contra su voluntad. || *amer.* Despedir a alguien de un trabajo o empleo. ‖ prnl. *amer*. Largarse, marcharse de pronto.

fletero, ra adj. *amer*. [Embarcación, carro u otro vehículo] que se alquila para transporte. ‖ *amer*. [Persona] que se dedica profesionalmente a hacer transportes. También s. ‖ m. y f. *amer*. Persona que en los puertos se encarga de transportar mercancías o personas entre las naves y los muelles. ‖ f. *amer*. Prostituta que recorre las calles en busca de clientes.

flexible adj. Que puede doblarse fácilmente. ‖ fig. Que se acomoda con facilidad.

flexión f. Acción de doblar o doblarse. ‖ En gramática, alteración que experimentan las voces conjugables y declinables.

flexo m. Lámpara de mesa que tiene el brazo flexible.

flipar intr. fam. Gustar mucho de algo. También prnl. ‖ prnl. Drogarse.

flirtear intr. Mantener relaciones amorosas de forma superficial y sin compromiso.

flojera f. Debilidad, cansancio. ‖ Pereza.

flojo, ja adj. Mal atado, poco apretado. ‖ Que no tiene mucha actividad, fortaleza o vigor. ‖ Mediocre. ‖ fig. Perezoso. ‖ *amer*. Cobarde.

flor f. Conjunto de los órganos de reproducción de las plantas. ‖ Lo más escogido de una cosa. ‖ Piropo, requiebro. Más en pl.

flora f. Conjunto de plantas de un país o región. ‖ Conjunto de bacterias que habitan en un órgano determinado, y cuya presencia es indispensable para el buen funcionamiento del organismo.

florecer intr. Echar o cubrirse de flores las plantas. También tr. ‖ fig. Prosperar. ‖ fig. Existir.

florecimiento m. Surgimiento o desarrollo de una flor, un movimiento artístico, una creencia, etc.

florero m. Vaso o vasija para las flores.

florete m. Espadín utilizado en esgrima.

floristería f. Tienda donde se venden flores y plantas.

floritura f. Adorno.

flota f. Conjunto de barcos mercantes o de guerra. ‖ Conjunto de aeronaves para un servicio determinado. ‖ Conjunto de vehículos de una empresa.

flotador m. Cuerpo destinado a mantenerse en la superficie de un líquido para un determinado fin. ‖ Objeto, generalmente de plástico o goma hinchable, que se utiliza para mantenerse a flote.

flotar intr. Sostenerse un cuerpo en la superficie de un líquido. ‖ Oscilar, variar, especialmente el valor de una moneda con relación al oro o con otra divisa.

fluctuar intr. Oscilar, crecer y disminuir alternativamente. ‖ fig. Dudar.

fluido, da adj. [Cuerpo] cuyas moléculas tienen entre sí poca coherencia, y toma siempre la forma del recipiente donde está contenido. También m. || fig. Corriente, fácil, suelto. || [Circulación automovilística] normal y sin embotellamientos. || m. fam. Corriente eléctrica.

fluir intr. Correr un líquido o un gas. || fig. Surgir de forma natural.

flujo m. Movimiento de los fluidos. || fig. Abundancia excesiva. || Movimiento de ascenso de la marea.

flúor m. Cuerpo simple gaseoso, de color amarillo verdoso y olor desagradable. Símbolo, *F*.

fluorescencia f. Propiedad de algunos cuerpos de emitir luz al recibir una radiación.

fluvial adj. De los ríos.

fobia f. Miedo irracional, obsesivo y angustioso hacia determinadas situaciones, cosas, personas, etc.

foca f. Mamífero carnívoro de los mares fríos, de cuerpo pesado y pelo espeso.

foco m. Punto de donde parte un haz de rayos luminosos. || Lámpara que emite una luz potente. || fig. Lugar en que está concentrada alguna cosa, y desde la cual se propaga o ejerce influencia. || *amer.* Bombilla eléctrica.

fofo, fa adj. Blando, de poca consistencia.

fogaje m. *amer.* Erupción de la piel. || *amer.* Bochorno, calor, sofoco.

fogata f. Hoguera.

fogón m. Sitio en las cocinas donde se hacía fuego para cocinar. || En las máquinas de vapor, lugar destinado al combustible.

fogoso, sa adj. Ardiente, demasiado vivo.

foie-gras m. Pasta alimenticia hecha con hígado de algunos animales como el pato, la oca, el cerdo, etc.

folclore o **folclor** m. Folklore.

folio m. Hoja de papel cuyo tamaño corresponde a dos cuartillas. || Este tamaño de papel.

folklore o **folklor** m. Conjunto de las tradiciones, costumbres, canciones, etc., de un pueblo, país o región.

follaje m. Conjunto de hojas de árboles y otras plantas.

follar tr., intr. y prnl. *vulg.* Tener relaciones sexuales.

folletín m. Tipo de relato de intriga, en el que abundan los sucesos melodramáticos. || fig. Suceso o relato exagerado e inverosímil. || Por ext., cualquier obra o situación que tenga estas características.

folleto m. Obra impresa de menor extensión que un libro, en la que se anuncia o se informa de algo.

follón m. Alboroto, discusión tumultuosa. || Desorden, confusión, jaleo.

fomentar tr. Excitar, promover, favorecer.

fonación f. Emisión de la voz o de la palabra.

fonda f. Establecimiento público donde se da hospedaje y se sirven comidas.

fondear intr. y tr. Asegurar una embarcación por medio de anclas. || prnl. *amer.* Acumular fondos, enriquecerse.

fondo m. Parte inferior de una cosa. || Hablando del mar, de los ríos o estanques, superficie sólida sobre la cual está el agua. || Profundidad. || Parte contraria a la entrada de un edificio. || fig. Atmósfera o ambiente que rodea a alguien o algo. || En pintura, superficie o espacio sobre el cual se pinta. || Condición, índole. || Resistencia física. || fig. Lo esencial de una cosa. || Conjunto de colecciones de una biblioteca, museo, o de libros de una editorial. || pl. Caudal, dinero.

fonema m. En lingüística, cada una de las unidades fonológicas mínimas que en el sistema de una lengua pueden oponerse a otras en contraste significativo. || Cada uno de los sonidos simples del lenguaje hablado.

fonendoscopio m. Instrumento médico para auscultar los sonidos del organismo.

fonético, ca adj. Del sonido. || f. Rama de la lingüística que estudia los elementos fónicos de un idioma.

fónico, ca adj. De la voz o del sonido.

fonología f. Rama de la lingüística que estudia los fonemas.

fonoteca f. Colección o archivo de documentos sonoros.

fontana f. *poét.* Fuente.

fontanería f. Oficio y técnica de encañar y conducir las aguas para los diversos usos de ellas. || Conjunto de conductos por donde se dirige y distribuye el agua. || Establecimiento y taller del fontanero.

footing (Voz i.) m. Ejercicio consistente en correr de manera relajada, sin fines competitivos.

forajido, da adj. y s. Persona que ha cometido un delito y huye de la justicia.

foráneo, a adj. Forastero, extraño.

forastero, ra adj. y s. Que vive o está en un lugar de donde no es vecino. || fig. Extraño, ajeno.

forcejear intr. Hacer fuerza o esfuerzos para vencer alguna resistencia. || Oponerse.

fórceps m. Instrumento médico que se usa para la extracción del feto en los partos difíciles.

forense adj. [Médico] adscrito a un juzgado de instrucción que asiste al juez en asuntos médicos

forestal adj. Relativo a los bosques.

forjar tr. Dar forma a un metal. ‖ Fabricar y formar. ‖ fig. Inventar, fingir, imaginar.

forma f. Figura exterior de un cuerpo. ‖ Disposición de las cosas. ‖ Modo de proceder. ‖ Molde. ‖ Formato. ‖ Modo de expresar el contenido de un escrito, especialmente el literario, a diferencia de lo que constituye el fondo. ‖ Hostia pequeña. ‖ Buena condición física. ‖ pl. Configuración del cuerpo humano, especialmente de la mujer. ‖ Modales.

formación f. Creación, desarrollo. ‖ Educación y conocimientos adquiridos por una persona. ‖ Disposición ordenada de personas colocadas en filas.

formal adj. De la forma. ‖ Que tiene formalidad, serio. ‖ Preciso, determinado.

formalizar tr. Hacer formal o serio. ‖ Revestir de requisitos legales. ‖ Concretar, precisar.

formar tr. Dar forma. ‖ Constituir, crear. ‖ Integrar. ‖ Reunir. ‖ Poner en orden, hacer una formación. ‖ Educar, adiestrar, desarrollar. También intr. y prnl.

formatear tr. En informática, dar forma o preparar un disquete u otro soporte informático.

formato m. Forma y tamaño de un impreso, libro, etc.

formica f. Material recubierto por una de sus caras con una resina artificial, brillante y muy resistente.

formidable adj. Magnífico, estupendo. ‖ Enorme. ‖ Admirable.

fórmula f. Modelo establecido para expresar, realizar o resolver algo. ‖ Receta del médico en la que se indican los componentes de un medicamento. ‖ Representación de una ley física o matemática o de una combinación química.

formular tr. Reducir a términos claros y precisos. ‖ Expresar, manifestar.

formulario, ria adj. Que se hace por fórmula o pura cortesía. ‖ m. Escrito donde figura una serie de requisitos, preguntas, etc., que se han de cumplimentar.

fornicar intr. Tener relaciones sexuales fuera del matrimonio.

fornido, da adj. Robusto.

foro m. Plaza pública. ‖ Lugar en que los tribunales oyen y determinan las causas. ‖ Fondo del escenario. ‖ Lo que concierne al ejercicio de la abogacía y a la práctica de los tribunales. ‖ Discusión, debate sobre asuntos de interés ante un auditorio.

forofo, fa m. y f. Fanático, seguidor apasionado, especialmente de los deportes.

forraje m. Hierba o pasto seco que se da al ganado.

forrar tr. Poner forro a alguna cosa. || prnl. fam. Enriquecerse.

forro m. Cubierta, resguardo o revestimiento de algo, especialmente el que llevan en la parte interior los vestidos. || Cubierta del libro.

fortaleza f. Fuerza y vigor. || Entereza o firmeza de ánimo. || Recinto fortificado, fortificación.

fortificación f. Obra o conjunto de obras de defensa.

fortificar tr. Dar vigor y fuerza. || Proteger con fortificaciones. También prnl.

fortín m. Fortaleza pequeña.

fortuito, ta adj. Casual.

fortuna f. Circunstancia casual. || Suerte favorable. || Hacienda, capital, bienes.

forzar tr. Hacer fuerza o violencia física. || Tomar u ocupar por la fuerza. || Abusar sexualmente de una persona. || fig. Obligar. También prnl.

fosa f. Sepultura. || Excavación alrededor de una fortaleza. || Depresión. || Cada una de ciertas cavidades del cuerpo.

fosforescencia f. Propiedad de algunos cuerpos de absorber radiaciones lumínicas y luego emitirlas.

fósforo m. Metaloide sólido, amarillento, inflamable y luminoso en la oscuridad. Símbolo, P. || Cerilla.

fósil adj. [Resto] de algún ser orgánico muerto que se encuentra petrificado en ciertas capas terrestres. También m. || *desp*. Viejo, anticuado. También com.

foso m. Hoyo. || Excavación profunda que rodea una fortaleza. || Piso inferior del escenario.

foto f. Apócope de fotografía.

fotocopia f. Fotografía especial obtenida directamente sobre papel.

fotocopiadora f. Máquina para fotocopiar.

fotogénico, ca adj. Que tiene buenas condiciones para ser reproducido por la fotografía.

fotografía f. Técnica de fijar y reproducir en una placa o película impresionable a la luz por medio de la acción química las imágenes recogidas en el fondo de una cámara oscura. || Imagen así obtenida. || fig. Representación o descripción exacta y precisa de algo o alguien.

fotograma m. Cada una de las imágenes que se suceden en una película cinematográfica.

fotomatón m. Procedimiento mediante el que se obtiene un número determinado de copias fotográficas, generalmente de tamaño carnet, en pocos minutos; también, cabina donde se relizan.

fotón m. Partícula de luz.

fotosíntesis f. Proceso metabólico por el que las plantas transforman sustancias inorgánicas en

fotuto orgánicas (hidratos de carbono) desprendiendo oxígeno, gracias a la transformación de la energía luminosa en la química producida por la clorofila.

fotuto m. *amer.* Instrumento de viento que produce un ruido prolongado y fuerte como el de una trompa o caracola.

frac m. Traje de etiqueta masculino, que tiene por detrás dos faldones.

fracasar intr. Frustrarse, tener resultado adverso. ‖ No tener éxito.

fracaso m. Falta de éxito o resultado adverso.

fracción f. División de una cosa en partes. ‖ Parte o porción de un todo. ‖ Quebrado, número que expresa una o varias partes de la unidad dividida en partes iguales.

fractura f. Rotura de un hueso. ‖ Acción y resultado de fracturar o fracturarse.

fragancia f. Olor agradable y suave.

fragata f. Embarcación de tres palos.

frágil adj. Que se rompe o quiebra con facilidad. ‖ Fugaz, caduco. ‖ fig. Débil.

fragmento m. Cada una de las partes de algo roto o partido. ‖ Parte de una obra literaria, musical, escultórica, etc.

fragor m. Ruido, estruendo.

fragua f. Fogón en que se calientan los metales para forjarlos. ‖ Taller donde se forjan los metales.

fraguar tr. Forjar metales. ‖ fig. Idear, discurrir. ‖ intr. Trabar y endurecerse consistentemente la cal, el yeso, etc.

fraile m. Religioso, monje.

frambuesa f. Fruto del frambueso, de color rojo y sabor agridulce.

francés, esa adj. y s. De Francia. ‖ m. Lengua francesa.

franco, ca adj. Sincero, ingenuo. ‖ Abierto, comunicativo. ‖ Sin impedimento. ‖ Claro, evidente. ‖ Libre o exento de impuestos. ‖ [Pueblo] germánico que habitó en la Galia Transalpina. Más c. m. pl.

francotirador, ra m. y f. Persona aislada que, apostada, ataca con armas de fuego. ‖ fig. Persona que actúa aisladamente y por su cuenta en cualquier actividad reservada normalmente a un colectivo.

franela f. Tejido fino de lana.

franja f. Faja, lista o tira. ‖ Banda de adorno.

franquear tr. Quitar los impedimentos, abrir camino. ‖ Pasar al otro lado. ‖ Pagar con sellos el envío de una carta, tarjeta, paquete postal, etc., y fijar tales sellos al envío.

franquicia f. Exención del pago de ciertos derechos, impuestos, etc.

franquismo m. Régimen po-

lítico implantado en España por el general Franco y periodo que comprende (1936-1975).

frasco m. Vaso de cuello recogido.

frase f. Conjunto de palabras que forman sentido. ‖ Locución, expresión.

fraternal adj. Propio de hermanos.

fraterno, na adj. Fraternal.

fratricidio m. Crimen del que mata a su hermano.

fraude m. Engaño, inexactitud consciente, abuso de confianza. ‖ Acción que se realiza eludiendo obligaciones legales o usurpando derechos.

fraudulento, ta adj. Que contiene fraude.

fray m. Apócope de *fraile*.

frecuencia f. Repetición a menudo de un acto o suceso. ‖ Número de oscilaciones, vibraciones u ondas por unidad de tiempo en cualquier fenómeno periódico.

free-lance (Voz i.) adj. y com. Del trabajo de colaboración que realizan ciertos profesionales, como periodistas, traductores o redactores, para una o varias empresas, sin que exista un contrato laboral temporal o permanente.

fregadero m. Pila de fregar.

fregado, da adj. *amer.* [Persona] enfadosa, inoportuna. ‖ m. Acción y resultado de fregar. ‖ Enredo, jaleo. ‖ *amer.* Fastidio.

fregar tr. Restregar con fuerza. ‖ Lavar los platos, cacerolas, etc. ‖ *amer.* Fastidiar, molestar. También prnl.

fregona f. Utensilio para fregar los suelos. ‖ *desp.* Criada que friega los suelos.

freiduría f. Establecimiento donde se fríen pescados u otros alimentos.

freír tr. Guisar un alimento en aceite o grasa hirviendo. También prnl. ‖ fig. Molestar, importunar. ‖ fig. Acosar. ‖ prnl. fig. Pasar mucho calor.

frenar tr. e intr. Moderar o detener el movimiento con el freno. ‖ Contener, retener.

frenesí m. Exaltación violenta. ‖ Locura.

frenético, ca adj. Furioso, rabioso.

frenillo m. Membrana que sujeta y limita el movimiento de algunos órganos, como la lengua y el prepucio.

freno m. Dispositivo para moderar o detener el movimiento. ‖ Instrumento de hierro que, introducido en la boca de las caballerías, sirve para sujetarlas y gobernarlas. ‖ fig. Sujeción.

frente f. Parte superior de la cara. ‖ m. Parte delantera, fachada. ‖ Extensión o línea de territorio continuo en que combaten los ejércitos. ‖ adv. l. En lugar opuesto. ‖ adv. m. En contra.

fresa f. Planta rosácea, con tallos rastreros y fruto rojo, sabroso y fragante. || Instrumento de movimiento circular con una serie de cuchillas cortantes para abrir agujeros o labrar metales.

fresco, ca adj. Moderadamente frío. || Reciente, acabado de hacer, de coger, de suceder, etc. || Que no contiene artificios; natural. || fig. Sano. || fig. Descansado, que no da muestras de fatiga. || fig. y fam. Desvergonzado. También s. || m. Frío moderado. || Pintura mural. || f. Frescor de la madrugada o del atardecer en tiempo de calor. || Algo que se dice de forma descarada, sin respeto.

fresno m. Árbol de madera blanca muy apreciada.

fresón m. Especie de fresa grande.

fresquería f. *amer.* Establecimiento donde se preparan y venden bebidas heladas o refrescos.

frialdad f. Sensación que proviene de la falta de calor. || fig. Indiferencia, poco interés.

fricción f. Roce de dos cuerpos en contacto. || Frotación que se aplica a una parte del cuerpo. || fig. Desavenencia.

friega f. Acción de frotar alguna parte del cuerpo. || fig. y fam. Paliza, zurra. || *amer.* Molestia, fastidio.

frigidez f. Frialdad. || Falta de deseo sexual.

frigoría f. Unidad de medida de absorción del calor, empleada en la técnica de la refrigeración; corresponde a la absorción de una kilocaloría.

frigorífico, ca adj. Que produce frío. || m. Cámara o mueble que se enfría artificialmente para conservar alimentos u otros productos.

frío, a adj. Que tiene una temperatura muy inferior a la normal o a la del ambiente. || fig. Falto de afecto, de pasión o sensibilidad. || fig. Indiferente. || fig. Sin gracia. || fig. Poco acogedor. || m. Baja temperatura. || Sensación que se experimenta por la pérdida de calor.

friolero, ra adj. Muy sensible al frío. || f. fam. Gran cantidad de algo, especialmente de dinero. Se usa en la frase *«la friolera de...»*.

fritura f. Conjunto de alimentos cocinados con aceite o grasa muy caliente.

frívolo, la adj. Ligero, superficial. || De poca importancia. || [Espectáculo, publicación, etc.] que trata temas ligeros, con predominio de lo sensual.

frondoso, sa adj. Abundante en hojas o árboles que forman espesura.

frontal adj. Relativo a la frente. || m. Hueso de la frente.

frontera f. Línea divisoria entre dos estados. || Límite.

frontis o **frontispicio** m. Fachada o cara anterior. || Frontón.

frontón m. Pared principal del juego de pelota. ‖ Edificio o lugar para jugar a la pelota. ‖ Remate triangular de una fachada o de un pórtico.

frotar tr. y prnl. Pasar una cosa sobre otra con fuerza muchas veces.

fructífero, ra adj. Que produce fruto.

fructificar intr. Dar fruto. ‖ fig. Producir utilidad.

frugal adj. Sobrio. ‖ [Comida] sencilla y poco abundante.

fruición f. Gozo, placer intenso.

fruncir tr. Arrugar la frente y las cejas en señal de preocupación, mal humor, etc. ‖ Plegar las telas en arrugas pequeñas.

fruslería f. Cosa de poco valor o entidad.

frustrar tr. Privar a alguien de lo que esperaba. ‖ Dejar sin efecto, malograr un intento. También prnl.

fruta f. Fruto comestible de ciertas plantas.

frutal adj. y m. Árbol que da fruta.

frutilla f. *amer.* Especie de fresón americano.

fruto m. Órgano de la planta que nace del ovario de la flor y contiene las semillas. ‖ fig. Resultado, provecho, utilidad. ‖ fig. Producto de la mente o del ingenio.

fucsia f. Arbusto de origen americano, con flores colgantes de color rojo oscuro. También flor de este árbol. ‖ m. Color de la flor de esta planta, sobre todo cuando es rosa fuerte y encendido.

fuego m. Calor y luz producidos por la combustión. ‖ Materia en combustión. ‖ Incendio. ‖ Efecto de disparar armas de fuego. ‖ fig. Hogar. ‖ fig. Ardor, pasión.

fuel m. Combustible líquido derivado del petróleo.

fuelle m. Instrumento para recoger aire y lanzarlo con dirección determinada. ‖ Capacidad respiratoria. ‖ En los trenes o autobuses articulados, pasillo flexible que comunica o une dos unidades.

fuente f. Manantial de agua que brota de la tierra. ‖ Construcción en los sitios públicos con caños y surtidores de agua. ‖ Plato grande para servir la comida. ‖ fig. Origen, causa. ‖ fig. Documento, obra o materiales que sirven de información o de inspiración a un autor.

fuera adv. l. A o en la parte exterior. ‖ adv. t. Antes o después de tiempo.

fuero m. Compilación de leyes. ‖ Privilegio, inmunidad, exención. ‖ Competencia jurisdiccional.

fuerte adj. Que tiene fuerza y resistencia. ‖ Robusto, corpulento. ‖ Duro, que no se deja labrar

fuerza

fácilmente. || Intenso. || m. Recinto fortificado. || fig. Aquello en lo que uno sobresale. || adv. m. Con fuerza. || adv. cant. Mucho.

fuerza f. Vigor, robustez. || Poder, autoridad. || Acto de obligar. || Violencia. || Corriente eléctrica. || Eficacia. || Vitalidad, intensidad. || pl. Tropas.

fuete m. *amer.* Látigo; cinturón de cuero.

fuga f. Huida precipitada. || Evasión. || Escape, salida accidental de un gas o líquido. || En música, composición que gira sobre la repetición de un tema y su contrapunto.

fugarse prnl. Escaparse.

fugaz adj. De corta duración. || Que desaparece con velocidad.

fugitivo, va adj. Que huye. También s. || Que pasa muy aprisa.

fulano, na m. y f. Persona indeterminada o imaginaria. || f. Prostituta.

fulero, ra adj. fam. Chapucero. || Falso, embustero, fantasioso.

fulgor m. Resplandor y brillantez.

fulgurar intr. Brillar, resplandecer.

fullería f. Trampa, engaño.

fulminar tr. Lanzar rayos. || Dañar o dar muerte un rayo, proyectil o arma. || Causar muerte repentina una enfermedad. || Dejar rendida o muy impresionada a una persona.

fumar intr. Aspirar y despedir el humo del tabaco, opio, etc. También tr. || prnl. fam. Consumir, gastar. || fam. Dejar de acudir, faltar a una obligación.

fumarola f. Emanación de gases o vapores que salen por pequeñas grietas en las zonas de actividad volcánica.

fumigar tr. Desinfectar por medio de humo, gas, etc.

funámbulo, la m. y f. Acróbata que hace ejercicios en la cuerda o en el alambre.

función f. Actividad propia de un órgano o una maquina. || Misión. || Desempeño de un cargo. || Espectáculo público. || En lingüística, papel que en la estructura gramatical de una oración desempeña un elemento fónico, morfológico, sintáctico o léxico. || En matemáticas, relación entre dos magnitudes, de modo que a cada valor de una de ellas corresponde determinado valor de la otra.

funcional adj. Relativo a la función. || Que tiene como misión ser práctico y útil más que bonito.

funcionar intr. Desempeñar su función. || Ponerse en marcha.

funcionario, ria m. y f. Persona que desempeña un empleo público.

funda f. Cubierta con que se envuelve o cubre algo.

fundamental adj. Esencial.

fundamento m. Principio, base. || Raíz, origen. || pl. Principios básicos de una ciencia, arte, teoría, etc.

fundar tr. Establecer, crear. || Erigir, instituir. || Apoyar con razones, pruebas, etc. También prnl. || Apoyar, armar alguna cosa material sobre otra. También prnl.

fundir tr. Derretir, convertir un sólido en líquido. También intr. y prnl. || Dar forma en moldes al metal en fusión. También prnl. || prnl. Dejar de funcionar. || fig. Unirse, fusionarse. || *amer.* Arruinarse, hundirse.

fúnebre adj. De los difuntos. || fig. Muy triste, luctuoso.

funeral adj. y m. Del entierro de un difunto y de la ceremonia que le acompaña. || m. Misa que se celebra por un difunto.

funeraria f. Agencia de entierros.

funesto, ta adj. Aciago. || Triste y desgraciado.

fungible adj. Que se consume con el uso.

fungicida adj. y m. Agente que destruye los hongos.

funicular adj. y m. [Ferrocarril] cuya tracción se realiza por medio de un cable o cremallera. || [Teleférico].

furcia f. Prostituta.

furgón m. Vehículo cerrado que se utiliza para transportes. || Vagón de ferrocarril para el transporte de equipajes y mercancías.

furgoneta f. Pequeño vehículo destinado al transporte de mercancías.

furia f. Ira exaltada. || Violenta agitación o actividad. || Coraje, ímpetu. || Persona muy irritada.

furibundo, da adj. Airado, colérico. || Muy entusiasta.

furioso, sa adj. Muy enfadado. || Muy grande o intenso.

furor m. Cólera, ira exaltada. || Arrebatamiento. || Violencia. || Momento de mayor intensidad de una moda o costumbre.

furtivo, va adj. Que se hace a escondidas. || Que caza sin permiso.

fusa f. En música, nota cuyo valor es la mitad de la semicorchea.

fuselaje m. Cuerpo del avión.

fusible adj. Que puede fundirse. || m. Hilo o chapa metálica, que se intercala en las instalaciones eléctricas para cortar la corriente cuando esta es excesiva.

fusil m. Arma de fuego portátil con un cañón largo.

fusilar tr. Ejecutar a una persona con una descarga de fusiles. || fig. y fam. Plagiar.

fusión f. Efecto de fundir o fundirse. || Unión.

fusta f. Látigo para fustigar caballerías.

fuste m. Parte de la columna que media entre el capitel y la base. || fig. Importancia.

fustigar tr. Azotar. || fig. Censurar con dureza.

fútbol m. Deporte practicado entre dos equipos de once jugadores cada uno que disputan un balón con los pies y tratan de introducirlo en la portería contraria siguiendo determinadas reglas.

futbolín m. Juego de mesa en que figuritas accionadas mecánica o manualmente simulan un partido de fútbol.

fútil adj. De poca importancia.

futuro, ra adj. Que está por venir. ‖ m. Porvenir. ‖ Tiempo del verbo que expresa una acción que no ha sucedido todavía.

G

g f. Séptima letra del abecedario español y quinta de sus consonantes. Su nombre es *ge*.

gabán m. Abrigo.

gabardina f. Abrigo ligero de tela impermeable. || fig. Capa de masa con la que se rebozan algunos alimentos.

gabinete m. Sala pequeña para recibir. || Consejo de ministros. || Habitación habilitada para realizar determinadas actividades profesionales.

gacela f. Mamífero algo menor que el corzo, con patas muy finas, el dorso marrón claro, el vientre blanco y astas encorvadas, y que se alimenta de hierba.

gaceta f. Periódico con noticias de determinadas materias. || En España, nombre que tuvo el actual Boletín Oficial del Estado.

gacho, cha adj. Encorvado, inclinado hacia la tierra.

gachupín, ina m. y f. *amer.* Español establecido en México y Guatemala.

gafas f. pl. Anteojos con armadura para sujetarse detrás de las orejas.

gafe com. fam. Persona que trae mala suerte.

gaita f. Instrumento musical con varios tubos unidos a un fuelle. || fig. y fam. Cosa molesta, engorrosa.

gaje m. Retribución complementaria del sueldo. || pl. Inconvenientes inherentes a un empleo.

gajo m. Cada división interior de algunas frutas.

gala f. Adorno o vestido lujoso, y fiesta en que se exige. || Espectáculo artístico de carácter benéfico. || Actuación de un artista.

galán m. Hombre apuesto y bien parecido. || Actor principal que interpreta papeles de tipo amoroso.

galante adj. Atento, educado con las mujeres. || [Literatura] erótica que trata con picardía algún tema amoroso.

galápago m. Animal parecido a la tortuga, pero que tiene los dedos unidos entre sí por una especie de piel para moverse por el agua.

galardón m. Premio o recompensa.

galaxia f. Cada una de las agrupaciones de estrellas, nebulosas, polvo y gas que se encuentran esparcidas por el Universo.

galbana f. Pereza.

galeno m. fam. Médico.

galeón m. Antiguo barco grande de transporte.

galera f. Embarcación de vela y remo. || En imprenta, tabla rodeada por listones en la que se van poniendo las líneas de letras para componer el texto. || pl. Antigua pena que consistía en remar en las galeras reales.

galería f. Corredor con arcos, vidrieras o ventanas. || Local para exposiciones. || Paso subterráneo. || fig. Opinión pública. || pl. Mercado, pasaje interior donde se agrupan muchos establecimientos comerciales.

galerna f. Viento fuerte y frío del noroeste que sopla en la costa septentrional de España.

galgo adj. y m. [Perro] de hocico y rabo largos, muy veloz, que se utiliza para cazar y en carreras.

gálibo m. Arco de hierro con la altura de túneles y puentes para comprobar si los vehículos pueden pasar por ellos.

galicismo m. Palabra o expresión de origen francés.

galimatías m. Lenguaje confuso.

gallardo, da adj. Apuesto. || Valiente. || fig. Grande, excelente.

gallego, ga adj. y s. De Galicia. || *amer.* Español emigrado. || m. Lengua hablada en Galicia.

galleta f. Pasta de harina, azúcar y huevo. || fam. Cachete.

gallina f. Hembra del gallo, de menor tamaño y cresta más corta. || com. fig. y fam. Persona cobarde y tímida.

gallinejas f. pl. Plato típico de Madrid formado por tripas fritas de gallina y otras aves, y a veces de otros animales.

gallinero m. Lugar donde se crían las gallinas. || Parte más alta y barata de una sala de espectáculos. || Lugar donde hay mucho griterío.

gallo m. Ave de corral, de cresta roja. || Pez parecido al lenguado. || Hombre mandón, jactancioso. || fig. y fam. Al cantar, nota inadvertidamente desafinada.

galón m. Cinta estrecha y fuerte. || Distintivo de graduación militar. || Medida inglesa de capacidad.

galope m. La marcha más rápida del caballo.

gamba f. Animal marino comestible, parecido al langostino, pero más pequeño, de color rojizo y cuerpo alargado.

gamberro, rra adj. y s. Que escandaliza y comete destrozos en sitios públicos. || Grosero.

gamo m. Animal mamífero que come hierba, de pelo corto rojo oscuro con pequeñas manchas

gana f. Deseo, voluntad de hacer algo. ‖ Apetito, hambre. Más en pl.

ganadería f. Cría de ganado. ‖ Conjunto de ganados de un país. ‖ Raza especial de ganado que suele llevar el nombre del ganadero.

ganado m. Conjunto de animales de pasto de una finca, granja.

ganancia f. Beneficio, provecho. Más en pl.

ganar tr. Obtener un beneficio. ‖ Vencer. ‖ Llegar. ‖ Captar la voluntad de alguien. También prnl. ‖ Lograr algo. ‖ intr. Medrar, prosperar.

ganchillo m. Aguja con gancho, y la labor que se hace con ella.

gancho m. Instrumento puntiagudo y curvo para diversos usos. ‖ fig. Gracia, atractivo. ‖ Persona que atrae a los clientes. ‖ En boxeo, golpe con el brazo y antebrazo arqueados. ‖ En baloncesto, tiro a canasta arqueando el brazo sobre la cabeza. ‖ *amer.* Horquilla para sujetar el pelo.

gandul, la adj. y s. fam. Vago, holgazán.

ganga f. Materia inútil que acompaña a los minerales. ‖ fig. Ventaja o cosa que cuesta poco.

ganglio m. Bulto pequeño en un nervio o vaso de linfa.

gangoso, a adj. Que habla con resonancia nasal.

gangrena f. Destrucción de un tejido vivo por la falta de circulación sanguínea.

gángster com. Miembro de una banda de delincuentes que comete delitos para lograr su beneficio o el de su jefe a través de la violencia, el soborno y la coacción.

ganso, sa m. y f. Ave doméstica menor que el ánsar. ‖ fig. Persona torpe, perezosa. También adj.

ganzúa f. Gancho para abrir las cerraduras sin llaves.

gañán m. Mozo de labranza. ‖ fig. Hombre basto.

garabato m. Letra o rasgo mal hecho.

garaje m. Local para guardar automóviles.

garantía f. Obligación accesoria que asegura el cumplimiento de la principal. ‖ Fianza. ‖ Seguridad que una marca o un establecimiento comercial da al cliente del buen funcionamiento de algo durante un periodo de tiempo. ‖ Documento sellado en que se hace constar.

garapiña f. *amer.* Bebida muy refrescante hecha de la corteza de la piña y agua con azúcar.

garbanzo m. Planta leguminosa de semilla comestible. ‖ Esta semilla.

garbeo m. Paseo.

garbo m. Elegancia al andar y moverse. ‖ Gracia.

garfio m. Gancho de hierro.

gargajo m. Flema que se expulsa por la garganta.

garganta f. Parte de delante del cuello. ‖ Conducto interno entre el paladar y la entrada del esófago. ‖ Paso estrecho entre montañas.

gargantilla f. Collar corto.

gárgaras f. pl. Acción de enjuagarse la garganta con un líquido.

gárgola f. Caño o canal adornado para desagüe de tejados o fuentes.

garita f. Caseta del centinela.

garito m. Casa de juego. ‖ Casa de mala reputación.

garra f. Pata de un animal, de uñas curvas y fuertes. ‖ fig. Mano del hombre. ‖ fig. Atractivo, gancho.

garrafa f. Recipiente de cristal ancho y redondo de cuello largo.

garrafal adj. fig. Enorme, monumental.

garrapata f. Ácaro parásito de ciertos animales a los que chupa la sangre.

garrota f. Palo grueso y fuerte que sirve para apoyarse en él al andar.

garrote m. Palo grueso y fuerte. ‖ Aro de hierro sujeto a un palo fijo para estrangular a los condenados a muerte.

garrucha f. Polea.

garúa f. *amer.* Llovizna.

garzo, za adj. [Ojo] de color azulado. ‖ [Persona] que tiene los ojos de este color. ‖ f. Ave zancuda de largo pico y cabeza pequeña con moño gris.

gas m. Sustancia sin fuerza de atracción entre sus partículas y gran poder de expansión. ‖ Mezcla gaseosa para la calefacción, el alumbrado, etc. ‖ Mezcla de carburante y aire que alimenta el motor de un vehículo automóvil. ‖ pl. Los que se acumulan en el intestino producidos por la digestión.

gasa f. Tela ligera y transparente. ‖ Tejido esterilizado de algodón poco tupido, para vendas y compresas.

gaseoso, sa adj. Con las propiedades del gas. ‖ f. Bebida refrescante, efervescente y sin alcohol.

gasoducto o **gaseoducto** m. Tubería de grueso calibre para la conducción de gas a gran distancia.

gasoil o **gasóleo** m. Producto derivado del petróleo que se usa sobre todo en los motores de algunos vehículos y como combustible para la calefacción.

gasolina f. Producto derivado del petróleo, que se emplea como combustible en los motores de algunos vehículos y para disolver otras sustancias.

gasolinera f. Establecimiento en el que se vende gasolina y gasóleo.

gastar tr. Emplear el dinero para comprar algo. ‖ Usar algo habitualmente. ‖ Tener habitualmente un estado determinado. ‖ Consumir con el uso. También prnl.

gasto m. Desembolso. ‖ Consumo.

gástrico, ca adj. Del estómago.

gastritis f. Inflamación del estómago.

gastroenteritis f. Inflamación de las mucosas del estómago y de los intestinos.

gastronomía f. Conjunto de conocimientos y actividades relacionados con la comida, concebida casi como un arte. ‖ Afición a comer bien.

gatear intr. Trepar. ‖ Andar con los pies y las manos en el suelo.

gatillo m. Percutor de las armas de fuego.

gato, ta m. y f. Mamífero carnívoro doméstico. ‖ m. Aparato para elevar a poca altura grandes pesos.

gaucho, cha adj. y s. [Persona] que habita en las grandes llanuras de Argentina y Uruguay y se dedica a la ganadería, sin vivir en un lugar fijo.

gaveta f. Cajón corredizo que hay en los escritorios. ‖ Mueble que tiene uno o varios de estos cajones.

gaviota f. Ave marina de plumaje muy tupido, blanco y ceniciento, y pico ganchudo.

gay (Voz i.) Adj. y com. Homosexual.

gazapo m. Conejo joven. ‖ fig. y fam. Mentira. ‖ fig. y fam. Error.

gaznate m. Garganta.

gazpacho m. Sopa fría que resulta de batir en crudo tomates, pimientos, pepino, ajo, cebolla y pan, y que se aliña con sal, aceite y vinagre.

ge f. Nombre de la letra *g*.

géiser m. Surtidor intermitente de agua caliente en zonas volcánicas.

geisha (Voz japonesa) f. Mujer japonesa que desde joven es educada en el canto, baile y conversación para servir y agradar al hombre.

gel m. Jabón líquido que se usa en el baño y en la ducha. ‖ Pasta parecida a la crema pero transparente.

gelatina f. Sustancia sólida y transparente obtenida a partir del tejido conjuntivo, los huesos y cartílagos.

gélido, da adj. Helado, muy frío.

gema f. Piedra preciosa.

gemelo, la adj. [Hermano] nacido de un mismo parto. También s. ‖ [Elemento] igual a otro, de diversos órdenes, que aparece emparejado con él. ‖ m. pl. Anteojos para ver a distancia. ‖ Juego de dos botones iguales o de piezas de joyería para abrochar los puños de las camisas.

géminis m. Uno de los signos del Zodiaco, al que pertenecen las personas que han nacido entre el 22 de mayo y el 21 de junio.

gemir intr. Expresar pena, dolor u otros sentimientos a través de un sonido parecido al llanto.

gen m. Factor hereditario en las células reproductoras.

genealogía f. Conjunto de antepasados de una persona. || Estudio que lo contiene.

generación f. Producción de algo. || Sucesión de descendientes en línea recta. || Conjunto de personas que, por haber nacido en fechas próximas y recibido educación e influencias culturales y sociales semejantes, se comportan de forma parecida.

generador m. Máquina que produce energía eléctrica.

general adj. Común a muchos, corriente. || Frecuente, usual. || Extenso y superficial. || m. Jefe superior en el ejército. || Superior de una orden religiosa.

generalizar tr. Hacer común, corriente algo. También prnl. || Sacar una conclusión general de algo particular.

generar tr. Producir, originar.

género m. Conjunto, grupo con caracteres comunes. || Mercancía. || Tela. || Especialidad literaria o artística. || Accidente gramatical que indica el sexo.

generoso, sa adj. Desinteresado, desprendido. || Indulgente, magnánimo. || Abundante, espléndido. || [Vino] más fuerte y añejo que el común.

génesis f. Origen, principio. || Serie de hechos que producen algo.

genética f. Parte de la biología que estudia las leyes de la herencia.

genio m. Carácter. || Fuerza creadora. || Inteligencia o aptitud extraordinaria, y persona que la posee. || Ser imaginario al que se cree dotado de poderes sobrenaturales.

genital adj. Relativo a los órganos reproductores. || m. pl. Órganos sexuales externos masculinos o femeninos.

genocidio m. Exterminio sistemático de un grupo humano por motivos de raza, religión o política.

gente f. Conjunto de personas. || fam. Familia.

gentil adj. Antiguamente, pagano. También com. || Elegante, gallardo. || Amable.

gentilicio, cia adj. y s. [Adjetivo o sustantivo] que indica el origen, la nacionalidad o la raza de las personas.

gentío m. Muchedumbre.

gentleman m. Caballero de exquisita elegancia y educación.

genuflexión f. Acción de doblar la rodilla como reverencia.

genuino, na adj. Puro. || Propio, natural, legítimo.

geografía f. Ciencia que describe la Tierra.

geología f. Ciencia que estudia la constitución y origen de la Tierra.

geometría f. Parte de las matemáticas que estudia el espacio y las figuras que se pueden formar en él a partir de puntos, líneas, planos y volúmenes.

geranio m. Planta de hojas verdes muy fuertes, con flores pequeñas de colores muy vivos que crecen en grupos.

gerente com. Persona que dirige y administra una sociedad mercantil.

geriatría f. Parte de la medicina que estudia la vejez y sus enfermedades.

gerifalte m. Ave rapaz, el halcón mayor que se conoce, con plumaje pardo con rayas claras que anida entre acantilados y rocas marinas. ‖ Persona que destaca, líder.

germánico, ca adj. De la Germania o los germanos o relativo a ella o a ellos. También s. ‖ Relativo a Alemania o a los alemanes. ‖ m. Lengua indoeuropea que hablaron los pueblos germanos.

germanismo m. Vocablo o giro de la lengua alemana empleado en otro idioma.

germano, na adj. y s. De un antiguo conjunto de pueblos indoeuropeos que habitó la Germania (Alemania) y gran parte de Europa central. ‖ Alemán.

germen m. Embrión, semilla, célula. ‖ fig. Principio, origen de algo. ‖ Microorganismo que puede de causar o propagar enfermedades.

gerundio m. Forma verbal no personal que expresa simultaneidad de la acción con el tiempo en que se habla.

gesta f. Conjunto de hazañas de un personaje.

gestar tr. Llevar y sustentar la madre en su vientre al feto hasta el momento del parto. ‖ prnl. Prepararse, desarrollarse o crecer sentimientos, ideas o tendencias individuales o colectivas.

gesticular intr. Hacer gestos.

gestión f. Trámite de asuntos. ‖ Dirección, administración de una empresa.

gesto m. Expresión o movimiento de la cara. ‖ Ademán. ‖ Acto o hecho que se realiza por un impulso del ánimo.

giba f. Joroba.

gigante, ta adj. y s. Enorme, sobresaliente. ‖ m. y f. Persona muy alta. ‖ m. Personaje de cartón de algunos festejos populares.

gilipollas adj. y com. *vulg.* Tonto, estúpido.

gimnasia f. Técnica de desarrollo del cuerpo por medio del ejercicio.

gimnasio m. Lugar destinado a ejercicios gimnásticos.

gimotear intr. fam. o *desp.* Gemir.

gincana f. Prueba en la que los participantes, que normalmente conducen algún vehículo, deben vencer muchas dificultades antes de llegar a la meta.

ginebra f. Aguardiente de semillas aromatizado con bayas de enebro.

ginecología f. Parte de la medicina que estudia el funcionamiento del aparato genital de la mujer.

gira f. Recorrido por diferentes lugares volviendo luego al punto del que se salió. || Serie de actuaciones de una compañía o un artista en diferentes localidades.

girar intr. Dar vueltas. || fig. Desarrollarse una conversación, conferencia sobre un tema. || Desviarse. || tr. Hacer que algo gire. || Expedir órdenes de pago. También intr. || Enviar un giro postal o telegráfico. También intr.

girasol m. Planta de cuyas semillas comestibles se extrae aceite.

giro m. Vuelta. || fig. Aspecto, cariz. || Letra, libranza, transferencia de dinero por medios postales o telegráficos. || Estilo, estructura especial de la frase para expresar un concepto.

gitano, na adj. y s. De un pueblo nómada originario de Egipto o India.

glaciación f. Formación de hielo. || Formación de glaciares. || Cada una de las grandes invasiones de hielo que, por efecto de los descensos generalizados de las temperaturas, se extendieron desde los polos hacia la línea ecuatorial.

glacial adj. Helado. || fig. Indiferente.

glaciar m. Masa de hielo que se desliza lentamente entre montañas. || adj. De estas masas de hielo.

gladiador m. Luchador en los juegos públicos romanos.

glande m. Cabeza del pene.

glándula f. Órgano vegetal o animal que segrega las sustancias necesarias para el organismo y expulsa las innecesarias.

glicerina f. Alcohol incoloro viscoso y dulce, que se encuentra en todos los cuerpos grasos como base de su composición. Se usa en farmacia y perfumería, y para preparar la nitroglicerina.

global adj. Tomado en conjunto.

globo m. Cuerpo esférico. || La Tierra. || Vehículo aéreo formado por una bolsa esférica, llena de un gas de menor densidad que el aire atmosférico, y una barquilla, sujeta a su parte inferior, en la que pueden viajar tripulantes. || Objeto de goma que, lleno de gas o de aire, suelen usar los niños como juguete. || Pompa que sale de la boca de los personajes en las viñetas de los cómics o tebeos.

glóbulo m. Nombre de las células de la sangre y la linfa.

gloria f. Paraíso. || Fama. || Gusto, placer. || Majestad, esplendor. || m. Cántico o rezo de la misa, que comienza con las palabras *Gloria in excelsis Deo*.

glorieta f. Plaza redonda.

glorificar tr. Alabar, ensalzar.

glosa f. Explicación, comentario de un texto. ‖ Composición poética en la que se reelabora otro texto lírico previo.

glosario m. Vocabulario de un dialecto, de un autor o de un texto. ‖ Diccionario de palabras poco corrientes. ‖ Conjunto de glosas.

glotón, ona adj. y s. Que come con ansia y en exceso.

glucosa f. Azúcar de seis átomos de carbono presente en todos los seres vivos, ya que se trata de la reserva energética del metabolismo celular.

glúteo, a adj. y m. De cada músculo de la nalga.

gnomo m. Ser fantástico al que se imaginaba trabajando en las minas y guardando tesoros subterráneos.

gobernar tr. Mandar. También intr. ‖ Dirigir. También prnl. ‖ Manejar o dominar a alguien. ‖ intr. Obedecer el buque al timón. ‖ prnl. Guiarse según una norma, regla o idea.

gobierno m. Dirección. ‖ Dirección de la política de un país. ‖ Gabinete. ‖ En algunos países, unidad territorial. ‖ Sede del gobernador o de un gobierno.

gofio m. En Canarias, y América, harina gruesa de maíz, trigo o cebada tostados.

gol m. Entrada del balón en la portería. ‖ Tanto que se consigue con ello.

golear tr. En el fútbol, meter muchos goles al equipo contrario.

goleta f. Tipo de velero.

golf m. Juego que consiste en meter con palos especiales una pelota en hoyos espaciados y abiertos en un terreno accidentado, cubierto de césped.

golfo m. Porción de mar que se interna en tierra.

golfo, fa m. y f. Pillo.

golondrina f. Ave pequeña de plumaje negro azulado por encima y blanco por debajo, alas puntiagudas, cola larga y patas muy cortas, que se alimenta de insectos.

golosina f. Dulce o manjar que se come por placer.

goloso, sa adj. Aficionado a los dulces. ‖ Apetitoso.

golpe m. Choque de cuerpos, y su efecto. ‖ Desgracia. ‖ Atraco. ‖ Ocurrencia. ‖ Usurpación del gobierno de una nación por la fuerza, como en el golpe de Estado.

golpista adj. y com. Que quita el poder de forma violenta al gobierno legal de un país.

goma f. Sustancia elástica y dura que se obtiene de algunos vegetales. ‖ Cualquier pegamento líquido. ‖ Tira elástica. ‖ Objeto que se utiliza para borrar algo escrito a lápiz.

gomaespuma f. Material elástico y blando que se utiliza

gomina para rellenar cojines, almohadones, colchones y otros objetos.

gomina f. Fijador para el cabello.

gónada f. Glándula sexual masculina o femenina.

góndola f. Embarcación veneciana de un remo.

gong o **gongo** m. Disco metálico que se golpea con un mazo.

gordo, da adj. De mucha carne o grasa. ‖ Voluminoso, grueso. ‖ [Dedo] pulgar. También m. ‖ Primer [premio] de la lotería. También m. ‖ m. Sebo o manteca de la carne del animal.

gorgorito m. fam. Quiebro al cantar. Más en pl.

gorila m. Mono de gran tamaño y fortaleza.

gorjeo m. Gorgorito. ‖ Canto del pájaro.

gorra f. Prenda para abrigar la cabeza.

gorrino, na m. y f. Cerdo. ‖ adj. y s. fig. Sucio, desaseado.

gorrión m. Pájaro pequeño de plumaje pardo y pico fuerte, muy común en toda España, que se alimenta de grano e insectos.

gorro m. Prenda para cubrir y abrigar la cabeza.

gorrón, ona adj. y s. Aprovechado, que vive y se divierte a costa ajena.

gota f. Partícula de un líquido. ‖ Pizca, pequeña cantidad de cualquier cosa. ‖ Enfermedad de las articulaciones. ‖ pl. Medicamento que se administra con cuentagotas.

gotear impers. Comenzar a llover a gotas espaciadas. ‖ intr. Caer un líquido gota a gota. ‖ fig. Dar o recibir poco a poco.

gotera f. Grieta del techo por donde entra agua en el interior de un edificio.

gótico, ca adj. y s. [Estilo] artístico que se desarrolló en Europa occidental por evolución del románico entre los ss. XII y XVI, caracterizado por el arco ojival y la bóveda de aristas. ‖ m. Lengua germánica que hablaron los godos.

gozar tr. Poseer algo. También intr. con la prep. *de*. ‖ Pasarlo bien. También prnl. ‖ intr. Sentir placer.

gozne m. Herraje articulado para hacer girar una puerta.

grabado m. Arte y procedimiento de grabar un dibujo sobre materiales diversos. ‖ Estampa así obtenida.

grabar tr. Labrar algo sobre una superficie de piedra, madera o metal. ‖ tr. y prnl. Registrar los sonidos en disco, cinta magnetofónica, o las imágenes en cinta de vídeo, para su posterior reproducción. ‖ fig. Fijar profundamente en el ánimo un concepto, un sentimiento o un recuerdo.

gracejo m. Gracia y desenvoltura al hablar o al escribir.

gracia f. Cualidad de alguien de divertir o de hacer reír. ‖ Cosa que hace reír. ‖ Garbo, salero al actuar o hablar. ‖ Atractivo, encanto. ‖ Beneficio, concesión gratuita. ‖ Indulto. ‖ pl. Fórmula de agradecimiento.

grácil adj. Sutil, delgado o menudo.

grada f. Asiento en forma de escalón. ‖ Graderío, conjunto de estos asientos. Más en pl. ‖ Tarima o escalón. ‖ Plano inclinado sobre el que se construyen o reparan los barcos. ‖ Instrumento con el que se allana la tierra después de arada, para sembrarla.

gradación f. Serie en escala o progresión.

grado m. Cada uno de los diversos estados, valores o calidades que, en relación de menor a mayor, puede tener una cosa. ‖ Rango, categoría. ‖ Valor, cantidad. ‖ Límite. ‖ Unidad de medida de parentesco entre personas. ‖ Unidad de medida de temperatura y ángulos. ‖ En las universidades, título de graduación. ‖ Intensidad significativa de un adjetivo.

gradual adj. Progresivo, creciente.

graduar tr. Dividir y medir en grados. ‖ Regular. ‖ tr. y prnl. Conceder u obtener un grado académico o militar.

graffiti (Voz it.) m. Dibujo o letras en paredes o suelos de la calle u otros lugares públicos.

grafía f. Modo de escribir o representar los sonidos.

gráfico, ca adj. De la escritura. ‖ Que se representa por figuras o signos. También s. ‖ m. Dibujo, boceto.

grafología f. Estudio del carácter de una persona por su escritura.

gragea f. Píldora redondeada recubierta de una sustancia azucarada.

gramática f. Conjunto de normas que se establecen para el correcto uso de una lengua determinada. ‖ Libro donde se recogen. ‖ Ciencia que estudia los elementos de una lengua y sus relaciones.

gramo m. Unidad de masa igual a la milésima parte de un kilogramo.

gramófono m. Aparato que reproduce mecánicamente el sonido de un disco.

gramola f. Cualquier aparato reproductor de discos fonográficos sin bocina exterior. ‖ Gramófono eléctrico instalado por lo general en establecimientos públicos en el que, introduciendo una moneda, se pone el disco elegido.

gran adj. apóc. de *grande*.

granada f. Fruto del granado, de corteza amarillenta y rojiza, que en su interior tiene muchos granos rojos, jugosos y dulces. ‖ Bomba pequeña del tamaño de una granada natural que se lanza con la mano.

granate m. Color rojo oscuro. ‖ Piedra fina del color de los

grande

granos de la granada, muy usada en joyería.

grande adj. Que supera en tamaño, importancia e intensidad a lo normal. || Adulto. También com. || Título nobiliario español.

grandilocuencia f. Elocuencia elevada. || Estilo sublime.

grandioso, sa adj. Sobresaliente, magnífico.

granel (a) loc. adv. Sin medida. || Sin envase. || fig. En abundancia.

granero m. Sitio donde se guarda el trigo. || fig. Zona abundante en él.

granito m. Roca muy dura, compuesta de feldespato, cuarzo y mica.

granizado, da adj. [Refresco] hecho con hielo picado y alguna esencia, zumo de fruta, etc. También m. || f. Precipitación de granizo.

granizar impers. Caer granizo.

granizo m. Agua congelada que cae de las nubes.

granja f. Hacienda de campo. || Finca para la cría de animales.

granjear tr. y prnl. Conseguir, captar el favor, la voluntad.

grano m. Semilla y fruto de los cereales y de otras plantas. || Partícula de cualquier sustancia. || Prominencia, tumorcillo pequeño.

granuja com. Bribón, pillo.

granulado, da adj. [Sustancia] cuya masa forma granos pequeños.

grapa f. Pieza de metal para unir o sujetar.

grapadora f. Utensilio que une o sujeta cosas por medio de unas piezas pequeñas de metal con los extremos doblados que se llaman grapas.

graso, sa adj. Untuoso, que tiene grasa. || f. Sustancia untuosa de origen vegetal o animal. || Mugre, suciedad.

gratificar tr. Pagar, remunerar. || Recompensar. || Complacer.

gratis adv. m. De balde, sin pagar. || adj. Gratuito.

gratitud f. Agradecimiento.

grato, ta adj. Gustoso, agradable.

gratuito, ta adj. De balde, sin pagar. || Arbitrario.

grava f. Piedra machacada para pavimentación.

gravamen m. Carga, obligación. || Impuesto.

gravar tr. Imponer un gravamen.

grave adj. De mucha importancia. || Muy enfermo. || Serio. || Difícil. || [Acento] ortográfico que se traza de izquierda a derecha (`). || [Palabra] con acento fonético en la penúltima sílaba.

gravidez f. Embarazo de la mujer.

gravitar intr. Moverse un cuerpo por la atracción de otro. || Descansar un cuerpo sobre otro. || fig. Pesar una obligación.

gravoso, sa adj. Caro, oneroso. || Molesto, pesado.

graznido m. Voz del cuervo, ganso, grajo. || Canto o grito molesto al oído.

greca f. Dibujo geométrico repetido utilizado como adorno.

grecorromano, na adj. Común a griegos y romanos. || [Lucha] entre dos personas en la que solo se permite agarrar al contrario de la cintura para arriba y en la que no se pueden utilizar las piernas.

gregario, ria adj. Que no tiene iniciativa y hace y dice lo mismo que los demás.

gremio m. Corporación de aprendices, maestros y oficiales de una profesión que tuvo gran relevancia en la Edad Media. || Conjunto de personas que tienen un mismo ejercicio, profesión o estado social.

greña f. Cabellera despeinada y revuelta. Más en pl.

gresca f. Alboroto. || Riña.

grey f. Rebaño. || fig. Conjunto de individuos con algún carácter común.

grial m. Vaso o copa que, según algunas leyendas o libros de caballería, utilizó Jesucristo en la última cena para la institución de la Eucaristía.

griego, ga adj. y s. De Grecia. || m. Lengua griega.

grieta f. Abertura. || Hendidura poco profunda en la piel.

grifo m. Animal fabuloso, mitad águila, mitad león. || Llave de metal que sirve para regular el paso de los líquidos en cañerías, calderas y otros depósitos. || *amer.* Surtidor de gasolina.

grill m. Fuego situado en la parte de arriba de los hornos de gas o eléctricos que se emplea para tostar los alimentos por encima.

grillete m. Anilla para asegurar una cadena al pie de un presidiario.

grillo, lla m. y f. Insecto que produce un sonido agudo y monótono.

grima f. Disgusto, desagrado. || Horror.

gringo, ga adj. y s. *desp. amer.* Estadounidense.

gripe f. Enfermedad causada por virus, con fiebre y síntomas catarrales.

gris adj. [Color] mezcla de blanco y negro. También m. || Borroso. || fig. Triste. || Mediocre. || m. fig. y fam. Viento frío.

gritar intr. Levantar la voz. || Chillar, dar gritos. || Manifestar desaprobación, abuchear. También tr. || tr. Reprender a alguien.

grogui adj. En boxeo, aturdido, sin conocimiento. || fam. Atontado, medio dormido.

grosero, ra adj. Sin educación. || Desatento. || Tosco, basto.

grosor m. Espesor.

grotesco, ca adj. Ridículo, de mal gusto.

grúa f. Máquina para levantar pesos.

grueso, sa adj. Gordo, corpulento, voluminoso. || Que tiene más grosor de lo normal en su clase. || m. Espesor. || La mayor parte de algo.

grulla f. Ave zancuda de gran altura.

grumete m. Aprendiz de marinero.

grumo m. Porción de una sustancia no disuelta totalmente en un líquido.

gruñir intr. Dar gruñidos. || fig. Mostrar disgusto por algo, murmurando entre dientes.

grupa f. Parte de atrás del lomo del caballo, la mula y el burro.

grupo m. Conjunto de seres o cosas. || En arte, conjunto de figuras. || Unidad militar compuesta por varios escuadrones.

gruta f. Cavidad, natural o no, abierta en una montaña o debajo de la tierra.

guaca f. *amer.* Sepulcro de los antiguos indios, principalmente de Bolivia y Perú, en que se encuentran a menudo objetos de valor. || *amer.* Sepulcro antiguo indio en general. || *amer.* Tesoro escondido o enterrado. || *amer.* Hucha.

guacal m. *amer.* Árbol de frutos redondos de pericarpio leñoso, los cuales, partidos por la mitad y extraída la pulpa, se utilizan como vasija. || *amer.* La vasija así formada. || *amer.* Cesta formada de varillas de madera, que se utiliza para el transporte de loza, cristal, frutas, etc.

guacamole m. *amer.* Ensalada que se prepara con aguacate, cebolla, tomate y chile verde.

guachimán m. *amer.* Vigilante, guardián.

guachinango, ga adj. *amer.* Astuto, zalamero. || *amer.* Burlón.

guacho, cha adj. *amer.* Huérfano. También s.

guaco m. *amer.* Objeto de cerámica u otra materia que se encuentra en los sepulcros de los indios.

guadaña f. Herramienta para segar a ras de tierra.

guagua f. Autobús urbano. || *amer.* Niño pequeño.

guaira f. *amer.* Especie de flauta de varios tubos que usan los indios.

guano m. Abundancia de excrementos de aves marinas acumulada en ciertas costas e islas de Suramérica que se emplea como abono. || Abono artifical que lo imita. || *amer.* Estiércol.

guantazo m. fam. Bofetada.

guante m. Prenda que se ajusta a la mano.

guantera f. Hueco que hay en la parte de delante del interior de los coches donde se guardan distintos objetos.

guapo, pa adj. Bien parecido.

guaraní adj. y com. De un pueblo indio de Paraguay y S. de Brasil. || m. Lengua hablada por este pueblo, y que actualmente constituye una de las lenguas oficiales de Paraguay.

guarapo m. *amer.* Jugo de la caña dulce exprimida, que por vaporización produce el azúcar. || *amer.* Bebida fermentada hecha con este jugo.

guarda com. Persona que tiene a su cargo el cuidado de algo. || f. Acción de guardar. || Tutela. || Hoja blanca o de color al principio y fin de los libros. Más en pl.

guardabarros m. Aleta del coche para evitar las salpicaduras de barro.

guardabosque o **guardabosques** m. Guarda que cuida los bosques.

guardacoches com. Persona que aparca y vigila los coches a la puerta de algunos establecimientos.

guardacostas m. Barco pequeño para persecución del contrabando y defensa del litoral.

guardaespaldas com. Persona destinada a proteger a otra.

guardameta com. En algunos deportes, portero.

guardamuebles m. Almacén donde se pueden guardar muebles pagando una cantidad de dinero.

guardar tr. Cuidar, vigilar, custodiar. || Tener cuidado. || Cumplir, observar una regla. || Conservar, no gastar. || prnl. Precaverse de un riesgo. || Evitar. || Conservar para sí.

guardarropa m. Local destinado a guardar prendas de los asistentes a un espectáculo. || Conjunto de vestidos de una persona. || Armario donde se guarda la ropa. || com. Persona encargada de cuidar el local destinado a guardar la ropa.

guardería f. Establecimiento para el cuidado de niños pequeños.

guardia f. Conjunto de soldados encargados de la protección de alguien o algo. || Custodia, protección. || com. Miembro de ciertos cuerpos armados.

guardián, ana m. y f. Persona que guarda o vigila algo.

guarecer tr. Acoger, proteger. || prnl. Refugiarse, resguardarse.

guarida f. Cueva de animales. || Refugio.

guarismo m. Cifra.

guarnecer tr. Poner guarnición. || Adornar. || Equipar. || Revestir las paredes de un edificio.

guarnición f. Adorno. || Engarce de las piedras preciosas. || Tropa que protege una plaza. || Parte de la espada que protege la mano. || Serie de alimentos que acompañan a otro más fuerte. || pl. Correajes de una caballería.

guarrada f. Suciedad. || Mala pasada.

guarro, rra adj. y s. Puerco, cerdo, cochino.

guasa f. Broma o burla sin mala intención.

guasca f. *amer.* Cuerda o soga, que sirve de rienda o de látigo.

guaso, sa m. y f. *amer.* Campesino de Chile. || adj. *amer.* Tosco, grosero.

guatemalteco, ca adj. y s. De Guatemala.

guateque m. Fiesta con baile que se da en una casa.

guay adj. fam. Excelente, estupendo. También adv.

guayaba f. Fruto dulce del guayabo, parecido a la pera. || Conserva y jalea que se hace con esta fruta. || *amer.* Mentira, embuste.

gubernamental adj. Del gobierno. || Partidario del gobierno.

guedeja f. Cabellera larga.

guerra f. Lucha armada entre naciones. || Discordia. || Oposición.

guerrilla f. Partida poco numerosa de personas que hace la guerra mediante la sorpresa y al margen del ejército regular. || Su método de lucha.

gueto m. Barrio habitado por una comunidad marginada por razones étnicas, religiosas, etc. || Lugar donde habita esta comunidad.

guía com. Persona que conduce o enseña el camino a otra. || fig. Persona que aconseja, orienta. || La autorizada para enseñar lo más destacado de un lugar. || f. Lo que dirige o encamina. || Libro de indicaciones. || Lista de datos o información referentes a determinada materia. || Vara que se deja sin podar en las cepas y en los árboles. || Pieza que en las máquinas y otros aparatos sirve para dirigir el movimiento. || Manillar de la bicicleta. || Cada uno de los extremos del bigote cuando están retorcidos.

guiar tr. Ir mostrando el camino. || fig. Aconsejar, orientar. || Conducir. || prnl. Dejarse llevar.

guijarro m. Pequeña piedra redondeada.

guillotina f. Máquina que se usó en Francia para decapitar a los condenados a muerte. || Máquina para cortar papel.

guinda f. Fruto del guindo, redondo y de color rojo, parecido a la cereza, pero más ácido. || Remate o punto final de algo.

guindilla f. Pimiento pequeño muy picante.

guiñapo m. Harapo, andrajo o trapo roto. || fig. Persona que viste con harapos. || fig. La muy desanimada o despreciable.

guiñar tr. Cerrar un ojo momentáneamente para hacer una seña.

guiñol m. Representación teatral por medio de títeres.

guión m. Esquema escrito de lo que se quiere desarrollar. || Signo ortográfico (-). || Enseña, estandarte. || Texto en que se expone, con todos los detalles necesarios para su realización, el contenido de un filme o de un programa de radio o televisión.

guirigay m. fam. Lenguaje incomprensible. ‖ Confusión por hablar mucha gente al tiempo.

guirnalda f. Corona de flores, hierbas o ramas.

guisa f. Modo, manera.

guisante m. Planta con tallos trepadores, flores en racimos y fruto en vaina casi cilíndrica, con diversas semillas verdes comestibles. ‖ Semilla de esta planta.

guisar tr. Cocinar, preparar la comida al fuego. También intr. ‖ fig. Componer o disponer algo.

guiso m. Alimento preparado al fuego.

güisqui m. Bebida alcohólica de cereales fermentados.

guitarra f. Instrumento musical de cuerda, compuesto por una caja de resonancia, un mástil y seis cuerdas que se pulsan con los dedos de una mano, mientras que los de la otra las pisan en el mástil. ‖ com. Persona que toca este instrumento.

güito m. Sombrero. ‖ Hueso de fruta, especialmente el del albaricoque. ‖ pl. Juego que se hace con estos huesos.

gula f. Glotonería.

gurí com. amer. Muchachito indio o mestizo. ‖ amer. Niño, muchacho.

gurú m. Guía espiritual de un grupo religioso, sobre todo si se trata de un líder religioso hinduista. ‖ com. Persona que sabe mucho sobre un tema cualquiera y cuyas opiniones sobre el mismo son muy valoradas.

gurrumino, na adj. amer. Cobarde, pusilánime. ‖ m. y f. amer. Chiquillo, niño, muchacho. ‖ f. amer. Flojera, malestar.

gusano m. Animal invertebrado alargado, que se contrae al moverse. ‖ Lombriz. ‖ Larva de algunos insectos. ‖ fig. Persona despreciable.

gustar tr. Sentir el sabor en el paladar. ‖ Probar. ‖ intr. Agradar algo. ‖ Desear. ‖ Sentir afición o agrado por algo.

gusto m. Sentido con que se percibe el sabor. ‖ Ese sabor. ‖ Placer. ‖ Voluntad propia. ‖ Facultad de apreciar lo bello o lo feo. ‖ Capricho.

gutural adj. De la garganta o relativo a ella. ‖ En fonética, [consonante] velar. En español son *g*, *x* y *k*. También f.

H

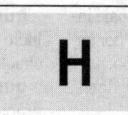

h f. Octava letra del abecedario español y sexta de sus consonantes. Su nombre es *hache*.

haba f. Planta con fruto en vaina comestible. || Fruto y semilla de esta planta.

habanera f. Música, canto y baile de origen cubano.

habano m. Cigarro puro de Cuba.

haber aux. que sirve para conjugar otros verbos en los tiempos compuestos. || impers. Suceder algo. || Estar realmente en algún sitio. || Verificarse, efectuarse algo. || Deber. || Ser necesario o conveniente. || m. Hacienda, caudal. Más en pl. || Una de las dos partes en que se dividen las cuentas corrientes. || Cualidades positivas y méritos que se consideran en una persona o cosa.

habichuela f. Judía, alubia.

hábil adj. Que tiene capacidad o facilidad para hacer bien algo. || Que cuenta desde el punto de vista administrativo.

habilitar tr. Hacer a una persona o cosa hábil o apta para algo. || Destinar algo a un fin determinado y adaptarlo convenientemente.

habitación f. Cualquiera de los aposentos de la casa o morada. || Dormitorio.

habitante com. Cada una de las personas que constituyen la población de un barrio, ciudad, provincia o nación.

habitar tr. e intr. Vivir, morar en un lugar o casa.

hábitat m. Conjunto de condiciones geofísicas en que se desarrolla la vida de una especie o de una comunidad animal o vegetal.

hábito m. Traje de los religiosos o religiosas. || Modo especial de proceder o conducirse adquirido por repetición de actos iguales o semejantes.

habitual adj. Que se hace, padece o posee con continuación o por hábito. || Asiduo.

habituar tr. y prnl. Hacer que uno se acostumbre a una cosa.

habla f. Facultad de hablar. || Acción de hablar. || Realización individual del sistema lingüístico llamado lengua. || Sistema lingüístico de una comarca, locali-

habladuría f. Rumor sin fundamento con intención de criticar, que se extiende entre la gente.

hablar intr. Proferir palabras para darse a entender. || Comunicarse las personas por medio de palabras. || Pronunciar un discurso. || Tratar, convenir, concertar. También prnl. || Expresarse de uno u otro modo. || Dirigir la palabra a una persona. || Murmurar o criticar. || Rogar, interceder por uno. || tr. Emplear uno u otro idioma para expresarse. || prnl. Tener relación una persona con otra.

hacendado, da adj. Que tiene hacienda en bienes raíces o ganado.

hacendoso, sa adj. Solícito y diligente en las faenas domésticas.

hacer tr. Producir. || Fabricar, formar. || Ejecutar. También prnl. || Caber, contener. || Causar, ocasionar. || Ejercitar. || Disponer, aderezar. || Componer, mejorar. || Habituar, acostumbrar. También prnl. || Imaginar. || Suponer, creer. || Representar una obra teatral, cinematográfica, etc. || Expeler el cuerpo los excrementos. || Junto con algunos nombres, expresa la acción de los verbos que se forman de la misma raíz de dichos nombres. || intr. Importar, convenir. || Obrar, actuar, proceder. || prnl. Crecer, aumentarse. || Volverse, transformarse. || impers. Experimentarse buen o mal tiempo. || Haber transcurrido cierto tiempo.

hacha f. Herramienta compuesta por una hoja ancha con filo en uno de sus lados y un ojo en el opuesto donde se inserta el mango.

hacha f. Vela de cera, grande y gruesa, con cuatro pabilos. || Mecha de esparto y alquitrán para que resista el viento sin apagarse.

hache f. Nombre de la letra *h*.

hachís m. Sustancia usada como estupefaciente que se extrae de las flores de una variedad india del cáñamo.

hacia prep. Determina la dirección del movimiento con respecto al punto de su término. || Alrededor de, cerca de.

hacienda f. Finca agrícola o ganadera. || Conjunto de bienes y riquezas que uno tiene. || Conjunto de organismos que se ocupan de administrar los bienes del Estado y de hacer que se cumplan las obligaciones fiscales.

hacinamiento m. Acumulación de muchas personas o cosas en muy poco espacio.

hacinar tr. y prnl. Amontonar, aglomerar, amontonar.

hada f. Ser fantástico que se representaba bajo la forma de mujer con poderes mágicos.

hado m. Divinidad o fuerza desconocida que se creía que gobernaba el destino de los hombres. || Destino.

hagiografía f. Historia de las vidas de los santos.

haitiano, na adj. y s. De Haití.

halagar tr. Adular o decir a alguien interesadamente cosas que le agraden. || Satisfacer el amor propio o el orgullo de alguien.

halcón m. Ave rapaz, de unos 50 cm de long. y 90 de envergadura, cabeza pequeña, pico muy ganchudo y garras curvas y robustas. Se usa en cetrería.

hálito m. Aliento.

halitosis f. Mal olor del aliento.

hall m. Sala que se encuentra a la entrada de una vivienda o de un edificio.

hallar tr. Encontrar a una persona o cosa. || Descubrir o inventar algo. || Descubrir la verdad o el resultado de algo. || Ver, observar, notar. || prnl. Estar presente. || Encontrarse de una manera determinada.

halo m. Cerco que rodea a veces a los cuerpos luminosos. || Aureola.

halógeno, na adj. [Elemento] químico del grupo constituido por el flúor, cloro, bromo, yodo y el elemento radiactivo astato. También s. || [Lámpara] que, con alguno de estos elementos, produce un luz muy clara y brillante.

halterofilia f. Deporte olímpico de levantamiento de peso.

hamaca f. Red gruesa que, colgada por las extremidades, sirve de cama y columpio. || Mecedora.

hambre f. Gana y necesidad de comer. || fig. Apetito o deseo ardiente de algo.

hamburguesa f. Filete de carne picada, que se come solo o en bocadillo con un pan redondo y blando.

hampa f. Conjunto de maleantes. || Modo de vida de estos.

hámster m. Mamífero roedor de 20 a 30 cm de longitud que se utiliza como animal de laboratorio y como mascota.

handicap (Voz i.) m. Carrera, concurso, etc., en que se beneficia a algunos participantes para nivelar las condiciones de la competición y lograr que todos tengan la misma probabilidad de ganar. || Obstáculo, dificultad, problema.

hangar m. Cobertizo para guarecer aparatos de aviación o dirigibles.

haragán, ana adj. y s. Que excusa y rehúye el trabajo.

harapo m. Andrajo.

haraquiri m. Forma de suicidio ritual en Japón.

hardware (Voz i.) m. Conjunto de piezas materiales de un ordenador.

harén m. Departamento de las casas de los musulmanes en que viven las mujeres. || Conjunto de estas mujeres.

harina f. Polvo que resulta de la molienda del trigo o de otras semillas. || Polvo procedente de algunos tubérculos y legumbres.

hartar tr. y prnl. Saciar, incluso con exceso, el apetito de comer y beber. || fig. Satisfacer el deseo de algo. || fig. Cansar, fastidiar.

hasta prep. Expresa el término o límite de un lugar, una acción, una cantidad, etc. || Seguido de adverbios que indican tiempo futuro o de frases que lo expresen, sirve para despedirse de alguien. || Sirve para exagerar o ponderar algo, y equivale a también o incluso.

hastío m. Repugnancia a la comida. || fig. Disgusto, tedio.

hatajo m. Pequeño grupo de ganado. || Grupo de personas o cosas.

hato m. Paquete de ropa y cosas que se prepara para trasladarse a algún lugar. || Conjunto de cabezas de ganado, como bueyes, vacas, etc.

haya f. Árbol de hasta 30 m de alt. Muy ramoso, su copa es de forma piramidal. || Madera de este árbol.

haz m. Porción atada de mieses, lino, hierbas, leña, etc. || Conjunto de rayos luminosos. || Lado o cara principal.

hazaña f. Acción importante, heroica.

hazmerreír m. Persona cuya ridiculez hace reír a los demás.

hebilla f. Broche de una correa o cinturón.

hebra f. Porción de hilo, seda u otra materia semejante, que sirve para coser. || Fibra de la carne. || Filamento de las materias textiles. || Cada partícula del tabaco picado en filamentos.

hebreo, a adj. [Pueblo] israelita o judío y su [religión]. Más c. m. pl. || Relativo a este pueblo. || m. Lengua de los hebreos.

hecatombe f. Sacrificio de 100 bueyes u otras víctimas, que hacían los antiguos paganos a sus dioses. || Gran desastre en el que se producen un elevado número de víctimas y enormes pérdidas.

hechicería f. Conjunto de prácticas y ritos supersticiosos con los que se quiere producir efectos sobrenaturales. || Acto de hechizar.

hechizar tr. Causar un maleficio por medio de hechicerías. || fig. Despertar una persona o cosa admiración, afecto o deseo.

hecho, cha adj. Perfecto, maduro. || Con algunos nombres, semejante a lo significado por ellos. || Aplicado a nombres de animales, con los advs. *bien* o *mal*, significa la proporción o desproporción de sus cuerpos. || m. Acción u obra. || Cosa que sucede. || Asunto o materia de que se trata.

hechura f. Realización de una prenda de vestir. || Forma exterior de las cosas.

hectárea f. Medida de superficie que equivale a 100 áreas o a un hectómetro cuadrado.

hectómetro m. Medida de longitud que equivale a 100 metros.

heder intr. Despedir algo un olor muy malo.

hediondo, da adj. Que despide hedor. || fig. Molesto, insufrible. || fig. Sucio y repugnante, torpe y obsceno.

hedonismo m. Concepción filosófica que proclama el placer como fin supremo de la vida.

hedor m. Olor desagradable.

hegemonía f. Supremacía que un Estado, pueblo, partido, etc., ejerce sobre otro. || Por ext., superioridad de algo o alguien en algún aspecto.

hégira o **héjira** f. Fecha a partir de la cual los musulmanes empiezan a contar los años.

helado, da adj. Muy frío. || fig. Suspenso, atónito. || m. Bebida o manjar helado. || Refresco o sorbete de zumos de frutas, huevos, etc., en cierto grado de congelación. || f. Fenómeno atmosférico que se produce cuando la temperatura desciende de los 0° C y los líquidos se congelan.

helar tr. Congelar, cuajar por la acción del frío una cosa. Más c. intr. y c. prnl. || fig. Poner o dejar a alguien suspenso y pasmado. || impers. Caer heladas. || prnl. Coagularse algo que se había licuado, por falta del calor necesario, como la grasa, el plomo, etc. También tr.

helecho m. Planta sin flores, con hojas muy verdes divididas en partes, que se reproduce por esporas o gametos.

helénico, ca adj. Griego.

helenismo m. Giro o modo de hablar propio de la lengua griega. || Empleo de tales giros o construcciones en otra lengua. || Período de la cultura griega, posterior al reinado de Alejandro Magno. || Influencia cultural de los antiguos griegos en la civilización moderna.

hélice f. Conjunto de aletas helicoidales que, al girar alrededor de un eje, producen una fuerza de reacción que se utiliza principalmente para la propulsión de barcos y aeronaves. || Línea espiral.

helicóptero m. Aeronave que puede ascender y descender verticalmente por tener hélices con eje vertical.

helvético, ca adj. y s. De Helvecia, hoy Suiza.

hematíe m. Célula de la sangre, llamada también glóbulo rojo.

hematología f. Parte de la biología o de la medicina que se encarga del estudio de la sangre.

hematoma m. Derrame interno de sangre, producido por un golpe, que se acumula en la piel.

hembra f. Animal del sexo femenino. || En las plantas que tienen sexos distintos en pies diversos, como las palmeras, individuo

heredad

que da fruto. ‖ Pieza de algunos objetos como corchetes, broches, tornillos, etc., en la que se introduce otra llamada macho.

hembraje m. *amer.* Conjunto de las hembras de un ganado. ‖ *desp. amer.* Grupo de mujeres.

hemeroteca f. Biblioteca dedicada a diarios, revistas y otras publicaciones periódicas.

hemiciclo m. La mitad de un círculo. ‖ Espacio central del salón de sesiones del Congreso de los Diputados. ‖ Conjunto de varias cosas dispuestas en semicírculo; como graderías, cadenas de montañas, etc.

hemiplejía o **hemiplejia** f. Parálisis de todo un lado del cuerpo.

hemisferio m. Cada una de las dos mitades de una esfera, dividida por un círculo máximo, preferentemente el ecuador o un meridiano. ‖ Mitad de la superficie de la esfera terrestre, dividida por el Ecuador o un meridiano. ‖ Cada una de las dos mitades del cerebro, separadas por el cuerpo calloso.

hemistiquio m. Cada una de las mitades en que la cesura divide un verso de arte mayor.

hemofilia f. Enfermedad hereditaria, caracterizada por la dificultad en la coagulación de la sangre.

hemoglobina f. Materia colorante de los glóbulos rojos de la sangre.

hemorragia f. Flujo de sangre de cualquier parte del cuerpo.

hemorroide f. Almorrana.

henchir tr. Ocupar con algo un espacio vacío. ‖ prnl. Hartarse de comida.

hender o **hendir** tr. Abrir o rajar un cuerpo sólido sin dividirlo del todo. También prnl. ‖ fig. Atravesar o cortar un fluido; como una flecha el aire o un buque el agua.

heno m. Planta gramínea, con cañitas delgadas de unos 20 cm de largo. ‖ Hierba segada, seca, para alimento del ganado.

hepático, ca adj. Relativo al hígado. ‖ Que padece de esta víscera. También s.

hepatitis f. Inflamación del hígado.

heráldica f. Conjunto de técnicas relacionadas con el estudio de los blasones de los escudos de armas.

heraldo m. Mensajero. ‖ fig. Cosa que anuncia la llegada de otra.

herbáceo, a adj. Que tiene la naturaleza o características de la hierba.

herbívoro, ra adj. y m. [Animal] que se alimenta de hierbas.

herbolario, ria m. y f. Persona que recoge hierbas y plantas medicinales o las vende. ‖ m. Tienda donde se venden estas plantas.

heredad f. Porción de terreno cultivado perteneciente a un mismo dueño. || Hacienda de campo, bienes raíces o posesiones.

heredar tr. Recibir por ley o testamento la propiedad de los bienes que uno deja cuando muere. || Darle a alguien heredades, posesiones o bienes raíces. || Sacar los seres vivos los caracteres psíquicos y biológicos de sus progenitores. || fig. Recibir algo de una persona o circunstancia anterior.

hereditario, ria adj. De la herencia o que se adquiere por ella. || De las inclinaciones, virtudes, vicios o enfermedades que pasan de padres a hijos.

herejía f. Creencia contraria a los dogmas de fe establecidos por una religión. || fig. Postura contraria a los principios aceptados de una ciencia o arte.

herencia f. Conjunto de bienes, rasgos físicos o psíquicos, circunstancias o caracteres que se heredan.

herida f. Lesión o rotura de los tejidos por incisión o contusión. || fig. Ofensa, agravio.

herir tr. Romper o abrir con violencia los tejidos de un ser vivo. También prnl. || Dar contra otra cosa, chocar. || fig. Ofender, agraviar.

hermafrodita adj. y com. [Especie] de seres vivos en la que un solo individuo reúne los dos sexos.

hermanastro, tra m. y f. Hijo de uno de los dos consortes respecto al hijo del otro.

hermandad f. Relación de parentesco entre hermanos. || fig. Amistad íntima; unión de voluntades. || fig. Correspondencia que guardan varias cosas entre sí. || fig. Cofradía o congregación de devotos. || fig. Agrupación de personas para determinado fin.

hermano, na m. y f. Persona que con respecto a otra tiene los mismos padres, o solamente el mismo padre o la misma madre. || Lego o donado de una comunidad regular. || Individuo de una hermandad o cofradía. || fig. Una cosa respecto a otra a la que se parece.

hermético, ca adj. [Cierre] de una abertura de modo que no permita pasar el aire ni otra cosa gaseosa. || fig. Impenetrable, cerrado. || fig. Oscuro, incomprensible.

hermosura f. Belleza de las cosas. || Por ext., lo agradable. || Conjunto de cualidades que hacen a una cosa excelente en su línea.

hernia f. Tumor producido por la salida total o parcial de una víscera u otra parte blanda, fuera de la cavidad que la encerraba.

héroe, heroína m. y f. En mitología, hijo de un dios y de un ser humano. || Persona ilustre y famosa por sus hazañas y virtudes. || Personaje principal de una obra literaria, dramática o cinematográfica.

heroico, ca adj. [Persona] famosa por sus hazañas o virtudes.

‖ [Acción] propia de un héroe. ‖ Relativo a estas personas y acciones. ‖ [Poesía o composición poética] en que se narran o cantan hazañas gloriosas o hechos grandes y memorables.

heroína f. Droga adictiva obtenida de la morfina.

heroinómano, na adj. y s. Drogadicto que consume heroína.

heroísmo m. Esfuerzo de la voluntad que lleva al hombre a realizar hechos extraordinarios.

herpes amb. Erupción cutánea de muy distintas formas, acompañada de escozor, rodeada de una zona rojiza.

herradura f. Hierro que se clava a las caballerías en los cascos para protegerlos.

herramienta f. Objeto, generalmente de hierro, que se utiliza para trabajar en diversos oficios. ‖ Conjunto de estos instrumentos.

herrar tr. Ajustar y clavar las herraduras a las caballerías. ‖ Marcar con hierro candente los ganados.

herrumbre f. Óxido de hierro.

hervidero m. Gran cantidad de personas o animales, especialmente si están en movimiento.

hervir intr. Producir burbujas un líquido cuando se eleva suficientemente su temperatura, o por la fermentación. También tr. ‖ fig. Con la prep. *en*, abundar. ‖ tr. Tener un alimento en agua hirviendo hasta que pueda comerse.

heterodoxia f. Disconformidad con los dogmas o creencias fundamentales de una fe, o una doctrina cualquiera.

heterogéneo, a adj. Compuesto de partes de diversa naturaleza.

heterosexual adj. [Relación sexual] entre individuos de diferente sexo. ‖ [Individuo] que mantiene este tipo de relación. También com.

hez f. Poso o sedimento de algunos líquidos. Más en pl. ‖ fig. Lo más vil y despreciable de cualquier clase. ‖ pl. Excrementos.

hiato m. Encuentro de dos vocales que se pronuncian en sílabas distintas. ‖ Cacofonía que resulta del encuentro de vocales.

hibernación f. Estado de aletargamiento en que se sumen algunos mamíferos durante la estación fría. ‖ Técnica que reduce la temperatura de un cuerpo o de un órgano para curarlo o conservarlo mediante el uso de ciertos fármacos.

híbrido, da adj. [Animal o vegetal] procreado por dos individuos de distinta especie. ‖ fig. Que es producto de elementos de distinta naturaleza.

hidalgo, ga m. y f. Persona que pertenecía a la categoría más baja dentro de la antigua nobleza castellana. ‖ Generoso y digno de admiración.

hidratante adj. Que restablece el grado normal de la humedad de la piel.

hidratar tr. y prnl. Combinar un cuerpo con el agua. ‖ Añadir agua a un cuerpo o sustancia.

hidráulico, ca adj. Relativo a la hidráulica. ‖ Que se mueve por medio del agua. ‖ [Cal y cemento] que se endurece en contacto con el agua. ‖ f. Parte de la mecánica que estudia el equilibrio y el movimiento de los fluidos. ‖ Rama de la ingeniería que estudia la manera de conducir y aprovechar las aguas.

hidroavión m. Aeroplano que puede posarse sobre el agua.

hidroeléctrico, ca adj. De la energía eléctrica obtenida por fuerza hidráulica.

hidrofobia f. Horror al agua. ‖ Rabia, enfermedad infecciosa.

hidrógeno m. Elemento químico, que arde en el aire y, combinado con el oxígeno, forma el agua. Símbolo, *H*.

hidrosfera f. Conjunto de las partes líquidas del globo terráqueo.

hiedra f. Arbusto trepador, siempre verde.

hiel f. Bilis. ‖ fig. Amargura, aspereza.

hielo m. Agua convertida en cuerpo sólido y cristalino por un descenso suficiente de temperatura. ‖ Acción de helar o helarse. ‖ fig. Frialdad en los sentimientos. ‖ fig. Pasmo.

hiena f. Mamífero carnívoro, del tamaño de un lobo, que se alimenta principalmente de carroña.

hierático, ca adj. [Persona] cuya expresión no deja adivinar ningún sentimiento. ‖ [Facción] de pinturas y esculturas rígida e inexpresiva.

hierba f. Planta con tallos delgados y tiernos. ‖ Conjunto de muchas de estas plantas que nacen en un terreno y pueden servir de alimento para el ganado o de ornamento en jardinería ‖ Marihuana.

hierbabuena f. Planta de hojas vellosas, flores rojizas y fruto seco con cuatro semillas. Es de olor agradable y se emplea para preparar infusiones, condimentar la comida, etc.

hierra f. *amer.* Acción de marcar con el hierro los ganados. ‖ *amer.* Temporada en que se marca el ganado. ‖ *amer.* Fiesta que se celebra con tal motivo.

hierro m. Metal dúctil, maleable y muy tenaz, de color gris azulado; es el más empleado en la industria y en las artes. Símbolo, *Fe*. ‖ Cualquier objeto de este material o de otro parecido, por ejemplo, de acero.

hígado m. Glándula del hombre y demás mamíferos, constituida por numerosos canalículos cuyas células parietales segregan la bilis y desintoxican la sangre. ‖ fig. Ánimo, valentía. Más en pl.

higiene f. Rama de las ciencias médicas que tiene por objeto la conservación de la salud, precaviendo enfermedades y desarrollando las energías orgánicas. || fig. Limpieza, aseo.

higo m. Segundo fruto de la higuera, después de la breva. Por fuera es de color verde, negro o morado y, por dentro, rojo y blanco y tiene pequeñas semillas. || Cosa insignificante, de poco o ningún valor.

hijastro, tra m. y f. Hijo o hija de uno de los cónyuges, respecto del otro.

hijo, ja m. y f. Persona o animal, respecto de su padre o de su madre. || fig. Cualquier persona, respecto del país, provincia o pueblo de que es natural. || Expresión de cariño.

hilar tr. Reducir a hilo el lino, cáñamo, lana, seda, algodón, etc. || Segregar el gusano de seda la hebra para formar el capullo. También se utiliza para referirse a la labor de otros insectos y de las arañas cuando forman sus capullos y telas. || fig. Discurrir.

hilaridad f. Risa ruidosa y prolongada.

hilera f. Orden o formación en línea de un número de personas o cosas. || Instrumento para reducir a hilo los metales. || Hilo o hilaza fina.

hilo m. Hebra larga y delgada que se forma retorciendo el lino, lana, cáñamo u otra materia textil. || Tela de fibra de lino. || Alambre muy delgado. || Hebra de que forman las arañas, gusanos de seda, etc., sus telas y capullos. || fig. Chorro muy delgado de un líquido. || fig. Desarrollo de un pensamiento, un discurso, etc.

hilván m. Costura de puntadas largas con que se une y prepara lo que se ha de coser después de otra manera. || Cada una de estas puntadas. || Hilo empleado para hilvanar.

himen m. Repliegue membranoso que reduce el orificio externo de la vagina en las mujeres vírgenes.

himno m. Composición poética en alabanza u honor de seres o sucesos extraordinarios. || Composición musical con estos mismos fines.

hincapié m. Se usa en la loc. *hacer hincapié,* que significa 'insistir', 'mantenerse firme'.

hincar tr. Introducir o clavar una cosa en otra. || Apoyar una cosa en otra como para clavarla.

hincha f. fam. Odio, encono o enemistad. || com. Partidario entusiasta de un equipo deportivo.

hinchar tr. Hacer que aumente de volumen algún objeto. También prnl. || fig. Aumentar el agua de un río, arroyo, etc. También prnl. || fig. Exagerar, abultar una noticia o un suceso. || prnl. Aumentar de volumen una parte

hindú del cuerpo. || Hacer alguna cosa con exceso, como comer, beber, trabajar, etc. || fig. Envanecerse, engreírse.

hindú adj. y com. Del hinduismo o relativo a él. || De la India.

hinduismo m. Religión predominante en la India.

hinojo m. Rodilla, parte de unión del muslo y de la pierna. Más en pl.

hipérbole f. Figura retórica que consiste en aumentar o disminuir exageradamente la verdad de aquello de que se habla.

hipermercado m. Supermercado de gran extensión.

hipermetropía f. Defecto de la visión en el que se perciben confusamente los objetos próximos por formarse la imagen más allá de la retina.

hipertensión f. Tensión excesivamente alta de la sangre.

hípico, ca adj. Del caballo o relacionado con él. || f. Parte de la equitación que abarca las carreras y saltos de competición.

hipnosis f. Estado semejante al sueño producido mediante influjo personal de una persona en otra, o por aparatos adecuados.

hipnotizar tr. Producir un estado semejante al sueño mediante el influjo de una persona en otra, o por aparatos adecuados, con el fin de provocar determinada conducta. || Seducir, atraer mucho a alguien.

hipo m. Movimiento convulsivo del diafragma, acompañado de un ruido peculiar.

hipocondriaco, ca o **hipocondríaco, ca** adj. y s. Que padece hipocondría o está relacionado con esta afección caracterizada por una preocupación constante y angustiosa por la salud.

hipocresía f. Fingimiento y apariencia de sentimientos y cualidades contrarios a los que se experimentan o tienen.

hipódromo m. Lugar destinado para carreras de caballos.

hipopótamo m. Mamífero de cuerpo voluminoso, cabeza gorda con orejas y ojos pequeños, y piernas muy cortas. Vive en los grandes ríos de África.

hipoteca f. Gravamen que recae sobre algún bien inmueble con el que se garantiza el pago de un crédito. || El propio bien inmueble.

hipótesis f. Suposición de una cosa, sea posible o imposible, para sacar de ella una consecuencia.

hipotético, ca adj. Relativo a la hipótesis o que se funda en ella.

hippie o **hippy** (Voz i.) adj. [Movimiento] iniciado en los EE.UU. a mediados de la década de los sesenta, que propugnaba una actitud de protesta hacia las estructuras sociales vigentes. || Relativo a este movimiento. || [Per-

hirsuto, ta adj. [Pelo] disperso y duro y [lo] que está cubierto de pelo de esta clase o de púas o espinas.

hispánico, ca adj. Relativo a España, a la hispanidad o a la antigua Hispania.

hispanidad f. Conjunto y comunidad de los pueblos de lengua y cultura hispanas.

hispanismo m. Giro o modo de hablar propio de la lengua española y que se emplea en otra. || Estudio de la lengua, literatura o cultura hispánicas.

hispano, na adj. Relativo a España y a los países hispanohablantes. Apl. a pers., también s. || Relativo a los habitantes de EE.UU. de origen hispanoamericano. También s.

hispanoamericano, na adj. y s. De los países de América cuya lengua oficial es el español, o relacionado con ellos.

hispanohablante adj. y com. [Persona, comunidad o país] que tiene como lengua materna el español.

histeria f. Enfermedad nerviosa, crónica, caracterizada por reacciones agudas, ataques convulsivos, parálisis, etc. || Estado pasajero de excitación nerviosa.

historia f. Ciencia que estudia el pasado de las sociedades humanas. || Desarrollo sistemático de acontecimientos pasados relacionados con cualquier actividad humana. || Biografía. || Conjunto de los sucesos referidos por los historiadores. || Obra histórica. || fig. Relación de cualquier género. || fig. Fábula, cuento o narración inventada. || fig. y fam. Chisme, enredo. Más en pl.

historiador, ra m. y f. Persona que escribe historia.

historial m. Reseña circunstancial de los antecedentes de un negocio, de los servicios o carrera de un funcionario o, por ext., de los antecedentes de la vida de cualquier persona, institución, etc.

historieta f. Cuento o relación breve y entretenida. || Relato narrado mediante viñetas y dibujos.

hito m. Mojón o poste de piedra que sirve para conocer la dirección de los caminos y señalar los límites de un territorio. || fig. Suceso o acontecimiento que sirve de punto de referencia.

hobby (Voz i.) m. Tema, ocupación de las horas libres, trabajo que se ejecuta por puro placer.

hocico m. Parte más o menos prolongada de la cabeza de algunos animales. || Boca de hombre con labios muy abultados.

hockey (Voz i.) m. Juego de pelota parecido al fútbol que se practica con un palo especial.

hogar m. Sitio donde se coloca la lumbre en las cocinas, chimeneas, hornos de fundición, etc. || Hoguera. || fig. Casa o domicilio. || fig. Vida de familia.

hogaza f. Pan grande. || Pan de harina mal cernida que contiene algo de salvado.

hoguera f. Porción de materias combustibles que, encendidas, levantan mucha llama.

hoja f. Cada una de las partes, generalmente verdes, planas y delgadas, que nacen en la extremidad de los tallos y en las ramas de los vegetales. || Conjunto de estas hojas. || Las de la corola de la flor. || Lámina delgada de cualquier materia. || En las puertas, ventanas, etc., cada una de las partes que se abren o cierran. || En los libros, revistas, etc., cada una de las partes iguales que resultan al doblar el papel para formar el pliego. || Cuchilla de las armas blancas y herramientas. || Cada una de las capas delgadas en que se suele dividir la masa.

hojalata f. Lámina de acero o hierro estañada.

hojaldre amb. Masa que, al cocerse en el horno, hace muchas hojas superpuestas unas a otras. || Dulce hecho con esta masa.

hojarasca f. Conjunto de las hojas que han caído de los árboles. || Inútil frondosidad de algunos árboles o plantas. || fig. Cosa inútil y de poca sustancia.

hojear tr. Pasar las hojas de un libro leyendo de prisa algunos pasajes para tomar de él un ligero conocimiento.

¡hola! interj. que se emplea como saludo familiar.

holandés, esa adj. De Holanda. También s. || m. Idioma hablado en Holanda. || f. Hoja de papel para escribir de 28 por 22 cm aproximadamente.

holding (Voz i.) m. Forma de organización de empresa según la cual una compañía financiera se hace con la mayoría de las acciones de otras empresas a las que controla.

holgado, da adj. Ancho, amplio. || fig. Que vive con desahogo.

holgar intr. Descansar de un trabajo. || Estar ocioso. || Ser inútil. || prnl. Alegrarse de una cosa.

holgazán, ana adj. y s. Perezoso, ocioso.

holgura f. Anchura o amplitud de una cosa. || Espacio que queda entre dos piezas que han de encajar una en otra. || Situación económica desahogada.

hollar tr. Pisar, dejar huella.

hollín m. Sustancia espesa y negra que el humo deposita en la superficie de los cuerpos.

holocausto m. Entre los israelitas, sacrificio religioso que consistía en la cremación total de un animal. || fig. Sacrificio que hace una persona por otras. || fig. Gran matanza de seres humanos.

hombre m. Ser racional perteneciente al género humano, y que se caracteriza por su inteligencia y lenguaje articulado. ‖ Criatura racional del sexo masculino. ‖ Adulto. ‖ Marido, amante.

hombrera f. Pieza de la armadura antigua que defendía los hombros. ‖ Adorno de los vestidos en los hombros. ‖ Especie de almohadilla en la parte interior de los hombros, para levantarlos.

hombro m. Parte superior lateral del tronco de los primates antropoides, de donde nace el brazo.

homenaje m. Acto o serie de actos en honor de una persona.

homeopatía f. Sistema curativo que aplica a las enfermedades, en dosis mínimas, las mismas sustancias que producirían síntomas iguales o parecidos a los que trata de combatir.

homicidio m. Muerte causada a una persona por otra.

homilía f. En la religión católica, comentario que hace el sacerdote para explicar los textos sagrados.

homínido, da adj. y s. De los mamíferos del orden de los primates o monos superiores.

homófono, na adj. [Palabra] que suena igual que otra pero significado distinto de ella.

homogéneo, a adj. Integrado por componentes iguales o de similar naturaleza o características. ‖ De la sustancia o mezcla de varias sustancias cuando su composición y estructura son uniformes.

homógrafo, fa adj. [Palabra] que se escribe igual que otra pero tiene significado distinto de ella.

homologar tr. Registrar y confirmar un organismo autorizado el resultado de una prueba deportiva. ‖ Contrastar una autoridad oficial el cumplimiento de determinadas especificaciones o características de un objeto o de una acción. ‖ Equiparar, poner en relación de igualdad o semejanza dos cosas.

homólogo, ga adj. [Persona] que desempeña actividades, funciones, cargos, etc., semejantes, análogos o correspondientes a los de otra.

homónimo, ma adj. y s. [Persona o cosa] que tiene el mismo nombre que otra. ‖ [Palabra] que tiene la misma forma que otra pero distinto significado.

homosexual adj. De las relaciones sexuales entre personas del mismo sexo. ‖ adj. y s. Que siente atracción por personas de su mismo sexo.

honda f. Tira de cuero u otra materia semejante, y dos correas, que sirve para tirar piedras. ‖ Cuerda para suspender un objeto.

hondo, da adj. Que tiene profundidad. ‖ [Parte del terreno] que está más baja que todo lo circundante. ‖ fig. Profundo, recóndito. ‖ Intenso, extremado. ‖ m. Parte inferior de una cosa hueca o cóncava.

hondureño, ña adj. y s. De Honduras.

honesto, ta adj. Decente, decoroso. ‖ Recatado, pudoroso. ‖ Razonable, justo. ‖ Recto, honrado.

hongo m. Cualquiera de las plantas talofitas, sin clorofila y reproducción preferentemente asexual, por esporas. ‖ Sombrero de copa baja, rígida y aproximadamente semiesférica.

honor m. Cualidad que lleva a una persona a comportarse de acuerdo a las normas sociales y morales. ‖ Buena reputación. ‖ Según la moral tradicional, honestidad y recato en las mujeres. ‖ Cosa por la que alguien se siente enaltecido o satisfecho. ‖ Dignidad, cargo o empleo. Más en pl. ‖ Homenaje con que se honra a alguien. Más en pl.

honorable adj. Digno de ser honrado.

honorario, ria adj. [Persona] que tiene los honores de un cargo, empleo, etc., pero no recibe beneficios económicos. ‖ m. Sueldo por el trabajo en alguna profesión liberal. Más en pl.

honra f. Estima y respeto de la dignidad propia. ‖ Buena opinión y fama. ‖ Demostración de aprecio. ‖ Según la moral tradicional, pudor, recato. ‖ pl. Oficio solemne por los difuntos.

honrar tr. Respetar a una persona o cosa. ‖ Enaltecer o premiar los méritos de alguien. ‖ Se usa en fórmulas de cortesía en que se enaltece como honor la asistencia, adhesión, etc., de otra u otras personas. ‖ prnl. Tener uno a honra ser o hacer alguna cosa.

hora f. Cada una de las 24 partes en que se divide el día solar. ‖ Tiempo oportuno para una cosa. ‖ Momento del día, referido a hora o fracción de hora. ‖ Espacio de tiempo o momento indeterminado. Los últimos momentos en la vida de alguien. ‖ pl. Hora inesperada, desacostumbrada o inoportuna.

horadar tr. Agujerear una cosa atravesándola de parte a parte.

horario, ria adj. Relativo a las horas. ‖ m. Cuadro indicador de horas de salida y llegada. ‖ Tiempo concertado para determinadas actividades.

horca f. Instrumento utilizado para ahorcar a los condenados a muerte. ‖ Palo que remata en dos o más púas para distintos usos agrícolas.

horcajadas (a) loc. Referido a la manera de montar a caballo o de sentarse en cualquier otro lugar, con una pierna a cada lado del objeto sobre el que se está sentado.

horchata f. Bebida refrescante de color blanco, hecha con unos tubérculos llamados chufas, con agua y azúcar.

horda f. Tribu nómada en continuo movimiento. ‖ Grupo de

horizontal adj. Que está en el horizonte o paralelo a él. || En figuras, dibujos, escritos, impresos, etc., [línea, disposición o dirección] que va de derecha a izquierda o viceversa. También s. || En geometría, perpendicular a la vertical. También f.

horizonte m. Línea aparente que separa el cielo y la tierra. || Espacio circular de la superficie del globo encerrado en dicha línea. || fig. Conjunto de posibilidades o perspectivas que se ofrecen en un asunto o materia.

horma f. Molde con que se fabrica o forma una cosa. || Utensilio para evitar que el calzado se deforme o para ensancharlo o alargarlo.

hormiga f. Insecto himenóptero que vive en sociedad, en colonias donde pasa recluido el invierno.

hormigón m. Mezcla compuesta de piedras menudas y mortero de cemento y arena.

hormigueo m. Sensación molesta de cosquilleo o picor. || fig. Movimiento de una multitud de personas o animales.

hormiguero m. Comunidad de hormigas y lugar donde viven. || Lugar en que hay mucha gente en movimiento.

hormona f. Producto de la secreción de ciertos órganos del cuerpo de animales y plantas, que, transportado por la sangre o por los jugos del vegetal, excita, inhibe o regula la actividad de otros órganos.

hornacina f. Hueco en forma de arco que se suele dejar en el grueso de una pared para colocar en él diversos objetos.

hornada f. Porción de cosas que se cuece de una vez en el horno. || fig. y fam. Conjunto de individuos que acaban de una vez una carrera, o reciben a la vez el nombramiento para un cargo.

horno m. Obra, en general abovedada, provista de respiradero o chimenea y una o varias bocas por donde se introduce lo que se quiere someter a la acción del fuego. || Parte del fogón de las cocinas que sirve para asar las viandas. || Por ext., electrodoméstico con la misma función. || fig. Lugar muy caliente.

horóscopo m. Predicción del futuro deducida de la posición de los astros del sistema solar y de los signos del Zodiaco. || Sección de un periódico, revista, etc., en que se publican estas predicciones.

horquilla f. Alfiler doblado por el medio para sujetar el pelo.

horrendo, da adj. Que causa horror. || Enorme, intenso.

hórreo m. Granero. || Construcción de madera o piedra sostenida en el aire por cuatro pilares, en la que se guardan granos y otros productos agrícolas; es característica de Galicia y Asturias.

horrible adj. Que causa horror. ‖ Malo, desagradable. ‖ Muy feo.

horripilante adj. Que causa horror. ‖ Muy feo.

horror m. Espanto o miedo muy intenso. ‖ Sentimiento muy profundo de pena o de odio, o desagrado o rechazo muy intenso. ‖ Tragedia, desastre o gran sufrimiento.

horroroso, sa adj. Que causa horror. ‖ fam. Muy feo. ‖ Enorme.

hortaliza f. Verduras y demás plantas comestibles que se cultivan en las huertas.

hortelano, na m. y f. Persona que por oficio cuida y cultiva huertas.

hortensia f. Planta de origen japonés, con tallos ramosos de un metro de altura, de flores olorosas con corola rosa o azulada, que va perdiendo color poco a poco hasta quedar casi blanca. ‖ Flor de esta planta.

hortera adj. y com. Vulgar y de mal gusto.

horticultura f. Cultivo de los huertos y huertas. ‖ Arte que lo enseña.

hosco, ca adj. Color moreno muy oscuro. ‖ Ceñudo, áspero.

hospedar tr. y prnl. Recibir uno en su casa huéspedes.

hospedería f. Habitación o casa destinada al alojamiento de personas.

hospicio m. Casa destinada antiguamente a albergar y recibir peregrinos y pobres. ‖ Asilo en que se da mantenimiento y educación a niños pobres, expósitos o huérfanos.

hospital m. Establecimiento en que se curan enfermos.

hospitalario, ria adj. [Persona o lugar] que alberga a los extranjeros o visitantes, o que socorre a los necesitados. ‖ [Lugar] agradable y acogedor. ‖ Del hospital o relacionado con él.

hospitalizar tr. Internar a una persona en un hospital.

hostal m. Establecimiento equivalente a un hotel, pero más modesto.

hostia f. Hoja redonda y delgada de pan ázimo que el sacerdote consagra en la misa. ‖ *vulg.* Golpe fuerte. ‖ interj. *vulg.* Expresa sorpresa, admiración o asombro.

hostigar tr. Azotar, castigar. ‖ fig. Perseguir, molestar a uno.

hostil adj. Contrario o enemigo.

hotel m. Establecimiento de hostelería en el que se proporciona alojamiento y comida. ‖ Casa aislada de las colindantes, del todo o en parte, y habitada por una sola familia.

hoy adv. t. En el día presente. ‖ En el tiempo presente.

hoyo m. Concavidad u hondura formada naturalmente en la

tierra o hecha por alguien. || Concavidad que se hace en algunas superficies.

hoz f. Instrumento compuesto de una hoja acerada, curva, con dientes o con filo por la parte cóncava, afianzada en un mango de madera. || Desfiladero de un valle profundo.

huairuro m. *amer.* Arbusto alto, de frutos en vaina, como judías, de color rojo y negro, que se usan como adornos en collares, aretes, gemelos, etc. || *amer.* Fruto de la misma planta.

hucha f. Pequeño recipiente con una hendidura para guardar dinero.

hueco, ca adj. Cóncavo o vacío. También s. || fig. Presumido, hinchado, vano. || De sonido retumbante y profundo. || fig. [Lenguaje, estilo, etc.] con que se expresan conceptos vanos o triviales. || Mullido y esponjoso. || m. Intervalo de tiempo o lugar. || fig. y fam. Empleo o puesto vacante. || Abertura en un muro.

huelga f. Paro voluntario en el trabajo por parte de los trabajadores con el fin de obtener ciertas mejoras laborales.

huella f. Marca que queda en una superficie después del contacto con algo. || Rastro que deja una persona, animal o cosa. || Impresión profunda o duradera.

huérfano, na adj. Persona cuyo padre o madre, o ambos, han fallecido. También s. || fig. Falto de alguna cosa.

huero, ra adj. Vano, vacío, sin sustancia.

huerta f. Terreno destinado al cultivo de legumbres y árboles frutales. || En algunas partes, toda la tierra de regadío.

huerto m. Sitio de corta extensión, generalmente cercado de pared, en que se plantan verduras, legumbres y principalmente árboles frutales.

hueso m. Cada una de las piezas duras que forman el neuroesqueleto de los vertebrados. || Parte dura y compacta que está en el interior de algunas frutas. || fig. y fam. Persona de carácter desagradable o de trato difícil.

huésped, da m. y f. Persona alojada en casa ajena. || Persona que hospeda en su casa a uno. || El vegetal o animal en cuyo cuerpo se aloja un parásito.

hueste f. Ejército en campaña. Más en pl. || pl. Conjunto de los seguidores o partidarios de una persona o de una causa.

hueva f. Masa que forman los huevecillos de ciertos pescados.

huevo m. Cuerpo ovalado, de diferente tamaño o dureza, que producen las hembras de ciertas especies animales, y que contiene el embrión y las sustancias destinadas a su nutrición durante la incubación. || En lenguaje corriente, el de la gallina, especialmente destinado a la alimentación humana. ‖ Cualquiera de los óvulos de ciertos animales, como la mayoría de los peces y batracios. ‖ Célula sexual femenina, óvulo. ‖ *vulg.* Testículo. Más en pl.

huevón, ona adj. *vulg. amer.* Lento, ingenuo. También s. ‖ *vulg. amer.* Tonto, pesado.

hugonote, ta adj. y s. De los seguidores franceses de la doctrina protestante de Calvino, reformador que se separó de la Iglesia católica en el siglo XVI, o relacionado con ellos.

huir intr. Apartarse de alguien o de algo deprisa. ‖ Alejarse velozmente de un lugar. ‖ tr. e intr. Apartarse de una cosa mala o perjudicial.

hule m. Caucho o goma elástica. ‖ Tela pintada al óleo y barnizada.

hulla f. Mineral con un ochenta por ciento de carbono, que se usa como combustible o para producir gas.

humanidad f. Naturaleza humana. ‖ Género humano. ‖ Sensibilidad, compasión de las desgracias de nuestros semejantes. ‖ Benignidad. ‖ pl. Rama de conocimiento que incluye la historia, la literatura, las lenguas clásicas y modernas, el arte, etc.

humanista adj. Del humanismo o relacionado con este movimiento intelectual. ‖ com. Persona dedicada a estudiar humanidades.

humanitario, ria adj. Que se preocupa por el bienestar del género humano. ‖ Humano, caritativo.

humano, na adj. Del hombre o propio de él. ‖ fig. [Persona] que se compadece de las desgracias de sus semejantes. ‖ m. Persona, hombre.

húmedo, da adj. Ligeramente impregnado de agua o de otro líquido. ‖ Cargado de vapor de agua. ‖ [Lugar] en que llueve mucho.

húmero m. Hueso del brazo que va desde el codo hasta el hombro.

humilde adj. Que tiene humildad. ‖ Modesto. ‖ [Persona] que tiene una condición social baja.

humillar tr. Postrar, inclinar una parte del cuerpo en señal de sumisión y acatamiento. ‖ fig. Abatir el orgullo y altivez de uno. ‖ prnl. Hacer actos de humildad.

humita f. *amer.* Comida criolla hecha con pasta de maíz, a la que se agrega cebolla, tomate y ají rojo molido.

humo m. Producto que en forma gaseosa se desprende de una combustión incompleta. ‖ Vapor que exhala cualquier cosa que fermenta. ‖ pl. fig. Vanidad, presunción, altivez.

humor m. Estado de ánimo. ‖ Jovialidad, gracia, agudeza. ‖ Disposición en que uno se halla para hacer una cosa. ‖ Facultad de des-

cubrir y expresar lo que es cómico o gracioso. || Antiguamente, cualquiera de los líquidos del cuerpo.

humorista com. Persona que se dedica profesionalmente al humorismo.

humus m. Capa superior del suelo o mantillo.

hundir tr. Sumir, meter en lo hondo. || fig. Abrumar, oprimir, abatir. || fig. Confundir a uno, vencerle con razones. || fig. Destruir, consumir, arruinar. || prnl. Arruinarse un edificio.

húngaro, ra adj y s. De Hungría.

huracán m. Viento sumamente impetuoso que gira en grandes círculos. || fig. Persona impetuosa.

huraño, ña adj. Que huye y se esconde de la gente.

hurgar tr. Menear o remover una cosa También intr. || Fisgar.

hurón m. Mamífero carnicero que se emplea para cazar conejos.

hurtadillas (a) loc. adv. Furtivamente.

hurtar tr. Tomar o retener bienes ajenos contra la voluntad de su dueño, y sin hacer uso de la violencia.

husmear tr. Rastrear con el olfato una cosa. || fig. y fam. Indagar algo con disimulo. Más c. intr.

huso m. Instrumento manual alargado que sirve para hilar.

I

i f. Novena letra del abecedario español y tercera de sus vocales. || Nombre de la letra *i*. || Escrita con mayúscula, letra numeral que tiene el valor de uno en la numeración romana.

ibérico, ca o **iberio, ria** adj. y s. Ibero. || De la península Ibérica o relativo a ella y, por ext., a España.

ibero o **íbero, ra** adj. y s. De Iberia, nombre antiguo de España y Portugal. || [Pueblo] que la habitó. También m. || m. Lengua hablada por este pueblo.

iberoamericano, na adj. y s. De Iberoamérica, conjunto de pueblos colonizados por España y Portugal. || De estos pueblos o relativo a ellos y a España y Portugal. También s.

iceberg m. Gran masa de hielo flotante que sobresale de la superficie del mar.

icono m. Representación religiosa pintada o en relieve, característica del arte bizantino y usada en las iglesias orientales de culto ortodoxo. || Símbolo que mantiene una relación de semejanza con el objeto que representa.

iconoclasta adj. y com. Contrario al culto a las imágenes sagradas, en especial aplicado al movimiento que surgió en el imperio bizantino con esta ideología. || Que rechaza la autoridad de maestros, normas y modelos.

iconografía f. Descripción de imágenes, cuadros o monumentos. || Colección de imágenes o retratos de una época o un tema concretos.

ictericia f. Coloración amarilla producida por la acumulación de pigmentos biliares en la sangre, debido a un mal funcionamiento del hígado.

ida f. Acción de ir.

idea f. Cualquier representación mental que se relaciona con algo real. || Noción o conocimiento que se tiene sobre algo o alguien. || Intención de hacer una cosa. || Ocurrencia, ingenio. || pl. Convicciones, creencias, opiniones.

ideal adj. Perteneciente o relativo a la idea. || Que no es real, sino que está solo en la mente. ||

Excelente, perfecto. ‖ m. Prototipo, modelo de perfección.

idealista adj. y com. [Persona] que tiende a representarse las cosas de una manera ideal.

idear tr. Formar idea de una cosa. ‖ Trazar, inventar.

ideario m. Ideología.

ídem pron. lat. que sign. el mismo o lo mismo.

idéntico, ca adj. Igual o muy parecido.

identificar tr. Hacer que dos cosas que son distintas aparezcan como una misma. Más c. prnl. ‖ Reconocer la identidad de alguien. ‖ prnl. Llegar a sentir algo ajeno como propio, estar totalmente de acuerdo con las creencias o propósitos de alguien.

ideología f. Conjunto de ideas fundamentales que caracterizan el pensamiento de una persona, colectividad, época, etc.

idilio m. Relación amorosa.

idioma m. Lengua de un pueblo o nación.

idiosincrasia f. Índole del temperamento y carácter de cada individuo.

idiota adj. y com. Que padece idiotez. ‖ Tonto, poco inteligente.

ido, da adj. Persona que está falta de juicio.

idólatra adj. y com. Que adora ídolos.

idolatrar tr. Adorar ídolos u otros elementos u objetos considerados como dioses. ‖ Amar excesivamente a una persona o cosa.

ídolo m. Figura de un dios al que se adora. ‖ fig. Persona o cosa excesivamente amada o admirada.

idóneo, a adj. Que tiene buena disposición o suficiencia para una cosa. ‖ Adecuado, conveniente.

iglesia f. Congregación de los fieles cristianos. ‖ Templo cristiano. ‖ Conjunto del clero y pueblo cristianos en un país, región, época, etc. ‖ Jerarquía eclesiástica general.

iglú m. Vivienda esquimal de forma semiesférica construida con bloques de hielo.

ígneo, a adj. De fuego.

ignición f. Hecho de estar un cuerpo encendido o incandescente.

ignífugo, ga adj. Que protege contra el fuego.

ignominia f. Afrenta pública que uno padece con causa o sin ella.

ignorante adj. y com. Que no tiene instrucción o conocimiento de las cosas.

ignorar tr. No saber algo. ‖ Hacer caso omiso de algo.

ignoto, ta adj. No conocido. ‖ No descubierto.

igual adj. De la misma naturaleza, cantidad o calidad de otra cosa. ‖ Muy parecido o semejante. ‖ Del mismo valor y aprecio. ‖ De la misma clase y condición.

iguala

|| m. Signo de igualdad, formado por dos rayas horizontales paralelas (=). || adv. m. Como, lo mismo.

iguala f. Pago de una cantidad ajustada que se hace con arreglo a unos servicios contratados. || Listón de madera que utilizan los albañiles para comprobar la llanura de una superficie.

igualitarismo m. Tendencia política que propugna la desaparición o atenuación de las diferencias sociales.

iguana f. Nombre genérico de unos reptiles parecidos a los lagartos.

ijada f. Cualquiera de las dos cavidades simétricas colocadas entre las costillas falsas y los huesos de las caderas.

ijar m. Ijada.

ikurriña f. Bandera de la comunidad autónoma del País Vasco, de color blanco, verde y rojo.

ilación f. Enlace razonable y ordenado de las partes de un discurso.

ilegal adj. Que es contrario a la ley.

ilegible adj. Que no puede o no debe leerse.

ilegítimo, ma adj. Ilegal. || Falso, no auténtico. || [Hijo] tenido fuera del matrimonio.

ileso, sa adj. Que no ha recibido lesión o daño.

iletrado, da adj. Falto de cultura.

ilícito, ta adj. No permitido legal ni moralmente.

ilimitado, da adj. Que no tiene límites.

ilógico, ca adj. Que carece de lógica.

iluminar tr. Alumbrar. || Adornar con gran número de luces los templos, casas u otros sitios. || fig. Ilustrar, aclarar una cuestión.

ilusión f. Imagen sin verdadera realidad, sugerida por engaño de los sentidos. || Esperanza cuyo cumplimiento parece especialmente atractivo. || Entusiasmo, alegría.

ilusionismo m. Arte y técnica de producir efectos ilusorios y aparentemente mágicos mediante juegos de manos, trucos, etc.

iluso, sa adj. Engañado. También s. || Soñador.

ilustración f. Hecho de adornar un libro, una revista o algo parecido con dibujos, grabados, estampas, fotografías, etc. || Estampa, grabado o dibujo que aparece en un libro, una revista, etc. || Movimiento filosófico y literario que se desarrolló en Europa y América en el siglo XVIII, caracterizado por la creencia en la razón como medio para resolver todos los problemas de la vida humana, y época en que se desarrolló. || Educación o cultura de una persona.

ilustrar tr. Aclarar algo de difícil comprensión con ejemplos o imágenes. También prnl. || Adornar un impreso con láminas o grabados. ‖ fig. Instruir a una persona. También prnl.

ilustre adj. De noble y distinguido linaje o familia. ‖ Insigne, célebre. ‖ Título de dignidad.

imagen f. Figura, representación de una persona o cosa. ‖ Representación mental de algo. ‖ Estatua, efigie, o pintura de Jesucristo, de la Santísima Virgen o de un santo. ‖ En literatura, empleo de una palabra o expresión que den vida viva de algo con lo que guarda relación.

imaginación f. Facultad de la mente, que representa las imágenes de las cosas reales o ideales. ‖ Imagen formada por la fantasía. ‖ Sospecha sin fundamento.

imaginar tr. y prnl. Representar idealmente una cosa; crearla en la imaginación. ‖ Presumir, sospechar.

imaginaria f. Guardia que está preparada para intervenir en caso de emergencia, especialmente en un cuartel. ‖ com. Soldado que por turno vela durante la noche en cada compañía o dormitorio de un cuartel.

imaginería f. Arte de tallar o pintar imágenes sagradas. ‖ Conjunto de estas imágenes.

imán m. Mineral de hierro que tiene la propiedad de atraer el hierro, el acero y en grado menor otros cuerpos.

imanar o **imantar** tr. y prnl. Comunicar a un cuerpo la propiedad magnética.

imbécil adj. y com. *desp.* Alelado, poco inteligente. ‖ Se dice como insulto a una persona que molesta haciendo o diciendo tonterías.

imberbe adj. y m. [Joven] que todavía no tiene barba. ‖ Por ext., [joven] inexperto.

imbricar tr. y prnl. Disponer una serie de cosas apoyando unas en otras, como están las escamas de los peces.

imbuir tr. Infundir, inculcar en alguien ideas o sentimientos. ‖ prnl. Empaparse, adquirir ideas o sentimientos.

imitar tr. Hacer una cosa copiando fielmente otra. ‖ Parecerse una cosa a otra.

impaciencia f. Falta de paciencia. ‖ Ansiedad, anhelo.

impaciente adj. Que no tiene paciencia. ‖ Intranquilo, preocupado.

impacto m. Choque de un proyectil en el blanco. ‖ Huella o señal que deja. ‖ fig. Golpe emocional producido por una noticia desconcertante.

impar adj. Que no tiene par o igual. ‖ [Número] que no es divisible por dos. También m.

imparcial adj. Que juzga o procede con imparcialidad. También com. ‖ [Juicio o acto] objetivos.

impartir tr. Repartir, comunicar, dar.

impasible adj. Indiferente, imperturbable.

impasse (Voz fr.) Punto muerto o situación a la que no se encuentra salida.

impávido, da adj. Que no siente miedo y se muestra sereno ante un peligro o una situación desagradable.

impecable adj. Exento de falta o defecto.

impedido, da adj. y s. Inválido, tullido, que no puede utilizar uno o varios de sus miembros.

impedir tr. Estorbar, imposibilitar la ejecución de una cosa.

impeler tr. Dar empuje. ‖ fig. Incitar, estimular.

impenetrable adj. [Cosa] en la que no se puede penetrar o que no se puede atravesar. ‖ Imposible o difícil de comprender. ‖ [Persona] que no deja ver lo que piensa o siente. ‖ [Forma de acutar] de esta persona.

impensable adj. Absurdo, irracional. ‖ De imposible o muy difícil realización.

impepinable adj. fam. Inevitable, que no admite discusión.

imperar intr. Ejercer la dignidad imperial. ‖ Mandar, dominar.

imperativo, va adj. Que impera o manda. ‖ [Modo] del verbo con el cual se manda o ruega. También m. ‖ m. Exigencia, obligación.

imperceptible adj. Que no se puede percibir o que casi no se nota.

imperdible adj. Que no puede perderse. ‖ m. Alfiler que se abrocha quedando su punta dentro de un gancho.

imperecedero, ra adj. Que no perece.

imperfecto, ta adj. No perfecto. ‖ En gramática, [tiempo] verbal que expresa la acción en su evolución, sin terminar. También m.

imperio m. Organización política en la que un Estado extiende de su poder sobre otros. ‖ Conjunto de Estados sometidos a un emperador. ‖ Por ext., potencia de alguna importancia. ‖ Acción de mandar con autoridad. ‖ Dignidad de emperador. ‖ Espacio de tiempo que dura el gobierno de un emperador.

imperioso, sa adj. Que manda autoritariamente. ‖ Que implica fuerza o exigencia.

impermeable adj. Impenetrable al agua. ‖ m. Sobretodo hecho con tela impermeable.

impersonal adj. Que no tiene personalidad. ‖ Que no se aplica a nadie personalmente. ‖ [Tratamiento] en el que nos referimos al sujeto en tercera persona. ‖ [Oración o verbo] en los que no se expresa el sujeto agente de la acción, porque se omite o porque no existe.

impertérrito, ta adj. [Persona] que no se asusta ni altera por nada.

impertinencia f. Dicho o hecho fuera de propósito.

impertinente adj. Que molesta. ‖ Inoportuno. ‖ m. pl. Anteojos con mango para sujetarlos a la altura de los ojos.

ímpetu m. Movimiento acelerado y violento. ‖ Fuerza o violencia.

impío, a adj. Falto de piedad o de religión.

implacable adj. Que no se puede aplacar o templar. ‖ Severo, inflexible.

implantar tr. Encajar, poner, injertar. ‖ fig. Establecer y poner en ejecución doctrinas nuevas, instituciones, prácticas o costumbres.

implicar tr. Envolver, enredar. También prnl. ‖ fig. Contener, llevar en sí, significar.

implícito, ta adj. Que se entiende incluido en otra cosa sin expresarlo.

implorar tr. Pedir con ruegos o lágrimas una cosa.

impoluto, ta adj. Limpio, sin mancha.

imponderable adj. Que no puede pesarse. ‖ fig. Que excede de toda ponderación. ‖ m. Circunstancia imprevisible o cuyas consecuencias no pueden estimarse.

imponer tr. Poner a alguien una carga u obligación. ‖ tr. y prnl. Infundir temor o respeto. ‖ prnl. Dejar alguien clara su autoridad o superioridad. ‖ Destacar, predominar algo sobre lo demás. ‖ Ser algo necesario.

impopular adj. Que no es grato a la mayoría.

importancia f. Valor o interés de alguien o algo. ‖ Prestigio o categoría de una persona.

importación f. Introducción de algo en un país. ‖ Conjunto de cosas importadas.

importar intr. Convenir, interesar. ‖ Atañer, incumbir. ‖ tr. Valer, costar. ‖ Introducir en un país géneros, costumbres, etc., extranjeros.

importe m. Cuantía de un precio, deuda o saldo.

importunar tr. Incomodar o molestar.

imposible adj. No posible. ‖ Sumamente difícil.

imposición f. Hecho de imponer o imponerse. ‖ Exigencia u obligación.

impostar tr. Fijar la voz en las cuerdas vocales para emitir el sonido en su plenitud sin vacilación ni temblor.

impostor, ra adj. y s. Que finge o engaña. ‖ Suplantador, persona que se hace pasar por quien no es.

impotente adj. Que no tiene poder o fuerza para hacer algo. ‖ [Persona] incapaz de realizar el acto sexual completo. También com.

imprecar tr. Manifestar con palabras deseo vivo de que alguien reciba mal o daño.

imprecisión f. Inexactitud, falta de precisión o de claridad.

impregnar tr. y prnl. Introducir entre las moléculas de un cuerpo las de otro. || Empapar. || prnl. fig. Imbuirse de los conocimientos o ideas de alguien a través del contacto con él.

imprenta f. Arte de imprimir. || Taller o lugar donde se imprime.

imprescindible adj. [Persona o cosa] de la que no se puede prescindir.

impresentable adj. Que no es digno de mostrarse o de ser de ser mostrado, ya sea por estar mal arreglado, por tener algún defecto, etc. || adj. y com. Que no tiene educación y no sabe comportarse en público.

impresión f. Reproducción de un texto o una imagen mediante la imprenta u otro procedimiento. || Marca o señal que una cosa deja en otra apretándola. || fig. Efecto, huella que las cosas causan en el ánimo. || Opinión.

impresionar tr. Conmover el ánimo hondamente. También prnl. || Fijar vibraciones acústicas o luminosas en una superficie de modo que puedan ser reproducidas por procedimientos fonográficos o fotográficos.

impresionismo m. Corriente artística surgida en Francia a finales del s. XIX que buscaba reproducir las impresiones que produce en el autor la naturaleza o cualquier otro estímulo externo.

impreso m. Libro, folleto u hoja impresos. || Formulario con espacios en blanco para llenar a mano o a máquina.

impresor, ra adj. Que imprime. || m. y f. Persona propietaria de una imprenta. || f. En informática, dispositivo periférico de un ordenador que escribe caracteres en papel continuo o en hojas sueltas.

imprevisible adj. Que no se puede prever.

imprevisto, ta adj. y m. No previsto. || pl. Gastos que no se han calculado en un presupuesto.

imprimir tr. Señalar en el papel u otra materia letras, imágenes, etc., apretándolas en la prensa. || Grabar o marcar mediante presión. || Elaborar una obra impresa. || fig. Fijar en el ánimo algún efecto o sentimiento. || fig. Dar a una persona o cosa determinada característica, orientación, etc.

ímprobo, ba adj. [Trabajo] excesivo y continuado.

improcedente adj. Inadecuado, inoportuno. || Que no se ajusta a la ley o a un determinado reglamento.

impronta f. Reproducción de imágenes en hueco o en relieve, en cualquier materia blanda o dúctil. || Marca o huella que deja una cosa en otra.

improperio m. Injuria grave de palabra.

impropio, pia adj. Falto de las cualidades convenientes según las circunstancias.

improvisar tr. Hacer una cosa de pronto, sin preparación alguna.

imprudencia f. Falta de prudencia. || Acto o dicho imprudente.

imprudente adj. y com. Que no tiene prudencia.

impúber adj. y com. Que no ha llegado aún a la pubertad.

impúdico, ca adj. y s. Deshonesto, sin pudor.

impuesto m. Tributo, carga que ha de pagarse al Estado para hacer frente a las necesidades públicas.

impugnar tr. Combatir, contradecir, refutar.

impulsar tr. Empujar para producir movimiento. || fig. Promover una acción. || fig. Incitar, estimular.

impulso m. Fuerza que mueve o desarrolla algo. || Fuerza de un cuerpo mientras se está moviendo. || Motivo que anima o lleva a alguien a hacer algo. || Deseo intenso que lleva a hacer algo repentinamente.

impune adj. Que queda sin castigo.

impureza f. Mezcla de partículas extrañas a un cuerpo o materia. || Falta de pureza o castidad.

imputar tr. Atribuir a otro un delito o acción.

inaccesible adj. De imposible o muy difícil acceso. || Que es imposible de conseguir o entender.

inaceptable adj. Que no se puede aceptar.

inadaptado, da adj. y s. Que no se adapta a ciertas condiciones o circunstancias.

inadecuado, da adj. Que no es adecuado o apropiado para algo.

inadmisible adj. Intolerable, que no se puede admitir.

inaguantable adj. Pesado, insoportable.

inalámbrico, ca adj. [Sistema] de comunicación eléctrica sin alambres conductores.

inane adj. Vano, fútil, inútil.

inanición f. Notable debilidad por falta de alimento.

inanimado, da adj. Que no tiene vida.

inapetencia f. Falta de apetito.

inasequible adj. No asequible, muy difícil de conseguir.

inaudito, ta adj. Nunca oído. || fig. Monstruoso.

inaugurar tr. Dar principio a una cosa con un acto solemne. || Abrir solemnemente un establecimiento público.

inca adj. y com. [Individuo] americano que, a la llegada de los españoles, habitaba en la parte O. de América del Sur. || [Pueblo] al que pertenecían estos individuos. || m. Soberano que los gobernaba.

|| Moneda de oro de la república del Perú.

incalculable adj. Inmenso.

incandescente adj. [Cuerpo], generalmente metal, cuando se enrojece o blanquea por la acción del calor.

incansable adj. Resistente.

incapaz adj. Que no tiene capacidad o aptitud para una cosa. || fig. Falto de talento.

incautarse prnl. Tomar posesión un tribunal, u otra autoridad competente, de dinero o bienes de otra clase. || Apoderarse alguien de algo indebidamente.

incauto, ta adj. Que no tiene cautela. || Crédulo, ingenuo.

incendiar tr. y prnl. Ocasionar un incendio.

incendio m. Fuego grande que abrasa lo que no está destinado a arder, como edificios, bosques, etc.

incensario m. Brasero con cadenillas y tapa que sirve para quemar incienso y esparcirlo.

incentivo, va adj. y m. Que mueve o excita a desear o hacer una cosa.

incertidumbre f. Duda, perplejidad.

incesante adj. Que no cesa. || Repetido, frecuente.

incesto m. Relación sexual entre parientes dentro de los grados en que está prohibido el matrimonio.

incidencia f. Lo que sucede en el curso de un asunto o negocio y tiene relación con ello. || Influencia de un número de casos en algo, normalmente en estadísticas.

incidente adj. Que incide. || m. Cosa que sobreviene en el curso de un asunto o negocio y tiene con este alguna relación. || Cosa que se interpone en el transcurso normal de algo. || Riña, altercado.

incidir intr. Caer o incurrir en una falta, error, etc. || Hacer una incisión o cortadura. || Repercutir, causar efecto. || Chocar una cosa con otra.

incienso m. Gomorresina de olor aromático que se quema en algunas ceremonias religiosas.

incierto, ta adj. Falso. || Dudoso. || Impreciso.

incinerar tr. Reducir una cosa a cenizas.

incipiente adj. Que empieza.

incisión f. Hendidura que se hace en algunos cuerpos con instrumento cortante.

incisivo, va adj. [Diente] de los mamíferos situado en la parte central y anterior de la boca. Más c. m. || Apto para cortar. || fig. Punzante, mordaz.

inciso m. En gramática, oración intercalada en otra. || Comentario o digresión distinta del tema principal que se intercala en el discurso.

incitar tr. Estimular a alguien para que ejecute una cosa.

inclemencia f. Falta de clemencia. || fig. Rigor de la estación, especialmente en el invierno.

inclinar tr. Hacer que una cosa deje de estar en una posición horizontal o vertical || fig. Persuadir. || prnl. Tender a hacer, pensar o decir una cosa.

ínclito, ta adj. Ilustre, afamado.

incluir tr. Poner una cosa dentro de otra. || Contener una cosa a otra.

inclusa f. Casa en donde se recoge y cría a los niños abandonados por sus padres.

inclusive adv. m. Al final de una serie de elementos, se utiliza para indicar que el último está incluido en la relación.

incluso, sa adj. Contenido, comprendido. || adv. m. Con inclusión de. || Además. || prep. y conj. Hasta, aun.

incoar tr. Comenzar un proceso, pleito, expediente, etc.

incógnito, ta adj. No conocido. || f. Cantidad desconocida que es preciso determinar en una ecuación o en un problema.

incoherencia f. Falta de conexión en las cosas que se dicen o hacen. || Absurdo, hecho o dicho sin sentido.

incoloro, ra adj. Sin color.

incólume adj. Sano, sin lesión ni daño.

incomodar tr. y prnl. Causar o sentir incomodidad o molestia.

incómodo, da adj. Molesto, desagradable. || Poco confortable. || A disgusto.

incomparable adj. Tan extraordinario que no puede compararse con nada.

incompatible adj. Que no puede existir con otra persona o cosa.

incompetencia f. Falta de competencia o de jurisdicción. || Incapacidad para resolver algo con eficacia.

incompleto, ta adj. No completo, que le falta algo.

incomprendido, da adj. No comprendido correctamente. || [Persona] cuyo mérito no ha sido generalmente apreciado. También s.

incomprensión f. Falta de comprensión.

incomunicar tr. Privar de comunicación. || prnl. Negarse al trato con otras personas.

inconcluso, sa adj. No acabado.

incondicional adj. Absoluto, sin restricción. || com. Persona adepta a una persona o idea, sin limitación ni condición ninguna.

inconexo, xa adj. Que no tiene conexión con una cosa.

inconformismo m. Actitud hostil ante lo establecido por el orden político, social, moral, estético, etc.

inconfundible adj. Que por sus peculiaridades y características no puede confundirse con otro.

incongruencia f. Falta de acuerdo, relación o correspondencia de una cosa con otra. ‖ Hecho o dicho ilógico, contradictorio.

inconsciente adj. No consciente. ‖ [Persona] que está desmayada, sin conocimiento. ‖ Irreflexivo, insensato. También com. ‖ m. Subconsciente.

inconstante adj. No estable ni permanente. ‖ Que cambia con demasiada facilidad de pensamientos, aficiones, opiniones o conducta.

incontable adj. Numerosísimo.

incontenible adj. Que no puede ser contenido o refrenado.

incontinencia f. Falta de continencia. ‖ Enfermedad que consiste en no poder retener la orina o las heces.

incontestable adj. Irrefutable, cierto.

inconveniencia f. Incomodidad. ‖ Disconformidad. ‖ Dicho o hecho fuera de razón o sentido.

inconveniente adj. No conveniente. ‖ m. Impedimento para hacer una cosa. ‖ Aspecto desfavorable de algo o alguien.

incordiar tr. Molestar, agobiar, importunar.

incorporar tr. Agregar, unir dos o más cosas para que formen un todo entre sí. ‖ Reclinar el cuerpo que estaba echado. También prnl. ‖ Destinar a un funcionario al puesto que debe desempeñar. También prnl. ‖ prnl. Agregarse una o más personas a otras para formar un cuerpo.

incorrecto, ta adj. Erróneo, equivocado. ‖ Descortés, grosero.

incorregible adj. Que no puede corregirse. ‖ [Persona] que por su terquedad no quiere corregir sus faltas o errores.

incorrupto, ta adj. Que está sin corromperse. ‖ fig. No dañado, ni pervertido.

incrédulo, la adj. Que no cree fácilmente. ‖ Ateo, descreído.

increíble adj. Que no puede creerse, o es muy difícil de creer. ‖ Impresionante, extraordinario.

incrementar tr. y prnl. Aumentar, acrecentar.

increpar tr. Reprender con severidad. ‖ Insultar.

incriminar tr. Atribuir a alguien un delito, culpa o defecto.

incruento, ta adj. No sangriento.

incrustar tr. Embutir en una superficie lisa y dura piedras, metales, etc., formando dibujos. ‖ Introducirse un cuerpo violentamente en otro, sin mezclarse con él. También prnl.

incubadora f. Aparato o local que sirve para incubar artificialmente. ‖ Urna de cristal acondicionada para mantener a los niños nacidos antes de tiempo.

incubar tr. Ponerse el ave sobre los huevos para sacar pollos. ‖ Desarrollar el organismo una en-

fermedad. También prnl. || prnl. fig. Iniciarse el desarrollo de una tendencia o movimiento cultural, político, religioso, etc., antes de su plena manifestación.

incuestionable adj. Indiscutible, que nadie lo puede dudar o negar.

inculcar tr. Imbuir, infundir con ahínco en el ánimo de uno una idea, un concepto, etc.

inculpar tr. Culpar, acusar a alguien de una cosa.

inculto, ta adj. Que no tiene cultura ni instrucción. También s.

incultura f. Falta de cultura, ignorancia.

incumbir intr. Corresponder a alguien cierta función, asunto, etc.

incumplir tr. No llevar a efecto, dejar de cumplir algo.

incunable adj. y m. [Edición] hecha desde la invención de la imprenta hasta principios del s. XVI.

incurable adj. Que no se puede curar o no puede sanar.

incurrir intr. Caer en falta, error, etc. || Tener merecido alguien lo que se expresa.

incursión f. Acción de incurrir. || Penetración de soldados de un ejército en territorio enemigo. || fig. Penetración momentánea en un sitio nuevo o poco habitual.

indagar tr. Averiguar, inquirir una cosa. También intr.

indebido, da adj. Que no debe hacerse.

indecente adj. Indecoroso, grosero.

indecisión f. Irresolución o dificultad de alguien en decidirse.

indecoroso, sa adj. Que carece de decoro.

indefenso, sa adj. Que carece de medios de defensa, o está sin ella.

indefinido, da adj. No definido. || Que no tiene término señalado o conocido. || En gramática, [adjetivo o pronombre] que determinan al sustantivo de forma imprecisa. || adj. y m. [Tiempo] verbal simple que indica una acción pasada. Se llama también pretérito perfecto simple.

indeleble adj. Que no se puede borrar o quitar.

indemne adj. Libre o exento de daño.

indemnizar tr. y prnl. Resarcir de un daño o perjuicio.

independencia f. Característica de lo que es libre y no depende de otra persona o de otra cosa. || Libertad, autonomía, y especialmente la de un Estado que no es tributario ni depende de otro.

independiente adj. Libre, que no depende de otro. || Que mantiene sus propias opiniones sin hacer caso de los demás. || Que no pertenece a ningún partido, doctrina, etc. También com.

indeseable adj. [Persona] cuyo trato no es recomendable por sus condiciones morales.

indeterminado, da adj. Indefinido, no determinado. || Impreciso, vago. || [Palabra] que se antepone al sustantivo para indicar que este se refiere a un objeto no consabido en el discurso.

indiano, na adj. Natural de las Indias Occidentales y Orientales. También s. || De ellas. || [Persona] que volvía rica de América. También s.

indicar tr. Dar a entender una cosa con indicios y señales. || Significar una cosa algo. || Prescribir el médico una medicina o tratamiento.

indicativo, va adj. y m. Que indica o sirve para avisar o informar de algo. || [Modo] del verbo que indica realidad u objetividad y expresa acciones seguras.

índice adj. Segundo [dedo] de la mano. También m. || m. Indicio o señal de alguna cosa. || Lista ordenada de capítulos, materias o autores de un libro. || Catálogo de una biblioteca. || Cifra que expresa la relación entre una serie de datos y permite sacar conclusiones. || En matemáticas, número o letra que sirve para indicar el grado de la raíz.

indicio m. Fenómeno que permite conocer o inferir la existencia de otro no percibido. || Primera manifestación de algo. || Pequeña cantidad de algo.

índico, ca adj. De la Indias, país del sureste de Asia, o relacionado con ella.

indiferencia f. Estado del ánimo en el que no se siente inclinación ni repugnancia por algo. || Frialdad, displicencia.

indígena adj. y s. Originario del lugar o país de que se trata.

indigente adj. y com. Pobre.

indigestión f. Trastorno que padece el organismo por no haber digerido bien los alimentos.

indignar tr. y prnl. Irritar, enfadar vehementemente a uno.

indigno, na adj. Que no tiene mérito ni disposición para algo. || Vil, ruin. || Que no corresponde a las circunstancias, calidad o mérito de algo o alguien.

índigo m. Añil.

indio, dia adj. y s. De la India (Indias Orientales) o de América (Indias Occidentales).

indirecto, ta adj. Que no va rectamente a un fin, sino a través de rodeos o intermediarios. || f. Cosa que se da a entender sin decirla claramente.

indiscreción f. Falta de discreción y de prudencia. || fig. Dicho o hecho indiscreto.

indiscreto, ta adj. Que habla o actúa imprudente e inoportunamente. También s. || Que se dice o hace de este modo.

indiscriminado, da adj. Sin la debida diferenciación o selección.

indiscutible adj. Evidente.

indisoluble adj. Que no se puede disolver o desatar.

indispensable adj. Que es imprescindible. || Que no se puede dispensar ni excusar.

indisponer tr. y prnl. Enemistar. || Causar indisposición o enfermedad. || prnl. Experimentar falta de salud.

indistinto, ta adj. Que no se distingue de otra cosa. || Que no se percibe claramente.

individual adj. Relativo al individuo. || Particular, propio.

individuo, dua m. y f. Persona cuyo nombre no se conoce o no se quiere descubrir. || m. Cada ser organizado, animal o vegetal, respecto a la especie a la que pertenece.

indivisible adj. Que no puede ser dividido.

indocumentado, da adj. y s. [Persona] que no tiene documentos que acrediten su identidad. || adj. Ignorante, inculto. || [Dato o documentación] que no está probado.

indoeuropeo, a adj. [Raza y lengua] procedentes de un origen común y extendidas desde la India hasta el occidente de Europa. Más c. m., cuando se refiere a la lengua.

índole f. Condición natural propia de cada uno.

indolente adj. y com. Que no se afecta o conmueve. || Vago, perezoso.

indómito, ta adj. No domado. || fig. Difícil de sujetar o reprimir.

inducción f. Hecho de instigar o incitar a alguien a hacer o a pensar algo. || Forma de razonar que consiste en observar hechos particulares para después extraer conclusiones generales. || Producción de una carga eléctrica por la acción de un flujo magnético.

inducir tr. Instigar, mover a uno. || Llegar a conclusiones generales a partir de hechos particulares.

indulgencia f. Facilidad en perdonar o en conceder gracias.

indultar tr. Perdonar a alguien toda o parte de la pena que tiene impuesta.

indulto m. Gracia por la cual una autoridad remite una pena o la conmuta.

indumentaria f. Vestido, traje.

industria f. Conjunto de operaciones ejecutadas para la transformación de materias primas en bienes intermedios o finales. || Instalación destinada a estas operaciones. || Fabricación por medios mecánicos y en serie. || Destreza, habilidad.

industrializar tr. y prnl. Hacer algo con métodos industriales. || Crear industrias nuevas o desarrollar las existentes en un país, zona, región, etc.

inédito, ta adj. Escrito y no publicado. También m. || [Escritor] que aún no ha publicado nada.

inefable adj. Que con palabras no se puede explicar.

inepto, ta adj. y s. No apto para algo.

inequívoco, ca adj. Que no admite duda.

inercia f. Incapacidad de los cuerpos para cambiar su estado de reposo o de movimiento sin la aplicación de alguna fuerza. || Desidia.

inerme adj. Que está sin armas. || Que no tiene defensas físicas o morales.

inerte adj. Inactivo, estéril. || Falto de vida o movilidad.

inescrutable adj. Que no se puede saber ni averiguar.

inesperado, da adj. Imprevisto, insospechado.

inexacto, ta adj. Que carece de exactitud.

inexistente adj. Que carece de existencia.

inexorable adj. Que no se deja vencer por los ruegos. || Inevitable.

inexperto, ta adj. y s. Falto de experiencia.

inexplicable adj. Increíble.

inexpresivo, va adj. Que carece de expresión.

inexpugnable adj. Que no se puede tomar o conquistar. || fig. Que no se deja vencer ni persuadir.

infalible adj. Que no puede fallar. || Seguro, cierto.

infamar tr. Difamar.

infame adj. y com. [Persona] que actúa con malas intenciones. || adj. Muy malo en su género.

infamia f. Descrédito, deshonra. || Maldad, vileza.

infancia f. Periodo de la vida del niño desde que nace hasta los comienzos de la pubertad.

infantería f. Tropa que sirve a pie en el ejército.

infante, ta m. y f. Niño. || En España, hijo o hija del rey con excepción del heredero al trono. || m. Soldado de infantería.

infanticidio m. Muerte dada a un niño.

infantil adj. De la infancia, propio de ella, parecido a ella o relacionado con este periodo de la vida.

infarto m. Lesión de un órgano producida por obstrucción de la circulación sanguínea.

infausto, ta adj. Desgraciado, infeliz.

infección f. Penetración de gérmenes patógenos en el organismo.

infectar tr. y prnl. Transmitir un organismo a otro los gérmenes de una enfermedad.

infeliz adj. y com. Desdichado. || fam. Bondadoso y apocado.

inferior adj. Que está debajo de otra cosa o más bajo que ella. || Que es menos que otra cosa. || [Persona] sujeta o subordinada a otra. También s.

inferir tr. Sacar consecuencia o deducir una cosa de otra. || Tra-

infestar tr. Invadir un lugar una plaga de animales u otra cosa similar. También prnl.

infiel adj. Falto de fidelidad; desleal. || Que no profesa la fe católica. También s.

infiernillo m. Aparato para calentar o hacer cocciones.

infierno m. Según algunas religiones, lugar destinado al eterno castigo de los condenados. || Tormento y castigo de los condenados.

infijo m. Afijo con función o significado propios, que se introduce en el interior de una palabra.

infiltrar tr. y prnl. Introducir suavemente un líquido entre los poros de un sólido. || prnl. Introducirse en un medio social con propósito de espionaje o propaganda.

ínfimo, ma adj. En el orden y graduación de las cosas, que es última y menos que las demás. || Muy pequeño, muy poco.

infinidad f. Gran número de cosas.

infinitesimal adj. [Cantidad] infinitamente pequeña o que se aproxima a cero.

infinitivo m. Forma no personal del verbo, que no expresa números ni personas, ni tiempo determinado.

infinito, ta adj. Que no tiene ni puede tener fin. || Muy numeroso, grande y excesivo. || m. Espacio sin límite. || adv. m. Excesivamente, muchísimo.

inflación f. Exceso de moneda circulante en relación con su cobertura, lo que desencadena un alza general de precios.

inflamar tr. y prnl. Encender una cosa que desprende llama inmediatamente. || fig. Acalorar, enardecer las pasiones. || prnl. Producir inflamación.

inflar tr. y prnl. Hinchar una cosa con aire u otro gas o fluido. || fig. Exagerar. || fig. Ensoberbecer, engreír. También prnl.

inflexible adj. Incapaz de doblarse. || fig. Que no desiste de su propósito.

inflexión f. Torcimiento de algo que estaba recto. || Elevación o atenuación que se hace con la voz.

infligir tr. Hablando de castigos y penas físicos o morales, imponerlos o causarlos.

influencia f. Poder de una persona o cosa para producir ciertos efectos, cambios, etc., sobre otras. || Poder, autoridad de una persona sobre otras. || pl. Amistades o conjunto de personas conocidas por alguien y que pueden conseguir algo.

influir tr. Producir unas cosas sobre otras ciertos efectos. || fig. Ejercer una persona o cosa fuerza moral en el ánimo.

informal adj. y com. [Persona] que no guarda las reglas ni cumple sus compromisos. || Que no tiene formalidad o seriedad.

informar tr. Dar noticia de algo. También prnl. || Dar forma a una cosa. || intr. Dictaminar cualquier persona perita sobre un asunto de su competencia.

informática f. Conjunto de conocimientos científicos y técnicas que hacen posible el tratamiento automático de la información por medio de ordenadores electrónicos.

informativo, va adj. Que informa o sirve para dar noticias de algo. || m. Programa de radio o televisión en el que se dan noticias.

informe m. Noticia o instrucción que se da acerca de una persona o cosa. También en pl. || Exposición que se hace sobre el estado de una cosa.

infortunio m. Suerte desdichada o fortuna adversa.

infracción f. Transgresión, quebrantamiento de una ley o norma.

infraestructura f. Parte de una construcción que está bajo el nivel del suelo. || fig. Conjunto de servicios que se consideran necesarios para el funcionamiento de una organización.

infrarrojo, ja adj. [Radiación del espectro luminoso] que se encuentra por debajo del rojo visible y de mayor longitud de onda, caracterizada por sus efectos caloríficos.

infringir tr. Quebrantar leyes, órdenes, etc.

infructuoso, sa adj. Ineficaz, inútil.

ínfulas f. pl. Presunción o vanidad.

infundir tr. Causar un sentimiento en alguien.

infusión f. Bebida que se obtiene al cocer o introducir en agua ciertos frutos o hierbas aromáticas para extraer de ellos las partes solubles.

ingeniar tr. Trazar o inventar ingeniosamente. || prnl. Discurrir con ingenio el modo para conseguir una cosa.

ingeniería f. Conjunto de técnicas que permiten aplicar el saber científico a la utilización de la materia y de las fuentes de energía, mediante invenciones o construcciones útiles para el hombre.

ingenio m. Facultad en el hombre para discurrir o inventar. || Intuición, entendimiento. || Máquina o artificio mecánico.

ingente adj. Muy grande.

ingenuo, nua adj. Sincero, candoroso, sin doblez.

ingerir tr. Introducir por la boca los alimentos. || prnl. Inmiscuirse.

ingle f. Parte del cuerpo en que se juntan los muslos con el vientre.

inglés, esa adj. y s. De Inglaterra. || m. Lengua hablada en Reino Unido, Irlanda, Australia,

inmerso

EE UU, Canadá, República Sudafricana y otros países.

ingrato, ta adj. y s. Desagradecido.

ingrávido, da adj. Ligero, sin peso.

ingrediente m. Cualquier cosa que entra con otras en un compuesto.

ingresar intr. y tr. Entrar en un establecimiento, organismo, etc. || Meter dinero en una cuenta bancaria.

inhalar tr. Aspirar ciertos gases o líquidos pulverizados.

inherente adj. Que por su naturaleza está de tal manera unido a otra cosa que no se puede separar.

inhibir tr. Impedir que un juez prosiga en el conocimiento de una causa. También prnl. || Con sentido general, reprimir o impedir. || prnl. Abstenerse.

inhóspito, ta adj. [Lugar] desagradable, poco grato para habitarlo.

inhumano, na adj. Falto de humanidad, bárbaro, cruel.

inhumar tr. Enterrar un cadáver.

inicial adj. Relativo al origen de las cosas.

iniciar tr. y prnl. Comenzar una cosa. || Instruir, formar.

iniciativa f. Capacidad para empezar y poner en práctica ideas o planes. || Idea que alguien da para realizar algo.

inicio m. Comienzo, principio.

inicuo, cua adj. Malvado, injusto.

ininteligible adj. No inteligible, incomprensible.

iniquidad f. Maldad, injusticia grande.

injerencia f. Intromisión.

injerirse prnl. Entrometerse en un asunto sin autorización para ello.

injertar tr. Introducir en una planta una parte de otra con alguna yema para que pueda brotar. || Introducir en el cuerpo de una persona un tejido o un órgano, tomados de ella misma o de otro individuo.

injuria f. Agravio, ultraje de obra o de palabra.

injusticia f. Falta de justicia. || Acción contraria a la justicia o a la razón.

injusto, ta adj. y s. No conforme con la justicia y la equidad.

inmaculado, da adj. Que no tiene mancha.

inmediato, ta adj. Contiguo o muy cercano a otra cosa. || Que sucede sin que medie espacio o tiempo.

inmemorial adj. Tan antiguo que no hay memoria de cuándo empezó.

inmenso, sa adj. Que no tiene medida; infinito o ilimitado. || fig. Muy grande.

inmerso, sa adj. Sumergido, abismado. || fig. Absorto.

inmigrante adj. y com. [Persona] que llega de otro país para establecerse allí.

inmigrar intr. Llegar a un país para establecerse en él los que estaban domiciliados en otro.

inminente adj. Que está próximo a suceder.

inmiscuirse prnl. Entrometerse.

inmobiliario, ria adj. De los bienes inmuebles o relacionado con ellos. || f. Empresa o sociedad que se dedica a construir, alquilar, vender y administrar viviendas.

inmolar tr. Sacrificar una víctima en honor de la divinidad. || fig. Sacrificar algo por una causa. Más c. prnl.

inmoral adj. Que se opone a la moral.

inmortal adj. Que no puede morir.

inmóvil adj. Que no se mueve.

inmueble adj. [Bien] que no se puede transportar, como la tierra, la vivienda, etc. || m. Casa, edificio.

inmundicia f. Suciedad, porquería.

inmundo, da adj. Muy sucio, asqueroso. || Deshonesto.

inmune adj. Libre, exento. || No atacable por ciertas enfermedades.

inmunología f. En medicina, conjunto de los conocimientos científicos relativos a la inmunidad biológica.

inmutar tr. y prnl. Alterar, impresionar.

innato, ta adj. Que ha nacido con el sujeto, y no adquirido por educación y experiencia.

innovar tr. Alterar las cosas, introduciendo novedades.

innumerable adj. Copioso, muy abundante.

inocencia f. Estado y calidad del alma que está limpia de culpa. || Exención de toda culpa en un delito o en una mala acción. || Candor, sencillez.

inocentada f. Broma que se hace a alguien el día de los Santos Inocentes.

inocular tr. y prnl. Transmitir al cuerpo una enfermedad contagiosa u otra sustancia nociva. || Pervertir, contaminar.

inocuo, cua adj. Que no hace daño. || Que carece de interés.

inodoro, ra adj. Que no tiene olor. || m. Taza del retrete.

inofensivo, va adj. Incapaz de ofender. || fig. Que no puede causar daño.

inoperante adj. Ineficaz o inútil para algo.

inopia f. Se usa en la frase coloquial *estar en la inopia*, que significa «ignorar alguna cosa que otros conocen, no haberse enterado de ella».

inopinado, da adj. Que sucede sin esperarlo.

inoportuno, na adj. y s. Fuera de tiempo o de propósito.

inorgánico, ca adj. [Cuerpo] sin vida, como son todos los minerales.

inoxidable adj. Que no se oxida.

input (Voz i.) m. En informática, cualquier sistema de entrada de información. || En un proceso económico, elemento que participa en un proceso productivo.

inquietar tr. y prnl. Quitar el sosiego, turbar la quietud.

inquieto, ta adj. Que es de índole bulliciosa. || fig. Desasosegado, nervioso. || Preocupado.

inquilino, na m. y f. Persona que alquila una casa o parte de ella. || m. Ser vivo que busca refugio o provecho en individuos de otra especie, sin perjudicarlos.

inquina f. Aversión, mala voluntad.

inquirir tr. Indagar, preguntar.

inquisición f. Investigación para conseguir información sobre algo. || Tribunal eclesiástico establecido antiguamente para perseguir los delitos contra la fe.

inquisitivo, va adj. Que inquiere o trata de averiguar algo.

insalubre adj. Dañino para la salud, malsano.

insano, na adj. Malo o dañino para la salud.

insatisfecho, cha adj. No satisfecho.

inscribir tr. Grabar letreros. || Apuntar el nombre de una persona en una lista. También prnl.

inscripción f. Hecho de inscribir o inscribirse. || Escrito sucinto grabado en piedra, metal u otra materia.

insecticida adj. y m. [Producto] que sirve para matar insectos.

insectívoro, ra adj. y s. Que se alimenta de insectos.

insecto adj. y m. [Animal] invertebrado con el cuerpo dividido en cabeza, tórax y abdomen, de respiración traqueal y provisto de tres pares de patas.

inseguro, ra adj. Que es dudoso. || Que tiene riesgo.

inseminación f. Introducción de semen en la vagina.

insensato, ta adj. y s. Tonto, fatuo, sin sentido.

insensible adj. Que carece de sensibilidad. || Que no se puede percibir.

inseparable adj. Que no se puede separar.

insertar tr. y prnl. Incluir una cosa en otra, intercalar.

inservible adj. Que no sirve; estropeado.

insidia f. Asechanza para hacer daño a otro.

insigne adj. Célebre, famoso.

insignia f. Señal, emblema. || Bandera que denota la graduación del jefe que lo manda o de otro que va con él.

insignificante adj. Baladí, pequeño, despreciable.

insinuar tr. Dar a entender una cosa, sin más que indicarla ligeramente. || prnl. Dar a entender indirectamente el deseo de mantener relaciones amorosas o sexuales con otra persona.

insípido, da adj. Falto de sabor. || fig. Falto de gracia o interés.

insistir intr. Pedir algo reiteradamente. || Persistir o mantenerse firme en una cosa. || Repetir o hacer hincapié en algo.

insociable adj. y com. Intratable o incómodo en el trato social.

insolación f. Enfermedad producida por una exposición excesiva a los rayos solares.

insolente adj. y com. Desvergonzado.

insolidario, ria adj. Que no tiene solidaridad.

insólito, ta adj. No común ni ordinario.

insoluble adj. Que no puede disolverse. || Que no se puede solucionar.

insolvencia f. Incapacidad de pagar una deuda.

insomnio m. Vigilia, desvelo.

insondable adj. Que no se puede sondear. || fig. Que no se puede averiguar.

insonorizar tr. Acondicionar un lugar, habitación, etc., para aislarlo acústicamente.

inspeccionar tr. Examinar, revisar.

insoportable adj. Intolerable, que no se puede soportar.

inspector, ra m. y f. Funcionario público o particular que tiene a su cargo la investigación y vigilancia en el ramo a que pertenece.

inspirar tr. Atraer el aire exterior a los pulmones, aspirar. || fig. Sugerir ideas creadoras. || Suscitar un sentimiento. || prnl. Tomar algo como punto de partida para la creación.

instalar tr. Poner o colocar algo en su lugar debido. También prnl. || Colocar en un edificio los enseres y servicios que en él se hayan de utilizar. || prnl. Establecerse.

instancia f. Solicitud. || Apelación.

instantáneo, a adj. Que solo dura un instante. || Que ocurre de manera muy rápida. || f. Impresión fotográfica que se obtiene instantáneamente.

instante m. Porción brevísima de tiempo. || Momento.

instar tr. Repetir una súplica con ahínco. || intr. Urgir la pronta ejecución de una cosa.

instaurar tr. Establecer, fundar. || Restablecer.

instigar tr. Incitar, inducir a alguien a que haga una cosa.

instinto m. Conjunto de pautas de conducta que se transmiten genéticamente, y que contribuyen a la conservación de la vida del individuo y de la especie. || Tendencia o capacidad innata.

institución f. Creación o establecimiento de algo. ‖ Organismo que desempeña una función de interés público, especialmente educativa o benéfica. ‖ Cada una de las organizaciones fundamentales de un Estado.

instituir tr. Fundar, establecer.

instituto m. Corporación científica, benéfica, etc. ‖ Centro oficial en el que se siguen los estudios de enseñanza media. ‖ Regla de las órdenes religiosas. ‖ Organismo perteneciente a la administración de un Estado o nación.

institutriz f. Maestra encargada de la educación o instrucción de uno o varios niños, en el hogar doméstico.

instruir tr. Enseñar. ‖ Comunicar sistemáticamente ideas o conocimientos. ‖ Formalizar un proceso conforme a las reglas de derecho.

instrumento m. Máquina. ‖ Aquello de que nos servimos para hacer una cosa. ‖ Objeto concebido para producir sonidos musicales.

insubordinación f. Falta de subordinación, desobediencia, rebeldía.

insuficiencia f. Falta de suficiencia o de inteligencia. ‖ Escasez de una cosa. ‖ Incapacidad de un órgano para llevar a cabo sus funciones adecuadamente.

insuficiente adj. No suficiente. ‖ m. Suspenso.

insuflar tr. Introducir en un órgano o en una cavidad un gas, un líquido o una sustancia en polvo.

insufrible adj. Que no se puede aguantar o tolerar.

ínsula f. Isla.

insular adj. De una isla.

insulina f. Hormona segregada por el páncreas, que regula la cantidad de glucosa existente en la sangre.

insulso, sa adj. Insípido. ‖ fig. Falto de gracia y viveza.

insultar tr. Ofender con palabras o acciones.

insulto m. Ofensa, injuria.

insumiso, sa adj. Que no obedece o no se somete a una orden o norma. ‖ adj. y m. Que se niega a hacer el servicio militar o la prestación social sustitutoria.

insurrección f. Sublevación o rebelión.

insurrecto, ta adj. y s. Rebelde.

insustancial adj. Que carece de sustancia.

intacto, ta adj. Que no ha padecido alteración, menoscabo o deterioro.

intangible adj. Que no debe o no puede tocarse.

integración f. Incorporación a un grupo; especialmente, entrada de una persona en una comunidad y adaptación a sus costumbres.

integrar tr. Formar las partes un todo. ‖ En matemáticas, determinar por el cálculo una cantidad de la que solo se conoce la expresión diferencial. || prnl. Unirse a un grupo para formar parte de él.

integrismo m. Actitud de ciertos sectores religiosos, ideológicos o políticos, partidarios de la inalterabilidad de las doctrinas.

íntegro, gra adj. [Cosa] a la que no le falta ninguna de sus partes. || [Persona] recta, intachable.

intelecto m. Entendimiento.

intelectual adj. Relativo al entendimiento. || Espiritual. || [Persona] dedicada al cultivo de las ciencias y letras. También com.

inteligencia f. Facultad de conocer, comprender y entender las cosas. || Habilidad, destreza y experiencia.

inteligente adj. Dotado de inteligencia. || Que tiene gran capacidad intelectual. También com.

inteligible adj. Que puede ser entendido.

intemperancia f. Falta de templanza o moderación.

intemperie (a la) loc. adv. A cielo descubierto.

intempestivo, va adj. Inoportuno.

intemporal adj. No temporal, independiente del curso del tiempo.

intención f. Propósito de hacer algo. || Deseo, voluntad, determinación.

intendente com. Jefe superior económico de algunos servicios económicos de un país o de empresas que dependen del Estado. || Jefe superior de los servicios de la administración militar.

intensificar tr. y prnl. Hacer que una cosa adquiera mayor intensidad de la que tenía.

intenso, sa adj. Muy apasionado. || Muy fuerte, de gran intensidad.

intentar tr. Tener el propósito de hacer una cosa. || Iniciar la ejecución de la misma.

interacción f. Acción que se ejerce recíprocamente entre dos o más objetos, agentes, fuerzas, instituciones, etc.

intercalar tr. Interponer o poner una cosa entre otras.

intercambiar tr. y prnl. Cambiar mutuamente.

interceder intr. Rogar o mediar por otro.

interceptar tr. Apoderarse de una cosa antes de que llegue a su destino. || Interrumpir, obstruir.

interés m. Utilidad o valor que en sí tiene una persona o cosa. || Ganancia producida por el capital. También en pl. || Inclinación hacia alguien o algo. || Curiosidad. || Cantidad que se paga sobre un préstamo. || Atención que se pone en algo. || pl. Bienes que posee alguien. || Necesidad de carácter colectivo.

interesar intr. Tener interés para alguien una persona o cosa. || tr. Hacer que alguien tenga interés o afecto por algo. || prnl. Adquirir o demostrar interés por algo o alguien.

interfaz f. En electrónica, zona de comunicación o acción de un sistema sobre otro.

interferencia f. Acción recíproca de las ondas de la que resulta aumento o disminución del movimiento ondulatorio.

interferir tr. Cruzar, interponer algo en el camino de una cosa, o en una acción. También prnl. || Causar interferencia. También intr.

interfono m. Red y aparato telefónico utilizado para las comunicaciones internas entre despachos de un mismo edificio.

ínterin m. Intervalo de tiempo.

interino, na adj. y s. Que sirve por algún tiempo supliendo la falta de otra persona o cosa.

interior adj. Que está de la parte de adentro. || [Habitación] que no tiene vistas a la calle. || Del espíritu. || Del país de que se habla, en contraposición a lo extranjero. || m. La parte de adentro de una cosa. || Parte central de un país, en oposición a las zonas costeras o fronterizas. || *amer.* Todo lo que no es la capital ni las ciudades principales de un país.

interjección f. Expresión exclamativa abreviada, que manifiesta alguna impresión súbita, como asombro, dolor, etc.

interlocutor, ra m. y f. Cada una de las personas que toman parte en un diálogo.

intermediario, ria adj. y s. Que media entre dos o más personas, y especialmente entre el productor y el consumidor.

intermedio, dia adj. Que está en medio de los extremos de lugar, tiempo, etc. || m. Espacio de tiempo durante el cual queda interrumpida la ejecución de un espectáculo.

intermitente adj. Que se interrumpe o cesa y prosigue o se repite. || m. Dispositivo del automóvil que enciende y apaga periódicamente una luz lateral para señalar un cambio de dirección en la marcha.

internacional adj. Relativo a dos o más naciones. || f. Organización de trabajadores de varios países. || Himno de los socialistas y comunistas.

internado m. Establecimiento donde viven alumnos u otras personas internas. || Estado y régimen del alumno interno. || Estado y régimen de personas que viven internas en establecimientos sanitarios o benéficos.

internar tr. Disponer el ingreso de una persona en un establecimiento, como hospital, clínica, prisión, etc. También prnl. || Conducir tierra adentro a una persona o cosa. || prnl. Penetrar una persona o cosa en el interior de un espacio. || Avanzar hacia adentro, por tierra o por mar.

internista adj. y com. [Médico] que se dedica especialmente al estudio y tratamiento de enfermedades que afectan a los órganos internos.

interno, na adj. Interior. || [Persona] que reside en un internado. También s.

interpelar tr. Implorar el auxilio de alguien. || Requerir a alguien para que dé explicaciones sobre un hecho.

interpolar tr. Poner una cosa entre otras. || Intercalar palabras o frases en el texto de obras o escritos ajenos.

interponer tr. Poner algo entre medias de dos personas o cosas. También prnl. || Formalizar algún recurso legal.

interpretar tr. Explicar el sentido de una cosa. || Traducir. || Representar un actor su papel. || Concebir, ordenar o expresar de un modo personal la realidad. || Ejecutar una pieza musical.

intérprete com. Persona que interpreta textos dramáticos, musicales, etc. || Persona que traduce de una lengua a otra de forma oral.

interrogación f. Pregunta. || Signo ortográfico (¿?) que se pone al principio y fin de una palabra o cláusula interrogativa.

interrogante adj. Que interroga o pregunta. || amb. Pregunta. || Problema no aclarado.

interrogar tr. Preguntar.

interrogatorio m. Serie de preguntas. || Acto de dirigirlas a quien las ha de contestar.

interrumpir tr. Cortar la continuidad de una acción. También prnl. || Impedir que otra persona continúe hablando.

interruptor m. Mecanismo destinado a interrumpir o establecer un circuito eléctrico.

intersección f. En geometría, punto común a dos líneas que se cortan. || En geometría, encuentro de dos líneas, dos superficies o dos sólidos que recíprocamente se cortan.

interurbano, na adj. [Relación y servicio de comunicación] entre distintas poblaciones de un mismo país.

intervalo m. Espacio o distancia que hay de un tiempo a otro o de un lugar a otro.

intervenir intr. Tomar parte en un asunto. || Influir. || Interceder o mediar por uno. || tr. Realizar una operación quirúrgica. || Dirigir, limitar o suspender una autoridad el libre ejercicio de actividades o funciones. || Controlar la comunicación privada. || Impedir a una persona, organismo, corporación, etc., el libre acceso a sus bienes.

interventor, ra m. y f. Empleado que autoriza y fiscaliza ciertas operaciones o actividades a fin de que se hagan con legalidad.

interviú f. Entrevista.

intestino, na adj. Interior, interno. || fig. Civil. || m. Conducto membranoso en el que se completa la digestión y se absorben las sustancias digeridas.

intimar tr. Estrechar las relaciones con una persona.

intimidar tr. y prnl. Infundir miedo. || Coaccionar, amenazar a alguien para que haga algo.

íntimo, ma adj. Interior. || [Amistad] muy estrecha y del amigo de confianza.

intolerante adj. y com. Que no acepta las opiniones ni los comportamientos de los demás, porque son diferentes a los suyos.

intoxicar tr. y prnl. Envenenar.

intransigente adj. Que no transige.

intransitivo, va adj. [Verbo] que se construye sin complemento directo.

intrascendente adj. Que no es trascendente, sin importancia.

intratable adj. Insociable o de genio áspero.

intravenoso, sa adj. Que está o se pone dentro de una vena.

intrépido, da adj. Que no teme en los peligros.

intriga f. Acción que se ejecuta con astucia para conseguir un fin. || Enredo, embrollo. || En una obra literaria, cinematográfica, teatral, etc., serie de acontecimientos que mantienen el interés del lector o espectador.

intrincado, da adj. Enredado, complicado.

intríngulis f. fam. Dificultad que existe en una cosa.

intrínseco, ca adj. Íntimo, esencial.

introducir tr. Meter o hacer entrar una cosa en otra. || Hacer adoptar, poner en uso. || Ocasionar, hacer aparecer. || tr. y prnl. Hacer que alguien sea recibido o admitido en un lugar o grupo. || prnl. Meterse en un sitio.

intromisión f. Hecho de entrometerse en los asuntos de otro.

introspección f. Observación y análisis internos de los propios pensamientos, sentimientos o actos.

introvertido, da adj. y s. Persona que exterioriza poco sus sentimientos.

intruso, sa adj. y s. Que se ha introducido sin derecho. || fig. Que alterna en un ambiente que no le es propio. || fig. Que ocupa un puesto sin tener derecho a él.

intuición f. Percepción clara e inmediata de una idea o situación, sin necesidad de razonamiento lógico. || Presentimiento o sospecha de algo.

intuir tr. Percibir clara e instantáneamente una idea o situación, sin necesidad de razonamiento lógico.

inundar tr. y prnl. Cubrir el agua los terrenos y a veces las poblaciones. || fig. Saturar, llenar con personas o cosas un lugar.

inusitado, da adj. No habitual.

inútil adj. y com. Que no sirve para nada.

invadir tr. Entrar por la fuerza en un lugar. || Entrar injustificadamente en funciones ajenas. || fig. Ser dominado por el estado de ánimo que se expresa.

inválido, da adj. [Persona] que adolece de un defecto físico o mental. También s. || fig. Nulo.

invasor, ra adj. y s. Que entra por la fuerza en algún lugar.

invectiva f. Discurso o escrito violento contra personas o cosas.

invencible adj. Que no puede ser vencido.

inventar tr. Hallar o descubrir una cosa nueva o no conocida. || Imaginar, crear.

inventario m. Relación de los bienes pertenecientes a una persona o comunidad.

inventiva f. Facultad y disposición para inventar.

invento m. Cosa inventada.

invernadero m. Lugar preparado artificialmente para cultivar las plantas fuera de su ambiente y clima habituales.

invernal adj. Relativo al invierno.

invernar intr. Pasar el invierno en algún lugar.

inverosímil adj. Que no tiene apariencia de verdad.

inversión f. Cambio del orden o de la dirección de algo. || Acción de destinar los bienes de capital a obtener algún beneficio.

inverso, sa adj. Contrario, opuesto.

invertebrado, da adj. y m. [Animal] desprovisto de columna vertebral.

invertir tr. Alterar el orden de las cosas. También prnl. || Hablando de bienes de capital, emplearlos, gastarlos, o colocarlos en aplicaciones productivas. También intr. y prnl. || Hablando del tiempo, ocuparlo o emplearlo de una u otra manera.

investigar tr. e intr. Estudiar a fondo una determinada materia. || Hacer indagaciones para descubrir algo que se desconoce.

investir tr. Conferir dignidad o cargo importante.

invicto, ta adj. No vencido; siempre victorioso.

invidente adj. y com. Que no ve, ciego.

invierno m. Una de las cuatro estaciones del año, fría, que en el hemisferio septentrional comienza el 21 de diciembre y termina el 21 de marzo.

invisible adj. Que no puede ser visto.

invitar tr. Avisar a alguien para que asista a una celebración, espectáculo, reunión, cena, etc. || Convidar, obsequiar a alguien con algo. || Incitar, estimular a alguien a algo.

invocar tr. Pedir la ayuda de alguien, especialmente de Dios o algún santo. ‖ Acogerse a una ley o costumbre, alegarla. ‖ Nombrar a una persona o cosa para conseguir algo de alguien.

involución f. Detención y retroceso de una evolución biológica, política, cultural, etc.

involucrar tr. y prnl. Complicar a alguien en un asunto.

involuntario, ria adj. Que sucede o se hace sin querer.

invulnerable adj. Que no puede ser herido.

inyección f. Acción de inyectar. ‖ Sustancia inyectada.

inyectar tr. Introducir a presión un gas o un líquido en el interior de un cuerpo.

ion m. Átomo o grupo de átomos que, por pérdida o ganancia de uno o más electrones, ha adquirido una carga eléctrica.

ionosfera f. Conjunto de capas de la atmósfera que están entre 70 y 500 km de altura.

ir intr. Moverse de un lugar hacia otro. También prnl. ‖ Dirigirse hacia, llevar a, conducir. ‖ Acomodarse o no una cosa con otra. ‖ Extenderse, ocupar. ‖ Obrar, proceder. ‖ Estar. ‖ prnl. Morirse o estarse muriendo. ‖ Marcharse. ‖ Deslizarse, perder el equilibrio. ‖ Gastarse, consumirse o perderse una cosa. ‖ Escaparse.

ira f. Enfado muy violento. ‖ Deseo de venganza. ‖ fig. Furia o violencia de los elementos.

iracundo, da adj. y s. Colérico.

irascible adj. Propenso a irritarse.

iris m. Arco de colores que a veces se forma en las nubes cuando el Sol refracta y refleja su luz en la lluvia. ‖ Disco membranoso del ojo en cuyo centro está la pupila.

irlandés, esa adj. y s. De Irlanda.

ironía f. Burla fina y disimulada. ‖ En literatura, figura retórica que consiste en dar a entender lo contrario de lo que se dice.

irracional adj. Que carece de razón. También s. ‖ Opuesto a la razón o que va fuera de ella.

irradiar tr. Despedir un cuerpo rayos de luz, calor u otra energía en todas direcciones. ‖ Someter un cuerpo a la acción de ciertos rayos.

irreal adj. Falto de realidad, fantástico.

irrecuperable adj. Que no se puede recuperar.

irreflexivo, va adj. Que no reflexiona antes de hacer algo. ‖ Que se dice o hace sin reflexionar.

irregular adj. Que se aparta de una regla o norma. ‖ Que no es uniforme, constante o estable. ‖ Que presenta defectos. ‖ Poco honesto, ilícito. ‖ En geometría, [polígono y poliedro] que no son regulares.

irrelevante adj. Que carece de importancia o significación.

irresistible adj. Que no se puede resistir o tolerar. || De gran atractivo.

irresponsable adj. y com. [Persona] que actúa sin importarle las consecuencias. || Que se hace sin reflexionar, sin pensar en sus consecuencias.

irreverente adj. y com. Sin la reverencia o respeto debidos.

irreversible adj. Que no es reversible.

irrigar tr. Rociar con un líquido alguna parte del cuerpo. || Regar.

irrisorio, ria adj. Ridículo. || Insignificante.

irritar tr. y prnl. Hacer sentir ira. || Causar inflamación o molestia en una parte del cuerpo. También prnl. || fig. Excitar los sentimientos, pasiones, etc. También prnl.

irrompible adj. Que no se puede romper.

irrumpir intr. Entrar violentamente en un lugar.

isla f. Porción de tierra rodeada de agua por todas partes.

islam m. Islamismo. || Conjunto de países de religión musulmana.

islamismo m. Conjunto de dogmas y preceptos morales que constituyen la religión de musulmana.

islandés, esa adj. y s. De Islandia.

isleño, ña adj. y s. Natural de una isla.

isleta f. Espacio delimitado en medio de una calzada que sirve de refugio a los peatones.

islote m. Isla pequeña y deshabitada.

israelí adj. y com. Del Estado de Israel.

israelita adj. y com. Hebreo, judío. || Del antiguo reino de Israel.

istmo m. Lengua de tierra que une dos continentes o una península con un continente.

italiano, na adj. y s. De Italia. || m. Idioma hablado en Italia.

iterativo, va adj. Que se repite.

itinerante adj. Ambulante, que va de un lugar a otro.

itinerario m. Dirección y descripción de un camino.

izar tr. Hacer subir algo tirando de la cuerda de que está colgado.

izquierdo, da adj. Que está situado en el lado del corazón. || f. Todo lo situado en este lado. || Colectividad política partidaria del cambio en las estructuras sociales y económicas.

J

j f. Décima letra del abecedario español y séptima de sus consonantes. Su nombre es *jota*.

jabalí m. Mamífero artiodáctilo, que es una variedad salvaje del cerdo.

jabalina f. Hembra del jabalí. ‖ Arma arrojadiza que se usaba en la caza mayor. ‖ Vara parecida que se emplea en competiciones atléticas.

jabato, ta m. y f. Cachorro del jabalí. ‖ adj. y s. fam. Valiente, atrevido.

jabón m. Producto que resulta de la combinación de un álcali con ciertos aceites y sirve para lavar la ropa, la piel, etc.

jabonar tr. y prnl. Dar jabón a una parte del cuerpo o a la ropa.

jaboncillo m. Pastilla de un jabón especial que utilizan los sastres para marcar la ropa y saber por donde tienen que cortar o coser.

jacobeo, a adj. Del apóstol Santiago o relacionado con él.

jactancia f. Arrogancia, presunción, orgullo excesivo.

jactarse prnl. Alabarse con presunción.

jade m. Silicato de magnesia y cal que suele hallarse formando nódulos entre las rocas cristalinas; es de color verdoso y se emplea en joyería como piedra semipreciosa.

jadear intr. Respirar anhelosamente por efecto de algún trabajo o ejercicio impetuoso.

jaguar m. Mamífero carnívoro de la familia de los félidos, llamado también tigre americano.

jagüey m. *amer.* Balsa, pozo o zanja llena de agua, ya artificialmente, ya por filtraciones naturales del terreno.

jaiba f. *amer.* Nombre que se da a ciertos crustáceos decápodos, como los cangrejos de río y cangrejos de mar.

jalea f. Conserva de frutas, de aspecto transparente y consistencia gelatinosa. ‖ Medicamento azucarado de consistencia gelatinosa.

jalear tr. Llamar a los perros a voces para cargar o seguir la caza. ‖ Animar con palmadas, ademanes y expresiones a los que bailan, cantan, etc. También prnl.

jaleo m. Cierto baile popular andaluz. || Tonada y coplas de este baile. || fam. Diversión bulliciosa. || fam. Alboroto, tumulto, pendencia.

jalonar tr. Establecer o señalar con jalones. || Marcar etapas o situaciones en un determinado proceso o evolución.

jamás adv. t. Nunca.

jamba f. Cualquiera de las dos piezas que, puestas verticalmente en los dos lados de las puertas o ventanas, sostienen el dintel o el arco de ellas.

jamón m. Carne curada de la pierna del cerdo.

japonés, esa adj. y s. De Japón. || m. Idioma que se habla en Japón.

jaque m. Jugada del ajedrez en que se amenaza directamente al rey o a la reina del contrario.

jaqueca f. Dolor de cabeza que ataca solamente en un lado o en una parte de ella.

jara f. Arbusto mediterráneo de ramas de color pardo, hojas viscosas y estrechas, flores de corola blanca y fruto en forma de cápsula.

jarabe m. Medicina líquida muy espesa y, normalmente, dulce. || Bebida que se hace cociendo agua con azúcar hasta que se espesa y añadiendo después zumo de fruta.

jarana f. fam. Diversión bulliciosa. || *amer.* Baile en el que participan familiares o personas de confianza.

jardín m. Terreno en donde se cultivan plantas de adorno.

jareta f. Dobladillo que se hace en la ropa para introducir una cinta, un cordón, una goma, etc., y sirve para fruncir la tela. || Por ext., dobladillo cosido con un pespunte que se hace en la ropa como adorno.

jarra f. Vasija con cuello y boca anchos y una o más asas.

jarro m. Vasija de barro, loza, vidrio o metal, a manera de jarra y solo con un asa.

jarrón m. Jarro grande, generalmente de porcelana y sin asas, que se utiliza como adorno.

jaspe m. Piedra silícea de grano fino, textura homogénea, opaca y de colores variados.

jaula f. Caja hecha con listones de madera, alambre, barrotes de hierro, etc., y dispuesta para encerrar animales. || Armazón que se emplea en los pozos de las minas para subir y bajar los operarios y los materiales.

jauría f. Conjunto de perros de una cacería.

jazmín m. Arbusto con tallos delgados y flexibles, hojas alternas, flores blancas y olorosas y fruto en baya negra y esférica. || Flor de este arbusto.

jazz (Voz i.) m. Cierto género de música derivado de ritmos y melodías de los negros estadounidenses.

jeep (Voz i.) m. Automóvil de gran potencia, ideado para adaptarse a todo tipo de terrenos.

jefe, fa m. y f. Persona que manda o dirige a otras. ‖ Cabeza o presidente de un partido, corporación, organismo, etc. ‖ En el ejército y en la marina, categoría superior a la de capitán. ‖ fam. Tratamiento informal que se da a una persona.

jeque m. Jefe de un territorio, comunidad, etc., de musulmanes.

jerarquía f. Orden o grados de importancia entre diversas personas o cosas. ‖ Cada uno de los niveles dentro de una organización.

jerez m. Vino blanco y seco elaborado en la provincia de Cádiz.

jerga f. Lenguaje especial de una profesión o clase social. ‖ Lenguaje difícil de entender.

jergón m. Colchón de paja, esparto o hierba.

jerigonza f. Lenguaje especial de algunos gremios, jerga. ‖ fig. Lenguaje complicado y difícil de entender.

jeringa f. Instrumento que sirve para aspirar o impeler ciertos líquidos, y más comúnmente para poner inyecciones.

jeringuilla f. Jeringa para inyecciones.

jeroglífico, ca adj. [Escritura] con figuras o símbolos. ‖ m. Cada una de estas figuras. ‖ Por ext., escritura, texto, etc., difíciles de entender. ‖ Conjunto de signos y figuras con que se expresa una frase, ordinariamente por pasatiempo o juego de ingenio.

jersey m. Prenda de vestir, de punto, que cubre de los hombros a la cintura.

jesuita adj. y m. Religioso de la Compañía de Jesús.

jet (Voz i.) m. Reactor o avión de reacción.

jeta f. fam. Cara humana. ‖ Hocico del cerdo. ‖ fig. y fam. Desfachatez, descaro. ‖ adj. Desvergonzado, cínico. También m.

jíbaro, ra adj. y s. De una tribu indígena del Alto Amazonas que tenía la costumbre de reducir las cabezas de sus enemigos y guardarlas como trofeo, o relacionado con ella. ‖ m. Lengua hablada por estos indígenas. ‖ adj. y s. *amer.* Campesino.

jilguero m. Pájaro de plumaje pardo por el lomo, blanco con una mancha roja en la cara, otra negra en lo alto de la cabeza, y un collar blanco bastante ancho; es apreciado por su canto.

jinete com. Persona que monta a caballo.

jirafa f. Mamífero rumiante de 5 m o más de altura, cuello largo y esbelto y cabeza pequeña. ‖ Mecanismo que permite mover el micrófono y ampliar su alcance en los estudios de cine y televisión.

jirón m. Pedazo desgarrado de una tela. ‖ Parte o porción pequeña de un todo.

jocoso, sa adj. Gracioso, chistoso, festivo.

joder intr. *vulg.* Realizar el acto sexual. ‖ tr. y prnl. *vulg.* Molestar, fastidiar. ‖ *vulg.* Destrozar, arruinar, echar a perder. ‖ *vulg.* Expresa enfado, irritación, sorpresa, ira.

jofaina f. Vasija en forma de taza, de gran diámetro y poca profundidad, que sirve principalmente para lavarse la cara y las manos.

jogging (Voz i.) m. Ejercicio que consiste en correr a poca velocidad.

jolgorio m. fam. Diversión bulliciosa.

jornada f. Día. ‖ Expedición guerrera. ‖ Duración del trabajo diario de los obreros y empleados. ‖ Camino que se recorre en un día. ‖ Cada uno de los actos de una obra teatral clásica.

jornal m. Sueldo que cobra el trabajador por cada día de trabajo. ‖ Este mismo trabajo.

joroba f. Curvatura anormal de la columna vertebral, o del pecho, o de ambos a la vez. ‖ fig. y fam. Impertinencia, molestia.

jorobar tr. y prnl. fig. y fam. Fastidiar, molestar, importunar.

jorongo m. *amer.* Especie de poncho.

joropo m. *amer.* Música y danza popular de zapateo venezolanas. ‖ *amer.* Fiesta hogareña.

jota f. Nombre de la letra *j*. ‖ fam. Cosa mínima. ‖ Baile popular y festivo propio sobre todo de Aragón y Castilla, y música y canción con que se acompaña.

joven adj. De poca edad. ‖ com. Persona que está en la juventud.

jovial adj. Alegre, festivo.

joya f. Objeto pequeño de metal precioso que sirve para adorno. ‖ fig. Cosa o persona de mucha valía.

joyería f. Tienda donde se venden joyas. ‖ Arte y técnica de fabricar joyas y comercio que se hace con ellas.

jubilar tr. Disponer que por vejez o incapacidad cese un empleado o funcionario en el ejercicio de su actividad o destino, teniendo derecho a pensión. ‖ fig. Desechar por inútil una cosa y no servirse más de ella.

júbilo m. Alegría que se manifiesta con signos exteriores.

judaísmo m. Religión de los judíos, que profesan la ley de Moisés.

judía f. Planta leguminosa, con fruto en vainas aplastadas y semillas en forma de riñón. ‖ Semillas de esta planta.

judicatura f. Ejercicio de juzgar. ‖ Cargo de juez. ‖ Tiempo que dura. ‖ Cuerpo constituido por los jueces de un país.

judicial adj. Relativo al juicio, a la administración de justicia o a la judicatura.

judío, a adj. y s. Israelita, hebreo. ‖ De Judea. ‖ fig. Avaro, usurero.

judo m. Yudo.

judoka m. y f. Yudoca.

juego m. Acción y efecto de jugar. || Actividad recreativa sometida a reglas. || Articulación móvil que sujeta dos cosas entre sí. || Su movimiento. || Conjunto de cosas relacionadas, que sirven a un mismo fin. || pl. Espectáculos públicos.

juerga f. Diversión, parranda.

jueves m. Día de la semana que va después del miércoles.

juez com. Persona que tiene autoridad y potestad para juzgar y sentenciar según las leyes. || En algunas competiciones deportivas, árbitro. || Persona que se encarga de hacer que se respeten las reglas y repartir los premios en concursos o certámenes.

jugar intr. Hacer algo con el solo fin de entretenerse. || Tomar parte en uno de los juegos sometidos a reglas. || Apostar. || Arriesgar. Más c. prnl. || Desempeñar. || tr. Llevar a cabo partidas de algún juego. || Hacer uso de las cartas, fichas, o piezas que se emplean en ciertos juegos. || prnl. Sortearse.

jugarreta f. fam. Mala pasada.

juglar, esa m. y f. Persona que por dinero cantaba, bailaba o hacía juegos y truhanerías ante el pueblo.

jugo m. Zumo de las sustancias vegetales o animales. || Salsa de un guiso. || Líquido que segregan algunas glándulas del cuerpo humano. || fig. Lo provechoso, útil y sustancial de algo material o inmaterial.

jugoso, sa adj. Que tiene jugo o no está seco. || Valioso, estimable.

juguete m. Objeto con que se entretienen los niños. || Persona o cosa dominada por la acción de una fuerza física o moral.

juguetería f. Comercio y tienda de juguetes.

juicio m. Facultad del entendimiento que permite discernir y juzgar. || Operación del entendimiento que consiste en comparar dos ideas. || Estado de razón opuesto a la locura. || Opinión. || Conocimiento de una causa por parte del juez.

julio m. Séptimo mes del año, que tiene 31 días. || Unidad de trabajo.

jumento m. Asno, burro.

jumo, ma adj. *amer.* Borracho.

junco m. Planta de tallos lisos, cilíndricos, flexibles, puntiagudos y duros, que se cría en parajes húmedos.

jungla f. Terreno cubierto de vegetación muy espesa.

junio m. Sexto mes del año que tiene 30 días.

júnior adj. [Persona] más joven respecto de otra que tiene el mismo nombre. || Deportista comprendido entre los 17 y 21 años.

junta f. Reunión de varias personas para tratar de un asunto. ‖ Cada una de las sesiones que celebran. ‖ Unión de dos o más cosas.

juntar tr. Unir unas cosas con otras. ‖ Reunir, congregar. También prnl. ‖ prnl. Arrimarse. ‖ Acompañarse. ‖ Convivir dos personas que no son matrimonio.

juntura f. Parte o lugar en que se juntan y unen dos o más cosas. ‖ Pieza que se coloca entre otras dos para unirlas.

jurado, da adj. Que ha prestado juramento. ‖ m. Tribunal no profesional ni permanente que después del juicio debe declarar si considera culpable o inocente al acusado. ‖ Tribunal que examina y califica concursos y certámenes. ‖ Cada uno de los miembros de estos tribunales.

jurar tr. Afirmar o negar una cosa poniendo por testigo a Dios, o a algo o alguien queridos. ‖ Reconocer solemnemente la soberanía de un príncipe. ‖ Someterse solemnemente a los preceptos constitucionales de un país, a estatutos, cargos, etc. ‖ intr. Blasfemar, maldecir.

jurásico, ca adj. y m. Del segundo periodo de la era secundaria, durante el cual se empiezan a delimitar las masas continentales, aparecen diversos grupos de mamíferos y aves y predominan los dinosaurios, o relacionado con él.

jurel m. Pez marino comestible con dos aletas, de grandes espinas en el lomo y cola muy ahorquillada.

jurídico, ca adj. Que atañe al derecho o se ajusta a él.

jurisdicción f. Poder o autoridad para gobernar y poner en ejecución las leyes o para aplicarlas en juicio. ‖ Término de un lugar. ‖ Territorio en que un juez ejerce sus facultades de tal. ‖ Autoridad sobre algo.

jurisprudencia f. Ciencia del derecho. ‖ Conjunto de las sentencias de los tribunales, y doctrina que contienen. ‖ Conjunto de sentencias de los tribunales que constituyen un precedente para justificar otros casos no regulados por ninguna ley.

jurista com. Persona que estudia o profesa la ciencia del derecho.

justa f. Pelea a caballo y con lanza. ‖ Torneo. ‖ fig. Competición o certamen en un ramo del saber.

justicia f. Virtud que inclina a dar a cada uno lo que le pertenece. ‖ Una de las cuatro virtudes cardinales. ‖ Derecho, razón, equidad. ‖ Lo que debe hacerse según el derecho o la razón. ‖ Pena o castigo y su aplicación. ‖ Ministro o tribunal que ejerce justicia. ‖ Poder judicial.

justificar tr. Ser algo la causa de que otra no resulte extraña o censurable. ‖ Probar una cosa con razones convincentes, testigos y documentos. ‖ Probar la inocencia de uno.

justo, ta adj. Que obra según justicia y razón. También s. ‖ Exacto. ‖ Merecido. ‖ Apretado o que ajusta bien con otra cosa. ‖ adv. m. Justamente, debidamente. ‖ Apretadamente, con estrechez.

juvenil adj. Relativo a la juventud. ‖ [Categoría] de los deportistas que tienen entre 17 y 21 años. También com.

juventud f. Edad que empieza en la pubertad y se extiende a los comienzos de la edad adulta. ‖ Estado de la persona joven. ‖ Conjunto de jóvenes. ‖ Primeros tiempos de alguna cosa. ‖ Energía, vigor, tersura.

juzgado m. Junta de jueces que concurren a dar sentencia. ‖ Tribunal de un solo juez. ‖ Término o territorio de su jurisdicción. ‖ Sitio donde se juzga. ‖ Dignidad de juez.

juzgar tr. Deliberar y decidir sobre una cosa como juez o árbitro. ‖ Formar juicio u opinión sobre algo o alguien. ‖ Afirmar, previa comparación de dos o más ideas, las relaciones que existen entre ellas.

K

k f. Undécima letra del abecedario español y octava de sus consonantes. Su nombre es *ka*.

kafkiano, na adj. [Situación] absurdamente complicada o extraña, por alusión al mundo opresivo e irreal que el escritor checo Franz Kafka reflejó en sus obras.

kamikaze (Voz japonesa) adj. y m. Nombre que se dio durante la segunda guerra mundial a los aviadores y aparatos japoneses que se estrellaban contra la flota estadounidense para hacer explotar su carga de bombas. || adj. y com. Cualquier piloto suicida. || com. Persona muy arriesgada.

karate o **kárate** m. Arte marcial japonés de autodefensa, basado en golpes secos realizados principalmente con la mano, los codos o los pies.

katiuska (Voz rusa) f. Bota alta de goma o caucho. Más en pl.

ketchup (Voz i.) m. Salsa de tomate condimentada con vinagre, azúcar y especias.

kilo m. Forma abreviada de kilogramo. || fam. Un millón de pesetas.

kilogramo m. Unidad métrica fundamental de masa (y peso) que equivale a mil gramos. || Pesa de un kilogramo. || Cantidad de alguna materia que pese un kilogramo.

kilómetro m. Medida de longitud que tiene 1.000 metros.

kilovatio m. Unidad de potencia equivalente a 1.000 vatios.

kimono m. Quimono.

kiosco m. Quiosco.

kitsch (Voz a.) adj. y m. Que resulta de mal gusto, especialmente cuando se refiere a un objeto artístico.

kiwi m. Planta de origen chino con flores blancas y amarillas y fruto de piel rugosa y peluda y carne verde comestible. || Fruto de esta planta. || Ave del tamaño de una gallina, que vive en Nueva Zelanda.

kleenex (Voz i.) m. Marca registrada que ha pasado a ser la denominación común de cualquier pañuelo de papel.

K. O. (Siglas de la expresión inglesa *knock-out*, fuera de combate) Se emplea en boxeo cuando uno de los que combaten deja sin conocimiento o sin posibilidad de seguir peleando al otro.

kurdo, da adj. y s. De Kurdistán, región asiática, o relacionado con ella. ‖ m. Lengua hablada en esta región.

kuwaití adj. y com. De Kuwait, país de Oriente Medio.

L

l f. Duodécima letra del abecedario español y novena de sus consonantes. Su nombre es *ele*. ‖ Con mayúscula, en la numeración romana, equivale a 50.

la art. det. fem. sing. ‖ pron. Forma átona del pron. pers. de tercera persona, en gén. femenino y núm. singular, que en la oración desempeña la función de complemento directo.

la m. Sexta nota de la escala musical.

laberinto m. Lugar formado por calles, caminos, encrucijadas, etc., del que es muy difícil encontrar la salida. ‖ fig. Cosa confusa y enredada. ‖ Parte interna del oído.

labia f. fam. Elocuencia y gracia en el hablar.

labio m. Cada una de las dos partes exteriores de la boca. ‖ fig. Borde de ciertas cosas.

labor f. Trabajo o actividad que alguien realiza. ‖ Obra de coser o bordar. ‖ Labranza, en especial la de las tierras que se siembran. Más en pl. ‖ Grupo de productos que se confeccionan en la fábrica de tabacos.

laborable adj. y m. [Día] en el que se trabaja, frente al festivo.

laboral adj. Relacionado con el trabajo, en su aspecto económico, jurídico y social.

laboratorio m. Local para hacer experimentos científicos y operaciones químicas o farmacéuticas.

labrar tr. Cultivar la tierra, especialmente ararla antes de sembrar. ‖ Trabajar una materia dándole forma o formando relieves en ella. ‖ Hacer, preparar algo gradualmente.

laca f. Sustancia resinosa que se forma en las ramas de varios árboles de la India. ‖ Barniz duro y brillante hecho con esta sustancia. ‖ Sustancia líquida e incolora que se emplea para fijar el peinado.

lacayo m. Criado de librea. ‖ *desp.* Servil, rastrero.

lacio, cia adj. Marchito, mustio, ajado. ‖ [Cabello] sin ondas ni rizos.

lacón m. Parte de la pata delantera del cerdo entre el codo y la rodilla, especialmente cuando está cocida para consumirse como alimento.

lacónico, ca adj. Breve, conciso. || Que habla o escribe de esta manera.

lacra f. Reliquia o señal de una enfermedad o achaque. || Defecto físico o moral.

lacre m. Pasta sólida que se emplea derretida para cerrar y sellar cartas y otros usos análogos.

lacrimal adj. Relativo a las lágrimas.

lacrimógeno, na adj. [Gas o sustancia] irritante de los ojos, por lo que produce lágrimas. || Que mueve a llanto.

lactancia f. Periodo de la vida de los mamíferos en la que se alimentan solo de leche. || Hecho de mamar.

lácteo, a adj. Relativo a la leche. || Hecho de leche o derivado de ella.

ladera f. Declive de un monte o de una altura.

ladilla f. Insecto parecido al piojo.

ladino, na adj. Astuto, sagaz, taimado. || m. Dialecto judeoespañol hablado por los sefardíes.

lado m. Costado de la persona o del animal comprendido entre el brazo y el hueso de la cadera. || Lo que está a la derecha o a la izquierda de un todo. || fig. Cada uno de los aspectos por que se puede considerar una persona o cosa. || fig. Modo, medio o camino que se toma para una cosa. || Cada una de las líneas de un ángulo o polígono. || Arista de los poliedros irregulares.

ladrar intr. Dar ladridos el perro.

ladrillo m. Prisma de arcilla cocida empleada en la construcción. || fig. Cosa pesada o aburrida.

ladrón, ona adj. y s. Que hurta o roba. || m. Enchufe que permite tomar corriente eléctrica para más de un aparato.

lagar m. Recipiente donde se pisa la uva. || Sitio donde se prensa la aceituna o se machaca la manzana.

lagartija f. Especie de lagarto pequeño.

lagarto m. Reptil de cuerpo y cola largos cubiertos de escamas verdosas; es ágil, inofensivo y muy útil para la agricultura. || adj. y s. Persona pícara, astuta.

lago m. Gran masa de agua almacenada en depresiones del terreno.

lágrima f. Cada una de las gotas del líquido que segrega la glándula lagrimal. || Adorno, especialmente de vidrio, de forma de gota.

laguna f. Depósito natural de agua menor que el lago. || Omisión en un escrito o discurso. || Vacío en un conjunto o serie. || Cualquier cosa olvidada o desconocida.

laico, ca adj. No eclesiástico ni religioso. También s. || [Escue-

lamentar

la o enseñanza] en que se prescinde de la instrucción religiosa.

lamentar tr., intr. y prnl. Sentir pena, contrariedad, arrepentimiento, etc. || tr. y prnl. Quejarse, expresar pena disgusto o arrepentimiento.

lamer tr. Pasar repetidas veces la lengua por una cosa. También prnl.

lámina f. Plancha delgada de un metal. || Figura que se traslada al papel u otra materia, estampa. || fig. Porción de cualquier materia extendida en superficie y de poco grosor.

lámpara f. Aparato que sirve para dar luz artificial. || Elemento de los aparatos de radio y televisión, parecido en su forma a una bombilla. || fig. y fam. Mancha de grasa en la ropa.

lana f. Pelo de las ovejas. || Hilo de lana, y tejido que con él se hace.

lance m. Ocasión crítica. || Encuentro, riña. || Cada una de las jugadas decisivas de cualquier juego. || Cualquier suerte de la lidia.

lancha f. Bote grande de vela y remo, de vapor o motor. || Embarcación pequeña, algo más grande que el bote. || Piedra lisa, plana y de poco grueso.

langosta f. Insecto de color gris amarillento, antenas finas y patas fuertes preparadas para saltar. Se trasladan en grandes grupos y forman plagas con efectos destructivos para el campo. || Crustáceo marino con cinco pares de patas, dos antenas laterales muy largas y fuertes, ojos prominentes, cuerpo casi cilíndrico, y cola larga y gruesa. Su carne es muy apreciada.

langostino m. Crustáceo marino de cola muy prolongada y caparazón poco consistente. Su carne es muy apreciada.

languidecer intr. Perder el espíritu o el vigor.

lanza f. Arma ofensiva compuesta de un asta en cuya extremidad está fijo un hierro puntiagudo y cortante.

lanzar tr. Arrojar. También prnl. || Hacer partir un vehículo espacial. || Dar a conocer, hacer propaganda. || prnl. Emprender algo con muchos ánimos.

lapa f. Molusco de concha cónica, que vive asido fuertemente a las peñas de las costas. || fig. Persona excesivamente insistente e inoportuna.

lapicero m. Lápiz.

lápida f. Piedra llana en que ordinariamente se pone una inscripción.

lapidar tr. Apedrear, matar a pedradas.

lápiz m. Barra de madera o metal que tiene en su interior un material que sirve para escribir o dibujar. || Barra de diferentes sustancias y colores que se utiliza en cosmética.

lapo m. fam. Escupitajo.

lapso m. Paso o transcurso. || Tiempo entre dos límites. || Lapsus.

lapsus m. Falta o equivocación cometida por descuido.

lar m. En la mitología romana, cada uno de los dioses de la casa u hogar. Más en pl. || Hogar, sitio de la lumbre en la cocina. || pl. fig. Casa propia u hogar.

largo, ga adj. Que tiene más longitud de lo normal. || fig. Copioso, abundante, excesivo. || fig. Dilatado, extenso, continuado. || m. Longitud. || Recorrido de la dimensión mayor de una piscina. || f. La luz más potente de los vehículos. || adv. m. Dilatadamente, por extenso. || interj. Se utiliza para echar a alguien de un lugar.

largometraje m. Película cuya duración sobrepasa los sesenta minutos.

laringe f. Parte superior de la tráquea de los animales vertebrados de respiración pulmonar y que en los mamíferos sirve también como órgano de la voz.

larva f. Fase del desarrollo, inmediatamente después de la salida del huevo, en los animales que tienen diferentes etapas en su evolución hasta el estado adulto.

lasaña f. Plato de origen italiano, consistente en capas de pasta que se alternan con otras de carne o verdura picada y se cubren con besamel y queso rallado.

lascivia f. Propensión a los placeres sexuales.

láser m. Dispositivo electrónico que, basado en la emisión inducida, amplifica un haz de luz monocromática y coherente de extraordinaria intensidad.

laso, sa adj. Cansado, decaído.

lástima f. Compasión, sentimiento de tristeza y dolor. || Lo que provoca la compasión. || Cualquier cosa que cause disgusto o pena.

lastimar tr. Herir o hacer daño. También prnl. || fig. Agraviar, ofender la estimación u honra.

lastre m. Peso que se pone en el fondo de la embarcación, a fin de que esta se hunda en el agua hasta donde convenga. || Peso que llevaban los globos aerostáticos para tirarlos cuando querían ascender. || Impedimento para llevar algo a buen término.

lata f. Hojalata. || Envase de hojalata. || Contenido de este envase. || Cosa aburrida y pesada.

latente adj. Oculto, encubierto.

lateral adj. Perteneciente o que está al lado de una cosa. || fig. Lo que no viene por línea recta. || En fonética, [fonema] en cuya pronunciación la lengua solo deja pasar el aire por uno de sus lados, como la *l* y la *ll*. También s. || m. Cada uno de los lados de algo.

látex m. Líquido lechoso que se extrae del tronco de ciertos árboles, del que se obtienen sustancias muy diversas como el caucho, la gutapercha, etc.

latido m. Cada uno de los golpes producidos por el movimiento alternativo de dilatación y contracción del corazón. || Sensación dolorosa intermitente.

latifundio m. Finca rústica de gran extensión que pertenece a un solo dueño.

látigo m. Correa larga y delgada con que se aviva y castiga a las caballerías especialmente. || Atracción de feria, de movimiento casi circular, cuyas fuertes sacudidas asemejan latigazos.

latín m. Lengua que hablaban los antiguos romanos, que evolucionó hasta dar lugar a las lenguas romances.

latinismo m. Empleo de construcciones o giros latinos en otro idioma.

latinoamericano, na adj. y s. De Latinoamérica.

latino, na adj. Relativo al latín. || [Iglesia] romana o de Occidente. || adj. y s. [Pueblo] de Europa en que se habla una de las lenguas derivadas del latín. || [Habitante] de este pueblo. || Relacionado con ellos.

latir intr. Dar latidos el corazón, las arterias, etc. || Existir algo oculta o veladamente.

latitud f. Distancia que hay desde un punto de la superficie terrestre al Ecuador, contada por los grados de su meridiano.

latón m. Aleación de cobre y cinc.

laúd m. Instrumento de cuerda; su parte inferior, un tanto ovalada, es cóncava y prominente.

laurel m. Árbol siempre verde, cuyas hojas son muy usadas para condimento. || fig. Corona, triunfo, premio.

lava f. Material rocoso fundido que arrojan los volcanes.

lavabo m. Recipiente o pila que recibe el agua de un grifo y sirve para el aseo personal. || Cuarto dispuesto para este aseo. || Por ext., cualquier cuarto de baño o servicio público.

lavanda f. Planta de flores azules que huelen muy bien y se utilizan para hacer perfumes.

lavandería f. Establecimiento industrial para el lavado de la ropa.

lavaplatos m. Máquina para lavar vajilla, cubertería y batería de cocina.

lavar tr. Limpiar algo con agua u otro líquido. También prnl. || fig. Purificar, quitar un defecto, mancha o descrédito. || intr. Prestarse un tejido mejor o peor al lavado.

lavativa f. Enema. || Jeringa o cualquier instrumento manual que sirve para ponerlo.

lavavajillas m. Lavaplatos. || Detergente que se usa para lavar a mano la vajilla.

laxante adj. y m. Sustancia que ayuda a la evacuación del vientre.

laxo, xa adj. Flojo o falto de tensión. ‖ Poco severo o estricto.

lazada f. Atadura o nudo que se deshace con solo tirar de un extremo. ‖ Lazo de cuerda o cinta.

lazarillo adj. y m. Que guía a un ciego o persona necesitada.

lazo m. Atadura o nudo de cinta o cosa semejante que adorna o sujeta algo. ‖ Cuerda o trenza con un nudo corredizo en uno de sus extremos, para sujetar toros, caballos, etc. ‖ fig. Unión, vínculo, obligación. Más en pl.

le pron. pers. de tercera persona en gén. masculino o femenino y núm. singular, que funciona como objeto indirecto.

leal adj. Que nunca engaña y es siempre fiel.

lealtad f. Cualidad de fiel.

lección f. Conjunto de conocimientos que alguien expone para enseñarlos a otros. ‖ Cada una de las divisiones de un libro de texto o de una materia que se está enseñando. ‖ Enseñanza o advertencia.

lechal adj. Animal de cría que mama, en especial el cordero. También m.

leche f. Líquido blanco que segregan las mamas de las hembras de los mamíferos, con el que alimentan a sus crías. ‖ Jugo blanco que se extrae de algunas semillas. ‖ *vulg.* Golpe, bofetada. ‖ interj. *vulg.* Expresa enfado o fastidio.

lecho m. Cama. ‖ Especie de escaño en que los antiguos orientales y romanos se reclinaban para comer. ‖ fig. Cauce, madre del río. ‖ fig. Fondo del mar o de un lago.

lechuga f. Planta herbácea compuesta de hojas grandes, que se comen en ensalada.

lechuza f. Ave rapaz nocturna, frecuente en España, de cabeza redonda, ojos grandes y pico curvo, que se alimenta de insectos y ratones.

lectivo, va adj. [Día] en el que se da clase.

lector, ra adj. y s. Que lee. ‖ m. y f. Persona que enseña su propia lengua en una universidad extranjera como profesor auxiliar. ‖ En las editoriales, persona que examina los originales recibidos y asesora sobre ellos. ‖ m. Aparato para leer microfilmes o microfichas.

lectura f. Acción de leer. ‖ Obra o cosa leída. ‖ Interpretación del sentido de un texto. ‖ Exposición de un tema sorteado en oposiciones que previamente se ha elaborado. ‖ Cultura y conocimientos de una persona. Más en pl. ‖ Control e interpretación de los datos de un contador. ‖ Reproducción de señales acústicas grabadas en cualquier soporte. ‖ Extracción de la información contenida en la memoria de un ordenador para transmitirla a un registro exterior.

leer tr. Pasar la vista por lo escrito o impreso con ánimo de entenderlo. || Enseñar o explicar un profesor a sus oyentes alguna materia sobre un texto. || Interpretar un texto. || Decir en público una lección, discurso, etc. || fig. Descifrar música y convertirla en sonidos. || fig. Interpretar lo que se percibe adivinando el sentido o sentimiento interior.

legajo m. Atado de papeles, o conjunto de los que están reunidos por tratar de una misma materia.

legal adj. Prescrito por ley y conforme a ella. || Fiel y recto en el cumplimiento de las funciones de su cargo, leal.

legalizar tr. Hacer que algo sea legal. || Comprobar y certificar la autenticidad de un documento o de una firma.

légamo m. Cieno, lodo o barro pegajoso.

legaña f. Secreción del lagrimal que se seca en el borde de los párpados.

legar tr. Dejar a una persona algo en el testamento. || fig. Transmitir ideas, artes, etc. || Enviar un gobierno a una persona como su representante a un país extranjero.

legendario, ria adj. Relativo a las leyendas. || Por ext., [persona o cosa] fabulosa, fantástica, o que da que hablar.

legible adj. Que se puede leer.

legión f. Cuerpo de tropa romana compuesto de infantería y caballería. || fig. Número indeterminado y copioso de personas y espíritus. || Nombre de ciertos cuerpos de tropas.

legislar tr. Dar, hacer o establecer leyes.

legislatura f. Tiempo durante el cual funcionan los cuerpos legislativos de una nación. || Periodo de sesiones de Cortes durante el que subsisten la mesa y las comisiones permanentes elegidas en cada cuerpo legislativo.

legítimo, ma adj. Conforme a las leyes. || Cierto, genuino y verdadero en cualquier línea.

lego, ga adj. Que no tiene órdenes clericales. También s. || Falto de instrucción en una materia determinada. || m. En los conventos de religiosos, el que siendo profeso no tiene opción a las sagradas órdenes.

legua f. Medida de longitud que equivale a 5.572,7 m.

legumbre f. Todo género de fruto o semilla que se cría en vainas. || Por ext., cualquier planta que se cultiva en las huertas.

lehendakari (Voz euskera) m. Nombre que recibe el presidente del gobierno autónomo vasco.

leitmotiv (Voz i.) m. Asunto central que se repite a lo largo de una composición musical. || Tema central de un discurso, obra, conversación, etc.

lejano, na adj. Distante en el espacio, en el tiempo o en la relación personal.

lejía f. Solución alcalina de gran poder detergente y blanqueador.

lejos adv. l. y t. A gran distancia, en lugar o tiempo distante o remoto.

lelo, la adj. y s. Fatuo, simple.

lema m. Frase que expresa un pensamiento que sirve de guía para la conducta de alguien o para el desarrollo de un asunto determinado. || Palabra o frase que sustituye al nombre del autor en las composiciones literarias presentadas a un concurso o a un ejercicio de oposiciones, para que el jurado no pueda conocerlo.

lencería f. Ropa interior femenina y tienda donde se vende.

lengua f. Órgano muscular situado en la cavidad de la boca de los vertebrados. || Por ext., cualquier cosa larga y estrecha de forma parecida a la de este órgano. || Sistema de comunicación y expresión verbal propio de un pueblo o nación, o común a varios. || Vocabulario y gramática peculiares de una época, de un escritor o de un grupo social.

lenguaje m. Conjunto de sonidos articulados con que el hombre manifiesta lo que piensa o siente. || Idioma hablado por un pueblo o nación, o por parte de ella. || Manera de expresarse. || Estilo y modo de hablar y de escribir de cada uno. || Uso del habla o facultad de hablar. || Conjunto de señales que dan a entender cualquier cosa. || En informática, sistema de caracteres y reglas con los que se programa un ordenador.

lenguaraz adj. y com. Que habla con descaro.

lengüeta f. Laminilla movible de metal u otra materia de algunos instrumentos de viento. || Tira de piel que suelen tener los zapatos en la parte del cierre por debajo de los cordones.

lente amb. Cristal con caras cóncavas o convexas, que se emplea en varios instrumentos ópticos. Más c. m. || Lupa, cristal de aumento. || pl. Gafas.

lenteja f. Planta anual cuyas semillas son alimenticias y muy nutritivas. || Fruto de esta planta.

lentejuela f. Planchita redonda de metal u otro material brillante que se usa en los bordados.

lentilla f. Lente muy pequeña que se adapta por contacto a la córnea del ojo para corregir defectos de la visión.

lento, ta adj. Tardo y pausado. || Poco vigoroso y eficaz. || adv. m. Con lentitud.

leña f. Parte de los árboles y matas que se destina para la lumbre. || fig. y fam. Castigo, paliza.

leño m. Trozo de árbol después de cortado y limpio de ramas. || Parte sólida de los árboles bajo la corteza. || fig. y fam. Persona de poco talento y habilidad.

leo m. Uno de los signos del Zodiaco, al que pertenecen las

león

personas que han nacido entre el 22 de julio y el 22 de agosto.

león, ona m. y f. Mamífero carnívoro félido, de pelaje entre amarillo y rojo, cabeza grande, dientes y uñas muy fuertes y cola larga.

leopardo m. Mamífero carnívoro de metro y medio de largo con manchas negras y redondas que vive en los bosques de Asia y África.

leotardos m. pl. Medias de lana o de otro tejido de abrigo, que llegan hasta la cintura.

lepra f. Infección crónica producida por el bacilo de Hansen, caracterizada por lesiones de la piel, nervios y vísceras.

lerdo, da adj. y s. Lento y torpe para comprender y hacer algo.

lesbiano, na adj. [Amor o relación] que se establece entre mujeres homosexuales. || f. Mujer homosexual.

lesión f. Daño en el cuerpo producido por un golpe o una enfermedad.

letal adj. Mortífero.

letanía f. Rogativa a Dios, a la Virgen o a los santos formada por una serie de invocaciones ordenadas. También en pl.

letargo m. Somnolencia profunda y prolongada que constituye el síntoma de varias enfermedades nerviosas, infecciosas o tóxicas. || Periodo de tiempo en que algunos animales permanecen en inactividad y reposo absoluto.

letón, ona adj. y s. De Letonia.

letra f. Signo o figura con que se representan los sonidos o articulaciones de un idioma. || Forma de escribir esos signos. || Texto escrito que junto con la música compone una canción. || Documento por el que una persona o entidad extiende una orden de pago a cargo de otra. || pl. Conjunto de las ciencias humanísticas que, por su origen y tradición literaria, se distinguen de las exactas, físicas y naturales.

letrado, da adj. Sabio, instruido. || m. y f. Abogado o juez.

letrero m. Palabra o conjunto de palabras escritas para indicar algo.

letrina f. Lugar o instalación sanitaria al ras del suelo para expeler los excrementos. || fig. Cosa sucia y asquerosa.

leucemia f. Enfermedad grave que se caracteriza por el aumento permanente de leucocitos en la sangre y la hipertrofia y proliferación de uno o varios tejidos linfoides.

leucocito m. Glóbulo blanco de la sangre que forma parte de los sistemas de defensa del organismo.

levadizo, za adj. Que se puede levantar.

levadura f. Cierto tipo de hongos unicelulares que actúan como fermento alcohólico y en la ela-

ley

boración del pan. ‖ Cualquier masa constituida por ellos capaz de hacer fermentar el cuerpo con el que se mezclan.

levantar tr. Mover de abajo hacia arriba. También prnl. ‖ Poner una cosa en lugar más alto. También prnl. ‖ Poner derecha o en posición vertical a persona o cosa. También prnl. ‖ Separar una cosa de otra sobre la cual descansa o está adherida. También prnl. ‖ Dirigir hacia arriba. ‖ Edificar. ‖ fig. Dar mayor fuerza a la voz. ‖ Hacer que cesen ciertas penas o prohibiciones impuestas por autoridad competente ‖ fig. Rebelar, sublevar. También prnl. ‖ prnl. Dejar la cama el que estaba acostado. ‖ Ponerse de pie. ‖ Sobresalir algo sobre una superficie o plano.

levante m. Este, punto cardinal. ‖ Viento que sopla del este. ‖ Nombre genérico de las regiones mediterráneas de España, especialmente la Comunidad Valenciana y Murcia.

levar tr. Recoger el ancla. ‖ Zarpar.

leve adj. Ligero, de poco peso. ‖ fig. De poca importancia, no grave.

levita f. Vestidura masculina de etiqueta, más larga y amplia que el frac.

levitar intr. Elevarse en el espacio personas, animales o cosas sin intervención de agentes físicos conocidos.

lexema m. Unidad léxica mínima, que carece de morfemas o resulta de haber prescindido de ellos, y que posee un significado semántico, no gramatical como el morfema.

lexicalizar tr. En gramática, convertir una interjección o una onomatopeya en una palabra capaz de funcionar gramaticalmente. ‖ En gramática, hacer que un sintagma llegue a funcionar como una unidad léxica independiente.

léxico, ca adj. Relativo al vocabulario de una lengua o región. ‖ m. Vocabulario, conjunto de palabras de un idioma, de una región, actividad, etc. ‖ Caudal de voces, modismos y giros de un autor u otra persona.

lexicografía f. Técnica de componer léxicos o diccionarios. ‖ Parte de la lingüística que se ocupa de los principios teóricos en que se basa esta técnica.

ley f. Regla y norma constante e invariable de las cosas. ‖ Precepto dictado por la suprema autoridad en que se manda o prohíbe algo. ‖ En un régimen constitucional, disposición votada por el Parlamento y sancionada por el jefe del Estado. ‖ Estatuto establecido para un acto particular. ‖ Conjunto de leyes. ‖ Relación existente entre las diversas magnitudes que intervienen en un fenómeno físico. ‖ Norma de conducta a la que se somete un grupo

leyenda

social. ‖ Proporción de metal noble que entra en una aleación.

leyenda f. Relación de sucesos más tradicionales que históricos. ‖ Composición poética en que se narran. ‖ Letrero que rodea la figura en las monedas o medallas. ‖ Texto que acompaña un dibujo, lámina, mapa, foto, etc.

liana f. Nombre que se aplica a diversas plantas trepadoras de las selvas tropicales. ‖ Por ext., enredadera o planta trepadora de otras zonas.

liar tr. Atar y asegurar un paquete. ‖ Envolver una cosa con papeles, cuerdas, cintas, etc. ‖ fig. y fam. Engañar a alguien. También prnl. ‖ Ponerse a hacer algo con ganas. También prnl. ‖ prnl. Tener una persona relaciones amorosas o sexuales con otra. ‖ Meterse en un problema. ‖ Hablar mucho dando explicaciones innecesarias.

libelo m. Escrito en que se denigra o infama a personas o cosas.

liberal adj. Tolerante, indulgente. ‖ Generoso. ‖ Partidario del liberalismo. También com. ‖ Que favorece las libertades individuales. ‖ [Profesión] intelectual o artística que se ejerce por cuenta propia.

liberalizar tr. y prnl. Eliminar trabas en el orden político o económico.

liberar tr. Poner a alguien en libertad. ‖ tr. y prnl. Eximir a alguien de una obligación.

libertad f. Facultad que tiene el ser humano de hacer algo de una manera o de otra, o de no hacerlo. ‖ Estado o condición del que no está prisionero, o sujeto a otro. ‖ Confianza. ‖ Poder o privilegio que se otorga uno mismo.

libertinaje m. Actitud contraria a las normas de conducta morales y sociales. ‖ Desenfreno en el modo de obrar o de hablar.

líbido f. Deseo sexual.

libio, bia adj. y s. De Libia.

libra m. Uno de los signos del Zodiaco, al que pertenecen las personas que han nacido entre el 23 de septiembre al 22 de octubre.

librar tr. y prnl. Sacar a alguien de un peligro o molestia. ‖ Eximir de una obligación. ‖ Llevar a cabo una lucha o una batalla. ‖ tr. Expedir letras de cambio, órdenes de pago, cheques, etc. ‖ intr. Disfrutar de su día de descanso los empleados.

libre adj. Que tiene facultad para hacer algo de una manera o de otra, o para no hacerlo. ‖ Que no está preso ni sometido por nadie. ‖ Exento, dispensado. ‖ [Tiempo] de descanso o de ocio. ‖ [Espacio o lugar] que está vacío. ‖ [Persona] que no está comprometida con nadie. ‖ Que carece de obstáculos o impedimentos. ‖ [Traducción] que no se ciñe rigurosamente al texto original. ‖ Que no sigue ninguna norma establecida.

librea f. Uniforme de gala que usan algunos empleados para desempeñar su oficio o profesión.

librecambio m. Sistema económico que favorece el comercio internacional, suprimiendo especialmente los aranceles y aduanas.

librepensador, ra adj. y s. [Persona] que reclama la independencia de la razón frente a cualquier dogma, especialmente religioso.

librería f. Tienda donde se venden libros. ‖ Ejercicio o profesión de librero. ‖ Mueble con estantes para colocar libros.

libreta f. Cuaderno pequeño para escribir anotaciones. ‖ Cartilla o documento donde se reflejan todas las operaciones de una cuenta bancaria.

libreto m. Obra dramática escrita para ser puesta en música.

libro m. Conjunto de hojas de papel manuscritas o impresas que, cosidas o encuadernadas, forman un volumen. ‖ Obra científica o literaria de bastante extensión para formar un volumen. ‖ Cada una de las partes en que suelen dividirse las obras científicas y literarias, y los códigos y leyes de gran extensión. ‖ Tercera de las cuatro cavidades del estómago de los rumiantes.

licantropía f. Trastorno mental en el cual el enfermo imagina que se convierte en lobo.

licencia f. Permiso para hacer una cosa. ‖ Documento en que consta este permiso. ‖ Grado de licenciado. ‖ Autorización concedida a alguien para ausentarse de un empleo o de un cuartel militar.

licenciado m. y f. Persona que ha obtenido la licenciatura en una facultad. ‖ Tratamiento que se da a los abogados. ‖ Soldado que ha recibido su licencia absoluta.

licenciatura f. Grado de licenciado. ‖ Estudios necesarios para obtener este grado.

licencioso, sa adj. Atrevido, disoluto.

lícito, ta adj. Justo, permitido. ‖ Legal.

licor m. Bebida alcohólica obtenida por destilación, maceración o mezcla de diversas sustancias y esencias aromáticas.

licuar tr. y prnl. Hacer líquida una cosa sólida o gaseosa.

lid f. Combate, pelea. ‖ Disputa, dicusión.

líder com. Director, jefe o conductor de un partido político, de un grupo social o de otra colectividad. ‖ Persona que va a la cabeza de una competición deportiva.

liderato m. Condición de líder o ejercicio de sus actividades.

liderazgo m. Situación de superioridad en que se halla una empresa, un producto o un sector económico dentro de su ámbito. ‖ Liderato.

lidiar intr. Combatir, pelear. || tr. Torear.

liendre f. Huevo del piojo.

lienzo m. Tela que se fabrica con lino, cáñamo o algodón. || Tela preparada para pintar sobre ella; también, cuadro pintado sobre esta tela.

liga f. Cinta o banda de tejido elástico con que se aseguran las medias y los calcetines. || Confederación que hacen entre sí los Estados. || Competición deportiva donde todos han de jugar sucesivamente contra todos. || Mezcla, unión, aleación.

ligamento m. Cordón fibroso que une los huesos de las articulaciones. || Pliegue membranoso que enlaza o sostiene los órganos.

ligar tr. Atar, unir, enlazar. || Obligar, compeler; ganar la voluntad de uno mediante dádivas. También prnl. || intr. En ciertos juegos de naipes, juntar dos o más cartas adecuadas al lance. || col. Entablar una relación amorosa, por lo general, pasajera. También prnl. || prnl. Confederarse, unirse para un fin.

ligero, ra adj. Que pesa poco. || Ágil, veloz, pronto. || [Sueño] que se interrumpe fácilmente. || Leve, de poca importancia. || fig. [Alimento] fácil de digerir. || fig. Inconstante, voluble.

ligue m. fam. Hecho de entablar relaciones amorosas o sexuales pasajeras. || fam. Persona con quien se entablan estas relaciones.

liguero, ra adj. Relativo a una liga deportiva. || m. Especie de faja estrecha a la que se sujeta el extremo superior de las ligas.

liguilla f. Liga deportiva disputada por un corto número de equipos.

lija f. Pez sin escamas, pero cubierto de una especie de granillos córneos muy duros. || Piel seca de este pez que se emplea para limpiar y pulir metales y maderas. || Papel con polvos o arenillas de vidrio o esmeril adheridos que sirve para pulir maderas o metales.

lila f. Arbusto de 3 a 4 m de altura, con hojas acorazonadas y flores de color morado claro o blanco y de olor agradable. || Flor de esta planta. || adj. y m. Color morado claro. || adj. y com. fam. Tonto, ingenuo.

lima f. Instrumento de acero templado, con la superficie finamente estriada, para desgastar y alisar los metales y otras materias duras.

limar tr. Cortar o alisar con la lima. || fig. Debilitar, suavizar.

limbo m. Lugar donde, según la doctrina cristiana, van las almas de los niños que mueren sin bautismo. || Borde de una cosa, y especialmente orla de un vestido.

límite m. Línea o frontera que separa dos cosas. || Fin, grado máximo, tope. ‖ Punto o término que no debe rebasarse. También adj.

limítrofe adj. Colindante, fronterizo.

limo m. Lodo o légamo.

limón m. Fruto del limonero, de color amarillo, comestible, jugoso y de sabor ácido muy agradable. ‖ Árbol que da este fruto.

limonada f. Bebida compuesta de agua, azúcar y zumo de limón.

limonero m. Árbol muy cultivado en España y cuyo fruto es el limón.

limosna f. Lo que se da para socorrer una necesidad.

limpiaparabrisas m. Mecanismo de los automóviles consistente en dos varillas a las que se sujetan unas gomas que, moviéndose de un lado a otro, apartan la lluvia o la nieve que cae sobre el parabrisas.

limpiar tr. Quitar la suciedad de una cosa. También prnl. ‖ fig. Quitar imperfecciones o defectos. ‖ Quitar la parte que sobra, que está mala o que no sirve. ‖ Purificar. ‖ Hacer que un lugar quede libre de lo que es perjudicial para él. ‖ fig. y fam. Hurtar o robar algo. ‖ fig. y fam. En los juegos de naipes y otros, ganar todo el dinero.

limpio, pia adj. Que no tiene mancha o suciedad. ‖ Que no tiene mezcla de otra cosa. ‖ Claro, no confuso. ‖ Que tiene el hábito del aseo y la pulcritud. ‖ fig. Honrado, decente. ‖ fig. y fam. Carente [de dinero]. ‖ fig. y fam. Carente [de conocimientos de una materia].

limusina f. Automóvil lujoso de gran tamaño. ‖ Antiguo carruaje.

linaje m. Ascendencia o descendencia de cualquier familia. ‖ fig. Clase o condición de una cosa.

lince m. Mamífero carnicero muy parecido al gato, pero mayor que él. ‖ fig. com. y adj. Persona que tiene una vista aguda. ‖ fig. Persona aguda, sagaz.

linchar tr. Castigar o ejecutar, sin proceso, a un sospechoso o a un reo.

lindar intr. Estar contiguos dos territorios, terrenos o fincas.

linde amb. Límite. ‖ Término o fin de algo. ‖ Línea que divide dos heredades.

lindo, da adj. Bello, bonito. ‖ Bueno, agradable.

línea f. Extensión considerada en una sola de sus tres dimensiones: la longitud. ‖ Raya en un cuerpo cualquiera. ‖ Renglón. ‖ Hilera de personas o cosas. ‖ Clase, género. ‖ Vía terrestre, marítima o aérea. ‖ Serie de personas enlazadas por parentesco. ‖ fig. Término, límite. ‖ Orientación, estilo. ‖ Conducta, comportamiento. ‖ Figura esbelta. ‖ Conjunto de los hilos o cables conductores de la electricidad, o de la comunicación telegráfica o telefónica. ‖ Frente

lingote

de combate. También en pl. ‖ Formación de tropas militares. También en pl.

lingote m. Barra de metal en bruto.

lingual adj. Del órgano de la lengua.

lingüística f. Ciencia del lenguaje y las lenguas.

linimento m. Preparación menos espesa que el ungüento que se aplica exteriormente en fricciones.

lino m. Planta herbácea, anual. De su tallo se extraen abundantes fibras que se utilizan para producir la hilaza. ‖ Materia textil que se saca de los tallos de esta planta. ‖ Tela hecha de lino.

linterna f. Farol portátil. ‖ Utensilio manual que funciona con pilas eléctricas y una bombilla y sirve para proyectar luz. ‖ Faro de las costas.

lío m. Porción de ropa o de otras cosas atadas. ‖ fig. y fam. Embrollo. ‖ fig. y fam. Barullo, gresca, desorden. ‖ fig. y fam. Relación amorosa o sexual que se mantiene fuera de una pareja reconocida.

lípido m. Cada una de las sustancias orgánicas, que se caracterizan por ser solubles en disolventes orgánicos e insolubles en agua. Se les denomina comúnmente grasas.

lipotimia f. Pérdida súbita y pasajera del sentido y del movimiento.

liquen m. Organismo resultante de la asociación simbiótica de hongos con algas unicelulares.

liquidar tr. Pagar totalmente lo que se debe. ‖ Poner término a una cosa o a un estado de cosas. ‖ Vender una tienda sus productos a un precio más barato para dejarla vacía, por cierre, reforma u otras razones. ‖ fam. Matar. ‖ Gastar algo del todo.

líquido, da adj. y m. [Cuerpo] cuyas moléculas tienen menor cohesión que la de los sólidos y mayor que la de los gases, como el agua o el vino. ‖ [Sueldo, precio o cantidad] de dinero una vez descontados los gastos. ‖ adj. En fonética, [sonido] cuando está al principio de una palabra y va seguido de consonante.

lírico, ca adj. [Poesía] en que el autor expresa sus emociones y sentimientos. Más c. f. ‖ adj. [Autor] que cultiva esta poesía. También s. ‖ De este tipo de poesía o relacionado con ella. ‖ De la ópera y la zarzuela o relacionado con ellas. ‖ Que expresa emoción y sentimiento, como la poesía lírica.

lisiado, da adj. y s. [Persona] que tiene alguna lesión física permanente.

liso, sa adj. [Superficie] que no presenta asperezas, adornos, realces o arrugas. ‖ Que tiene un solo color. ‖ Sin obstáculos. ‖ [Pelo] que no tiene rizos.

lisonjear tr. y prnl. Adular.

lista f. Tira de cualquier cosa delgada. || Raya de color. || Relación de personas, cosas, cantidades, etc.

listado, da adj. Que forma o tiene listas o rayas. || m. Lista, relación.

listín m. Lista abreviada de otra más extensa. || Guía de teléfonos.

listo, ta adj. Inteligente. || Sagaz, astuto. || Preparado.

listón m. Pedazo de tabla estrecho que sirve para hacer marcos y para otros usos. || En deportes, barra que se coloca horizontalmente sobre dos soportes para marcar la altura que se ha de saltar en ciertas pruebas.

litera f. Mueble compuesto por dos o más camas, una encima de otra. || Cada una de estas camas.

literal adj. Conforme a la letra del texto.

literario, ria adj. De la literatura o relacionado con ella.

literato, ta m. y f. Escritor, autor literario.

literatura f. Arte que emplea como instrumento la palabra. || Conjunto de las producciones literarias de una nación, una época, un género, etc. || Conjunto de obras que tratan de una determinada materia.

litigar tr. Pleitear, disputar en juicio sobre una cosa. También intr. || intr. Discutir.

litigio m. Juicio en el que se enfrentan dos personas. || Disputa, discusión.

litoral adj. De la orilla del mar. || m. Costa de un mar.

litosfera f. Conjunto de las partes sólidas del globo terráqueo.

litro m. Unidad de capacidad que equivale al contenido de un decímetro cúbico. || Cantidad de líquido que cabe en tal medida.

lituano, na adj. y s. De Lituania.

liturgia f. Conjunto de ritos para celebrar los actos religiosos.

liviano, na adj. De poco peso. || De poca importancia. || Fácil.

lívido, da adj. Amoratado. || Intensamente pálido.

ll f. Fonema que tradicionalmente era considerado la decimocuarta letra del alfabeto español y la undécima de sus consonantes. En este diccionario, siguiendo la decisión aprobada en abril de 1994 por el X Congreso de la Asociación de Academias de la Lengua Española, se engloba en la *l,* según las normas de alfabetización universal.

llaga f. Úlcera, herida. || Daño, dolor, pesadumbre.

llama f. Masa gaseosa que producen los cuerpos al arder. || Pasión intensa. || Mamífero rumiante de los Andes.

llamar tr. Dar voces o hacer señales a alguien para atraer su atención. || Invocar. || Citar, con-

llamarada 400

vocar. ‖ Nombrar, denominar. También prnl. ‖ Atraer. ‖ intr. Hacer sonar. ‖ prnl. Tener alguien determinado nombre.

llamarada f. Llama intensa y breve.

llamativo, va adj. Vistoso, que llama la atención.

llano, na adj. Sin desigualdades. ‖ Sencillo, natural. ‖ Plebeyo, no noble. ‖ En gramática, [palabra] que lleva el acento en la penúltima sílaba. ‖ m. Llanura. ‖ f. Herramienta de albañil para extender y allanar el yeso o la argamasa.

llanta f. Cerco metálico de las ruedas de los vehículos.

llanto m. Efusión de lágrimas.

llanura f. Planicie, extensión de terreno llano.

llave f. Instrumento metálico para abrir o cerrar una cerradura. ‖ Herramienta para apretar o aflojar tuercas. ‖ Instrumento para regular el paso de una corriente eléctrica. ‖ En escritura, signo para abarcar distintas líneas. ‖ Instrumento que sirve para facilitar o impedir el paso de un fluido por un conducto. ‖ Instrumento que sirve para dar cuerda a los relojes. ‖ fig. Clave, medio para descubrir o resolver algo. ‖ En deportes de lucha, movimiento con que se inmoviliza al contrario.

llavero m. Anillo o utensilio en que se ensartan llaves.

llegar intr. Alcanzar el fin o término de un desplazamiento. ‖ Durar hasta un tiempo determinado. ‖ Conseguir el fin a que se aspira. ‖ Alcanzar cierta altura o extenderse hasta cierto punto. ‖ En las carreras deportivas, alcanzar la línea de meta. ‖ Ser suficiente una cantidad. ‖ prnl. Acercarse a un lugar determinado.

llenar tr. y prnl. Ocupar por completo un espacio. ‖ tr. Satisfacer. ‖ Colmar, dar mucha cantidad de algo a alguien. ‖ prnl. Hartarse de comida o bebida.

llevadero, ra adj. Fácil de soportar.

llevar tr. Transportar de una parte a otra. ‖ Cobrar. ‖ Soportar, tolerar. ‖ Acompañar. ‖ Convencer. ‖ Conducir. ‖ Vestir una prenda. ‖ Seccionar. También prnl. ‖ Tardar. ‖ Haber una diferencia de tiempo. También prnl. ‖ Lograr. También prnl. ‖ Seguir o marcar el paso, el ritmo, el compás, etc. ‖ En una operación aritmética, agregar unidades de un orden al inmediato superior. También prnl. ‖ prnl. Quitar, separar violentamente una cosa de otra. ‖ Estar de moda.

llorar intr. Derramar lágrimas. También tr. ‖ tr. fig. Sentir profundamente.

llorica com. fam. Persona que llora con frecuencia y por cualquier motivo.

lloriquear intr. Gimotear.

llover impers. Caer agua de las nubes. A veces c. tr. ‖ intr. fig. Suceder, producirse en abundancia.

llovizna f. Lluvia ligera.

lluvia f. Acción de llover. || Precipitación de agua de la atmósfera en forma de gotas. || fig. Gran cantidad, abundancia.

lo art. det., en gén. neutro. || pron. pers. de tercera persona en gén. masculino o neutro, utilizado como complemento directo.

loar tr. Alabar.

lobanillo m. Tumor o bulto superficial y por lo común no doloroso.

lobezno m. Lobo pequeño.

lobo, ba m. y f. Mamífero carnívoro parecido al perro.

lóbrego, ga adj. Oscuro, tenebroso. || fig. Triste, melancólico.

lóbulo m. Cada una de las partes, a manera de ondas, que sobresalen en el borde de una cosa. || Perilla de la oreja. || Porción redondeada y saliente de un órgano cualquiera.

local adj. Relativo al lugar. || Relativo a un territorio, comarca o país. || Municipal o provincial, por oposición a general o nacional. || Que solo afecta a una parte de un todo. || m. Sitio cerrado y cubierto.

localidad f. Lugar o pueblo. || Cada una de las plazas o asientos en los locales destinados a espectáculos públicos. || fig. Tíquet, billete, etc., que da derecho a ocupar alguna de estas plazas o asientos.

localismo m. Vocablo o locución que solo tiene uso en un área restringida. || Cualidad de local.

localizar tr. Fijar, encerrar en límites determinados. También prnl. || Averiguar el lugar en que se halla una persona o cosa.

loción f. Producto preparado para la limpieza del cabello o para el aseo corporal.

loco, ca adj. Que tiene perturbadas sus facultades mentales. También s. || Insensato, imprudente. También s. || Que excede en mucho a lo ordinario o razonable. || [Mecanismo] que no funciona adecuadamente.

locomoción f. Acción de trasladar algo o trasladarse de un lugar a otro.

locomotor, ra adj. Que sirve para trasladar algo o trasladarse de un lugar a otro. || f. Máquina que, montada sobre ruedas, arrastra los vagones de un tren.

locuaz adj. Que habla mucho o demasiado.

locución f. Modo de hablar. || Grupo de palabras que forman sentido, frase. || Combinación estable de dos o más palabras que funciona como oración o como elemento oracional.

locura f. Pérdida o trastorno de las facultades mentales. || Imprudencia, insensatez. || Pasión exagerada o muy intensa.

locutor, ra m. y f. Persona que habla ante el micrófono en las estaciones de radio y televisión.

locutorio m. Departamento aislado y reducido que se destina al uso individual del teléfono. ‖ Estudio donde se realizan las audiciones de una emisora de radio. ‖ En conventos y cárceles, habitación dividida por una reja en la que los visitantes pueden hablar con las monjas o los presos.

lodo m. Mezcla de tierra y agua, especialmente la que resulta de las lluvias en el suelo.

lógico, ca adj. Relativo a la lógica. ‖ Que se dedica al estudio de la lógica. También s. ‖ [Consecuencia] normal o natural. ‖ f. Ciencia que expone las leyes, modos y formas del conocimiento científico. ‖ Sentido común. ‖ Cualidad y método de lo razonable.

logística f. Parte de la ciencia militar que atiende al movimiento y aprovisionamiento de las tropas.

logopedia f. Conjunto de métodos para enseñar una fonación normal a quien tiene dificultades de pronunciación.

logotipo m. Distintivo o emblema formado por letras, abreviaturas, etc., peculiar de una empresa, marca, producto, etc.

lograr tr. Conseguir lo que se intenta. ‖ prnl. Llegar a su perfección una cosa.

loma f. Altura pequeña y prolongada.

lombarda f. Variedad de col, de hojas grandes muy apretadas y de color morado.

lombriz f. Gusano de color blanco o rojizo, de cuerpo blando, cilíndrico y muy alargado, que vive en terrenos húmedos.

lomo m. Parte inferior y central de la espalda. Más en pl. ‖ En los cuadrúpedos, parte superior del cuerpo desde el cuello hasta las patas traseras. ‖ Parte del libro opuesta al corte de las hojas. ‖ En los instrumentos cortantes, parte opuesta al filo.

lona f. Tela fuerte de algodón o cáñamo. ‖ Suelo sobre el que se realizan competiciones de boxeo y lucha libre.

loncha f. Trozo plano y delgado que se corta de alguna materia.

longaniza f. Embutido largo relleno de carne de cerdo picada y adobada.

longevo, va adj. Muy viejo, anciano.

longitud f. Dimensión más grande de una superficie plana. ‖ Distancia de un lugar de la Tierra al meridiano cero, contada por grados en el Ecuador.

lonja f. Cosa larga, ancha y poco gruesa, que se corta o separa de otra. ‖ Edificio público donde se juntan comerciantes para vender sus mercancías, especialmente al por mayor.

loor m. Elogio, alabanza.

loro m. Papagayo. ‖ fig. Persona muy habladora.

losa f. Piedra llana, de poco grueso y casi siempre labrada.

lote m. Cada una de las partes en que se divide un todo que se ha de distribuir entre varias personas. || Conjunto de cosas que tienen algo en común y que se vende o se regala.

lotería f. Juego público en que se premian con diversas cantidades varios billetes sacados a la suerte entre un gran número de ellos que se ponen en venta. || Negocio o lance en que interviene la suerte o la casualidad.

loza f. Barro fino, cocido y barnizado, de que están hechos los platos, tazas, etc. || Conjunto de estos objetos.

lozanía f. Verdor y frondosidad en las plantas. || En los hombres y animales, robustez o vigor.

lubina f. Pez marino comestible de cuerpo alargado y color plateado, que abunda en las costas mediterráneas; su carne es muy apreciada.

lubricar tr. Hacer resbaladiza una cosa. || Suministrar una sustancia a un mecanismo para mejorar las condiciones de deslizamiento de las piezas.

lucero m. Cualquier astro luminoso. || Lunar que tienen en la frente algunos cuadrúpedos.

luchar intr. Pelear, combatir. || fig. Disputar, bregar, abrirse paso en la vida.

lúcido, da adj. fig. Claro en el razonamiento, en las expresiones, en el estilo, etc.

luciérnaga f. Nombre vulgar de los coleópteros cuya hembra se parece a un gusano, y cuyo abdomen, muy prolongado, despide una luz fosforescente.

lucifer m. Príncipe de los demonios. || Persona maligna o perversa.

lucir intr. Brillar, resplandecer. || fig. Sobresalir, aventajar. También prnl. || Producir un trabajo cierta utilidad o provecho. || tr. Hacer ver, exhibir. || prnl. Presumir.

lucrarse prnl. Sacar provecho de algo, especialmente de un negocio.

lucrativo, va adj. Que produce un beneficio o una ganancia.

luctuoso, sa adj. Triste, penoso.

lúdico, ca adj. Del juego, el entretenimiento o la diversión, o relacionado con ellos.

ludopatía f. Adicción patológica al juego.

luego adv. t. Después de este tiempo o momento. || Pronto. || conj. Denota deducción o consecuencia; por consiguiente.

lugar m. Espacio ocupado o que puede ser ocupado. || Sitio, paraje, población. || Tiempo, ocasión, oportunidad. || Sitio que ocupa alguien o algo en una lista, jerarquía u orden.

lúgubre adj. Triste, melancólico, tétrico.

lujo m. Riqueza, suntuosidad. || Abundancia de cosas no nece-

lujuria f. Apetito sexual excesivo.

lumbago m. Dolor en la zona lumbar.

lumbar adj. Relativo a la zona situada entre la última costilla y los riñones.

lumbre f. Materia combustible encendida. ‖ Fuego encendido voluntariamente. ‖ Luz que irradia un cuerpo en combustión.

lumbrera f. Persona muy destacada por su inteligencia o saber.

luminoso, sa adj. Que despide luz. ‖ Que tiene mucha luz.

luna f. Con mayúscula y precedido del artículo *la*, satélite natural de la Tierra. ‖ Luz nocturna que refleja este satélite. ‖ Tiempo de cada conjunción de la Luna con el Sol, lunación. ‖ Satélite natural de cualquier planeta. ‖ Cristal que se emplea en vidrieras, escaparates y otros usos. ‖ Espejo.

lunar adj. De la Luna o relacionado con ella. ‖ m. Pequeña mancha que aparece en la piel, producida por una acumulación de pigmento. ‖ Cada uno de los dibujos de forma redondeada en telas, papel o cualquier otra superficie.

lunático, ca adj. y s. Que tiene una forma de ser poco equilibrada, que le hace comportarse de forma muy diferente en cada momento.

lunes m. Día de la semana que va después del domingo.

lupa f. Lente biconvexa de foco corto, con montura adecuada para el uso a que se destina.

lupanar m. Prostíbulo.

lusitano, na adj. y s. De Lusitania, región romana, hoy Portugal.

lustre m. Brillo de las cosas tersas o bruñidas. ‖ fig. Esplendor, gloria.

lustro m. Espacio de cinco años.

luteranismo m. Conjunto creencias y doctrinas propugnadas por Martín Lutero, y basadas en la libre interpretación de la Biblia.

luto m. Signo exterior de duelo en ropas y otras cosas, por la muerte de alguien. ‖ Duelo, pena.

luxación f. Hecho de salirse un hueso de su sitio.

luxar tr. y prnl. Dislocar un hueso.

luz f. Energía que hace visible todo lo que nos rodea. ‖ Claridad que irradian los cuerpos en combustión, ignición o incandescencia. ‖ Utensilio que sirve para alumbrar. ‖ Corriente eléctrica. ‖ Cada una de las aberturas por donde se da luz a un edificio. Más en pl. ‖ fig. Modelo, persona o cosa, capaz de ilustrar o guiar. ‖ pl. fig. Inteligencia.

lycra o **licra** f. Tejido sintético de gran elasticidad.

M

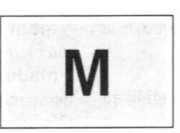

m f. Decimotercera letra del abecedario español y décima de sus consonantes. Su nombre es *eme*. ‖ Escrita con mayúscula tiene el valor de mil en la numeración romana.

macabro, bra adj. Relacionado con la muerte y con las sensaciones de horror y rechazo que esta suele provocar.

macarra adj. De mal gusto, ordinario. ‖ fam. adj. y com. [Persona] agresiva o violenta. ‖ m. *col.* Hombre que vive de las prostitutas.

macarrón m. Pasta de harina de trigo en forma de canutos largos. Más en pl. ‖ Tubo de plástico que recubre cables eléctricos o alambres.

macedonia f. Ensalada de frutas. ‖ Guiso preparado con legumbres diversas.

macerar tr. Ablandar algo en un líquido. ‖ Mantener sumergida alguna sustancia sólida en un líquido a la temperatura ambiente para extraer de ella las partes solubles.

maceta f. Tiesto de plantas o flores de adorno.

machacar tr. Deshacer y reducir a polvo algo golpeándolo. ‖ Destruir algo. ‖ fig. Estudiar con insistencia algo. ‖ intr. Insistir con pesadez.

machete m. Sable corto de un solo filo.

machismo m. Actitud y comportamiento de quien concede preponderancia a los hombres respecto de las mujeres.

macho m. Persona o animal del sexo masculino. ‖ Planta fecundadora. ‖ Pieza que se introduce en otra. ‖ adj. Fuerte, vigoroso, valiente. ‖ interj. Apl. a hombres, se emplea como expresión de sorpresa o enfado.

machona f. *amer.* Mujer hombruna, marimacho.

macilento, ta adj. Demacrado, pálido.

macizo, za adj. Compacto, lleno. ‖ [Persona] de carnes prietas, no fofas. ‖ fam. De gran atractivo físico. También s. ‖ m. Grupo de montañas. ‖ Combinación de plantas que decoran los jardines.

mácula f. Mancha. ‖ Cada una de las partes oscuras que se observan en el disco del Sol o de la Luna.

macuto m. Mochila.

madeja f. Hilo recogido en vueltas iguales.

madera f. Parte sólida y fibrosa de los árboles. || Pieza de este material preparado para cualquier obra de carpintería. || fig. Disposición natural para determinada actividad.

madero m. Pieza larga de madera. || fig. y fam. Miembro del cuerpo de policía español.

madrastra f. Para los hijos, la nueva esposa del padre.

madre f. Hembra que ha parido. || Mujer con respecto de sus hijos. || Título de algunas religiosas. || fig. Causa, raíz, origen. || Heces del vino o vinagre. || Cauce de un río o arroyo.

madreselva f. Planta muy olorosa con tallos largos y trepadores y flores blancas o rosadas.

madriguera f. Cueva de animales.

madrina f. Mujer que acompaña a otra persona a recibir un sacramento, profesión, honor, etc. || La que favorece o protege a otra persona en sus pretensiones. || Mujer que preside ciertos actos sociales.

madroño m. Arbusto de hoja perenne y fruto comestible, amarillo por dentro y rojo por fuera.

madrugada f. Alba, amanecer.

madrugar intr. Levantarse muy temprano.

madurar tr., intr. y prnl. Ponerse maduros los frutos. || fig. Considerar detenidamente. || intr. fig. Crecer, desarrollarse.

maduro, ra adj. Que está en sazón. || [Persona] adulta. || fig. Prudente, juicioso.

maestre m. Superior de una orden militar.

maestría f. Habilidad, pericia.

maestro, tra adj. [Obra] sublime, la mejor hecha entre las de su clase. || [Objeto] para destacar su importancia funcional entre los de su clase. || Principal. || m. y f. Persona que enseña, o la encargada de la educación de los niños. || Persona que posee habilidad o conocimientos extraordinarios en algo. || Persona que compone música o dirige una orquesta. || m. El que ha alcanzado un alto grado en su oficio. || Matador de toros.

mafia f. Organización secreta de malhechores.

mafioso, sa adj. y s. De la mafia o relacionado con ella.

magdalena f. Bollo pequeño redondo. || fig. Mujer arrepentida.

magenta adj. y m. Del color violáceo obtenido de la mezcla de rojo y azul.

magia f. Arte o técnica que pretende realizar prodigios sobrenaturales. || Habilidad de realizar cosas extraordinarias mediante trucos. || fig. Encanto, atractivo.

mágico, ca adj. De magia. ‖ Asombroso, fascinador.

magisterio m. Ejercicio de la profesión de maestro, o cualquier práctica de enseñanza. ‖ Conjunto de maestros de una provincia, región, país, etc. ‖ fig. Influencia que ejerce la obra, el pensamiento o la conducta de alguien.

magistrado com. Persona que tiene el oficio o cargo de juez. ‖ Miembro de una Audiencia, o del Tribunal Supremo.

magistral adj. Del magisterio. ‖ Perfecto, ejemplar.

magistratura f. Cargo de magistrado. ‖ Tiempo durante el que un magistrado se mantiene en su cargo. ‖ Conjunto de magistrados.

magma m. Conjunto de rocas en fusión en el interior de la Tierra.

magnanimidad f. Generosidad.

magnate com. Persona poderosa e influyente en el mundo de los negocios, la industria o las finanzas.

magnesio m. Metal ligero y maleable; símbolo, *Mg*.

magnetismo m. Fuerza del imán para atraer el hierro y el acero. ‖ Poder de atracción de una persona sobre otra.

magnetófono m. Aparato para grabar sonido en una cinta magnética y reproducirlo después.

magnicidio m. Asesinato de una persona muy importante por su cargo o poder.

magnificar tr. y prnl. Elogiar en exceso. ‖ Exagerar.

magnífico, ca adj. Espléndido. ‖ Excelente.

magnitud f. Tamaño de un cuerpo. ‖ Importancia, excelencia de algo. ‖ Toda faceta de la realidad física que puede medirse, como la altura, la longitud, la superficie, el peso, etc.

magno, na adj. Grande, ilustre.

mago, ga adj. y s. Hechicero, que practica la magia. ‖ Los tres [reyes], según la tradición cristiana, que adoraron al nacer a Jesús de Nazaret.

magrebí adj. y com. Del Magreb, región del norte de África que comprende los países de Argelia, Marruecos y Túnez, o relacionado con ella.

magro, gra adj. Que no tiene grasa. ‖ m. fam. Carne de cerdo junto al lomo.

maguey m. *amer.* Pita, planta.

magullar tr. y prnl. Causar contusión.

mahometano, na adj. y s. Musulmán, que sigue la religión de Mahoma.

mahonesa f. Salsa de Mahón (Menorca), que se hace batiendo aceite crudo y yemas de huevo.

maicena f. Harina fina de maíz.

maíz m. Planta herbácea gramínea de hojas alternas y tallos gruesos que produce unas mazorcas con granos gruesos y amarillos. ‖ Grano de esta planta.

maillot (Voz fr.) m. Prenda de vestir elástica muy ajustada al cuerpo, que se usa para hacer gimnasia, bailar, etc.

maître (Voz fr.) m. Jefe de comedor de un restaurante.

majada f. Redil, albergue del ganado y de los pastores.

majaderear tr. *amer.* Molestar, incomodar uno a otra persona. También intr.

majadero, ra adj. y s. Necio.

majar tr. Machacar.

majareta adj. y com. Chiflado.

majestad f. Grandeza, solemnidad. || Título dado a Dios y a soberanos.

majo, ja adj. [Persona] que por su aspecto, comportamiento, simpatía, etc., se hace agradable a los demás. También s. || Bonito, vistoso.

mal adj. apóc. de *malo*. || m. Lo contrario al bien, lo malo. || Daño material o moral. || Desgracia. || Enfermedad. || adv. m. Al contrario de lo que debe ser o de lo que sería deseable. || Difícilmente.

malabarismo m. Juego de destreza que consiste en lanzar al aire objetos y recogerlos, manteniéndolos en equilibrio. || fig. Habilidad para salir airoso de una situación difícil.

malacostumbrar tr. Hacer que alguien adquiera malos hábitos. || Mimar o consentir excesivamente a alguien.

malaje adj. y com. Soso, sin gracia. || Malintencionado.

malandrín, ina adj. y s. Malvado, perverso, con malas intenciones.

malaria f. Paludismo.

malayo, ya adj. y s. De un grupo étnico y lingüístico de Indonesia, la península de Malaca y Filipinas.

malcriar tr. Educar mal a los hijos, condescendiendo demasiado con sus gustos y caprichos.

maldad f. Característica de lo que es malo. || Acción mala y perjudicial.

maldecir tr. Echar maldiciones. || intr. Calumniar.

maleable adj. [Metal] que puede extenderse en planchas o láminas muy delgadas. || [Material] que puede trabajarse con facilidad, como la arcilla. || fig. Dócil, fácil de influenciar.

maleante adj. y com. Ladrón, delincuente.

malecón m. Dique que protege la entrada de un puerto.

maledicencia f. Hábito de maldecir, murmurar.

maleducado, da adj. y s. Sin educación, grosero.

maleficio m. Daño causado por hechicería. || Hechizo empleado.

malentendido m. Equívoco, mala interpretación o desacuerdo en la forma de entender una cosa.

malestar m. Incomodidad indefinible. || Ansiedad, inquietud.

maleta f. Caja estrecha con asa en que los viajeros llevan ropa y otros enseres. || com. Persona que ejerce mal un oficio o actividad.

maletero, ra m. y f. Persona que transporta equipajes. || m. En los vehículos, lugar para maletas o equipaje. || Lugar de la vivienda para guardar maletas.

maletín m. Especie de maleta pequeña que suele utilizarse para guardar el material de trabajo habitual.

malevaje m. *amer.* Conjunto de malevos.

malevo, va adj. y s. *amer.* Malévolo, malhechor, matón.

malévolo, la adj. y s. Malvado.

maleza f. Abundancia de hierbas inútiles en los sembrados. || Espesura.

malformación f. Deformidad congénita.

malgastar tr. Gastar o emplear algo de forma inadecuada.

malhechor, ra adj. y s. Delincuente.

malicia f. Mala intención, maldad. || Tendencia a pensar mal de los demás. || Picardía. || Sutileza, sagacidad.

maligno, na adj. Propenso a pensar u obrar mal. También s. || Nocivo, perjudicial, dañino. || [Lesión o enfermedad, en especial tumor canceroso,] que evoluciona de modo desfavorable. || m. Con mayúscula, el demonio.

malla f. Forma especial de trenzado de una red. || Tejido de pequeños anillos o eslabones enlazados. || Vestido de tejido semejante al de malla. || Vestido de punto muy fino ajustado al cuerpo, que usan bailarines, gimnastas, etc. || *amer.* Bañador, traje para bañarse.

malmeter tr. Enemistar a dos o más personas entre sí. || Inducir a alguien a hacer algo malo.

malnacido, da adj. y s. [Persona] despreciable.

malo, la adj. Que carece de bondad. También s. || Que se opone a la razón o a la moralidad. || Que lleva mala vida o tiene malas costumbres. También s. || Nocivo o perjudicial para la salud. || Enfermo. || De mala calidad. || De poca utilidad, efectividad o habilidad. || Difícil, o que presenta dificultades. || Desagradable, molesto. || Equivocado o con consecuencias desagradables. || Que no gusta o satisface.

malograr tr. Echar a perder. || Desaprovechar. || prnl. Frustrarse.

malón m. *amer.* Irrupción o ataque inesperado de indios. || *amer.* Banda de gamberros.

malparado, da adj. Maltrecho.

malqueda com. Persona que no cumple sus promesas o falta a su deber.

malsano, na adj. Nocivo para la salud.

malsonante adj. Que suena mal. ‖ Grosero.

malta f. Cebada germinada artificialmente y luego tostada que se emplea para la fabricación de algunas bebidas alcohólicas, como la cerveza.

maltratar tr. y prnl. Dar un mal trato, dañar, estropear.

maltrecho, cha adj. Que ha recibido malos tratos.

malva adj. y m. De color morado tirando a rosa. ‖ f. Planta medicinal.

malvado, da adj. y s. Perverso.

malversar tr. Invertir fondos, caudales ajenos en fines distintos de aquellos para que están destinados.

malvivir intr. Vivir mal, con estrechez o penalidades.

mama f. Teta de las hembras de los mamíferos.

mamá f. fam. Madre.

mamadera f. *amer.* Biberón. ‖ *amer.* Tetilla del biberón.

mamar tr. Chupar la leche de los pechos. ‖ fig. Aprender algo por haber vivido en un ambiente determinado.

mamarracho m. fam. Figura ridícula y extravagante. ‖ fam. Persona de poca voluntad.

mambo m. Composición musical de origen cubano que combina elementos del jazz y ritmos e instrumentos afrocubanos, y baile al compás de esta música.

mamífero adj. y m. [Animal] vertebrado cuyas hembras alimentan a sus crías con la leche de sus mamas.

mamografía f. Radiografía de la mama.

mamotreto m. Libro, legajo o cualquier cosa muy voluminosa.

mampara f. Tabique de cristal, madera, etc., para dividir una estancia.

mamporro m. Golpe, puñetazo.

mamut m. Especie de elefante de gran tamaño y cubierto de pelo que vivió en el periodo cuaternario.

manada f. Reunión de animales mansos, o de otros de una misma especie.

manager (Voz i.) com. Gerente o administrador de una empresa. ‖ Representante de un artista. ‖ Entrenador, preparador de un deportista o un equipo.

manantial m. Lugar donde las aguas salen de la tierra. ‖ fig. Origen.

manar intr. y tr. Brotar de una parte un líquido.

manazas com. Persona torpe, desmañada. También adj.

mancebo, ba m. y f. Chico joven. ‖ Dependiente de poca categoría.

mancha f. Señal sucia. ‖ Parte de alguna cosa con distinto color del general o dominante en ella. ‖ fig. Deshonra.

manchar tr. y prnl. Dejar señales de suciedad en una cosa. || Dañar la buena fama de una persona, familia o linaje.

manchego, ga adj. y s. De La Mancha, región central de España con cuatro provincias: Cuenca, Ciudad Real, Toledo y Albacete, o relacionado con ella.

mancillar tr. y prnl. Deshonrar, dañar la reputación.

manco, ca adj. Sin brazo o mano, o que no puede usarlos. También s. || fig. Defectuoso, falto de algo necesario.

mandamiento m. Orden judicial por escrito, mandando ejecutar alguna cosa. || En la doctrina católica, cada precepto del decálogo y de la Iglesia.

mandar tr. Ordenar algo. || Enviar. || Encargar. || intr. y tr. Gobernar.

mandarina f. Naranja pequeña y dulce, cuya piel se arranca fácilmente.

mandatario, ria m. y f. Gobernante o alto cargo político.

mandato m. Orden dada por una autoridad. || Contrato por el que una persona confía a otra una gestión. || Tiempo que dura una autoridad en su cargo. || Encargo o representación que por la elección se confiere a los políticos en unas elecciones.

mandíbula f. Cada una de las dos piezas óseas que sostienen los dientes.

mandil m. Delantal.

mando m. Autoridad y poder que tiene el superior sobre sus subordinados. || Tiempo que dura este poder. || Personas que lo ostentan. || Cualquier dispositivo que actúa sobre un mecanismo para iniciar, suspender o regular su funcionamiento.

mandoble m. Golpe esgrimiendo la espada con ambas manos. || Bofetada.

mandolina f. Instrumento de cuerdas de cuerpo curvado como el laúd.

mandril m. Mono de las costas occidentales de África, de hocico alargado, nariz roja rodeada de pliegues azules y nalgas de color rojo.

manecilla f. Agujita que señala los números o divisiones de ciertos instrumentos de medición.

manejar tr. Servirse de cualquier cosa, utilizarla. || Dominar, gobernar. || *amer.* Conducir. || prnl. Actuar por sí mismo con desenvoltura.

manera f. Modo, forma de hacer algo. || pl. Modales.

manga f. Parte del vestido que cubre el brazo. || Tubo largo y flexible que se adapta a las bombas o bocas de riego. || Anchura de un barco. || En algunos deportes, cada una de las series o pruebas en que se divide la competición.

manganeta f. *amer.* Engaño, treta.

mangar tr. *col.* Robar.

mango m. Parte alargada por donde se cogen algunos utensilios. ‖ Árbol originario de la India y muy abundante en los países intertropicales, de hojas perennes y fruto ovalado, de carne amarilla y aromática. ‖ Fruto de este árbol.

mangonear intr. *col.* Meterse en los asuntos de otras personas e intentar dirigirlos. ‖ *col.* Dominar a una persona.

manguera f. Manga para el riego.

maní m. Cacahuete.

manía f. Obsesión por una idea fija. ‖ Ojeriza. ‖ Capricho. ‖ Desequilibrio mental caracterizado por una fuerte agitación.

manicomio m. Centro para enfermos mentales.

manido, da adj. Muy usado, tratado, manoseado.

manifestación f. Declaración pública de una opinión. ‖ Reunión pública de gente que desfila por la calle para dar su opinión o reivindicar algo.

manifestar tr. Declarar, decir. ‖ Poner al descubierto. También prnl. ‖ prnl. Tomar parte en una manifestación.

manigua f. *amer.* Terreno pantanoso cubierto de maleza tropical.

manija f. Mango, puño o mecanismo para abrir puertas o manejar herramientas.

manilla f. Manija. ‖ Manecilla del reloj.

manillar m. Pieza de la bicicleta encorvada por sus extremos, en la que se apoyan las manos para dar dirección a la máquina.

maniobra f. Manejo, intriga. ‖ Operaciones para dirigir un vehículo o manejar una máquina. ‖ pl. Simulacro de operaciones militares.

manipular tr. Manejar objetos delicados o de precisión. ‖ fig. Controlar sutilmente a un grupo de personas, o a la sociedad, impidiendo que sus opiniones y actuaciones se desarrollen natural y libremente.

maniqueísmo m. Doctrina fundada por el filósofo persa Manes (s. III), que se basa en la existencia de dos principios creadores absolutos y contrarios, el bien y el mal. ‖ Tendencia a mantener posturas extremas, sin puntos intermedios.

maniquí m. Armazón en forma de cuerpo humano que se usa para probar, arreglar o exhibir prendas de vestir. ‖ com. fig. y fam. Persona de voluntad débil.

manirroto, ta adj. y s. Derrochador, que gasta demasiado.

manitas com. y adj. Persona habilidosa.

manivela f. Extremo en forma de codo de un eje para hacerlo girar.

manjar m. Cualquier alimento, y especialmente el exquisito.

mano f. Extremidad del cuerpo humano a partir de la muñeca. || Pie delantero de los cuadrúpedos. || fig. Habilidad, diplomacia. || Lado. || Capa de pintura, barniz. || En algunos juegos, partida completa. || Ayuda. || Poder, influencia o facultad para hacer algo. || pl. Gente para trabajar.

manojo m. Haz que se puede coger con la mano.

manopla f. Guante sin separaciones para los dedos, solo para el pulgar.

manosear tr. Sobar.

mansión f. Residencia, casa grande y señorial.

manso, sa adj. Suave, apacible, dócil. || [Res] no brava que guía al rebaño.

manta f. Rectángulo de tejido grueso para abrigarse en la cama. || com. fam. Persona torpe.

manteca f. Grasa del cerdo y de otros animales. || Conjunto de las grasas consistentes de algunos frutos, como la del cacao.

mantel m. Pieza de tela que cubre la mesa para comer.

mantelería f. Juego de mantel y servilletas.

mantener tr. Proveer a alguien del alimento necesario. También prnl. || Conservar. También prnl. || Sujetar, sostener. || tr. Proseguir o realizar una acción. || Defender una idea. || prnl. Perseverar, no variar de estado o resolución.

mantequería f. Tienda donde se venden productos lácteos, fiambres, etc.

mantequilla f. Sustancia obtenida de la nata de la leche.

mantilla f. Prenda de seda o encaje para cubrirse las mujeres la cabeza. || Pieza de tejido con que se abriga y envuelve a los niños.

mantillo m. Capa superior del suelo, formada por la descomposición de materias orgánicas. || Abono que resulta de la fermentación del estiércol.

manto m. Capa que llega hasta los pies. || Capa del globo terrestre situada entre la corteza y el núcleo. || fig. Lo que encubre algo.

mantón m. Pañuelo grande con flecos que las mujeres se echan sobre los hombros.

manual adj. Que se hace con las manos. || De las manos. || [Operario] que trabaja con las manos. || m. Libro sobre lo esencial o básico de una materia.

manualidades f. pl. Trabajos realizados con las manos, sobre todo los que se hacen en los colegios.

manubrio m. Manivela. || *amer.* Manillar de la bicicleta.

manufactura f. Establecimiento, fabricación o producto industrial.

manuscrito, ta adj. Escrito a mano. ‖ m. Papel o libro escrito a mano, particularmente el antiguo. ‖ Ejemplar original de un libro.

manutención f. Sustento.

manzana f. Fruto redondo y carnoso del manzano. ‖ En las poblaciones, cuadrado de casas delimitado por calles.

manzanilla f. Hierba con flores usadas en infusión estomacal. ‖ fam. Esa infusión. ‖ Vino blanco andaluz. ‖ Aceituna pequeña.

manzano m. Árbol cuyo fruto es la manzana.

maña f. Destreza. ‖ Astucia.

mañana f. Tiempo entre el amanecer y el mediodía. ‖ Espacio de tiempo desde la medianoche hasta el mediodía. ‖ m. Tiempo futuro próximo. ‖ adv. t. En el día siguiente al de hoy. ‖ En un tiempo futuro.

mapa m. Representación geográfica de la Tierra o de parte de ella en una superficie plana.

mapamundi m. Mapa de la Tierra dividida en dos hemisferios.

maqueta f. Reproducción de algo en tamaño reducido realizada con madera, plástico u otros materiales. ‖ Modelo con papel en blanco para apreciar de antemano el volumen, formato y encuadernación de un libro.

maquillar tr. Aplicar cosméticos en el rostro para embellecerlo o caracterizarlo. También prnl.

máquina f. Conjunto de mecanismos dispuestos para producir, aprovechar o regular una energía motriz. ‖ Locomotora. ‖ Tramoya del teatro para las transformaciones de la escena.

maquinar tr. Conspirar, tramar ocultamente. ‖ fam. Pensar.

mar amb. Masa de agua salada que cubre gran parte de la Tierra. ‖ Denominación de algunas porciones de esa masa. ‖ Algunos lagos grandes. ‖ fig. Abundancia de algo.

maraca f. Instrumento musical de percusión que consiste en una calabaza con chinas dentro.

maraña f. Espesura, maleza. ‖ Enredo de hilos o del cabello. ‖ fig. Situación o asunto intrincado o de difícil solución.

maratón m. Carrera pedestre olímpica de 42,195 km. ‖ Por ext., cualquier competición de resistencia. ‖ fig. Actividad dura y prolongada.

maravilla f. Suceso o cosa que causa admiración.

marca f. Señal que se hace en una persona, animal o cosa para distinguirla de otra. ‖ Signo externo reconocido legalmente que certifica la autenticidad de un producto. ‖ Resultado técnico obtenido por un deportista.

marcador m. Tablero que señala el resultado de un juego o competición.

marcapasos m. Aparato electrónico mediante el cual se regulan los latidos del corazón.

marcar tr. Señalar con signos distintivos. || Dejar algo una señal en algo o alguien. || Fijar, determinar. || Indicar un aparato cantidades o magnitudes. || Destacar o poner de relieve algo. || Señalar en el teléfono el número deseado. || En deportes colectivos, obtener tantos; y también, vigilar estrechamente a un contrario. || En movimientos rítmicos, resaltar los pasos.

marchante, ta m. y f. Persona que comercia con cuadros u obras de arte.

marchar intr. Caminar, ir o partir de un lugar. También prnl. || Funcionar. || fig. Progresar, desarrollar.

marchitar tr. y prnl. Ajar, secar. || fig. Enflaquecer, decaer.

marcial adj. Militar, guerrero. || Enérgico, rítmico.

marciano, na adj. y s. De Marte. || m. y f. Habitante imaginario de este planeta.

marco m. Moneda alemana. || Cerco, armadura que rodea algo. || fig. Conjunto de circunstancias, ámbito.

marea f. Movimiento periódico de ascenso y descenso de las aguas del mar en las costas.

marejada f. Movimiento agitado de las olas del mar.

maremágnum o **maremagno** m. Confusión, revoltijo. || Multitud.

maremoto m. Seísmo marítimo.

marengo adj. y m. De un color gris muy oscuro.

mareo m. Aturdimiento, vértigo. || fig. Molestia, fastidio.

marfil m. Materia dura y blanca que forma los dientes de los mamíferos y los colmillos de los elefantes. || Color de esta materia. También adj.

margarina f. Variedad de la mantequilla fabricada con grasas vegetales y animales.

margarita f. Planta con flores de centro amarillo y pétalos blancos. || Flor de esta planta. || m. Cóctel con tequila, zumo de lima y licor de naranja.

margen amb. Extremidad, orilla. || m. Espacio en blanco a cada lado de una página escrita, y apostillas o notas en ese espacio. || Tiempo con el que se cuenta para algo. || Ocasión, oportunidad. || Beneficio económico de un negocio.

marginar tr. Dejar de lado algo o a alguien, o hacer caso omiso de él. || Poner o dejar a una persona o grupo en condiciones sociales de inferioridad.

mariachi m. Música popular de Jalisco (México). || Orquesta popular mexicana que interpreta esta música. || Cada uno de los componentes de esta orquesta.

marica m. fam. y *desp.* Hombre afeminado. ‖ fam. y *desp.* Homosexual.

mariconera f. Bolso de mano que usan los hombres.

marido m. Esposo, hombre casado con respecto a su mujer.

mariguana o **marihuana** f. Droga que se obtiene del cáñamo indio, cuyas hojas producen efecto narcótico en el que las fuma.

marimacho m. Mujer que por sus acciones y corpulencia parece un hombre.

marinar tr. Adobar o macerar el pescado para conservarlo.

marinero, ra adj. y s. De la marina. ‖ f. *amer.* Baile popular de Chile, Ecuador y Perú.

marino, na adj. Del mar. ‖ m. y f. Persona que sirve en la marina. ‖ f. Pintura sobre tema marítimo. ‖ Ciencia que enseña a navegar. ‖ Conjunto de barcos de un país y medios y personal del mismo.

marioneta f. Títere que se mueve por medio de hilos.

mariposa f. Insecto volador con alas de colores vistosos. ‖ Tuerca para ajustar tornillos. ‖ adj. [Estilo] de natación en el que los brazos se sacan del agua a la vez y hacia adelante.

mariquita f. Insecto encarnado con manchitas negras. ‖ m. fam. Marica.

mariscal m. Grado superior de algunos ejércitos.

marisco m. Animal marino invertebrado, en especial crustáceos y moluscos comestibles.

marisma f. Llanura húmeda próxima al mar.

marital adj. De la vida dentro del matrimonio o relacionado con ella.

marketing (Voz i.) m. Conjunto de técnicas que a través de estudios de mercado intentan lograr el máximo beneficio en la venta de un producto.

mármol m. Piedra caliza compacta con vetas. ‖ Obra artística hecha con esta piedra.

maroma f. Cuerda gruesa.

marquesina f. Cobertizo de cristal, hierro que resguarda una entrada, andén.

marqués, esa m. y f. Título nobiliario inmediatamente inferior al de duque y superior al de conde.

marquetería f. Ebanistería o trabajo fino con maderas de calidad. ‖ Obra decorativa con incrustaciones de madera o de nácar sobre una superficie.

marrano, na m. y f. Cerdo, animal. ‖ Judío converso. ‖ adj. y s. [Persona] sucia y desaseada. ‖ fig. Que actúa de forma grosera o con mala intención.

marrón adj. De color castaño. ‖ m. fam. Cosa desagradable o molesta.

marroquí adj. y com. De Marruecos.

marrullería f. Engaño solapado.

martes m. Día de la semana que va después del lunes.

martillo m. Herramienta de percusión con cabeza y mango. ‖ Huesecillo del oído medio. ‖ Llave con que se templan algunos instrumentos de cuerda. ‖ Bola metálica, sujeta a un cable dotado de empuñadura, que se lanza en una prueba atlética.

mártir com. Persona que es torturada, a veces hasta la muerte, por defender una religión o ideal. ‖ fig. Persona que sufre grandes penalidades.

martirio m. Sufrimiento o muerte que se padecen por defender una religión o una creencia. ‖ fig. Cualquier cosa o situación que produzca dolor o sufrimiento.

maruja f. *col.* Mujer dedicada exclusivamente a las tareas domésticas y al cuidado de la familia.

marxismo m. Concepción histórica, económica, política y social de Karl Marx y sus seguidores, base del socialismo y comunismo. ‖ Movimiento o sistema político marxista.

marzo m. Tercer mes del año, que tiene 31 días.

mas conj. adv. Pero.

más adv. comp. Indica aumento, preferencia, superioridad. ‖ Precedido del artículo, superioridad absoluta. ‖ Sobre todo, especialmente. ‖ En frases negativas, otro. ‖ m. En matemáticas, signo de la suma o la adición (+).

masa f. Mezcla de un líquido con una materia pulverizada o disuelta en él. ‖ fig. Conjunto de cosas apiñadas. ‖ fig. Agrupación numerosa e indiferenciada de personas o cosas. ‖ La gente en general, el pueblo. Más en pl. ‖ En física, cantidad de materia que contiene un cuerpo.

masacre f. Matanza de personas.

masaje m. Frotamiento del cuerpo con fines terapéuticos.

mascar tr. Masticar. ‖ prnl. Considerarse algo inminente.

máscara f. Pieza de cartón o tela que tapa el rostro. ‖ Disfraz. ‖ fig. Pretexto, disimulo.

mascarada f. Fiesta de máscaras. ‖ Fraude, farsa, engaño.

mascarilla f. Pieza de tela que solo cubre la nariz y la boca. ‖ Capa de cosméticos con que se cubre la cara o el cabello, para determinados tratamientos. ‖ Aparato que se aplica a la cara y nariz para facilitar la inhalación de ciertos gases.

mascarón m. Cara deforme o fantástica que se usa como adorno arquitectónico.

mascota f. Persona o cosa que trae suerte. ‖ Animal de compañía.

masculino, na adj. [Ser] que está dotado de órganos para fecundar. || Relativo a este ser. || fig. Varonil, enérgico. || [Género] gramatical de los sustantivos que designan a personas o animales de sexo masculino o de los sustantivos de cosas que se asimilan a él por la terminación o el uso. También m.

mascullar tr. fam. Hablar entre dientes.

masivo, va adj. Que agrupa a gran cantidad de gente indeferenciada. || Que se realiza en gran cantidad.

masonería f. Sociedad secreta muy antigua, extendida por diversos países del mundo, cuyos miembros profesan la fraternidad y ayuda mutua.

masoquismo m. Perversión sexual del que encuentra placer en verse maltratado, humillado. || fig. Disfrutar considerándose maltratado, disminuido, etc., en cualquier suceso o actividad.

mass media m. pl. Medios de comunicación social que llegan a gran número de personas.

máster m. Grado académico estadounidense que en España equivale al de los cursos de doctorado de una especialidad. || Cualquier curso especializado.

masticar tr. Triturar los alimentos con los dientes.

mástil m. Palo de embarcación. || Palo derecho para mantener algo. || Nervio central de la pluma de un ave. || Pieza estrecha y larga de los instrumentos de arco, púa y pulsación, sobre la cual están tensas las cuerdas.

mastín, ina adj. y s. De una raza de perros grandes y fuertes, de cabeza redonda, orejas caídas y pelo espeso. Se utilizan como pastores.

mastodonte m. Mamífero fósil parecido al elefante. || fig. com. Persona o cosa muy voluminosa.

mastuerzo, za adj. y s. Torpe, necio.

masturbar tr. y prnl. Conseguir placer mediante la manipulación de los órganos sexuales.

mata f. Planta de tallo bajo.

matacaballo (a) loc. A toda prisa.

matadero m. Lugar donde se sacrifica el ganado.

matar tr. y prnl. Quitar la vida. || Hacer sufrir o molestar mucho. || Extinguir o destruir algo no material. || prnl. Morirse o perder la vida. || Trabajar mucho, esforzarse.

matasellos m. Estampilla para inutilizar los sellos en correos.

matasuegras m. Tubo de papel enrollado en espiral que, al soplar por un extremo, se extiende.

mate adj. Sin brillo. || m. En ajedrez, jugada final con que se vence al contrario. || *amer.* Infusión que se obtiene de una planta medicinal americana parecida al acebo. ‖ *amer.* Estas hojas y la misma planta. ‖ *amer.* Calabaza que, seca, vaciada y convenientemente abierta o cortada, sirve para tomar esta infusión.

matemático, ca adj. De las matemáticas. ‖ fig. Exacto, preciso, ‖ m. y f. Especialista en matemáticas. ‖ f. Ciencia que estudia los números, sus relaciones y sus propiedades. Más en pl.

materia f. Sustancia que compone los cuerpos físicos. ‖ Tema, asunto. ‖ Asignatura.

materialismo m. Concepción filosófica que considera la materia como único componente de los seres.

materializar tr. y prnl. Hacerse realidad una idea o proyecto.

maternal adj. Propio de las madres.

maternidad f. Condición o calidad de madre. ‖ Centro hospitalario donde se atiende a las mujeres que van a dar a luz.

matinal adj. Matutino. ‖ [Sesión] de cualquier espectáculo que tienen lugar por la mañana. También f.

matiz m. Cada gradación de un mismo color. ‖ Aspecto. ‖ Rasgo.

matojo m. Mata de tallo muy bajo. ‖ *amer.* Cada uno de los brotes que echa un árbol podado.

matón, ona m. y f. *col.* Fanfarrón que busca pelea. ‖ *col.* Guardaespaldas de un personaje importante.

matorral m. Grupo de arbustos bajos y ramosos.

matraz m. Vasija esférica de cuello estrecho, que se emplea en los laboratorios.

matriarcado m. Organización social basada en la preponderancia de la autoridad materna. ‖ Predominio o fuerte ascendente femenino en una sociedad o grupo.

matrícula f. Inscripción en un registro para determinado fin. ‖ Documentos exigidos para ello. ‖ Conjunto de personas inscritas. ‖ Placa de los vehículos con el número y lugar de inscripción.

matrimonio m. Unión legal de hombre y mujer. ‖ Marido y mujer.

matriz f. Órgano genital femenino donde se desarrolla el feto. ‖ Parte del talonario que no se arranca. ‖ Cada una de las letras y espacios en blanco que tiene un texto impreso.

matrona f. Madre de familia romana noble. ‖ Comadrona autorizada.

matutino, na adj. De la mañana.

maullido m. Sonido que emite el gato.

mausoleo m. Sepulcro monumental.

maxilar adj. y s. De cada hueso de la mandíbula.

máximo, ma adj. sup. El o lo mayor. ‖ m. Límite superior que alcanza algo. ‖ f. Temperatura más alta en un tiempo determinado. ‖ Regla, principio o proposición generalmente admitida por todos los que profesan una facultad o ciencia. ‖ Norma de conducta.

maya adj. y com. Antigua [civilización] centroamericana de tribus indias que hoy habitan el Yucatán, Guatemala y otras regiones adyacentes. ‖ [Individuo] perteneciente a esta civilización. ‖ m. Familia de lenguas habladas por estas tribus.

mayar intr. Maullar.

mayo m. Quinto mes del año, que tiene 31 días.

mayonesa f. Mahonesa.

mayor adj. comp. Más grande. ‖ Que excede a algo en cantidad y calidad. ‖ Anciano. ‖ m. Oficial de algunos ejércitos. ‖ pl. Antepasados.

mayoral m. Capataz del campo.

mayorazgo m. Institución del derecho civil que permite transmitir por herencia al hijo mayor la propiedad de los bienes de la familia. ‖ Conjunto de estos bienes. ‖ Poseedor de estos bienes.

mayordomo m. Criado principal de una casa o hacienda.

mayoría f. La mayor parte de algo. ‖ Mayor número de votos conformes en una votación.

mayorista com. Comerciante que vende al por mayor. ‖ adj. [Comercio] en el que se vende o se compra al por mayor.

mayúsculo, la adj. De la letra de mayor tamaño que la minúscula, utilizada como inicial de nombres propios, después de punto y otros usos. También f. ‖ fig. Muy grande.

maza f. Instrumento pesado y con mango para machacar.

mazapán m. Dulce de almendras y azúcar cocido al horno.

mazmorra f. Calabozo subterráneo.

mazo m. Martillo grande de madera. ‖ Maza.

mazorca f. Espiga del maíz.

me pron. pers. Forma átona de primera persona sing., que realiza la función de complemento directo o indirecto. Se usa también como reflexivo.

meandro m. Curva de un río.

meapilas adj. y com. *vulg.* y *desp.* [Persona] que demuestra un interés exagerado por la religión o sus tradiciones.

mear intr., tr. y prnl. Orinar.

mecánico, ca adj. De la mecánica. ‖ Hecho con máquina. ‖ [Oficios u obras] que exigen más habilidad manual que intelectual. ‖ fig. Rutinario. ‖ m. y f. Persona dedicada al manejo y arreglo de las máquinas. ‖ f. Parte de la física que trata de las fuerzas y sus efectos.

mecanismo m. Estructura interna que hace funcionar algo. ‖ Modo de funcionamiento, desarrollo.

mecanografía f. Técnica de escribir a máquina.

mecate m. *amer.* Bramante, cordel o cuerda de pita.

mecedora f. Silla apoyada sobre dos piezas curvas que permiten balancearse al que está sentado en ella.

mecenas m. Persona o institución que patrocina a los literatos o artistas.

mecer tr. Mover rítmica y lentamente en una y otra dirección.

mecha f. Cuerda o cinta combustible con que se prenden mecheros, velas o bujías. ‖ Tubo relleno de pólvora para dar fuego a los barrenos. ‖ Mechón de cabellos decolorados o teñidos.

mechero, ra m. y f. Ladrón de tiendas que esconde lo que roba debajo de sus ropas. ‖ m. Encendedor.

mechón m. Porción de pelos, hilos, etc.

meco, ca adj. *amer.* [Animal] de color bermejo con mezcla de negro. ‖ m. y f. *amer.* Indio salvaje.

medalla f. Pieza de metal acuñada con alguna figura, emblema. ‖ Distinción honorífica o premio, como el que suele concederse en exposiciones, certámenes o competiciones deportivas.

media f. Prenda de punto que cubre el pie y la pierna. Más en pl. ‖ *amer.* Calcetín. Más en pl. ‖ Promedio, media aritmética.

mediano, na adj. De tamaño intermedio. ‖ Mediocre, regular. ‖ fig. y fam. De mala calidad. ‖ f. Separación entre los carriles de distinto sentido de una autopista.

medianoche f. Las doce de la noche. ‖ Bollo para bocadillos.

mediante adv. m. Por medio de.

mediar intr. Llegar a la mitad. ‖ Interceder. ‖ Interponerse. ‖ Transcurrir el tiempo.

mediatizar tr. Dificultar, impedir o limitar la libertad de acción de una persona o institución.

medicamento m. Sustancia que se administra con fines curativos o preventivos de una enfermedad.

medicina f. Ciencia que estudia el cuerpo humano, sus enfermedades y curación. ‖ Medicamento.

médico, ca adj. De la medicina. ‖ m. y f. Persona que la ejerce legalmente.

medida f. Dimensión de algo. ‖ Cualquiera de las unidades que se emplean para medir. ‖ Prevención, disposición. Más en pl. ‖ Prudencia. ‖ Proporción o correspondencia que ha de tener una cosa con otra. ‖ Grado, intensidad. ‖ Número y clase de sílabas que ha de tener el verso.

medievo m. Edad Media.

mediocre adj. De calidad media, más bien malo.

medio, dia adj. Igual a la mitad de algo. || Que está entre dos extremos. || Que está en un lugar o tiempo intermedio. || Que corresponde a los caracteres o condiciones más generales de un grupo social, pueblo, época, etc. || m. Parte equidistante de los extremos. || Procedimiento. || Ambiente en que vive o se desarrolla una persona, animal o cosa. || Lo que puede servir para determinado fin. || Sector, círculo o ambiente social de una persona. || pl. Caudal, renta o hacienda que uno posee. || adv. m. No del todo, no enteramente.

mediodía m. Momento del día en que el Sol se encuentra en su punto más alto sobre el horizonte. || Horas centrales del día. || Sur.

medir tr. Comparar una cantidad con su respectiva unidad, con el fin de averiguar cuántas veces la primera contiene la segunda. || fig. Comparar una cosa no material con otra. || intr. Tener determinada dimensión, ser de determinada altura, longitud, etc.

meditabundo, da adj. Que medita, cavila o reflexiona en silencio.

meditar tr. Pensar detenidamente, reflexionar.

mediterráneo, a adj. y s. Del mar Mediterráneo o sus riberas.

medrar intr. Mejorar de fortuna, prosperar.

medroso, sa adj. Miedoso.

médula o **medula** f. Sustancia grasa en el interior de algunos huesos. || Sustancia principal de una cosa no material.

medusa f. Animal marino de cuerpo gelatinoso con forma de campana, llamada umbrela, y rodeado de tentáculos.

megáfono m. Aparato usado para reforzar la voz cuando hay que hablar a gran distancia.

megalomanía f. Delirio de grandeza.

mejicano, na adj. y s. Mexicano.

mejilla f. Prominencia del rostro debajo de los ojos.

mejillón m. Molusco bivalvo de concha negroazulada, muy apreciado como comestible.

mejor adj. comp. de *bueno*. Superior a otra cosa y que la excede en una cualidad natural o moral. || adj. sup. rel. de *bueno*, precedido del art. det. || adv. m. Más bien. || Antes o más, denotando la idea de preferencia.

mejorar tr. Perfeccionar algo, haciéndolo pasar de un estado bueno a otro mejor. || tr., intr. y prnl. Poner mejor, hacer recobrar la salud perdida. || intr. Conseguir una mejor posición social, económica, profesional, etc.

mejunje m. *desp.* Sustancia

pastosa, mezcla de aspecto desagradable.

melancolía f. Tristeza permanente.

melanina f. Pigmento negro o pardo que existe en el protoplasma de ciertas células de los vertebrados y al cual deben su coloración especial el pelo, la piel, etc.

melaza f. Residuo líquido de la cristalización del azúcar.

melena f. Cabello largo y suelto. || Pelo que tienen los leones en la cabeza.

melifluo, flua adj. Excesivamente dulce, suave o delicado al hablar o actuar.

melindre m. Delicadeza afectada.

mella f. Deterioro en el borde de un objeto. || Hueco en una dentadura. || fig. Daño o disminución en algo.

mellizo, za adj. y s. Nacido del mismo parto.

melocotón m. Fruto del melocotonero, de color naranja, redondo, carnoso y muy jugoso.

melodía f. Sucesión armónica de sonidos. || Composición musical.

melodrama m. Ópera. || Obra que exagera los aspectos sentimentales y patéticos de las situaciones con las que intenta conmover al público. || Acontecimiento o relato caracterizado por un exceso de sentimentalismo.

melómano, na adj. y s. Muy aficionado a la música.

melón m. Planta originaria de Asia y África. || Su fruto, grande y en forma de elipse.

melopea f. Embriaguez. || Canto monótono con el que se recita algo.

meloso, sa adj. Empalagoso, melifluo.

membrana f. Tejido fino que cumple distintas funciones en organismos vegetales o animales. || Piel delgada y flexible que recubre algo.

membrete m. Nombre o título de una persona, oficina o corporación, estampado en la parte superior del papel de escribir.

membrillo m. Arbusto muy ramoso, de flores blancas o rosadas, y fruto amarillo y comestible. || Fruto de esta planta. || Dulce elaborado con este fruto.

memo, ma adj. y s. Tonto, simple.

memorando o **memorándum** m. Resumen, informe. || Nota diplomática entre dos países. || *amer.* Resguardo bancario.

memoria f. Facultad de recordar. || Recuerdo. || Relación escrita de actividades. || Exposición escrita de un asunto. || En informática, elemento esencial de almacenamiento de información. || pl. Narración autobiográfica.

memorizar tr. Fijar en la memoria.

menaje m. Muebles y utensilios, especialmente de una casa.

mencionar tr. Nombrar o referirse a alguien o algo.

menda pron. pers. *col*. El que habla, yo. Se usa con el verbo en 3.ª persona, y precedido de *el*, *este* o *mi*. || pron. indet. Individuo, sujeto, tipo.

mendicidad f. Condición de mendigo. || Hecho de mendigar.

mendigo, ga m. y f. Persona que habitualmente pide limosna.

mendrugo m. Pedazo de pan duro. || fig. y fam. Tonto, zoquete.

menear tr. Agitar. También prnl. || prnl. fam. Hacer con prontitud.

menester m. Necesidad de algo. || Ocupación, empleo. || pl. Materiales o instrumentos necesarios para ciertos trabajos.

menestra f. Guiso de verduras variadas.

mengano, na m. y f. Nombre con que se designa a una persona indeterminada.

menguar intr. Disminuir o irse consumiendo física o moralmente algo. También tr. || Disminuir la parte iluminada de la Luna. || En las labores de punto, ir reduciendo regularmente los puntos para dar forma a mangas, sisas, etc.

meninge f. Cada una de las membranas que envuelven el encéfalo y la médula espinal.

meningitis f. Inflamación de las meninges.

menisco m. Cartílago en la articulación de la rodilla.

menopausia f. Cesación definitiva de la menstruación en la mujer. || Época en que se produce.

menor adj. comp. Más pequeño. || Que tiene menos cantidad o tamaño. || Que no ha llegado a la mayoría de edad legal. También s.

menos adv. comp. Denota idea de disminución, inferioridad o restricción. || Denota a veces limitación indeterminada de cantidad expresa. || adv. m. Excepto, a excepción de. || m. En matemáticas, signo de la sustracción o resta (-).

menoscabar tr. y prnl. Disminuir algo en valor, importancia o prestigio.

menospreciar tr. Tener a una persona o cosa en menos de lo que es o de lo que merece. || Desdeñar, despreciar.

mensaje m. Noticia o información que una persona comunica a otra. || Aportación religiosa, moral, intelectual o estética de una persona, doctrina u obra. || Conjunto de señales, signos o símbolos que son objeto de una comunicación. || En la teoría de la comunicación, información que un emisor transmite a un receptor.

mensajero, ra m. y f. Persona que lleva un mensaje, paquete, etc., de un lugar a otro.

menstruación f. Expulsión periódica por la matriz de mucosa uterina y sangre.

mensual adj. Que sucede cada mes. || Que dura un mes.

mensualidad f. Cantidad que se paga mensualmente.

menta f. Hierbabuena.

mentalidad f. Conjunto de ideas que caracteriza el modo de pensar de una persona, grupo o sociedad.

mentar tr. Nombrar, mencionar, citar.

mente f. Capacidad intelectual humana. || Pensamiento. || Actitud. || Propósito, voluntad.

mentecato, ta adj. y s. Tonto, falto de juicio.

mentir intr. Engañar, decir a sabiendas algo que no es verdad. || Inducir a error.

mentira f. Expresión o manifestación contraria a lo que se sabe, se cree o se piensa.

mentol m. Alcohol aromático que se extrae de la menta.

mentón m. Barbilla.

mentor m. Consejero. || Preceptor.

menú m. Conjunto de platos de una comida. || Carta del día donde se relacionan las comidas, postres y bebidas. || En informática, lista de funciones opcionales dentro de un determinado programa que aparecen en la pantalla de un ordenador.

menudo, da adj. Pequeño, delgado. || De poca importancia. También s. || En frases exclam., toma un sentido ponderativo.

meñique adj. y m. [Dedo] más pequeño de la mano.

meollo m. Masa nerviosa contenida en el cráneo, cerebro. || Lo más importante de algo.

mequetrefe m. fam. Hombre inútil y sin importancia.

mercader com. Comerciante.

mercado m. Comercio público en lugar y día determinados. || Lugar público destinado al comercio. || Operación de compra y venta.

mercadotecnia f. Marketing.

mercancía f. Cualquier artículo con que se comercia.

mercante adj. Del comercio marítimo o relacionado con él. || adj. y m. [Barco] empleado para el comercio.

mercantil adj. Del comercio o relacionado con él.

merced f. Regalo. || Favor, recompensa.

mercenario, ria adj. y s. [Soldado] que sirve solo por dinero.

mercería f. Conjunto de artículos para costura, y comercio que se hace con ellos. || Tienda donde se venden estos artículos.

mercurio m. Metal líquido, de brillo y color semejantes a la plata. Símbolo, *Hg*.

merecer tr. Hacerse digno de recibir algo. ‖ Tener alguna cosa cierto valor. ‖ intr. Hacer méritos.

merendar intr. Tomar la merienda. ‖ tr. Comer en la merienda una u otra cosa.

merendero m. Bar, quiosco o establecimiento similar, situado en un lugar campestre y donde va la gente a merendar o comer.

merengue m. Dulce de clara de huevo y azúcar. ‖ Baile y música populares, originarios de la República Dominicana.

meretriz f. Prostituta.

meridiano, na adj. Del mediodía. ‖ Muy claro, luminoso. ‖ m. Cada círculo máximo de la esfera celeste que pasa por los polos.

meridional adj. Austral, del sur o mediodía.

merienda f. Comida ligera a media tarde.

mérito m. Conjunto de hechos, circunstancias que dan derecho a merecer algo. ‖ Lo que da cierto valor a una cosa.

merluza f. Pez marino de carne blanca.

mermar intr. y prnl. Reducir, disminuir. ‖ tr. Quitar a alguien parte de cierta cantidad a la que tiene derecho.

mermelada f. Conserva de fruta con miel o azúcar.

merodear intr. Vagar furtivamente.

mero, ra adj. Puro, simple. ‖ m. Pez marino que llega a alcanzar un metro de largo, de cuerpo ovalado, agallas con puntas en el margen y tres aguijones. Es muy apreciado como alimento.

mes m. Cada una de las doce partes en que se divide el año. ‖ Periodo de tiempo comprendido entre dos fechas iguales de dos meses consecutivos. ‖ Sueldo de un mes.

mesa f. Mueble que se compone de una tabla lisa sostenida por una o varias patas. ‖ Conjunto de personas que se sientan alrededor de una mesa. ‖ Conjunto de personas que presiden una asamblea.

mesar tr. y prnl. Arrancar los cabellos o barbas.

meseta f. Llanura extensa y elevada.

mesiánico, ca adj. Del Mesías o el mesianismo o relacionado con ellos.

mesianismo m. Entre los hebreos, creencia en la venida de un Mesías o enviado de Dios, que liberaría al pueblo de Israel. ‖ Confianza en un futuro mejor, gracias a la intervención de un líder.

mesón m. Restaurante típico.

mestizo, za adj. y s. De padres de raza diferente. ‖ [Animal o planta] que resulta del cruce de dos razas distintas.

mesura f. Moderación, corrección.

meta f. Final señalado de una carrera. || Portería del fútbol. || fig. Finalidad, objetivo.

metabolismo m. Conjunto de reacciones químicas que efectúan las células de los seres vivos.

metacrilato m. Producto de polimerización del ácido metacrílico o de sus derivados, empleado en la fabricación de plásticos; es transparente, rígido y resistente.

metafísica f. Parte de la filosofía que trata de los principios primeros y universales y de las causas primeras de las cosas.

metáfora f. Figura retórica que consiste en usar una palabra o frase en un sentido distinto del que tiene, pero manteniendo con este una relación de analogía o semejanza.

metal m. Cuerpo simple brillante, buen conductor del calor y de la electricidad. || Instrumento de viento de una orquesta. También en pl.

metalenguaje m. El lenguaje cuando se usa para hablar del lenguaje mismo.

metálico, ca adj. De metal o de los metales.

metalurgia f. Técnica empleada para extraer, tratar y elaborar los metales. || Ciencia que estudia las propiedades de los metales.

metamorfosis f. Conjunto de cambios biológicos que experimentan ciertos animales durante su desarrollo. || fig. Transformación, cambio profundo.

metástasis f. Reproducción de una enfermedad en órganos distintos de aquel en que se presentó primero.

meteorito m. Fragmento sólido procedente del espacio exterior que puede llegar a caer sobre la Tierra.

meteoro m. Cualquier fenómeno atmosférico, como la lluvia, la nieve, el arco iris, etc.

meteorología f. Ciencia que estudia los fenómenos atmosféricos, y en especial su relación con el tiempo atmosférico.

metepatas com. Persona inoportuna e indiscreta que suele hacer o decir inconveniencias.

meter tr. Introducir a alguien o algo en un sitio. También prnl. || Enredar, inmiscuirse. También prnl. || Producir, ocasionar. || Poner o colocar en un lugar a una persona o cosa. || prnl. Introducirse. || Intervenir, participar.

meticuloso, sa adj. Minucioso. || Escrupuloso.

metodismo m. Doctrina religiosa fundada en Oxford en 1729 por John y Charles Wesley, basada en los principios del calvinismo.

método m. Modo sistemático y ordenado de obtener un resultado. || Conjunto de reglas y ejercicios prácticos.

metodología f. Ciencia del método. || Conjunto de métodos utilizados en una investigación.

metonimia f. Figura retórica que consiste en designar una cosa con el nombre de otra, tomando el efecto por la causa o viceversa, el autor por sus obras, el signo por la cosa significada, etc.

metralla f. Munición menuda con que se cargan las piezas de artillería.

metralleta f. Arma de fuego portátil de repetición.

metro m. Unidad de medida de longitud del sistema métrico decimal. || Instrumento de medida que tiene la longitud de un metro.

metro m. apóc. de *metropolitano*, ferrocarril urbano subterráneo.

metrónomo m. Instrumento para medir el tiempo e indicar el compás de las composiciones musicales.

metrópoli f. Ciudad principal, cabeza de provincia o Estado. || Iglesia arzobispal que tiene dependientes otras sufragáneas. || La nación, respecto de sus colonias.

metropolitano, na adj. Relativo a la metrópoli. || Ferrocarril urbano eléctrico, subterráneo o elevado.

mexicano, na adj. y s. De México.

mezclar tr. y prnl. Juntar, unir, incorporar. || prnl. Introducirse, meterse. || Intervenir, participar.

mezcolanza f. Mezcla confusa.

mezquino, na adj. Avaro, miserable.

mezquita f. Edificio en que los musulmanes practican sus ceremonias religiosas.

mezzosoprano (Voz it.) f. Voz femenina, entre soprano y contralto. || Mujer que tiene esta voz.

mi pron. pos. apóc. de *mío*.

mi m. Tercera nota de la escala musical.

mí pron. pers. de primera persona en gén. masculino o femenino y núm. singular; se emplea siempre como complemento y con prep.

mica f. Mineral compuesto de láminas brillantes y elásticas. Es un silicato múltiple que forma parte integrante de varias rocas.

micción f. Acción de mear.

michelín m. Acumulación de grasa que rodea la cintura u otra parte del cuerpo. Más en pl.

mico, ca m. y f. Mono de cola larga. || Apelativo cariñoso dado a los niños.

micra f. Medida de longitud equivalente a la millonésina parte del metro.

micro m. apóc. de *micrófono*.

microbio m. Ser unicelular microscópico.

microclima m. Conjunto de condiciones atmosféricas de un área limitada, que difieren de las del resto de la región.

microcosmo o **microcosmos** m. En ciertas doctrinas filosóficas, el ser humano, concebido como reflejo fiel y resumen completo del universo o macrocosmos.

microficha f. Ficha de película que contiene en tamaño muy reducido varias fotocopias de páginas de un libro, documento, etc.

microfilm o **microfilme** m. Reproducción fotográfica en película de tamaño reducido, de impresos, manuscritos, dibujos, etc.

micrófono m. Aparato que aumenta la intensidad de los sonidos.

microondas m. Horno que funciona con ondas electromagnéticas que calientan rápidamente los alimentos.

microordenador m. Pequeño ordenador personal que emplea un microprocesador como unidad central de tratamiento.

microorganismo m. Microbio.

microscopio m. Instrumento óptico para observar objetos muy pequeños.

miedo m. Inquietud, angustia producida por un peligro real o imaginario. ‖ Recelo, aprensión.

miel f. Sustancia viscosa, amarillenta y muy dulce, que elaboran las abejas.

miembro m. Cualquiera de las extremidades del hombre o de los animales, articuladas con el tronco. ‖ Órgano sexual masculino en el hombre y algunos animales; pene. ‖ Persona que forma parte de una comunidad. ‖ Parte de un todo.

mientras adv. t. y conj. Durante el tiempo en que, entretanto.

miércoles m. Día de la semana que va después del martes.

mierda f. Excremento. ‖ fig. Suciedad, porquería. ‖ fig. Cosa de poca calidad.

mies f. Cereal maduro. ‖ pl. Campos sembrados.

miga f. Porción pequeña de pan o de cualquier otra cosa. ‖ Parte blanda del pan. ‖ fig. Sustancia o contenido de algo. ‖ pl. Pan desmenuzado y frito con ajo y algo de pimentón.

migración f. Emigración. ‖ Viaje periódico de algunos animales.

mil adj. Diez veces ciento. ‖ Milésimo. ‖ m. Guarismo del número mil. ‖ Millar.

milagro m. Suceso inexplicable que se atribuye a intervención divina. ‖ Suceso o cosa rara, extraordinaria y maravillosa.

milenario, ria adj. Que dura o sobrepasa mil años.

milenio m. Periodo de mil años.

milésimo, ma adj. Que ocupa el lugar número mil en una serie ordenada. ‖ [Parte] de las mil iguales en que se divide un todo. También s.

milhojas m. Pastel de hojaldre con capas de merengue o crema.

mili f. fam. apóc. de *milicia*.

milibar m. Unidad de presión atmosférica que equivale a una milésima de bar, unidad de potencia y tensión equivalente a 105 pascales. Símbolo, *mb*.

milicia f. Profesión dedicada a la actividad militar y a la preparación de soldados para ella. ‖ Servicio militar. ‖ Conjunto de militares de un estado.

milico m. *amer.* Militar, soldado.

militar adj. Relativo a la milicia. ‖ com. Persona que sirve en el ejército.

militar intr. Pertenecer a un partido político, grupo, etc.

militarismo m. Poder o importancia excesiva de los militares en los asuntos de un Estado. ‖ Modo de pensar de quien propugna dicho poder o importancia.

milla f. Medida marina de longitud equivalente a 1.852 m. ‖ Medida terrestre equivalente a 1.609 m.

millar m. Conjunto de mil unidades.

millón m. Mil millares. ‖ Cantidad muy grande e indeterminada.

millonario, ria adj. y s. Rico, muy acaudalado.

millonésimo, ma adj. Que ocupa el lugar un millón en una serie ordenada. ‖ [Parte] de las del millón iguales en que se divide un todo. También s.

mimar tr. Tratar con cuidado y mimo algo o a alguien para conservarlo. ‖ Tratar con excesiva condescendencia a alguien, especialmente a los niños.

mimbre amb. Arbusto de cuyo tronco nacen muchas ramas largas, delgadas y flexibles, de corteza gris y madera blanca. ‖ Cada una de las ramas delgadas y flexibles que produce este arbusto y que se utilizan para hacer cestos, muebles y otros objetos.

mimetismo m. Propiedad que poseen algunos animales y plantas de asemejarse, principalmente en el color, a los seres u objetos inanimados entre los cuales viven. ‖ Por ext., disposición de una persona para cambiar sus opiniones y conducta y adaptarse a las de otras.

mímica f. Arte de imitar o darse a entender por medio de gestos o ademanes.

mimo m. Cariño, demostración de ternura. ‖ Actor que se vale de gestos y de movimientos corporales. ‖ Farsa teatral.

mina f. Yacimiento de algún mineral. ‖ Excavación para extraer un mineral. ‖ Grafito del lápiz. ‖ Artefacto explosivo. ‖ fig. Empleo, negocio, etc., en el que con poco trabajo se obtiene mucha ganancia.

minar tr. Abrir galerías subterráneas. || fig. Colocar minas o explosivos. || fig. Consumir, desgastar.

minarete m. Torre de las mezquitas.

mineral m. Sustancia inorgánica que se halla en la corteza terrestre y principalmente aquella cuya explotación ofrece interés. || Parte útil de un yacimiento minero. || adj. Relativo a estas sustancias inorgánicas.

miniatura f. Pintura de tamaño pequeño. || fig. Objeto pequeño.

minifalda f. Falda muy corta.

minifundio m. Explotación agrícola de reducida extensión.

minimizar tr. Empequeñecer, quitar importancia.

mínimo, ma adj. sup. de *pequeño*. || [Lo] más pequeño dentro de su especie. || m. Límite inferior a que se puede reducir una cosa.

ministerio m. Cada uno de los departamentos en que se divide el Gobierno de un Estado. || Edificio en el que se encuentra la oficina de un ministro. || Empleo de ministro. || Cargo, empleo, oficio.

ministro, tra m. y f. Miembro del Gobierno de un Estado. || Representante o agente diplomático. || En algunas religiones, sacerdote.

minoría f. Parte menor de un conjunto. || En las juntas, asambleas, etc., conjunto de votos dados en contra de lo que opina el mayor número de los votantes. || Fracción de un cuerpo deliberante, generalmente opuesta a la política del Gobierno.

minorista adj. y com. [Comercio o comerciante] que vende al por menor.

minucia f. Menudencia, pequeñez.

minuendo m. Cantidad de la que ha de restarse otra.

minueto m. Composición breve puramente instrumental, en compás ternario y movimiento moderado; a veces se intercala dentro de otra pieza más larga.

minúsculo, la adj. De muy pequeñas dimensiones o de muy poco valor. || [Letra] de menor tamaño que la mayúscula. También f.

minusvalía f. Disminución del valor de alguna cosa.

minusvalorar tr. Valorar alguna cosa en menos de lo debido.

minuta f. Cuenta de honorarios de un abogado. || *amer*. Lista de los platos de una comida.

minutero m. Aguja del reloj que indica los minutos.

minuto, ta m. Cada una de las sesenta partes iguales en que se divide una hora. || Cada una de las sesenta partes iguales en que se divide un grado de círculo.

mío, mía pron. pos. Forma de primera persona en gén. m. o f. y núm. sing. o pl. Expresa pertenencia o vínculos entre una persona o cosa y la persona que habla.

miopía f. Defecto de la visión que impide ver con precisión los objetos lejanos.

mira f. Pieza de las armas de fuego para asegurar la puntería. || Pieza que en ciertos instrumentos sirve para dirigir la vista o tirar visuales. || fig. Intención, propósito, generalmente concreto. Más en pl.

mirador m. Galería para explayar la vista. || Balcón cerrado con cristales y cubierto con un tejadillo.

mirar tr. Fijar la vista en un objeto. También prnl. || Tener un fin, atender. || Observar. || Pensar, juzgar. || Apreciar, estimar. || Estar enfrente. || Concernir, pertenecer, tocar. || Cuidar, atender. || Buscar. También prnl.

mirilla f. Abertura en la pared o en la puerta para ver quién llama. || Abertura de algunos instrumentos para dirigir visuales.

misa f. Ceremonia religiosa de la liturgia católica. || Composición musical escrita para acompañar este rito.

misántropo, pa m. y f. Persona que tiene aversión al trato humano.

misceláneo, a adj. Mixto, vario, compuesto de cosas distintas o de géneros diferentes. || f. Mezcla de cosas diversas. || Obra o escrito en que se tratan muchas materias inconexas y mezcladas.

miserable adj. Desdichado, infeliz. || Muy pobre. || adj. y com. Avaro, mezquino. || Malvado, canalla.

miseria f. Desgracia, infortunio. || Pobreza, indigencia. || Avaricia, mezquindad.

misericordia f. Sentimiento de compasión hacia los sufrimientos ajenos, que inclina a ayudar o perdonar.

misil o **mísil** m. Proyectil autopropulsado, equipado con una o varias cabezas explosivas, nucleares o convencionales.

misión f. Cometido, encargo. || Conjunto de misioneros o territorio en el que predican. || Expedición de carácter científico para analizar sobre el terreno el objeto de estudio.

misionero, ra m. y f. Persona que predica la religión cristiana en las misiones. || adj. Relativo a los misioneros.

misiva f. Carta, mensaje.

mismo, ma adj. Denota identidad, similitud o paridad. || Igual, semejante.

misoginia f. Aversión a las mujeres.

miss (Voz i.) f. Tratamiento inglés equivalente a *señorita*. || Ganadora de un concurso de belleza.

mister (Voz i.) m. Tratamiento inglés equivalente a *señor*. ||

Ganador de un concurso de belleza. || *col.* En el lenguaje deportivo, entrenador.

misterio m. Cosa incomprensible. || Secreto. || En la religión cristiana, cosa inaccesible a la razón y que debe ser objeto de fe.

místico, ca adj. Relativo a la mística. || Que se dedica a la experiencia espiritual. También s. || f. Parte de la teología que trata de la vida espiritual y contemplativa. || Conjunto de obras literarias en que se refleja una experiencia espiritual íntima con Dios.

mistificar tr. Falsear, falsificar.

mitad f. Cada una de las dos partes iguales en que se divide un todo. || Medio, centro.

mitificar tr. Falsear, falsificar, deformar.

mitigar tr. y prnl. Moderar, suavizar.

mitin m. Reunión pública en la que se discuten asuntos políticos o sociales.

mito m. Narración fabulosa que relata acciones realizadas por personajes imaginarios y que tiene por fin fundamentar, de una manera no racional, la realidad. || Conjunto de creencias e imágenes idealizadas que se forman alrededor de un personaje o fenómeno y que lo convierten en modelo o prototipo. || Invención, fantasía.

mitología f. Historia de los dioses, semidioses y héroes de un pueblo.

miura m. Toro de la ganadería de Miura, famosa por la bravura de sus reses.

mixto, ta adj. Mezclado. || Compuesto de varios elementos. También s. || m. Cerilla, fósforo.

mixtura f. Mezcla.

mnemotecnia o **mnemotécnica** f. Arte de desarrollar y cultivar la memoria. || Método para fijar los conocimientos en la memoria.

mobiliario m. Conjunto de muebles.

moca m. Café de buena calidad.

mocasín m. Calzado de cuero flexible, sin cordones, muy cómodo.

mochila f. Especie de bolsa que se lleva a la espalda en excursiones o marchas para transportar comida, ropa, etc. || Morral.

mocho, cha adj. Sin punta, truncado. || Pelado.

mochuelo m. Ave rapaz nocturna de unos 20 cm, con el cuerpo rechoncho, la cabeza achatada y el plumaje pardo oscuro moteado. Se alimenta sobre todo de pequeños reptiles y ratones. || *col.* Asunto o trabajo difícil o enojoso del que nadie quiere encargarse.

moción f. Proposición que se hace en una asamblea, congreso, etc.

moco m. Secreción viscosa que segregan las membranas mucosas, y especialmente la nariz. Más en pl. || *col.* Borrachera.

moda f. Uso o costumbre pasajera que regula el modo de vestir, vivir, etc.

modal adj. Relativo al modo. ‖ m. pl. Acciones, gestos o comportamiento habituales en una persona.

modelar tr. Dar forma artística a una materia plástica. ‖ fig. Formar a una persona de acuerdo a unos principios determinados. ‖ prnl. Ajustarse a un modelo.

modelo m. Persona o cosa que se considera digno de ser imitado y se pone como pauta a seguir en la ejecución de una cosa. ‖ Representación a escala reducida de alguna cosa. ‖ Vestido diseñado y confeccionado por un modisto o casa de costura. ‖ Objeto, aparato o construcción realizados conforme a un mismo diseño. ‖ com. Persona que exhibe prendas de vestir. ‖ Persona que posa para pintores o escultores.

módem m. En informática, convertidor de señales digitales en señales susceptibles de trasladarse por una línea de telecomunicaciones, y viceversa.

moderador, ra m. y f. Persona que preside o dirige un debate, asamblea, mesa redonda, etc.

moderar tr. Templar, evitar el exceso. También prnl. ‖ Presidir o dirigir un debate, asamblea, mesa redonda, etc.

modernismo m. Movimiento artístico de finales del s. XIX y principios del XX, caracterizado por emplear formas tomadas de la naturaleza. ‖ Movimiento literario de finales del s. XIX y principios del XX, que buscó nuevas formas de expresión para resaltar la belleza del lenguaje y trató temas relacionados con épocas y países lejanos.

moderno, na adj. Que existe desde hace poco tiempo. ‖ Relativo a la época presente o a la moda o gustos actuales. ‖ Nuevo, reciente. ‖ Del periodo histórico comprendido entre la Edad Media y la Edad Contemporánea (s. XV a XVIII).

modestia f. Cualidad de la persona que no presume de sus méritos o no les da importancia. ‖ Sencillez. ‖ Pobreza, escasez de medios.

módico, ca adj. Moderado, escaso, limitado.

modificar tr. Cambiar. También prnl. ‖ Limitar, determinar el sentido de una palabra.

modismo m. Locución o modo de hablar propio de una lengua.

modisto, ta m. y f. Persona que diseña y confecciona prendas de vestir.

modo m. Forma de ser, de manifestarse o hacerse una cosa. ‖ Cada una de las distintas maneras de manifestarse la significación del verbo.

modorra f. Somnolencia, sopor profundo.

modoso, sa adj. Respetuoso, de buenos modales.

modular intr. Dar un tono determinado a la voz o al sonido. ‖ Pasar de una tonalidad musical a otra. ‖ Hacer variar el valor de amplitud, frecuencia o fase de una onda portadora en función de una señal de vídeo o de otra clase, para su transmisión radiada.

módulo m. Dimensión que convencionalmente se toma como unidad de medida, y más en general, todo lo que sirve de norma o regla. ‖ Pieza o conjunto unitario de piezas que se repiten en una construcción.

mofa f. Burla.

mofarse prnl. Burlarse.

moflete m. Carrillo grueso.

mogollón m. fam. Abundancia. ‖ Embrollo, lío, jaleo producido por mucha gente reunida.

mohín m. Mueca o gesto.

mohíno, na adj. Triste, disgustado.

moho m. Hongo muy pequeño que se desarrolla sobre materias orgánicas en descomposición. ‖ Capa de óxido que se forma en la superficie de algunos metales, como el hierro.

moisés m. Cestillo con asas, que sirve de cuna portátil.

mojama f. Atún salado y seco.

mojar tr. y prnl. Humedecer con agua u otro líquido. ‖ Orinar. ‖ tr. Beber para celebrar algo. ‖ Comprometerse o hacerse responsable de algo.

mojigato, ta adj. y s. Que afecta humildad y cobardía. ‖ Que hace escrúpulos morales de todo.

mojón m. Señal para fijar los linderos de heredades, términos y fronteras. ‖ Señal que sirve de guía.

molar adj. Relativo a la muela. ‖ m. Muela, diente. ‖ intr. col. Gustar o agradar mucho una cosa.

molde m. Objeto hueco que sirve para dar forma a la materia fundida, que en él se vacía. ‖ Esquema, norma.

moldura f. Parte saliente de perfil uniforme que sirve de adorno.

mole f. Cosa maciza y voluminosa. ‖ fig. Corpulencia de una persona o animal.

molécula f. Mínima porción que puede separarse de un cuerpo sin alterar su composición química.

moler tr. Triturar, reducir a polvo. ‖ fig. Cansar, fatigar. ‖ fig. Destruir, maltratar.

molestia f. Perturbación. ‖ Enfado, fastidio, desazón. ‖ Falta de comodidad o impedimento para los libres movimientos del cuerpo.

molicie f. Gusto por la vida cómoda.

molinillo m. Instrumento pequeño para moler.

molino m. Máquina para moler. ‖ Casa o edificio donde está instalada.

molla f. Parte magra de la carne. || Acumulación carnosa en alguna parte del cuerpo.

molleja f. Parte del aparato digestivo de algunos animales. En las aves tiene una función trituradora.

mollera f. Parte superior del cráneo. || fig. Entendimiento.

molusco adj. y m. Invertebrado de cuerpo blando, protegido casi siempre por una concha más o menos dura, como los caracoles, almejas, ostras, etc.

momento m. Porción brevísima de tiempo. || Tiempo en que ocurre algo. || Oportunidad, ocasión. || Situación en el tiempo actual o presente.

momia f. Cadáver que se deseca con el transcurso del tiempo sin descomponerse.

monacal adj. Relativo a los monjes o a las monjas.

monada f. Persona, animal o cosa pequeña, delicada y bonita.

monaguillo m. Niño que ayuda al sacerdote en la misa y en otros servicios litúrgicos.

monarca com. Soberano de una monarquía.

monarquía f. Forma de gobierno en que el poder supremo es ejercido por una persona, generalmente con carácter vitalicio y hereditario. || Estado regido por un monarca.

monárquico, ca adj. Del monarca o de la monarquía, o relacionado con ellos. || adj. y s. Partidario de la monarquía.

monasterio m. Casa o convento donde viven los monjes.

monda f. Mondadura.

mondadientes m. Palillo para limpiar los dientes.

mondar tr. Quitar la piel, cáscara, etc., a las frutas y legumbres. || prnl. Reírse mucho.

moneda f. Pieza de metal acuñada que sirve de medida común para el precio de las cosas y para facilitar los cambios. || Unidad monetaria de un Estado.

monedero m. Bolsa o cartera para llevar dinero en metálico.

monegasco, ca adj. y s. De Mónaco.

monetario, ria adj. De la moneda y el dinero, o relacionado con ellos.

mongol adj. y com. De Mongolia.

mongolismo m. Enfermedad congénita, que se caracteriza por alteraciones morfológicas en el rostro (labios gruesos, ojos oblicuos, nariz achatada) y un desarrollo mental anormal.

monigote m. Muñeco o figura ridícula. || Persona sin carácter. || Dibujo mal hecho.

monitor, ra m. y f. Persona que guía el aprendizaje deportivo, cultural, etc., de un grupo. || m. Pantalla de televisión, especialmente cuando está conectada a una cámara de vídeo o cualquier otro aparato que emite imágenes. || En informática, pantalla del ordenador.

monja f. Religiosa de alguna de las órdenes aprobadas por la Iglesia.

monje m. Individuo de una comunidad religiosa.

mono, na adj. Bonito, gracioso. || m. y f. Simio. || m. Nombre genérico con que se designa a cualquiera de los animales del suborden de los simios. || Traje de faena de una sola pieza. || Síndrome de abstinencia de la droga.

monocorde adj. Monótono, insistente, sin variaciones.

monóculo m. Lente para un solo ojo.

monocultivo m. Cultivo único o predominante en una región.

monogamia f. Régimen familiar que prohíbe la pluralidad de esposas. || Estado del hombre o la mujer que solo se ha casado una vez.

monografía f. Estudio o tratado especial sobre una materia determinada o tema particular.

monolito m. Monumento de piedra de una sola pieza.

monólogo m. Obra o escena dramática de un solo personaje. || Discurso que se hace uno a sí mismo.

monomanía f. Locura parcial o manía.

monopatín m. Patín que consta de una tabla horizontal con ruedas y se usa en juegos y deportes.

monopolio m. Concesión otorgada por la autoridad competente a una empresa para que esta aproveche con carácter exclusivo alguna industria o comercio. || Convenio entre comerciantes para vender un género a determinado precio. || En ciertos casos, acaparamiento.

monorraíl m. Ferrocarril que circula por un solo raíl.

monosílabo, ba adj. y m. [Palabra] que tiene solo una sílaba.

monoteísmo m. Religión que reconoce un solo Dios.

monotonía f. Igualdad de tono. || Falta de variedad.

monseñor m. Título honorífico que se concede a algunos eclesiásticos, especialmente a los obispos.

monserga f. fam. Discurso inoportuno. || Pesadez.

monstruo m. Ser contrario a la naturaleza por diferir de forma notable de los de su especie. || Persona, animal o cosa desmesurada en tamaño, fealdad, etc., y que por ello causa extrañeza y rechazo. || Persona muy cruel. || Personaje fantástico que aparece en el folclore, la literatura, el cine, etc., generalmente caracterizado de forma negativa. || fig. Persona que posee cualidades excepcionales para algo.

montacargas m. Ascensor para elevar pesos.

montaje m. Acción de armar o montar las piezas de un aparato, máquina, instalación, etc. || Selección y ordenación del material ya filmado para constituir la versión definitiva de una película. || Superposición de fotografías y otros elementos con fines decorativos, publicitarios, etc. || fig. Farsa.

montante m. Importe, cuantía. || Listón o poste que sirve de soporte a una estructura.

montaña f. Elevación natural de terreno. || Zona montañosa.

montar intr. y prnl. Ponerse encima de algo. || Cabalgar. También tr. || intr. Importar una cantidad total. || tr. Cubrir el macho a la hembra. || Armar las piezas de un aparato o máquina. || Instalar un negocio, empresa, etc. || Poner el arma en disposición de disparar. || Hacer el montaje de los planos de una película o de las escenas de una obra teatral u otro espectáculo. || Batir la nata o la clara de huevo para que queden esponjosas.

montaraz adj. Que anda o se ha criado en los montes. || Rudo, tosco o grosero.

monte m. Elevación natural de terreno. || Tierra sin cultivar cubierta de árboles, arbustos o matas.

montepío m. Depósito de dinero formado de los descuentos hechos a los individuos de un cuerpo o clase para pensiones o ayudas. || Establecimiento con este fin.

montería f. Caza mayor, como la de jabalíes, venados, ciervos, etc.

montículo m. Monte pequeño, por lo común aislado.

montón m. Conjunto de cosas puestas sin orden unas encima de otras. || Número considerable, gran cantidad.

montura f. Cabalgadura. || Conjunto de los arreos de una caballería de silla. || Montaje. || Armadura en que se colocan los cristales de las gafas.

monumento m. Obra pública de carácter conmemorativo. || Construcción destacada por su valor histórico o artístico. || Por ext., cualquier producción humana de gran valor histórico, artístico o científico. || fig. Persona de gran belleza.

monzón amb. Viento alternante que sopla en el océano Índico y da origen a lluvias abundantes.

moño m. Rodete o atado que se hace con el pelo.

moqueta f. Tela fuerte cuya trama es de cáñamo, y del cual se hacen alfombras y tapices.

morada f. Casa o habitación. || Estancia o residencia en un lugar.

morado, da adj. y s. De color entre carmín y azul.

moral adj. Relativo a las costumbres o formas de comportamiento humanas. ‖ Subjetivo, interno, mental, por oposición a lo material o corporal. ‖ Que no concierne al orden jurídico, sino a la propia conciencia interna del individuo. ‖ f. Parte de la filosofía que estudia la conducta humana y juzga su valor o conveniencia. ‖ Conjunto de principios sociales que rigen y determinan el comportamiento humano. ‖ fig. Estado de ánimo con que se afronta algo.

moraleja f. Enseñanza provechosa que se saca de un cuento, fábula, etc.

moralizar tr. y prnl. Reformar la conducta o las costumbres de las personas para adaptarlas a una determinada moral. ‖ intr. Dar consejos morales.

morar intr. Residir, vivir.

moratoria f. Plazo que se otorga para pagar una deuda vencida.

mórbido, da adj. Blando, suave, delicado.

morbo m. Enfermedad. ‖ Atracción hacia lo desagradable, lo cruel, lo prohibido o lo peligroso.

morboso, sa adj. Enfermizo. ‖ Que se siente atraído obsesivamente por lo desagradable, lo cruel, lo prohibido o lo peligroso.

morcilla f. Trozo de tripa rellena de sangre cocida, con otros ingredientes. ‖ fig. Palabras de su invención que añade un actor a su papel en el momento de la representación.

morcillo m. Parte alta y carnosa de las patas de los bovinos.

mordaz adj. Que murmura o critica de forma ácida o cruel, pero ingeniosa.

mordaza f. Cualquier cosa que se pone en la boca para impedir hablar. ‖ Aparato formado de dos piezas entre las que se coloca un objeto para su sujeción.

morder tr. Coger y apretar con los dientes una cosa clavándolos en ella. También prnl. ‖ Mordisquear.

mordisco m. Mordedura. ‖ Pedazo que se saca mordiendo.

moreno, na adj. y s. [Color] oscuro que tira a negro. ‖ Bronceado. ‖ [Persona] de piel, tez o pelo de color oscuro o negro. ‖ Mulato o negro.

morfema m. En gramática, unidad lingüística mínima cuyo significado, generalmente gramatical, modifica o completa el de los lexemas.

morfina f. Sustancia extraída del opio, utilizada en medicina como analgésico y anestésico. En grandes dosis es un narcótico, que produce hábito y dependencia.

morfología f. Parte de la biología, que estudia la forma de los seres orgánicos. ‖ Parte de la lingüística que estudia la flexión, derivación y composición de las palabras.

morfosintaxis f. Estudio de la forma y función de los elementos lingüísticos dentro de la oración.

morgue f. Depósito de cadáveres.

moribundo, da adj. y s. Que está muriendo o muy cercano a morir.

moriles m. Vino de buena calidad y poca graduación que se elabora en la provincia española de Córdoba.

morir intr. y prnl. Dejar de vivir. || Finalizar o extinguirse algo completamente. || fig. Experimentar fuertemente una sensación o un sentimiento. || fig. Cesar algo en su curso o movimiento.

morisco, ca adj. y s. [Musulmán] que se quedó en España una vez finalizada la Reconquista. || [Lo] relacionado con ellos.

mormonismo m. Movimiento religioso fundado en EE. UU. en 1830, llamado también Iglesia de Jesucristo de los Santos de los Últimos Días.

moro, ra adj. y s. Del N. de África. || [Musulmán] que vivió en la península Ibérica desde el momento de su invasión, en el siglo VIII, hasta el s. XV.

moroso, sa adj. Retrasado en el pago de una deuda.

morral m. Talego que se cuelga de la cabeza de las bestias para que coman. || Mochila, zurrón.

morralla f. Pescado menudo. || Conjunto de cosas sin valor.

morrear tr., intr. y prnl. *col.* Besar en la boca insistentemente.

morriña f. Tristeza, melancolía, especialmente la nostalgia de la tierra natal.

morro m. Hocico de los animales. || Extremidad redonda de una cosa. || Labio abultado. || Parte delantera del coche, avión, etc. || fig. y fam. Desvergüenza, cara dura.

morrocotudo, da adj. *col.* De mucha importancia, intensidad, gravedad o dificultad.

morsa f. Mamífero parecido a la foca, con dos caninos que se prolongan fuera de la mandíbula superior.

morse m. Sistema de telegrafía que utiliza un alfabeto a base de puntos y rayas. || Este alfabeto.

mortadela f. Embutido grueso de carne de cerdo muy picada con tocino.

mortaja f. Vestidura con que se envuelve el cadáver.

mortal adj. Que ha de morir. || Que ocasiona o puede ocasionar la muerte. || Fatigoso, abrumador. || com. Ser humano.

mortalidad f. Proporción de defunciones en una población o tiempo determinados.

mortandad f. Multitud de muertes causadas por epidemia, cataclismo, guerra, etc.

mortecino, na adj. Apagado, sin vigor.

mortero m. Utensilio a manera de vaso para machacar especias, semillas, etc. ‖ Pieza de artillería corta. ‖ Mezcla o masa de albañilería.

mortífero, ra adj. Que ocasiona o puede ocasionar la muerte.

mortificar tr. y prnl. fig. Castigar el cuerpo. ‖ Afligir, causar pesadumbre o molestia.

mortuorio, ria adj. Relativo al difunto o a los funerales.

mosaico m. Técnica artística de decoración realizada yuxtaponiendo pequeñas piezas de piedra, vidrio, etc., de varios colores para formar diseños. ‖ Obra obtenida mediante esta técnica.

mosca f. Insecto muy común, de cuerpo negro, alas transparentes y boca en forma de trompa. ‖ fam. Persona molesta y pesada.

moscardón m. Insecto parecido a la mosca, de mayor tamaño, color pardo oscuro, y muy velloso. ‖ Persona impertinente y pesada.

mosquear tr. y prnl. Hacer concebir sospechas. ‖ prnl. Molestarse fácilmente y sin motivo.

mosquete m. Arma de fuego antigua parecida al fusil.

mosquetero m. Soldado armado de mosquete.

mosquitero, ra m. y f. Colgadura de cama para que no entren los mosquitos. ‖ Tela metálica o de otro material, muy tupida, que se pone en puertas o ventanas para impedir que entren insectos.

mosquito m. Insecto de dimensiones muy reducidas, cuya hembra chupa la sangre.

mostacho m. Bigote.

mostaza f. Planta cuya semilla, hecha harina, se emplea en condimentos y medicina. ‖ Salsa que se hace de esta semilla.

mosto m. Zumo exprimido de uva y frutas sin fermentar.

mostrador m. Mesa larga o mueble para presentar los géneros en las tiendas y para servir las consumiciones en los bares, cafeterías, etc.

mostrar tr. Exponer a la vista algo; señalarlo para que se vea. ‖ Explicar, dar a conocer. ‖ Indicar. ‖ Demostrar. ‖ prnl. Darse a conocer de alguna manera.

mota f. Partícula que se pega a la ropa o a otros lugares. ‖ Mancha o dibujo pequeño de forma redondeada.

mote m. Sobrenombre que se da a una persona, apodo.

motel m. Hotel de carretera.

motín m. Levantamiento popular contra la autoridad constituida.

motivar tr. Ser causa o motivo de algo. ‖ Animar a alguien para que se interese por una cosa. También prnl.

motivo m. Causa o razón. ‖ Tema musical que se repite a lo largo de una pieza. ‖ Elemento decorativo que se repite.

moto f. apóc. de *motocicleta*.

motocicleta f. Vehículo automóvil de dos ruedas.

motociclismo m. Deporte practicado con motocicleta.

motocross (Voz i.) m. Competición deportiva de motos a través del campo.

motor, ra adj. y s. Que produce movimiento. ‖ m. Máquina destinada a producir movimiento a expensas de otra fuente de energía. ‖ f. Embarcación menor provista de motor.

motorismo Deporte de los motoristas, motociclismo.

motriz adj. f. Que mueve o genera movimiento.

mover tr. Hacer que algo cambie de posición. También prnl. ‖ Por ext., menear o agitar una cosa o parte de algún cuerpo. También prnl. ‖ Dar motivo, persuadir, inducir o incitar. ‖ Alterar, conmover. ‖ Producir. ‖ Hacer que algo sea más eficaz o que vaya más deprisa. ‖ prnl. Echar a andar, irse.

móvil adj. Movible. ‖ m. Motivo, causa. ‖ Objeto decorativo compuesto por diversas figuras ligeras que cuelgan de un soporte y se mueven con el viento o mediante un mecanismo.

moviola f. Aparato que permite proyectar una filmación a diferente velocidad, secuencia a secuencia o hacia atrás, para efectuar las operaciones de montaje o con otros fines.

mozalbete m. Muchacho.

mozárabe adj. y com. [Cristiano] que conservó su religión en los territorios que estaban bajo la dominación musulmana en la península Ibérica. ‖ [Lo] relacionado con ellos. ‖ m. Antigua lengua romance hablada por estos cristianos.

mozo, za adj. y s. Joven. ‖ m. y f. Persona que presta ciertos servicios, sin oficio especializado. ‖ m. Joven alistado al servicio militar.

mucamo, ma m. y f. *amer.* Sirviente, criado.

muchacho, cha m. y f. Niño. ‖ Joven. ‖ Criado, sirviente.

muchedumbre f. Multitud.

mucho, cha adj. Abundante, numeroso. ‖ Más de lo habitual o normal. ‖ adv. cant. Con gran intensidad, en grado elevado.

mucosidad f. Secreción mucosa.

muda f. Conjunto de ropa que se muda de una vez. ‖ Tiempo de mudar las aves sus plumas o la piel otros animales.

mudanza f. Cambio de casa o habitación en el que se trasladan muebles y otros objetos. ‖ Inconstancia en afectos y decisiones.

mudar tr. e intr. Adoptar o adquirir otra naturaleza, estado, figura, etc. ‖ tr. Cambiar de sitio o

empleo. ‖ Efectuar la muda los animales. ‖ intr. Cambiar, variar. ‖ prnl. Cambiarse de ropa. ‖ Cambiarse de domicilio.

mudéjar adj. y com. [Población] musulmana de la península Ibérica que, tras la reconquista de un lugar, quedaba viviendo en territorio cristiano. ‖ [Lo] relacionado con ellos. ‖ adj. [Estilo] arquitectónico de influencias árabes desarrollado en España durante los ss. XIV, XV y XVI.

mudo, da adj. y s. Privado de la facultad de hablar. ‖ Que no habla. ‖ Silencioso, callado.

mueble m. Cualquier objeto para comodidad o adorno de la casa.

mueca f. Contorsión del rostro. ‖ Burla.

muela f. Piedra de molino. ‖ Piedra de afilar. ‖ Cada uno de los dientes posteriores a los caninos, que sirven para triturar los alimentos. ‖ Cerro escarpado con cima plana. ‖ Almorta.

muelle adj. Suave, blando. ‖ Voluptuoso. ‖ m. Pieza elástica, ordinariamente de metal, enrollada en espiral. ‖ Obra construida en los puertos para facilitar el embarque y desembarque y, a veces, para abrigo de las embarcaciones. ‖ Andén alto de las estaciones de ferrocarril.

muermo m. Enfermedad contagiosa de las caballerías. ‖ col. Persona, animal o cosa que produce aburrimiento, hastío o decaimiento. ‖ col. Estado de somnolencia producido por el aburrimiento, la fatiga, o causado por la ingestión de alcohol o drogas.

muerte f. Cesación de la vida. ‖ Homicidio. ‖ Pena capital. ‖ Esqueleto humano que simboliza la muerte. ‖ Destrucción, aniquilación.

muerto, ta adj. Sin vida. También s. ‖ Apagado, desvaído. ‖ Inactivo. ‖ [Lengua] que ya no se habla. ‖ m. fig. Trabajo o asunto desagradable.

muesca f. Hueco que se hace en una cosa para encajar otra.

muestra f. Parte o porción extraída de un conjunto por métodos que permiten considerarla como representativa del mismo. ‖ Pequeña cantidad de un producto que se regala gratuitamente para promocionarlo. ‖ Ejemplar o modelo que se ha de copiar o imitar. ‖ Indicio, demostración, prueba. ‖ Exposición o feria.

mugir intr. Dar mugidos. ‖ Bramar.

mugre f. Suciedad grasienta.

mujer f. Persona del sexo femenino. ‖ La que ha llegado a la edad de la pubertad. ‖ Esposa.

mujeriego adj. y m. [Hombre] muy aficionado a las mujeres.

mulato, ta adj. y s. [Hijo] de negra y blanco, o al contrario. ‖ De color moreno.

muleta f. Palo con un travesaño que permite el apoyo de la axila al andar. || Bastón o palo que lleva pendiente a lo largo un paño o capa, comúnmente encarnada, de que se sirve el torero para engañar al toro.

muletilla f. Muleta del torero. || Expresión que se repite innecesariamente al hablar.

mullir tr. Ahuecar y esponjar una cosa.

mulo, la m. y f. Animal híbrido estéril, que resulta del cruce entre las especies caballar y asnal. || Persona muy bruta.

multa f. Sanción económica.

multinacional adj. Relativo a varias naciones. || [Empresa o sociedad mercantil] que ejerce sus actividades en varios países. También f.

múltiple adj. Vario, de muchas maneras, opuesto a simple.

multiplicador, ra adj. Que multiplica. || [Factor] que indica las veces que el otro, o multiplicando, se debe sumar para obtener el producto de la multiplicación. Más c. m.

multiplicando adj. y m. [Factor] que debe sumarse tantas veces como indica el multiplicador para obtener el producto de la multiplicación. Más c. m.

multiplicar tr. Hallar el producto de dos factores, tomando uno de ellos, que se llama multiplicando, tantas veces por sumando como unidades contiene el otro, llamado multiplicador. || Aumentar considerablemente una cantidad. También intr. y prnl. || prnl. Reproducirse los seres vivos. || Esforzarse alguien por realizar o atender varios asuntos a la vez.

multiplicidad f. Diversidad. || Abundancia excesiva.

múltiplo, pla adj. y s. Número que contiene a otro varias veces exactamente.

multitud f. Número grande de personas o cosas. || fig. Vulgo, plebe.

mundo m. Conjunto de todas las cosas creadas. || El planeta Tierra. || El género humano. || Parte de la sociedad o actividad humana caracterizada por alguna cualidad o circunstancia. || La vida seglar, por oposición a la monástica.

munición f. Carga que se pone en las armas de fuego.

municipio m. Conjunto de habitantes de un mismo término jurisdiccional regido por un ayuntamiento. || Organismo que administra dicho término, más el alcalde y los concejales que lo dirigen. || Término o territorio que comprenden.

muñeca f. Parte del brazo en donde se articula la mano con el antebrazo.

muñeco, ca m. y f. Figurilla de forma humana que sirve de juguete. || fig. Persona de carácter

muñequera f. Tira de cuero, venda, tela elástica, etc., con que se aprieta o rodea la muñeca.

muñón m. Parte de un miembro cortado que permanece adherido al cuerpo.

mural adj. Relativo al muro. || m. Pintura hecha sobre un muro o aplicada a él.

muralla f. Muro u obra defensiva que rodea una plaza fuerte.

murciélago m. Mamífero volador nocturno que se alimenta de insectos.

murga f. fam. Compañía de músicos callejeros. || Molestia, incordio.

murmullo m. Ruido que se hace hablando, especialmente cuando no se percibe lo que se dice. || Ruido continuado y confuso.

murmurar intr. Producir un sonido suave y apacible. || fig. Hablar entre dientes manifestando queja por alguna cosa. También tr. || Hablar mal de una persona a sus espaldas. También tr.

muro m. Pared o tapia. || Muralla.

murria f. Tristeza, melancolía.

mus m. Juego de naipes y de envite.

musa f. Cada una de las deidades que protegen las ciencias y las artes liberales, especialmente la poesía. || Inspiración poética.

musaraña f. Pequeño mamífero insectívoro semejante a un ratón.

musculatura f. Conjunto y disposición de los músculos.

músculo m. Cualquiera de los órganos compuestos principalmente de fibras dotadas de la propiedad específica de contraerse. Son los responsables del movimiento.

museo m. Edificio o lugar en que se guardan y exponen colecciones de objetos artísticos o científicos. || Por ext., lugar donde se exhiben, con fines turísticos, objetos o curiosidades.

musgo m. Cada una de las plantas briofitas que crecen sobre las piedras, cortezas de árboles, etc.

música f. Arte de combinar los sonidos de la voz humana o de los instrumentos, o de unos y otros a la vez, de suerte que produzca deleite el escucharlos. || Composición musical.

musical adj. De la música o relacionado con ella. || Referido a cualquier sonido, que es agradable al oído. || m. Espectáculo con números de música y, generalmente, baile.

músico, ca adj. Relativo a la música. || m. y f. Persona que se dedica a componer o tocar música.

musitar intr. Susurrar o hablar entre dientes.

muslo m. Parte de la pierna desde la juntura de las caderas hasta la rodilla. || Parte correspondiente de los animales.

mustio, tia adj. Melancólico, triste. || Lánguido, marchito.

musulmán, ana adj. y s. Seguidor de la religión del Islam.

mutación f. Hecho de mudar o cambiar. || Cualquiera de las alteraciones producidas en la estructura o en el número de los genes o de los cromosomas de un organismo vivo, que se transmiten a sus descendientes por herencia. || Fenotipo producido por aquellas alteraciones. || Cambio escénico en el teatro.

mutilar tr. Cortar una parte del cuerpo. También prnl. || Quitar una parte de otra cosa.

mutis m. Voz que se usa en el teatro para hacer que un actor se retire de la escena. || Salida del actor de la escena y, por ext., acto de retirarse de cualquier lugar.

mutismo m. Silencio voluntario o impuesto.

mutualidad f. Asociación de personas que, para recibir determinadas prestaciones, aportan todas ellas una cuota periódicamente.

mutuo, tua adj. y s. Recíproco. || f. Mutualidad.

muy adv. que se antepone a nombres adjetivados, participios, etc., para denotar en ellos grado superlativo de significación.

N

n f. Decimocuarta letra del abecedario español y undécima de sus consonantes. Su nombre es *ene*.

nabo m. Planta de hojas grandes y flores pequeñas de color amarillo; su raíz es comestible, blanca o amarillenta y de forma alargada.

nácar m. Sustancia dura, blanca, brillante y con reflejos irisados, que forma el interior de varias conchas de moluscos.

nacer intr. Salir del vientre materno. || Salir del huevo un animal ovíparo. || Empezar a salir un vegetal de su semilla. || Empezar una cosa desde otra, como saliendo de ella. || fig. Inferirse una cosa de otra. || fig. Prorrumpir o brotar.

nacimiento m. Comienzo de la vida en un ser. || Comienzo de algo. || Lugar o sitio donde algo tiene su origen o principio. || Representación del nacimiento de Jesucristo en el portal de Belén.

nación f. Entidad jurídica y política formada por el conjunto de los habitantes de un país regido por el mismo gobierno. || Territorio de ese mismo país. || Conjunto de personas de un mismo origen étnico y que generalmente hablan un mismo idioma, tienen una tradición común y ocupan un mismo territorio.

nacionalidad f. Región que, a sus peculiaridades, une otras (idioma, historia, cultura, gobierno propios) que le confieren una acusada personalidad dentro de la nación en que está enclavada. || Condición y carácter peculiar de los pueblos o individuos de una nación. || Estado propio de la persona nacida o naturalizada en una nación.

nacionalismo m. Doctrina que exalta en todos los órdenes la personalidad nacional. || Aspiración de un pueblo o raza a alcanzar la plena independencia o a constituirse en ente autónomo dentro de un Estado.

nacionalizar tr. y prnl. Dar o recibir la nacionalidad de un país que no es el de origen. || Hacer que pasen a depender del gobierno de una nación medios de producción y servicios explotados por particulares.

nacionalsocialismo m. Doctrina fundada por Hitler que propugnaba un nacionalismo expansionista basado en la supremacía de la raza germánica y un racismo pseudocientífico fundamentalmente antisemita.

nada f. El no ser, o la carencia absoluta de todo ser. || Cosa mínima. || pron. indet. Ninguna cosa. || adv. cant. De ninguna manera, en absoluto. || Poca o muy poca cantidad de alguna cosa.

nadar intr. Mantenerse y avanzar sobre el agua moviendo algunas partes del cuerpo. || Flotar en un líquido cualquiera. || fig. Abundar en una cosa.

nadie pron. indet. Ninguna persona.

naftalina f. Hidrocarburo sólido muy usado, en forma de bolas, para preservar a la ropa de la polilla.

nahua adj. [Individuo] de un antiguo pueblo indio que habitó la altiplanicie mexicana y la parte de América Central antes de la conquista española. || [Grupo] de lenguas habladas por los indios mexicanos. También m.

naïf (Voz fr.) adj. y m. De un estilo de pintura que surgió a principios del s. XX; sus obras se caracterizan por una sencillez que recuerda a la pintura infantil y por el empleo de colores vivos.

nailon m. Fibra textil sintética.

naipe m. Cartulina rectangular que lleva figuras pintadas en una cara y sirve para jugar. || pl. Baraja.

nalga f. Cada una de las dos porciones carnosas y redondeadas que constituyen el trasero. Más en pl.

nana f. Canto con que se arrulla a los niños.

nao f. Nave.

napa f. Piel de algunos animales (cordero, cabra), curtida y trabajada, que se destina especialmente a la confección de prendas de vestir.

naranja f. Fruto comestible del naranjo, de forma globosa y de pulpa dividida en gajos. || m. Color semejante al de la naranja.

naranjo m. árbol siempre verde que se cultiva mucho en España. Su flor es el azahar y su fruto la naranja.

narcisismo m. Admiración excesiva que alguien siente por sí mismo, especialmente por sus cualidades físicas.

narcótico, ca adj. y m. [Sustancia] que produce sopor, relajación muscular y embotamiento de la sensibilidad, como el cloroformo y el opio.

narcotráfico m. Comercio de drogas tóxicas en grandes cantidades.

nariz f. Parte saliente del rostro humano, entre la frente y la boca, con dos orificios que comunican con la membrana pituitaria y el aparato de la respiración. También en pl. ‖ Sentido del olfato. ‖ pl. fig. y fam. Coraje, valor.

narrar tr. Contar una historia o suceso, real o imaginario, oralmente, por escrito o de cualquier otra manera.

narrativo, va adj. De la narración o relacionado con ella. ‖ f. Género literario formado por obras en prosa, fundamentalmente novelas y cuentos.

nasal adj. Relativo a la nariz. ‖ [Sonido] en cuya pronunciación la corriente espirada sale total o parcialmente por la nariz. ‖ [Voz, tono, etc.] que tiene un sonido de estas características.

nata f. Sustancia espesa que forma una capa sobre la leche que se deja en reposo. ‖ Materia grasa de la leche batida con azúcar.

natación f. Arte y técnica de nadar como deporte o como ejercicio.

natal adj. Relativo al nacimiento.

natalidad f. Número proporcional de nacimientos en un lugar y tiempo determinados.

natillas f. pl. Dulce de huevo, leche y azúcar.

nativo, va adj. Relativo al país o lugar en que uno ha nacido. ‖ Natural, de un país o lugar. También s. ‖ Innato.

nato, ta adj. [Título o cargo] que está anejo a un empleo o a la calidad de un sujeto.

natural adj. Relativo a la naturaleza o producido por ella. ‖ Poco trabajado o elaborado, espontáneo, no forzado o fingido. ‖ Conforme a la naturaleza peculiar de un ser determinado. ‖ Nativo, originario de un pueblo o nación. También m. ‖ Normal, lógico. ‖ Que se produce por las fuerzas de la naturaleza. ‖ Que imita con acierto o habilidad a la naturaleza. ‖ m. Carácter, temperamento.

naturaleza f. Conjunto de todo lo que forma el universo en cuya creación no ha intervenido el hombre. ‖ Principio o fuerza cósmica que se supone rige y ordena todas las cosas creadas. ‖ Esencia y propiedad característica de cada ser. ‖ Carácter, temperamento. ‖ Constitución física de una persona o animal. ‖ Especie, género, clase.

naturismo m. Doctrina que preconiza el empleo de los agentes naturales para el tratamiento de las enfermedades. ‖ Nudismo.

naufragar intr. Irse a pique o perderse la embarcación. ‖ fig. Salir mal un intento o negocio.

náufrago, ga adj. y s. Que ha padecido naufragio.

náusea f. Deseo de vomitar. Más en pl. ‖ fig. Repugnancia, desagrado o rechazo motivado por algo no físico.

nauseabundo, da adj. Que produce náuseas.

náutico, ca adj. Relativo a la navegación. ‖ [Deporte] que se lleva a cabo en el agua. ‖ f. Ciencia o arte de navegar.

navaja f. Cuchillo cuya hoja puede doblarse o replegarse para que el filo quede guardado dentro del mango.

nave f. Barco. ‖ Espacio entre dos nudos o filas de arcadas en los templos. ‖ Edificio industrial.

navegar intr. Viajar por el agua con embarcación. También tr. ‖ Desplazarse la embarcación. ‖ Manejar la nave. ‖ Por analogía, viajar por el aire.

navidad f. Nacimiento de Jesucristo. ‖ Día en que se celebra. ‖ Tiempo inmediato a este día, hasta la epifanía. También en pl.

naviero, ra adj. De los barcos y la navegación o relacionado con ellos. ‖ m. y f. Persona o empresa propietaria de un barco.

navío m. Barco muy grande, como los que se utilizan en la guerra o para la navegación de grandes distancias.

nazareno, na adj. y s. Penitente que en las procesiones de Semana Santa va vestido con túnica y capucha.

nazi adj. y com. Partidario del nacionalsocialismo o relativo al mismo.

nazismo m. Nombre abreviado del nacionalsocialismo.

neblina f. Niebla espesa y baja.

nebuloso, sa adj. Que tiene niebla o está cubierto de ella. ‖ fig. Sombrío, tétrico. ‖ fig. Falto de claridad o difícil de entender, confuso. ‖ f. Materia cósmica celeste, difusa y luminosa, en general de contorno impreciso.

necesario, ria adj. Que debe suceder inevitablemente. ‖ Conveniente, muy útil. ‖ Imprescindible para algo. ‖ Que se realiza obligado o forzado por algo.

neceser m. Caja o estuche con diversos objetos de tocador, costura, etc.

necesidad f. Lo que es imprescindible. ‖ Impulso o deseo muy grandes de algo. ‖ Carencia o escasez de lo imprescindible para vivir. ‖ Situación difícil que atraviesa alguien. ‖ Evacuación corporal de heces u orina. Se usa más en pl.

necesitar intr. y tr. Tener necesidad de una persona o cosa.

necio, cia adj. y s. Tonto, imprudente o sin razón ni lógica.

nécora f. Crustáceo marino parecido al cangrejo de mar, pero de mayor tamaño; tiene diez patas, las dos primeras de cada lado terminadas en pinza, y su carne es muy apreciada.

necrópolis f. Cementerio de gran extensión.

néctar m. Jugo azucarado producido por las flores de ciertas plantas. ‖ Bebida que, según la mitología grecolatina, proporcionaba la inmortalidad a los dioses

nectarina f. Fruto que resulta del injerto de ciruelo y melocotonero.

neerlandés, esa adj. y s. De los Países Bajos.

nefando, da adj. Indigno, torpe, repugnante.

nefasto, ta adj. Triste, funesto.

nefrítico, ca adj. De los riñones o relacionado con ellos.

negado, da adj. y s. Incapaz, inepto.

negar tr. Decir que no es verdad una cosa. || No admitir la existencia de algo. || Decir que no a lo que se pide. || Prohibir, impedir. || prnl. No querer hacer una cosa.

negativo, va adj. Que incluye negación. || Relativo a la negación. || Pesimista. También com. || m. Imagen fotográfica que ofrece invertidos los claros y oscuros. || f. Negación.

negligencia f. Descuido, omisión. || Falta de aplicación.

negociar intr. Comerciar con mercancías y valores. || Realizar una operación bancaria o bursátil. || tr. Gestionar asuntos públicos o privados.

negocio m. Ocupación encaminada a ganar dinero u obtener beneficios. || Beneficio o provecho obtenido. || Cualquier ocupación o asunto. Más en pl. || Local en que se comercia o negocia.

negro, gra adj. y m. De color totalmente oscuro, es decir, que carece de color. || De la raza negra o relacionado con ella. || adj. Oscurecido por la suciedad. || fam. Enfadado, furioso o molesto. || Relacionado con el diablo. || Desgraciado o muy malo. || [Novela o película] que trata sobre asuntos policiacos o de terror. || m. Persona que hace anónimamente el trabajo que se atribuye otra, por lo general un escritor. || f. Nota musical que equivale a la mitad de una blanca y a dos corcheas.

negruzco, ca adj. De color moreno algo negro.

nemotecnia o **nemotécnica** f. Mnemotecnia.

nene, na m. y f. fam. Niño pequeño.

nenúfar m. Planta que vive en el agua; tiene flores amarillas o blancas y hojas casi redondas, que flotan sobre la superficie.

neoclasicismo m. Corriente literaria y artística, dominante en Europa durante el s. XVIII, que aspiraba a restaurar el gusto y las normas del clasicismo.

neófito, ta m. y f. Persona adherida recientemente a una causa o a una colectividad.

neolítico, ca adj. y m. Del periodo prehistórico durante el cual el hombre empezó a pulir la piedra y a fabricar herramientas y utensilios con ella, o relacionado con él.

neologismo m. Vocablo, acepción o giro nuevo en una lengua.

neón m. Gas noble que se encuentra en pequeñas cantidades en la atmósfera terrestre. Símbolo, *Ne*.

neonazi adj. y com. [Persona] u organización política de extrema derecha que sigue las doctrinas del desaparecido nazismo alemán.

nepotismo m. Tendencia a favorecer con cargos, puestos o premios, a familiares, conocidos o a personas de la misma ideología por parte de alguien con poder, especialmente político.

nervio m. Cordón formado por haces de fibras nerviosas, que partiendo del cerebro, la médula espinal u otros centros, se distribuyen por todo el cuerpo, conduciendo los impulsos nerviosos. ‖ Haz fibroso de las hojas de las plantas. ‖ fig. Fuerza, vigor.

nervioso, sa adj. Que tiene nervios. ‖ Relativo a los nervios. ‖ [Persona] cuyos nervios se excitan fácilmente.

neto, ta adj. [Cantidad] de dinero o de peso de la que se han descontado los gastos o la tara.

neumático, ca adj. [Cualquier aparato] que funciona con el aire. ‖ m. Tubo de goma que, lleno de aire comprimido, sirve de amortiguador a las ruedas de los automóviles, las bicicletas, etc.

neumonía f. Inflamación del pulmón, pulmonía.

neuralgia f. Dolor a lo largo de un nervio.

neurastenia f. Enfermedad del sistema nervioso cuyos síntomas son tristeza, cansancio, temor y emotividad.

neurología f. Rama de la medicina que estudia las enfermedades del sistema nervioso.

neurona f. Célula nerviosa que posee la capacidad de excitarse.

neurosis f. Trastorno parcial de los aspectos funcionales de la individualidad que afecta sobre todo a las emociones y deja intacta la capacidad de razonamiento.

neurovegetativo, va adj. De la parte del sistema nervioso que regula la nutrición, el desarrollo y la reproducción, o que está controlado por esta.

neutral adj. y com. Que entre dos partes que contienden, permanece sin inclinaciones a ninguna de ellas. ‖ [Región, nación, etc.] que no toma parte en una guerra promovida por otros.

neutralizar tr. y prnl. Hacer que el efecto de algo sea más débil o quede anulado, al intervenir otra cosa diferente u opuesta. ‖ En química, hacer neutra una sustancia o una disolución de esta.

neutro, tra adj. Poco definido o difícil de definir. ‖ Indiferente en política o que se abstiene de intervenir en ella. ‖ [Sustantivo] no clasificado como masculino ni femenino.

nevar impers. Caer nieve.

nevera f. Mueble frigorífico para el enfriamiento o conservación de los alimentos.

nexo m. Unión y vínculo de una cosa con otra. || Elemento lingüístico que sirve para relacionar un término con otro, como p. ej. la preposición y la conjunción.

newton m. Unidad de fuerza del Sistema Internacional. Símbolo, *N*.

ni conj. Enlaza palabras o frases y denota negación, precedida o seguida de otra u otras. || Algunas veces equivale a *ni siquiera*. || En frases exclamativas, sirve para expresar una negación rotunda.

nicaragüense adj. y com. De Nicaragua.

nicho m. Concavidad en el espesor de un muro para colocar una cosa, especialmente un cadáver.

nicotina f. Alcaloide venenoso que contiene el tabaco.

nido m. Lecho que forman las aves para poner sus huevos y criar sus pollos. || Por ext., cavidad, agujero o conjunto de celdillas donde procrean diversos animales. || fig. Hogar, casa. || fig. Lugar donde se junta u origina algo.

niebla f. Nube en contacto con la Tierra y que oscurece más o menos la atmósfera.

nieto, ta m. y f. Respecto de una persona, hijo o hija de su hijo o de su hija.

nieve f. Agua helada que cae de las nubes en forma de copos blancos.

nigromancia o **nigromancía** f. Práctica supersticiosa que pretende desvelar el futuro invocando a los muertos. || Magia negra o diabólica.

nimbo m. Disco luminoso de la cabeza de las imágenes. || Capa de nubes bajas y oscuras que suelen traer lluvia o granizo.

nimio, mia adj. Insignificante, sin importancia.

ninfa f. Cualquiera de las fabulosas deidades de las aguas, bosques, selvas, etc. || Insecto que ha pasado ya del estado de larva y prepara su última metamorfosis.

ninfomanía f. Deseo sexual exagerado y a veces patológico en la mujer.

ningún adj. Apócope de *ninguno*.

ninguno, na adj. Ni uno solo. || Ninguna persona, nadie.

niñez f. Periodo de la vida humana que se extiende desde la infancia a la pubertad.

niño, ña adj. y s. Que se halla en la niñez. || Que tiene pocos años o poca experiencia. || m. y f. Hijo. || f. Pupila del ojo.

nipón, ona adj. y s. De Japón.

níquel m. Metal de color y brillo semejantes a los de la plata, muy duro. Símbolo, *Ni*.

niqui o **niki** Prenda de vestir hecha de un tejido ligero, gene-

níscalo

ralmente de punto, parecida a una camiseta, pero con cuello y botones en la parte superior; suele ser de manga corta.

níscalo m. Hongo comestible de sombrero anaranjado y de textura más dura que las setas.

nítido, da adj. Limpio, resplandeciente. || fig. Claro, preciso.

nitrógeno m. Elemento químico gaseoso, incoloro, transparente e inodoro. Símbolo, *N*.

nitroglicerina f. Éster nítrico de la glicerina; se trata de un explosivo potente e inestable, con una fuerza siete veces superior a la de la pólvora.

nivel m. Instrumento para averiguar la diferencia de altura entre dos puntos. || Altura que alcanza algo o grado en que se sitúa respecto a una escala. || Piso o planta. || fig. Situación, categoría o grado que alcanza algo.

níveo, a adj. De nieve o parecido a ella.

no adv. neg. Se utiliza como respuesta negativa a una pregunta, como expr. de rechazo o no conformidad, etc. || m. Negación.

noble adj. y com. Que posee un título de nobleza o que pertenece a una familia que lo tiene por herencia. || adj. Honrado, generoso, sincero, leal. || Aplicado a animales, fiel, no traicionero. || Destacado por su valor material, histórico o social, o por su calidad. || [Sustancia] químicamente inactiva.

nobleza f. Honradez, sinceridad o generosidad. || Fidelidad o lealtad. || Importancia o gran calidad de algo. || Conjunto de los nobles de un Estado.

noche f. Periodo de tiempo comprendido entre la puesta y la salida del Sol. || Tiempo que se dedica a dormir y que coincide aproximadamente con este intervalo de tiempo.

nochebuena f. Noche de vigilia de Navidad.

nochevieja f. Última noche del año.

noción f. Conocimiento o idea que se tiene de una cosa. || Conocimiento elemental. Más en pl.

nocivo, va adj. Dañoso, pernicioso.

noctámbulo, la adj. Que vive y realiza la mayor parte de su actividad por las noches.

nocturno, na adj. De la noche, o que se hace en ella. || m. Pieza musical de melodía dulce, propia para interpretarse durante la noche.

nodriza f. Mujer que cría o cuida niños que no son suyos. || Vehículo o nave que se encarga de llevar combustible a otros.

nódulo m. Pequeña dureza redondeada de cualquier materia. || Agrupación celular o fibrosa en forma de corpúsculo o nudo.

nómada adj. y com. [Pueblo] que carece de un lugar fijo de residencia y se desplaza de un sitio a otro.

nombrar tr. Decir el nombre de una persona o cosa. || Elegir a alguien para un cargo, empleo u otra cosa. || Hacer referencia a una persona o cosa.

nombre m. Palabra con que se designa una persona o cosa. || Título de una cosa. || Fama, opinión. || En gramática, el sustantivo.

nomenclatura f. Lista de nombres, nómina. || Conjunto de las voces técnicas de una especialidad.

nómina f. Lista o catálogo de nombres de personas o cosas. || Relación nominal de empleados que han de percibir sueldo. || El sueldo mismo. || Impreso en que se especifica el sueldo, los descuentos, los extras, etc.

nominar tr. Designar a alguien para un determinado cargo, puesto, etc. || Proponer algo o a alguien para un premio.

non adj. y m. Impar. || m. pl. Negación repetida de una cosa.

nonato, ta adj. No nacido en parto normal, sino mediante cesárea.

nono, na adj. Noveno.

nordeste o **noreste** m. Punto del horizonte entre el Norte y el Este.

nórdico, ca adj. De los pueblos del norte de Europa o relacionado con ellos.

noria f. Máquina para sacar agua de un pozo. || En las ferias, instalación recreativa consistente en una rueda que gira y en la que cuelgan asientos.

norma f. Regla que se debe seguir o a que se deben ajustar las conductas, tareas, actividades, etc. || Conjunto de reglas que determinan el uso correcto del lenguaje. || Precepto jurídico.

normal adj. Que es general o mayoritario. || Que es u ocurre como siempre o como es habitual, por lo que no produce extrañeza. || Lógico. || Que sirve de norma o regla. || Que, por su naturaleza, forma o magnitud se ajusta a ciertas normas fijadas de antemano.

normalizar tr. Adaptar algo a un tipo, un modelo o una norma. || Poner algo en orden o hacer que una cosa sea normal.

normativo, va adj. Que sirve de norma. || f. Conjunto de normas aplicables a una determinada materia o actividad.

noroeste m. Punto del horizonte entre el Norte y el Oeste.

norte m. Punto cardinal del horizonte, que cae frente a un observador a cuya derecha esté el Oriente.

norteamericano, na adj. y s. De América del Norte y especialmente de EE. UU.

noruego, ga adj. y s. De Noruega. || m. Lengua de Noruega.

nos pron. pers. de 1.ª persona, m. y f. pl. Funciona como complemento directo o indirecto. || Se

nosotros

utiliza para formar v. prnl. ‖ Se usa con valor de sujeto de 1.ª persona de sing. *(yo)* en el llamado plural mayestático.

nosotros, tras pron. pers. de 1.ª persona, m. y f. pl. Funciona como sujeto. ‖ Con prep., funciona como complemento.

nostalgia f. Pena de verse ausente de personas o cosas queridas. ‖ Tristeza melancólica por el recuerdo de un bien perdido.

nota f. Escrito breve que recuerda algo o avisa de alguna cosa. ‖ Advertencia, explicación, comentario. ‖ Calificación en un examen. ‖ Escrito que resume una exposición oral, realizado durante su desarrollo. Más en pl. ‖ Factura. ‖ En música, cualquiera de los signos que se usan para representar los sonidos. ‖ Cada uno de estos sonidos.

notable adj. Digno de atención, destacable. ‖ m. Una de las calificaciones usadas en los exámenes. ‖ Cada una de las personas principales en una colectividad.

notación f. Conjunto de signos que se utilizan en una materia o actividad determinadas.

notar tr. Señalar una cosa. ‖ Reparar o advertir. ‖ Percibir una sensación o darse cuenta de ella.

notario com. Funcionario público autorizado para dar fe de los contratos, testamentos y otros actos extrajudiciales.

noticia f. Divulgación o publicación de un hecho. ‖ Noción, conocimiento.

noticiario m. Espacio de televisión, radio o prensa en el que se difunden noticias.

notificar tr. Hacer saber una resolución de la autoridad. ‖ Por ext., comunicar una cosa.

notorio, ria adj. Público y sabido de todos. ‖ fig. Evidente, claro.

novato, ta adj. y s. Que acaba de incorporarse a una colectividad. ‖ Por ext., inexperto en algo.

novecientos, tas adj. Nueve veces ciento. ‖ Que ocupa el lugar novecientos en una serie ordenada. ‖ m. Conjunto de signos con los que se representa este número.

novedad f. Calidad de nuevo. ‖ Cambio. ‖ Noticia. ‖ Lo que sorprende por su carácter diferente, y generalmente estimulante e inspirador. ‖ Cualquier cosa que acaba de aparecer.

novel adj. Nuevo, inexperto.

novela f. Obra literaria en prosa, que narra sucesos ficticios, o reales en parte. ‖ Género literario formado por estas obras.

noveno, na adj. Que ocupa el lugar número nueve en una serie ordenada. ‖ [Parte] de las nueve iguales en que se divide un todo. También m. ‖ f. Ejercicio católico de devoción que se practica durante nueve días. ‖ Libro en que se contienen las oraciones y prácticas de una novena.

noventa adj. Nueve veces diez. || Que en una serie ordenada ocupa el número noventa. || m. Conjunto de signos con los que se representa este número.

noviazgo m. Condición o estado de novio o novia. || Tiempo que dura.

novicio, cia m. y f. Persona que, en la religión donde tomó el hábito, no ha profesado todavía. || fig. Principiante.

noviembre m. Undécimo mes del año, que tiene 30 días.

novillo, lla m. y f. Res vacuna de dos o tres años.

novio, via m. y f. Persona recién casada. || Persona que mantiene con otra una relación amorosa con fines matrimoniales. || Persona que mantiene con otra una relación sentimental de cualquier tipo.

nubarrón m. Nube grande y densa.

nube f. Masa de vapor de agua suspendida en la atmósfera. || Agrupación de cosas, como el polvo, el humo, insectos, etc. || Pequeña mancha blanquecina que se forma en la capa exterior de la córnea. || fig. Abundancia de algo.

núbil adj. Que ha alcanzado la madurez sexual y puede tener hijos. || [Edad] en que se alcanza la madurez sexual.

nublar tr. y prnl. Ocultar las nubes el cielo, el Sol o la Luna. || fig. Oscurecer, empañar algo, material o inmaterial.

nuca f. Parte posterior de la cabeza, por donde se une esta con la columna vertebral.

nuclear adj. Del núcleo. || De los núcleos de los átomos o relacionado con ellos.

núcleo m. Corpúsculo contenido en el citoplasma de las células. || fig. Punto central de alguna cosa. || Parte central del átomo, de carga eléctrica positiva y que contiene la mayor parte de la masa atómica.

nudillo m. Parte exterior de cualquiera de las articulaciones de los dedos. Más en pl.

nudismo m. Doctrina y práctica de quienes creen que la desnudez completa es conveniente para un perfecto equilibrio físico y moral.

nudo m. Lazo que se estrecha y cierra de modo que con dificultad se pueda soltar. || En los árboles y plantas, parte del tronco por la cual salen las ramas. || En marina, unidad de velocidad equivalente a una milla por hora. || En una obra literaria o cinematográfica, parte donde se complica la acción y que precede al desenlace. || Parte más difícil y compleja de algunas materias. || Punto donde se unen dos o más cosas.

nuera f. Respecto de una persona, mujer de su hijo.

nuestro, tra, tros, tras adj. y pron. pos. de 1.ª persona, m. y f.

Indica la relación de pertenencia del sustantivo al que acompaña respecto a dos o más poseedores, entre los que se incluye el hablante.

nueve adj. Ocho y uno. || Que ocupa el número nueve en una serie ordenada. || m. Signo con el que se representa este número.

nuevo, va adj. Recién creado o fabricado. || Distinto o diferente de lo que antes había o se tenía aprendido. || Que se añade a una cosa que había antes. || Recién llegado a un país o lugar. || En oposición a *viejo*, que está poco o nada usado. || f. Noticia.

nuez f. Fruto del nogal. || Prominencia que forma el cartílago tiroides en la parte anterior del cuello del varón adulto.

nulo, la adj. Falto de valor legal. || Incapaz, inepto.

numerador m. Guarismo que señala el número de partes iguales de la unidad, que contiene un quebrado. || Aparato con que se marca la numeración correlativa.

numeral adj. Del número o relacionado con él. || En gramática, [adjetivo o pronombre] que designa números.

numerar tr. Marcar con números una serie, para ordenarla. || Contar los elementos de un conjunto siguiendo el orden numérico. También prnl.

número m. Concepto matemático que expresa cantidad. || Signo o conjunto de signos con que se expresa este concepto. || Cantidad indeterminada de personas, animales o cosas. || Puesto que ocupa algo o alguien en una serie ordenada. || Cada una de las hojas o cuadernos de una publicación periódica. || Cada una de las partes de un espectáculo. || Accidente gramatical que expresa si la palabra se refiere a una sola persona o cosa o a más de una.

numeroso, sa adj. Que incluye gran número de cosas.

numismática f. Ciencia que trata del conocimiento de las monedas y medallas.

nunca adv. t. En ningún tiempo. || Ninguna vez.

nuncio m. Representante diplomático del Papa.

nupcias f. pl. Casamiento.

nutria f. Mamífero de cuerpo delgado y cola larga, que vive en las orillas de los ríos y se alimenta de peces; su piel, de color pardo rojizo, es muy apreciada en peletería.

nutrir tr. Proporcionar a un organismo vivo el alimento que necesita. || fig. Fortalecer, vigorizar. || fig. Llenar o abastecer.

nylon (Voz i.) m. Nailon.

Ñ

ñ f. Decimoquinta letra del abecedario español y duodécima de sus consonantes. Su nombre es *eñe*.

ñame m. Planta herbácea, originaria de los países tropicales, cuyo tubérculo, parecido a la batata, es comestible.

ñandú m. Ave americana de gran tamaño, algo más pequeña que el avestruz, con tres dedos en cada pie y plumaje gris.

ñanga adj. *amer.* Inútil. || adv. *amer.* Inútilmente. || f. *amer.* Terreno pantanoso.

ñapango, ga adj. *amer.* Mestizo. || *amer.* Mulato.

ñato, ta adj. *amer.* De nariz corta y aplastada.

ñeque adj. *amer.* Fuerte, vigoroso. || m. *amer.* Fuerza, energía.

ño, ña m. y f. *amer.* Tratamiento vulgar de cortesía, que equivale a *señor, señora* o a *don, doña*.

ñoñería f. Hecho o dicho propio de persona ñoña.

ñoño, ña adj. fam. Apocado y de corto ingenio. || Melindroso, remilgado. || Soso. || Quejica.

ñora f. Pimiento muy picante, guindilla.

ñu m. Mamífero rumiante de África, especie de antílope.

O

o f. Decimosexta letra del abecedario español y cuarta de sus vocales. || conj. Denota diferencia, separación o alternativa. || Denota idea de equivalencia.

oasis m. Zona con vegetación y agua, que se encuentra aislada en los desiertos de África y Asia.

obcecar tr. y prnl. Cegar, deslumbrar u ofuscar.

obedecer tr. Cumplir lo que otro manda. || Responder algo a la acción que sobre ello ejerce alguien o algo. || intr. Tener origen una cosa, proceder.

obelisco m. Pilar muy alto, terminado en punta piramidal, que se levanta con motivo de alguna conmemoración.

obertura f. Composición instrumental corta que generalmente precede a una obra musical como la ópera, la suite, etc.

obeso, sa adj. Muy gordo.

óbice m. Obstáculo, impedimento.

obispo m. Prelado a cuyo cargo está el gobierno de una diócesis.

óbito m. Fallecimiento de una persona.

objetar tr. Impugnar, oponer.

objetivo, va adj. Relativo al objeto en sí y no a nuestro modo de pensar o sentir. || Imparcial, desapasionado, que no se deja influir por consideraciones personales en sus juicios o en su comportamiento. || m. Lente o sistema de lentes de los aparatos ópticos o fotográficos que se dirige hacia los objetos. || Objeto, fin.

objeto m. Cosa, especialmente la de carácter material. || Lo que sirve de materia al ejercicio de las facultades mentales. || Fin o propósito a que se dirige o encamina una acción u operación. || Materia y sujeto de una ciencia. || En lingüística, el complemento directo o indirecto, por oposición al sujeto.

objetor, ra m. y f. Persona que se niega a cumplir el servicio militar, apoyándose en razones éticas, políticas o religiosas.

oblicuo, cua adj. Sesgado, inclinado. || Desviado de la horizontal, no paralelo.

obligar tr. Hacer que alguien realice algo, utilizando la autoridad o la fuerza. || Hacer fuerza en una cosa para conseguir un efecto determinado. || prnl. Comprometerse a cumplir algo.

oblongo, ga adj. Más largo que ancho.

obnubilar tr. y prnl. Ofuscar.

oboe m. Instrumento de viento construido en madera, de embocadura cónica y con seis orificios regulados por un sistema de llaves.

óbolo m. fig. Cantidad pequeña con que se contribuye a algo.

obra f. Cosa hecha por alguien o por algo. || Cualquier creación humana en ciencias, artes, letras, etc., especialmente si tiene importancia. || Libro o libros que contienen un trabajo literario completo. || Edificio en construcción. || Conjunto de arreglos o cambios que se hacen en un edificio. || Medio, virtud o poder por el que se realiza algo.

obrar intr. Realizar una acción de una forma determinada o con determinada actitud. || tr. Causar, producir efecto una cosa.

obrero, ra adj. y s. Que trabaja. || adj. Del trabajador o relacionado con él. || m. y f. Trabajador manual asalariado.

obsceno, na adj. Impúdico, contrario al pudor.

obscurantismo m. Oscurantismo.

obscurecer tr. Oscurecer.

obscuro, ra adj. Oscuro.

obsequiar tr. Agasajar a alguien con atenciones o regalos.

obsequio m. Regalo. || Cualquier muestra de afecto o respeto que se hace a alguien para complacerle.

observancia f. Cumplimiento riguroso de una orden o de una obligación.

observar tr. Examinar atentamente. || Guardar y cumplir exactamente lo que se manda y ordena. || Darse cuenta de algo.

observatorio m. Lugar apropiado para hacer observaciones, especialmente astronómicas o meteorológicas.

obsesión f. Idea, deseo, preocupación, etc., que no se puede apartar de la mente.

obseso, sa adj. y s. Que está dominado por una obsesión.

obsoleto, ta adj. Anticuado, que no se usa.

obstáculo m. Impedimento, estorbo. || Dificultad, inconveniente. || En algunos deportes, cada una de las vallas que presenta una pista.

obstar intr. Impedir, estorbar, oponerse. Se usa solo en 3.ª persona, y generalmente en frases negativas.

obstetricia f. Parte de la medicina, que trata de la gestación, el parto y el tiempo inmediatamente posterior a este.

obstinarse prnl. Mantenerse en una resolución, opinión o propósito sin dejarse disuadir por ruegos o razones, ni por obstáculos o dificultades.

obstruir tr. Estorbar el paso, cerrar un conducto o camino. || Impedir o dificultar una acción. || prnl. Cerrarse, taparse un agujero, conducto, etc.

obtener tr. Conseguir una cosa que se merece, solicita o pretende. || Conseguir un producto distinto a través de otros.

obturar tr. y prnl. Tapar o cerrar una abertura o conducto introduciendo o aplicando un cuerpo.

obtuso, sa adj. Torpe, tonto. || Ángulo mayor o más abierto que el recto.

obús m. Pieza de artillería de menor longitud que el cañón. || Proyectil que dispara.

obviar tr. Evitar, rehuir obstáculos o inconvenientes. || fig. No mencionar una cosa por considerarla evidente o conocida.

obvio, via adj. fig. Muy claro o que no tiene dificultad.

oca f. Ganso, ánsar. || Juego de mesa.

ocasión f. Oportunidad o momento propicio para ejecutar o conseguir algo. || Momento o circunstancias en las que se sitúa un hecho. || Razón por la que se hace o sucede algo. || Objeto que se vende a bajo precio o después de ser utilizado.

ocasionar tr. Ser causa o motivo de que suceda algo.

ocaso m. Puesta del Sol. || fig. Decadencia.

occidente m. Punto cardinal del horizonte por donde se oculta el Sol. || Lugar de la Tierra que, respecto de otro, cae hacia donde se pone el Sol. || Conjunto de naciones de la parte occidental de Europa. || Conjunto de países de varios continentes, cuyas lenguas y culturas tienen su origen principal en Europa.

occipital adj. Del occipucio o relacionado con él. || adj. y m. Del hueso del cráneo que corresponde al occipucio.

occipucio m. Parte de la cabeza por donde esta se une con las vértebras del cuello.

océano m. Extensión de agua salada que cubre las tres cuartas partes de la superficie terrestre. || Cada una de sus grandes divisiones.

oceanografía f. Ciencia que estudia los océanos y mares, su vida, sus fenómenos, así como la fauna y flora marinas.

ochenta adj. Ocho veces diez. || Que en una serie ordenada ocupa el número ochenta. || m. Conjunto de signos con los que se representa este número.

ocho adj. Siete y uno. || Octavo. || m. Signo o cifra con el que se representa este número.

ochocientos, tas adj. Ocho veces ciento. || Que en una serie ordenada ocupa el número ochocientos. || m. Conjunto de signos con los que se representa este número.

ocio m. Tiempo libre, sin actividad laboral, que se dedica al descanso o a realizar otro tipo de actividades.

ocre adj. y m. Color amarillo oscuro. || m. Mineral terroso amarillo o rojizo, que se usa en pintura.

octavilla f. Octava parte de un pliego de papel. || Hoja de propaganda política o social.

octavo, va adj. Que ocupa el lugar número ocho en una serie ordenada. || [Parte] de las ocho iguales en que se divide un todo. También m. || f. En música, serie de sonidos formada por ocho notas: los siete sonidos constitutivos de una escala y la repetición del primero de ellos. || Composición poética.

octubre m. Décimo mes del año, que tiene 31 días.

ocular adj. Relativo a los ojos o a la vista. || m. En los aparatos ópticos, lente o sistema de lentes por donde se mira, y que amplían la imagen dada por el objetivo.

oculista com. Médico especialista de los ojos.

ocultar tr. Esconder, tapar. También prnl. || Encubrir. || Callar o disfrazar la verdad.

ocultismo m. Conjunto de conocimientos y prácticas rituales, con las que se pretende penetrar y dominar fuerzas poco conocidas de la naturaleza. || Teoría que defiende la existencia de fenómenos que no tienen explicación racional y que no pueden ser demostrados científicamente.

oculto, ta adj. Escondido, desconocido, que no se da a conocer ni se deja ver ni sentir.

ocupacional adj. De la ocupación laboral o relacionado con ella.

ocupar tr. Tomar posesión. || Desempeñar un cargo o dignidad. || Llenar un espacio o lugar. || Habitar una casa. || Dar trabajo, emplear. || Extenderse algo sobre determinado espacio o abarcar determinado tiempo. || prnl. Dedicarse, atender.

ocurrencia f. Idea. || Pensamiento, dicho agudo o ingenioso.

ocurrir intr. Acaecer, suceder algo. || prnl. Pensar o idear algo, por lo general de forma repentina.

oda f. Composición poética del género lírico dividida generalmente en estrofas, de tema amoroso, histórico o patriótico y de extensión variable.

odio m. Sentimiento de aversión y rechazo, muy intenso e incontrolable, hacia algo o alguien.

odisea f. Viaje lleno de incidentes y dificultades. || Dificultades que se oponen a la realización de un propósito y que requieren tiempo, esfuerzo o habilidad.

odontología f. Estudio y tratamiento de los dientes.

odre m. Cuero que sirve para contener vino, aceite y otros líquidos.

oeste m. Occidente, punto cardinal. || Lugar situado hacia ese punto. || Viento de Occidente.

ofender tr. Injuriar de palabra, agraviar. || prnl. Molestarse, enfadarse.

ofensa f. Agravio, daño.

oferta f. Promesa u ofrecimiento que se hace a alguien. || Cantidad de bienes o servicios que se ofrecen al mercado a un precio dado. || Puesta en venta de un producto a precio rebajado, y este mismo producto.

ofertar tr. Ofrecer en venta un producto. || Ofrecer, hacer una propuesta.

office (Voz fr.) m. Habitación o cuarto situado al lado de la cocina.

offside (Voz i.) m. En algunos deportes, fuera de juego.

oficial adj. Que procede del Estado o de un organismo público. || Reconocido o autorizado por quien tiene facultad para ello. || m. En determinados oficios, el que ha superado el aprendizaje y no es todavía maestro. || Categoría administrativa entre auxiliar y jefe. || Militar desde alférez a capitán, inclusive.

oficina f. Local donde se realizan trabajos, especialmente burocráticos, de una empresa, institución, etc.

oficio m. Ocupación o profesión habitual. || Trabajo físico o manual para el que no se requieren estudios teóricos. || Función propia de una cosa. || Comunicación oficial escrita. || pl. Servicio religioso, especialmente los de la Semana Santa.

oficioso, sa adj. Que procede de una autoridad, pero no tiene carácter oficial.

ofrecer tr. Prometer, obligarse a algo. || Dar voluntariamente una cosa a alguien. || Presentar, manifestar algo o alguien un aspecto determinado. También prnl. || Decir lo que se está dispuesto a pagar por algo. || Dedicar algo a alguien. || Dedicar algo a Dios o a los santos. || prnl. Proponerse alguien voluntariamente a otra persona para realizar alguna cosa.

ofrenda f. Presente o dádiva que se dedica generalmente a la divinidad.

oftalmología f. Parte de la medicina que estudia los ojos y trata sus enfermedades y los defectos de la visión.

ofuscar tr. Impedir algo pensar con claridad a alguien. || prnl. Obsesionarse.

ogro m. Gigante mítico que se alimentaba de carne humana. || fig. Persona cruel, fea o de mal carácter.

oído m. Sentido que permite percibir los sonidos. || Órgano de la audición. || Aptitud para percibir y reproducir los sonidos musicales.

oír tr. Percibir los sonidos. || Escuchar, poner atención. || Atender los ruegos, súplicas o consejos de alguien. || Entender o comprender lo que otro dice.

ojal m. Abertura de algunas prendas por donde entra un botón o cosa semejante.

¡ojalá! interj. Expresa fuerte deseo de que suceda algo.

ojear tr. Dirigir los ojos a determinada parte, mirar. || Espantar la caza para llevarla al lugar donde están los cazadores.

ojera f. Mancha amoratada alrededor del párpado inferior. Más en pl.

ojeriza f. Aversión o antipatía hacia uno.

ojete m. Especie de ojal redondo. || fam. Ano.

ojiva f. Figura formada por dos arcos de círculo iguales que se cortan en ángulo. || Arco así formado. || Punta de los misiles atómicos, donde se aloja la carga.

ojo m. Órgano de la vista. || Abertura o agujero que atraviesa de parte a parte alguna cosa. || Espacio bajo los arcos de un puente. || Cada uno de los huecos o cavidades que tienen el pan, el queso y otras cosas esponjosas. || fig. Atención, cuidado. || fig. Vista, perspicacia. || fig. Expresión para llamar la atención de algo.

OK expr. inglesa que equivale a *está bien, vale, de acuerdo*.

ola f. Onda formada por el viento en la superficie de las aguas. || Fenómeno atmosférico que produce una variación repentina de la temperatura de un lugar. || fig. Multitud, oleada. || Afluencia pasajera de algo.

oleada f. Ola grande. || Embate y golpe de la ola. || fig. Movimiento impetuoso de gente. || fig. Cantidad grande e indeterminada de cosas o sucesos que se imponen de forma arrolladora.

oleaginoso, sa adj. Aceitoso.

oleaje m. Sucesión continuada de olas.

óleo m. Pintura que se obtiene disolviendo ciertos pigmentos en una solución aceitosa. || Técnica pictórica que utiliza estas pinturas. || Obra pictórica así obtenida. || Aceite consagrado que usa la Iglesia en los sacramentos. Más en pl.

oleoducto m. Tubería para conducir el petróleo a larga distancia.

oler tr. Percibir los olores. || Procurar percibir o identificar un olor. También intr. || fig. Sospechar una cosa. También prnl. || fig. Curiosear. || intr. Despedir olor. || fig. Ofrecer algo o alguien un determinado aspecto, generalmente negativo.

olfato m. Sentido con el que se perciben los olores. || fig. Perspicacia para descubrir algo.

oligarquía f. Forma de gobierno en que el poder es controlado por un reducido grupo de personas. || Cualquier tipo de autoridad que ejercen en su provecho un pequeño número de personas.

olimpiada u **olimpíada** f. Conjunto de fiestas y juegos que se hacían cada cuatro años en la ciudad griega de Olimpia. || Competición deportiva internacional que se celebra cada cuatro años.

olímpico, ca adj. De las olimpiadas. || Del Olimpo.

oliscar u **olisquear** tr. Olfatear. || Husmear, curiosear.

oliva f. Olivo, árbol. || Fruto del olivo, aceituna.

olivo m. Árbol oleáceo de hojas persistentes cuyo fruto es la aceituna. || Madera de este árbol.

olla f. Recipiente redondo de barro o metal que sirve para cocer, calentar agua, etc. || Guisado de carne, tocino, legumbres y hortalizas.

olmo m. Árbol de tronco robusto y copa ancha y espesa, con hojas de forma ovalada y cubiertas de vello por una cara y flores de color blanco rosado.

olor m. Sensación que producen en el olfato las emanaciones de ciertos cuerpos. || Lo que es capaz de producir esa sensación.

oloroso m. Vino de Jerez de color dorado oscuro y mucho aroma.

olvidar tr. Dejar de retener algo en la memoria. También prnl. || Dejar de sentir afecto o interés por alguien o algo. || Dejarse algo en algún sitio. || Dejar de hacer una cosa por descuido. || No tener en cuenta una cosa. También prnl.

ombligo m. Cicatriz que se forma en medio del vientre, después de secarse el cordón umbilical. || fig. Centro de cualquier cosa.

ominoso, sa adj. Abominable, despreciable.

omisión f. Abstención de hacer o decir algo. || Falta en la que se incurre por haber dejado de hacer algo necesario o conveniente.

omitir tr. Dejar de hacer o decir una cosa.

omnipotencia f. Poder absoluto o muy grande.

omnisciencia f. Conocimiento de todas las cosas reales y posibles.

omnívoro, ra adj. y s. [Animal] que se alimenta de toda clase de sustancias orgánicas.

omóplato u **omoplato** m. Cada uno de los dos huesos anchos, casi planos y de forma triangular, situados a uno y otro lado de la espalda y unidos a los brazos.

onanismo m. Masturbación.

once adj. y pron. Diez y uno. También m. || Undécimo. || m. Conjunto de signos con que se representa este número.

onda f. Cada una de las elevaciones que se forman en la superficie de un líquido. || Ola. || Cada una de las ondulaciones que se forman en el pelo, las telas, etc. || Oscilación periódica que produce un medio físico como la luz, el sonido, etc.

ondear intr. Moverse una cosa haciendo ondas.

ondular intr. Moverse una cosa formando giros en figura de eses. || tr. y prnl. Hacer ondas en el pelo.

oneroso, sa adj. Pesado, molesto. || Que no es gratuito, que exige una contraprestación económica o personal. || Por ext., muy costoso.

onírico, ca adj. De los sueños o relativo a ellos.

onomástico, ca adj. De los nombres propios o relativo a ellos. || f. Día del santo de una persona.

onomatopeya f. Imitación del sonido de una cosa por medio del lenguaje. || Palabra resultante de la imitación de sonidos y que ha terminado utilizándose para designarlo.

opa f. En economía, oferta pública de adquisición de acciones de una empresa para comprarla.

opaco, ca adj. Que impide el paso a la luz. || Que no tiene brillo.

opción f. Elección, posibilidad de elegir entre varias cosas. || Cada una de estas cosas. || Derecho que se tiene a obtener algo bajo ciertas condiciones.

ópera f. Obra musical con acción dramática escrita para ser cantada y representada con acompañamiento de música. || Género musical formado por este tipo de obras. || Teatro donde se representan.

operación f. Acción mediante la que se realiza algo. || Intervención quirúrgica. || Intercambio comercial de cualquier tipo. || Conjunto de reglas que permiten obtener otras cantidades o expresiones. || Acción o conjunto de acciones militares realizadas según unos planes previos.

operador, ra m. y f. Persona que maneja habitualmente un mecanismo. || Persona con conocimientos técnicos encargada del mantenimiento de ciertos aparatos. || Técnico de cine o televisión encargado del sonido o de la fotografía durante el rodaje. || m. Símbolo matemático que indica las operaciones que van a realizarse.

operar tr. y prnl. Realizar, llevar a cabo. || Realizar o someterse a una intervención quirúrgica. || tr. Negociar con valores bancarios. || Efectuar operaciones matemáticas.

operario, ria m. y f. Obrero.

operativo, va adj. Que produce el efecto que se pretendía. || Que funciona o está en activo.

opinar intr. Formar o tener una idea, juicio o concepto sobre alguien o algo. || Expresar esa idea con palabras o por escrito.

opinión f. Idea, juicio o concepto que se tiene sobre alguien o algo. || Fama o concepto en que se tiene a una persona o cosa.

opio m. Jugo de la adormidera, que se emplea como narcótico.

opíparo, ra adj. Copioso y espléndido.

oponer tr. Utilizar algo que impida o dificulte la acción de una persona o el efecto de una cosa. También prnl. || Proponer una razón o argumento contra lo que otro dice. || prnl. Ser una cosa contraria a otra.

oporto m. Vino de color oscuro y sabor dulce, fabricado principalmente en la ciudad portuguesa de Oporto.

oportunidad f. Ocasión propicia, coyuntura. || Venta de artículos de consumo a bajo precio. Más en pl.

oportuno, na adj. Que se hace cuando conviene. || Ocurrente, gracioso.

oposición f. Acción de oponer u oponerse. || Disconformidad, desacuerdo. || Contraste. || Grupos o partidos que se oponen a la política del Gobierno. || pl. Concurso con exámenes selectivos para la obtención de un cargo, empleo, cátedra, etc.

opositar intr. Hacer oposiciones a un cargo o empleo.

oprimir tr. Ejercer presión sobre algo. También prnl. || Someter con violencia, tiranizar. || Producir algo una sensación de angustia.

oprobio m. Afrenta, deshonra.

optar tr. e intr. Elegir. || Aspirar a algo a lo que se tiene derecho según determinadas condiciones.

óptico, ca adj. y s. De la visión o la óptica. || f. Parte de la física que estudia las leyes y los fenómenos de la luz, especialmente los relacionados con la visión. || Tienda de aparatos ópticos. || fig. Modo de considerar una cosa, punto de vista.

optimismo m. Propensión a ver y juzgar las cosas en su aspecto más favorable.

optimizar tr. Buscar la mejor manera de realizar una actividad.

óptimo, ma adj. sup. de *bueno*. Muy bueno, que no puede ser mejor.

opulencia f. Abundancia, riqueza, gran cantidad.

oquedad f. Espacio que en un cuerpo sólido queda vacío.

ora conj. dist. Expresa alternancia.

oración f. Súplica, ruego que se hace a Dios y a los santos. || Palabra o frase con sentido completo.

oráculo m. Respuesta de la divinidad a las cuestiones planteadas

orador, ra m. y f. Persona que habla en público. || Persona muy elocuente. || m. Predicador.

oral adj. De la boca o relativo a ella. || Expresado con la palabra, a diferencia de escrito.

orangután m. Mamífero antropoide que llega a alcanzar 2 m de altura, de pelaje espeso y rojizo y con piernas cortas y brazos muy largos. Se alimenta de hojas y frutos.

orar intr. Rezar.

orate com. Persona que ha perdido el juicio.

oratoria f. Arte de servirse de la palabra para deleitar, persuadir o conmover.

orbe m. Esfera celeste o terrestre. || Mundo, universo.

órbita f. Trayectoria que recorre un astro en su movimiento de traslación. || Trayectoria que recorren las partículas sometidas a campos electromagnéticos en los aceleradores de partículas. || Trayectoria que recorre un electrón alrededor del núcleo del átomo. || Cavidad del ojo. || fig. Área que abarca la actividad o influencia de alguien o algo.

orca f. Mamífero marino muy voraz.

orden m. Colocación de las cosas en el lugar que les corresponde. || Concierto, buena disposición. || Método o sistema. || Serie o sucesión de las cosas. || Sacramento de la iglesia católica, por el cual son instituidos los sacerdotes. || En zoología y botánica, categoría entre la clase y la familia. || f. Mandato que se debe obedecer, observar y ejecutar. || Cada una de las instituciones de carácter religioso y militar formadas por caballeros y sometidas a regla. || Cada una de las instituciones religiosas aprobadas por el Papa, cuyos individuos viven bajo las reglas fundacionales. || Cada una de las instituciones civiles o militares creadas para condecorar a ciertas personas. || Condecoración que ofrecen.

ordenador, ra adj. Que ordena. || m. Máquina o sistema de tratamiento de la información que realiza operaciones automáticas, para las cuales ha sido previamente programada.

ordenanza f. Conjunto de disposiciones referentes a una materia. Más en pl. || Mandato, precepto. || com. Empleado subalterno de una oficina. || m. Soldado que realiza determinados servicios a los oficiales o jefes.

ordeñar tr. Extraer la leche exprimiendo la ubre de los animales.

ordinal adj. [Adjetivo numeral] que expresa la idea de orden o sucesión.

ordinario, ria adj. Común, corriente. ‖ Que demuestra mala educación. ‖ De mal gusto o poco refinado. ‖ Realizado sin cuidado o con materiales de mala calidad. ‖ [Correo] que se despacha por tierra o por mar, a diferencia del aéreo y del certificado.

orear tr. Poner al aire, para refrescar o secar. ‖ prnl. Salir uno a tomar el aire.

orégano m. Planta aromática, cuyas hojas y flores se usan como condimento.

oreja f. Parte externa del órgano del oído. ‖ Cada una de las dos piezas simétricas en forma de oreja que tienen ciertos objetos. Más en pl.

orfanato m. Asilo de huérfanos.

orfandad f. Situación de la persona que ha perdido a alguien o ambos padres.

orfebre com. Persona que labra objetos artísticos de oro, plata y otros metales preciosos.

orfelinato m. Orfanato.

organdí m. Tela blanca de algodón, muy fina y transparente.

orgánico, ca adj. De cualquier organismo vivo y de sus órganos, o relacionado con ellos. ‖ Referido a cualquier sustancia o materia, que contiene carbono, normalmente porque está formada por restos de un ser vivo. ‖ Que tiene armonía y orden. ‖ Que atañe a la constitución de corporaciones o entidades colectivas o a sus funciones.

organigrama m. Sinopsis o esquema de la organización de una entidad, de una empresa o de una tarea.

organillo m. Órgano pequeño o piano que se toca por medio de un manubrio.

organismo m. Ser vivo. ‖ Conjunto de órganos de un ser vivo. ‖ Entidad o institución pública o privada que se ocupa de funciones de interés general.

organizar tr. Planificar o estructurar la realización de algo, distribuyendo convenientemente los medios materiales y personales con los que se cuenta y asignándoles funciones determinadas. También prnl. ‖ Poner orden. ‖ Hacer o causar algo.

órgano m. Instrumento músico de viento compuesto de un teclado y un sistema de tubos, donde se produce el sonido. ‖ Parte del cuerpo animal o vegetal que ejerce una función. ‖ Por ext., parte de un conjunto que realiza una función diferenciada dentro del mismo.

orgasmo m. Momento de máxima excitación de los órganos sexuales en que se experimenta un placer intenso.

orgía f. Fiesta en la que se busca experimentar todo tipo de placeres sensuales, especialmente en lo relacionado con la comida, la bebida y el sexo.

orgullo m. Exceso de estimación propia. || Sentimiento de satisfacción por algo que uno considera de valor o mérito.

orientar tr. y prnl. Situar o determinar la posición o dirección respecto a los puntos cardinales. || Informar. || Dirigir.

oriente m. Punto cardinal por donde sale el Sol, Este. || Viento de Oriente. || Nombre dado a Asia y a las regiones inmediatas a África y Europa.

orificio m. Agujero, abertura. || Cada una de las aberturas del cuerpo que comunica los órganos con el exterior.

origen m. Principio, nacimiento o causa de algo. || Lugar de procedencia de una persona. || Medio económico o social en el que nace una persona.

original adj. Del origen. || [Obra científica, artística o literaria] que ha sido producida directamente por el autor, y que no es copia, traducción o imitación de otra. También m. || [Artista, escritor o pensador] que aporta con sus creaciones algo novedoso, y dicha [creación]. || Que sorprende por su carácter poco habitual. || m. Manuscrito que se da a la imprenta. || Escrito del que se sacan copias.

originar tr. Ser instrumento, motivo, principio u origen de algo. || prnl. Iniciarse una cosa.

orilla f. Límite, extremo o borde de una cosa. || Parte de tierra más próxima al mar, lago, río, etc. || Acera.

orín m. Óxido rojizo que se forma sobre el hierro. || Orina.

orina f. Líquido segregado por los riñones, que se acumula en la vejiga y se expele por la uretra.

orinal m. Recipiente para la orina.

orinar intr. y prnl. Expeler la orina.

oriundo, da adj. Originario.

orla f. Adorno que rodea una cosa. || Retrato colectivo de los alumnos de una misma promoción académica, como recuerdo de la misma.

ornamento m. Adorno. || pl. Vestiduras sagradas que se pone el sacerdote para decir la misa.

ornar tr. y prnl. Adornar.

ornato m. Adorno, atavío.

ornitología f. Parte de la zoología que se ocupa del estudio de las aves.

oro m. Metal precioso de color amarillo brillante. || Color amarillo como el de este metal. También adj. || Joyas. || pl. Uno de los palos de la baraja.

orondo, da adj. Hueco, hinchado. || fig. Contento de sí mismo.

oropel m. Lámina de latón que imita el oro. || fig. Cosa de poco valor y mucha apariencia.

orquesta f. Conjunto de instrumentistas que ejecutan una obra musical.

orquestar tr. Arreglar una pieza musical para tocarla con varios instrumentos. || Organizar o dirigir algo, coordinando sus distintos elementos.

orquídea f. Nombre común de varias plantas con flores de formas curiosas y colores variados, con uno de sus pétalos más desarrollados que los demás y que crecen en zonas de clima templado y tropical. || Flor de estas plantas.

ortiga f. Planta cuyas hojas, cubiertas de pelos, segregan un líquido que produce irritación y picor al tocarlas.

orto m. Aparición del Sol o de otro astro por el horizonte.

ortodoncia f. Rama de la odontología que se ocupa del estudio y corrección de las malformaciones y defectos de la dentadura.

ortodoxo, xa adj. Conforme a los dogmas de una religión o los principios de una ideología que se consideran verdaderos. También s. || Conforme con la doctrina tradicional en cualquier rama del saber. || [Religión] cristiana de Europa oriental, que obedece al patriarca de Constantinopla.

ortografía f. Parte de la gramática que se ocupa de dictar normas para la adecuada escritura de una lengua. || Escritura correcta, según las normas ortográficas.

ortopedia f. Parte de la medicina que trata de corregir o evitar las deformaciones del cuerpo humano, por medios fisioterapéuticos, quirúrgicos o protésicos. || Serie de técnicas encaminadas al diseño y fabricación de aparatos y prótesis para corregir las deformidades físicas.

oruga f. Larva de las mariposas. || Planta herbácea anual, de hojas picantes que se usan como condimento. || Llanta metálica articulada de forma continua, que se aplica a las ruedas de cada lado del vehículo y permite avanzar a este por terrenos blandos o accidentados.

orujo Residuo de pieles y pepitas que quedan de la uva, la aceituna u otros frutos después de haber sido prensados y que todavía puede ser aprovechado para otros usos. || Aguardiente de alta graduación que se obtiene del residuo de la uva por destilación.

orzuelo m. Granillo que aparece en el borde de los párpados.

os pron. pers. Forma átona de 2.ª persona del pl. que funciona como complemento directo o indirecto. También reflexivo con verbos pronominales.

osamenta f. Esqueleto.

osar intr. y prnl. Atreverse.

osario m. Lugar destinado a los huesos, principalmente en los cementerios.

óscar m. Galardón cinematográfico que concede anualmente la Academia de Ciencias y Artes Cinematográficas de Hollywood (EE. UU.).

oscilar intr. Efectuar movimientos de vaivén a la manera de un péndulo. || fig. Crecer y disminuir alternativamente la intensidad de algunas manifestaciones o fenómenos. || Titubear, vacilar.

ósculo m. Beso.

oscurantismo m. Oposición a que se difunda la cultura y la educación entre las clases populares. || Defensa de ideas anticuadas o irracionales en cualquier terreno.

oscurecer tr. Reducir la cantidad de luz o claridad de algo. || fig. Hacer que algo sea menos valioso o estimable. || fig. Dificultar o impedir la comprensión de algo. || impers. Anochecer. || prnl. Apl. al día, a la mañana, al cielo, etc., nublarse.

oscuro, ra adj. Que tiene poca luz o claridad o carece de ella. || [Color] casi negro, y el que se contrapone a otro más claro de su misma gama. || fig. Desconocido o poco conocido, y por ello generalmente dudoso. || fig. Confuso, falto de claridad, poco comprensible. || fig. Incierto, peligroso. || Nublado.

óseo, a adj. De hueso. || De naturaleza parecida a la del hueso.

osezno m. Cachorro del oso.

osificarse prnl. Convertirse en hueso.

oso, sa m. y f. Mamífero plantígrado, de pelaje abundante, cabeza prolongada, ojos pequeños y extremidades fuertes y gruesas.

ostensible adj. Claro, manifiesto, visible.

ostentar tr. Mostrar algo que se posee de forma que se haga visible para los demás, generalmente por orgullo, vanidad o complacencia. || Poseer algo que se hace visible por sí mismo. || Poseer algo que da derecho a ciertas ventajas.

ostra f. Molusco marino comestible, de concha rugosa.

ostracismo m. Aislamiento al que se somete a una persona, ya sea voluntario o forzoso.

otear tr. Mirar desde un lugar alto.

otero m. Cerro aislado que domina un llano.

otitis f. Inflamación del oído.

otomano, na adj. y s. Turco. || f. Especie de diván o sofá.

otoño m. Estación del año, templada, que en el hemisferio septentrional comienza el 23 de septiembre y termina el 21 de diciembre. || fig. Edad madura.

otorgar tr. Dar o conceder. || Consentir, aceptar. || Establecer o estipular algo, especialmente cuando se realiza ante notario.

otorrinolaringología f. Parte de la medicina que trata de las enfermedades del oído, nariz y laringe.

otro, tra adj. y pron. Distinto a la persona que habla o a lo mencionado anteriormente. || Uno más. || Un poco anterior. || Un poco posterior, siguiente. || Semejante o parecido. || pl. Los demás, el prójimo.

output (Voz i.) m. En un proceso económico, producto que resulta de la combinación de los diversos factores o *inputs* de producción. || En informática, cualquier sistema de salida de información de un ordenador.

ovación f. Aplauso entusiasta del público.

oval adj. Con forma de óvalo.

óvalo m. Curva cerrada, similar a la elipse, y simétrica respecto de uno o dos ejes.

ovario m. Órgano genital de las hembras en el que se forman los óvulos.

oveja f. Hembra del carnero.

overol m. *amer.* Mono, traje de faena de una sola pieza.

ovillo m. Bola que se forma al devanar una fibra textil. || fig. Cosa enredada y de figura redonda. || fig. Montón confuso de cosas.

ovino, na adj. Del ganado lanar.

ovíparo, ra adj. y s. Que se reproduce por huevos.

ovni (Siglas de *objeto volador no identificado*) m. Objeto volador observado desde la Tierra, de origen desconocido.

ovulación f. Desprendimiento natural de un óvulo en el ovario para que pueda ser fecundado.

óvulo m. Célula reproductora femenina en los animales y en el hombre. || En las plantas, corpúsculo que nace sobre la placenta o el capelo, y que tras la fecundación dará lugar a la semilla. || Variedad de supositorio que se administra por vía vaginal.

oxidar tr. y prnl. Transformar un cuerpo por la acción del oxígeno o de un oxidante.

óxido m. Compuesto químico formado por un elemento metal o metaloide con el oxígeno. || Capa de este compuesto de color pardo rojizo, que se forma sobre los metales expuestos al aire o a la humedad.

oxígeno m. Elemento químico gaseoso, esencial en la respiración, algo más pesado que el aire y parte integrante de este, del agua y de la mayoría de las sustancias orgánicas. Símbolo, *O*.

oyente adj. y com. Que oye o escucha una cosa. || com. Persona que asiste a un curso sin estar matriculado como alumno.

ozono m Gas de color azul muy oxidante, cuya molécula está formada por tres átomos de oxígeno, y que se produce mediante descargas eléctricas en las capas bajas y altas de la atmósfera.

P

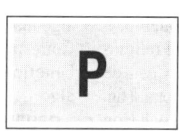

p f. Decimoséptima letra del abecedario español y decimotercera de sus consonantes. Su nombre es *pe*.

pabellón m. Edificio por lo común aislado, pero que forma parte de otro. ‖ Tienda de campaña en forma de cono. ‖ Bandera nacional. ‖ Colgadura de tela que cubre una cama, trono, altar, etc. ‖ Ensanche cónico en que termina la boca de algunos instrumentos de viento, como la trompeta.

paca f. Fardo o lío, especialmente de lana o algodón en rama.

pacato, ta adj. Pacífico, tranquilo. ‖ Asustadizo, tímido. ‖ Timorato, mojigato.

pacer intr. y tr. Comer el ganado la hierba en el campo.

pachanga f. *amer.* Danza originaria de Cuba. ‖ Alboroto, fiesta, diversión bulliciosa.

pacharán m. Licor obtenido por maceración de endrinas en aguardiente anisado.

pachorra f. Flema, indolencia.

pachucho, cha adj. fam. [Fruto] demasiado maduro o [flor] poco fresca. ‖ fam. Flojo, alicaído, algo enfermo.

paciencia f. Capacidad para soportar con resignación las adversidades. ‖ Tranquilidad para esperar. ‖ Calma para hacer trabajos minuciosos o entretenidos.

paciente adj. Que soporta o hace las cosas con paciencia. ‖ [Sujeto] de una oración pasiva. ‖ com. Enfermo.

pacifismo m. Doctrina que se opone a la guerra y a la violencia y defiende la paz.

pacto m. Convenio o acuerdo entre personas físicas o jurídicas, que se obligan a su observancia. ‖ Lo estipulado por tal convenio.

padecer tr. Sentir daño, dolor, enfermedad o pena. ‖ Recibir una acción negativa. ‖ intr. Sufrir, soportar. ‖ Recibir daño las cosas.

padrastro m. Marido de la madre, respecto de los hijos habidos antes por ella en anterior matrimonio. ‖ Pedacito de pellejo que se levanta de la carne inmediata a las uñas de las manos.

padre m. Varón respecto de su hijo o hijos. ‖ Cabeza de una des-

padrino

cendencia, familia o pueblo. || Nombre que se aplica al religioso o sacerdote. || fig. Cosa de quien procede o proviene otra. || fig. Autor o inventor de algo. || Con mayúscula, primera persona de la Trinidad. || pl. El padre y la madre. || Los antepasados. || adj. fam. Muy grande o importante.

padrino m. El que presenta o asiste a otra persona que va a recibir el bautismo, que se va a casar, que recibe algún honor o grado, etc. || Persona que protege a otra o la ayuda a triunfar. || pl. El padrino y la madrina.

padrón m. Registro de los vecinos o moradores de un pueblo.

paella f. Plato de arroz seco, con carne, pescado, mariscos, legumbres, etc., típico de la región valenciana. || Paellera.

paellera f. Especie de sartén de hierro, poco profunda y con dos asas donde se prepara la paella.

paga f. Cantidad de dinero que se recibe, particularmente por el trabajo realizado.

paganismo m. Nombre dado por los primitivos cristianos a las religiones politeístas.

pagano, na adj. y s. Que profesa el paganismo. || adj. No religioso.

pagar tr. Dar uno a otro lo que le debe. || fig. Cumplir el castigo por un delito o falta cometidos, o sufrir las consecuencias de algo malo que se ha hecho. || fig. Corresponder a un sentimiento o beneficio. || prnl. Ufanarse de algo.

pagaré m. Documento privado por el que se reconoce una deuda.

página f. Cada una de las caras de una hoja de un libro o cuaderno. || Lo escrito o impreso en una página. || fig. Episodio en la vida de una persona o en la historia de algo.

paipay m. Abanico en forma de pala y con mango.

país m. Territorio que forma una unidad geográfica, política y cultural. || Estado independiente.

paisaje m. Pintura, fotografía, etc., que representa una porción de campo, río, bosque, pueblo, etc., y en la que las figuras humanas no aparecen o bien ocupan un lugar secundario. || Porción de terreno considerada en su aspecto artístico.

paisano, na adj. y s. Que es del mismo país, provincia y lugar que otro. || m. y f. Campesino, habitante del campo. || m. El que no es militar.

paja f. Caña de las gramíneas después de seca y separada del grano. || Canuto para sorber bebidas. || Brizna de una hierba. || fig. Cosa de poca consistencia. || fig. Lo inútil o innecesario. || *vulg.* Masturbación.

pajar m. Almacén de paja.

pajarita f. Tipo de corbata que se anuda en forma de mariposa. || Papel doblado en forma de pájaro.

pájaro, ra m. Cualquiera de las aves terrestres, voladoras, con pico recto no muy fuerte y tamaño generalmente pequeño. || m. y f. Persona astuta y sagaz. || f. Desfallecimiento que sufre un ciclista.

paje m. Criado joven que acompañaba a sus amos o servía en la casa.

pajizo, za adj. De color beige parecido al de la paja. || Hecho o cubierto de paja.

pala f. Instrumento para cavar compuesto de una tabla o plancha rectangular o redondeada y un mango. || Tabla con mango para jugar a la pelota. || Parte ancha del remo. || Parte superior del calzado. || Diente incisivo superior.

palabra f. Sonido o conjunto de sonidos articulados que expresan una idea. || Representación gráfica de estos sonidos. || Capacidad para hablar o expresarse. || Lo que dice alguien o está escrito en algún texto. Más en pl. || Promesa o compromiso verbal de hacer algo. || Derecho, turno para hablar.

palabrota f. Palabra malsonante, ordinaria.

palacio m. Edificio suntuoso destinado a residencia de los reyes, altos personajes o corporaciones. || Casa solariega de una familia noble. || Nombre dado a ciertos edificios públicos.

paladar m. Parte interior y superior de la boca del animal vertebrado. || fig. Gusto y sabor que se percibe en los alimentos. || fig. Gusto, sensibilidad.

paladear tr. Mantener un alimento en la boca para apreciar su sabor. || fig. Recrearse con algo.

paladín m. Defensor denodado de alguna persona o cosa.

palanca f. Máquina simple, generalmente una barra, que apoyada en un punto sirve para levantar pesos con uno de sus extremos al hacer fuerza sobre el opuesto. || Dispositivo para accionar algunos mecanismos.

palangana f. Jofaina. || com. *amer.* Fanfarrón, pedante. También adj.

palco m. Localidad independiente con balcón, en los teatros y otros lugares de recreo. || Tabladillo donde se coloca la gente para ver una función.

paleografía f. Disciplina auxiliar de la historia que estudia la escritura y signos de libros y documentos antiguos.

palestino, na adj. y s. De Palestina, región de Asia situada a orillas del Mediterráneo.

palestra f. Sitio en que se celebran ejercicios literarios públicos o se discute sobre cualquier asunto.

paleta f. Tabla donde el pintor ordena los colores. || Utensilio que usan los albañiles para manejar la mezcla o mortero. || Pieza de los ventiladores, hélices, etc., que recibe y utiliza el choque o la resistencia del aire.

paletilla f. Cada uno de los dos huesos planos y anchos, de forma parecida a un triángulo, que tienen las personas a los lados de la espalda, en su parte de arriba; en zonas animales, están situados en la zona superior del lomo. || Esta parte de los animales, que se consume como alimento.

paleto, ta adj. [Persona] ordinaria e ignorante que vive en el campo o procede de un pueblo pequeño. También s. || Poco refinado, de mal gusto.

paliar tr. Disminuir la intensidad de un dolor o los efectos dañinos de algo. || Quitarle importancia a algo.

palidecer intr. Ponerse pálido. || Disminuir la importancia de algo o alguien.

pálido, da adj. Amarillento, macilento. || Descolorido, desvaído. || fig. Desanimado, falto de expresión y colorido.

palillo m. Mondadientes de madera. || Bolillos para hacer encajes y pasamanería. || Cada una de las dos varillas que sirven para tocar el tambor.

palio m. Dosel colocado sobre cuatro o más varas largas, que se usa en las procesiones para cubrir al sacerdote o a una imagen; se emplea también en otras ceremonias en las que intervienen los reyes o personalidades relevantes.

paliza f. Zurra de golpes. || fig. y fam. Derrota muy grande. || fig. Trabajo o esfuerzo muy grandes. || com. Persona muy pesada.

palma f. Árbol de las palmas, palmera. || Hoja de la palmera. || Datilera. || Parte inferior y algo cóncava de la mano, desde la muñeca hasta los dedos.

palmatoria f. Especie de candelero bajo.

palmera f. Árbol de hasta 20 m de altura, cuyos frutos son los dátiles.

palmípedo, da adj. y f. [Ave] que tiene los dedos unidos por membranas.

palmito m. Palmera de tronco corto o subterráneo y hojas en forma de abanico con las que se fabrican escobas, esteras, etc. || Cogollo comestible de esta planta. || Cara y figura bonitas de una persona.

palmo m. Medida de longitud, equivalente a unos 21 cm.

palo m. Trozo de madera mucho más largo que grueso. || Golpe que se da con un palo. || Cada una de las cuatro series en que se divide la baraja de naipes. || fig. Daño o perjuicio.

paloduz m. Rizoma de regaliz que se chupa o se mastica como dulce.

paloma f. Nombre vulgar de aves que se caracterizan por su tronco corto y grueso, pico largo y débil, alas largas y puntiagudas, tarsos cortos y dedos sin membrana interdigital.

palometa f. Pez marino de cuerpo gris azulado con forma aplastada y ovalada, cabeza pequeña y boca con dientes afilados; su carne es apreciada como alimento.

palomilla f. Mariposa pequeña. || Tuerca con dos aletas para enroscar a mano. || Armazón triangular para sostener tablas, estantes u otras cosas.

palomita f. Roseta de maíz tostado.

palpar tr. Tocar con las manos una cosa. || Andar a tientas o a oscuras, valiéndose de las manos para no tropezar. || fig. Notar o percibir algo claramente.

palpitar intr. Contraerse y dilatarse alternativamente el corazón. || Aumentar la palpitación natural del corazón. || Moverse o agitarse una parte del cuerpo interiormente. || fig. Manifestarse con fuerza una pasión, un efecto, etc.

pálpito m. Presentimiento, corazonada.

palurdo, da adj. y s. Tosco, paleto.

pamela f. Sombrero de mujer, bajo de copa y ancho de alas.

pampa f. Cualquiera de las llanuras extensas de América meridional.

pámpano m. Brote verde, tierno y delgado de la vid. || Hoja de la vid.

pan m. Alimento hecho de harina, mezclada con agua y sal, que, después de amasada formando una pasta y fermentado por la acción de la levadura, se cuece al horno. || fig. Todo lo que en general sirve para el sustento diario.

pana f. Tela gruesa y acanalada, semejante en el tejido al terciopelo.

panacea f. Medicamento al que se atribuye eficacia para curar diversas enfermedades.

panaché m. Plato preparado con diversas verduras cocidas.

panadero, ra m. y f. Persona que se dedica profesionalmente a hacer o vender pan.

panal m. Conjunto de celdillas de cera que hacen las abejas y avispas.

pancarta f. Cartel con una consigna o reivindicación que se exhibe en manifestaciones y protestas públicas.

panceta f. Tocino entreverado con magro.

panchito m. Cacahuete frito.

páncreas m. Glándula de los vertebrados que produce la insulina.

panda m. Especie de oso originario de China.

pandereta f. Pandero pequeño con sonajas o cascabeles.

pandero m. Instrumento rústico de percusión.

pandilla f. Grupo de amigos. || *desp*. Grupo de gente.

panegírico, ca adj. Que alaba. || m. Discurso en alabanza de una persona. || Por ext., elogio.

panel m. Compartimiento en que se divide una pared, las hojas de puertas, etc. || Elemento prefabricado para construir divisiones en los edificios. || Tablero para avisos, propaganda, etc. || Parte de un mecanismo, vehículo, etc., donde aparecen los indicadores o los controles.

panera f. Cesta o recipiente para guardar o servir el pan.

pánfilo, la adj. y s. Pausado, torpe. || Bobo, que no se da mucha cuenta de las cosas.

panfleto m. Libelo difamatorio. || Opúsculo de carácter agresivo.

pánico, ca m. Miedo grande.

panificadora f. Instalación industrial para la elaboración del pan.

panoli adj. y com. fam. Simple, pánfilo.

panorama m. Vista que se contempla desde un lugar. || fig. Aspecto general de algo.

pantalla f. Lámina que se coloca delante o alrededor de la luz artificial, para que no dañe a los ojos. || Telón sobre el que se proyectan las imágenes cinematográficas. || Parte de un televisor, del monitor de un ordenador o de otros aparatos electrónicos que permite visualizar imágenes o caracteres.

pantalón m. Prenda de vestir que se ciñe al cuerpo en la cintura y baja cubriendo cada pierna hasta los tobillos. Más en pl.

pantano m. Hondonada donde se detienen las aguas. || Depósito artificial de agua.

panteón m. Monumento destinado a enterramiento de varias personas.

pantera f. Leopardo con manchas anilladas en la piel.

pantomima f. Género teatral basado en el gesto y el movimiento, sin utilizar la palabra. || fig. Comedia que se hace para simular algo.

pantorrilla f. Parte carnosa y abultada de la pierna, por debajo de la corva.

pantufla f. Zapatilla sin talón, para andar por casa.

panty (Voz i.) m. Leotardos de seda, nailon o material semejante. Más en pl.

panza f. Barriga. || Parte más saliente de ciertas vasijas. || Primera de las cuatro cavidades en que se divide el estómago de los rumiantes.

panzada f. Atracón.

pañal m. Trozo de tela o de un material absorbente que se pone a los bebés como si fuera una braga.

paño m. Tela de lana muy tupida y con pelo corto. || Trapo que se utiliza en la cocina y para otras tareas domésticas. || Parte continua de una pared, en la que no hay huecos para puertas o ventanas.

pañuelo m. Pedazo de tela cuadrado y de una sola pieza, que sirve para diferentes usos.

papa f. Patata.

Papa m. Sumo pontífice de la Iglesia Católica.

papá m. fam. Padre de uno o varios hijos. || pl. El padre y la madre.

papada f. Abultamiento carnoso que se forma debajo de la barbilla. || Pliegue cutáneo que sobresale debajo del cuello de ciertos animales.

papagayo m. Ave prensora propia de los países tropicales, que aprende a repetir palabras y frases enteras.

paparazzi (Voz it.) com. Fotógrafo que se dedica a vigilar y a seguir a los famosos para conseguir fotografiarlos sin su permiso.

papaya f. Fruto tropical de un árbol llamado papayo, de forma alargada y carne muy dulce.

papear tr. e intr. fam. Comer.

papel m. Material hecho con pasta vegetal molida y blanqueada que se dispone en finas láminas y se usa para escribir, dibujar, etc. || Hoja o trozo de este material. || Documento, título o manuscrito de cualquier clase. || En teatro, cine, etc., parte de la obra y personaje que le corresponde representar a un actor. || Función de una persona o cosa. || Conjunto de valores de bolsa.

papeleo m. Exceso de trámites en un asunto.

papelera f. Fábrica de papel. || Cesto de los papeles.

papelería f. Tienda en que se vende papel y objetos de escritorio.

papeleta f. Cédula. || fig. y fam. Asunto difícil de resolver.

papera f. Inflamación del tiroides, bocio. || Inflamación de las glándulas de la saliva. || pl. Enfermedad infecciosa infantil que produce una inflamación de la glándula parótida.

papila f. Cada una de las pequeñas prominencias cónicas de la piel, las mucosas y ciertos órganos de algunos vegetales, y en especial las que existen en la lengua, a través de las cuales captamos los sabores de las cosas.

papilla f. Especie de puré hecho de leche, cereales, etc., que toman generalmente niños y enfermos.

papiro m. Planta con tallo en caña, de 2 a 3 m de altura, que crece junto a ríos y lagos. || Lámina sacada del tallo de esta planta, utilizada en la antigüedad como material de escritura.

paquete m. Lío o envoltorio que se hace con algo, generalmente para transportarlo. || fig. Persona que va en una moto de acompañante. || fig. Castigo o sanción.

paquidermo adj. y m. [Animal] mamífero de piel muy gruesa y dura.

par adj. Igual o semejante. || m. Conjunto de dos personas o dos cosas de una misma especie. || Título de dignidad en algunos países.

para prep. Indica finalidad o destino. || Expresa tiempo o duración. || Indica dirección. || Desde el punto de vista o según la opinión de alguien.

parábola f. Narración de un suceso inventado, del que se deduce una enseñanza moral. || Curva abierta que resulta de cortar un cono circular recto por un plano paralelo a una generatriz.

parabrisas m. Bastidor con cristal que lleva el automóvil en su parte anterior.

paracaídas m. Dispositivo hecho con tela resistente que se usa para moderar la velocidad de caída de los cuerpos que se arrojan desde las aeronaves.

parachoques m. Pieza de los automóviles y otros carruajes para amortiguar los efectos de un choque.

paradero m. Lugar o sitio donde se para o se va a parar.

paradigma m. Ejemplo o modelo. || Conjunto ordenado o completo de todos los esquemas formales que puede adoptar una palabra y, principalmente, un verbo.

paradisiaco, ca o **paradisíaco, ca** adj. Del paraíso, o con sus características.

parado, da adj. Remiso, tímido. || Desocupado, o sin empleo. También s.

paradoja f. Figura de pensamiento que consiste en emplear expresiones o frases que envuelven contradicción. || Contradicción entre dos cosas o ideas.

parador m. En España, establecimiento hotelero dependiente de organismos oficiales.

parafernalia f. Excesivo lujo o aparato con que se desarrolla un acto o con que se acompaña una persona.

parafina f. Sustancia sólida, opalina, inodora, menos densa que el agua y fácilmente fusible; se obtiene de la destilación del petróleo y tiene múltiples aplicaciones industriales y farmacéuticas.

parafrasear tr. Realizar una explicación o interpretación de un texto.

parágrafo m. Párrafo.

paraguas m. Utensilio portátil para resguardarse de la lluvia.

paragüero m. Recipiente que sirve para dejar los paraguas y los bastones mientras no se utilizan.

paraíso m. Lugar donde, según el Antiguo Testamento, vivieron Adán y Eva. || Cielo, lugar donde, según algunas religiones, van las personas buenas cuando mueren. || Sitio muy agradable.

paraje m. Lugar, sitio.

paralelo, la adj. [Línea o plano] equidistante con respecto a otro y que por más que se prolonguen no pueden encontrarse. || Correspondiente o semejante. || m. Cada uno de los círculos menores paralelos al ecuador. || f. pl. Barras paralelas para ejercicios gimnásticos.

parálisis f. Privación o disminución del movimiento de una o varias partes del cuerpo.

paralizar tr. y prnl. Producir parálisis. || Detener, impedir la acción y movimiento de una cosa.

parámetro m. En matemáticas, variable que incluida en una ecuación, modifica el resultado de esta. || En estadística, valor numérico de alguna característica de una población, obtenido a partir del estudio de una muestra representativa.

paramilitar adj. [Organización] que tiene una estructura o disciplina de tipo militar, aunque en realidad no lo sea.

páramo m. Terreno yermo.

parangón m. Comparación.

paraninfo m. Salón de actos académicos en algunas universidades.

paranoia f. Conjunto de perturbaciones mentales que provocan un estado de delirio, y que se caracterizan por ideas o ilusiones fijas, sistematizadas y lógicas.

paranormal adj. [Fenómeno] que estudia la parapsicología.

parapente m. Deporte que se practica con un paracaídas rectangular y que consiste en lanzarse desde una gran altura. || Instrumento parecido a un paracaídas, pero de forma rectangular, con el que se practica este deporte.

parapeto m. Barrera hecha de piedras, sacos de arena, etc., para protegerse detrás de ella en una lucha. || Pared o baranda que se pone para evitar caídas.

paraplejia o **paraplejía** f. Parálisis de la mitad inferior del cuerpo.

parapsicología f. Estudio de los fenómenos y comportamientos psicológicos, cuya naturaleza y efectos no tienen aún explicación científica, como la telepatía, levitación, etc.

parar intr. Cesar en el movimiento o en la acción. También prnl. || Ir a dar a un término o llegar al fin. || Alojarse, hospedarse; también frecuentar un lugar. || tr. Detener, impedir un movimiento o acción. || En fútbol y otros deportes, interceptar el balón para que no entre en la portería. || En una lucha, interceptar el golpe del contrario. || prnl. Construido con la prep. *a* y el inf. de algunos verbos que expresan entendimiento, realizar dicha acción con atención y calma.

pararrayos m. Dispositivo para evitar los efectos de la electricidad de los rayos.

parásito, ta adj. [Animal o planta] que vive a costa de otro. También m. ‖ [Ruido] que perturba las transmisiones electrónicas. ‖ m. fig. Persona que vive a costa de otra.

parasol f. Sombrilla.

parcela f. Porción pequeña de terreno. ‖ Parte pequeña de algunas cosas.

parche m. Trozo de tela u otra cosa que se pone sobre algo para tapar un roto o una falta. ‖ Vendaje, gasa, etc., sobre una herida. ‖ fig. Cosa que se añade a otra y desentona. ‖ fig. Arreglo provisional.

parchís m. Juego que se practica en un tablero y fichas.

parcial adj. Relativo a una parte del todo. ‖ Incompleto. ‖ Que no es justo ni equitativo.

parco, ca adj. Corto, escaso. ‖ Sobrio, moderado.

pardo, da adj. Del color de la tierra.

pareado, da adj. y m. [Verso] que rima de dos en dos.

parecer m. Opinión, juicio.

parecer cop. Tener determinada apariencia o aspecto o causar cierta impresión. ‖ intr. Opinar, creer. ‖ impers. Existir indicios de lo que se dice. ‖ prnl. Tener semejanza o parecido.

pared f. Obra de albañilería levantada en posición vertical para cerrar un espacio o sostener la techumbre. ‖ Tabique.

paredón m. Pared que queda en pie, como ruina de un edifico antiguo. ‖ Muro contra el cual se lleva a cabo un fusilamiento.

pareja f. Conjunto de dos personas o cosas que tienen alguna correlación o semejanza. ‖ Cada una de estas personas o cosas considerada en relación con la otra.

parentesco m. Vínculo, enlace por consanguinidad o afinidad. ‖ fig. Relación o semejanza que existe entre las cosas.

paréntesis m. Oración o frase incidental que no interrumpe o altera el periodo. ‖ Cada uno de los signos ortográficos () en que suele encerrarse esta oración o frase. ‖ fig. Suspensión o interrupción.

pareo m. Pañuelo grande que se enrolla alrededor del cuerpo como si fuera una falda o un vestido, especialmente encima del bañador o el biquini.

paria com. Persona de la casta ínfima de los hindúes. ‖ fig. Persona insignificante.

parida f. fam. Tontería.

pariente, ta adj. Respecto de una persona, [ascendiente, descendiente o colateral] de su misma familia. Más c. s. ‖ fig. y fam. Allegado, semejante o parecido. ‖ m. y f. fam. El marido respecto de la mujer, y la mujer respecto del marido.

paripé m. Fingimiento, simulación.

parir intr. Expulsar la hembra el feto que tenía concebido. También tr. ‖ tr. fig. Producir o causar una cosa.

parking (Voz i.) m. Aparcamiento público o privado.

parlamentar intr. Hablar o conversar para llegar a un acuerdo o solución.

parlamento m. Asamblea que ejerce el poder legislativo. ‖ Edificio en el que se reúne un parlamento. ‖ Acción de parlamentar.

parlanchín, ina adj. y s. fam. Que habla mucho.

paro m. Cese o interrupción de un movimiento, acción o actividad. ‖ Situación de la persona sin empleo.

parodia f. Imitación burlesca de algo o alguien.

paroxismo m. Empeoramiento o acceso violento de una enfermedad. ‖ fig. Exaltación extrema de sentimientos y pasiones.

parpadear intr. Abrir y cerrar repetidamente los párpados. ‖ Titilar una luz.

párpado m. Cada una de las membranas movibles del ojo.

parque m. Terreno o sitio cercado y con plantas. ‖ Conjunto de instrumentos, aparatos o materiales destinados a un servicio público. ‖ Pequeño recinto protegido de diversas formas, donde se deja a los niños muy pequeños para que jueguen.

parqué o **parquet** m. Pavimento para suelos de interior formado por pequeños listones de madera.

parra f. Vid, y en especial la que está levantada artificialmente.

parrafada f. Conversación muy larga e ininterrumpida.

párrafo m. Cada una de las divisiones de un escrito que termina con punto y aparte. ‖ Signo ortográfico (§) con que, a veces, se denota cada una de estas divisiones.

parranda f. Jolgorio, juerga.

parricida adj. y com. [Persona] que mata a su padre, o a su madre, o a su cónyuge. ‖ Por ext., [persona] que mata a alguno de sus parientes.

parrilla f. Utensilio de hierro en figura de rejilla, a propósito para poner a la lumbre lo que se ha de asar o tostar.

párroco adj. y m. [Cura] que tiene a su cargo una parroquia.

parroquia f. Iglesia regentada por un párroco. ‖ Conjunto de feligreses. ‖ Territorio que está bajo la jurisdicción de una determinada iglesia.

parsimonia f. Calma o lentitud excesivas.

parte f. Porción indeterminada de un todo. ‖ Porción que le corresponde a alguien en cualquier comunidad o distribución. ‖ Sitio o lugar. ‖ Cada una de las personas que han hecho un contrato o que participan en un mismo negocio. ‖ Cada una de las personas o grupos de ellas enfrentadas en una disputa, pleito, etc. ‖ Cada uno de los aspectos que pueden considerarse en una persona o cosa. ‖ m. Comunicación de cualquier clase. ‖ f. pl. Con el adj. pos., órganos genitales.

parterre m. Parte acotada de un jardín con flores o césped.

participar intr. Entrar junto con otros en un asunto o negocio. ‖ fig. Compartir la opinión, sentimientos o cualidades de otra persona o cosa. ‖ tr. Dar parte, comunicar.

participio m. Forma no personal del verbo que puede desempeñar la función de adjetivo y a veces de sustantivo.

partícula f. Cuerpo o parte muy pequeña. ‖ En lingüística, nombre con que se designa a veces a las preposiciones, conjunciones y afijos.

particular adj. Propio o característico de una persona o cosa. ‖ Especial, extraordinario. ‖ Singular, único. ‖ Privado. ‖ adj. y com. Que no tiene un cargo oficial o no representa a ninguna entidad. ‖ m. Punto o materia de que se trata.

partidario, ria adj. y s. Que sigue un partido o bando, o entra en él. ‖ Adicto a una persona o idea.

partido, da adj. Dividido. ‖ m. Organización política estable que, apoyada en una ideología afín entre sus afiliados, aspira a ejercer el poder para desarrollar su programa. ‖ Provecho, ventaja ‖ En ciertos juegos, competencia concertada entre los jugadores. ‖ f. Acción de partir o salir de un punto. ‖ Anotación que se hace en un registro sobre ciertos datos de una persona. ‖ Cantidad que se anota en una cuenta. ‖ Mercancía que se envía o entrega de una vez. ‖ Serie de jugadas de un juego en que se pierde o se gana la apuesta.

partir tr. Dividir algo en dos o más partes. ‖ Hender, rajar. ‖ Repartir algo entre varios. ‖ Romper o cascar. ‖ intr. Tomar un hecho, una fecha o cualquier otro antecedente como base para un razonamiento o cómputo. ‖ Irse, ponerse en camino. ‖ prnl. Reírse mucho.

partitura f. Texto completo de una obra musical para varias voces o instrumentos.

parto m. Hecho de expulsar la hembra el feto que tenía en su vientre.

parturienta adj. y f. [Mujer] que está de parto o acaba de parir.

párvulo, la adj. y s. [Niño] pequeño que recibe educación preescolar.

pasa f. Uva seca.

pasadizo m. Paso estrecho en edificios o calles que sirve para

pasado, da adj. Que ya ha acabado o que ha ocurrido hace tiempo. || Estropeado. || Que ya no se lleva. || m. Tiempo que pasó y cosas que sucedieron en él. || En gramática, forma de los verbos que indican ese tiempo.

pasador m. Broche u horquilla para sujetar algo. || Pestillo de puertas y ventanas.

pasaje m. Billete de barco o avión. || Conjunto de pasajeros de un barco o avión. || Fragmento de una obra con sentido completo. || Paso entre dos calles.

pasajero, ra adj. Que pasa pronto o dura poco. || [Persona] que viaja en un vehículo, sin pertenecer a la tripulación. También s.

pasante com. Ayudante de un abogado.

pasaporte m. Documento en que consta la identidad de una persona, necesario para viajar por algunos países.

pasar tr. Llevar, conducir de un lugar o situación a otro. También intr. y prnl. || Cruzar de una parte a otra. || Introducir o extraer mercancías, especialmente de manera ilegal. || Enviar, transmitir. || Dar o entregar algo a alguien. || Con nombres que indican límite, ir más allá de él. || Penetrar o traspasar. || fig. Tolerar, permitir. || fig. Sufrir, padecer. || intr. Transitar por algún lugar, entrar en él o atravesarlo. || fam. No intervenir en algo o mostrar desinterés. || impers. Ocurrir, suceder. || prnl. Estropearse un alimento, medicamento, etc. || Olvidarse de algo. || fam. Excederse en algo.

pasarela f. Puente pequeño o provisional. || Pasillo estrecho y algo elevado por donde desfilan los modelos.

pasatiempo m. Entretenimiento o juego para pasar el rato.

pascua f. Fiesta que celebran los hebreos en marzo, en memoria de la liberación del cautiverio de Egipto. || En la Iglesia Católica, fiesta que celebra la resurrección de Jesucristo. || Por ext., celebraciones en recuerdo del nacimiento de Cristo, la adoración de los Reyes Magos y la venida del Espíritu Santo sobre los apóstoles.

pasear intr. y prnl. Ir andando por distracción o por ejercicio. || Con el mismo fin, hacerlo en un vehículo, caballo, etc. || tr. Llevar de paseo.

pasiego, ga adj. y s. Del valle español del río Pas, en la provincia y la comunidad autónoma de Cantabria.

pasillo m. Pieza de paso, larga y estrecha, de cualquier edificio.

pasión f. Acción de padecer. || Por antonomasia y con mayúscula, la de Nuestro Señor Jesucristo. || Inclinación muy viva hacia algo o alguien.

pasivo, va adj. [Sujeto] que recibe la acción en la que no interviene. ‖ [Persona] que deja obrar a los otros sin hacer nada por propia iniciativa. ‖ m. Importe total de las deudas y cargas que tiene una persona o entidad.

pasmar tr. Enfriar mucho o bruscamente. También prnl. ‖ fig. Asombrar con extremo. También intr. y prnl.

pasmarote com. fam. Persona que está atontada o ensimismada por algo.

paso m. Movimiento de cada uno de los pies para andar. ‖ Espacio que comprende la longitud de un pie y la distancia entre este y el talón del que se ha movido hacia adelante para ir de una parte a otra. ‖ Abertura o espacio suficiente en un sitio para pasarlo. ‖ Efigie o grupo que representa un suceso de la Pasión de Cristo. ‖ Cada una de las mudanzas que se hacen en los bailes. ‖ Pieza dramática muy breve.

pasodoble m. Marcha a cuyo compás puede llevar la tropa el paso ordinario. ‖ Baile que se ejecuta al compás de esta música.

pasota adj. y com. fam. [Persona] que no se interesa ni preocupa por ningún asunto.

pasquín m. Escrito satírico anónimo que se fija en un sitio público. ‖ Escrito con fines de propaganda política.

pasta f. Masa hecha de una o diversas cosas machacadas. ‖ Masa de harina de trigo, de que se hacen los fideos, tallarines, macarrones, etc. ‖ Designación genérica de estas variedades. ‖ Pequeña pieza hecha con masa de pastelería y cubierta de almendras, azúcar, chocolate, etc. ‖ col. Dinero.

pastar tr. Llevar o conducir el ganado al pasto. ‖ intr. Pacer el ganado el pasto.

pastel m. Masa de harina y manteca, cocida al horno, en que ordinariamente se envuelve crema o dulce, y a veces carne, fruta o pescado. ‖ Pastelillo de dulce. ‖ Lápiz compuesto de una materia colorante y agua de goma. ‖ Técnica de pintura que utiliza estos lápices. ‖ fig. Asunto ilegal o dudoso.

pastelería f. Local donde se hacen o venden pasteles. ‖ Arte de trabajar pasteles, pastas, etc.

pasteurizar o **pasterizar** tr. Higienizar cualquier producto (leche, vino, etc.) por medio del calor para destruir los gérmenes patógenos y aumentar el tiempo de conservación.

pastiche m. Obra de arte o literaria realizada a imitación de otras, mediante la mezcla de elementos de distinta procedencia. ‖ *desp.* Mezcla desordenada de elementos.

pastilla f. Pequeña porción de medicamento. ‖ Pieza pequeña, generalmente cuadrangular, que forma parte del sistema de frenado de algunos vehículos. || Pieza electrónica de diferentes formas y tamaños que se usa para amplificar el sonido de algunos instrumentos musicales, sobre todo la guitarra y el bajo eléctricos.

pasto m. Acción de pastar. || Hierba que el ganado pace en el mismo terreno donde se cría. || Cualquier cosa que sirve para el sustento del animal. || Sitio en que pasta el ganado. Más en pl. || fig. Lo que es consumido destruido o devorado por algo.

pastor, ra m. y f. Persona que guarda, guía y apacienta el ganado. || m. Prelado o cualquier otro eclesiástico con respecto a sus feligreses.

pata f. Pie y pierna de los animales. || Pie de un mueble. || Hembra del pato. || fam. Pierna de una persona.

patada f. Golpe dado con el pie o con la pata del animal.

patalear intr. Mover las piernas o patas violentamente y con ligereza. || Dar patadas en el suelo violentamente y deprisa por enfado o pesar.

pataleta f. Ataque de rabia o nervios.

patata f. Planta herbácea anual, originaria de América y cultivada hoy en casi todo el mundo. || Cada uno de los tubérculos de esta planta.

paté m. Pasta de carne o hígado, sobre todo de cerdo y aves.

patear tr. Dar golpes con los pies. || tr. e intr. Dar patadas en el suelo en señal de enojo, dolor o desagrado. || tr., intr. y prnl. Andar mucho, de un lado a otro.

patena f. Platillo en el cual se pone la hostia en la misa.

patente adj. Manifiesto visible. || fig. Claro, perceptible. || f. Documento en que una autoridad concede un derecho o permiso. || Documento que emite el Estado y que autoriza a poner en práctica un invento, a utilizar un nombre para una marca, etc.

paternalismo m. Tendencia a aplicar las formas de autoridad y protección propias del padre de familia a las relaciones políticas, laborales, etc.

paternidad f. Hecho de ser padre.

paterno, na adj. Del padre o relacionado con él.

patético, ca adj. Que conmueve. || Grotesco.

patíbulo m. Tablado o lugar en que se ejecuta la pena de muerte.

patilla f. Porción de barba que crece sobre los carrillos. || Varilla de las gafas para sujetarlas a las orejas.

patín m. Aparato adaptable al pie, que lleva una especie de cuchilla o dos pares de ruedas, según sirva para patinar sobre el hielo o sobre un pavimento duro y liso.

pátina f. Capa de óxido verdoso que, debido a la humedad, se forma en los objetos metálicos, sobre todo de bronce. || Tono menos vivo que toman con el tiempo las pinturas y objetos antiguos. || Este mismo tono obtenido artificialmente, para dar aspecto antiguo a algunos objetos.

patinaje m. Deporte consistente en deslizarse con patines sobre hielo u otra superficie lisa.

patinar intr. Deslizarse con patines sobre el hielo o sobre un pavimento duro y liso. || Resbalar las ruedas de un vehículo. || fig. Equivocarse, meter la pata.

patinete m. Juguete formado por una plancha montada sobre ruedas y una barra terminada en un manillar.

patio m. Espacio cerrado con paredes o galerías, que en las casas y otros edificios se deja al descubierto. || En los teatros, planta baja que ocupan las butacas.

patizambo, ba adj. y s. Que tiene las piernas torcidas hacia afuera y junta mucho las rodillas.

pato, ta m. y f. Nombre común a varias aves palmípedas.

patógeno, na adj. Que origina o puede originar enfermedades.

patología f. Parte de la medicina que estudia las enfermedades.

patoso, sa adj. y s. El que presume de chistoso sin serlo. || Poco hábil.

patraña f. Mentira, embuste.

patria f. Tierra natal o adoptiva a la que se pertenece por vínculos afectivos, históricos o jurídicos. || Lugar, ciudad o país en que se ha nacido.

patriarca m. Nombre que se da a algunos personajes del Antiguo Testamento. || Título de algunos obispos de iglesias principales. || fig. Persona que por su edad y sabiduría ejerce autoridad moral en una familia o colectividad.

patriarcado m. Dignidad de patriarca. || Organización social primitiva en que la autoridad se ejerce por un varón jefe de cada familia. || Periodo de tiempo en que predomina este sistema.

patrimonio m. Herencia. || fig. Bienes propios de una persona o institución. || Conjunto de bienes pertenecientes a una persona natural o jurídica, o afectos a un fin, y que son susceptibles de estimación económica.

patriota com. Persona que tiene amor a su patria.

patrocinar tr. Proteger, amparar, favorecer. || Sufragar una empresa, con fines publicitarios.

patrón, ona m. y f. Defensor, protector. || Santo titular de una iglesia. || Dueño de la casa donde uno se aloja u hospeda. || Amo, señor. || Patrono, persona que emplea obreros. || m. El que manda y dirige un pequeño buque mercante. ‖ Cosa que sirve de muestra para sacar otra igual.

patronal f. Conjunto de los empresarios que dirigen o que son dueños de una empresa, por oposición a los empleados que trabajan en ella. ‖ Representantes de los empresarios o propietarios de empresas, que defienden sus intereses frente a los representantes de los trabajadores, organizados en sindicatos.

patrono, na m. y f. Protector, defensor. ‖ Santo titular de una iglesia o de un pueblo o congregación. ‖ Persona que emplea obreros.

patrulla f. Pequeña partida de gente armada que ronda para mantener el orden. ‖ Grupo de buques o aviones que prestan servicio de vigilancia.

paulatino, na adj. Que actúa despacio y de forma gradual.

pausa f. Breve interrupción del movimiento, acción o ejercicio. ‖ Tardanza, lentitud. ‖ En música, intervalo breve, y signo que lo representa.

pauta f. Regla para hacer rayas paralelas en un papel y no torcerse al escribir; también, conjunto de rayas hechas con esta regla. ‖ Norma de conducta o modelo.

pavesa f. Ceniza que salta de una cosa inflamada.

pavimento m. Suelo, piso artificial.

pavo, va m. y f. Ave gallinácea de plumaje de color pardo verdoso, oriunda de América del Norte. ‖ adj. y s. fam. Persona sosa o simple. ‖ m. Moneda de cinco pesetas. ‖ f. Colilla.

pavonear tr. y prnl. Alardear, presumir.

pavor m. Temor, con espanto o sobresalto.

payaso, sa m. y f. Artista de circo que hace de gracioso. ‖ adj. [Persona] de poca seriedad.

payo, ya adj. y s. Para el gitano, [personas] que no pertenece a su raza.

paz f. Situación y relación mutua de quienes no están en guerra. ‖ Tratado o convenio para poner fin a una guerra. También en pl. ‖ Sosiego, en contraposición a riña o pleito. ‖ Reconciliación.

pazo m. En Galicia, casa señorial de gran tamaño y con grandes jardines y campos a su alrededor.

peaje m. Derecho que debe pagarse para transitar por un lugar.

peatón, ona m. y f. Persona que camina por una vía pública.

peca f. Mancha amarillo-rojiza que sale en el cutis.

pecado m. Transgresión voluntaria de la ley divina. ‖ Lo que se aparta de lo recto y justo. ‖ Exceso o defecto en cualquier línea.

pecera f. Recipiente de cristal donde se mantienen peces y otros animales acuáticos vivos.

pecho m. Parte del cuerpo humano, que se extiende desde el cuello hasta el vientre. || Cada una de las mamas de la mujer y el conjunto de ambas.

pechuga f. Pecho de ave. || fig. y fam. Pecho de hombre o de mujer.

peculiar adj. Propio o privativo de cada persona o cosa.

pedagogía f. Ciencia que se ocupa de la educación y la enseñanza. || Por ext., método para la enseñanza.

pedal m. Palanca que pone en movimiento un mecanismo oprimiéndola con el pie.

pedante adj. y com. [Persona] que hace inoportuno alarde de sus conocimientos.

pedazo m. Parte o porción de algo separada del todo.

pederastia f. Atracción sexual de un adulto hacia los niños. || Sodomía.

pedernal m. Variedad muy dura de cuarzo.

pedestal m. Cuerpo sólido con basa y cornisa, que sostiene una columna, estatua, etc. || fig. Fundamento.

pedestre adj. [Carrera] que se realiza a pie. || fam. Vulgar, poco cuidado.

pediatría f. Rama de la medicina que estudia las enfermedades infantiles y su tratamiento.

pedigrí m. Genealogía de un animal de raza.

pedigüeño, ña adj. y s. Que pide con frecuencia e inoportunidad.

pedir tr. Rogar o demandar a alguien para que dé o haga una cosa. || Poner precio. || Requerir una cosa, exigirla como necesaria o conveniente. || Querer, desear o apetecer. || intr. Solicitar limosna.

pedo m. Ventosidad anal. || fam. Borrachera. || fam. Estado similar al de la borrachera producido por alguna droga.

pedrisco m. Granizo grueso y abundante.

peer intr. y prnl. Expeler la ventosidad del vientre por el ano.

pega f. Obstáculo, inconveniente.

pegadizo, za adj. Que se graba en la memoria con facilidad.

pegamento m. Sustancia para pegar.

pegar tr. Adherir una cosa con otra. || Unir o juntar. || Arrimar. || Transmitir, comunicar una enfermedad, un vicio, etc. También prnl. || fig. Castigar o maltratar a golpes. || prnl. Reñir o pelearse dos o más personas. || Quemarse la comida en el recipiente en que se preparaba. || fig. Unirse a una persona o a un grupo sin haber sido invitado y resultando pesado.

pegatina f. Adhesivo pequeño.

pegote m. Emplasto de pez u otra cosa pegajosa. || fig. Adición o intercalación inútil e inadecuada en alguna obra literaria o artística o en otra cosa. || fig. y fam. Persona pesada que no se aparta de otra.

peinar tr. Desenredar y arreglar el cabello. También prnl. || Desenredar y limpiar el pelo o lana de algunos animales. || fig. Rastrear una zona en busca de alguien o algo.

peine m. Utensilio para peinar. || Cargador de munición.

peineta f. Peine convexo que usan las mujeres por adorno.

peinilla f. *amer.* Peine alargado y angosto de una sola hilera de dientes.

pejiguero, ra adj. y s. fam. [Persona] pesada y que pone faltas a todo. || f. fam. Cosa molesta e inoportuna.

pela f. fam. Peseta.

pelagatos com. fam. Persona sin posición social o económica.

pelar tr. Cortar, raer o quitar el pelo. También prnl. || Quitar las plumas al ave. || fig. Quitar la monda, corteza o cáscara. || fig. Quitar con engaño o violencia los bienes a otro. || fig. y fam. Dejar a alguien sin dinero. || fig. Criticar, despellejar. || prnl. Perder el pelo. || Desprenderse la piel por exceso de sol, por rozadura, etc.

peldaño m. Cada una de las partes de un tramo de escalera.

pelear intr. Batallar, combatir, contender. También prnl. || Reñir dos o más personas. También prnl. || Luchar para conseguir una cosa. || prnl. Enemistarse, desavenirse.

pelele m. Muñeco de paja o trapos con figura humana. || fig. y fam. Persona simple o inútil.

peletería f. Técnica de preparar las pieles finas y de utilizarlas para hacer prendas de vestir. || Comercio de pieles finas. || Tienda donde se venden.

peliagudo, da adj. fam. Difícil, enrevesado.

película f. Piel o capa delgada y delicada. || Cinta de celuloide dispuesta para ser impresionada fotográficamente. || Cinta cinematográfica para ser reproducida. || Asunto representado en dicha cinta.

peligro m. Riesgo inminente de que suceda algún mal. || Persona o cosa que provoca esta circunstancia.

pelirrojo, ja adj. y s. Que tiene rojo el pelo.

pellejo m. Piel de los animales. || Odre.

pelliza f. Prenda de abrigo hecha o forrada de piel. || Chaqueta de abrigo con el cuello y el borde de las mangas reforzadas de otra tela o de piel.

pellizcar tr. Apretar entre los dedos una pequeña porción de piel y carne. También prnl. || Tomar una pequeña cantidad de una cosa.

pelma adj. y com. fam. [Persona] excesivamente lenta. || fam. [Persona] pesada y molesta.

pelmazo, za m. y f. Persona muy lenta. || Persona molesta y pesada.

pelo m. Filamento cilíndrico, delgado, que nace y crece entre los poros de la piel de casi todos los mamíferos. || Plumón de las aves. || Vello de algunas frutas. || En lanas y tejidos, hilillos muy finos que quedan en la superficie, cubriéndola. || fig. Cosa mínima o de poca importancia.

pelota f. Bola de goma elástica, hueca o maciza, que se utiliza en distintos juegos. || Juego que se hace con ella. || Bola de materia blanda, como nieve, barro, etc. || com. fam. Persona que alaba mucho a otra para conseguir algo de ella. || pl. *vulg.* Testículos.

pelotera f. fam. Riña, contienda.

pelotón m. Conjunto de personas en tropel. || Pequeña unidad de soldados.

peluca f. Cabellera postiza.

peluche m. Tejido de pelo largo y suave con el que se hacen muñecos. || Muñeco forrado de este tejido.

peluquería f. Establecimiento donde presta sus servicios el peluquero. || Oficio del peluquero.

peluquín m. Peluca pequeña.

pelusa f. Vello de algunas frutas. || Pelo menudo que con el uso se desprende de las telas. || fig. y fam. Envidia propia de los niños.

pelvis f. Porción del esqueleto de los vertebrados superiores, que se une por detrás con el sacro.

pena f. Castigo impuesto por autoridad legítima. || Tristeza. || Dificultad, trabajo. || *amer.* Vergüenza.

penacho m. Grupo de plumas que tienen algunas aves en la parte superior de la cabeza. || Adorno de plumas.

penal adj. Relativo a la pena. || m. Lugar en que los penados cumplen condenas superiores a las del arresto.

penalidad f. Trabajo que causa sufrimiento. Más en pl.

penalizar tr. Imponer una sanción o castigo.

penalti m. En fútbol y otros deportes, sanción por una falta cometida por un jugador en su propia área.

penca f. Hoja carnosa, o tallo en forma de hoja, de algunas plantas.

pendejo, ja m. y f. Pendón, persona de vida licenciosa. || Persona cobarde y pusilánime. || *amer.* Persona boba. || m. Pelo que nace en el pubis.

pendencia f. Contienda, riña.

pender intr. Estar colgada alguna cosa. || fig. Estar por resolverse un asunto o negocio.

pendiente adj. Que pende. || Inclinado, en declive. || fig. Que está por resolverse. || Sumamente atento, preocupado por algo. || m. Arete con adorno colgante o sin él. || f. Cuesta o declive en un terreno. || Inclinación de los tejados para el desagüe.

pendón m. Insignia militar. || Divisa o insignia que tienen las iglesias y cofradías. || com. fig. y fam. Persona de vida irregular y desordenada.

péndulo m. Cuerpo grave que puede oscilar suspendido de un punto por un hilo o varilla. || Este mismo objeto, como pieza de un reloj.

pene m. Órgano sexual masculino en el hombre y animales, que constituye la parte terminal del aparato urinario.

penetrar tr. e intr. Introducir un cuerpo en otro. || Comprender el interior de una persona o una cosa dificultosa. || tr. Hacer sentir algo, como el frío o el sonido, con gran intensidad. || intr. Introducirse en el interior de un lugar.

penicilina f. Antibiótico descubierto por Fleming en 1928.

península f. Tierra rodeada de agua por todas las partes menos por una.

penitencia f. Sacramento en el cual se perdonan los pecados. || Cualquier acto de mortificación interior o exterior. || fig. Cosa molesta que debe soportarse.

penitenciaría f. Cárcel, penal.

penitente com. Persona que hace penitencia. || Persona que recibe el sacramento de la penitencia. || En las procesiones, persona vestida con túnica en señal de penitencia.

pensamiento m. Facultad de pensar. || Lo que se piensa. || Conjunto de ideas propias de una persona o colectividad. || Intención, proyecto. || Planta de pequeña altura, con flores moradas, rosadas o amarillas, que se utiliza como adorno en jardines. || Flor de esta planta.

pensar tr. Formarse y relacionar ideas en la mente. || Examinar algo en la mente antes de tomar una decisión o darle una solución. || Concebir un plan, procedimiento o medio para algo. || Tener intención de hacer lo que se expresa. || Tener alguien una opinión sobre algo o manifestarla.

pensión f. Asignación que disfruta una persona y que no corresponde a un trabajo realizado en la actualidad. || Casa de huéspedes, especie de hotel de poca categoría. || Precio que se paga por alojarse en ella.

pentagrama o **pentágrama** m. Conjunto de cinco líneas paralelas y equidistantes, sobre el cual se escribe la música.

penúltimo, ma adj. y s. Inmediatamente anterior al último.

penumbra f. Sombra débil entre la luz y la oscuridad.

peña f. Piedra grande sin labrar. || Grupo de amigos o camaradas.

peñasco m. Peña grande y elevada.

peñazo m. fam. Persona o cosa muy pesada o aburrida.

peñón m. Monte con peñascos.

peón m. Obrero que realiza trabajos no especializados o trabaja como ayudante en algunos oficios. || Peonza. || En el juego del ajedrez, cada una de las ocho piezas de menor valor que se sitúan en la primera línea al comienzo del juego. || Persona que es utilizada desaprensivamente por otra para conseguir algún fin.

peonza f. Juguete de madera, de figura cónica, que se hace bailar con una cuerda.

peor adj. comp. de *malo*. || adv. m. comp. de *mal*. Más mal.

pepinillo m. Variedad de pepino de pequeño tamaño, que se conserva en vinagre.

pepino m. Planta cucurbitácea con fruto comestible. || Fruto de esta planta. || fig. Cosa insignificante.

pepita f. Simiente de algunas frutas. || Trozo redondeado y pequeño de oro y otros metales..

pepito m. Bocadillo que consiste en un filete de ternera frito entre dos trozos de pan. || Bollo alargado relleno de crema o chocolate.

pequeño, ña adj. Corto, limitado. || De muy corta edad. || fig. De poca importancia o intensidad. || m. y f. Niño.

pera f. Fruto del peral. || Recipiente de goma en forma de pera, que se usa para impulsar líquidos, aire, etc. || Llamador de timbre o interruptor de luz de forma parecida a una pera.

peral m. Árbol frutal de ramas espinosas y flores rosáceas, cuyo fruto es la pera.

peralte m. En arquitectura, lo que excede al semicírculo en la altura de un arco. || En carreteras, vías férreas, etc., mayor elevación de la parte exterior de una curva en relación con la interior.

percance m. Contratiempo, perjuicio imprevisto.

percatar intr. y prnl. Advertir, considerar, cuidar. || prnl. Darse cuenta clara de algo.

percha f. Soporte o mueble para colgar ropa..

percebe m. Crustáceo marino comestible, cilíndrico, con un pedúnculo para adherirse a las rocas y acabado en una uña calcárea.

percibir tr. Recibir sensaciones a través de los sentidos. || Cobrar una cantidad o recibir una cosa. || Comprender, conocer.

percusión f. Golpes repetidos que se dan sobre una cosa. || Familia de instrumentos musicales que se tocan al golpearlos o al hacerlos chocar entre sí.

perder tr. Dejar de tener, o no encontrar una cosa. ‖ Desperdiciar, malgastar. ‖ Verse separado de alguien querido, sobre todo si ha muerto. ‖ No conseguir lo que se espera, desea o ama. ‖ tr. y prnl. Dañar, estropear. ‖ tr. e intr. Ser vencido en una lucha o en una competición. ‖ intr. Empeorar, decaer. ‖ prnl. Extraviarse. ‖ No saber seguir un razonamiento. ‖ Entregarse a un vicio.

perdigón m. Pollo de la perdiz. ‖ Cada uno de los granos de plomo que forman la munición de caza. ‖ Cada una de las partículas de saliva que en ocasiones se despiden al hablar.

perdiz f. Ave gallinácea de cabeza pequeña, pico y patas rojos, y plumaje pardo rojizo. Su carne es muy estimada.

perdón m. Remisión de la pena merecida, de la ofensa recibida o de alguna deuda u obligación pendiente. ‖ Indulgencia, remisión de los pecados.

perdurar intr. Durar mucho, subsistir.

perecer intr. Morir, dejar de existir.

peregrinar intr. Andar por tierras extrañas. ‖ Ir en romería a un santuario.

peregrino, na adj. y s. Que peregrina, especialmente a un santuario. ‖ adj. [Ave] migratoria. ‖ Extraño o absurdo.

perejil m. Planta herbácea muy usada como condimento.

perenne adj. Continuo, incesante. ‖ En botánica, [planta] que vive más de dos años.

perentorio, ria adj. Último [plazo] que se concede en cualquier asunto. ‖ Concluyente, decisivo, determinante. ‖ Urgente, apremiante.

pereza f. Negligencia, falta de ganas o disposición para hacer las cosas.

perfeccionismo m. Tendencia a mejorar indefinidamente un trabajo.

perfecto, ta adj. Que tiene el mayor grado posible de bondad o bondad en su línea. ‖ [Tiempo] del verbo que indica acción acabada, como el pretérito indefinido.

perfidia f. Maldad.

perfil m. Postura en que solo se deja ver una de las dos mitades laterales del cuerpo. ‖ Línea que dibuja el contorno de una cosa. ‖ fig. Aspecto peculiar o característica de alguien o algo.

perforar tr. Agujerear una cosa.

perfume m. Sustancia líquida o sólida elaborada para que desprenda un olor agradable. ‖ Cualquier olor agradable.

perfumería f. Tienda donde se venden perfumes, cosméticos y productos de aseo. ‖ Industria dedicada a la elaboración de este tipo de productos.

pergamino m. Piel de la res, limpia y estirada, que sirve para diferentes usos; antiguamente se utilizaba para escribir sobre ella. || Título o documento escrito en esta piel.

pergeñar tr. Disponer o ejecutar una cosa con más o menos habilidad y rapidez.

pericia f. Experiencia y habilidad en una ciencia o arte.

periferia f. Espacio que rodea un núcleo cualquiera.

perífrasis f. Circunlocución, rodeo al expresar una idea.

perilla f. Porción de pelo que se deja crecer en la punta de la barba.

perímetro m. Contorno de una superficie o figura.

periódico, ca adj. Que ocurre o aparece cada cierto periodo de tiempo. || En matemáticas, [número] cuya fracción decimal se repite periódicamente. || m. Diario, publicación que sale diariamente.

periodismo m. Actividad que consiste en la recogida de información, especialmente de las noticias de actualidad, para difundirlas en los diferentes medios de comunicación, prensa, radio y televisión, principalmente. || Carrera destinada a formar a los profesionales de esta actividad.

periodo o **período** m. Tiempo que una cosa tarda en volver a repetirse. || Espacio de tiempo que incluye toda la duración de una cosa. || Menstruación. || En matemáticas, cifra o grupo de cifras que se repiten indefinidamente en las divisiones inexactas.

peripecia f. Accidente, acontecimiento imprevisto.

periplo m. Viaje en el que se recorren varios países.

peripuesto, ta adj. [Persona] arreglada en exceso.

periquito m. Ave prensora de unos 20 cm de longitud y plumaje generalmente verde, azul o blanco.

periscopio m. Tubo provisto de una lente que sirve para observar desde un lugar oculto o sumergido.

perito, ta adj. y s. Experto en una ciencia o arte. || m. y f. Persona que tiene el grado de ingeniero técnico. || Persona experta en alguna cosa y que informa al juez sobre determinados hechos. || En una compañía de seguros, persona encargada de valorar los daños materiales ocasionados en alguna propiedad del asegurado.

perjudicar tr. y prnl. Ocasionar daño material o moral.

perjuicio m. Daño.

perjurar intr. Jurar en falso. También prnl. || Jurar insistentemente por añadir fuerza al juramento. || Faltar al juramento.

perjurio m. Juramento en falso. || Incumplimiento de un juramento.

perla f. Concreción nacarada, que suele formarse en el interior de las conchas de diversos moluscos, sobre todo en las madreperlas.

permanecer intr. Mantenerse sin mutación en un mismo lugar, estado o calidad.

permanente adj. Que se mantiene en un mismo lugar, estado o condición. || f. Ondulación artificial del cabello.

permeable adj. Que puede ser penetrado por el agua u otro fluido.

permiso m. Licencia o consentimiento para hacer o decir una cosa. || Tiempo libre o de vacaciones.

permitir tr. y prnl. Dar alguien su consentimiento para que otros hagan o dejen de hacer una cosa.

permutar tr. Cambiar una cosa por otra.

pernicioso, sa adj. Gravemente dañoso y perjudicial.

pernoctar intr. Pasar la noche en determinado lugar.

pero conj. ad. con que a un concepto se contrapone otro diverso del anterior. || m. fam. Defecto o dificultad.

peroné m. Hueso largo y delgado de la pierna situado detrás de la tibia, con la cual se articula.

perorata f. Razonamiento molesto o inoportuno.

perpendicular adj. [Línea o plano] que forma ángulo recto con otra línea o con otro plano. Apl. a línea, también f.

perpetrar tr. Cometer o consumar un acto delictivo.

perpetuo, tua adj. Que dura y permanece para siempre. || [Cargo] vitalicio.

perplejo, ja adj. Dudoso, indeciso, confuso.

perrera f. Lugar o sitio donde se guardan o encierran perros.

perro, rra adj. Muy malo. || m. y f. Mamífero carnívoro doméstico, de tamaño, forma y pelaje muy diversos, producto de las distintas razas obtenidas por hibridación. || Persona despreciable.

persa adj. y s. De Persia, hoy Irán.

perseguir tr. Seguir al que va huyendo con ánimo de alcanzarle. || fig. Buscar a alguien en todas partes con frecuencia e importunidad. || fig. Molestar, fatigar. || fig. Solicitar o pretender con frecuencia.

perseverar intr. Mantenerse constante en la prosecución de lo comenzado. || Durar permanentemente o por largo tiempo.

persiana f. Especie de celosía que deja pasar el aire y no el sol.

persignar tr. y prnl. Hacer la señal de la cruz, especialmente cuando se hace tres veces: en la frente, en la boca y en el pecho.

persistir intr. Mantenerse firme en una cosa. || Durar por largo tiempo.

persona f. Individuo de la especie humana. || Hombre o mujer

personaje cuyo nombre se ignora o se omite.

personaje m. Persona sobresaliente en cualquier actividad. || Cada uno de los seres que toman parte en la acción de una obra literaria, teatral o cinematográfica.

personal adj. De la persona o relacionado con ella. || De una o para una sola persona. || m. Conjunto de personas que trabajan en un mismo organismo, empresa, etc.

personalidad f. Diferencia individual que distingue a una persona de otra. || Cualidad de las personas que tienen muy marcada dicha diferencia. || Persona que destaca en una actividad o ambiente.

personalizar tr. Referirse a una persona en particular.

personarse prnl. Presentarse personalmente en un lugar. || En derecho, comparecer como parte interesada en un juicio o pleito.

personificar tr. Atribuir vida humana a algo que no la tiene. || Representar en una persona una opinión, sistema, etc.

perspectiva f. Técnica de representar en una superficie plana los objetos según aparecen a la vista, dándoles sensación de profundidad y volumen. || fig. Posible desarrollo que puede preverse de algo. Más en pl. || fig. Punto de vista.

perspicaz adj. Que entiende las cosas con claridad y rapidez.

persuadir tr. y prnl. Convencer a alguien de algo con razones.

pertenecer intr. Ser propia de uno una cosa. || Estar una cosa al cargo de uno. || Tener relación una cosa con otra, o ser parte integrante de ella.

pértiga f. Vara larga. || Vara larga para practicar el deporte del salto de altura.

pertinaz adj. Duradero. || Obstinado, terco.

perturbar tr. Trastornar el orden y el estado de las cosas. También prnl. || Impedir el orden del discurso al que habla. || prnl. Perder el juicio.

peruano, na adj. y s. De Perú.

perverso, sa adj. Malvado.

pervertir tr. Perturbar el orden o estado de las cosas. || Viciar las costumbres, los gustos, etc. También prnl.

pervivir intr. Seguir viviendo, permanecer.

pesa f. Pieza de determinado peso que sirve para pesar. || Pieza de peso suficiente que se emplea como contrapeso de algo.

pesadilla f. Sueño angustioso. || fig. Preocupación grave y continua.

pesado, da adj. Que pesa mucho. || Profundo, hablando del sueño. || Muy lento. || Molesto, impertinente.

pésame m. Expresión con que se manifiesta a alguien el sentimiento que se tiene de su pena o aflicción, especialmente por la muerte de alguna persona.

pesar m. Tristeza, pena. ‖ Lo que causa este sentimiento. ‖ intr. Tener determinado peso. ‖ Tener mucho peso. ‖ fig. Tener una cosa valor o estimación. ‖ fig. Sentir arrepentimiento por algo. ‖ tr. Determinar el peso.

pesca f. Captura con redes, cañas u otros instrumentos de peces, mariscos u otros animales acuáticos. ‖ Lo que se pesca.

pescadería f. Sitio, tienda o puesto donde se vende pescado.

pescadilla f. Merluza pequeña.

pescado m. Pez comestible sacado del agua.

pescar tr. Sacar del agua peces. ‖ Sacar del agua alguna otra cosa. ‖ fig. y fam. Contraer una enfermedad. ‖ fig. y fam. Coger, agarrar. ‖ fig. Sorprender a alguien haciendo algo malo o que no quería que se supiera.

pescuezo m. Parte posterior del cuello humano.

pesebre m. Especie de cajón donde comen los animales. ‖ Lugar destinado para este fin.

peseta f. Unidad monetaria de España.

pesetero, ra adj. *desp.* Tacaño, avaro.

pesimismo m. Propensión a ver las cosas en su aspecto más desfavorable.

pésimo, ma adj. sup. de *malo*. Muy malo, el o lo peor.

peso m. Fuerza de gravedad ejercida sobre los cuerpos. ‖ El que por ley o convenio debe tener una cosa. ‖ Cosa pesada. ‖ Balanza. ‖ El de un boxeador antes del combate, con arreglo al cual se le clasifica en cierta categoría; también cada una de estas categorías. ‖ Unidad monetaria de varios países hispanoamericanos. ‖ Importancia, entidad. ‖ fig. Carga, preocupación o disgusto.

pespunte m. Cierta clase de costura.

pesquisa f. Información o indagación.

pestaña f. Cada uno de los pelos que hay en los bordes de los párpados. ‖ Adorno estrecho que se pone al borde de las telas o vestidos.

peste f. Enfermedad contagiosa y grave. ‖ Mal olor. ‖ fig. Cualquier cosa mala. ‖ Costumbre perniciosa. ‖ fig. y fam. Excesiva abundancia de algunas cosas. ‖ pl. Palabras de enojo o amenaza.

pesticida adj. y m. [Sustancia] que combate plagas.

pestillo m. Pasador con que se asegura una puerta.

pestiño m. Dulce de masa frita, bañada con miel. ‖ fam. Cosa o persona muy aburrida o molesta.

petaca f. Estuche para llevar cigarros o tabaco picado.

pétalo m. Cada una de las piezas que forman la corola de la flor.

petanca f. Juego entre varios jugadores que consiste en tirar unas bolas intentando acercarlas lo más posible a otra más pequeña, lanzada antes.

petardo m. Tubo relleno de pólvora que al darle fuego o chocarlo violentamente contra algo duro produce una fuerte detonación. || fig. Persona o cosa pesada o aburrida.

petate m. Bolsa grande para llevar ropa y otras cosas que se cuelga al hombro. || Lío de ropa de un soldado, prisionero, etc.

petición f. Ruego o solicitud que se hace a una persona para que dé o haga algo.

peto m. Parte superior de algunas prendas que cubre el pecho. || Prenda con esta pieza. || Armadura del pecho. || Protección que llevan los caballos de los picadores.

petrificar tr. Convertir en piedra. También prnl. || fig. Dejar inmóvil de asombro.

petrodólar m. Reserva de dólares acumulada por los países productores de petróleo.

petróleo m. Líquido natural oleaginoso e inflamable constituido por una mezcla de hidrocarburos.

petrolero, ra adj. Del petróleo o relacionado con él. || m. Barco acondicionado para el transporte de petróleo.

petulancia f. Insolencia, descaro. || Presunción, arrogancia.

peyorativo, va adj. Despectivo.

pez m. Animal vertebrado acuático de respiración branquial, con extremidades en forma de aletas aptas para la natación, y que se reproduce por huevos. || f. Sustancia resinosa, sólida, que se obtiene de la destilación del alquitrán.

pezón m. Ramita que sostiene la hoja, la inflorescencia o el fruto en las plantas. || Parte central, prominente y eréctil, de las mamas de las hembras.

pezuña f. Dedo con uña de los animales cuadrúpedos.

piadoso, sa adj. Misericordioso. || Religioso, devoto.

piano m. Instrumento musical de cuerda percutida que se toca mediante teclado. || adv. Con sonido suave y poco intenso.

piar intr. Emitir algunas aves, y especialmente el pollo, su sonido característico. || fam. Pedir con anhelo e insistencia.

piara f. Manada de cerdos.

pibe, ba m. y f. *amer.* Muchacho.

pica f. Especie de lanza larga, compuesta de un asta con hierro pequeño y agudo en el extremo superior. || Garrocha del picador de toros. || Uno de los palos de la baraja francesa. Más en pl.

picante adj. [Alimento] que produce ardor en el paladar. || Ma-

picapleitos com. *desp.* Abogado.

picaporte m. Instrumento para cerrar de golpe las puertas y ventanas. ‖ Llamador, aldaba.

picar tr. Herir leve y superficialmente con un instrumento punzante. También prnl. ‖ Herir al toro con la garrocha. ‖ Punzar o morder las aves, los insectos y ciertos reptiles. ‖ Cortar en trozos muy menudos. ‖ Tomar las aves la comida con el pico. ‖ Morder el pez el cebo. ‖ Causar escozor en alguna parte del cuerpo. También intr. ‖ Corroer, horadar un metal por efecto de la oxidación. También prnl. ‖ fig. Enojar, provocar. También prnl. ‖ Excitar al paladar ciertas cosas. ‖ Tomar pequeñas cantidades de alimentos o comer entre horas. ‖ fig. Caer en un engaño. ‖ prnl. Dañarse una cosa por diferentes causas. También tr. ‖ Cariarse un diente. También tr. ‖ Inyectarse alguna droga.

picardía f. Astucia maliciosa. ‖ Gracia maliciosa, especialmente respecto a temas sexuales. ‖ Travesura, burla. ‖ m. pl. Conjunto de camisón muy corto y bragas.

picaresco, ca adj. Del pícaro o relacionado con él. ‖ f. Actividad y mundo de los pícaros. ‖ Género literario desarrollado en España durante el Siglo de Oro, que satirizaba la sociedad a través de las aventuras de un pícaro.

pícaro, ra adj. y s. Que tiene picardía o astucia. ‖ m. y f. Tipo de persona descarada, traviesa, bufona y de mal vivir, que figura en varias obras de la literatura española.

picazón f. Picor. ‖ fig. Enojo, disgusto.

picha f. *vulg.* Pene.

pichi m. Vestido sin mangas que se lleva encima de una blusa o jersey.

picnic (Voz i.) m. Comida campestre, al aire libre.

pico m. Boca de las aves. ‖ Parte puntiaguda que sobresale de algunas cosas. ‖ Herramienta de cantero y cavador. ‖ Cúspide aguda de una montaña. ‖ Montaña de cumbre puntiaguda. ‖ fig. Facilidad de palabra. ‖ fam. Cantidad indeterminada de dinero, generalmente importante. ‖ Dosis de droga que se inyecta.

picor m. Escozor en el paladar por haber comido alguna cosa picante. ‖ Picazón, desazón.

picotear tr. Golpear o herir las aves con el pico. ‖ Comer pequeñas porciones de alimento. También intr.

pictórico, ca adj. Relativo a la pintura.

pie m. Extremidad de los miembros inferiores del hombre y de muchos animales. ‖ Base. ‖ Final de un escrito y espacio en blanco que queda en la parte in-

piedad

ferior del papel. ‖ Comentario breve que aparece debajo de un grabado, dibujo, fotografía, etc. ‖ Medida de longitud cuyo valor varía según los países. ‖ Cada una de las partes, de dos o más sílabas, con que se miden los versos en las poesías que atienden a la cantidad, como la griega o la latina. ‖ Parte opuesta a la cabecera de algo.

piedad f. Virtud que inspira devoción a las cosas santas. ‖ Compasión del prójimo.

piedra f. Mineral duro y compacto. ‖ Cálculo de la orina. ‖ Granizo grueso. ‖ Material que produce la chispa en los mecheros.

piel f. Tegumento extendido sobre todo el cuerpo del animal. ‖ Cuero curtido. ‖ Capa externa de ciertas frutas.

pienso m. Alimento seco que se da al ganado.

pierna f. En las personas, parte del miembro inferior comprendida entre la rodilla y el pie. ‖ Muslo de los cuadrúpedos y aves.

pieza f. Pedazo de algo. ‖ Moneda de metal. ‖ Cada una de las partes que suelen componer un artefacto. ‖ Cualquier sala o habitación de una casa. ‖ Animal de caza o pesca. ‖ Ficha o figura que sirve para jugar en ciertos juegos. ‖ Obra dramática. ‖ Composición suelta de música vocal o instrumental. ‖ Porción de tejido que se fabrica de una vez.

pifia f. Error, desacierto.

pigmento m. Materia colorante que se encuentra en el protoplasma de muchas células vegetales o animales.

pijama m. Prenda ligera, compuesta de chaqueta o blusa y pantalón, que se usa para dormir.

pijo, ja adj. y s. fam. y *desp.* Joven, generalmente de posición acomodada, que sigue la última moda y tiene unos modales y una forma de hablar afectados y muy característicos. ‖ adj. fam. y *desp.* Propio de las personas que tienen estas características. ‖ m. *vulg.* Pene.

pila f. Montón o cúmulo de cosas. ‖ Pieza grande de piedra u otra materia, cóncava y profunda, donde cae o se echa el agua para varios usos. ‖ Generador de corriente eléctrica que transforma energía química en eléctrica.

pilar m. Columna que sirve de soporte a una construcción.

pilastra f. Elemento adosado al muro, de sección rectangular o poligonal, con función por lo común de soporte.

píldora f. Pieza de medicamento, más o menos redondeada. ‖ Anticonceptivo oral.

pileta f. Pila pequeña.

pillaje m. Hurto, rapiña.

pillar tr. Hurtar. ‖ Coger, agarrar. ‖ Alcanzar o atropellar. ‖ fam. Coger a alguien en un engaño. ‖ fam. Contraer una enfermedad. ‖ Hallar o encontrar a alguien en determinada situación, temple, etc. ‖ fam. Robar una cosa o hacerse con algo.

pillería f. Dicho o hecho propios de un pillo.

pillo, lla adj. y s. fam. Pícaro. ‖ fam. Sagaz, astuto.

pilotar tr. Dirigir un buque, un automóvil, un aeroplano, etc.

piloto m. Persona que dirige un buque, un automóvil, un avión, etc. ‖ Faro pequeño que llevan los automóviles u otros aparatos para indicar su situación.

piltrafa f. Parte de carne flaca, que casi no tiene más que el pellejo.

pimentero m. Arbusto tropical cuyo fruto es la pimienta. ‖ Recipiente para la pimienta.

pimentón m. Polvo que se obtiene moliendo pimientos rojos secos.

pimienta f. Fruto del pimentero de gusto picante, y muy usada como condimento.

pimiento m. Planta herbácea cuyo fruto es en baya hueca, muy variable en forma y tamaño, pero generalmente cónico. ‖ Fruto de esta planta.

pimpón m. Juego semejante al tenis, que se juega sobre una mesa.

pinacoteca f. Galería o museo de pinturas.

pinar m. Sitio poblado de pinos.

pincel m. Instrumento formado por un mango largo terminado en un conjunto de pelos cortos, que se utiliza para pintar.

pinchar tr. Picar o herir con algo agudo o punzante. También prnl. ‖ fig. Estimular. ‖ fig. Enojar. ‖ intr. Sufrir un vehículo un pinchazo en una rueda. ‖ prnl. Inyectarse droga.

pinchazo m. Herida o agujero al pinchar o pincharse. ‖ fam. Dolor agudo. ‖ fam. Inyección. ‖ Perforación del neumático de un vehículo.

pinche com. Ayudante de cocina.

pincho m. Punta aguda de hierro u otra materia. ‖ Porción de comida que se toma como aperitivo y que a veces se atraviesa con un palillo.

ping-pong m. Pimpón.

pingüe adj. Abundante, copioso.

pingüino m. Ave palmímeda blanca y negra de alas muy cortas que habitaba en las costas del Atlántico N. ‖ Por ext., nombre que se da a otras aves de características similares.

pino m. Árbol de tronco elevado y recto con hojas siempre verdes, cuyo fruto es la piña y su semilla el piñón.

pinrel m. fam. Pie.

pinta f. Mancha en el plumaje, pelo o piel de los animales y en los minerales. ‖ fig. Aspecto. ‖ Unidad de volumen que equivale a un poco menos de medio

pintada

litro. ‖ m. Sinvergüenza. También adj.

pintada f. Acción de pintar en las paredes letreros, preferentemente de contenido político o social. ‖ Ese letrero.

pintalabios m. Cosmético usado para colorear los labios.

pintamonas com. fam. Pintor malo. ‖ fam. Persona insignificante, aunque presuntuosa.

pintar tr. Representar algo en una superficie, con líneas y colores. ‖ Cubrir con un color la superficie de las cosas. ‖ fig. Describir. ‖ intr. En los juegos de naipes, señalar triunfo. ‖ Escribir un lápiz, bolígrafo, rotulador, etc. ‖ Tener una función o un motivo determinado una cosa. ‖ prnl. Maquillarse la cara.

pintarrajear tr. y prnl. fam. Manchar de varios colores y sin arte una cosa. ‖ prnl. Maquillarse mucho y mal.

pintaúñas m. Líquido transparente o de colores variados que sirve para cubrir la superficie de las uñas.

pintor, ra m. y f. Persona que profesa o ejercita el arte de la pintura. ‖ Persona que se dedica profesionalmente a pintar puertas, paredes, ventanas, etc.

pintoresco, ca adj. [Lugar] muy típico o bonito. ‖ Curioso, atractivo.

pintura f. Arte de pintar. ‖ Obra pintada. ‖ Color preparado para pintar. ‖ fig. Descripción animada de algo o alguien.

pinza f. Instrumento de diversas formas cuyos extremos se aproximan para sujetar algo. ‖ Órgano prensil de ciertos artrópodos.

piña f. Fruto del pino y otros árboles. ‖ Ananás, planta. ‖ fig. Conjunto de personas o cosas unidas estrechamente.

piñata f. Recipiente de papel lleno de dulces y regalos, que debe romperse generalmente con un palo y con los ojos vendados.

piñón m. Simiente del pino. ‖ Almendra de dicha simiente, comestible en el pino piñonero. ‖ Rueda dentada que engrana con otra mayor en un mecanismo.

piojo m. Insecto hemíptero que vive parásito sobre los mamíferos, de cuya sangre se alimenta.

piolín m. *amer.* Cordel delgado de cáñamo, algodón u otra fibra.

pionero, ra m. y f. Persona que da los primeros pasos en alguna actividad humana.

pipa f. Utensilio para fumar tabaco picado. ‖ fam. Pistola, arma. ‖ Semilla de algunos frutos. ‖ Semilla del girasol. ‖ adv. m. fam. Muy bien, estupendamente.

pique m. Resentimiento o enfado entre dos o más personas. ‖ Empeño en hacer algo por amor propio o por rivalidad.

piqueta f. Herramienta de albañilería.

piquete m. Grupo de personas que, pacífica o violentamente, intenta imponer o mantener una consigna de huelga. || Grupo poco numeroso de soldados que se emplea en diferentes servicios extraordinarios.

pira f. Hoguera.

piragua f. Embarcación larga y estrecha, mayor que la canoa.

pirámide f. Sólido que tiene por base un polígono y sus caras laterales son triángulos que se juntan en un vértice. || Monumento que tiene esta forma.

piraña f. Pez carnívoro muy voraz de hasta 30 cm de longitud, con dientes cónicos y agudos, que habita en los grandes ríos de América del Sur, especialmente el Amazonas.

pirata m. y f. Navegante que asaltaba a otros barcos o hacía incursiones en la costa. También com. || adj. [Nave y actividad] de los piratas. || Ilegal.

piratear intr. Asaltar barcos y hacer incursiones en la costa. || tr. e intr. Hacer copias, ediciones, etc., de una obra sin permiso del autor o propietario.

pirómano, na adj. y s. [Persona] que tiene una tendencia patológica a provocar incendios.

piropo m. Cumplido ingenioso, dirigido por un hombre a una mujer.

pirotecnia f. Arte de preparar explosivos para fuegos artificiales.

pirrarse prnl. fam. Desear con vehemencia algo.

pirueta f. Cabriola. || Voltereta.

pis m. fam. Orina.

pisapapeles m. Utensilio pesado que se pone sobre los papeles para que no se muevan.

pisar tr. Poner el pie sobre algo. || Apretar algo con los pies. || fig. No respetar los derechos de los demás.

piscifactoría f. Instalación donde se crían diversas especies de peces y mariscos, con fines comerciales.

piscina f. Estanque destinado al baño y a la natación.

piscis m. Uno de los signos del Zodiaco, al que pertenecen las personas que han nacido entre el 19 de febrero y el 20 de marzo.

piso m. Suelo, pavimento. || Conjunto de habitaciones que constituyen vivienda independiente.

pisotear tr. Pisar repetidamente. || fig. Humillar.

pista f. Rastro que dejan los animales o personas en la tierra por donde han pasado. || fig. Conjunto de señales que pueden conducir a la averiguación de algo. || Sitio acondicionado para deportes y otras actividades. || Terreno especialmente acondicionado para el despegue y aterrizaje de aviones. ‖ Autopista. ‖ Cada uno de los espacios paralelos de una cinta magnética en que se registran grabaciones independientes.

pistacho m. Fruto originario de Siria, de pequeño tamaño y alargado, con cáscara dura y carne verde, muy apreciado como fruto seco.

pistola f. Arma de fuego corta. ‖ Utensilio pulverizador de pintura.

pitar intr. Tocar el pito. ‖ tr. Manifestar desagrado contra una persona con silbidos o pitidos, durante una reunión o espectáculo público.

pitillera f. Estuche o funda para guardar los pitillos.

pitillo m. Cigarrillo.

pito m. Instrumento pequeño, que al soplar sobre él produce un sonido agudo. ‖ Claxon de un vehículo. ‖ fig. Voz aguda y desagradable. ‖ vulg. Pene.

pitón m. Cuerno que empieza a salir a los animales. ‖ f. Reptil ofidio no venenoso, de gran tamaño.

pitonisa f. Mujer que adivina el futuro a través de cartas, bolas de cristal, etc.

pitorrearse prnl. Guasearse de otro.

pitorro m. Tubo por donde sale el líquido en botijos y porrones.

pituitario, ria adj. Que contiene o segrega pituita o moco. ‖ [Membrana] que reviste la cavidad de la nariz, que segrega el moco y en la cual se produce la sensación del olfato. También f.

pivote m. Extremo de una pieza donde se mete o se apoya otra.

pizarra f. Roca homogénea, de color negro azulado, que se divide con facilidad en hojas planas. ‖ Encerado.

pizca f. fam. Porción mínima o muy pequeña de una cosa.

pizza (Voz it.) f. Torta elaborada con masa de pan, guarnecida con tomate, queso y otros ingredientes.

placa f. Plancha de metal u otra materia rígida y poco gruesa. ‖ Insignia o distintivo que llevan los policías para acreditar que lo son. ‖ Matrícula de los vehículos.

placenta f. Órgano intermediario durante la gestación entre la madre y el feto.

placentero, ra adj. Agradable, apacible.

placer m. Sensación de agrado y satisfacción. ‖ Diversión, entretenimiento.

plácido, da adj. Quieto, sosegado. ‖ Grato, apacible.

plaga f. Calamidad grande que aflige a un pueblo. ‖ Abundancia de alguna cosa nociva o perjudicial. ‖ fig. Gran abundancia de personas o cosas.

plagar tr. y prnl. Llenar.

plagiar tr. Copiar o imitar en lo sustancial obras ajenas.

plan m. Proyecto o programa

de algo que se va a realizar y de cómo realizarlo. || Intención. || Relación amorosa pasajera, y persona con quien se tiene esta relación.

plana f. Cada una de las dos caras de una hoja de papel.

plancha f. Lámina de metal llano y delgado. || Utensilio que sirve para planchar la ropa. || Placa de metal sobre la que se asan o cocinan alimentos. || fig. y fam. Error que hace a alguien quedar en ridículo.

planchar tr. Pasar la plancha caliente sobre la ropa.

planear tr. Hacer planes o proyectos. || intr. Descender un avión sin motor.

planeta m. Cuerpo sólido celeste que gira alrededor del Sol y que se hace visible por la luz que refleja.

planetario, ria adj. De los planetas o relacionado con ellos. || m. Aparato que representa los planetas del sistema solar y reproduce sus movimientos respectivos. || Local donde se exhibe dicho aparato.

planicie f. Llanura.

planificar tr. Establecer un plan para ejecutar una acción.

plano, na adj. Llano, liso. || m. Representación gráfica en una superficie de una ciudad, un edificio, etc. || Superficie imaginaria formada por puntos u objetos a una misma altura. || Punto de vista. || En cine y fotografía, superficie imaginaria que ocupan las personas y objetos que forman una imagen. || En cine, sucesión de fotogramas rodados sin interrupción.

planta f. Parte inferior del pie. || Vegetal. || Cada uno de los pisos de un edificio.

plantación f. Explotación agrícola de grandes dimensiones dedicada a un único cultivo.

plantar tr. Meter en tierra una planta o un vástago, esqueje, etc., para que arraigue. || fig. y fam. Dejar o abandonar a alguien. || prnl. Ponerse de pie firme. || fam. Llegar a un sitio. || Mantenerse firme en una decisión. || fam. No querer más cartas un jugador.

plantear tr. Enfocar la solución de un problema. || Presentar o proponer una cuestión para que se discuta. || prnl. Pararse a considerar algo.

plantel m. Criadero de plantas. || Grupo de personas hábiles y capaces en alguna profesión, ejercicio, etc.

plantilla f. Pieza con que interiormente se cubre la planta del calzado. || Patrón que sirve como modelo para hacer otras piezas. || Relación ordenada de los empleados de una empresa. || Conjunto de los jugadores de un equipo deportivo.

plañir intr. Llorar.

plaqueta f. Elemento constituyente de la sangre.

plasma m. Parte líquida de la sangre.

plasmar tr. Reflejar algo en una obra.

plasta f. Masa blanda y espesa. ‖ Excremento blando y redondeado. ‖ fig. y fam. Persona pesada.

plástico, ca adj. y m. [Material] que puede moldearse fácilmente y que está compuesto principalmente de derivados de la celulosa, proteínas y resinas. ‖ adj. Relacionado con el arte y la técnica de modelar. ‖ [Cirugía] que se ocupa de corregir defectos físicos o antiestéticos. ‖ [Estilo, lenguaje, etc.] muy expresivo. ‖ f. Arte y técnica de modelar.

plastificar tr. Recubrir con una lámina fina de plástico, papeles, documentos, etc.

plastilina o **plastelina** f. Material artificial muy dúctil, de textura blanda y espesa, que se utiliza especialmente en la escuela para trabajos manuales, para la creación de figurillas moldeables, etc.

plata f. Metal precioso, blanco, brillante, dúctil y maleable. Símbolo, Ag. ‖ Dinero en general; riqueza.

plataforma f. Tablero horizontal, descubierto y elevado sobre el suelo. ‖ Lugar llano más elevado que lo que le rodea. ‖ Organización de personas que tienen intereses comunes. ‖ Conjunto de quejas y reivindicaciones que presenta un grupo o colectivo.

plátano m. Planta herbácea de grandes dimensiones, cultivada en regiones cálidas, cuyo fruto es blando y agradable. ‖ Fruto de esta planta. ‖ Árbol de gran tamaño utilizado como planta ornamental en calles y paseos.

plateresco adj. y m. [Estilo] arquitectónico surgido en España a finales del s. XV y primera mitad del XVI, caracterizado por la adaptación de los principios del Renacimiento italiano fusionados con elementos decorativos góticos.

plática f. Conversación. ‖ Sermón.

platillo m. Cada una de las dos piezas de la balanza en forma de plato. ‖ pl. Instrumento musical de percusión formado por dos discos metálicos.

platina f. Parte del microscopio donde se coloca el objeto que se quiere observar. ‖ En artes gráficas, superficie plana de la prensa o máquina de imprimir. ‖ Aparato reproductor y grabador de cintas magnetofónicas.

platino m. Metal precioso de color plata, muy pesado e inatacable por los ácidos, excepto el agua regia. Símbolo, Pt.

plato m. Recipiente bajo y redondo, que se emplea en las mesas para servir la comida. ‖ Alimento ya cocinado. ‖ En los tocadiscos, superficie giratoria sobre la que se coloca el disco.

plató m. Escenario de un estudio cinematográfico.

plausible adj. Digno de aplauso. || Que se puede admitir o tiene justificación.

play-back (Voz i.) m. Interpretación mímica de una pieza musical con sonido pregrabado.

playa f. Ribera del mar, o de un río grande, formada de arenales.

plaza f. Lugar ancho y espacioso dentro de una población. || Mercado, lugar con pequeños puestos de venta. || Sitio determinado para una persona o cosa. || Lugar fortificado. || Empleo o puesto de trabajo.

plazo m. Tiempo señalado para una cosa. || Cada parte de una cantidad pagadera en dos o más veces.

pleamar f. Fin de la marea creciente. || Tiempo que esta dura.

plebe f. Pueblo, vulgo.

plebiscito m. Resolución que se somete a votación para que los ciudadanos se manifiesten en contra o a favor.

plegar tr. y prnl. Hacer pliegues en una cosa. || prnl. Doblarse, someterse.

plegaria f. Oración, rezo.

pleitesía f. Muestra reverente de cortesía.

pleito m. Litigio judicial entre partes.

plenilunio m. Luna llena.

pleno, na adj. Completo, lleno. || m. Junta general de una corporación.

pleonasmo m. Figura gramatical que emplea más vocablos de los necesarios, a fin de dar mayor énfasis a la frase.

plétora f. Abundancia, exceso.

pliego m. Pieza de papel doblada por la mitad. || Hoja de papel. || En artes gráficas, cada una de las hojas en que se hace la tirada.

pliegue m. Doblez en la ropa o en cualquier cosa flexible.

plisar tr. Hacer pliegues.

plomo m. Metal pesado, dúctil, maleable, blando, fusible y de color gris azulado. Símbolo, *Pb*. || Bala de arma de fuego. || Cortacircuitos, fusible. Más en pl. || fig. y fam. Persona o cosa aburrida o pesada.

pluma f. Cada una de las piezas de que está cubierto el cuerpo de las aves. || Utensilio, con un pequeño depósito de tinta, que sirve para escribir.

plúmbeo, a adj. De plomo.

plumero m. Mazo o atado de plumas que sirve para quitar el polvo.

plumier m. Caja pequeña y rectangular para guardar plumas, lápices, gomas de borrar, etc.

plumífero m. Anorak relleno de plumas o material acolchado.

plural adj. [Número] gramatical que se refiere a dos o más personas o cosas. Más c. m.

pluralismo m. Sistema por el cual se acepta o reconoce la plu-

pluralizar ralidad de doctrinas o métodos en materia política, económica, etc.

pluralizar tr. Referir una cosa que es peculiar de uno a dos o más sujetos.

pluriempleo m. Desempeño por una persona de más de un empleo o cargo.

plus m. Gratificación o sobresueldo.

pluscuamperfecto adj. y m. [Tiempo] verbal que expresa una acción pasada anterior a otra ya pretérita.

plusmarca f. Récord deportivo.

plusvalía f. Aumento del valor de una cosa.

población f. Conjunto de personas que habitan la Tierra o cualquier división geográfica de ella. ‖ Conjunto de edificios y espacios habitados, especialmente una ciudad. ‖ Conjunto de seres de una misma especie que habitan un espacio determinado.

poblado m. Lugar con edificios y espacios donde vive gente, especialmente si es pequeño y de construcción sencilla.

poblar tr. e intr. Ocupar con gente un lugar para que habite en él. ‖ Por ext., hacerlo con animales. ‖ prnl. Crecer rápida y abundantemente las plantas u otras cosas.

pobre adj. y com. Que tiene escasamente lo necesario para vivir. ‖ fig. Humilde. ‖ Infeliz, desdichado. ‖ com. Mendigo.

pocho, cha adj. Que empieza a pudrirse. ‖ fam. Que no disfruta de buena salud.

pocilga f. Establo para cerdos. ‖ fig. Lugar sucio.

pócima f. Bebida medicinal o que tiene poderes especiales.

poco, ca adj. Escaso en cantidad o calidad. ‖ m. Cantidad pequeña. ‖ adv. c. Con escasez. ‖ adv. t. Denota corta duración o expresa un tiempo aún cercano.

podar tr. Cortar las ramas superfluas de los árboles y otras plantas.

poder tr. Tener capacidad para hacer algo. ‖ Tener facilidad, tiempo o lugar de hacer una cosa. ‖ Ser lícito hacer una cosa. ‖ impers. Ser posible que suceda una cosa. ‖ m. Dominio, imperio, facultad y jurisdicción que uno tiene para mandar o ejecutar una cosa. ‖ Documento para actuar en nombre de otro. ‖ Fuerza, vigor. ‖ pl. Facultades, autorización para hacer una cosa.

podio m. Plataforma sobre la que se coloca a una persona para ponerla en lugar preeminente.

podrir tr. Pudrir.

poema m. Obra en verso, o perteneciente por su género, aunque esté escrita en prosa, a la esfera de la poesía.

poesía f. Expresión artística por medio del verso, y en ocasiones a través de la prosa. ‖ Cada uno de los géneros que la com-

ponen. ‖ Composición perteneciente a cualquiera de estos géneros. ‖ fig. Capacidad expresiva, estética, sensibilidad y encanto que tiene una obra, persona, imagen, etc.

poeta m. Hombre que escribe obras literarias en verso.

poetisa f. Mujer que escribe obras literarias en verso.

polaco, ca adj. y s. De Polonia.

polaina f. Especie de media calza que cubre la pierna hasta la rodilla.

polar adj. De los polos o relativo a ellos.

polarizar tr. Acumular los efectos de un agente en puntos opuestos de un cuerpo. ‖ intr. Suministrar una tensión fija a una parte de un aparato electrónico. ‖ prnl. fig. Concentrar la atención o el interés en una cosa.

polca f. Música y danza originarias de Bohemia de movimiento rápido y en compás de dos por cuatro.

polea m. Rueda móvil alrededor de un eje y acanalada en su circunferencia, por donde pasa una cuerda y sirve para levantar pesos.

polémica f. Controversia, discusión.

polemizar intr. Sostener o entablar una polémica.

polen m. Célula masculina o fecundante de las flores.

poleo m. Planta herbácea anual, de flores azuladas y olor agradable, con la que se hacen infusiones. ‖ Infusión hecha con las hojas de esta planta.

policía f. Cuerpo encargado de velar por el mantenimiento del orden público y la seguridad de los ciudadanos. ‖ com. Agente que pertenece a este cuerpo.

policromo, ma o **polícromo, ma** adj. De varios colores.

polideportivo, va adj. y m. [Conjunto] de instalaciones destinadas al ejercicio de varios deportes.

poliéster m. Materia plástica que se obtiene por condensación de poliácidos con polialcoholes o glicoles, utilizada en la fabricación de pinturas, fibras textiles, etc.

polifacético, ca adj. Que ofrece varias facetas o aspectos.

polifonía f. Conjunto de sonidos simultáneos que forman un todo armónico.

poligamia f. Régimen familiar que admite matrimonios múltiples.

políglota, ta o **poligloto, ta** adj. y s. [Persona] que habla varios idiomas.

polígono m. Porción de plano limitado por líneas rectas.

polilla f. Mariposa nocturna, cuya larva destruye la lana, los tejidos, etc.

polinización f. Tránsito del polen desde el estambre en que se

poliomielitis 514

ha producido hasta el pistilo en que ha de germinar.

poliomielitis f. Enfermedad caracterizada por la inflamación de los cuernos anteriores de la médula y la parálisis y atrofia de los grupos musculares correspondientes.

pólipo m. Nombre con que se designa a los celentéreos marinos de cuerpo tubular, rematado por tentáculos, que viven fijos al fondo por un pedúnculo. || Tumor blando que se forma en las mucosas.

polisemia f. En lingüística, pluralidad de significados de una palabra.

polisílabo, ba adj. y s. [Palabra] que consta de varias sílabas.

politécnico, ca adj. Que abarca muchas ciencias.

politeísmo m. Doctrina que admite la existencia de muchos dioses.

política f. Arte, doctrina u opinión referente al gobierno de los Estados. || Actividad de los que rigen o aspiran a regir los asuntos públicos. || fig. Técnica y métodos con que se conduce un asunto. || fig. Habilidad para tratar con la gente o dirigir un asunto. || fig. Orientación, directriz.

póliza f. Documento justificativo del contrato de seguros, operaciones de bolsa, etc. || Sello con que se satisface el impuesto del timbre en determinados documentos.

polizón m. El que se embarca clandestinamente.

polla f. Gallina joven. || *vulg.* Pene.

pollera f. *amer.* Falda, prenda femenina.

pollería f. Tienda donde se venden aves comestibles.

pollino, na m. y f. Asno. || fig. Persona simple, ignorante o ruda.

pollo m. Cría de las aves y particularmente de las gallinas. || Gallo o gallina joven. || fam. Chico joven. || Lío, jaleo.

polo m. Cualquiera de los dos extremos del eje de la Tierra. || Región contigua a un polo terrestre. || Cualquiera de los dos puntos opuestos de un cuerpo magnético. || Marca registrada de un tipo de helado, inserto en un palito. || Prenda de vestir parecida a un jersey, con el cuello abierto.

polo m. Juego entre dos equipos de cuatro jinetes que, con mazas de astiles largos, lanzan una bola sobre el césped del terreno.

pololos m. pl. Pantalones cortos o bombachos, por ejemplo los que usaban las mujeres como prenda interior.

poltrón, ona adj. Perezoso, haragán. || f. Silla más baja que la común, y de más amplitud y comodidad.

polución f. Efusión de semen. || Contaminación.

polvo m. Parte más menuda y deshecha de la tierra muy seca, que fácilmente se levanta en el aire. ‖ Partículas muy pequeñas en suspensión que flotan en el aire. ‖ fig. Heroína o cocaína, drogas. ‖ vulg. Acto sexual. ‖ pl. Sustancia sólida molida en partículas muy pequeñas que se utilizan como cosmético. ‖ Las empleadas como medicamento.

pólvora f. Compuesto muy inflamable que, en determinadas circunstancias y bajo ciertas acciones mecánicas, hace explosión.

polvorín m. Lugar preparado para guardar explosivos.

polvorón m. Dulce típico de Navidad, hecho con harina, manteca y azúcar, que se deshace al comerlo.

pomada f. Mezcla de una sustancia grasa y otros ingredientes, que se emplea como afeite o medicamento.

pomelo m. Fruto comestible de sabor agridulce y forma parecida a la naranja.

pomo m. Tirador de una puerta. ‖ Extremo de la guarnición de la espada. ‖ Fruto con mesocarpio carnoso de abundante pulpa y endocarpio coriáceo, como la manzana y la pera.

pompa f. Acompañamiento suntuoso. ‖ Fausto, grandeza. ‖ Ampolla que forma el agua por el aire que se le introduce.

pómulo m. Hueso de cada una de las mejillas.

ponche m. Bebida que se hace mezclando ron u otro licor con agua, limón y azúcar.

poncho m. Prenda de abrigo, que consiste en una manta, cuadrada o rectangular, que tiene en el centro una abertura para pasar la cabeza.

ponderar tr. Examinar con cuidado algún asunto. ‖ Alabar, a veces exageradamente.

ponencia f. Exposición o propuesta que hace alguien en una conferencia, asamblea, etc.

ponente adj. y com. [Persona] que realiza una ponencia.

poner tr. Colocar en un sitio o lugar. También prnl. ‖ Añadir, echar. ‖ Hacer que funcione un aparato. ‖ Instalar o montar algo. ‖ Soltar el huevo las aves. ‖ Disponer. ‖ Suponer. ‖ prnl. Ocultarse los astros tras el horizonte. ‖ Vestirse o ataviarse.

póney o **poni** (Voz i.) m. Nombre que se da a determinados caballos pequeños.

poniente m. Occidente, punto cardinal.

pontífice m. Prelado supremo de la iglesia católica romana, papa.

ponzoña f. Sustancia venenosa o nociva para la salud.

pop (Voz i.) adj. y m. [Música] de-rivada del rock y del folk. ‖ [Movimiento] artístico surgido en EE. UU. a fines de los años cincuenta como reacción contra el expresionismo abstracto e ins-

popa f. Parte posterior de la nave.

populacho m. *desp.* Pueblo, vulgo.

popular adj. Relativo al pueblo. || Relacionado con las clases sociales más bajas o destinado a ellas. || Muy conocido o extendido. || Que tiene muchos seguidores o partidarios.

populoso, sa adj. Muy poblado.

popurrí m. Composición musical formada de fragmentos de obras diversas. || Mezcla de cosas diversas.

por prep. Introduce el complemento agente en las oraciones pasivas. || Indica relación de tiempo o lugar en que se hace algo. || Indica la causa y motivo. || Denota el medio. || Expresa el modo. || Indica el precio. || A favor o en defensa de alguno. || En lugar de. || Denota multiplicación de números. || Indica proporción o distribución. || Sin.

porcelana f. Especie de loza fina, obtenida por cocimiento de caolín, cuarzo y feldespato.

porcentaje m. Tanto por ciento.

porche m. Soportal. || Atrio.

porcino, na adj. Relativo al puerco.

porción f. Cantidad que se separa de otra mayor. || Parte que corresponde a cada uno en un reparto.

pordiosero, ra adj. y s. Mendigo.

porfiar intr. Disputar obstinadamente. || Insistir.

pormenor m. Detalle. || Cosa o circunstancia secundaria.

porno adj. apóc. de *pornográfico*. || m. apóc. de *pornografía*.

pornografía f. Género de películas, libros, fotografías, etc., que tienen como objeto la excitación sexual del que las contempla, mostrando de forma realista todo lo relacionado con el sexo.

poro m. Espacio entre las moléculas de los cuerpos. || Orificio, imperceptible a simple vista, de la piel de los animales y de los vegetales.

porque conj. causal. Por causa o razón de que.

porqué m. Causa, razón o motivo.

porquería f. Suciedad. || Grosería. || Cosa de poco valor.

porra f. Cachiporra. || Fritura semejante al churro, pero más gruesa. || Apuesta que se hace entre varios a cierto número o resultado, y en la que la persona que gana se lleva todo el dinero apostado.

porro m. Cigarrillo de hachís o mariguana mezclado con tabaco.

porrón m. Recipiente de cuello largo y pitorro para beber a chorro.

portaaviones m. Buque de guerra destinado a transportar aviones y dispuesto para que de él emprendan vuelo y a él vuelvan una vez terminado este.

portada f. Ornato en la fachada de los edificios. ‖ Primera plana de los libros impresos. ‖ fig. Cara principal de cualquier cosa.

portaequipajes m. Espacio para el equipaje en un vehículo.

portafolios m. Cartera de mano.

portal m. Zaguán, primera pieza de la casa. ‖ Soportal. ‖ Pórtico.

portaminas m. Instrumento para escribir, que contiene minas recargables en su interior.

portar tr. Llevar o traer. ‖ prnl. Conducirse, obrar. ‖ No defraudar a una persona.

portátil adj. Movible y fácil de transportar.

portavoz com. Persona que representa y habla en nombre de una colectividad.

portazo m. Golpe fuerte que se da con la puerta.

porte m. Transporte. ‖ Cantidad que se paga por transportar una cosa. ‖ Presencia, aspecto de una persona.

portento m. Cosa, acción o suceso que causa admiración o terror. ‖ Persona muy sabia o muy hábil en alguna materia.

portería f. Cuarto de una casa destinado al portero. ‖ En ciertos deportes, meta.

pórtico m. Sitio cubierto y con columnas que se construye delante de un edificio. ‖ Galería con arcadas y columnas a lo largo de una fachada o patio.

portillo m. Paso o entrada que se abre en un muro, vallado.

portuario, ria adj. Relativo al puerto de mar.

portugués, esa adj. y s. De Portugal.

porvenir m. Suceso o tiempo futuro.

posada f. Casa de huéspedes.

posaderas f. pl. Nalgas.

posar tr. Poner algo con suavidad sobre una superficie. ‖ intr. Permanecer en cierta postura para retratarse o servir de modelo. ‖ prnl. Depositarse sobre una superficie un ave, avión, insecto, etc., después de volar. ‖ Depositarse en el fondo de un recipiente o sobre una superfice las partículas que estaban en suspensión en un fluido.

posavasos m. Soporte sobre el que se ponen los vasos para que no dejen marca en la mesa.

posdata f. Texto que se añade a una carta ya concluida y firmada.

pose f. Postura o actitud afectada.

poseer tr. Tener uno en su poder una cosa. ‖ Contar con algo, disponer de ello.

posesivo, va adj. y m. [Pronombre y adjetivo] que indican posesión o pertenencia.

poseso, sa adj. y s. [Persona] que padece posesión de algún espíritu.

posguerra f. Tiempo inmediato a la terminación de una guerra.

posible adj. Que puede ser o suceder; que se puede ejecutar.

posición f. Figura, actitud o modo en que alguien o algo está puesto. || Categoría o condición social de cada persona. || Situación o disposición.

positivo, va adj. Cierto, que no ofrece duda. || Bueno o favorable. || Práctico y optimista. || [Copia fotográfica] que se obtiene a partir del negativo, y en la que los colores no están invertidos. || [Grado] de significación simple del adjetivo.

poso m. Sedimento del líquido contenido en una vasija. || fig. Resentimiento o amargura que deja en alguien alguna experiencia negativa.

posología f. Parte de la farmacología, que trata de las dosis de administración de los medicamentos.

posponer tr. Colocar a una persona o cosa después de algo. || Dejar para más tarde.

postal adj. Del servicio de correos. || f. Cartulina rectangular, homologada para ser utilizada como carta.

poste m. Madero o columna colocada verticalmente para servir de apoyo.

póster m. Cartel grande de carácter decorativo.

postergar tr. Dejar atrasada una cosa. || Tener en menos a una persona.

posteridad f. Descendencia o generación venidera. || Fama póstuma.

posterior adj. Que sucede o va después de otra cosa. || Que está detrás de otra cosa o en la parte de atrás. || En lingüística, [fonema] que se articula aproximando el dorso de la lengua al velo del paladar.

postigo m. Puerta pequeña abierta en otra mayor. || Cada una de las puertecillas que hay en las ventanas, balcones, etc.

postín m. Presunción, boato.

postizo, za adj. Agregado, sobrepuesto. || m. Peluca o cabellera artificial.

postoperatorio, ria adj. y m. [Periodo] posterior a una operación quirúrgica.

postor, ra m. y f. Persona que ofrece precio en una subasta.

postrar tr. Abatir, derribar. || prnl. Hincarse de rodillas.

postre m. Fruta o dulce que se sirve al final de las comidas.

postrero, ra adj. y s. Último.

postrimería f. Periodo último de la duración de una cosa. Más en pl.

postular tr. Pedir, especialmente dinero con fines benéficos. || Defender una idea o principio.

póstumo, ma adj. Que sale a luz después de la muerte del padre o autor.

postura f. Situación o modo en que está puesta una persona, animal o cosa. || Precio que el comprador ofrece en una subasta.

potable adj. Que se puede beber. || fig. y fam. Aceptable, bueno.

potaje m. Guiso de legumbres, verduras y, a veces, otros ingredientes.

potasio m. Elemento metálico alcalino, blando, cuyos compuestos son muy importantes para uso industrial. Símbolo, K.

pote m. Recipiente redondo, con barriga y boca ancha, que servía para cocinar. || Guiso gallego y asturiano de alubias, tocino y verduras.

potencia f. Virtud para ejecutar algo o producir un efecto. || Poder, fuerza, energía. || fig. Estado o nación de gran fuerza y poder. || Producto que resulta de multiplicar una cantidad por sí misma una o más veces.

potenciar tr. Dar potencia a una cosa o incrementar la que tiene.

potentado m. Persona poderosa y opulenta.

potente adj. Poderoso.

potestad f. Dominio, autoridad.

potingue m. Preparado de farmacia o cosmético. || Bebida desagradable.

potito m. Alimento infantil en forma de puré ya preparado y envasado en un tarro de cristal.

potro, tra m. y f. Caballo desde que nace hasta que muda los dientes de leche. || Antiguo aparato de tortura. || Aparato de gimnasia para ejecutar saltos.

poyete m. Poyo pequeño o bajo.

poyo m. Banco de piedra, arrimado a las paredes.

pozo m. Hoyo que se hace en la tierra ahondándolo hasta encontrar agua, petróleo.

práctica f. Ejercicio de cualquier arte o facultad. || Destreza adquirida con este ejercicio. || Costumbre.

practicante adj. y com. [Persona] que sigue los ritos y prácticas de una religión. || com. Diplomado en enfermería, persona que pone inyecciones, practica curas, etc.

practicar tr. Poner en práctica algo que se ha aprendido. || Ejercitar, hacer ejercicios para conseguir mayor experiencia o perfeccionamiento en algo. || Ejecutar, hacer.

práctico, ca adj. Relativo a la práctica. || Que es útil o produce un provecho inmediato. || [Persona] realista, que piensa siempre en la utilidad de las cosas. || m. Persona que dirige las operaciones de entrada y salida de los barcos en un puerto.

pradera f. Prado grande. ‖ Lugar llano y con hierba.

prado m. Tierra de pastos.

pragmatismo m. Corriente filosófica según la cual el único criterio válido para juzgar la verdad de una teoría se ha de fundamentar en sus efectos prácticos. ‖ Modo de pensar y de actuar basado sobre todo en las consecuencias prácticas.

preámbulo m. Exordio, prólogo, introducción. ‖ Rodeo, digresión.

prebenda f. Renta aneja a un cargo eclesiástico. ‖ Oficio o empleo lucrativo y poco trabajoso.

precalentamiento m. Ejercicio que efectúa el deportista para calentar sus músculos. ‖ Calentamiento de un motor, aparato, etc.

precario, ria adj. De poca estabilidad o duración. ‖ Sin medios económicos suficientes.

precaución f. Cautela para evitar posibles daños.

precaver tr. y prnl. Prevenir un riesgo o daño.

preceder tr. Ir delante en tiempo, orden o lugar. También intr. ‖ Tener una persona o cosa primacía sobre otra.

preceptivo, va adj. Obligatorio, que constituye precepto. ‖ f. Conjunto de preceptos aplicables a determinada materia.

precepto m. Mandato, orden. ‖ Instrucción, regla.

preces f. pl. Ruegos, súplicas. ‖ Oraciones.

preciar tr. Apreciar. ‖ prnl. Gloriarse, jactarse.

precinto m. Ligadura sellada con que se cierran cajones, paquetes, etc., con el fin de que no se abran sino cuando y por quien corresponda legalmente.

precio m. Valor pecuniario de algo. ‖ fig. Estimación, importancia.

precioso, sa adj. De gran calidad y elevado coste. ‖ Muy hermoso.

precipicio m. Despeñadero.

precipitar tr. Arrojar o derribar de un lugar alto. También prnl. ‖ Acelerar una cosa. ‖ prnl. Hablar o actuar sin reflexión o de manera precipitada. ‖ Lanzarse hacia un lugar.

precisar tr. Determinar de modo preciso. ‖ Necesitar. ‖ intr. Ser necesario.

preciso, sa adj. Necesario, indispensable. ‖ Puntual, exacto.

preclaro, ra adj. Ilustre, digno de admiración y respeto.

precolombino, na adj. Relativo a América, anterior a Cristóbal Colón y a la colonización.

preconcebir tr. Establecer previamente y con sus pormenores una idea o proyecto que ha de ejecutarse.

preconizar tr. Recomendar cierta cosa. ‖ Anunciar.

precoz adj. Que se produce u ocurre antes de lo acostumbrado. || [Niño] que muestra comportamientos y cualidades propios de una edad más tardía. || [Proceso] que ocurre al principio.

precursor, ra adj. y s. Que va delante en tiempo o lugar.

predecesor, ra m. y f. Antecesor.

predecir tr. Anunciar algo que ha de suceder.

predestinar tr. Destinar anticipadamente una cosa para un fin.

predicado m. En lingüística, segmento del discurso que, junto con el sujeto, constituye una oración gramatical.

predicamento m. Reputación o estima que merece una persona por sus obras.

predicar tr. e intr. Pronunciar un discurso de tipo religioso. || tr. Aconsejar.

predicativo, va adj. En lingüística, relativo al predicado. || [Oración] cuyo verbo no es copulativo. || [Verbo] no copulativo. || [Complemento] que modifica a la vez al verbo y al sujeto o al complemento directo.

predilección f. Cariño especial con que se distingue a una persona o cosa entre varias.

predisponer tr. y prnl. Disponer anticipadamente algunas cosas o el ánimo de las personas para un fin determinado.

predominar tr. e intr. Prevalecer.

preeminente adj. Sublime, superior.

prefabricado, da adj. [Construcción] cuyas partes esenciales se envían ya fabricadas al lugar de su emplazamiento.

prefacio m. Prólogo. || Parte de la misa que precede al canon.

prefecto m. Persona a quien compete vigilar el desempeño de ciertos cargos.

preferencia f. Primacía, ventaja. || Elección de una cosa o persona, entre varias; predilección hacia ella.

preferir tr. Dar preferencia.

prefijar tr. Determinar, señalar o fijar anticipadamente una cosa.

prefijo adj. y m. [Afijo] que va antepuesto. || m. Cifra o cifras que indican una ciudad, provincia, país, etc., que deben marcarse antes del número del abonado para establecer una comunicación telefónica automática.

pregón m. Anuncio en voz alta de algo. || Discurso en que se anuncia la celebración de una festividad.

pregunta f. Frase en la que se solicita que alguien dé información sobre algo.

prehistoria f. Ciencia que estudia el periodo de la vida de la humanidad anterior a todo documento escrito. || Periodo comprendido entre la aparición del hombre en el mundo y el comienzo de la historia. || fig. Origen de algo.

prejuicio m. Opinión preconcebida sobre algo.

prejuzgar tr. Juzgar las cosas sin tener un buen conocimiento de ellas.

prelado m. Superior eclesiástico.

preliminar adj. Que sirve de preámbulo o antecede a una acción. || m. pl. Conjunto de acciones, palabras, etc., que preceden a un acto.

preludio m. Lo que precede o sirve de entrada a una cosa. || Composición musical breve y formalmente libre, generalmente destinada a preceder la ejecución de otras piezas. || Obertura o sinfonía.

premamá adj. De la mujer embarazada o relacionado con ella.

prematrimonial adj. De antes del matrimonio.

prematuro, ra adj. Que ocurre antes de tiempo. || adj. y s. [Niño] que ha nacido antes de tiempo.

premeditar tr. Pensar reflexivamente una cosa antes de ejecutarla.

premio m. Recompensa que se da por algún mérito o servicio. || Cada uno de los lotes sorteados en la lotería nacional y en otros juegos, concursos, certámenes, etc.

premisa f. Cada una de las dos primeras proposiciones del silogismo. || Señal o indicio a través de los cuales se deduce o conoce una cosa.

premonición f. Presentimiento, presagio.

premura f. Prisa, urgencia.

prenda f. Lo que se da como garantía de algo. || Cualquiera de las partes que componen el vestido o calzado. || fig. Cada una de las buenas cualidades que tiene una persona.

prendar tr. Agradar muchísimo. || prnl. Entusiasmarse o enamorarse.

prender tr. Agarrar, sujetar algo. || Detener a alguien. || Encender o incendiar. || intr. Arraigar la planta en la tierra.

prensa f. Máquina que sirve para comprimir. || Imprenta. || fig. Conjunto de las publicaciones periódicas, especialmente las diarias. || Conjunto de los periodistas.

prensil adj. Que sirve para asir o coger.

preñar tr. Hacer concebir a la hembra. || fig. Llenar, henchir.

preocupar tr. y prnl. Causar preocupación o tenerla. || prnl. Encargarse, atender.

preparar tr. Disponer todo lo necesario para un fin. || tr. y prnl. Prevenir a una persona o disponerla para una acción que se ha de seguir. || Estudiar o entrenar.

preponderancia f. Superioridad de crédito, consideración, autoridad, fuerza.

preposición f. Parte invariable de la oración, cuyo oficio es denotar la relación que entre sí tienen dos palabras o términos.

prepotencia f. Abuso o alarde de poder.

prepotente adj. Que muestra prepotencia.

prepucio m. Piel móvil que cubre el glande.

prerrogativa f. Privilegio.

presa f. Acción de prender o tomar una cosa. ‖ Cosa apresada. ‖ Muro grueso que se construye a través de un río para almacenar el agua.

presagiar tr. Anunciar o prever una cosa.

presbítero m. Sacerdote.

prescindir intr. No contar con una persona o cosa. ‖ Abstenerse de ella.

prescribir tr. Preceptuar, ordenar algo. ‖ intr. Extinguirse un derecho, una acción o una responsabilidad.

presenciar tr. Hallarse presente en un acontecimiento, contemplarlo.

presentar tr. Mostrar algo a alguien, ponerlo en su presencia. También prnl. ‖ Dar a conocer una persona a otra, con la información necesaria para identificarla. También prnl. ‖ Proponer a una persona para una dignidad o cargo. ‖ Dirigir o comentar ante un público un espectáculo o un programa de radio o televisión. ‖ prnl. Comparecer ante alguien o asistir a algún acto o lugar.

presente adj. Que está delante o en presencia de uno. ‖ m. Tiempo del verbo que denota la acción actual. ‖ Regalo.

presentir tr. Prever, sospechar.

preservar tr. y prnl. Poner a cubierto de algún daño o peligro.

preservativo m. Funda de goma que se usa para cubrir el pene durante el coito y evitar así la fecundación o la transmisión de enfermedades.

presidente, ta m. y f. El que preside. ‖ Cabeza o superior de un gobierno, consejo, tribunal, etc.

presidio m. Establecimiento penitenciario, cárcel.

presidir tr. Tener el primer lugar en una asamblea, empresa, etc. ‖ Predominar.

presionar tr. Comprimir. ‖ Apremiar, coaccionar.

presilla f. Cordón pequeño, en forma de lazo, para prender o asegurar una cosa. ‖ Costura que se pone en los ojales y otras partes de la tela para que no se abra.

preso, sa adj. y s. [Persona] que sufre prisión.

prestación f. Servicio o ayuda. ‖ pl. Características técnicas o posibilidades que ofrece un vehículo u otra máquina.

préstamo m. Hecho de prestar dinero u otra cosa. ‖ Dinero que una persona o entidad toma prestado de otra con una garantía y pagando intereses. ‖ Palabra que una lengua toma de otra.

prestancia f. Aspecto distinguido.

prestar tr. Entregar a alguien dinero u otra cosa para que por algún tiempo tenga el uso de ella. ‖ Dar o comunicar.

prestatario, ria adj. y s. Que toma dinero a préstamo.

prestidigitador, ra m. y f. Persona que hace juegos de manos.

prestigio m. Renombre, buen crédito.

presto, ta adj. Pronto, diligente. ‖ adv. t. Al instante.

presumir tr. Sospechar, conjeturar. ‖ intr. Vanagloriarse. ‖ Cuidar mucho una persona su aspecto físico para resultar atractiva.

presunto, ta adj. Supuesto.

presuntuoso, sa adj. y s. Lleno de presunción y orgullo.

presuponer tr. Dar por supuesto algo.

presupuesto m. Cómputo anticipado del coste de una obra, y también de los gastos e ingresos de una corporación u organismo público. ‖ Supuesto o suposición.

pretencioso, sa adj. Que quiere parecer ante los demás más de lo que en realidad es.

pretender tr. Querer conseguir algo. ‖ Cortejar un hombre a una mujer para casarse con ella.

pretendiente adj. y com. Que pretende o solicita algo. ‖ [Hombre] que corteja a una mujer. ‖ [Príncipe] que reivindica para sí el trono de un país al que cree tener derecho.

pretensión f. Aspiración, intención.

pretérito, ta adj. Que ya ha pasado o sucedido. ‖ m. En lingüística, tiempo del verbo que denota la condición de pasado. También adj.

pretexto m. Motivo o causa simulada que se alega para no hacer una cosa.

prevalecer intr. Tener alguien o algo más poder que los demás o ser más abundante. ‖ Perdurar.

prevaricación f. Hecho de delinquir los empleados públicos a sabiendas o por ignorancia inexcusable.

prevenir tr. Preparar con anticipación las cosas necesarias para un fin. ‖ Prever, tomar las medidas necesarias para evitar un riesgo. ‖ Advertir, informar de una cosa. ‖ Influir en la voluntad de uno indisponiéndole contra alguien o algo. ‖ prnl. Prepararse de antemano para evitar un riesgo.

prever tr. Ver con anticipación.

previo, via adj. Anticipado.

previsión f. Acción de disponer lo conveniente para atender a necesidades previstas.

prima f. Precio que el asegurado paga al asegurador. ‖ Dinero que se da a un empleado, además de su sueldo, como estímulo.

primacía f. Superioridad, ventaja de una cosa con respecto a otra.

primar intr. Sobresalir, prevalecer, predominar.

primario, ria adj. Principal o primero en orden o grado. ‖ Fundamental, básico. ‖ Primitivo, poco civilizado o desarrollado.

primate adj. y m. [Mamífero] de superior organización, plantígrado, con extremidades terminadas en cinco dedos provistos de uñas.

primavera f. Estación del año, que en el hemisferio boreal, comienza el 21 de marzo y termina el 21 de junio.

primer adj. apóc. de *primero*.

primero, ra adj. [Persona o cosa] que precede a las demás de su especie en orden, tiempo, lugar, situación, clase, etc. ‖ Excelente, grande, sobresaliente. ‖ adv. t. Antes de cualquier otra cosa.

primicia f. Primera noticia de algo.

primitivo, va adj. [Pueblo e individuo] de civilización poco desarrollada. ‖ Rudimentario, tosco.

primogénito, ta adj. y s. [Hijo o hija] que nace primero.

primo, ma m. y f. Respecto de una persona, hijo o hija de su tío o tía.

primor m. Cuidado que se pone al hacer algo. ‖ Hermosura, belleza.

primordial adj. Esencial, primero.

princesa f. Soberana de un principado. ‖ Mujer del príncipe.

principal adj. Persona o cosa que tiene el primer lugar en estimación o importancia. ‖ Esencial o fundamental.

príncipe m. Hijo primogénito del rey, heredero de la corona. ‖ Título dado a algunos individuos de familia real o imperial. ‖ Soberano de algunos estados. ‖ Cualquiera de los grandes de un reino. ‖ adj. Primera [edición] de una obra.

principio m. Primer instante de la existencia de una cosa. ‖ Base, fundamento. ‖ Punto que se considera primero en una extensión o cosa. ‖ Norma o idea fundamental que rige el pensamiento o la conducta. ‖ Componente de un cuerpo.

pringar tr. Empapar con pringue o salsa un trozo de pan u otro alimento. ‖ Manchar. También prnl. ‖ fig. Involucrar a alguien en un asunto poco lícito. ‖ intr. fam. Trabajar mucho y de una forma injusta.

pringue amb. Suciedad grasienta o pegajosa.

prior, ra m. y f. Superior de un convento.

prioridad f. Anterioridad de una cosa respecto de otra.

prioritario, ria adj. Que tiene prioridad respecto de algo.

prisa f. Rapidez con que se hace algo. || Necesidad o deseo de ejecutar algo con urgencia.

prisión f. Cárcel donde se encierra a los presos.

prisionero, ra m. y f. Militar u otra persona que en campaña cae en poder del enemigo. || Persona que está en prisión. || fig. Persona dominada por un sentimiento o pasión.

prismático, ca adj. De figura de prisma. || m. pl. Anteojos, gemelos.

privado, da adj. Que se ejecuta a la vista de pocos. || Particular, personal de cada uno. || Que no pertenece al Estado. || m. Valido, favorito.

privar tr. Despojar a alguien de algo que poseía. || Prohibir o vedar. || Gustar extraordinariamente.

privativo, va adj. Propio o peculiar de una persona o cosa y no de otras.

privatizar tr. Transferir una empresa o actividad pública al sector privado.

privilegio m. Gracia o prerrogativa.

pro amb. Provecho, ventaja. || prep. A favor de.

proa f. Parte delantera de la nave.

probable adj. Verosímil. || [Lo] que hay razones para creer que sucederá.

probador m. Sala para probarse la ropa en una tienda.

probar tr. Experimentar las cualidades de algo o alguien. || Usar algo para ver si funciona. || Ponerse una prenda para ver cómo sienta. También prnl. || Demostrar la verdad de algo que se afirma. || intr. Experimentar e intentar una cosa.

probeta f. Tubo de cristal, cerrado por un extremo, y destinado a contener líquidos o gases.

problema m. Cuestión que se trata de aclarar. || Conjunto de hechos que dificultan la consecución de algún fin. || Proposición dirigida a averiguar el modo de obtener un resultado cuando ciertos datos son conocidos.

procaz adj. Desvergonzado, atrevido.

proceder intr. Originarse una cosa de otra. || Portarse bien o mal una persona. || Ser conforme a razón o derecho. || m. Modo de portarse.

procedimiento m. Método de ejecutar algunas cosas. || Actuación por trámites judiciales.

prócer adj. Alto, elevado. || m. Persona importante.

procesar tr. Someter a proceso penal. || Someter alguna cosa a un proceso de elaboración, trans-

formación, etc. ‖ En informática, dar tratamiento a una información por medio de un ordenador.

procesión f. Acto de ir ordenadamente muchas personas con un fin público, por lo general, religioso.

proceso m. Conjunto de las fases sucesivas de un fenómeno natural o de una operación artificial. ‖ Causa criminal.

proclamar tr. Hacer público. ‖ Declarar solemnemente la inauguración de un reinado, congreso, etc. ‖ prnl. Declararse uno investido o acreedor de un cargo, título, etc.

proclive adj. Propenso a una cosa, frecuentemente a lo malo.

procrear tr. Engendrar, multiplicar una especie.

procurador, ra m. y f. Persona que, con la habilitación legal pertinente, representa en juicio a cada una de las partes.

procurar tr. y prnl. Tratar de conseguir lo que se desea.

prodigar tr. Disipar, gastar con exceso. ‖ fig. Dar algo en abundancia. ‖ prnl. Frecuentar un lugar.

prodigio m. Suceso en contra de las leyes naturales. ‖ Milagro.

pródigo, ga adj. y s. Gastador, manirroto. ‖ Muy dadivoso. ‖ Muy productivo.

producir tr. Engendrar, criar. ‖ Tener frutos los terrenos, las plantas. ‖ Rentar, dar beneficios una cosa. También intr. ‖ fig. Ocasionar. También prnl. ‖ Fabricar cosas útiles. ‖ Proporcionar los medios económicos necesarios para realizar una película, programa, etc., encargándose también del control de su realización.

producto m. Cosa producida. ‖ Ganancia o renta que se obtiene de una cosa. ‖ Cantidad que resulta de la multiplicación.

proeza f. Hazaña, acción valerosa.

profano, na adj. No relacionado con lo sagrado. ‖ Que carece de conocimientos en una materia. También s.

profecía f. Predicción de las cosas futuras.

proferir tr. Pronunciar palabras, emitir gritos.

profesar tr. Ejercer una ciencia, arte, oficio, etc. ‖ Tener unas determinadas creencias. ‖ Sentir algún afecto, inclinación o interés. ‖ intr. Obligarse a cumplir los votos de una orden religiosa.

profesión f. Empleo u oficio que cada uno tiene y ejerce.

profesor, ra m. y f. Persona que enseña una ciencia, arte u oficio.

profeta, isa m. y f. Persona que predice acontecimientos futuros.

profiláctico, ca adj. Que preserva de la enfermedad. ‖ m. Preservativo.

prófugo, ga adj. y s. Que huye de la justicia. ‖ m. El que se ausenta o se oculta para eludir el servicio militar.

profundizar tr. Hacer más profunda una cosa. || fig. Analizar una cosa para llegar a su perfecto conocimiento. También intr.

profundo, da adj. Que tiene el fondo muy distante de la boca. || Que penetra mucho. || fig. Intenso. || Íntimo.

profusión f. Abundancia. || Prodigalidad, abundancia excesiva.

progenie f. Generación o familia.

progenitor, ra m. y f. Pariente en línea recta ascendente.

programa m. Plan, proyecto. || Tema. || Sistema de distribución de las materias en un curso o asignatura. || Anuncio de las partes que componen ciertos espectáculos. || Impreso con ese anuncio. || Serie de las distintas unidades temáticas que constituyen una emisión de radio o televisión. || Cada una de estas unidades. || Conjunto de instrucciones para que un aparato automático pueda realizar su función. || En informática, secuencias de instrucciones detalladas y codificadas.

programador, ra m. y f. Persona que hace programas informáticos. || m. Aparato que ejecuta un programa automáticamente.

progre adj. y com. fam. [Persona] de ideas progresistas.

progresista adj. y com. [Persona] que tiene ideas políticas y sociales avanzadas.

progreso m. Hecho de crecer y desarrollarse en cualquier aspecto, particularmente refiriéndose al adelanto cultural y técnico de una sociedad.

prohibir tr. Vedar, impedir el uso o ejecución de una cosa.

prójimo, ma m. y f. Cualquier persona respecto de otra.

prole f. Hijos o descendencia.

proletariado m. Clase social constituida por aquellos que, al no poseer los medios de producción, ofrecen su trabajo a cambio de un salario.

proliferar intr. Reproducirse. || fig. Multiplicarse abundantemente.

prolífico, ca adj. Que produce mucho. || Que se reproduce con mucha facilidad.

prolijo, ja adj. Largo, dilatado con exceso. || Cuidadoso, esmerado.

prólogo m. Discurso antepuesto a ciertas obras para explicarlas al lector.

prolongar tr. y prnl. Alargar, dilatar.

promedio m. Punto medio de una cosa. || Término medio.

prometer tr. Obligarse a hacer, decir o dar algo. || Asegurar que es cierto lo que se dice. || intr. Dar muestras de capacidad en alguna cosa. || prnl. Mostrar gran confianza en lograr una cosa. ||

prominente adj. Que se destaca sobre lo que está en sus inmediaciones.

promiscuo, cua adj. [Persona] que mantiene relaciones sexuales con muchas otras. || [Relación] sexual que una persona mantiene con otras muchas.

promocionar tr. y prnl. Impulsar a alguien o algo difundiendo sus cualidades. || Promover, ascender.

promontorio m. Altura muy considerable de tierra que avanza hacia el mar. || Parte elevada de un terreno.

promover tr. Iniciar una cosa procurando su logro. || Ascender a una persona a una dignidad o empleo superior.

promulgar tr. Publicar solemnemente. || fig. Hacer que una cosa se divulgue.

pronombre m. Parte de la oración que suple al nombre o lo determina.

pronominal adj. Relativo al pronombre.

pronosticar tr. Anticipar por algunos indicios lo futuro.

pronto, ta adj. Veloz, ligero. || m. fam. Movimiento repentino del ánimo. || adv. t. Presto, prontamente. || Con anticipación al momento fijado.

pronunciamiento m. Rebelión militar.

pronunciar tr. Articular sonidos para hablar. || Decir algo en público y en voz alta. || Destacar, hacer más perceptible. También prnl. || prnl. Sublevarse contra el gobierno. || Manifestarse alguien en favor o en contra de algo.

propaganda f. Hecho de dar a conocer una idea, doctrina, etc. || Publicidad de un producto comercial.

propagar tr. y prnl. Multiplicar por vía de reproducción. || fig. Extender, aumentar. También prnl. || fig. Extender el conocimiento o el uso de una cosa.

propasarse prnl. Excederse.

propensión f. Inclinación hacia algo que es del gusto de uno.

propiciar tr. Favorecer la ejecución de algo.

propicio, cia adj. Favorable.

propiedad f. Derecho o facultad de disponer de una cosa. || Cosa objeto de dominio. || Atributo, cualidad esencial. || Precisión y exactitud al utilizar el lenguaje.

propietario, ria adj. y s. Que tiene derecho de propiedad sobre una cosa.

propina f. Gratificación pequeña con que se recompensa un servicio eventual.

propinar tr. Pegar, golpear.

propio, pia adj. De uno. || Característico, peculiar. || Conveniente, adecuado. || Natural. || [Nombre] utilizado para identificar a una persona o entidad en concreto, y se escribe con mayúscula.

proponer tr. Manifestar una cosa para conocimiento de uno, o para inducirle a adoptarla. || Presentar a alguien para un empleo. || prnl. Determinar o hacer propósito de hacer o no hacer una cosa.

proporción f. Relación o correspondencia de las partes con el todo. || Dimensión de algo. || fig. Importancia o trascendencia de algo.

proporcionar tr. Disponer y ordenar una cosa con la debida proporción. || Poner a disposición de uno lo que necesita. También prnl. || Causar, producir.

proposición f. Hecho de dar una idea para que alguien la acepte. || Cosa propuesta. || En lingüística, unidad de estructura oracional compuesta de sujeto y predicado, que se une mediante coordinación o subordinación a otra u otras proposiciones para formar una oración compuesta.

propósito m. Intención de hacer o de no hacer una cosa. || Objetivo, fin o aspiración.

propuesta f. Proposición de una idea, proyecto, etc.

propugnar tr. Defender, amparar.

propulsar tr. Dar impulso hacia adelante.

prórroga f. Aplazamiento.

prorrumpir intr. Proferir repentinamente y con fuerza una voz, suspiro, etc.

prosa f. Forma que toma naturalmente el lenguaje, no sometido a ritmo y medida como el verso.

prosaico, ca adj. Relativo a la prosa, o escrito en prosa. || Que resulta vulgar o corriente, que no tiene nada de especial.

proscribir tr. Echar a alguien del territorio de su patria. || fig. Excluir, prohibir.

proseguir tr. Seguir, continuar.

prosélito m. Partidario o adepto de una doctrina o partido.

prosopopeya f. Figura retórica que consiste en atribuir a las cosas inanimadas acciones propias del ser animado.

prospecto m. Folleto que llevan algunos productos que informa sobre su modo de uso, composición, etc.

prosperar intr. Mejorar de situación económica o social.

próstata f. Glándula pequeña masculina unida al cuello de la vejiga de la orina y a la uretra.

prostituir tr. y prnl. Mantener relaciones sexuales mediante remuneración. || Corromper, pervertir.

prostituto, ta m. y f. Persona que se prostituye. Más c. f.

protagonista com. Personaje principal de la acción en una obra literaria o cinematográfica. || Persona que en cualquier asunto desempeña el papel principal.

protectorado m. Parte de soberanía, especialmente sobre las relaciones exteriores, que un Estado ejerce en territorio en que existen autoridades propias. || Territorio en que se ejerce esta soberanía compartida.

proteger tr. Amparar, favorecer, defender.

proteína f. Sustancia química que forma parte de la materia fundamental de las células.

prótesis f. Procedimiento para sustituir un órgano por una pieza o aparato artificial. || Esta misma pieza o aparato.

protestantismo m. Conjunto de las doctrinas religiosas separadas de la iglesia católica, a raíz de la Reforma de Lutero.

protestar intr. Mostrar disconformidad o descontento.

protocolo m. Conjunto de reglas y ceremoniales que deben seguirse en ciertos asuntos o con ciertas personalidades. || Acta o cuaderno de actas relativas a un acuerdo, conferencia o congreso diplomático.

protohistoria f. Periodo de la humanidad del que no se poseen documentos, pero del que existen, además de los testimonios propios de la prehistoria, tradiciones originariamente orales.

protón m. Partícula elemental de carga igual a la del electrón, pero de signo positivo.

prototipo m. Modelo, arquetipo.

protuberancia f. Prominencia.

provecho m. Beneficio, utilidad.

proveer tr. Prevenir las cosas necesarias para un fin. También prnl. || Suministrar lo necesario para un fin. También prnl. || Conferir una dignidad, empleo u otra cosa.

provenir intr. Nacer, proceder.

proverbio m. Sentencia, refrán.

providencia f. Disposición anticipada, prevención. || Ayuda y cuidados que Dios presta al mundo y a los seres que lo habitan. || Resolución judicial que decide cuestiones de trámite.

provincia f. División administrativa de un territorio o Estado.

provisión f. Hecho de suministrar a alguien todo lo necesario para un fin. || Lo que se va guardando por si se necesita en un futuro.

provisional adj. Que no es definitivo.

provocar tr. Incitar a alguien a que ejecute una cosa. || Irritar o estimular a uno.

proxeneta com. Persona que vive de las ganancias de una prostituta, a cambio de su protección.

próximo, ma adj. Cercano, que dista poco en el espacio o en el tiempo.

proyectar tr. Lanzar, dirigir hacia adelante. || Hacer planes para algo. || Hacer visibles sobre una pantalla las imágenes de diapositivas, películas, etc. || tr. y prnl. Hacer visible sobre un cuerpo o una superficie la figura o la sombra de otro.

proyectil m. Cualquier cuerpo arrojadizo, como una bala, una bomba, etc.

proyecto m. Plan para la ejecución de una cosa. || Conjunto de escritos, cálculos y dibujos para la ejecución de una obra.

proyector m. Aparato que sirve para proyectar imágenes ópticas. || Foco luminoso de gran intensidad.

prudencia f. Cualidad que consiste en actuar con reflexión y precaución para evitar posibles daños. || Templanza, moderación.

prueba f. Razón o argumento con que se demuestra algo. || Ensayo o experiencia que se hace de una cosa. || Indicio, muestra que se da de una cosa. || Competición deportiva. || Examen para demostrar conocimientos o aptitudes.

prurito m. Picor, escozor. || Afán exagerado de hacer algo de la mejor manera posible.

psicoanálisis m. Método de exploración, o tratamiento de ciertas enfermedades nerviosas o mentales desarrollado por S. Freud.

psicología f. Ciencia que estudia la conducta humana. || Manera de sentir de una persona o de un grupo. || Capacidad para captar los sentimientos de los demás y saber tratarlos.

psicosis f. Nombre genérico de las enfermedades mentales. || Obsesión muy persistente.

psicosomático, ca adj. [Enfermedad o dolencia] que puede tener su origen en causas psíquicas.

psicoterapia f. Tratamiento de las enfermedades, especialmente de las nerviosas, por medio de la sugestión y otros procedimientos psíquicos.

psiquiatría f. Ciencia que trata de las enfermedades mentales.

púa f. Cuerpo delgado y rígido que acaba en punta aguda. || Pincho o espina. || Diente de un peine.

pub m. Establecimiento al estilo inglés donde se sirven bebidas.

pubertad f. Época de la vida en que comienzan a manifestarse los caracteres de la madurez sexual.

pubis m. Parte inferior del vientre.

publicación f. Obra publicada.

publicar tr. Hacer pública una cosa. || Difundir por medio de la imprenta o de otro procedimiento de reproducción un escrito, estampa, grabación, etc.

publicidad f. Conjunto de medios que se emplean para divulgar o extender noticias o hechos. || Divulgación de noticias o anuncios de carácter comercial para atraer a posibles compradores, espectadores, usuarios, etc.

público, ca adj. Sabido o conocido por todos. || Destinado a todos los ciudadanos o a toda la gente, en contraposición a privado. || [Persona] que se dedica a actividades por las cuales es conocida por toda la gente. || m. Conjunto de personas que participan de unas mismas aficiones, concurren a un mismo espectáculo, etc.

puchero m. Recipiente para guisar la comida. || Nombre dado a diferentes guisos, parecidos al cocido. || fam. Gesto o movimiento que precede al llanto.

púdico, ca adj. Honesto, casto, pudoroso.

pudiente adj. y com. Poderoso, rico, hacendado.

pudín o **pudin** m. Plato dulce que se prepara con bizcocho o pan deshecho en leche, con azúcar y frutas. || Plato que se prepara en molde.

pudor m. Honestidad, modestia, recato. || Sentimiento de vergüenza hacia lo relacionado con el sexo.

pudrir tr. y prnl. Corromper, descomponer. || prnl. Consumirse de tristeza, soledad, etc.

pueblo m. Población pequeña. || Conjunto de personas de un lugar, región o país. || País con gobierno independiente.

puente m. Construcción sobre un río, foso, etc., para poder pasarlo. || Pieza metálica que usan los dentistas para sujetar los dientes artificiales en los naturales. || Parte central de la montura de las gafas, que une los dos cristales. || Día o días que, entre dos festivos o sumándose a alguien festivo, se aprovechan para vacación.

puerco m. Cerdo, animal. || Hombre sucio.

puericultura f. Disciplina médica y actividad que se ocupa de prestar cuidados a los niños para su mejor desarrollo durante los primeros años de vida.

pueril adj. Propio de un niño. || Sin importancia.

puerro m. Planta herbácea de la familia de las liliáceas, con flores en umbela de color rosa y un bulbo comestible. || Bulbo de esta planta.

puerta f. Vano de forma regular abierto en una pared, cerca o verja que permite el paso.

puerto m. Lugar en la costa dispuesto para la seguridad de las naves y para las operaciones de tráfico y armamento. || Depresión, paso entre montañas.

puertorriqueño, na adj. y s. De Puerto Rico.

pues conj. causal que denota causa, motivo o razón.

púgil m. Boxeador.

pugna f. Batalla, pelea.

pujar tr. Aumentar los licitadores el precio puesto a una cosa que se vende o arrienda.

pulcro, cra adj. Limpio y aseado. ‖ Delicado, esmerado.

pulga f. Insecto parásito, sin alas, como de dos milímetros de longitud y patas fuertes, largas y a propósito para dar grandes saltos.

pulgar m. Dedo primero y más grueso de la mano y del pie.

pulimentar tr. Alisar o dar tersura a una cosa.

pulir tr. Alisar o dar lustre a una cosa. ‖ fig. Derrochar, dilapidar. ‖ fig. Quitar a alguien la rusticidad. También prnl.

pulla f. Palabra o dicho con que se intenta indirectamente molestar o herir a alguien.

pulmón m. Cada uno de los órganos de respiración del hombre y de la mayor parte de los vertebrados.

pulmonía f. Inflamación del pulmón.

pulpa f. Carne de la fruta; parte comestible de esta. ‖ Cualquier materia vegetal reducida al estado de pasta.

púlpito m. Tribuna para predicar en las iglesias.

pulpo m. Molusco de carne comestible con ocho tentáculos provistos de ventosas.

pulsación f. Cada uno de los golpes o toques que se dan en el teclado de una máquina de escribir o de un ordenador. ‖ Cada uno de los latidos de la arteria.

pulsar tr. Dar un toque o golpe a teclas o cuerdas de instrumentos, mandos de alguna máquina, etc.

pulsera f. Cerco a modo de joya que se lleva en la muñeca. ‖ Correa o cadena del reloj.

pulso m. Latido intermitente de las arterias, que se siente especialmente en la muñeca. ‖ Seguridad o firmeza en la mano para hacer algo con precisión.

pulular intr. Moverse de un lado para otro.

pulverizador m. Instrumento que se utiliza para reducir un líquido a partículas muy pequeñas.

pulverizar tr. Reducir a polvo. También prnl. ‖ Destruir por completo.

puma m. Mamífero carnívoro felino, con pelaje pardo rojizo y larga cola que habita en América.

puna f. *amer.* Tierra alta, próxima a la cordillera de los Andes. ‖ *amer.* Extensión grande de terreno raso y yermo. ‖ *amer.* Angustia que se sufre en ciertos lugares elevados.

pundonor m. Amor propio, sentimiento que lleva a alguien a quedar bien ante los demás y ante sí.

punible adj. Que merece castigo.

punk o **punki** (Voz i.) adj. [Movimiento] musical juvenil surgido en Londres a mediados de los años setenta. ‖ [Seguidor] de este movimiento. También com. ‖ Relativo a este movimiento o a sus manifestaciones externas (moda, costumbres, etc.).

punta f. Extremo agudo de un instrumento. ‖ Clavo pequeño. ‖ Lengua de tierra que se mete en el mar.

puntal m. Madero hincado en firme, para sostener la pared que está desplomada. ‖ Apoyo, fundamento.

puntapié m. Golpe que se da con la punta del pie.

puntear tr. Marcar puntos en una superficie. ‖ Dibujar con puntos. ‖ Tocar la guitarra u otro instrumento semejante pulsando las cuerdas cada una con un dedo. ‖ Compulsar una cuenta partida por partida.

puntería f. Destreza del tirador para dar en el blanco.

puntiagudo, da adj. De punta aguda.

puntilla f. Encaje.

punto m. Posición en una recta, plano o espacio que carece de dimensiones. ‖ Señal muy pequeña. ‖ Signo ortográfico (.). ‖ Sitio. ‖ Instante. ‖ Ocasión. ‖ Cada una de las puntadas de costura que se dan al hacer una labor sobre tela. ‖ Cada una de las diversas formas de trabar y enlazar los hilos que forman ciertas telas y tejidos. ‖ Tipo de tejido elástico realizado con agujas de media. ‖ Valor de naipes, dados, etc. ‖ Tanto en una competición deportiva. ‖ Cada uno de los asuntos o aspectos que trata un escrito, discurso, etc.

puntuación f. Calificación en puntos obtenida en un juego, una prueba, un ejercicio o en otra cosa. ‖ Conjunto de signos ortográficos que sirven para puntuar. ‖ Conjunto de reglas y normas para puntuar ortográficamente.

puntual adj. Que llega a tiempo y hace las cosas a tiempo. ‖ Exacto, preciso.

puntualizar tr. Concretar, precisar.

puntuar tr. Poner los signos ortográficos necesarios. ‖ Obtener puntos en una competición. ‖ Calificar un ejercicio o prueba.

punzar tr. Pinchar. ‖ intr. Manifestarse un dolor agudo cada cierto tiempo.

punzón m. Herramienta con punta. ‖ Buril. ‖ Instrumento de hierro para hacer troqueles o cuños.

puñado m. Porción de algo que cabe en el puño. ‖ fig. Cantidad pequeña.

puñal m. Arma corta que hiere de punta.

puñetazo m. Golpe con el puño.

puño m. Mano cerrada. || Parte de la manga de una prenda que rodea las muñecas. || Empuñadura.

pupa f. Pústula en los labios. || En el lenguaje infantil, cualquier daño o dolor corporal.

pupilo, la m. y f. Huérfano menor bajo tutela. || Alumno o alumna, con respecto al profesor. || Huésped de una pensión. || f. Abertura del iris del ojo.

pupitre m. Mueble con tapa inclinada para escribir.

puré m. Pasta espesa de legumbres, verduras, etc.

purga f. Medicina, sustancia laxante. || fig. Depuración, eliminación de personas por motivos políticos.

purgatorio m. Para los católicos, lugar donde las almas purgan sus pecados temporalmente.

purificar tr. y prnl. Limpiar de impurezas, en sentido material e inmaterial.

purista adj. y com. Que escribe o habla con pureza, cuidando, a veces exageradamente, el uso de la lengua.

puritano, na adj. y s. Que practica con rigor las normas morales, especialmente cuando lo hace exageradamente o como ostentación.

puro, ra adj. Sin mezcla. || Casto. || Solo, simple. || m. Cigarro hecho con una hoja de tabaco enrollada.

púrpura adj. y m. De color rojo subido que tira a violeta. || f. Dignidad real, imperial, cardenalicia, etc., por ser este el color de sus vestiduras.

purpurina f. Polvo de bronce o metal blanco, que se aplica a las pinturas para obtener tonos dorados o plateados. || Pintura que se prepara con este polvo.

purulento, ta adj. Que tiene pus.

pus m. Líquido espeso amarillento que segregan los tejidos inflamados.

pusilánime adj. y com. Sin voluntad, apocado.

pústula f. Inflamación llena de pus de la piel.

putativo, va adj. Tenido por padre, hermano, etc., sin serlo.

puto, ta m. y f. *vulg.* Persona que ejerce la prostitución. Más c. f. || adj. *vulg.* [Persona] que obra con malicia y doblez. También s. || *vulg.* Despreciable. || *vulg.* Muy molesto o difícil.

putrefacto, ta adj. Podrido.
pútrido, da adj. Podrido.

puya f. Punta de las varas y garrochas. || fig. Sarcasmo, burla irónica.

puyazo m. Herida que se hace con la puya. || Frase o dicho hiriente.

puzzle m. Rompecabezas, juego.

Q

q f. Decimoctava letra del abecedario español y decimocuarta de sus consonantes. Su nombre es *cu*.

que pron. relat. invariable. Equivale a *el, la, lo cual, los, las cuales*. || pron. interr. Introduce oraciones interrogativas; se emplea con acento. || pron. excl. Introduce oraciones exclamativas; se emplea con acento. || adv. prnl. excl. Funciona como intensificador de los adjs., advs., o locs. advs. a los que acompaña. || conj. cop. Introduce oraciones subordinadas sustantivas con función de sujeto o complemento directo. || conj. comp. Introduce al término de comparación. || conj. causal que equivale a *porque* o *pues*. || conj. final que equivale a *para que*.

quebrado, da adj. Que ha hecho quiebra. || Debilitado. || Accidentado, desigual. || adj. y m. [Número] que expresa las partes en que se divide la unidad. || f. Abertura entre montañas.

quebrantar tr. No respetar una ley o no cumplir una obligación. || tr. y prnl. Debilitar la salud o la fortaleza de alguien.

quebranto m. Desaliento. || Daño. || Pena grande.

quebrar tr. Romper. || Interrumpir la continuación de algo no material. || Doblar. También prnl. || intr. Arruinarse una empresa. || prnl. Interrumpirse la continuidad de un terreno o cordillera.

quechua adj. y com. [Cultura] sudamericana que abarca las zonas andinas de Ecuador, Perú, Bolivia y N. de Argentina. || [Indio] de esta cultura. || m. Lengua hablada por los miembros de este pueblo.

quedar intr. Estar, permanecer en sitio. También prnl. || Resultar, teminar, acabar. || Sobrar, restar. || Convenir, acordar. || Citar. || prnl. Retener en la memoria. || fam. Burlarse de alguien engañándole.

quedo, da adj. Quieto, silencioso. || adv. m. Con voz baja o apenas audible.

quehacer m. Ocupación, tarea.

queimada f. Bebida originaria de Galicia que se bebe caliente y se prepara quemando aguardiente de orujo con limón, granos de café y azúcar.

queja f. Lamento. || Resentimiento. || Acusación ante el juez.

quejarse prnl. Expresar pena o dolor. || Protestar contra algo con lo que no se está de acuerdo o no gusta.

quemador m. Aparato que sirve para regular la salida de combustible de un depósito para facilitar una combustión controlada.

quemar tr. Abrasar, consumir con fuego o calor. || Calentar mucho. || Gastar un tiempo determinado en un trabajo, preocupación intensos. También prnl. || Impacientar o irritar algo a alguien. || intr. Estar demasiado caliente una cosa.

querella f. Discordia, pelea. || Acusación ante la justicia.

querer tr. Desear. || Amar, sentir cariño o aprecio. || Resolver, determinar. || Pretender, intentar, procurar. || impers. Estar próxima a ser o verificarse una cosa.

quesera f. Recipiente para guardar o servir queso.

queso m. Masa de leche cuajada, salada y sin suero.

quicio m. Parte de la puerta o ventana en que se articula la hoja.

quiebra f. Bancarrota. || Grieta, hendidura. || Menoscabo, pérdida, deterioro.

quien pron. relat. Se refiere generalmente a personas; pl. *quienes*. || pron. interr. y excl. Con acento ortográfico, forma parte de oraciones interrogativas y admirativas. || pron. indef. equivale a *cualquier persona que*.

quienquiera pron. indet. Alguno, cualquiera.

quieto, ta adj. Inmóvil. || fig. Tranquilo.

quijada f. Cada una de las dos mandíbulas de los vertebrados.

quijote m. Hombre idealista y defensor de causas ajenas en nombre de la justicia.

quilate m. Unidad de peso de las piedras preciosas. || Unidad que expresa la cantidad de oro puro que contiene algo, siendo el máximo veinticuatro.

quilla f. Armazón de un barco, pieza alargada que va de popa a proa y en donde se asienta toda la estructura. || Parte saliente y afilada del esternón de las aves. || Cada una de las partes salientes y afiladas que tiene la cola de algunos peces.

quimera f. Monstruo imaginario. || fig. Ilusión, fantasía.

químico, ca adj. De la química. || m. y f. Especialista en química. || f. Ciencia que estudia la composición de los cuerpos simples y sus reacciones, y la creación de productos artificiales a partir de ellos.

quimioterapia f. Método curativo de las enfermedades, espe-

quimono m. Túnica japonesa.

quince adj. y m. Diez y cinco. || Decimoquinto. || m. Conjunto de signos con que se representa este número.

quincena f. Periodo de quince días.

quiniela f. Sistema de apuestas mutuas deportivas. || Boleto en que se escribe la apuesta.

quinientos, tas adj. y m. Cinco veces ciento. || m. Conjunto de signos con que se representa este número.

quinqué m. Lámpara de petróleo con un tubo de cristal para resguardar la llama.

quinquenio m. Periodo de cinco años.

quintal m. Peso de 100 kg.

quinto, ta adj. Que ocupa el lugar número cinco en una serie ordenada. || [Parte] de las cinco iguales en que se divide un todo. También s. || m. Recluta. || f. Finca de recreo en el campo con una casa para sus propietarios. || Reemplazo anual de soldados. || Conjunto de personas que nacieron en el mismo año. || En algunos vehículos de motor, marcha o velocidad con mayor recorrido.

quíntuplo, pla adj. y s. Que contiene un número exactamente cinco veces.

quiosco m. Caseta para vender periódicos, flores, tabaco, etc.

quirófano m. Sala de operaciones quirúrgicas.

quiromancia f. Adivinación basada en las rayas de la mano.

quirúrgico, ca adj. De la cirugía.

quisquilla f. Crustáceo similar a la gamba o al langostino, pero mucho más pequeño.

quisquilloso, sa adj. y s. Susceptible, puntilloso.

quiste m. Tumor, bulto en una parte del cuerpo.

quitamanchas m. Producto químico para quitar manchas.

quitar tr. Tomar una cosa apartándola de otras, o del lugar en que estaba. || Hurtar. || Impedir, prohibir. || Librar, privar. || prnl. Dejar una cosa o apartarse de ella. || Irse, separarse de un lugar.

quizá o **quizás** adv. Indica la posibilidad de algo.

R

r f. Decimonovena letra del abecedario español y decimoquinta de sus consonantes. Su nombre es *erre*.

rabadilla f. Extremidad del espinazo.

rábano m. Planta de raíz comestible.

rabia f. Enfermedad infecciosa de algunos animales. || Ira, enojo.

rabiar intr. Padecer la rabia. || Enojarse. || Desear mucho algo.

rabieta f. Berrinche.

rabillo m. Pedúnculo que sostiene la hoja o el fruto.

rabino m. Doctor de la ley judía.

rabo m. Cola de los animales. || Cualquier cosa que cuelga a semejanza de la cola de un animal. || *vulg.* Pene.

rácano, na adj. y s. Tacaño, avaro.

racha f. Ráfaga. || Periodo breve de fortuna o desgracia.

racimo m. Conjunto de frutos unidos a un mismo tallo. || Montón.

raciocinio m. Capacidad para pensar o razonar.

ración f. Porción de alimento que se reparte a cada persona. || Cantidad de comida que se vende a un determinado precio.

racional adj. De la razón o relacionado con ella. || adj. y com. Que tiene capacidad de pensar.

racionalizar tr. Reducir a normas o conceptos racionales. || Organizar la producción o el trabajo de manera que aumente los rendimientos o reduzca los costos con el mínimo esfuerzo.

racionar tr. Repartir raciones de algo, generalmente cuando es escaso. || Someter los artículos de primera necesidad a una distribución establecida por una autoridad, especialmente por el Estado.

racismo m. Sentimiento de superioridad de un grupo étnico sobre otro. || Discriminación racial.

radar m. Dispositivo detector de un objeto alejado por la reflexión de ondas radioeléctricas.

radiación f. Emisión de ondas, rayos o partículas.

radiactividad f. Propiedad de diversos núcleos atómicos de emi-

radiador m. Aparato de calefacción. ‖ Refrigerador en algunos motores de explosión.

radiante adj. Resplandeciente. ‖ Muy contento.

radical adj. De la raíz. ‖ Fundamental. ‖ Partidario del radicalismo. También com. ‖ Tajante. ‖ Del signo matemático con que se indica la operación de extraer raíces. También m. ‖ m. Parte que queda en las palabras variables al quitarles la desinencia. ‖ Grupo de átomos que sirve de base para la formación de combinaciones.

radicalismo m. Conjunto de ideas y doctrinas que pretenden una reforma total o muy profunda en el orden político, social, religioso, científico, etc. ‖ Por ext., modo extremado de enfocar o tratar algo.

radicar intr. Estar en determinado lugar. ‖ Hallarse algo en un determinado aspecto, ser ése su origen. ‖ Echar raíces, arraigar. También prnl.

radio m. Línea recta desde el centro del círculo a la circunferencia. ‖ Hueso del antebrazo. ‖ Área de influencia. ‖ Cada varilla que une el centro de una rueda con la llanta. ‖ f. Aparato que transmite programas que son emitidos por emisoras y que funciona por medio de ondas.

radioaficionado, da m. y f. Persona autorizada para emitir y recibir mensajes radiados privados, usando bandas de frecuencia jurídicamente establecidas.

radiocasete m. Aparato compuesto de una radio y un magnetófono.

radiografía f. Fotografía interna del cuerpo por medio de rayos X. ‖ Cliché obtenido por este procedimiento.

radiología f. Parte de la medicina que estudia las aplicaciones médicas de las radiaciones.

radiotaxi m. En un taxi, aparato receptor y emisor de radio conectado con una central que comunica al taxista los servicios solicitados por los clientes.

radioterapia f. Tratamiento de enfermedades aplicando radiaciones.

raer tr. Raspar con instrumento cortante.

ráfaga f. Golpe de viento. ‖ Destello. ‖ Sucesión rápida de proyectiles que dispara un arma automática.

raído, da adj. Muy gastado por el uso.

raíl o **rail** m. Carril de hierro.

raíz f. Órgano subterráneo de las plantas. ‖ Origen. ‖ Elemento invariable de las palabras. ‖ Cada uno de los valores que puede tener la incógnita de una ecuación. ‖ Número que, multiplicado tantas veces como se indica, resulta un número determinado.

raja f. Hendidura, abertura. || Grieta. || Rebanada.

ralentí m. Estado de un motor cuando funciona sin ninguna marcha y con el mínimo de revoluciones.

rallador m. Utensilio de cocina que sirve para rallar pan, queso, etc.

rallar tr. Desmenuzar algo restregándolo con el rallador, utensilio de cocina.

ralo, la adj. Poco espeso, muy separado.

rama f. Cada parte de una planta que sale del tronco o tallo. || Serie de personas con un mismo origen. || Parte secundaria de otra principal.

ramadán m. Noveno mes del año lunar de los musulmanes, en el que deben observar ayuno de alimentos, bebidas, relaciones sexuales, etc., desde el alba hasta el atardecer.

ramalazo m. Dolor agudo en una parte del cuerpo. || Comportamiento y gestos afeminados.

rambla f. Lecho natural de las aguas pluviales cuando caen copiosamente. || Calle ancha y con árboles, generalmente con un andén central.

ramera f. Prostituta.

ramificación f. Cada una de las partes en que se divide o separa algo. || Consecuencia necesaria de algún hecho.

ramo m. Manojo de flores.

rampa f. Superficie inclinada para subir o bajar.

ramplón, ona adj. Vulgar, chabacano.

rana f. Anfibio de agua dulce.

rancho m. Comida para muchos en común. || Hacienda, finca ganadera. || *amer.* Granja. || *amer.* Vivienda de campesinos.

rancio, cia adj. Añejo. || De mal sabor. || Antiguo.

ranglan, ranglán o **raglán** adj. [Manga] de una prenda que sale desde el cuello en vez de hacerlo desde los hombros.

rango m. Categoría profesional o social de alguien.

ranura f. Raja estrecha y larga.

rapar tr. Afeitar. || Cortar el pelo al rape.

rape m. Corte de pelo. || Pez marino de color oscuro por el lomo y blanco por el vientre, con el cuerpo aplanado y sin escamas; tiene una gran cabeza redonda y aplastada. Su carne es muy apreciada como alimento.

rápido, da adj. Veloz, ligero. || m. Río impetuoso. || Tren que solo para en las estaciones más importantes de su recorrido.

rapiña f. Robo, saqueo con violencia.

rapsodia f. Fragmento de un poema griego de Homero y, por extensión, fragmento de cualquier poema. || Pieza musical formada con fragmentos de otras obras o con parte de composiciones populares.

rapto m. Robo y secuestro violento y con engaño de alguien. || Impulso.

raqueta f. Pala con malla o sin ella para jugar a la pelota. || Especie de plazoleta o desvío de forma semicircular que en carreteras y calles se utiliza para cambiar de sentido.

raquitismo m. Enfermedad ósea infantil caracterizada por el poco desarrollo o las deformaciones de la columna vertebral.

raro, ra adj. Poco frecuente.

ras m. Igualdad de nivel.

rascacielos m. Edificio muy alto.

rascar tr. y prnl. Frotar la piel con las uñas o algo duro. || fig. Intentar sacar algún beneficio de algo. || intr. Resultar áspero y desagradable el contacto de un tejido u otra cosa en la piel.

rasgar tr. y prnl. Romper o hacer pedazos cosas endebles.

rasgo m. Facción del rostro. || Característica.

rasguear tr. Tocar la guitarra u otro instrumento rozando varias cuerdas a la vez con las puntas de los dedos.

rasguño m. Arañazo leve.

raso, sa adj. Plano, liso. || Despejado. || Próximo al suelo. || Sin categoría en su empleo. || m. Tela de seda brillante.

raspa f. Espina de algunos pescados.

raspar tr. Rallar ligeramente. || Tener algo un tacto áspero.

rastrear tr. Seguir el rastro o las huellas que deja algo, para buscarlo.

rastrero, ra adj. Vil, despreciable.

rastrillo m. Instrumento dentado para limpiar el lino o cáñamo. || Rastro, mercado.

rastro m. Huella que deja tras de sí una persona, animal o cosa. || Vestigio, huella. || Mercado callejero.

rastrojo m. Residuo de la mies segada.

rasurar tr. y prnl. Afeitar.

rata f. Mamífero roedor de cola larga, muy voraz y perjudicial. || com. Persona despreciable. || Persona muy tacaña.

ratero, ra adj. y s. [Ladrón] que hurta con maña cosas de poco valor.

ratificar tr. y prnl. Corroborar, confirmar.

rato m. Breve espacio de tiempo.

ratón m. Mamífero roedor, más pequeño que la rata.

raudal m. Cantidad de agua. || Abundancia de cosas.

raudo, da adj. Rápido, veloz.

raya f. Señal larga y estrecha en una superficie. || Línea que divide los cabellos. || Límite de un territorio. || Dosis de cocaína u otra droga en polvo, para aspirarla por la nariz.

rayar tr. Hacer rayas. || Tachar lo manuscrito o impreso. || tr. y prnl. Marcar una superficie lisa o pulida con rayas o incisiones.

rayo m. Haz de luz. || Chispa eléctrica producida en las nubes. || Cosa o persona muy rápida o eficaz.

raza f. Cada grupo en que se subdividen algunas especies zoológicas.

razón f. Facultad del hombre de pensar o discurrir. || Argumento que se aduce en apoyo de algo. || Información o explicación de algo. || Motivo o causa. || Acierto o verdad en lo que alguien dice o hace. || En matemáticas, resultado de la división entre dos números.

razonamiento m. Conjunto de pensamientos e ideas destinados a demostrar algo o a convencer de algo.

reacción f. Acción que resiste o se opone a otra. || Actitud de oposición ante cualquier innovación. || Respuesta a un estímulo. || Combinación química de dos sustancias para dar otra nueva. || Sistema de propulsión mediante un chorro de gases.

reaccionario, ria adj. y s. Conservador, contrario a las innovaciones.

reacio, cia adj. Remiso, contrario.

reactivar tr. Volver a mover o a dar actividad o fuerza a algo.

reactor m. Dispositivo que provoca y controla una serie de reacciones nucleares en cadena. || Motor de reacción, y avión que lo usa.

reafirmar tr. y prnl. Volver a asegurar algo que se ha dicho o se ha pensado.

real adj. Que tiene existencia verdadera y efectiva. || Relativo al rey o la realeza. || m. Campamento donde se instala un ejército. || Campo donde se celebra una feria. || Antigua moneda española.

realidad f. Existencia efectiva de algo. || Verdad.

realismo m. Forma de presentar o concebir las cosas tal como son en la realidad, sin fantasía ni idealismo. || Modo práctico de pensar y actuar. || Tendencia artística o literaria que tiende a representar o describir la naturaleza y la sociedad tal como son en la realidad. || Movimiento político partidario de la monarquía, especialmente de la absoluta.

realizar tr. Hacer, efectuar. || En medios audiovisuales, dirigir. || prnl. Conseguir en un periodo de la vida algo que se deseaba ardientemente.

realzar tr. y prnl. Poner de relieve algo.

reanimar tr. y prnl. Restablecer las fuerzas o el vigor. || Infundir ánimo al que está triste o deprimido. ‖ Hacer que alguien recupere el conocimiento.

reanudar tr. y prnl. Proseguir.

rebajar tr. Disminuir la altura, el volumen o peso. ‖ Aclarar el color. ‖ Bajar el precio. ‖ Humillarse. También prnl. ‖ Hacer algo menos denso, intenso, fuerte, etc.

rebanada f. Loncha, rodaja.

rebanar tr. Cortar.

rebañar tr. Apurar los residuos.

rebaño m. Conjunto grande de ganado, especialmente del lanar.

rebasar tr. Desbordar, exceder. ‖ Adelantar un vehículo a otro.

rebatir tr. Rechazar, refutar, impugnar.

rebeca f. Chaquetilla de punto, sin cuello, abrochada por delante.

rebelarse prnl. Sublevarse contra una autoridad, negándose a obedecer sus órdenes. ‖ Resistirse fuertemente a algo.

rebelde adj. y com. Que se rebela contra algo o alguien. ‖ Difícil de dirigir o manejar.

reblandecer tr. y prnl. Ablandar.

rebobinar tr. Enrollar hacia atrás una cinta magnética, la película de un carrete fotográfico, etc. ‖ Volver a enrollar el hilo de una bobina.

reborde m. Faja estrecha y saliente del borde de algo.

rebosar intr. Derramarse, exceder. También prnl. ‖ Abundar algo. También tr. ‖ Estar invadido por un sentimiento, estado de ánimo, etc., de tal intensidad que se manifiesta externamente. También tr.

rebotar intr. Botar o chocar repetidas veces un cuerpo elástico contra una superficie o contra otros cuerpos. ‖ prnl. fig. Enfadarse o molestarse por algo.

rebozar tr. Bañar un alimento en huevo y harina. ‖ Cubrir. También prnl.

rebullir intr. y prnl. Empezar a moverse. ‖ Alborotar, bullir.

rebuscar tr. Buscar con cuidado.

rebuzno m. Voz del asno.

recabar tr. Lograr con súplicas, insistencia. ‖ Pedir o reclamar.

recado m. Mensaje que se da o se envía a otro. ‖ Paquete, envío, etc., que se manda a alguien. ‖ Gestión que debe hacer una persona.

recaer intr. Tener nuevamente la misma enfermedad. ‖ Reincidir. ‖ Corresponder a alguien algún asunto.

recalcar tr. Acentuar, subrayar, repetir lo que se habla.

recalcitrante adj. Obstinado, insistente.

recalentar tr. Volver a calentar. ‖ Calentar demasiado. ‖ prnl. Adquirir una cosa más calor del que sería conveniente.

recámara f. En las armas de fuego, lugar donde se coloca el cartucho o la bala. ‖ Cuarto contiguo a la cámara o habitación principal, destinado para guardar la ropa, las alhajas, etc.

recambio m. Pieza de repuesto.

recapacitar intr. y tr. Reconsiderar, reflexionar sobre ciertos puntos.

recapitular tr. Resumir y ordenar lo que previamente se ha manifestado con mayor extensión.

recargo m. Sanción tributaria. || Aumento del precio de algo.

recato m. Cautela, prudencia, reserva.

recaudar tr. Cobrar impuestos. || Recibir dinero por varios conceptos.

recelar tr. e intr. Desconfiar, sospechar o sentir temor de algo o alguien.

recensión f. Pequeño resumen o comentario de una obra literaria o científica.

recepcionista com. Persona encargada de atender al público de un hotel, congreso, oficina, etc.

receptor, ra adj. y s. Que recibe. || m. Aparato que recibe señales eléctricas, telegráficas, telefónicas, radiofónicas, televisivas.

recesar intr. *amer.* Cesar temporalmente en sus actividades una corporación. || tr. *amer.* Clausurar una cámara legislativa.

recesión f. Depresión económica. || Disminución de una actividad.

receta f. Prescripción médica escrita. || Nota que indica los componentes de un plato de cocina y la forma de hacerlo.

recetar tr. Prescribir un medicamento indicando la dosis.

rechazar tr. Hacer retroceder. || Resistir, rehusar.

rechinar tr. e intr. Crujir, chirriar.

rechistar intr. Responder, protestar.

rechoncho, cha adj. fam. Grueso y bajo.

recibidor m. Vestíbulo.

recibir tr. Tomar uno lo que le dan o envían. || Percibir, cobrar. || Acoger. || Aceptar. || Admitir visitas. || Salir al encuentro de alguien. || Captar una señal, onda o frecuencia.

recibo m. Justificante de haber recibido algo.

reciclar tr. Someter una materia a un determinado proceso para que pueda volver a ser utilizable. || Dar a alguien los nuevos conocimientos necesarios para que realice un trabajo que se ha modificado. También prnl. || Modernizar una cosa. También prnl.

recién adv. t. apóc. de *reciente*. Poco tiempo antes.

reciente adj. Que acaba de suceder, hacerse, etc.

recinto m. Espacio limitado.

recio, cia adj. Fuerte, robusto. || Duro, difícil de soportar. || adv. m. Con dureza y firmeza.

recipiente m. Utensilio para guardar o conservar algo.

recíproco, ca adj. Mutuo. ‖ [Verbo, pronombre y oración] que expresan una acción que se ejerce simultáneamente entre dos sujetos.

recital m. Función musical dada por un solo artista. ‖ Lectura de composiciones poéticas.

recitar tr. Decir algo de memoria en voz alta. ‖ Declamar.

reclamar tr. Pedir, exigir con derecho. ‖ Reivindicar. ‖ intr. Protestar.

reclinar tr. y prnl. Inclinar el cuerpo, apoyándolo sobre algo.

recluir tr. y prnl. Encerrar.

recluta m. Mozo alistado para el servicio militar.

reclutar tr. Llamar a las personas para que vayan a hacer el servicio militar o se incorporen al ejército. ‖ Reunir gente para un propósito.

recobrar tr. Adquirir de nuevo, rescatar. ‖ prnl. Recuperarse de un daño, enfermedad.

recodo m. Ángulo, esquina.

recogedor m. Utensilio para recoger el carbón, la ceniza o la basura después de barrer.

recoger tr. Volver a coger, levantar. ‖ Coger la cosecha. ‖ Guardar. ‖ Confiscar. ‖ Acoger. ‖ Encoger, estrechar, ceñir. También prnl. ‖ Admitir uno lo que otro envía, hacerse cargo de ello. ‖ Ir a buscar a una persona o cosa. ‖ prnl. Retirarse a descansar. ‖ Remangarse una prenda que cuelga cerca del suelo.

recolectar tr. Juntar. ‖ Cosechar.

recomendar tr. Hablar en favor de alguien. ‖ Encomendar. ‖ Advertir, aconsejar.

recompensa f. Premio por un trabajo, servicio, o al ganador de una competición.

reconcentrarse prnl. Abstraerse, ensimismarse.

reconciliar tr. y prnl. Restablecer la amistad, concordia, etc.

recóndito, ta adj. Muy escondido.

reconfortar tr. Confortar de nuevo y con energía y eficacia.

reconocer tr. Examinar con cuidado. ‖ Identificar. ‖ Confesar, admitir. También prnl. ‖ Acatar como legítima la autoridad. ‖ En las relaciones internacionales, aceptar un nuevo estado de cosas. ‖ Admitir la certeza ajena o el propio error. ‖ Demostrar gratitud por algún beneficio o favor.

reconquistar tr. Recuperar, volver a conquistar.

reconstituir tr. y prnl. Restablecer. ‖ Fortalecer el organismo.

reconstruir tr. Rehacer o completar algo que está destruido. ‖ Organizar los recuerdos o ideas para completar el conocimiento de un hecho o el concepto de una cosa.

reconvenir tr. Recriminar, reñir, reprochar.

reconversión f. Adaptación de las empresas o industrias a los nuevos sistemas y técnicas de producción.

reconvertir tr. Hacer que vuelva a su estado, ser o creencia lo que había sufrido un cambio. ‖ Reestructurar o modernizar un determinado sector económico, adaptándolo a las nuevas necesidades.

recopilar tr. Compendiar. ‖ Reunir, recoger.

récord adj. Que constituye una cota máxima en alguna actividad. ‖ m. Acción que supera una anterior. ‖ Marca máxima en una prueba de competición deportiva.

recordar tr. e intr. Traer a la memoria. ‖ Tener presente. También prnl.

recorrer tr. Realizar un trayecto, atravesar. ‖ Leer por encima un escrito.

recortable adj. y m. [Papel o cartulina] con dibujos que se recortan para jugar con ellos.

recortar tr. Cortar lo que sobra. ‖ Cortar el papel u otra materia en varias figuras.

recostar tr. y prnl. Apoyar, reclinar.

recoveco m. Vuelta y revuelta de un callejón, camino, etc.

recrear tr. Alegrar, entretener, divertir. También prnl.

recreo m. Diversión. ‖ En los colegios, tiempo de descanso y entretenimiento.

recriminar tr. Reprender. ‖ prnl. Acusarse mutuamente.

recrudecer intr. y prnl. Aumentar. ‖ Agravar, empeorar.

rectángulo, la adj. Con ángulos rectos. ‖ m. Paralelogramo de cuatro ángulos rectos y los lados contiguos desiguales.

rectificar tr. Enmendar, corregir, perfeccionar. ‖ Contradecir cierta información por considerarla errónea. ‖ Modificar alguien sus propias opiniones o conducta.

rector, ra adj. y s. Que rige o gobierna. ‖ [Persona] a cuyo cargo está la dirección de una institución, especialmente de una universidad o centro de estudios superiores.

recto, ta adj. Derecho. ‖ Íntegro, justo. ‖ [Sentido] literal de una palabra. ‖ [Ángulo] cuyos lados son perpendiculares. ‖ m. Última porción del intestino grueso. ‖ f. Línea más corta de un punto a otro.

recua f. Conjunto de caballerías.

recuadro m. Línea cerrada en forma de cuadrado o rectángulo y superficie limitada por esta línea.

recubrir tr. Volver a cubrir. ‖ Cubrir completamente.

recuento m. Cómputo, escrutinio, inventario.

recuerdo m. Memoria o imagen que se tiene en la mente de

redondo

las cosas pasadas o de las personas. ‖ Regalo para recordar algo o a alguien. ‖ pl. Saludo afectuoso que se envía a alguien.

recuperar tr. Volver a adquirir lo que se había perdido. ‖ Volver a hacer utilizable lo que ya estaba inservible. ‖ Aprobar el examen, asignatura, etc., que se había suspendido. ‖ prnl. Volver en sí. ‖ Recobrar los bienes, salud, ánimos, etc., que se habían perdido.

recurrente adj. Que vuelve a ocurrir o aparecer después de un intervalo.

recurrir intr. Acudir a alguien o algo para obtener una cosa. ‖ Apelar.

recurso m. Medio para conseguir algo. ‖ Acción jurídica de recurrir a otro tribunal. ‖ pl. Bienes, medios o riqueza. ‖ fig. Medios que se tienen para salir airoso de cualquier asunto.

red f. Tejido de malla para pescar, cazar, etc. ‖ Engaño. ‖ Conjunto de vías de comunicación, gasoductos, conducciones eléctricas, telefónicas, telegráficas, etc. ‖ Conjunto estructurado de personas, medios, etc., que operan diseminados pero en coordinación. ‖ En informática, conexión simultánea de distintos equipos informáticos a un sistema principal.

redacción f. Composición escrita sobre un tema. ‖ Conjunto de redactores de un periódico, editorial; y oficina donde se redacta.

redactar tr. Poner por escrito noticias, relatos o cosas acordadas o pensadas con anterioridad.

redada f. Operación policial para atrapar a la vez a un cojunto de personas.

redicho, cha adj. Cursi, pedante.

redil m. Aprisco cercado para el ganado.

redimir tr. y prnl. Librar de una obligación, castigo, etc.

rédito m. Beneficio o ganancia que proporciona algo, como por ejemplo una cantidad de dinero que se deposita en un banco.

redoblar tr. Duplicar, aumentar. ‖ Repetir, reiterar. ‖ intr. Tocar redobles.

redoble m. Toque vivo y sostenido de tambor.

redondear tr. Dar forma redonda a algo. ‖ Convertir una cantidad en un número completo de unidades, prescindiendo de las fracciones. ‖ Terminar, rematar, perfeccionar.

redondel m. Círculo. ‖ Terreno circular destinado a la lidia de toros.

redondo, da adj. De forma circular o esférica. ‖ Completo, perfecto o muy provechoso. ‖ [Cifra] a la que se le han restado o sumado pequeñas cantidades para dar un número en unidades completas. || m. Porción de carne de forma más o menos cilíndrica.

reducir tr. y prnl. Disminuir, acortar. || Resumir. || Transformar una cosa en otra, particularmente si es más pequeña o menos importante. || Consistir algo en lo que se expresa, especialmente si es insuficiente. || Expresar el valor de una cantidad en unidades de otro tipo. || tr. Someter a la obediencia o al orden. || En un vehículo, cambiar de una marcha larga a otra más corta.

reducto m. Lugar donde se conservan ideas o costumbres ya pasadas o destinadas a desaparecer. || Obra de fortificación cerrada.

redundancia f. Repetición inútil de un concepto.

redundar intr. Resultar algo beneficioso o dañino.

reembolso m. Recuperación de una cantidad o mercancía. || Envío de una mercancía cuyo importe paga el destinatario en el momento de la entrega.

reemplazar tr. Sustituir. || Suceder a alguien en algo.

reemprender tr. Volver a iniciar una actividad que se había interrumpido.

reencarnar intr. y prnl. Volver a encarnarse el alma en un cuerpo diferente, según algunas creencias.

reestreno m. Nueva proyección de una película o representación de un espectáculo teatral, algún tiempo después de su estreno.

refajo m. Falda interior que usaban las mujeres.

referencia f. Alusión a una persona o cosa en las que se piensa. || Noticia o información que se tiene de algo. || Modelo que se sigue. || pl. Informe sobre una persona.

referéndum o **referendo** m. Consulta popular sobre temas de interés nacional.

referir tr. y prnl. Narrar. || Relacionar. || prnl. Remitirse.

refinar tr. Depurar. || prnl. Educarse.

reflejar intr. Cambiar de dirección la luz, el calor, el sonido, mediante el choque contra una superficie. También prnl. || Manifestar, expresar. || prnl. Dejarse ver una cosa en otra.

reflexionar intr. y tr. Considerar detenidamente algo.

reflexivo, va adj. Que refleja. || Que habla u obra con reflexión. || [Verbo] cuya acción recae sobre el sujeto que la produce. También m.

reforma f. Cambio de algo para mejorarlo. || Movimiento religioso iniciado en la primera mitad del s. XVI, que dio origen a las iglesias protestantes.

reformatorio m. Institución penal para menores.

reforzar tr. Robustecer, fortalecer. || Aumentar, intensificar. También prnl.

refrán m. Sentencia popular de uso común que se trasmite oralmente.

refrenar tr. Frenar. ‖ Contener. También prnl.

refrendar tr. Legalizar un documento por firma autorizada. ‖ Aceptar y confirmar una cosa.

refrescar tr. y prnl. Disminuir el calor. ‖ intr. y prnl. Tomar fuerzas.

refresco m. Bebida fría.

refriega f. Escaramuza.

refrigerador, ra adj. Que enfría o produce una disminución de la temperatura. ‖ m. Nevera, frigorífico.

refrigerar tr. y prnl. Enfriar y mantener baja la temperatura de un local. ‖ Enfriar en cámaras especiales alimentos, productos, etc., para su conservación.

refrigerio m. Alimento ligero para reponer fuerzas.

refuerzo m. Fortalecimiento, aumento de la fuerza o de la resistencia de una cosa. ‖ Lo que refuerza o vuelve más resistente. ‖ Cosa que sirve como ayuda o complemento de otra.

refugiar tr. y prnl. Acoger, dar asilo, proteger.

refundir tr. Fundir de nuevo los metales. ‖ Reformar una obra literaria. ‖ Incluir varias cosas en una sola.

refunfuñar intr. Hablar entre dientes o gruñir en señal de enojo.

refutar tr. Contradecir, impugnar, rebatir.

regadera f. Recipiente portátil para regar.

regadío m. Terreno dedicado a cultivos que se fertilizan con riego.

regalar tr. Obsequiar, dar algo como muestra de afecto, consideración. ‖ tr. y prnl. Agradar o proporcionar placer y diversión.

regaliz m. Planta de tallos leñosos cuyo jugo dulce se usa en medicina y para hacer dulces. ‖ Trozo seco de esta planta que se chupa.

regalo m. Obsequio. ‖ Comodidad.

regañar intr. Disputar, reñir con otro. ‖ tr. Reñir, amonestar, reprender.

regar tr. Echar agua sobre una superficie. ‖ Atravesar un río o canal una comarca. ‖ Esparcir, desparramar.

regata f. Competición entre embarcaciones ligeras.

regatear tr. Discutir el precio de una mercancía en venta. ‖ En algunos deportes, hacer regates.

regazo m. Hueco que forma la falda en una mujer sentada. ‖ Parte del cuerpo donde se forma ese hueco. ‖ Amparo.

regenerar tr. y prnl. Restablecer o mejorar alguna cosa que degeneró. ‖ Reformar, mejorar.

regentar tr. Dirigir un negocio. ‖ Desempeñar temporalmente ciertos cargos o empleos.

regente com. Persona que gobierna un Estado monárquico durante la minoría de edad del heredero o por otro motivo.

régimen m. Forma o modo de gobierno de un Estado. || Conjunto de reglas, normas de una entidad. || Funcionamiento de una máquina en condiciones normales. || Conjunto de reglas observadas en la manera de vivir o alimentarse.

regimiento m. Unidad militar compuesta de varios batallones.

regio, gia adj. Real, del rey. || Espléndido, magnífico.

región f. Porción de territorio homogénea en un determinado aspecto. || Cada gran división territorial de una nación, definida por sus peculiaridades geográficas, históricas y sociales. || Espacio determinado del cuerpo humano.

regir tr. Gobernar, administrar. || En la oración, tener una palabra a otra bajo su dependencia. || intr. Estar vigente.

registrar tr. Examinar, reconocer con detenimiento y cuidado. || Inscribir en un registro. || Anotar, señalar. También prnl. || Grabar la imagen o el sonido. También prnl. || Recoger, señalar un aparato ciertos datos propios de su función. || prnl. Presentarse en algún lugar u oficina, matricularse.

registro m. Examen cuidadoso para encontrar algo que se busca. || Libro, a manera de índice, donde se apuntan ciertos datos para que consten en él. || Lugar y oficina en donde están estos libros. || Asiento o anotación que queda de lo que se registra.

regla f. Instrumento rectangular para trazar líneas rectas. || Lo que se debe obedecer o seguir por estar así establecido. || Ley o norma de una orden religiosa. || Conjunto de instrucciones que indican cómo hacer algo o cómo comportarse. || Menstruación.

reglamento m. Colección ordenada de reglas o preceptos. || Disposición administrativa para el desarrollo de una ley.

regocijo m. Alegría, júbilo.

regodearse prnl. Deleitarse, complacerse. || Sentir satisfacción por algo que resulta perjudicial para otros.

regordete, ta adj. y s. Pequeño y grueso.

regresar intr. Volver al lugar de donde se partió.

regresión f. Retroceso, acción de volver hacia atrás, especialmente en una actividad o proceso.

reguero m. Arroyo pequeño. || Huella que deja algo que se va derramando.

regular tr. Sujetar, ajustar a unas reglas. || Ordenar o poner en estado de normalidad. || Precisar o determinar las normas.

regular adj. Conforme a las reglas. || De tamaño, calidad o intensidad media o inferior a ella. || Ordenado y sin exceso. || Sin cam-

rehabilitar tr. y prnl. Habilitar de nuevo o restablecer algo o a alguien en su antiguo estado.

rehacer tr. Volver a hacer. || Reparar, reformar. || prnl. Fortalecerse, recuperarse. || Serenarse.

rehén com. Persona que queda en poder de un adversario mientras se llega a un acuerdo, pacto, etc.

rehogar tr. Freír un alimento, generalmente hortalizas, ligeramente y a fuego lento.

rehuir tr. Evitar.

rehusar tr. No aceptar, renunciar.

reina f. Esposa del rey. || La que ejerce la potestad real por derecho propio. || Pieza del juego de ajedrez. || Hembra de algunas comunidades de insectos cuya principal función es la reproductora.

reinar intr. Regir un rey o príncipe un Estado. || Prevalecer o persistir una cosa durante un tiempo.

reincidir intr. Incurrir de nuevo.

reincorporar tr. y prnl. Volver a incorporar.

reino m. Estado regido por un rey. || Cada uno de los grupos en que se dividen los seres naturales. || Espacio gobernado por algo inmaterial, ámbito, dominio.

reinserción f. Hecho de integrarse en la sociedad quien vivía al margen de ella.

reintegrar tr. Restituir o satisfacer íntegramente una cosa. || Restablecer. || Hacer que alguien vuelva a ejercer una actividad, se incorpore de nuevo a una colectividad o situación social o económica. Más c. prnl.

reintegro m. En la lotería, premio igual a la cantidad jugada.

reír intr. y prnl. Manifestar alegría. || Hacer burla. || tr. Celebrar con risa.

reiterar tr. y prnl. Repetir.

reivindicar tr. Reclamar o recuperar aquello a lo que se tiene derecho. || Adjudicarse alguien la autoría de un hecho. || Intentar restablecer la buena opinión sobre alguien o algo.

reja f. Pieza del arado. || Conjunto de barras metálicas para defensa o adorno de puertas, ventanas.

rejilla f. Red de alambre, tela metálica, celosía de algunas aberturas. || Tejido de tallos vegetales para respaldo y asiento de sillas.

rejuvenecer tr., intr. y prnl. Dar el vigor o el aspecto propios de la juventud. || tr. Renovar, modernizar.

relación f. Narración, referencia de un hecho. || Correspondencia entre dos cosas. || Lista. || Informe. || Trato entre personas. || pl. Amigos o contactos de una persona. || Vínculos amorosos o sexuales entre dos personas.

relacionar tr. Referir, relatar. || Poner en relación personas o cosas. También prnl. || prnl. Tratar, tener amistad con alguien.

relajar tr. y prnl. Aflojar, ablandar. || Distraer la mente de preocupaciones o problemas. || Suavizarse las costumbres, leyes, o su aplicación. || prnl. Conseguir un estado de reposo físico y mental.

relamerse prnl. Lamerse los labios repetidamente. || Encontrar gran satisfacción o gusto en una cosa.

relámpago m. Resplandor vivo e instantáneo producido entre dos nubes por una descarga eléctrica. || Resplandor repentino. || Cosa ligera y fugaz.

relatar tr. Referir, contar, narrar.

relativo, va adj. Que se refiere a algo y es condicionado por ello. || No absoluto. || [Pronombre] que se refiere a una persona o cosa de la que ya se hizo mención.

relato m. Narración, cuento.

relax m. Relajamiento muscular producido por ejercicios adecuados. || Por ext., el producido por la falta de preocupaciones, la comodidad, el bienestar, etc.

releer tr. Leer algo de nuevo.

relegar tr. Apartar, posponer.

relente m. Humedad fría de la atmósfera en las noches sin nubes.

relevancia f. Importancia o significación.

relevante adj. Sobresaliente, excelente. || Importante, significativo.

relevar tr. Apartar a alguien de una actividad, un empleo o cargo. || Sustituir a alguien en cualquien actividad. || Librar a alguien de un peso o una obligación.

relicario m. Lugar en el que están guardadas las reliquias de un santo. || Caja o estuche, generalmente con forma de medallón, donde se guarda algún recuerdo con valor sentimental.

relieve m. Lo que resalta sobre un plano. || Mérito, renombre.

religión f. Conjunto de dogmas, normas y prácticas relativas a una divinidad.

relinchar intr. Emitir su voz el caballo.

reliquia f. Parte del cuerpo u otro objeto de un santo digno de veneración. || Vestigio del pasado. || Cosa que se conserva de alguien muy querido. || *desp*. Antigualla.

rellano m. Descansillo de escalera.

rellenar tr. Llenar de nuevo una cosa. También prnl. || Llenar algo completamente. También prnl. || Llenar de ciertos ingredientes un ave o cualquier otro alimento. || Llenar con algo un hueco o una cosa vacía. || Completar un formulario.

reloj m. Aparato para medir el tiempo.

relucir intr. Despedir luz. || Brillar, resplandecer.

relumbrar intr. Dar viva luz, resplandecer.

remachar tr. Machacar la punta o la cabeza del clavo ya clavado. || Afianzar, recalcar.

remanente m. Resto.

remangar tr. y prnl. Levantar las mangas o la ropa.

remanso m. Detención o suspensión de la corriente del agua u otro líquido. || fig. Lugar en que reina la paz y la tranquilidad.

remar intr. Mover el remo para impulsar la embarcación.

rematar tr. Concluir, terminar. || Poner fin a la vida de una persona o animal agonizante. || Afianzar la costura. || Adjudicar algo en una subasta.

remedar tr. Imitar.

remedio m. Medio para evitar o reparar un daño. || Recurso, auxilio o refugio. || Sustancia para prevenir o atajar una enfermedad.

rememorar tr. Recordar.

remendar tr. Reforzar algo que está viejo o roto, especialmente la ropa, colocando en ella trozos de tela.

remesa f. Envío. || Conjunto de cosas que se envían de una vez.

remezón m. *amer.* Terremoto ligero o sacudimiento breve de la Tierra.

remiendo m. Pedazo de tela que se cose a lo que está viejo o roto. || Parche, reparación imperfecta.

remilgo m. Escrúpulo, melindre.

reminiscencia f. Evocación, recuerdo.

remisión f. En un libro, indicación para acudir a otro lugar del mismo. || Perdón de una pena o un castigo. || Disminución o pérdida de intensidad de una cosa.

remiso, sa adj. Indeciso, reacio.

remite m. En una carta, paquete, etc., indicación del nombre y señas del que realiza el envío.

remitir tr. Enviar. || Perder una cosa parte de su intensidad. También intr. y prnl. || Dejar al juicio de otro la resolución de una cosa. Más c. prnl. || Indicar en un escrito otro que puede consultarse. || prnl. Atenerse a lo dicho o hecho.

remo m. Pala de madera para mover las embarcaciones. || Brazo o pierna en hombres y animales, y ala de las aves.

remojar tr. Empapar en agua una cosa o ponerla en agua para que se ablande.

remolacha f. Planta de tallo grueso, hojas grandes y flores verdosas en espiga; su raíz, que también se llama remolacha, es carnosa, comestible y de ella se extrae azúcar.

remolcar tr. Arrastrar una embarcación, un vehículo.

remolino m. Movimiento giratorio y rápido del aire, el agua, el polvo, el humo, etc. || Retorcimiento de pelo en redondo. || Aglomeración.

remolón, ona adj. y s. Perezoso.

remolque m. Desplazamiento de una embarcación o de otro vehículo, arrastrándolo o tirando de él. || Vehículo remolcado.

remontar tr. y prnl. Subir o volar muy alto las aves y aviones. || Navegar aguas arriba. || Salvar una dificultad. || prnl. fig. Llegar hasta el origen de una cosa. || Pertenecer a una época muy lejana.

rémora f. Pez marino con un disco oval encima de la cabeza por medio del cual se adhiere a los objetos flotantes y a otros peces, como por ejemplo al tiburón. || Obstáculo que detiene o entorpece algo.

remordimiento m. Inquietud tras una acción propia censurable.

remoto, ta adj. Distante. || Lejano en el tiempo. || Improbable.

remover tr. Mover repetidamente, agitar. || Investigar, indagar. || tr. y prnl. Cambiar una cosa de un lugar a otro.

remozar tr. Dar un aspecto más nuevo o moderno a algo.

remunerar tr. Pagar, premiar.

renacer intr. Volver a nacer. || Volver a cobrar fuerzas o energía.

renacimiento m. Acción de renacer. || Movimiento artístico, literario y científico de la mitad del s. XV y todo el XVI, que se inspira en las obras de la Antigüedad clásica.

renacuajo m. Larva de la rana. || Forma cariñosa de llamar a los niños.

renal adj. De los riñones.

rencilla f. Disputa o riña que crea enemistad.

rencor m. Resentimiento.

rendición f. Derrota o sometimiento a la voluntad de alguien.

rendija f. Hendidura, abertura larga y estrecha.

rendir tr. Obligar a una plaza, tropa, etc., a entregarse. || Dar, entregar. || tr. e intr. Dar utilidad. || intr. Cansar. || tr. y prnl. Someterse al vencedor.

renegar intr. Rechazar con desprecio. || Rechazar y negar alguien su religión, creencias, patria, etc. || Protestar, refunfuñar continuamente.

renglón m. Serie de caracteres escritos en línea recta. || Cada una de las líneas dispuestas en un cuaderno, hoja, impreso, etc., para escribir sin torcerse.

reno m. Rumiante de cuernos ramificados que vive en los países nórdicos.

renombre m. Fama, celebridad.

renovar tr. y prnl. Transformar algo o a alguien para recuperar su fortaleza, energía o importancia. ‖ Restaurar, remozar, modernizar. ‖ Cambiar una cosa vieja o sin validez por otra nueva. ‖ prnl. Reanudar.

renquear intr. Andar cojeando o dando bandazos. ‖ Marchar algo con dificultades.

renta f. Cantidad de dinero que proporciona una cosa cada cierto tiempo. ‖ Lo que se paga por el alquiler de una cosa.

rentar tr. e intr. Producir beneficio.

renuente adj. Que se resiste o no está muy dispuesto a hacer o a aceptar algo.

renunciar tr. Dejar voluntariamente algo. ‖ Dejar de hacer una cosa por sacrificio o necesidad.

renuncio m. Contradicción, mentira.

reñir intr. Disputar. ‖ Enemistarse. ‖ tr. Reprender.

reo com. Culpable de delito.

repantigarse prnl. Arrellanarse en el asiento y extenderse para mayor comodidad.

reparar tr. Arreglar o componer una cosa. ‖ Enmendar, corregir, remediar. ‖ Desagraviar a alguien a quien se ha ofendido o perjudicado. ‖ intr. Fijarse, considerar, advertir. ‖ Considerar, reflexionar.

reparo m. Duda, dificultad. ‖ Objeción.

repartir tr. Distribuir entre varios por partes. También prnl. ‖ Entregar a domicilio. ‖ Clasificar, ordenar. ‖ Distribuir una materia sobre una superficie. ‖ Adjudicar los papeles de una obra teatral, cinematográfica, etc., a los actores que han de representarla.

repasar tr. Volver a mirar o examinar una cosa. ‖ Revisar lo estudiado.

repatear tr. e intr. fam. Molestar o disgustar muchísimo.

repatriar tr. y prnl. Hacer que uno regrese a su patria.

repecho m. Cuesta, pendiente corta.

repeler tr. Arrojar, echar. ‖ Rechazar. ‖ Causar repugnancia.

repelús, repeluco o **repeluzno** m. Temor o repugnancia que inspira algo, así como el escalofrío que produce.

repente (de) loc. adv. De pronto, súbitamente.

repercutir intr. Influir, causar efecto una cosa en otra posterior. ‖ Producir eco el sonido.

repertorio m. Índice de materias ordenadas para su mejor localización. ‖ Colección de obras de una misma clase. ‖ Conjunto de obras preparadas para su interpretación, representación por un artista o compañía.

repesca f. Concesión de otra oportunidad a alguien para que participe en una prueba o se presente a un examen después de haber sido eliminado.

repetidor, ra adj. y s. Que repite, generalmente referido al alumno que tiene que volver a hacer un curso o estudiar una asignatura porque ha suspendido. || m. Aparato eléctrico que recibe una señal electromagnética y la transmite amplificada.

repetir tr. Volver a hacer o decir lo ya hecho o dicho. || intr. Venir a la boca el sabor de algo comido. || Servirse de nuevo de algo que se está comiendo.

repicar tr. e intr. Tañer repetidamente las campanas.

repipi adj. y com. Pedante, redicho.

repisa f. Tabla o plancha que se coloca horizontalmente contra la pared para colocar objetos sobre ella.

replantear tr. Plantear de nuevo un asunto.

replegar tr. Plegar o doblar muchas veces. || Retirarse las tropas con orden. También prnl.

repleto, ta adj. Muy lleno.

replicar intr. Contradecir o argüir contra una respuesta o argumento. || tr. e intr. Contestar de malos modos o quejarse por algo que se dice o manda.

repoblar tr. y prnl. Volver a poblar. || Plantar árboles u otras especies vegetales.

repollo m. Variedad de col con las hojas muy apretadas, formando una especie de cabeza, que se consume cruda o cocida.

reponer tr. Volver a poner. || Reemplazar. || Volver a representar, proyectar una obra dramática, película, etc. || prnl. Recobrar la salud. || Serenarse.

reportaje m. En medios de comunicación social, trabajo de carácter informativo.

reportar tr. Reprimir o moderar un sentimiento. También prnl. || Proporcionar, recompensar.

reportero, ra adj. y s. [Periodista] que elabora las noticias, sobre todo reportajes.

reposar intr. y prnl. Descansar. || Dormir. || Permanecer en quietud. || Estar enterrado. || Posarse los líquidos.

reposición f. Colocación de algo o de alguien en el lugar, el puesto o la situación en que se encontraba antes. || Sustitución de algo por otra cosa igual. || Espectáculo de cualquier tipo que se vuelve a representar.

repostar tr. y prnl. Abastecer de provisiones, pertrechos, combustible, etc.

repostería f. Arte y oficio de elaborar pasteles, dulces, etc. || Productos de este arte. || Establecimiento donde se hacen y venden dulces, pasteles, etc.

reprender tr. Corregir, amonestar.

represalia f. Daño a otro en venganza de un agravio. || Medi-

representante adj. y com. Que actúa en nombre de otro u otros. || com. Agente comercial. || Persona que gestiona los contratos y asuntos profesionales a actores, artistas de todas clases, compañías teatrales, etc.

representar tr. Hacer presente algo en la imaginación con palabras o figuras. También prnl. || Ejecutar públicamente una obra dramática. || Simbolizar. || Actuar oficialmente en nombre de otra persona, entidad, etc. || Aparentar, parecer.

reprimenda f. Amonestación vehemente.

reprimir tr. y prnl. Contener, refrenar. || Contener por la fuerza el desarrollo de algo.

reprise (Voz fr.) m. Capacidad del motor de un coche para aumentar la velocidad pasando de un número de revoluciones a otro superior en poco tiempo.

reprobar tr. No aprobar, censurar, recriminar.

reprochar tr. y prnl. Criticar, censurar. || Reprender, echar en cara.

reproducir tr. y prnl. Volver a producir. || Copiar, imitar. || Sacar copia, en uno o muchos ejemplares, por diversos procedimientos. || prnl. Procrear los seres vivos.

reptar intr. Andar arrastrándose como algunos reptiles.

reptil adj. y m. [Animal] vertebrado de sangre fría, con piel cubierta de escamas, que se desplaza rozando la tierra.

república f. Estado. || Forma de gobierno en que la soberanía reside en el pueblo que, directamente o por medio de sus representantes, elige a un presidente.

repudiar tr. Rechazar, desechar, condenar.

repugnar tr. Ser opuesta una cosa a otra. También prnl. || Rechazar. || intr. Causar repugnancia.

repulsa f. Condena enérgica de algo.

repulsión f. Rechazo. || Repugnancia, aversión.

reputación f. Fama.

requerir tr. Notificar algo a alguien con autoridad pública. || Necesitar. || Solicitar.

requesón m. Masa blanca y grasa obtenida de la leche cuajada.

requisar tr. Expropiar la autoridad competente ciertos bienes, como tierras, alimentos, etc., considerados aptos para las necesidades de interés público. || Apropiarse el ejército de vehículos, alimentos o animales útiles en tiempo de guerra.

requisito, ta m. Circunstancia, condición. || Formalidad.

res f. Cualquier animal cuadrúpedo de ciertas especies domésticas (ganado vacuno, lanar) o de las salvajes (venado, jabalí).

resabiado, da adj. [Persona] que, por las experiencias que ha tenido, se ha vuelto desconfiada. || [Animal] que tiene una mala costumbre difícil de quitar.

resaca f. Movimiento de retroceso de las olas. || Malestar tras una borrachera.

resaltar intr. Sobresalir, destacar una cosa entre otras. También tr. || Distinguirse.

resarcir tr. y prnl. Indemnizar, reparar un daño, perjuicio o agravio.

resbalar intr. y prnl. Escurrirse, deslizarse. || Incurrir en un desliz o error. || fig. Dejar indiferente algo a una persona.

rescatar tr. Recuperar mediante pago o por la fuerza algo que estaba en poder ajeno. || Salvar, sacar de un peligro. || Librar, liberar.

rescindir tr. Dejar sin efecto un contrato, obligación, etc.

rescoldo m. Brasa menuda resguardada por la ceniza. || fig. Resto que queda de algún sentimiento de pasión o rencor.

resecar tr. y prnl. Secar mucho.

resentirse prnl. Empezar a flaquear. || Sentir dolor o molestia. || Estar ofendido o enojado por algo.

reseña f. Artículo o escrito breve, generalmente de una publicación, en que se describe de forma sucinta una noticia, un trabajo literario, científico, etc. || Nota de los rasgos distintivos de una persona, animal o cosa.

reserva f. Guarda, custodia o prevención que se hace de algo. || Discreción, comedimiento. || Acción de reservar una plaza o localidad para un transporte público, hotel, espectáculo, etc. || Territorio reservado a los indígenas en algunos países. || Parte del ejército que no está en servicio activo. || com. En algunos deportes, jugador que no figura entre los titulares de un equipo pero puede sustituir a alguno de estos.

reservar tr. Guardar para más adelante. || Retener, separar. || Destinar una cosa para un uso determinado. || tr. y prnl. Ocultar algo. || prnl. Conservarse para mejor ocasión.

resfriado m. Enfriamiento, catarro.

resfriar tr. Enfriar. || intr. Empezar a hacer frío. || prnl. Contraer resfriado.

resguardar tr. e intr. Defender, proteger. || prnl. Prevenirse contra un daño.

resguardo m. Defensa, protección. || Documento que acredita haber realizado una entrega, pago, o alguna otra gestión.

residencia f. Lugar donde se reside. || Casa o establecimiento donde residen y conviven personas en régimen de pensión. || Hotel. ‖ Casa, domicilio, especialmente de lujo, que ocupa un edificio entero.

residencial adj. De la zona destinada exclusivamente a viviendas, y en especial cuando son de lujo.

residente adj. y com. Que reside en un lugar. ‖ [Persona] que vive en el mismo lugar donde realiza su trabajo.

residir intr. Vivir en un lugar. ‖ Radicar, estribar.

residuo m. Parte que queda o sobra de algo, especialmente si se trata de cosas que ya no sirven.

resignarse prnl. Conformarse, someterse.

resina f. Sustancia viscosa que fluye de ciertas plantas, especialmente del pino.

resistir intr. Oponerse un cuerpo o una fuerza a la acción o violencia de otra. También prnl. ‖ Rechazar. ‖ tr. Tolerar, aguantar. ‖ Combatir las pasiones, deseos, etc. ‖ prnl. Oponerse físicamente, forcejear.

resol m. Reverberación del sol.

resolver tr. Solucionar un problema o aclarar una duda. ‖ Tomar una determinación firme y decisiva. ‖ prnl. Decidirse a hacer algo.

resonancia f. Sonido producido por repercusión de otro. ‖ Prolongación del sonido. ‖ fig. Gran divulgación o propagación que adquiere un hecho.

resoplar intr. Echar ruidosamente el aire por la boca o la nariz.

resorte m. Muelle. ‖ Fuerza elástica. ‖ fig. Medio para lograr un fin.

respaldar tr. y prnl. Proteger, amparar, apoyar.

respaldo m. Parte de cualquier asiento en que se descansa la espalda. ‖ fig. Apoyo moral, garantía.

respectivo, va adj. Que le corresponde o le toca a cada una de las personas o cosas de las que se habla.

respecto m. Relación o proporción de una cosa con otra.

respeto m. Miramiento, consideración. ‖ Miedo o prevención. ‖ pl. Manifestaciones de acatamiento que se hacen por cortesía.

respingo m. Sacudida violenta del cuerpo. ‖ fig. Expresión de enfado o repugnancia.

respiradero m. Abertura por donde entra y sale el aire.

respirar intr. Absorber y expulsar el aire los seres vivos. También tr. ‖ fig. Animarse, cobrar aliento. ‖ fig. Sentirse aliviado. ‖ tr. Mostrar alguien una cualidad o estado o percibirse en un lugar determinado ambiente.

resplandecer intr. Despedir rayos de luz. ‖ Sobresalir.

resplandor m. Luz muy clara que despide un cuerpo. ‖ Brillo.

responder tr. Contestar a lo que se pregunta o propone. ‖ Contestar a una llamada, a una carta, etc. || intr. Garantizar la verdad o cumplimiento de algo que se afirma. || Corresponder con una acción a la realizada por otro. || Mostrarse agradecido. || Reaccionar ante una determinada acción o experimentar sus efectos. || Replicar, contestar de malos modos. || Volver en sí o salir alguien del estado de postración en que se encontraba.

responsable adj. Que ha de dar cuenta de sus actos o de los de otros. También com. || Que pone cuidado y atención en lo que hace o decide.

responso m. Rezos que se dicen por los difuntos. || Reprimenda.

respuesta f. Acción de responder. || Contestación. || Réplica, reacción. || Acción con que uno corresponde a la de otro.

resquebrajar tr. y prnl. Agrietar.

resquemor m. Sentimiento de amargura o rencor que causa alguna cosa.

resquicio m. Abertura entre el quicio y la puerta. || Cualquier hendidura pequeña. || fig. Coyuntura u ocasión.

resta f. Operación de restar. || Resultado de esta operación.

restablecer tr. Volver a establecer una cosa o ponerla en el estado que antes tenía. || prnl. Recuperarse, recobrar la salud.

restar tr. Hallar la diferencia entre dos cantidades. || Disminuir, rebajar. || En el juego de la pelota devolver el saque del contrario. || intr. Faltar, quedar.

restauración f. Reparación o arreglo de una pintura, una escultura, un edificio u otra obra de arte. || Restablecimiento en un país del régimen político o de una casa reinante que existían y que habían sido sustituidos por otro. || Recuperación de la normalidad o del estado o situación anterior. || Actividad hostelera que compete a los restaurantes.

restaurante m. Establecimiento público donde se sirven comidas.

restaurar tr. Restituir, restablecer. || Reparar, volver a poner en el estado y estimación que antes tenía. || Reparar una obra de arte, un edificio, etc.

restituir tr. Devolver. || Restablecer.

resto m. Parte que queda de un todo. || Resultado de restar. || En tenis y el juego de pelota, acción de restar y jugador que resta.

restregar tr. Frotar con fuerza una cosa con otra.

restricción f. Limitación, reducción.

restringir tr. Reducir, limitar, acortar.

resucitar tr. Devolver la vida a un muerto. También intr. || Restablecer, renovar. ‖ intr. Volver uno a la vida.

resuello m. Aliento o respiración, especialmente la fuerte o entrecortada.

resuelto, ta adj. Muy decidido, valiente y audaz.

resulta f. Efecto, consecuencia, resultado. Más en pl.

resultar intr. Originarse, venir una cosa de otra. ‖ Aparecer, manifestarse, salir. ‖ Redundar en provecho o daño. ‖ Convenir, agradar. ‖ Ser atractiva una persona.

resumen m. Exposición breve de un asunto o materia.

resumir tr. y prnl. Reducir, abreviar. ‖ prnl. Convertirse, resolverse.

resurgir intr. Surgir de nuevo, volver a aparecer. ‖ Volver a la vida.

resurrección f. Vuelta a la vida de alguien que está muerto. ‖ Nueva aparición de algo o recuperación de la fuerza de algo.

retablo m. Conjunto o colección de figuras pintadas o de talla, que representan una historia o suceso. ‖ Obra de arquitectura que compone la decoración de un altar.

retaco adj. y m. fam. Persona baja de estatura y, en general, rechoncha.

retaguardia f. Cuerpo de tropa de un ejército que va más alejada de la línea del frente.

retahíla f. Serie de muchas cosas.

retal m. Pedazo sobrante de una tela, piel, metal, etc.

retar tr. Desafiar.

retardar tr. y prnl. Retrasar, entorpecer.

retazo m. Retal. ‖ Trozo, fragmento.

retén m. Tropa militar de refuerzo. ‖ Por ext., conjunto de personas dispuestas a intervenir en caso de necesidad.

retener tr. Conservar, guardar dentro de sí. ‖ Conservar en la memoria una cosa. ‖ Detener o dificultar la marcha o el desarrollo de algo. ‖ No dejar que alguien se vaya. ‖ Imponer prisión preventiva, arrestar. ‖ Suspender en todo o en parte el pago del sueldo, salario u otro haber que uno ha devengado, por disposición judicial o gubernativa. ‖ Descontar para cierto fin parte de un salario o de otro cobro. ‖ tr. y prnl. Dominar, sujetar, refrenar.

retentiva f. Memoria.

reticencia f. Reparo, reserva, duda. ‖ Figura retórica que consiste en dejar incompleta una frase, dando a entender sin embargo el sentido de lo que no se dice.

retina f. Membrana interior del ojo, donde se reciben las impresiones luminosas.

retirar tr. Apartar, separar. También prnl. ‖ Obligar a alguien a que se aparte, expulsarle. ‖ prnl. Separarse del trato. ‖ Irse. ‖ Jubilarse. ‖ Emprender un ejército la retirada.

reto m. Desafío o provocación que una persona hace a otra para que se enfrente con ella en un duelo o en una competición. ‖ Cosa difícil que alguien se propone como objetivo.

retocar tr. Volver a tocar. ‖ Perfeccionar una obra, dar la última mano. ‖ Restaurar.

retoño m. Vástago o tallo que echa de nuevo la planta. ‖ fig. y fam. Hijo de corta edad.

retorcer tr. Torcer mucho una cosa, dándole vueltas alrededor. También prnl. ‖ Tergiversar. ‖ prnl. Contraerse el cuerpo violentamente.

retórico, ca adj. Rebuscado, afectado, amanerado. ‖ f. Conjunto de reglas y principios del arte de la elocuencia, del bien hablar. ‖ Rebuscamiento en el lenguaje. ‖ Palabrería.

retornar tr. Devolver, restituir. ‖ intr. y prnl. Volver al lugar o a la situación en que se estuvo.

retortijón m. Dolor intestinal breve y agudo.

retozar intr. Saltar y brincar alegremente. ‖ Juguetear.

retractar tr. y prnl. Revocar expresamente lo que se ha dicho; desdecirse de ello.

retráctil adj. En zoología, y referido a las partes del cuerpo de un animal, que pueden retraerse, quedando ocultas en una cavidad o pliegue.

retraer tr. y prnl. Retirar contrayendo, encoger un miembro del cuerpo. ‖ prnl. Apartarse del trato con los demás. ‖ No exteriorizar alguien sus sentimientos.

retransmitir tr. Transmitir desde una emisora de radio o televisión lo que se ha transmitido a ella desde otro lugar.

retrasar tr. y prnl. Atrasar o diferir la ejecución de una cosa. ‖ Hacer que algo vaya más lento. También intr. y prnl. ‖ Marchar un reloj más despacio de lo normal. ‖ prnl. Llegar más tarde.

retrato m. Representación de una figura por medio de la pintura, la fotografía, etc. ‖ Descripción. ‖ fig. Lo que se asemeja mucho a una persona o cosa.

retrete m. Recipiente con una cañería de desagüe, dispuesto para orinar y defecar. ‖ Habitación donde está instalado este recipiente.

retribuir tr. Recompensar o pagar un servicio, favor, etc. ‖ *amer.* Corresponder al favor o al obsequio que uno recibe.

retroactivo, va adj. Que tiene efecto sobre lo pasado.

retroceder intr. Volver hacia atrás.

retrógrado, da adj. Partidario de ideas o actitudes anticuadas. ‖ Reaccionario, opuesto al progreso.

retrospectivo, va adj. Que se refiere a tiempo pasado.

retrotraer tr. y prnl. Evocar tiempos y escenas pasados.

retrovisor m. Pequeño espejo que llevan los automóviles, de manera que el conductor pueda ver lo que viene o está detrás.

retumbar intr. Hacer gran ruido o estruendo.

reuma o **reúma** amb. Reumatismo.

reumatismo m. Enfermedad caracterizada por dolores en las articulaciones y músculos, que produce deformidad e incapacidad funcional.

reunir tr. Juntar, congregar, amontonar. También prnl. ‖ Tener algo o alguien las cualidades que se expresan. ‖ prnl. Juntarse varias personas para tratar un asunto.

revancha f. Desquite, represalia.

revelar tr. y prnl. Descubrir lo secreto. ‖ Dar a conocer, descubrir algo. ‖ Manifestar, mostrar. ‖ Hacer visible la imagen obtenida en una película fotográfica. ‖ prnl. Tener algo cierto efecto o resultado.

revenido, da adj. [Alimento] que está blando y correoso.

reventa f. Nueva venta de algo, normalmente de una entrada para asistir a un espectáculo, a un precio mayor para sacar un beneficio. ‖ Centro autorizado para vender, con un recargo sobre su precio original, entradas y localidades para espectáculos públicos. ‖ com. Persona que revende estas localidades.

reventar intr. y prnl. Abrirse una cosa por no poder soportar la presión interior. ‖ Deshacerse una cosa al aplastarla con violencia. ‖ intr. Tener un deseo grande de algo. ‖ tr. Enfermar o morir un animal, especialmente uno de carga, por exceso de cansancio. ‖ Estropear o hacer fracasar. ‖ tr. y prnl. Fatigar, cansar mucho. Desagradar muchísimo.

reverberar intr. Reflejarse la luz en un cuerpo, o el sonido en una superficie.

reverdecer intr. y tr. Cobrar nuevo verdor los campos. ‖ fig. Renovarse.

reverenciar tr. Respetar o venerar.

reverendo, da adj. y s. Se usa antepuesto a *padre* y *madre* como tratamiento que se da a los eclesiásticos.

reverso, sa m. Revés. ‖ Cara opuesta al anverso en las monedas o medallas.

revertir intr. Volver una cosa al estado o condición que tuvo antes. ‖ Venir a parar una cosa en otra.

revés m. Parte opuesta de una cosa. ‖ Golpe que se da con la mano vuelta. ‖ Golpe de raqueta dado por el lado opuesto al de la mano que la empuña. ‖ Contratiempo, desgracia.

revestir tr. Cubrir con un revestimiento. ‖ Presentar una cosa determinado aspecto, cualidad o carácter. ‖ Disfrazar una cosa. ‖

prnl. Llenarse o cubrirse de alguna cosa. || Tomar la actitud necesaria para algo, especialmente en un trance difícil.

revisar tr. Examinar detenidamente una cosa para corregirla, enmendarla o repararla.

revista f. Examen detenido. || Inspección militar. || Publicación periódica. || Espectáculo teatral de variedades.

revitalizar tr. Dar más fuerza y consistencia.

revival m. Movimiento artístico, sociológico y, por extensión, de cualquier otro género, que tiende a revalorizar modas o estilos del pasado.

revivir intr. Volver a la vida. || Renovarse, resurgir.

revocar tr. Dejar sin efecto una concesión, mandato o resolución. || Enlucir o pintar de nuevo las paredes.

revolcar tr. Derribar a alguien y maltratarlo o hacerle dar vueltas. || prnl. Echarse y refregarse sobre una cosa.

revolotear intr. Moverse algo por el aire dando vueltas o giros.

revoltijo o **revoltillo** m. Conjunto de muchas cosas sin orden. || Confusión o enredo.

revoltoso, sa adj. y s. Travieso, alborotador. || Sedicioso, rebelde.

revolución f. Cambio violento en las instituciones políticas de una nación. || Alboroto general. || Cambio importante en el estado de alguna cosa. || En mecánica, giro o vuelta completa que da una pieza sobre su eje.

revolver tr. Mover, agitar. También prnl. || Alterar el orden y disposición de una cosa. || Mirar o registrar moviendo y separando algunas cosas. También intr. || Inquietar, causar disturbios. || Producir náuseas o malestar en el estómago. || prnl. Moverse de un lado a otro, generalmente por inquietud. || Volverse en contra de alguien.

revólver m. Pistola de repetición con un tambor giratorio que contiene varias balas.

revuelo m. Hecho de revolotear muchas aves en el aire. || fig. Turbación, confusión, agitación.

reyerta f. Disputa, lucha.

rezagarse prnl. Quedarse atrás.

rezar tr. e intr. Dirigirse a Dios, o a quienes pueden recibir culto, con palabras, alabanzas u oraciones. || Expresar un escrito una cosa.

rezumar tr. Transpirar un líquido por los poros del recipiente. También prnl. || fig. Manifestarse en alguien cierta cualidad o sentimiento en grado sumo.

ría f. Entrada que forma el mar en la costa, debida al hundimiento de la parte litoral de una cuenca fluvial de laderas más o menos abruptas.

riachuelo m. Río pequeño.

riada f. Avenida, inundación, crecida. || Multitud, bandada.

ribazo m. Porción de tierra con elevación y declive.

ribera f. Margen y orilla del mar o de un río. ‖ Tierra cercana a los ríos.

ribete m. Cinta con que se guarnece y refuerza la orilla del vestido, calzado, etc. ‖ pl. Visos, indicios.

rico, ca adj. Adinerado, acaudalado. También s. ‖ Abundante. ‖ Gustoso, exquisito. ‖ Lindo.

rictus m. Contracción de los labios que deja al descubierto los dientes y da a la boca el aspecto de la risa. ‖ Gesto de la cara con que se manifiesta un sentimiento de tristeza o amargura.

ridiculizar tr. Burlarse de una persona o cosa, poniendo de manifiesto los defectos, manías, etc., que tiene o se le atribuyen.

ridículo, la adj. Que mueve a risa. ‖ Escaso, insuficiente. ‖ Absurdo, falto de lógica. ‖ m. Situación en la que una persona produce las burlas o las risas de otros.

riel m. Barra pequeña de metal. ‖ Carril de una vía férrea.

rienda f. Cada una de las dos correas con que se gobierna la caballería. Más en pl. ‖ fig. Sujeción, moderación. ‖ pl. Dirección.

riesgo m. Proximidad de un daño o peligro. ‖ Cada uno de los accidentes o contingencias que pueden ser objeto de un contrato de seguro.

rifar tr. Sortear.

rifle m. Fusil de cañón rayado.

rígido, da adj. Que no se puede doblar o torcer. ‖ fig. Riguroso, severo.

rigor m. Severidad, dureza. ‖ Intensidad. ‖ Propiedad y precisión.

rilarse prnl. Acobardarse.

rima f. Semejanza de sonidos finales en el verso. ‖ Composición poética.

rimbombante adj. Ostentoso, llamativo.

rímel m. Sustancia que se aplica en las pestañas para resaltarlas y hacer que parezcan más largas.

rincón m. Ángulo entrante formado por dos paredes o superficies. ‖ Escondrijo. ‖ Espacio pequeño. ‖ Lugar retirado.

ring (Voz i.) m. Cuadrilátero donde tienen lugar los combates de boxeo.

rinoceronte m. Mamífero de Asia y África, muy corpulento, con uno o dos cuernos encorvados en la línea media de la nariz.

riña f. Discusión, pelea.

riñón m. Cada una de las dos glándulas secretoras de la orina. ‖ pl. Zona del cuerpo que corresponde a la parte baja de la espalda.

río m. Corriente de agua, continua y más o menos caudalosa, que desemboca en otra, en un lago o en el mar.

rioja m. Vino que se cría y elabora en la comarca española de La Rioja.

risa f. Acción de reír. ‖ Cosa que hace reír.

risco m. Peñasco alto y escarpado.

risible adj. Que causa risa o es digno de ella.

ristra f. Trenza de ajos o cebollas. ‖ Conjunto de ciertas cosas colocadas unas tras otras.

ristre m. Hierro del peto de la armadura donde se afianzaba la lanza.

ritmo m. Orden al que se sujeta la sucesión de los sonidos en la música. ‖ Ordenación armoniosa y regular, basada en los acentos y el número de sílabas, que puede establecerse en el lenguaje. ‖ Orden que hace que una cosa se repita de forma regular y siguiendo una velocidad determinada. ‖ Velocidad a que se desarrolla algo.

rito m. Costumbre o ceremonia. ‖ Conjunto de reglas para el culto, en cualquier religión.

rival com. Persona que compite con otra.

rivera f. Pequeño cauce de agua que corre por la tierra.

rizo m. Mechón de pelo en forma de sortija, bucle, tirabuzón, etc. ‖ Cierta pirueta que hace en el aire un avión, acróbata o gimnasta.

robar tr. Tomar para sí lo ajeno. ‖ Hurtar. ‖ Raptar. ‖ En ciertos juegos de cartas, tomar de las que quedan sin repartir.

roble m. Árbol de madera muy dura y resistente y fruto en bellota. ‖ fig. Persona fuerte y de buena salud.

robot m. Ingenio electrónico que puede ejecutar automáticamente operaciones o movimientos varios. ‖ fig. Persona que actúa de forma automática.

robusto, ta adj. Fuerte, vigoroso.

roca f. Piedra muy dura y sólida, que forma parte de la masa terrestre. ‖ Peñasco. ‖ fig. Cosa muy dura, firme y constante.

rociar intr. Caer rocío o lluvia menuda. ‖ tr. Esparcir en menudas gotas un líquido.

rocín m. Caballo de mala traza, basto y de poca alzada.

rocío m. Vapor que con la frialdad de la noche se condensa en la atmósfera en gotas menudas.

rock (Voz i.) m. abrev. de *rock and roll*.

rock and roll (Voz i.) m. Estilo musical ligero surgido en EE. UU. hacia mediados de los años cincuenta, y cuyo ritmo se deriva fundamentalmente del *jazz* y del *blues*. ‖ Baile que acompaña este ritmo.

rococó adj. y m. Del estilo artístico surgido en Francia en el s. XVIII como renovación del barroco y que precedió al neoclasicismo, o relacionado con él.

rodaballo m. Pez marino con el cuerpo aplanado y casi circular, liso por la parte superior y escamoso y duro por la inferior, con los dos ojos en el lado izquierdo. Es muy apreciado como alimento.

rodaja f. Pieza o trozo circular y plano.

rodaje m. Conjunto de ruedas. ǁ Acción de rodar una película. ǁ Periodo de ajuste de las piezas de un motor.

rodal m. Mancha o espacio más o menos redondo que por alguna circunstancia se distingue de lo que le rodea.

rodapié m. Faja de madera o de otro material que protege la parte inferior de las paredes, muebles, etc.

rodar intr. Dar vueltas un cuerpo alrededor de su eje. ǁ Moverse por medio de ruedas. ǁ Caer dando vueltas. ǁ fig. Ir de un lado para otro. ǁ tr. Hacer que rueden ciertas cosas. ǁ Filmar o proyectar películas. ǁ Hacer funcionar un vehículo en rodaje.

rodear intr. Andar alrededor. ǁ Ir por camino más largo que el ordinario. ǁ tr. Cercar. ǁ Dar la vuelta. ǁ *amer.* Reunir el ganado mayor en un sitio determinado.

rodilla f. Articulación que une el muslo con la pierna.

rodillo m. Cilindro redondo utilizado para amasar. ǁ Cilindro muy pesado para allanar y apretar la tierra. ǁ Cilindro sobre el que golpean las teclas en las máquinas de escribir. ǁ Objeto cilíndrico para pintar.

roer tr. Cortar menuda y superficialmente con los dientes. ǁ fig. Desgastar poco a poco. ǁ fig. Molestar o atormentar interiormente.

rogar tr. Pedir por gracia una cosa. ǁ Suplicar.

rojo, ja adj. y m. Del primer color del espectro solar, de tono encarnado muy vivo. ǁ fam. En política, de ideas de izquierdas.

rol m. Papel que representa un actor, y por ext., otra persona en cualquier actividad.

rollizo, za adj. Robusto y grueso.

rollo m. Cualquier objeto de forma cilíndrica en el que pueden enrollarse cuerdas, tela, papel, etc. ǁ fig. Discurso, conversación, etc., poco interesante y aburrido. ǁ Película fotográfica enrollada en forma cilíndrica. ǁ fig. Persona, cosa o actividad pesada y fastidiosa. ǁ fig. Asunto, tema, negocio. ǁ fig. Ambiente. ǁ fig. Relación amorosa o sexual y persona con la que se tiene.

románico, ca adj. y s. Arte desarrollado en el occidente de Europa desde fines del s. X hasta principios del s. XIII. ǁ [Lengua] derivada del latín.

romanizar tr. Difundir la civilización romana o la lengua latina, o adoptarlas. También prnl.

romano, na adj. y s. De Roma (Italia), o del antiguo imperio de Roma. ǁ adj. De la religión católica o relacionado con ella. ‖ f. Instrumento para pesar, compuesto de una palanca de brazos muy desiguales, con el fiel sobre el punto de apoyo.

romanticismo m. Movimiento literario, artístico e ideológico de la primera mitad del s. XIX, en que prevalece la imaginación y la sensibilidad sobre la razón y el examen crítico. ‖ Sentimentalismo.

romántico, ca adj. y s. Del romanticismo. ‖ [Artista o escritor] que da a sus obras el carácter del romanticismo. ‖ Sentimental, soñador.

romería f. Peregrinación a un santuario o ermita, y fiesta popular que se celebra en las proximidades. ‖ Afluencia grande de gente.

romero, ra m. y f. Persona que va en romería o participa en una romería. ‖ m. Arbusto de pequeñas flores color lila y hojas aromáticas utilizadas en medicina y perfumería.

romo, ma adj. Obtuso y sin punta.

rompecabezas m. Juego que consiste en reconstruir un dibujo que ha sido recortado de forma caprichosa. ‖ Problema difícil de resolver.

rompeolas m. Dique avanzado en el mar para procurar abrigo a un puerto o rada.

romper tr. y prnl. Separar con violencia las partes de un todo. ‖ Hacer pedazos. ‖ Desgastar, destrozar. ‖ Deshacer. ‖ intr. Brotar. ‖ Comenzar. ‖ Desavenirse. ‖ Reventar las olas. También prnl.

ron m. Licor alcohólico que se saca del jugo de la caña de azúcar.

roncar intr. Hacer un ruido ronco con la respiración cuando se duerme.

roncha f. Grano o marca enrojecida que se forma en la piel por la picadura de un insecto, por una rozadura o una alergia.

ronco, ca adj. Que tiene ronquera. ‖ [Voz o sonido] áspero y bronco.

ronda f. Acción de rondar. ‖ Patrulla que ronda. ‖ Grupo de personas que van rondando. ‖ Paseo o calle que rodea total o parcialmente una población. ‖ Cada serie de consumiciones que toma un grupo de personas. ‖ En varios juegos de naipes, vuelta o suerte de todos los jugadores. ‖ *amer.* Juego del corro.

rondar intr. y tr. Recorrer de noche las calles vigilando una población. ‖ Andar por un lugar o ir frecuentemente por él. ‖ Pasarle a alguien algo por la mente o la imaginación. ‖ Salir los jóvenes a la calle cantando canciones para cortejar a las jóvenes. ‖ Amagar, estar a punto de atacarle a alguien una enfermedad, el sueño, etc.

ronquera Afección de la laringe que hace bronca la voz.

ronronear intr. Producir el gato una especie de ronquido en demostración de contento. || Producir ruido los motores.

roña f. Suciedad pegada a la piel. || Herrumbre de los metales. || com. fam. Persona tacaña.

roñoso, sa adj. Que tiene suciedad fuertemente pegada. || Oxidado. || adj. y s. Miserable, tacaño.

ropa f. Cualquier prenda que sirve para vestir. || Cualquier tela que sirve para el uso o adorno de las personas o las cosas.

roquefort m. Queso de oveja, de fuerte sabor y olor, con zonas de color verdoso debido a un moho que se produce durante su elaboración.

rosa f. Flor del rosal. || m. y adj. Color encarnado poco subido.

rosal m. Arbusto rosáceo, con tallos ramosos y llenos de aguijones y flores olorosas y vistosas de forma muy variada.

rosario m. Rezo en que se conmemoran los misterios principales de la vida de Jesucristo y de la Virgen. || Sarta de cuentas que se utiliza para este rezo.

rosca f. Elemento que se compone de tornillo y tuerca. || Cada una de las vueltas de una espiral, o el conjunto de ellas. || Cualquier cosa cilíndrica que, cerrándose, deja en medio un espacio vacío. || Pan o bollo de esta forma.

roscón m. Bollo en forma de rosca grande.

rosetón m. Ventana circular calada, frecuente en las iglesias góticas. || Adorno circular en los techos.

rosquilla f. Clase de dulce en forma de rosca pequeña.

rosticería f. *amer.* Establecimiento donde se asan y venden pollos.

rostro m. Cara de las personas.

rotación f. Movimiento de la Tierra sobre su eje. || Alternancia de personas o cosas en un cargo, actividad, etc.

rotar intr. Rodar. || Pasar los que intervienen en un trabajo o actividad por los diferentes puestos que lo forman.

roto, ta adj. Destrozado, deshecho. || m. Rotura, desgarrón.

rotonda f. Plaza circular.

rótula f. Hueso de la rodilla, en la parte anterior de la articulación de la tibia con el fémur.

rotulador m. Especie de bolígrafo provisto de una carga de tinta especial y una punta de material absorbente.

rotular tr. Dibujar las letras o signos de un cartel o de un letrero.

rótulo m. Título, letrero o inscripción. || Cartel.

rotundo, da adj. Redondo. || Preciso y terminante.

roulotte (Voz fr.) f. Pequeña vivienda que se engancha como remolque a un vehículo.

roza f. Surco o canal abierto en una pared para empotrar tuberías, cables, etc.

rozar tr. Pasar una cosa tocando ligeramente la superficie de otra. || Raspar, tocar levemente. || prnl. Tratarse las personas.

rubeola o **rubéola** f. Enfermedad infecciosa semejante al sarampión.

rubí m. Piedra preciosa de color rojo y brillo intenso.

rubicundo, da adj. Rubio que tira a rojo. || [Persona] de buen color.

rubio, bia adj. De color rojo claro parecido al del oro. || De cabellos rubios. También s. || [Tabaco] de color y sabor suaves.

rubor m. Color rojo encendido que producen en el rostro ciertos estados de ánimo. || fig. Vergüenza.

rúbrica f. Rasgo o conjunto de rasgos que acompañan a la firma. || Epígrafe o rótulo.

rucio, cia adj. y s. De color pardo claro. || m. Asno.

rudimentos m. pl. Nociones elementales de una ciencia o profesión.

rudo, da adj. Tosco, basto. || Descortés, grosero. || Fuerte, violento.

rueca f. Instrumento para hilar.

rueda f. Máquina elemental, en forma circular, que puede girar sobre un eje. || Círculo de personas o cosas.

ruedo m. Redondel, espacio de las plazas de toros donde se lidia. || Contorno.

rufián m. Chulo, proxeneta. || Hombre despreciable.

rugby (Voz i.) m. Deporte practicado con las manos y los pies, en el que dos equipos de jugadores se disputan un balón ovalado.

rugir intr. Bramar el león. || fig. Hacer fuerte ruido algo inanimado, como el viento, el mar, etc.

rugoso, sa adj. Que tiene arrugas.

ruido m. Sonido inarticulado y confuso más o menos fuerte. || fig. Alboroto. || Novedad, extrañeza o revuelo que provoca algo. || Perturbación o señal anómala que se produce en un sistema de transmisión y que impide que la información llegue con claridad.

ruin adj. Vil, bajo y despreciable. || Mezquino, avariento.

ruina f. Acción de caer o destruirse una cosa. || Pérdida de los bienes. || Decadencia. || pl. Restos de uno o varios edificios ruinosos.

ruiseñor m. Pájaro de plumaje pardo rojizo y canto melodioso.

ruleta f. Juego de azar para el que se usa una rueda horizontal giratoria dividida en casillas. || Esta rueda.

rulo m. Rodillo. || Rizo del cabello. || Pequeño cilindro hueco y perforado al que se arrolla el cabello para rizarlo.

rumano, na adj. y s. De Rumania. ‖ m. Lengua rumana.

rumba f. Baile popular cubano y música que lo acompaña. ‖ Música y baile de los gitanos españoles, con elementos de la rumba cubana.

rumbo m. Dirección considerada o trazada en el plano del horizonte. ‖ Camino que uno se propone seguir. ‖ Forma en que algo se conduce o desarrolla.

rumboso, sa adj. fam. Pomposo, magnífico. ‖ fam. Desprendido, dadivoso.

rumiante adj. y m. [Mamífero] que carece de dientes incisivos en la mandíbula superior y tiene el estómago compuesto por cuatro cavidades llamadas panza, redecilla, libro y cuajar, como la vaca, el ciervo, la jirafa o el camello.

rumiar tr. Masticar los alimentos por segunda vez. ‖ fig. Considerar despacio y pensar con reflexión. ‖ fig. Refunfuñar.

rumor m. Noticia vaga que corre entre la gente. ‖ Ruido confuso de voces. ‖ Ruido sordo, vago y continuado.

rupestre adj. Relativo a las rocas. ‖ [Pintura o dibujo] prehistórico hecho en piedra.

ruptura f. Rompimiento.

rural adj. Relativo al campo. ‖ fig. Inculto, tosco.

ruso, sa adj. y s. De Rusia. ‖ m. Lengua rusa.

rústico, ca adj. Relativo al campo. ‖ fig. Tosco, grosero. ‖ m. y f. Campesino.

ruta f. Camino, itinerario. ‖ Dirección. ‖ Rumbo.

rutilar intr. Brillar, despedir rayos.

rutina f. Costumbre o manera de hacer las cosas de forma mecánica.

S

s f. Vigésima letra del abecedario español y decimosexta de sus consonantes. Su nombre es *ese*.

sábado m. Día de la semana que va después del viernes.

sabana f. Llanura tropical.

sábana f. Cada una de las dos piezas de tela que van encima del colchón.

sabandija f. Cualquier reptil o insecto asqueroso y molesto. || fig. Persona despreciable.

sabanear intr. *amer.* Recorrer la sabana para buscar y reunir el ganado, o para vigilarlo.

sabañón m. Hinchazón de la piel causada por el frío excesivo.

sabático, ca adj. Relativo al sábado. || [Año] de licencia con sueldo que algunas universidades conceden a su personal cada siete años.

saber m. Conocimiento. || Ciencia o facultad. || tr. Conocer o estar enterado de algo. || Tener la certeza de algo. || Ser docto en algo. || Tener habilidad para una cosa. || Conocer el camino. || intr. Tener noticias sobre una persona. || Ser muy sagaz. || Tener sabor.

sabiduría f. Prudencia, juicio. || Conocimiento profundo en letras, ciencias o artes.

sabiendas (a) loc. Con conocimiento y deliberación.

sabiondo, da adj. y s. fam. Que presume de sabio sin serlo.

sablazo m. Golpe dado con un sable, o herida producida con él. || fam. Hecho de conseguir dinero de alguien pidiéndoselo con habilidad e insistencia o haciéndole pagar más de lo debido.

sable m. Arma blanca semejante a la espada, pero de un solo corte.

sablear tr. Sacar dinero a alguien dándole sablazos.

sabor m. Sensación que se percibe a través del sentido del gusto. || fig. Impresión que produce algo.

sabotear tr. Realizar actos de sabotaje. || fig. Oponerse o entorpecer deliberadamente alguna cosa.

sabroso, sa adj. Grato al paladar. || fig. Delicioso. || fam. Ligeramente salado.

sabueso, sa adj. y s. [Perro] grande y de olfato muy fino. ||

[Persona] que sabe indagar o investigar.

saca f. Saco muy grande que sirve generalmente para contener la correspondencia.

sacacorchos m. Instrumento para quitar los tapones de las botellas.

sacacuartos m. Cosa que produce muchos gastos o con la que se malgasta el dinero. || com. Persona hábil para sacar el dinero a otra.

sacamuelas com. *desp.* Dentista.

sacapuntas m. Instrumento para afilar lápices.

sacar tr. Extraer una cosa de otra. || Apartar a una persona o cosa del sitio o condición en que se halla. || Averiguar. || Conocer, descubrir. || Conseguir, lograr. || Hacer las gestiones necesarias para obtener un documento. También prnl. || Superar con éxito un examen, una prueba, etc. || Ensanchar o alargar. || En algunos deportes, poner en juego el balón.

sacarina f. Sustancia líquida o en polvo usada para endulzar.

sacerdote m. Ministro de un culto religioso. || En la religión católica, hombre ungido y ordenado para celebrar el sacrificio de la misa.

sacerdotisa f. Mujer dedicada al culto de una deidad.

saciar tr. y prnl. Satisfacer plenamente.

saco m. Especie de bolsa abierta por arriba. || Lo contenido en ella. || *amer.* Chaqueta, americana.

sacramento m. Entre los católicos, signo sensible de un efecto interior y espiritual que Dios obra en las almas.

sacrificio m. Ofrenda a la divinidad que se hace en ciertas ceremonias. || fig. Acto de abnegación.

sacrilegio m. Profanación de lo sagrado.

sacristán m. El que en las iglesias tiene a su cargo ayudar al sacerdote en el servicio del altar.

sacristía f. Lugar en las iglesias donde se revisten los sacerdotes y están guardados los ornamentos de culto.

sacro, cra adj. Sagrado. || [Hueso] de la pelvis. Más c. m.

sacudir tr. Mover violentamente una cosa. También prnl. || Golpear una cosa para quitarle el polvo. || Golpear, dar golpes. || Apartar violentamente una cosa de sí. También prnl.

sadismo m. Placer que sienten algunas personas siendo crueles y haciendo sufrir a los demás.

sadomasoquismo m. Comportamiento sexual que combina sadismo y masoquismo.

saeta f. Dardo o flecha que se dispara con el arco. || Copla breve que se canta en ciertas solemnidades religiosas.

safari m. Excursión de caza mayor que se realiza en algunas regiones de África y, por ext., en otros lugares. || Lugar vallado al aire libre donde hay animales salvajes sueltos y que se recorre en coche.

saga f. Historia de una familia a través de varias generaciones.

sagaz adj. Astuto y prudente.

sagitario m. Uno de los signos del Zodiaco, al que pertenecen las personas que han nacido entre el 22 de noviembre y el 21 de diciembre.

sagrado, da adj. Dedicado a Dios y al culto divino. || Que inspira veneración. || Relativo a la divinidad o a su culto. || Inviolable.

sagrario m. Urna donde se guarda la hostia consagrada en las iglesias.

sainete m. Composición teatral muy corta, generalmente de tema humorístico, que se representa en el intermedio de una función más larga o al final de esta.

sajar tr. Cortar en la carne.

sal f. Sustancia ordinariamente blanca, cristalina, de sabor acre, muy soluble en agua, que se emplea como condimento. || Compuesto obtenido al reaccionar un ácido con una base. || pl. Pequeños cristales de una sustancia perfumada que se utilizan disueltos en el agua del baño.

sala f. Pieza principal de la casa. || Aposento de grandes dimensiones. || Mobiliario de este aposento. || Conjunto de magistrados o jueces que tiene atribuida jurisdicción privativa sobre determinadas materias.

salado, da adj. [Comida] que tiene demasiada sal. || fig. Gracioso, garboso, con salero.

salamandra f. Anfibio de larga cola y piel lisa negra con manchas amarillas. || Estufa de combustión lenta.

salamanquesa f. Reptil de cuerpo aplastado y grisáceo; es insectívoro y vive en las grietas de los edificios y debajo de las piedras.

salami m. Embutido parecido al salchichón, de mayor tamaño.

salario m. Remuneración que percibe una persona por su trabajo.

salchicha f. Embutido de carne de cerdo.

salchichón m. Embutido de jamón, tocino y pimienta en grano, prensado y curado.

saldar tr. Liquidar enteramente una cuenta. || Vender a bajo precio.

saldo m. Pago o finiquito de deuda u obligación. || Cantidad que de una cuenta resulta a favor o en contra de uno. || Resto de mercancías que el comerciante vende a bajo precio. || Resultado final de algo.

salero m. Recipiente para guardar o servir la sal. || fig. Gracia, donaire.

salida f. Hecho de ir de dentro afuera. || Parte por donde se sale. || Parte que sobresale en alguna cosa. || Despacho o venta de los géneros. || Partida de data o descargo en una cuenta. || fig. Dicho agudo, ocurrencia. || Posibilidad de venta de un producto. || fig. Futuro, posibilidad favorable que ofrece algo. Más en pl.

salina f. Mina de sal. || Lugar donde se extrae la sal por evaporación.

salir tr. Pasar de dentro afuera. También prnl. || Partir de un lugar a otro. || Ir a tomar el aire, pasear, distraerse. || Mantener con una persona una relación amorosa. || Desembarazarse o librarse de un lugar peligroso. || Apartarse, separarse. También prnl. || Parecerse, asemejarse. || Brotar, nacer. || Tener buen o mal éxito. || Ocurrir, sobrevenir. || prnl. Derramarse un líquido por una rendija. || Rebosar un líquido al hervir.

salitre m. Cualquier sustancia salina, especialmente la que aflora en suelos y paredes. || *amer.* Nitrato de Chile o sódico.

saliva f. Líquido algo viscoso segregado por las glándulas salivares.

salmo m. Canto sagrado de los judíos y cristianos.

salmón m. Pez teleósteo de carne rojiza y sabrosa. En otoño desova en los ríos y después emigra al mar.

salmonete m. Pez marino de color rosa anaranjado que vive en el Atlántico y el Mediterráneo y es muy apreciado en alimentación.

salmuera f. Agua muy salada, especialmente la que se utiliza para conservar alimentos. || fig. Alimento muy salado.

salomónico, ca adj. [Juicio] que se resuelve de forma drástica e igualitaria entre las dos partes. || [Columna] que tiene el fuste contorneado en espiral.

salón m. Habitación principal de una casa. || Mobiliario de esta habitación. || Pieza de grandes dimensiones donde celebra sus juntas una corporación.

salpicadero m. Tablero situado delante del asiento del conductor, en el que se hallan algunos mandos y aparatos indicadores.

salpicar tr. Hacer que salte un líquido esparcido en gotas menudas. También intr. || Mojar o manchar con un líquido que salpica. También prnl. || fig. Diseminar, esparcir varias cosas sobre una superficie.

salpimentar tr. Condimentar con sal y pimienta. || fig. Amenizar, comunicar chispa y humor.

salsa f. Mezcla de varias sustancias desleídas, con que se aderezan las comidas. || fig. Cualquier cosa que anima, da gracia o interés a algo. || Cierta música caribeña con mucho ritmo.

saltamontes m. Insecto parecido a la langosta, con las patas anteriores cortas, y muy robustas y largas las posteriores, con las cuales da grandes saltos.

saltar intr. Levantarse del suelo con impulso y agilidad. || Arrojarse desde una altura para caer de pie. || Lanzarse en ataque sobre alguien o algo. || tr. Pasar de una cosa a otra, dejándose las intermedias. || No cumplir una ley, reglamento, etc. También prnl.

saltear tr. Salir a los caminos a robar a la gente. || Acometer. || Sofreír un manjar a fuego vivo en manteca o aceite hirviendo.

saltimbanqui com. Persona que se dedica a hacer equilibrios y saltos delante de un público.

saltón, ona adj. Que sale mucho hacia fuera.

salubre adj. Bueno para la salud, saludable.

salud f. Estado en que el organismo ejerce normalmente todas sus funciones. || Buen estado del organismo. || Por ext., buen estado de una nación, entidad, etc. || interj. Se usa como fórmula de saludo y al brindar.

saludar tr. Decirle a alguien ciertas fórmulas de cortesía o hacerle ciertos gestos al encontrarse con él o al despedirle. También rec. || Mostrar a alguien respeto mediante señales formularias. || Enviar saludos por carta o a través de otra persona.

salva f. Saludo o demostración de respeto que se hace en el ejército disparando armas de fuego. Más en pl.

salvado m. Cáscara del grano que se separa de este al desmenuzarlo y cribarlo.

salvadoreño, ña adj. y s. De El Salvador.

salvaguardar tr. Defender, proteger.

salvaje adj. [Pueblo] primitivo que no ha adoptado la cultura y costumbres de la civilización occidental. También com. || [Terreno y planta] que no han sido cultivadas. || [Animal] que no es doméstico. || Muy necio o rudo. También com. || Que se muestra violento y cruel.

salvamanteles m. Pieza de diversos materiales que se pone sobre el mantel para evitar que se manche o se queme.

salvar tr. Librar de un riesgo o peligro. También prnl. || Dar Dios la gloria y bienaventuranza eterna. También prnl. || Evitar un inconveniente, impedimento, dificultad o riesgo. || Exceptuar, excluir algo de lo que se dice o se hace. || Recorrer la distancia que media entre dos lugares.

salvavidas m. Utensilio empleado para mantener a flote a las personas que han caído al agua o que no saben nadar.

salvedad f. Razonamiento o advertencia que se emplea como

salvoconducto m. Documento expedido por una autoridad para que el que lo lleva pueda transitar sin riesgo. || fig. Libertad para hacer algo sin temor de castigo.

samba f. Danza brasileña de origen africano.

sambenito m. Mala fama o calificativo desfavorable que pesa sobre una persona como consecuencia de cierta acción.

san adj. apóc. de *santo*.

sanar intr. Recobrar el enfermo la salud.

sanatorio m. Establecimiento convenientemente dispuesto para la estancia de enfermos.

sanción f. Acto solemne por el que el jefe del Estado confirma una ley o estatuto. || Pena que la ley establece para el que la infringe.

sancionar tr. Dar fuerza de ley a una disposición. || Autorizar o aprobar cualquier acto, uso o costumbre. || Aplicar una sanción o castigo.

sanco m. *amer.* Gachas que se hacen de harina tostada de maíz o de trigo, con agua, grasa y sal y algún otro condimento. || *amer.* Comida a base de harina o maíz tierno que usualmente se cocina junto a un sofrito de cebolla y ajo. || *amer.* Barro muy espeso.

sandalia f. Calzado compuesto de una suela que se asegura con correas o cintas. || Por ext., zapato ligero y muy abierto.

sándalo m. Planta muy olorosa, originaria de Persia, que se cultiva en los jardines. || Árbol que crece en Asia y Oceanía, y cuya madera desprende excelente olor.

sandez f. Despropósito, simpleza, necedad.

sandía f. Planta cucurbitácea cuyo fruto tiene la pulpa encarnada, aguanosa y dulce. || Fruto de esta planta.

sándwich (Voz i.) m. Alimento que consiste en dos rebanadas de pan entre las cuales se pone algo de relleno.

saneamiento m. Hecho de limpiar algo bien para mejorar su higiene. || Cada uno de los aparatos que se colocan en el cuarto de baño a través de los cuales sale agua.

sanear tr. Reparar o remediar una cosa, particularmente hacer productivo un negocio. || Dar condiciones de salubridad a un terreno, edificio, etc.

sangrado m. Margen que se deja en la parte izquierda de un renglón en un texto escrito, para que destaque.

sangrar tr. Abrir o punzar una vena y dejar salir determinada cantidad de sangre. || fig. Dar salida a un líquido, total o parcialmente, abriendo un conducto por donde corra. || Extraer la resina de un árbol. || fig. Aprovecharse de una persona, generalmente sacándole dinero.

sangre f. Líquido que circula por las arterias y las venas. || fig. Linaje o parentesco.

sanguaraña f. *amer*. Cierto baile popular.

sanguinario, ria adj. Feroz, vengativo.

sanidad f. Calidad de sano. || Calidad de saludable. || Conjunto de servicios gubernativos para preservar la salud del común de los habitantes.

sano, na adj. Que goza de perfecta salud. También s. || Que es bueno para la salud. || fig. Entero, no roto ni estropeado.

santiamén (en un) loc. En un instante, en un periquete.

santiguar tr. y prnl. Hacer la señal de la cruz desde la frente al pecho y desde un hombro al otro. || Hacerse cruces, extrañándose o escandalizándose de algo.

santo, ta adj. Perfecto y libre de toda culpa. || [Persona] a quien la Iglesia declara tal. También s. || [Persona] de especial virtud y ejemplo. También s. || [Semana] que sigue al Domingo de Ramos. || [Día] de esta semana. || m. Imagen de un santo. || Respecto de una persona, festividad del santo cuyo nombre lleva.

santuario m. Templo en que se venera la imagen o reliquia de un santo. || Lugar sagrado.

saña f. Furor, enojo ciego. || Intención rencorosa y cruel.

sapiencia f. Sabiduría.

sapo m. Batracio de cuerpo rechoncho, ojos saltones y la piel llena de verrugas.

saquear tr. Entrar en un sitio robando cuanto se halla.

sarampión m. Enfermedad febril y contagiosa que se manifiesta por multitud de manchas pequeñas y rojas.

sarao m. Fiesta que se celebra por la noche con bebida, baile y música.

sarape m. *amer*. Especie de capote de lana o colcha de algodón generalmente de colores vivos, con una abertura para meter la cabeza.

sarasa m. fam. Hombre afeminado, marica.

sarcasmo m. Burla cruel, ironía mordaz. || Figura retórica que consiste en emplear esta especie de ironía o burla.

sarcófago m. Sepulcro.

sardina f. Pez de cuerpo alargado, con los costados plateados, y la mandíbula inferior sobresaliente; se utiliza mucho como alimento.

sargento m. Individuo de la clase de tropa, que tiene empleo superior al de cabo. || fig. Persona mandona y excesivamente rígida.

sari m. Vestido típico de las mujeres indias.

sarmiento m. Vástago de la vid, de donde brotan las hojas y los racimos.

sarna f. Enfermedad contagiosa caracterizada por la aparición de pústulas en la piel y un intenso picor.

sarpullido m. Erupción leve y pasajera en la piel.

sarraceno, na adj. y s. Moro, musulmán.

sarro m. Sedimento que dejan en las vasijas algunos líquidos. ‖ Sustancia calcárea que se adhiere al esmalte de los dientes.

sarta f. Serie de cosas metidas por orden en un hilo, cuerda, etc. ‖ fig. Serie de sucesos o cosas no materiales, iguales o análogas.

sartén f. Vasija circular, de fondo plano y con mango, que sirve para freír, tostar o guisar algo.

sartenada f. Lo que se fríe de una vez en la sartén.

sastre, tra m. y f. Persona que se dedica profesionalmente a cortar y coser trajes, especialmente de caballero. ‖ m. En aposición, se usa referido a prendas de mujer de diseño masculino.

satán m. Lucifer.

satélite m. Astro que gira alrededor de un planeta. ‖ Vehículo que se coloca en órbita, tripulado o no, provisto de aparatos para recoger información y transmitirla. ‖ fig. Estado independiente dominado política y económicamente por otro más poderoso. También adj.

satinado, da adj. [Tela o papel] con mucho brillo.

sátira f. Escrito donde se censura o pone en ridículo a personas o cosas. ‖ Discurso o dicho agudo, picante o mordaz.

sátiro m. En mitología grecolatina, divinidad con la mitad del cuerpo humana y la otra caprina, que personificaba el culto a la naturaleza. ‖ Hombre lascivo.

satisfacer tr. Pagar una deuda. ‖ Deshacer o reparar un agravio. ‖ Saciar una necesidad, deseo o pasión. ‖ Dar solución a una duda o a una dificultad. ‖ intr. Producir gran placer. ‖ prnl. Vengarse de un agravio. ‖ Convencerse o conformarse.

saturar tr. Hartar, saciar. ‖ Impregnar un fluido de otro cuerpo hasta el mayor punto de concentración.

sauce m. Árbol de hasta 20 m de altura, que crece en las orillas de los ríos.

saudí o **saudita** adj. y com. De Arabia Saudí.

sauna f. Baño de calor. ‖ Recinto en que se pueden tomar estos baños.

saurio adj. y m. [Reptil] que generalmente tiene cuatro extremidades cortas y mandíbulas con dientes, como el lagarto.

savia f. Jugo nutritivo que circula por los vasos de las plantas.

saxo o **saxofón** m. Instrumento músico de viento, de metal, con boquilla de madera y varias llaves.

sazón f. Punto o madurez de las cosas.

sazonar tr. y prnl. Echar sal y otros condimentos a un alimento.

scanner (Voz i.) m. Aparato que permite obtener imágenes muy claras del interior del cuerpo humano. || Aparato que, conectado a un ordenador, permite obtener una copia fiel de una fotografía o de cualquier impreso.

se pron. pers. reflex. rec. de tercera persona m. y f., sing. y pl. Funciona como complemento directo o indirecto y no admite prep. || Sirve también para formar los verbos pronominales y oraciones impersonales y de pasiva. || pron. pers. de tercera persona m. y f., sing. y pl. Funciona como complemento indirecto, siempre antepuesto a los pronombres de complemento directo *lo, la*, etc.

sebo m. Grasa sólida y dura que se saca de los animales.

secador m. Aparato para secar el pelo.

secadora f. Aparato para secar las manos o la ropa.

secano m. Tierra de labor que no tiene riego.

secar tr. Extraer la humedad de un cuerpo. || Consumir el jugo de un cuerpo. || prnl. Evaporarse la humedad de una cosa. || Quedarse sin agua un río, una fuente, etc.

sección f. Separación que se hace en un cuerpo sólido. || Cada una de las partes en que se divide un todo. || Cada uno de los grupos en que se divide o considera dividido un conjunto de personas.

secesión f. Separación de una parte de una nación del conjunto.

seco, ca adj. Que carece de jugo o humedad. || Falto de agua. || Falto de verdor o lozanía. || [Fruto] de cáscara dura. || Flaco. || Áspero, poco cariñoso. || [Sonido] ronco y áspero. || m. *amer.* Golpe, coscorrón.

secretaría f. Destino o cargo de secretario. || Oficina del secretario.

secretario, ria m. y f. Persona encargada de escribir la correspondencia, extender las actas, dar fe de los acuerdos y custodiar los documentos de una oficina, asamblea o corporación.

secreto, ta adj. Oculto, ignorado, escondido. || Callado, silencioso, reservado. || m. Lo que cuidadosamente se tiene reservado y oculto. || Reserva, sigilo. || Conocimiento que alguno exclusivamente posee de algo.

secta f. Conjunto de seguidores de una facción religiosa o ideológica. || Doctrina religiosa o ideológica que se diferencia o independiza de otra.

sector m. Porción de círculo comprendida entre un arco y los dos radios que pasan por sus extremidades. ‖ Parte de una clase o de una colectividad que presenta caracteres peculiares.

secuaz adj. y com. *desp*. Partidario de una persona, partido, doctrina u opinión.

secuela f. Consecuencia de una cosa.

secuencia f. Continuidad, sucesión ordenada de algo. ‖ Serie o sucesión de cosas que guardan entre sí cierta relación. ‖ En un filme, sucesión no interrumpida de planos o escenas que integran una etapa descriptiva, una jornada de la acción o un tramo coherente y concreto del argumento.

secuestrar tr. Coger a una persona y retenerla por la fuerza para pedir dinero por su rescate o con otra finalidad.

secular adj. Seglar. ‖ Que dura un siglo, o desde hace siglos.

secularizar tr. y prnl. Hacer secular lo que era eclesiástico.

secundar tr. Seguir o apoyar algo.

secundario, ria adj. Segundo en orden. ‖ No principal, accesorio.

sed f. Gana y necesidad de beber. ‖ fig. Apetito o deseo ardiente de una cosa.

seda f. Líquido que producen algunos gusanos con el que se forma un hilo. ‖ Tejido que se elabora con estos hilos.

sedal m. Hilo fino y muy resistente que se utiliza para pescar.

sedar tr. Apaciguar, calmar, particularmente administrando algún fármaco.

sede f. Asiento o trono de un prelado. ‖ Capital de una diócesis. ‖ Territorio de la jurisdicción de un prelado. ‖ Jurisdicción y potestad del Sumo Pontífice. ‖ Lugar donde tiene su domicilio una entidad económica, literaria, deportiva, etc.

sedentario, ria adj. [Pueblo o tribu] que vive asentado en algún lugar, por oposición al nómada. ‖ [Oficio o vida] de poca agitación o movimiento.

sedente adj. Que está sentado.

sedición f. Alzamiento colectivo y violento contra un poder establecido.

sedimento m. Materia que habiendo estado suspensa en un líquido se posa en el fondo. ‖ Depósito de materiales arrastrados mecánicamente por las aguas o el viento. ‖ fig. Poso que deja en alguna persona un hecho o experiencia.

seducir tr. Convencer a una persona para mantener relaciones sexuales con ella. ‖ Cautivar, encantar, fascinar.

sefardí o **sefardita** adj. y com. [Judío] originario de España. ‖ m. Dialecto judeoespañol.

segar tr. Cortar mieses o hierba. || Cortar, cercenar.

seglar adj. Que no es religioso. También com.

segmento m. Pedazo o parte cortada de una cosa. || Parte del círculo comprendida entre un arco y su cuerda.

segregar tr. Separar, apartar una cosa de otra, particularmente, apartar grupos raciales, sociales, religiosos, etc. || Manar de las glándulas ciertas sustancias elaboradas por ellas, necesarias para el funcionamiento del organismo.

seguidilla f. Composición métrica que puede constar de cuatro o siete versos, muy usada en los cantos populares y en el género jocoso. || pl. Canción y baile popular español, de ritmo vivo y alegre.

seguir tr. Ir después o detrás de una persona o cosa. || Acompañar con la vista a un objeto que se mueve. || Ir en compañía de uno. || Proseguir o continuar lo empezado. || Profesar o ejercer una ciencia, arte o empleo. || Convenir con la opinión de una persona, con el contenido de una doctrina, etc., ser partidario de algo o de alguien. || Imitar el ejemplo de otro. || intr. Mantenerse en el mismo estado, lugar o circunstancia. || prnl. Inferirse o ser consecuencia una cosa de otra.

según prep. Conforme o con arreglo a. || Con proporción o correspondencia a; de la misma suerte o manera que, por el modo en que.

segundero m. Manecilla que señala los segundos en el reloj.

segundo, da adj. Que ocupa el lugar número dos en una serie ordenada. || m. Persona que sigue en jerarquía al jefe o principal. || Cada una de las sesenta partes en que se divide un minuto.

seguro, ra adj. Libre y exento de todo peligro, daño o riesgo. || Cierto, indubitable. || Firme, constante. || Desprevenido, ajeno de sospecha. || m. Contrato por el cual una persona, natural o jurídica, se obliga a reparar las pérdidas o daños que ocurran a ciertas personas o cosas mediante el pago de una prima. || Dispositivo que impide que una máquina u objeto se ponga en funcionamiento, se abra, etc. || adv. m. Sin aventurarse a ningún riesgo. || Con certeza.

seis adj. Cinco y uno. || Sexto. || m. Signo con que se representa este número. || *amer.* Baile popular, especie de zapateado.

seiscientos, tas adj. Seis veces cien. || Que sigue inmediatamente en orden al quinientos noventa y nueve. || m. Conjunto de signos con que se representa este número.

seísmo m. Terremoto.

seleccionar tr. Elegir, escoger.

selectividad f. En España, examen de acceso a la universidad.

selecto, ta adj. Que es o se tiene por lo mejor entre otras cosas de su especie. || Que tiene capacidad para apreciar y seleccionar lo mejor.

sello m. Utensilio de metal o caucho que sirve para estampar las armas, divisas o cifras en él grabadas. || Lo que queda estampado, impreso y señalado con el sello. || Pequeño trozo de papel, con timbre oficial o signos grabados, que se pega a ciertos documentos para darles eficacia y a las cartas para franquearlas o certificarlas. || fig. Carácter peculiar y distintivo de una persona o cosa.

selva f. Terreno extenso, inculto y muy poblado de árboles.

semáforo m. Telégrafo óptico de las costas. || Aparato eléctrico de señales luminosas para regular la circulación. || Cualquier sistema de señales ópticas.

semana f. Serie de siete días naturales consecutivos, empezando por el lunes y acabando por el domingo. || Periodo de siete días.

semántica f. Parte de la lingüística que estudia el significado de los signos lingüísticos y de sus combinaciones, desde un punto de vista sincrónico o diacrónico.

semblante m. Cara o rostro humano.

sembrar tr. Arrojar y esparcir las semillas en la tierra preparada para este fin. || fig. Desparramar, esparcir. || fig. Publicar una noticia para que se divulgue.

semejante adj. Que semeja o se parece a una persona o cosa. También com. || Se usa con sentido de comparación o ponderación. || Empleado con carácter de demostrativo, equivale a *tal*. || m. Cualquier hombre respecto a uno, prójimo.

semen m. Líquido que segregan las glándulas genitales de los animales del sexo masculino.

semental adj. y m. [Animal] macho que se destina a la reproducción.

semestre m. Espacio de seis meses.

semicírculo m. Cada una de las dos mitades del círculo.

semiconductor adj. y m. [Material] cuya capacidad de permitir el paso de la corriente eléctrica disminuye al aumentar la temperatura, o cuyaas propiedades eléctricas están entre los aislantes y los conductores.

semicorchea f. Nota musical cuyo valor es la mitad de la corchea.

semifinal f. Cada una de las dos penúltimas competiciones de un campeonato o concurso.

semilla f. Parte del fruto de los vegetales que contiene el germen de una nueva planta. || fig.

seminal

Cosa que es causa u origen de otra. ‖ pl. Granos que se siembran.

seminal adj. Relativo al semen. ‖ Relativo a la semilla.

seminario m. Establecimiento para la formación de jóvenes eclesiásticos. ‖ En las universidades, curso práctico de investigación, anejo a la cátedra, y local donde se realiza. ‖ Por ext., prácticas educativas y de investigación realizadas en otros centros de enseñanza.

semita adj. y com. [Pueblo] árabe y judío.

sémola f. Pasta de harina en granos muy pequeños, que se utiliza para echar en la sopa.

senado m. Asamblea de patricios que formaba el Consejo de la antigua Roma. ‖ Conjunto de políticos cuya función es aceptar, modificar o rechazar lo aprobado en el Congreso de Diputados. ‖ Edificio donde se reúnen estos políticos.

sencillo, lla adj. Que no tiene complicación. ‖ Formado por un elemento o por pocos. ‖ Humilde. ‖ Que carece de ostentación y adornos. ‖ Que tiene menos cuerpo que otras cosas de su especie. ‖ m. Disco con música grabada, de corta duración.

senda f. Camino estrecho. ‖ Cualquier camino.

sendero m. Camino estrecho.

sendos, das adj. pl. Uno o una para cada cual de dos o más personas o cosas.

senectud f. Edad senil.

senil adj. Relativo a los viejos o a la vejez. ‖ Que presenta decadencia física o mental.

sénior adj. y com. [Persona] que es mayor que otra de la misma familia con su mismo nombre. ‖ [Deportista] que ha sobrepasado la categoría de *júnior*.

seno m. Concavidad, hueco. ‖ Pecho, mama. ‖ Amparo, protección. ‖ Interior de alguna cosa. ‖ En un triángulo rectángulo, cociente entre las longitudes del cateto opuesto al ángulo rectángulo y el de la hipotenusa.

sensación f. Impresión que producen las cosas a través de los sentidos. ‖ Emoción que produce un suceso o noticia. ‖ Presentimiento.

sensacionalismo m. Tendencia a producir sensación, emoción en el ánimo, con noticias, sucesos, etc.

sensato, ta adj. Prudente, cuerdo, de buen juicio.

sensible adj. Que siente, física o moralmente. ‖ Que puede ser conocido por medio de los sentidos. ‖ Perceptible, manifiesto. ‖ [Persona] que se deja llevar por sus sentimientos y es fácil herir. ‖ Capaz de descubrir la belleza, el valor y la perfección de las cosas. ‖ Que reacciona fácilmente a la acción de ciertos agentes. ‖ [Instrumento] de gran precisión.

sensitivo, va adj. Relativo a las sensaciones producidas en los sentidos y especialmente en la piel. || Que tiene la virtud de excitar la sensibilidad.

sensual adj. Que produce placer o atrae al ser percibido a través de alguno de los cinco sentidos. || Que atrae y produce deseo sexual.

sentada f. Acción de permanecer sentado en el suelo durante mucho tiempo un grupo de personas para manifestar una protesta o apoyar una reivindicación.

sentar tr. Poner o colocar a alguien de manera que quede apoyado y descansando sobre las nalgas. También prnl. || fig. Dar por supuesta o por cierta alguna cosa. || intr. Hacer algo provecho o daño. || Resultar bien o mal en alguien una prenda, peinado, etc. || Posarse un líquido. También prnl.

sentencia f. Dictamen, parecer. || Máxima, pensamiento. || Declaración de juicio y resolución de juez. || Decisión que toma el árbitro de una controversia o disputa.

sentido, da adj. Que incluye o explica un sentimiento. || [Persona] que se ofende con facilidad. || m. Facultad que tienen el hombre y los animales para percibir las impresiones de los objetos externos. || Conciencia, percepción del mundo exterior. || Entendimiento, razón. || Modo particular de entender una cosa, juicio que se hace sobre ella. || Razón de ser, finalidad. || Significado, cada una de las acepciones de las palabras. || Cada una de las interpretaciones que puede admitir un escrito, comentario, etc.

sentimental adj. De los sentimientos o relacionado con ellos. || Que expresa o produce sentimientos, sobre todo pena, ternura, etc. || De sensibilidad exagerada. || Que expresa sentimientos o emociones fuertes con excesiva facilidad.

sentimiento m. Impresión que causan en alguien las cosas o las personas, y capacidad que tiene para percibirlas, emocionarse ante ellas, etc. || Estado de ánimo que se tiene ante un suceso triste.

sentir m. Sentimiento. || Opinión.

sentir tr. Experimentar sensaciones producidas por causas externas o internas. || Oír. || Experimentar una impresión, placer o dolor corporal o espiritual. || Lamentar. || Juzgar, opinar. || prnl. Seguido de algunos adjetivos, hallarse o estar como este expresa. || Considerarse, reconocerse.

seña f. Gesto, signo, etc., que hace una persona a otra para comunicarle algo sin palabras. || Indicación que se utiliza para luego acordarse de algo o para entenderlo. || f. pl. Indicación de la calle, el número, el piso, etc., de donde vive una persona, donde se encuentra una empresa, etc.

señal f. Marca que se pone o hay en las cosas para distinguirlas de otras. || Actitud, palabra o cosa que demuestra o indica que una cosa es, o puede ser, de una determinada manera. || Cicatriz o marca en la piel o en cualquier superficie. || Cantidad que se paga como adelanto del precio de una cosa. || Objeto, sonido, luz, etc., cuya función es informar sobre algo.

señalizar tr. Colocar en las vías de comunicación las señales que sirvan de guía a los usuarios.

señor, ra m. y f. Término de cortesía que se aplica a cualquier persona adulta; referido a mujeres, solo si son casadas o viudas. || Dueño de alguna cosa, o amo respecto de sus criados. || Noble. || Persona elegante, educada y de nobles sentimientos. || m. Dios. || f. Esposa.

señoría f. Tratamiento que se da a las personas a quienes compete por su dignidad.

señorío m. Dominio sobre una cosa. || Territorio perteneciente al señor. || Dignidad de señor. || fig. Elegancia, educación y comportamiento propios de un señor.

señuelo m. Cualquier cosa que sirve para atraer las aves. || Ave destinada a atraer a otras. || fig. Cualquier cosa que sirve para atraer.

separador, ra adj. y s. Que sirve para que dos o más cosas no estén juntas o se mezclen.

separar tr. Establecer distancia, o aumentarla, entre algo o alguien. También prnl. || Privar de un empleo, cargo o condición al que los servía u ostentaba. || prnl. Tomar caminos distintos personas, animales o vehículos que iban juntos o por el mismo camino. || Interrumpir los cónyuges la vida en común sin que se extinga el vínculo matrimonial.

sepelio m. Acción de inhumar la Iglesia a los fieles.

sepia f. Molusco de cuerpo alargado y blando, con la cabeza rodeada por diez patas con las que se agarra a las rocas y captura sus presas; vive en los mares templados y es comestible. || Materia colorante de tono rojizo que se obtiene de este molusco y se emplea en pintura. || m. Este color.

septentrional m. Situado en el Norte u orientado hacia este punto.

septiembre m. Noveno mes del año, que tiene 30 días.

séptimo, ma adj. Que ocupa el lugar número siete en una serie ordenada. || [Parte] de las siete iguales en que se divide un todo. También m.

sepulcro m. Obra que se construye para dar en ella sepultura al cadáver de una persona.

Urna o andas cerradas, con una imagen de Jesucristo difunto.

sepultar tr. Enterrar a una persona muerta. ‖ Esconder, ocultar bajo una capa de algo.

sepultura f. Enterramiento de una persona muerta. ‖ Hoyo que se hace en tierra para meter en él a una persona muerta.

sequía f. Tiempo seco de larga duración.

séquito m. Conjunto de personas que acompañan a una persona importante.

ser m. Esencia y naturaleza. ‖ Vida, existencia. ‖ Cualquier persona, animal o cosa.

ser cop. Afirma del sujeto lo que significa el atributo. ‖ Consistir. ‖ aux. Sirve para la conjugación de la voz pasiva. ‖ intr. Haber o existir. ‖ Servir, ser adecuado o estar destinado para la persona o cosa que se expresa. ‖ Acontecer. ‖ Pertenecer. ‖ Corresponder. ‖ Tener principio, origen o naturaleza. ‖ impers. Introduce expresiones de tiempo.

serbio, bia adj. y s. De Serbia.

serbocroata m. Idioma hablado en Serbia, Croacia y otros países balcánicos.

serenar tr. Sosegar, tranquilizar, calmar algo o alguien. También intr. y prnl.

serenata f. Música en la calle y durante la noche, para festejar a una persona. ‖ Composición musical destinada a este objeto.

serial m. Obra radiofónica o televisiva que se emite por capítulos, de argumento emotivo y muy enredado.

serie f. Conjunto de cosas relacionadas entre sí y que se suceden unas a otras. ‖ Por ext., conjunto de personas o cosas aunque no guarden relación entre sí. ‖ Conjunto de cosas hechas o fabricadas de una vez. ‖ Programa de radio o televisión que se emite por capítulos.

serio, ria adj. Severo y grave en el semblante, actitud y comportamiento. ‖ Poco propenso a reírse o divertirse. ‖ Formal y cumplidor. ‖ Que no está destinado a hacer reír. ‖ Grave, de importancia. ‖ De líneas o colores sobrios y poco llamativos.

sermón m. Discurso que dan los sacerdotes a los fieles para enseñarles algo. ‖ Regañina muy larga y aburrida.

serpiente f. Culebra de gran tamaño.

serranía f. Espacio de terreno cruzado por montañas y sierras.

serrar tr. Cortar con sierra la madera u otra cosa.

serrín m. Conjunto de partículas que se desprenden de la madera cuando se sierra.

serrucho m. Sierra de hoja ancha y normalmente solo con una manija.

servicial adj. [Persona] que

siempre está dispuesta a complacer y atender a los demás.

servicio m. Estado de criado o sirviente. || Conjunto de criados. || Organización y personal destinados a satisfacer las necesidades del público. || Favor en beneficio de alguien. || Utilidad o provecho. || Conjunto de vajilla, cubertería, etc., para servir los alimentos. || Retrete, aseo. También en pl. || Saque de pelota en ciertos juegos, como el tenis.

servidumbre f. Estado o situación en la que se encuentra una persona que sirve a otra. || Conjunto de las personas que trabajan en la casa de alguien realizando las labores domésticas. || Hecho de depender alguien de alguna cosa que limita su libertad.

servil adj. De los siervos y criados. || Bajo, humilde y de poca estimación. || Rastrero, vil, adulador.

servilleta f. Paño que sirve en la mesa para aseo y limpieza de cada persona.

servilletero m. Aro en que se pone enrollada, doblada o recogida la servilleta. || Recipiente para varias servilletas.

servir tr. Trabajar para alguien como criado o sirviente. También intr. || Trabajar para una persona o entidad. También intr. || Atender al público en un restaurante, comercio, etc. || Llenar el vaso o el plato del que va a beber o comer. También prnl. || intr. Ser una persona, instrumento, etc., apropiados para cierta tarea, uso, etc. || Ser de utilidad. || Sacar la pelota en el tenis. || prnl. Valerse de una persona o cosa para conseguir algo.

servofreno m. Freno cuya acción es ampliada por un dispositivo eléctrico o mecánico.

sésamo m. Planta de tallos verdes y finos, con flores en forma de campana y semillas amarillentas, también llamadas sésamo, que se utiliza para dar sabor a algunas comidas o para sacar de ellas aceite. || Pasta de nueces, almendras o piñones con ajonjolí.

sesenta adj. Seis veces diez. || Que sigue inmediatamente en orden al cincuenta y nueve. || m. Conjunto de signos con que se representa este número.

sesgado, da adj. Cortado o situado de forma inclinada hacia un lateral. || Que no es objetivo, sino que se dice o hace para favorecer a alguien.

sesgo, ga m. Oblicuidad o torcimiento de una cosa hacia un lado. || fig. Cariz o rumbo que toma un asunto.

sesión f. Reunión de varias personas para tratar un asunto o para escuchar lo que dice alguien sobre un tema. || Cada una de las veces que en un día se proyecta una película en un cine o se representa un espectáculo. || Tiempo durante el cual se desarrolla cierta actividad, se somete a un tratamiento una persona, etc.

seso m. Cerebro. ‖ Masa de tejido nervioso contenida en la cavidad del cráneo. Más en pl. ‖ fig. Prudencia, madurez.

set (Voz i.) m. En tenis, cada una de las etapas de que se compone un partido. ‖ Conjunto de varios elementos que sirven para lo mismo o cuyas funciones se complementan. ‖ Plató cinematográfico.

seta f. Cualquier especie de hongo de forma de sombrero sostenido por un pedicelo.

setecientos, tas adj. Siete veces cien. ‖ Que sigue inmediatamente en orden al seiscientos noventa y nueve. ‖ m. Conjunto de signos con que se representa este número.

setenta adj. Siete veces diez. ‖ Que sigue inmediatamente en orden al sesenta y nueve. ‖ m. Conjunto de signos con que se representa este número.

setiembre m. Septiembre.

seto m. Cercado hecho de arbustos, palos o ramas entretejidas.

seudónimo m. Nombre empleado por un autor en vez del suyo verdadero.

severo, ra adj. Riguroso, áspero, duro en el trato. ‖ Puntual y rígido en la observancia de una ley. ‖ Grave, serio.

sevillanas f. pl. Baile y canción de tono alegre, propios de Sevilla.

sex-shop (Expr. i.) m. Tienda en la que se venden productos o se ofrecen servicios relacionados con el placer sexual o con el erotismo.

sex-symbol (Expr. i.) m. Persona que, por su belleza o atractivo, es considerada el modelo de la atracción sexual.

sexenio m. Periodo de seis años.

sexismo m. Tendencia a valorar a las personas en función de su sexo, sin atender a otras consideraciones objetivas como sus aptitudes, el rendimiento en el trabajo, etc.

sexo m. Condición orgánica que distingue al macho de la hembra, en los seres humanos, en los animales y en las plantas. ‖ Conjunto de seres pertenecientes a un mismo sexo. ‖ Órganos sexuales. ‖ Sexualidad.

sexto, ta adj. Que ocupa el lugar número seis en una serie ordenada. ‖ [Parte] de las seis iguales en que se divide un todo. También m.

sexualidad f. Conjunto de condiciones anatómicas y fisiológicas que caracterizan a cada sexo. ‖ Conjunto de prácticas, comportamientos, etc., relacionados con la búsqueda del placer sexual y la reproducción.

sexy (Voz i.) adj. [Persona] que tiene un gran atractivo físico. ‖ Erótico.

sha (Voz i.) m. Título del antiguo soberano de Persia, actual Irán.

shériff o **shérif** (Voz i.) m. En Estados Unidos, agente de la ley. ‖ En la antigua Inglaterra y en el Reino Unido, representante de la corona en los condados.

shock (Voz i.) m. Choque nervioso o circulatorio.

show (Voz i.) m. Espectáculo de variedades. ‖ fig. Situación en la que se llama mucho la atención.

si conj. Denota una condición. ‖ A veces denota aseveración terminante. ‖ En ciertas expresiones indica ponderación. ‖ m. Séptima nota de la escala musical.

sí pron. pers. reflex. de tercera persona. Lleva siempre preposición. ‖ adv. af. Se emplea para responder afirmativamente a preguntas. ‖ A veces se usa como intensificador. ‖ m. Consentimiento o permiso.

sibarita adj. y com. fig. [Persona] que se trata con mucho regalo y refinamiento.

sicario m. Persona a la que se contrata para matar o pegar a otra a cambio de dinero.

sida (Siglas de *Síndrome de Inmuno-Deficiencia Adquirida*) m. Enfermedad contagiosa de transmisión sexual y sanguínea que destruye el sistema inmunológico del organismo humano.

sideral o **sidéreo, a** adj. De las estrellas o de los astros.

siderurgia f. Parte de la metalurgia dedicada a la producción del acero.

sidra f. Bebida alcohólica, que se obtiene por la fermentación del zumo de las manzanas.

siega f. Corte y recogida de los cereales o de la hierba. ‖ Tiempo en que se corta y recoge el cereal. ‖ Conjunto de los cereales que se han cortado y recogido.

siembra f. Esparcimiento de semillas en un campo para que crezcan plantas. ‖ Tiempo en que se esparcen semillas en un campo para que crezcan plantas. ‖ Tierra sembrada.

siempre adv. t. En todo o en cualquier tiempo. ‖ adv. m. En todo caso.

sien f. Cada una de las dos partes laterales de la cabeza comprendidas entre la frente, la oreja y la mejilla.

sierra f. Herramienta con una hoja de acero dentada que sirve para dividir madera u otros cuerpos duros. ‖ Cordillera de poca extensión.

siervo, va m. y f. Antiguamente, persona que trabajaba para otra a la que tenía que obedecer y servir en todo lo que le pidiera a cambio de comida, protección, etc.

siesta f. Tiempo después del mediodía, en que aprieta más el calor. ‖ Tiempo destinado para dormir o descansar después de comer.

siete adj. Seis y uno. ‖ Séptimo, ordinal. ‖ m. Signo con que se representa este número.

sietemesino, na adj. y s. [Bebé] que ha nacido a los siete meses de embarazo, en lugar de a los nueve.

sífilis f. Enfermedad infecciosa, transmisible por la unión sexual, por simple contacto o por herencia.

sifón m. Tubo encorvado que sirve para sacar líquidos del vaso que los contiene, haciéndolos pasar por un punto superior a su nivel. ‖ Botella cerrada herméticamente, que contiene agua con gas, la cual se saca apretando una palanca que hace subir el líquido a presión por un tubo que hay en el interior del recipiente. ‖ Agua con gas que contiene esta botella.

sigilo m. Secreto con que se hace algo o se guarda una noticia. ‖ Silencio, cuidado para no hacer ruido.

sigla f. Palabra formada por las primeras letras de otras palabras, como *ONU* o *CEE*.

siglo m. Espacio de cien años. ‖ Espacio largo de tiempo. ‖ Vida civil en oposición a la religiosa.

significado, da adj. Conocido, importante. ‖ m. Sentido de las palabras y frases. ‖ Lo que se significa de algún modo. ‖ Concepto que unido al de significante constituye el signo lingüístico.

significar tr. Ser una cosa signo de otra. ‖ Ser una palabra o frase expresión de una idea. ‖ Manifestar una cosa. ‖ intr. Tener importancia. ‖ prnl. Distinguirse por alguna cualidad o circunstancia.

signo m. Objeto, fenómeno o acción material que, natural o por convención, representa y sustituye a otro objeto, fenómeno o señal. ‖ Cualquiera de los caracteres que se emplean en la escritura y en la imprenta. ‖ Indicio, señal de algo. ‖ Cada una de las doce partes en que se considera dividido el Zodiaco.

siguiente adj. Ulterior, posterior.

sílaba f. Sonido o conjunto de sonidos que se pronuncian juntos en un solo golpe de voz.

silbar intr. Dar o producir silbidos. ‖ Agitar el aire produciendo un sonido como de silbo. ‖ fig. Manifestar desagrado y desaprobación al público, con silbidos. También tr.

silbato m. Instrumento pequeño y hueco que soplando en él con fuerza suena como el silbo.

silbido o **silbo** m. Sonido agudo que resulta de hacer pasar con fuerza el aire por la boca con los labios fruncidos, o al colocar de cierta manera los dedos en la boca. ‖ Sonido parecido que se hace soplando un silbato. ‖ fig. Sonido agudo que hace el aire.

silenciador m. Dispositivo que se aplica al tubo de escape de los motores de explosión o al cañón de algunas armas de fuego para disminuir el ruido.

silencio m. Hecho de no hablar. || Falta de ruido.

sílfide f. Ninfa, ser fantástico o espíritu elemental del aire. || Mujer muy hermosa y esbelta.

silicona f. Polímero sintético compuesto por cadenas de silicio, oxígeno y radicales alquílicos, resistente al calor y a la humedad y de gran elasticidad.

silla f. Asiento con respaldo para una persona. || Aparejo para montar a caballo. || Asiento o trono de un prelado con jurisdicción.

sillería f. Conjunto de asientos unidos unos a otros.

sillín m. Asiento de la bicicleta y otros vehículos análogos.

sillón m. Silla de brazos, mayor y más cómoda que la ordinaria.

silo m. Lugar, construcción o depósito para guardar cereales o forrajes.

silueta f. Dibujo sacado siguiendo los contornos de la sombra de un objeto. || Forma que presenta a la vista la masa de un objeto más oscuro que el fondo sobre el cual se proyecta. || Perfil de una figura.

silvestre adj. Criado naturalmente y sin cultivo en selvas o campos. || Inculto, agreste y rústico.

sima f. Cavidad grande y muy profunda en la tierra. || m. Subcapa más interna de las dos de que consta la corteza terrestre.

simbiosis f. Asociación de individuos animales o vegetales de diferentes especies, en la que ambos asociados sacan provecho de la vida en común.

símbolo m. Objeto que representa algo que no es material. || Letra o letras convenidas con que en química se designa un cuerpo simple.

simetría f. Correspondencia entre las partes de una cosa.

símil m. Comparación o semejanza entre dos cosas. || Figura retórica que consiste en comparar expresamente una cosa con otra.

similar adj. Que tiene semejanza o analogía con una cosa.

simio, mia m. y f. Antropoide, mamífero primate. || Mono.

simpa f. *amer.* Trenza hecha con cualquier material, y especialmente con el cabello.

simpatía f. Inclinación afectiva entre personas, especialmente si es mutua. || Modo de ser y carácter de una persona que la hacen atractiva y agradable a las demás. || Aprobación, apoyo. Más en pl.

simple adj. Sin composición. || [Cosa] que, aunque puede ser

singular

doble o estar duplicada, es sencilla. || fig. Falto de malicia y picardía. También com. || Tonto. También com.

simplificar tr. Hacer más simple, sencillo o fácil algo.

simposio m. Conferencia o reunión en que se examina y discute determinado tema.

simulacro m. Ficción, imitación.

simular tr. Representar una cosa, fingiendo o imitando lo que no es.

simultáneo, a adj. Que se hace u ocurre al mismo tiempo que otra cosa.

sin prep. Denota carencia o falta de alguna cosa. || Fuera de, aparte de. || Seguida de infinitivo, equivale a *no* con su participio o gerundio.

sinagoga f. Edificio donde se reúnen los judíos para celebrar sus actos religiosos.

sinalefa f. Unión de la sílaba final de una palabra con la primera de la siguiente, cuando aquella acaba en vocal y esta empieza con vocal o *h*.

sincerarse prnl. Hablar con alguien para contarle algo con plena confianza.

sincero, ra adj. Verdadero, sin falsedad o hipocresía.

síncope m. Supresión de uno o más sonidos dentro de un vocablo. || Pérdida repentina del conocimiento y de la sensibilidad, debida a la suspensión súbita y momentánea de la acción del corazón.

sincretismo m. Sistema en que se concilian doctrinas diferentes. || Unión, mezcla.

sincronía f. Coincidencia de hechos o fenómenos en el tiempo. || En lingüística, término propuesto por F. Saussure para designar un estado de lengua en un momento dado.

sincronizar tr. Hacer que dos cosas sucedan a un mismo tiempo.

sindicato m. Asociación formada para la defensa de intereses económicos o políticos comunes. Se aplica esta denominación fundamentalmente a las asociaciones profesionales, patronales y obreras.

síndrome m. Conjunto de señales características que anuncian una enfermedad.

sinfín m. Infinidad, sinnúmero.

sinfonía f. Composición musical interpretada por una orquesta, en la que las voces o los instrumentos suenan a la vez.

single (Voz i.) adj. y m. En discografía, [disco] sencillo. || En algunos deportes, sobre todo en el tenis, [partido] individual, jugado entre dos adversarios.

singular adj. Solo, sin otro de su especie. || fig. Extraordinario, raro o excelente. || [Número] gramatical que se refiere a una sola persona o cosa. Más c. m.

siniestro, tra adj. [Parte o sitio] que está a la mano izquierda. || fig. Avieso y malintencionado. || fig. Infeliz, funesto o aciago. || m. Avería grave, destrucción fortuita o pérdida importante que sufren las personas o las cosas. || f. La mano izquierda.

sino conj. ad. Contrapone a un concepto negativo otro afirmativo. || Denota a veces idea de excepción. || Precedida de negación, suele equivaler a *solamente* o *tan solo*.

sino m. Hado, destino, suerte.

sínodo m. Reunión de obispos o de otros representantes de la iglesia para tratar sobre asuntos de religión.

sinónimo, ma adj. y m. [Vocablo y expresión] que tiene la misma o muy parecida significación que otro.

sinopsis f. Esquema. || Exposición general de una materia o asunto, presentados en sus líneas esenciales. || Sumario o resumen.

sintagma m. En gramática, grupo de palabras que funcionan como un solo elemento dentro de una oración.

sintaxis f. Parte de la gramática que enseña a coordinar y unir las palabras para formar las oraciones y expresar conceptos. || En informática, forma correcta en que deben estar dispuestos los caracteres que componen una instrucción ejecutable por el ordenador.

síntesis f. Composición de un todo por la reunión de sus partes. || Resumen. || Formación de una sustancia compuesta mediante la combinación de elementos químicos o de sustancias más sencillas.

sintético, ca adj. Perteneciente o relativo a la síntesis. || Que se obtiene mediante síntesis. || [Producto] obtenido por procedimientos industriales.

sintetizador, ra adj. y s. Que sintetiza. || m. Aparato o dispositivo electrónico que permite reproducir sonido mediante la modificación de su frecuencia, intensidad, etc., simulando sonidos de otros instrumentos o creando otros distintos.

sintetizar tr. Hacer síntesis.

síntoma m. Fenómeno revelador de una enfermedad. || fig. Señal, indicio de una cosa que está sucediendo o va a suceder.

sintonía f. Hecho de estar sintonizados dos sistemas de transmisión y recepción. || Igualdad de tono o frecuencia. || fig. Armonía, adaptación o entendimiento. || En radio y televisión, música que señala el comienzo o final de una emisión.

sintonizar tr. Adaptar convenientemente las longitudes de onda de dos o más aparatos de radio. || intr. Existir armonía o entendimiento entre las personas.

sinuoso, sa adj. Que tiene recodos. || fig. [Carácter] de las acciones que tratan de ocultar el propósito o el fin al que se dirigen.

sinusitis f. Inflamación de la mucosa de los senos del cráneo que comunican con la nariz.

sinvergüenza adj. y com. Pícaro, bribón.

siquiera conj. ad. Equivale a *bien que* o *aunque*. || adv. m. y cant. Equivale a *por lo menos* en conceptos afirmativos. || Equivale a *tan solo* en conceptos negativos. || Refuerza una negación.

sirena f. Ninfa marina con busto de mujer y cuerpo de pez o ave.

sirio, ria adj. y s. De Siria.

sirope m. Líquido dulce y espeso, de diferentes sabores, que se utiliza en algunos postres o en pastelería.

sirviente, ta m. y f. Servidor o criado de otro.

sisa f. Robo de una pequeña cantidad de algo, sobre todo del dinero de la compra. || Abertura hecha en las prendas de vestir para que ajusten al cuerpo, sobre todo la que corresponde a la axila.

sisar tr. Robar una pequeña cantidad de algo, sobre todo del dinero de la compra. || Hacer aberturas o cortes en las prendas de vestir para que se ajusten bien al cuerpo, especialmente el que corresponde a la manga.

sisear intr. Emitir repetidamente el sonido inarticulado de *s* o *ch*, por lo común para manifestar desaprobación o desagrado o para hacer callar a alguien.

sísmico, ca adj. Relacionado con los terremotos.

sistema m. Conjunto de reglas o principios sobre una materia enlazados entre sí. || Conjunto de cosas que, ordenadamente relacionadas entre sí, contribuyen a determinado objeto. || Conjunto de órganos que intervienen en alguna de las principales funciones vegetativas animales. || fig. Medio o manera usados para hacer una cosa.

sistematizar tr. Organizar algo para que funcione de forma ordenada.

sístole f. Movimiento de contracción del corazón y las arterias para empujar la sangre por el sistema circulatorio del cuerpo.

sitiar tr. Cercar una plaza o fortaleza. || fig. Cercar a alguien cerrándole todas las salidas para cogerle o rendir su voluntad.

sitio m. Espacio que es ocupado o puede serlo por algo. || Lugar. || Aislamiento de un lugar para que los que se encuentran en él no puedan salir ni recibir ayuda de fuera.

sito, ta adj. Situado o fundado.

situar tr. Poner a una persona o cosa en determinado sitio o situación. También prnl. || Asignar o determinar fondos para algún pago o inversión. || Lograr una buena posición en una sociedad, empresa, competición, etc. También prnl.

slip (Voz i.) m. Calzoncillo o bañador pequeño y ajustado.

slogan (Voz i.) m. Eslogan.

snob (Voz i.) adj. y com. Esnob.

so prep. Bajo, debajo de. || m. fam. Se usa solamente seguido de adjetivos despectivos reforzando su significación. || interj. Voz que se usa para que se paren o detengan las caballerías.

sobaco m. Concavidad que forma el arranque del brazo con el cuerpo.

sobar tr. Tocar insistentemente una cosa. || Palpar, manosear a una persona.

soberano, na adj. Que ejerce o posee la autoridad suprema e independiente. Apl. a pers., también s. || Elevado, excelente y no superado.

soberbia f. Orgullo, presunción. || Ostentación, suntuosidad.

sobornar tr. Corromper a alguien con dádivas para conseguir de él una cosa.

sobrar intr. Haber más de lo que se necesita para una cosa. || Quedar, restar.

sobrasada f. Embutido grueso hecho con carne de cerdo muy picada, sal y pimentón.

sobre m. Cubierta, por lo común de papel, en que se incluye la carta, comunicación, tarjeta, etc. || Lo que se escribe en dicha cubierta. || Cubierta o envoltorio parecido empleado con usos muy distintos. || prep. Encima de. || Acerca de. || Además de. || Indica aproximación en una cantidad o un número. || Cerca de otra cosa, con más altura que ella y dominándola. || Con dominio y superioridad.

sobrealimentar tr. y prnl. Dar a un individuo más alimento del que necesita. || Hacer mayor la presión del combustible de un motor de explosión, aumentando su potencia.

sobrecargar tr. Cargar con exceso. || Sobrepasar la capacidad de funcionamiento de un aparato, sistema, etc. || Abrumar excesivamente a una persona de trabajo, preocupaciones, responsabilidades, etc.

sobrecoger tr. Asustar o intimidar. || Coger de repente y desprevenido.

sobredosis f. Dosis excesiva de un fármaco u otra sustancia, particularmente de alguna droga, que puede causar graves daños en el organismo o provocar la muerte.

sobrehilar tr. Dar puntadas sobre el borde de una tela cortada, para que no se deshilache.

sobrellevar tr. Soportar y aceptar una molestia o algo malo.

sobremesa f. El tiempo que se está a la mesa después de haber comido.

sobrenatural adj. Que excede de los términos de la naturaleza.

sobrenombre m. Nombre que se añade a veces al nombre de una persona o con el que se la conoce o distingue.

sobrentender tr. y prnl. Entender una cosa que no está expresa, pero que se deduce.

sobrepasar tr. Rebasar un límite, exceder de él. || Superar, aventajar.

sobreponer tr. Añadir una cosa o ponerla encima de otra. || prnl. Dominar los impulsos y sentimientos.

sobresaliente adj. Que sobresale. || m. En los exámenes, calificación máxima.

sobresalir intr. Destacar por ser más grande o por estar hacia fuera. || Destacar entre los demás por ser mejor.

sobresaltar tr. Alterar, asustar, impresionar, intranquilizar. También prnl.

sobresdrújulo, la adj. [Palabra] que lleva el acento fonético en la sílaba anterior a la antepenúltima.

sobrestimar tr. Estimar una cosa por encima de su valor.

sobresueldo m. Retribución o consignación que se añade al sueldo fijo.

sobrevenir intr. Acaecer o suceder una cosa además o después de otra. || Venir improvisadamente.

sobrevivir intr. Vivir uno después de la muerte de otro o después de un determinado suceso o plazo. || fig. Superar una prueba, situación, etc.

sobrino, na m. y f. Respecto de una persona, hijo o hija de su hermano o hermana, o de su primo o prima.

sobrio, bria adj. Templado, moderado, especialmente en comer y beber. || Que carece de adornos superfluos o de otras características que lo hagan llamativo o exagerado. || [Persona] que no está borracha.

socarrón, ona adj. y s. [Persona] que se burla con disimulo de alguien o algo.

socavón m. Cueva que se excava en la ladera de un cerro o monte y a veces se prolonga formando galería subterránea. || Hundimiento del suelo por haberse producido una oquedad subterránea.

sociable adj. Que, de una forma natural, tiende a vivir en sociedad. || [Persona] afable, a la que le gusta relacionarse con los demás.

social adj. De la sociedad o relacionado con ella. || De una compañía o sociedad o relacionado con ella.

socialismo m. Sistema de organización social y económico basado en la propiedad y administración colectiva o estatal de los medios de producción y en la progresiva desaparición de las clases sociales.

sociedad f. Conjunto de personas que conviven y se relacionan dentro de un mismo espacio y ámbito cultural. || Agrupación natural o pactada de personas o animales, con el fin de cumplir, mediante la mutua colaboración, todos o algunos de los fines de la vida. || La formada por comerciantes, hombres de negocios o accionistas de alguna compañía. || Conjunto de personas o instituciones que actúan unidas para conseguir un mismo fin.

socio, cia m. y f. Persona asociada con otra u otras por algún fin. || Individuo de una sociedad, o agrupación de individuos.

sociocultural adj. Relacionado con el estado cultural de una sociedad o grupo social.

sociología f. Ciencia que trata de las condiciones de existencia y desenvolvimiento de las sociedades humanas.

socorrer tr. Ayudar, favorecer en un peligro o necesidad.

soda f. Bebida de agua gaseosa con ácido carbónico.

sodio m. Elemento químico metálico, de color blanco y brillo argénteo. Símbolo, *Na*.

sodomía f. Coito anal. || Relación homosexual entre varones.

soez adj. Bajo, grosero, indigno, vil.

sofá m. Asiento cómodo para dos o más personas, que tiene respaldo y brazos.

sofisticado, da adj. Muy refinado y elegante y, en ocasiones, falto de naturalidad. || Complejo, completo.

sofocar tr. Ahogar, impedir la respiración. || Apagar, extinguir. || fig. Acosar, importunar demasiado a uno. || prnl. Excitarse, enojarse.

sofreír tr. Freír ligeramente o en poco aceite.

software (Voz i.) m. En informática, término genérico que designa los componentes de un sistema informático externos al ordenador, como los programas, sistemas operativos, etc., que permiten a este ejecutar sus tareas.

soga f. Cuerda gruesa de esparto.

soja f. Planta leguminosa procedente de Asia, con fruto parecido al fréjol, comestible y muy nutritivo.

sol m. Con mayúscula, estrella luminosa, centro de nuestro sistema planetario. || m. fig. Luz, calor o influjo del Sol. || m. Quinta nota de la escala musical. || fam. Persona muy buena o agradable.

solamente adv. m. De un solo modo, en una sola cosa, sin nada más.

solapa f. Parte del vestido, correspondiente al pecho, y que suele ir doblada hacia fuera.

solapar tr. Cubrir una cosa a otra en su totalidad o en parte. || Ocultar maliciosa y cautelosamente la verdad o la intención. || prnl. Coincidir una cosa con otra.

solar adj. Relativo al Sol.

solar m. Porción de terreno donde se ha edificado o que se destina a edificar en él.

solar tr. Revestir el suelo con ladrillos, losas u otro material.

solariego, ga adj. Antiguo y noble.

solaz m. Ocio, descanso, esparcimiento.

soldado com. Persona que sirve en la milicia. || Militar sin graduación.

soldar tr. y prnl. Pegar sólidamente dos cosas, de ordinario con alguna sustancia igual o semejante a ellas.

soledad f. Carencia de compañía.

solemne adj. Celebrado públicamente con pompa. || Muy serio. || Muy grande.

soler intr. Con referencia a seres vivos, tener costumbre. || Con referencia a hechos o cosas, ser frecuente.

solera f. Carácter tradicional de las cosas, usos, costumbres, etc. || Antigüedad de los vinos.

solfeo m. Técnica de leer correctamente los textos musicales, y estudios que se realizan para adquirirla.

solicitar tr. Pretender o buscar una cosa con diligencia y cuidado. || Requerir de amores a una persona.

solícito, ta adj. Amable, que ofrece su ayuda.

solicitud f. Diligencia o instancia cuidadosa. || Documento en que se solicita algo.

solidaridad f. Adhesión circunstancial a la causa o a la empresa de otros.

solidarizar tr. y prnl. Prestar apoyo o comprender a alguien.

sólido, da adj. Firme, macizo, denso y fuerte. || [Cuerpo] cuyas moléculas tienen entre sí mayor cohesión que las de los líquidos. También m. || fig. Establecido con razones fundamentales.

solista com. Persona que ejecuta un solo de una pieza vocal o instrumental.

solitario, ria adj. Desamparado, desierto. || Solo, sin compañía. || Retirado, que ama la soledad o vive en ella. También s. m. Diamante que se engasta solo en una joya. || Juego que ejecuta una sola persona. || f. Tenia, gusano intestinal.

soliviantar tr. Inducir a una persona a adoptar una postura rebelde u hostil. También prnl. || Agitar, inquietar. || Irritar, disgustar mucho.

sollozar intr. Llorar de una forma entrecortada.

sólo o **solo** adv. m. Únicamente, solamente.

solo, la adj. Único en su especie. ‖ Que está sin otra cosa o que se considera separado de ella. ‖ [Persona] sin compañía. ‖ Que no tiene quien le ampare o consuele. ‖ m. En música, composición o parte de ella para una única voz o instrumento. ‖ adv. m. Solamente, sin otra persona o cosa.

solomillo m. En las reses de matadero, capa muscular que se extiende por entre las costillas y el lomo. ‖ Filete sacado de esta parte.

solsticio m. Nombre de dos momentos en que se producen sendos cambios estacionales y es máxima la diferencia entre día y noche.

soltar tr. Desatar o desceñir. ‖ Dar libertad al que estaba detenido o preso. ‖ Desasir lo que estaba sujeto. También prnl. ‖ Dar salida a lo que estaba detenido o encerrado. También prnl. ‖ fam. Decir. ‖ prnl. Adquirir habilidad o desenvoltura en algo. ‖ Dejar de sentir timidez o vergüenza. ‖ Empezar a hacer algunas cosas, como hablar, andar, escribir, etc.

soltero, ra adj. y s. Que no está casado.

solterón, ona adj. y s. *desp.* Persona mayor que no está casada.

soltura f. Habilidad para hacer algo.

soluble adj. Que se puede disolver o desleír. ‖ fig. Que se puede resolver.

solución f. Lo que termina con una dificultad o un problema. ‖ Resultado de un problema o de una operación matemática. ‖ Mezcla que se obtiene al disolver varias sustancias en un líquido.

solucionar tr. Resolver un asunto, hallar solución o término a un problema.

solvencia f. Carencia de deudas o capacidad para satisfacerlas.

solventar tr. Resolver.

sombra f. Proyección oscura que un cuerpo lanza en dirección opuesta a la luz. ‖ Lugar donde no da el sol o se está protegido de él. ‖ Tonos oscuros que se dan en algunas partes de un dibujo.

sombrear tr. Dar o producir sombra. ‖ Poner sombra en una pintura o dibujo.

sombrero m. Prenda de vestir que sirve para cubrir la cabeza.

sombrilla f. Especie de paraguas para resguardarse del sol.

somero, ra adj. Ligero, superficial.

someter tr. Dominar a alguien por la fuerza. También prnl. ‖ Hacer que alguien o algo reciba cierta acción. ‖ Confiar algo al juicio de otro.

somier m. Soporte de muelles, láminas de madera, etc., sobre el que se pone el colchón.

somnífero, ra adj. y m. Que da sueño.

somnolencia f. Pesadez y torpeza de los sentidos motivadas por el sueño. ‖ Ganas de dormir.

son m. Sonido agradable.

sonajero m. Juguete para bebés que tiene en su interior cosas que suenan al agitarlo.

sonámbulo, la adj. y s. [Persona] que anda y habla durante el sueño.

sonar intr. Producir un sonido una cosa. ‖ Resultar conocido alguien. ‖ Tener aspecto de algo. ‖ Limpiar de mocos la nariz, haciéndolos salir echando con fuerza el aire por ella.

sonda f. Cuerda con un peso para medir la profundidad de las aguas y explorar su fondo. ‖ Tubo fino que se introduce en el cuerpo para meter o sacar líquidos o para explorarlo. ‖ Cohete que se envía al espacio para explorarlo.

sondear o **sondar** tr. Echar la sonda al agua para averiguar la profundidad y la calidad del fondo. ‖ Inquirir con cautela la intención de uno, o las circunstancias de algo. ‖ Introducir en el cuerpo la sonda.

soneto m. Composición poética que consta de 14 versos, generalmente endecasílabos, distribuidos en dos cuartetos y dos tercetos.

songa f. *amer.* Burla, ironía.

sonido m. Sensación producida en el órgano del oído por las vibraciones de los objetos. ‖ Valor y pronunciación de las letras. ‖ Conjunto de técnicas y aparatos para grabar y reproducir el sonido.

sonoridad f. Fuerza y calidad con que se oye un sonido.

sonotone m. Aparato que se colocan los sordos en la oreja y que sirve para oír mejor.

sonreír intr. Reírse levemente. También prnl. ‖ fig. Ofrecer las cosas un aspecto alegre o gozoso. ‖ fig. Mostrarse favorable o halagüeño para uno algún asunto, suceso, esperanza, etc.

sonrisa f. Gesto que se hace cuando se ríe levemente en silencio.

sonrojar tr. y prnl. Hacer salir los colores al rostro de vergüenza.

sonso, sa adj. *amer.* Tonto.

sonsacar tr. Procurar obtener algo de alguien con habilidad.

soñar tr. e intr. Representar en la fantasía algo mientras dormimos. ‖ fig. Discurrir fantásticamente. ‖ intr. fig. Anhelar persistentemente una cosa.

sopa f. Pedazo de pan empapado en cualquier líquido. ‖ Plato compuesto de rebanadas de pan, fécula, arroz, fideos, etc., y el caldo de olla u otro análogo en que se han cocido.

sopesar tr. Levantar algo como para tantear el peso que tiene. || fig. Examinar con atención el pro y el contra de un asunto.

soplar intr. Despedir aire con violencia por la boca. También tr. || fig. y fam. Beber mucho alcohol. También prnl. || Correr el viento, haciéndose sentir. || tr. Apartar con un soplido una cosa. || Inflar una cosa con aire. También prnl. || fig. y fam. Sugerir a alguien la idea, palabra, etc., que debe decir y no acierta o ignora. || fig. Acusar o delatar.

soplete m. Aparato para soldar, utilizando una mezcla de oxígeno y un gas combustible.

soplo m. Aire que sale por la boca con fuerza. || Golpe de viento. || Instante brevísimo de tiempo. || Información que se da en secreto y con cautela.

soponcio m. Desmayo, disgusto.

sopor m. Modorra, somnolencia.

soportal m. Espacio cubierto, con arcos y columnas, que hay en las fachadas de algunos edificios o alrededor de algunas plazas.

soportar tr. Sostener o llevar sobre sí una carga o peso. || fig. Sufrir, tolerar.

soporte m. Lugar que sirve de apoyo a algo. || En pintura, material sobre el que se pinta. || En informática, cinta, disquete, etc., en que se almacena información.

soprano com. La más aguda de las voces humanas. || Persona que tiene esta voz.

sor f. Hermana. Suele anteceder al nombre de las religiosas.

sorber tr. Beber aspirando. || fig. Atraer hacia dentro de sí algunas cosas aunque no sean líquidas. || fig. Recibir y mantener dentro de sí una cosa hueca o esponjosa a otra. || fig. Absorber, tragar.

sorbete m. Helado.

sórdido, da adj. Sucio, pobre y miserable.

sordo, da adj. Que oye poco o nada. También s. || Que suena poco o sin claridad.

sordomudo, da adj. y s. Que es sordo de nacimiento y, por tanto, también mudo.

sorna f. Tono irónico con que se dice algo.

soroche m. *amer.* Mal de la montaña o de las alturas. || *amer.* Galena, mineral de azufre y plomo.

sorprender tr. Coger desprevenido. || Conmover o maravillar con algo imprevisto o raro. También prnl. || Descubrir lo que otro ocultaba o disimulaba.

sorpresa f. Impresión que causa algo que no se esperaba. || Lo que produce esta impresión.

sortear tr. Someter a personas o cosas a la decisión de la suerte. || fig. Evitar con maña una dificultad o un obstáculo.

sortija f. Anillo, aro pequeño que se ajusta a los dedos.

sortilegio m. Adivinación que se hace a través de medios mágicos. || Hechizo o encantamiento.

SOS Señal internacional de petición de socorro o ayuda urgente.

sosegar tr. y prnl. Aplacar, pacificar. || intr. Descansar, aquietarse. También prnl. || Dormir o reposar.

sosiego m. Quietud, tranquilidad.

soslayar tr. Poner una cosa ladeada, atravesada u oblicua para que pase por un lugar estrecho. || fig. Pasar por alto o de largo, dejando de lado una dificultad.

soso, sa adj. Que no tiene sal, o tiene poca. || fig. [Persona], acción o palabra que carecen de gracia y viveza.

sospechar tr. Aprehender o imaginar una cosa por conjeturas fundadas en apariencias o visos de verdad. || intr. Desconfiar, dudar.

sostén m. Persona o cosa que sirve de apoyo moral y protección. || Sujetador, prenda interior femenina.

sostener tr. Sustentar, mantener firme una cosa. También prnl. || Sustentar o defender una proposición. || Dar a alguien lo necesario para su manutención. || prnl. Mantenerse un cuerpo en un medio, sin caer.

sostenido, da adj. En música, [nota] cuya entonación excede en un semitono mayor a la que corresponde a su sonido natural.

sota f. Carta décima de cada palo de la baraja española. || fig. Persona antipática.

sotana f. Vestidura de los sacerdotes.

sótano m. Pieza subterránea, entre los cimientos de un edificio.

soterrar tr. Enterrar una cosa. || fig. Esconder algo. || fig. Olvidar por completo.

soto m. Sitio poblado de árboles y arbustos.

soviético, ca adj. De la Unión Soviética. Apl. a pers., también s.

sport (Voz i.) adj. [Prenda de vestir] más cómoda o informal.

spot (Voz i.) m. Anuncio publicitario en radio, cine o televisión.

spray (Voz i.) m. Envase de algunos líquidos mezclados con un gas a presión, de manera que al oprimir una válvula sale el líquido pulverizado.

stand (Voz i.) m. Caseta o puesto en ferias y exposiciones.

standing (Voz i.) m. Situación social y económica, especialmente si es alta.

status m. Nivel económico y social de una persona, corporación, etc.

stock (Voz i.) m. Conjunto de mercancías en depósito o en reserva.

stop (Voz i.) m. Señal de tráfico que indica la obligación de detener el vehículo en la intersección de ciertos cruces. ‖ fig. Imperativo de cese de cualquier actividad. ‖ En los telegramas, punto.

strip-tease (Voz i.) m. Espectáculo en el que una persona se desviste lenta y sugestivamente hasta quedarse desnuda.

stress (Voz i.) m. Estrés.

su, sus pron. pos. de tercera persona. Se usa solo antepuesto al nombre.

suave adj. Liso y blando al tacto. ‖ Dulce, grato a los sentidos. ‖ fig. Tranquilo, manso. ‖ fig. Lento, moderado. ‖ fig. Dócil, apacible.

suavizante adj. y m. Que hace que quede suave.

subalterno, na adj. y s. Inferior, que está bajo las órdenes de otra persona.

subarrendar tr. Alquilar una cosa, no a su dueño, sino a otra persona que la tiene alquilada.

subasta f. Venta pública que se hace al mejor postor. ‖ Adjudicación que en la misma forma se hace de una contrata.

subconsciente adj. Que no llega a ser consciente. ‖ m. Conjunto de procesos mentales que desarrollan una actividad independiente de la voluntad del individuo.

subdesarrollo m. Falta de desarrollo en cualquier área o actividad. ‖ Situación del proceso del desarrollo de determinadas regiones geográficas, cuya economía se encuentra aún en una etapa preindustrial y sus fuerzas productivas poco aprovechadas.

subdirector, ra m. y f. Persona que sirve inmediatamente a las órdenes del director o le sustituye en sus funciones.

súbdito, ta adj. y s. Sujeto a la autoridad de un superior con obligación de obedecerle. ‖ m. y f. Natural o ciudadano de un país en cuanto sujeto a las autoridades políticas de este.

subestimar tr. Estimar a alguna persona o cosa por debajo de su valor.

subir intr. Pasar de un sitio o lugar a otro superior o más alto. ‖ Crecer en altura ciertas cosas. ‖ Aumentar. ‖ Entrar en un vehículo o montar en una caballería. También tr. y prnl. ‖ Levantar o enderezar. ‖ Dar a las cosas más precio, intensidad o estimación de la que tenían. También intr.

súbito, ta adj. Improvisto, repentino. ‖ Precipitado, impetuoso, violento.

subjetivo, va adj. Del sujeto, considerado en oposición al mundo externo. ‖ Relativo a nuestro modo de pensar o sentir, y no al objeto en sí mismo.

subjuntivo, va adj. y m. [Modo] verbal con significación de duda, posibilidad o deseo.

sublevar tr. y prnl. Alzar en sedición o motín. || fig. Excitar indignación, promover sentimientos de protesta.

sublime adj. Excelso, eminente.

subliminal adj. [Carácter] de aquellas percepciones sensoriales, u otras actividades psíquicas, de las que el sujeto no llega a tener consciencia.

submarinismo m. Conjunto de actividades que se realizan bajo la superficie del mar, con fines científicos, militares, deportivos, etc.

submarino, na adj. Relativo a lo que está o se efectúa bajo la superficie del mar. || m. Buque de guerra capaz de navegar en la superficie del mar o sumergido.

subnormal adj. Inferior a lo normal. || [Persona] afectada de una deficiencia mental. También com.

subordinado, da adj. y s. Sujeto a otra persona o dependiente de ella. || adj. y f. En gramática, [oración] que depende de otra.

subordinar tr. Sujetar personas o cosas a la dependencia de otras. También prnl. || Clasificar algunas cosas como inferiores en orden respecto a otras. || En lingüística, regir un elemento gramatical a otro de categoría diferente. También prnl.

subrayar tr. Señalar por debajo con una raya alguna letra, palabra o frase escrita. || Destacar o recalcar.

subsanar tr. Reparar o remediar un defecto, o resarcir un daño. || Resolver, solucionar.

subsidio m. Ayuda o auxilio extraordinario de carácter económico. || Prestación económica concedida por un organismo oficial en ciertas situaciones sociales.

subscribir tr. Suscribir.

subscripción f. Suscripción.

subsidio m. Socorro, ayuda o auxilio extraordinario de carácter económico.

subsistir intr. Permanecer o conservarse una cosa. || Mantener la vida.

substancia f. Sustancia.

substantivo, va adj. Sustantivo.

substituir tr. Sustituir.

substraer tr. Sustraer.

substrato m. Sustrato.

subsuelo m. Parte profunda del terreno, situada por debajo de la superficie terrestre.

subte m. *amer.* Subterráneo, tren de circulación urbana.

subterfugio m. Evasiva, excusa.

subterráneo, a adj. Que está debajo de tierra. || m. Pasadizo o conducto hecho por debajo de la tierra. || *amer.* Tren de circulación urbana.

subtitulado, da adj. Que tiene otro título después del principal. || [Película] que se proyecta en su idioma original y mediante un texto que aparece en la parte baja de la imagen se traduce al idioma que interese.

subtítulo m. Título secundario. ‖ Escrito que aparece en la pantalla cinematográfica, simultáneamente a la proyección de las imágenes, y que corresponde a la traducción de los textos, cuando la película se emite en versión original.

suburbano, na adj. Territorio o zona próxima a la ciudad. ‖ Tren que comunica la ciudad con los barrios de las afueras.

suburbio m. Barrio o arrabal que rodea las grandes ciudades.

subvención f. Ayuda económica, generalmente oficial, para costear o favorecer una actividad, industria, etc.

subvertir tr. Trastornar, revolver, destruir.

subyacer tr. Hallarse algo debajo de otra cosa. ‖ Hallarse algo oculto tras otra cosa, generalmente un sentimiento o una cualidad.

subyugar tr. y prnl. Someter, sojuzgar.

succionar tr. Chupar, extraer algún líquido con los labios.

sucedáneo, a adj. y s. [Sustancia] que, por tener propiedades parecidas a las de otra, puede reemplazarla.

suceder tr. Ocupar el cargo, puesto, etc., que tenía anteriormente otra persona. ‖ Ir una persona o cosa detrás de otra. ‖ impers. Acontecer, ocurrir.

sucesión f. Conjunto de cosas que van unas detrás de otras. ‖ Ocupación de una persona del puesto de otra. ‖ Conjunto de hijos, nietos y demás generaciones que proceden de una misma persona. ‖ Conjunto de bienes, derechos y obligaciones transmitibles a un heredero o legatario.

suceso m. Cosa que ocurre.

sucinto, ta adj. Breve.

sucio, cia adj. Que tiene manchas o impurezas. ‖ Que se ensucia fácilmente. ‖ Que produce suciedad. ‖ [Color] confuso y turbio. ‖ fig. Deshonesto, obsceno. ‖ adv. m. Referido a la forma de jugar y, por ext., de actuar, sin observar las reglas o haciendo trampas.

suculento, ta adj. Jugoso, muy nutritivo.

sucumbir intr. Ceder, rendirse, someterse. ‖ Morir, perecer.

sucursal adj. y f. [Establecimiento] industrial, comercial, etc., que depende de otro.

sudafricano, na adj. y s. De África del Sur, o de la República Sudafricana.

sudamericano, na adj. y s. De América del Sur o Sudamérica.

sudar intr. Exhalar y expeler el sudor. También tr. ‖ fig. Destilar los árboles, plantas y frutos gotas de su jugo. También tr. ‖ fig.

Destilar agua a través de sus poros algunas cosas impregnadas de humedad. ‖ fig. Trabajar o esforzarse mucho. ‖ tr. Empapar en sudor. ‖ fig. Conseguir una cosa con mucho esfuerzo.

sudario m. Tela en que se envuelve el cadáver.

sudeste m. Punto del horizonte entre el Sur y el Este.

sudoeste m. Punto del horizonte entre el Sur y el Oeste.

sudor m. Líquido claro y transparente que segregan las glándulas sudoríparas de la piel de los mamíferos. ‖ fig. Jugo que sudan las plantas. ‖ fig. Gotas que se destilan de las cosas que tienen humedad. ‖ fig. Trabajo, fatiga.

sueco, ca adj. y s. De Suecia. ‖ m. Lengua de Suecia.

suegro, gra m. Padre o madre del marido respecto de la mujer o de la mujer respecto del marido.

suela f. Parte del calzado que toca el suelo. ‖ Cuero de vacuno curtido. ‖ fam. Filete fino y excesivamente frito.

sueldo m. Remuneración asignada por el desempeño de un cargo o servicio profesional.

suelo m. Superficie de la Tierra. ‖ Terreno en que viven o pueden vivir las plantas. ‖ Piso de una vivienda. ‖ Terreno edificable. ‖ Territorio. ‖ Base de un recipiente u otra cosa.

suelto, ta adj. Ligero, veloz.
‖ Poco compacto. ‖ Expedito, ágil. ‖ Libre, atrevido. ‖ Que padece diarrea. ‖ Tratándose del lenguaje, estilo, etc., fácil. ‖ [Moneda] fraccionaria. También m. ‖ m. Escrito de corta extensión insertado en un periódico.

sueño m. Acto de dormir. ‖ Representación en la fantasía de sucesos o cosas mientras se duerme. ‖ Estos mismos sucesos o cosas representados. ‖ Ganas de dormir. ‖ fig. Proyecto, deseo o esperanza sin probabilidad de realizarse. ‖ fig. Meta que alguien se propone.

suero m. Líquido compuesto por agua y sales que se inyecta en el cuerpo como medicina o como alimento. ‖ Sustancia que se prepara con la sangre de algunos animales y que se utiliza como vacuna.

suerte f. Encadenamiento de sucesos, considerado como fortuito o casual. ‖ Circunstancia favorable o adversa. ‖ Suerte favorable. ‖ Azar.

suéter m. Jersey.

suficiente adj. Bastante. ‖ Apto, idóneo. ‖ m. Calificación equivalente al aprobado.

sufijo, ja adj. y m. Afijo pospuesto.

sufragar tr. Ayudar, favorecer. ‖ Costear, satisfacer.

sufragio m. Forma de elegir la gente cargos públicos o de decidir sobre algún asunto importante por medio del voto.

sufrir tr. Sentir un daño o dolor. || Recibir con resignación un daño moral o físico. También prnl. || Sostener, resistir, soportar. || Permitir, consentir. || Experimentar a cierta prueba, cambio, fenómeno, etc.

sugerir tr. Inspirar una idea a otra persona. || Insinuar.

sugestionar tr. Dominar la voluntad de una persona, haciendo que actúe o se comporte de una determinada manera. || prnl. Obsesionarse.

suicidarse prnl. Quitarse voluntariamente la vida.

suicidio m. Hecho de quitarse la vida uno mismo voluntariamente.

suite (Voz fr.) f. Obra musical que consta de una serie de piezas parecidas que forman un conjunto. || En hoteles de lujo, conjunto de habitaciones que constituyen una unidad de alojamiento.

suizo, za adj. y s. De Suiza. || m. Bollo redondeado hecho de harina, huevo y azúcar.

sujetador m. Prenda interior femenina que sujeta y realza el pecho. || Pieza superior del biquini.

sujetar tr. Someter. También prnl. || Fijar o contener una cosa con la fuerza.

sujeto, ta adj. Que ha sido agarrado para que no se caiga o se suelte. || Expuesto o propenso a una cosa. || m. Cualquier persona. || En gramática, parte de la oración de la que se afirma algo.

sulfurar tr. Combinar o tratar un cuerpo con el azufre. || fig. Irritar, encolerizar a alguien. Más c. prnl.

sulfúrico, ca adj. Del azufre o relacionado con él. || [Ácido] incoloro e hidrosoluble obtenido del azufre, utilizado como fertilizante, detergente, etc.

sultán m. Emperador de los turcos. || Príncipe o gobernador mahometano.

suma f. Agregado de muchas cosas. || Acción de sumar. || Recopilación o resumen de las partes de una ciencia.

sumando m. Cantidad que se suma a otra para obtener el resultado.

sumar tr. Recopilar, compendiar, abreviar una materia. || Reunir en una sola varias cantidades homogéneas. || Componer varias cantidades una total. || prnl. fig. Agregarse, adherirse.

sumario, ria adj. Breve, sucinto. || En derecho, [juicio] civil en el que se procede brevemente y se prescinde de algunas formalidades o trámites del juicio ordinario. || m. Resumen, compendio o suma. || En derecho, conjunto de actuaciones encaminadas a preparar un juicio.

sumergir tr. y prnl. Meter una cosa debajo del agua o de otro líquido. || fig. Abismar, hundir.

sumidero m. Conducto o canal de desagüe.

suministrar tr. Proveer a alguien de algo que necesita.

sumir tr. y prnl. Llevar a cierta situación o estado penosos o lamentables. ‖ Hundir, abismar a alguien en profundos pensamientos, reflexiones, etc.

sumisión f. Sometimiento. ‖ Acatamiento, subordinación.

sumo, ma adj. Supremo, que no tiene superior. ‖ fig. Muy grande, enorme.

suntuoso, sa adj. Lujoso, magnífico, espléndido.

supeditar tr. Hacer que una persona o cosa dependa de otras. ‖ prnl. Estar condicionado por algo.

súper adj. fam. Muy bueno. ‖ fam. Muy bien. ‖ adj. y f. Tipo de gasolina. ‖ m. fam. Forma abreviada de supermercado.

superar tr. Sobrepujar, exceder, vencer. ‖ Rebasar un límite. ‖ Vencer un obstáculo, prueba, dificultad, etc. ‖ prnl. Mejorar en cierta actividad, ser aún mejor.

superávit m. Exceso de los ingresos sobre los gastos.

superchería f. Engaño, trampa, fraude.

superdotado, da adj. y s. [Persona] que posee cualidades superiores a lo normal, sobre todo intelectualmente.

superficie f. Límite o término de un cuerpo, que lo distingue de otro. ‖ Extensión en la que solo se consideran dos dimensiones: longitud y latitud. ‖ fig. Parte de las cosas que se aprecia a simple vista, cuando no se profundiza en ellas.

superfluo, flua adj. No necesario.

superior, ra adj. Que está más alto. ‖ Que es lo más excelente y digno. ‖ Que excede a otras cosas. ‖ [Persona] que tiene a otras a sus órdenes. También s.

superior, ra m. y f. Persona que dirige una congregación o comunidad religiosa.

superlativo, va adj. Muy grande y excelente en su línea. ‖ [Adjetivo] que denota el sumo grado de la calidad que con él se expresa. También m.

supermercado m. Gran establecimiento de venta al por menor en que el cliente se sirve a sí mismo y paga a la salida.

superponer tr. Añadir una cosa o ponerla encima de otra.

supersónico, ca adj. [Velocidad] superior a la del sonido. ‖ [Avión] que supera dicha velocidad.

superstición f. Creencia en hechos que no se basan en la razón, en la que se atribuyen poderes a ciertos objetos y se dan interpretaciones a ciertas coincidencias.

supervisar tr. Revisar o inspeccionar la ejecución o el resultado de algo.

supervivencia f. Hecho de seguir viviendo.

supino, na adj. [Posición] de estar tumbado sobre la espalda. ‖ [Ignorancia o estupidez] muy grande.

suplantar tr. Sustituir ilegalmente a una persona.

suplemento m. Lo que se añade a una cosa para completarla. ‖ Capítulo, apéndice o tomo que se añade a un libro o escrito, u hoja o cuadernillo que se añade a un periódico o revista y cuyo texto es independiente del número ordinario.

suplente com. Persona que sustituye a otra en un empleo o cargo.

suplicar tr. Rogar, pedir con humildad una cosa. ‖ Recurrir ante el tribunal superior para que revoque una sentencia.

suplicio m. Lesión corporal, o muerte, infligida como castigo. ‖ fig. Lugar donde el reo padece este castigo. ‖ fig. Grave tormento o dolor físico o moral.

suplir tr. Ponerse en lugar de uno para hacer sus veces.

suponer m. Suposición, conjetura.

suponer tr. Dar por sentada y existente una cosa. ‖ Fingir, dar existencia ideal a lo que realmente no la tiene. ‖ Traer consigo, implicar. ‖ Tener importancia o valor una cosa.

supositorio, ria m. Preparado farmacéutico que se introduce por el recto o por la vagina.

supremo, ma adj. Sumo, altísimo. ‖ Que no tiene superior en su línea.

suprimir tr. Hacer cesar, hacer desaparecer. ‖ Omitir, callar.

supurar intr. Formar o echar pus.

sur m. Punto cardinal diametralmente opuesto al Norte. ‖ Lugar de la Tierra o de la esfera celeste que cae del lado del polo antártico.

surco m. Hendedura que se hace en la tierra con el arado. ‖ Señal o hendedura prolongada que deja una cosa que pasa sobre otra. ‖ Marca semejante en otra cosa, particularmente cada una de las ranuras por las que pasa la aguja en un disco fonográfico. ‖ Arruga en el rostro o en otra parte del cuerpo.

sureste m. Sudeste.

surf o **surfing** (Voz i.) m. Deporte acuático que consiste en mantener el equilibrio sobre una tabla arrastrada por las olas.

surgir intr. Brotar el agua. ‖ fig. Alzarse. ‖ fig. Manifestarse, brotar, aparecer.

suroeste m. Sudoeste.

surrealismo m. Movimiento literario y artístico de principios del s. XX que intenta sobrepasar lo real impulsando con automatismo psíquico lo imaginario o irracional.

surtidor, ra adj. y m. Que surte o provee. ‖ m. Chorro de agua

sustraer

que brota o sale hacia arriba. ‖ Bomba para repostar combustible en las gasolineras.

surtir tr. y prnl. Proveer a alguien de alguna cosa. ‖ intr. Brotar, salir el agua.

susceptible adj. Capaz de recibir modificación o impresión. ‖ Quisquilloso.

suscitar tr. Levantar, promover.

suscribir tr. Firmar al final de un texto escrito. ‖ Estar de acuerdo con alguien. ‖ prnl. Entrar a formar parte de una asociación. ‖ Apuntarse y pagar un dinero para recibir cada cierto tiempo una revista o periódico.

susodicho, cha adj. y s. Dicho arriba, mencionado anteriormente.

suspender tr. Levantar, colgar una cosa en algo o en el aire. ‖ Detener, diferir. También prnl. ‖ tr. e intr. No aprobar un examen. ‖ fig. Privar temporalmente a alguien del sueldo o empleo.

suspense m. Emoción, vivo interés e incertidumbre que produce una cosa. ‖ Género literario y cinematográfico que pretende producir dicho estado en el lector o en el espectador.

suspenso m. Nota de haber sido suspendido en un examen.

suspicaz adj. Propenso a concebir sospechas o a tener desconfianza.

suspiro m. Aspiración fuerte y prolongada seguida de una espiración, que suele denotar pena, ansia o deseo. ‖ fig. Espacio muy breve de tiempo.

sustancia f. Cualquier cosa de la que está formada otra o con la que se puede formar. ‖ Ser, esencia, naturaleza de las cosas. ‖ Jugo que se extrae con ciertas materias alimenticias. ‖ Conjunto de elementos nutritivos de los alimentos. ‖ fig. Parte más importante de una cosa, en la que reside su interés. ‖ fig. Valor y estimación de las cosas.

sustantivo, va adj. De gran importancia. ‖ Del sustantivo, o que desempeña su función. ‖ m. Parte variable de la oración que designa a los seres y objetos, y cuya principal función es la de núcleo del sintagma nominal.

sustentar tr. y prnl. Sostener un cuerpo a otro. ‖ Proporcionar a alguien la comida y todo lo necesario para vivir. ‖ Basar o apoyar una cosa en otra.

sustituir tr. Poner a una persona o cosa en lugar de otra.

susto m. Impresión repentina de sorpresa, miedo o espanto. ‖ fig. Preocupación vehemente por alguna adversidad o daño que se teme.

sustraer tr. Apartar, separar, extraer. ‖ Hurtar, robar. ‖ Restar, hallar la diferencia entre dos cantidades. ‖ prnl. Desentenderse de una obligación, problema, etc.

sustrato m. Sustancia, ser de las cosas. ‖ Terreno que queda debajo de otro. ‖ Parte o aspecto interior de algo que aflora a la superficie.

susurrar intr. Hablar bajo. ‖ fig. Moverse con ruido suave alguna cosa.

sutil adj. Delgado, delicado, tenue. ‖ fig. Agudo, ingenioso.

sutura f. Costura con que se unen los bordes de una herida.

suyo, suya, suyos, suyas pron.pos de tercera persona, en gén. m. y f. y núm. sing. y pl. Indica pertenencia o relación con una persona o cosa. También s. ‖ m. pl. Precedido de art. det., personas unidas a otra por parentesco, amistad, etc.

T

t f. Vigesimoprimera letra del abecedario español y decimoséptima de sus consonantes. Su nombre es *te*.

tabaco m. Planta originaria de las Antillas, cuyas hojas, secadas, sirven para elaborar cigarrillos y cigarros.

tabaquismo m. Intoxicación crónica por el tabaco.

tabarra f. Persona o cosa molesta y pesada por su insistencia.

taberna f. Establecimiento público donde se venden bebidas, principalmente alcohólicas, al por menor y, a veces, se sirven comidas.

tabernáculo m. Lugar donde los hebreos tenían colocada el arca del Testamento. ‖ Sagrario donde se guarda el Santísimo Sacramento.

tabique m. Pared delgada con que se dividen las distintas dependencias de un edificio. ‖ División o separación.

tabla f. Pieza de madera de poco grosor. ‖ Pieza plana y de poco espesor de alguna otra materia. ‖ Doble pliegue ancho y plano de una tela o prenda. ‖ Índice, por lo general alfabético, de las materias de un libro. ‖ pl. En el juego de las damas o el del ajedrez, estado en que ninguno de los jugadores puede ganar la partida. ‖ fig. Empate en cualquier asunto, que queda indeciso. ‖ Soltura en cualquier actuación ante el público.

tablado m. Suelo de tablas. ‖ Pavimento del escenario de un teatro.

tablao m. Escenario y local donde se celebran actuaciones de cante y baile flamencos.

tablero m. Tabla o conjunto de tablas unidas. ‖ Tabla de una materia rígida. ‖ Tabla cuadrada con cuadritos alternados de dos colores, para jugar al ajedrez, a las damas y otros juegos de mesa. ‖ Panel con alguna información o sobre el que se anotan ciertos datos. ‖ Encerado en las escuelas.

tableta f. Pieza plana y alargada de chocolate o turrón. ‖ Pastilla medicinal.

tablón m. Tabla gruesa.

tabú m. Aquello que no puede mencionarse o tratarse debido a ciertos prejuicios o convenciones sociales.

tabulador m. Función y pieza de las máquinas de escribir y ordenadores que permite hacer cuadros y listas con facilidad conservando los espacios y márgenes pertinentes.

taburete m. Asiento sin brazo ni respaldo. || Silla de respaldo muy estrecho.

tacaño, ña adj. y s. Avaro, ruin, mezquino.

tacatá o **tacataca** m. Estructura con ruedas en la que los niños aprenden a andar.

tacha f. Falta o defecto. || Cosa que deshonra o humilla.

tachar tr. Hacer rayas o escribir sobre lo ya escrito para que no pueda leerse o para anularlo. || fig. Culpar, censurar.

tachuela f. Clavo corto de cabeza grande.

tácito, ta adj. Callado, silencioso. || Que no se expresa formalmente, sino que se supone o infiere.

taciturno, na adj. Callado, silencioso. || Triste, melancólico.

taco m. Pedazo de madera u otra materia, grueso y corto. || Conjunto de hojas de papel superpuestas y colocadas formando un montón. || Trozo en forma de prisma de algún alimento. || Palabrota. || fam. Embrollo, lío. || *amer.* En México, tortilla de maíz rellena de carne y otros ingredientes. || *amer.* Tacón.

tacón m. Pieza más o menos alta que va unida a la suela del zapato en la parte que corresponde al talón.

taconear intr. Pisar haciendo ruido con los tacones. || Golpear el suelo con los tacones.

táctica f. Conjunto de reglas a que se ajustan en su ejecución las operaciones militares. || Sistema o plan que se emplea disimuladamente para conseguir un fin.

tacto m. Sentido corporal con el que se percibe, por contacto directo, la forma y textura de los objetos. || Acción de tocar o palpar. || Habilidad, diplomacia.

tafilete m. Cuero muy fino y delgado.

tahona f. Panadería en que se cuece pan.

tahúr com. Persona que juega frecuentemente y por dinero a las cartas o a los dados. || Jugador que hace trampas.

taiga f. Bosque boreal en el que suelen dominar las especies del grupo de las coníferas, que se extiende por Siberia y la parte septentrional de América del Norte.

taimado, da adj. Astuto, ladino.

tajada f. Porción cortada de una cosa. || fam. Embriaguez, borrachera.

tajo m. Cortadura. || fam. Tarea, trabajo en tiempo limitado. || fam. Lugar de trabajo.

tal adj. Igual, semejante. || adv. m. Se usa como primer término de una comparación, seguido de *como, cual*. || Así, de esta manera.

taladrar tr. Hacer agujeros en una superficie.

taladro m. Instrumento con que se agujerea una cosa. || Agujero hecho con el taladro u otro instrumento semejante.

tálamo m. Cama de los desposados y lecho conyugal.

talante m. Semblante o disposición personal.

talar adj. [Traje] que llega hasta los talones.

talar tr. Cortar por el pie los árboles. || Destruir, arrasar.

talco m. Silicato de magnesia de estructura hojosa muy suave al tacto, que se usa mucho en dermatología.

talego m. Saco largo y angosto. || fam. Cárcel || fam. Mil pesetas. || fam. Porción de hachís equivalente a mil pesetas.

talento m. Conjunto de facultades o aptitudes para una cosa. || Entendimiento, inteligencia.

talgo m. Tren articulado español, cuyo sistema está basado fundamentalmente en la reducción de peso, bajo centro de gravedad y ejes dirigidos con ruedas independientes.

talismán m. Objeto, figura o imagen a los que se atribuyen virtudes portentosas.

talla f. Obra de escultura en madera o piedra. || Estatura. || Instrumento para medir la estatura. || Medida de la ropa y de la persona que la usa. || fig. Altura moral o intelectual.

tallar tr. Hacer esculturas. || Labrar piedras preciosas. || Medir la altura de una persona.

tallarín m. Tira muy estrecha de pasta alimenticia que se emplea para diversos platos. Más en pl.

talle m. Cintura del cuerpo humano. || Parte del vestido que va desde la cintura hasta el cuello. || Parte del vestido que corresponde a la cintura.

taller m. Lugar en que trabajan obreros, artistas, etc. || Lugar donde se reparan máquinas, y particularmente automóviles. || fig. Escuela, seminario. || En bellas artes, conjunto de colaboradores de un maestro.

tallo m. Órgano de las plantas que se prolonga en sentido contrario al de la raíz. || Renuevo de las plantas. || Germen que ha brotado de una semilla, bulbo o tubérculo.

talón m. Parte posterior del pie humano. || Parte del calzado que cubre esta zona. || Cheque bancario.

talonario m. Bloque de hojas impresas, que se pueden separar de una matriz para entregarlas a otra persona.

talud m. Inclinación del paramento de un muro o de un terreno.

tamaño, ña adj. Semejante, igual; se usa como intensificador. ‖ m. Volumen de una cosa.

tambalearse prnl. Menearse una cosa a uno y otro lado.

también adv. m. Se usa para afirmar la igualdad, semejanza, conformidad o relación de una cosa con otra. ‖ Además.

tambor m. Instrumento músico de percusión de forma cilíndrica, hueco, cubierto en sus dos bases con piel estirada, que se toca con dos palillos. ‖ Nombre que se da a algunos objetos o piezas de forma cilíndrica. ‖ Envase grande, generalmente de forma cilíndrica. ‖ Disco de acero acoplado a la cara interior de las ruedas, sobre el que actúan las zapatas de los frenos. ‖ com. Persona que toca el tambor.

tamiz m. Cedazo muy tupido.

tampoco adv. neg. Niega una cosa después de haberse negado otra.

tampón m. Almohadilla empapada en tinta que se emplea para entintar sellos, estampillas, etc. ‖ Cilindro de material absorbente que utilizan las mujeres durante la menstruación como artículo higiénico.

tan adv. c. Se emplea como intensificador de adjetivos, participios y adverbios, a los que precede. ‖ Denota idea de comparación. ‖ Se usa en oraciones que expresan consecuencia en correlación con la conjunción.

tanatorio m. Local o edificio para velar a los muertos y en el que se realizan otros servicios funerarios.

tanda f. Alternativa o turno. ‖ Serie. ‖ *amer.* Sección de una representación teatral. ‖ Cada uno de los grupos de personas, animales o cosas que se alternan en alguna actividad. ‖ Número indeterminado de cosas de un mismo género. ‖ Partida de algunos juegos.

tanga m. Bañador o slip muy pequeño.

tángana f. *amer.* Bronca, discusión violenta.

tangible adj. Que puede tocarse. ‖ Que se percibe de manera precisa.

tango m. Baile y música argentinos.

tanque m. Automóvil de guerra blindado y con armas de artillería que puede andar por terrenos escabrosos. ‖ Depósito, sobre todo el transportable.

tantear tr. Intentar averiguar con cuidado las intenciones, opiniones, cualidades, etc., de una persona. ‖ Examinar una cosa con cuidado. ‖ tr. e intr. Apuntar los tantos en el juego.

tanto, ta adj. y pron. Se usa como correlativo de *como* en construcciones comparativas. || Tan grande o muy grande. || En construcciones que expresan consecuencia, se emplea como correlativo de *que*. || Expresa un número que no se conoce o que no se quiere decir. || adv. c. De tal modo, hasta tal punto. || m. Cantidad determinada. || Unidad de cuenta en muchos juegos, o su equivalente.

tañer tr. Tocar un instrumento músical. || Sonar la campana u otro medio.

tapa f. Pieza que cierra por la parte superior las cajas, cofres y cosas semejantes. || Capa de suela del tacón de un zapato. || Cubierta de un libro encuadernado. || Compuerta de una presa. || Carne del medio de la pierna trasera de la ternera. || Alimento que se sirve como acompañamiento de la bebida.

tapadera f. Pieza que se ajusta a la boca de alguna cavidad para cubrirla. || fig. Persona, empleo, asunto, etc., que encubre o disimula lo que alguien desea que se ignore.

tapar tr. Cubrir o cerrar lo que está descubierto o abierto. || Abrigar o cubrir. También prnl. || fig. Encubrir, ocultar un defecto.

taparrabo o **taparrabos** m. Pedazo de tela u otra materia con que se cubren algunos pueblos sus órganos sexuales. || fam. Bañador o calzón muy reducido.

tapete m. Cubierta de tela, ganchillo, etc., que se suele poner en las mesas y otros muebles.

tapia f. Pared de tierra apisonada. || Muro de cerca.

tapiar tr. Cerrar con tapia. || Cerrar un hueco haciendo en él un muro o tabique.

tapicero, ra m. y f. Artesano que teje tapices o los arregla y compone. || Persona que se dedica profesionalmente a poner alfombras, tapices y cortinajes, guarnecer almohadones, sofás, etc.

tapioca f. Fécula que se saca de la raíz de la mandioca y se emplea como alimento, sobre todo en sopas.

tapiz m. Paño grande, tejido, en que se copian cuadros y con el que se adornan paredes.

tapizar tr. Forrar con tela las paredes, sillas, sillones, etc. || Cubrir las paredes con tapices. || Cubrir una superficie cierta cosa.

tapón m. Pieza de corcho, cristal, madera, etc., con que se tapan botellas, frascos, toneles y otras vasijas. || Acumulación de cerumen en el oído. || Embotellamiento de vehículos. || En baloncesto, interceptación del balón que se lanza a canasta.

tapujo m. Reserva o disimulo con que se disfraza u oculta la verdad.

taquicardia f. Frecuencia excesiva del ritmo de los latidos del corazón.

taquigrafía f. Técnica que permite escribir a gran velocidad por medio de ciertos signos y abreviaturas.

taquilla f. Armario para guardar cosas. ‖ Despacho de billetes, entradas de cine, etc.

taquillero, ra adj. Artista, espectáculo, película, etc., que atrae mucho público.

tara f. Peso del continente de una mercancía. ‖ Peso de un vehículo en vacío. ‖ Defecto físico o psíquico.

tarambana com. y adj. fam. Persona alocada.

tarántula f. Araña venenosa, muy común en el mediodía de Europa.

tararear tr. Cantar entre dientes y sin articular palabras.

tardar intr. Detenerse, retrasar la ejecución de algo. También prnl. ‖ Emplear tiempo en hacer las cosas.

tarde f. Tiempo que hay desde mediodía hasta anochecer. ‖ adv. t. A hora avanzada del día o de la noche. ‖ Después de haber pasado el tiempo oportuno.

tarea f. Cualquier obra o trabajo. ‖ Trabajo que debe hacerse en tiempo limitado.

tarifa f. Tabla o catálogo de los precios, derechos o impuestos que se deben pagar por alguna cosa o trabajo. ‖ Precio de algo según ciertas circunstancias.

tarima f. Entablado movible.

tarjeta f. Trozo de cartulina, pequeño y rectangular, con el nombre, título, profesión y dirección de una persona. ‖ Pieza rectangular y plana con usos muy diversos.

tarjetero m. Cartera o estuche para llevar tarjetas de visita o profesionales.

tarot m. Juego de naipes más largos que los corrientes, que tiene setenta y ocho cartas, distribuidas en los cuatro palos tradicionales y veintidós naipes con una figura diferente cada uno, llamados arcanos mayores; se utiliza para predecir el futuro.

tarrina f. Recipiente con tapa que se utiliza para guardar algunos alimentos.

tarro m. Recipiente de vidrio o porcelana, generalmente cilíndrico y más alto que ancho. ‖ fam. Cabeza.

tarta f. Pastel grande, de forma generalmente redonda.

tartajear intr. Hablar pronunciando las palabras con dificultad o trocando sus sonidos.

tartamudear intr. Hablar o leer con pronunciación entrecortada y repitiendo las sílabas, por problemas psicológicos o físicos.

tartana f. Carruaje de dos ruedas con cubierta abovedada y asientos laterales.

tartera f. Recipiente con tapa bien ajustada para llevar la comida fuera de casa.

tarugo m. Pedazo de madera corto y grueso. ‖ Pedazo de madera preparado para encajarlo en un taladro, clavija. ‖ fig. Persona de rudo entendimiento.

tarumba adj. y com. Loco, atolondrado.

tasar tr. Poner precio a las cosas. ‖ fig. Poner medida en algo, restringirlo para que no haya exceso.

tasca f. Taberna.

tatarabuelo, la m. y f. Tercer abuelo, bisabuelo de los padres de una persona.

tatarear tr. Tararear.

tato m. *amer.* Padre, papá.

tatuaje m. Dibujo que se graba en la piel de una persona introduciendo bajo la epidermis sustancias colorantes.

tatuar tr. y prnl. Grabar dibujos en la piel humana, introduciendo materias colorantes bajo la epidermis.

tauro m. Uno de los signos del Zodiaco, al que pertenecen las personas que han nacido entre el 20 de abril y el 20 de mayo.

tauromaquia f. Arte de lidiar toros.

taxativo, va adj. Que limita, circunscribe y reduce un caso a determinadas circunstancias.

taxi m. Coche de alquiler con chofer.

taxidermia f. Arte de disecar los animales.

taxímetro m. Aparato que marca el importe de la carrera en los coches de alquiler.

taxonomía f. Ciencia que trata de la clasificación y nomenclatura científica de los seres vivos.

taza f. Vasija pequeña, con asa, que se usa para tomar líquidos. ‖ Lo que cabe en ella. ‖ Receptáculo redondo donde vacían el agua las fuentes. ‖ Receptáculo del retrete.

te f. Nombre de la letra *t*. ‖ pron. pers. Es la forma de la segunda persona del singular con función de complemento directo o indirecto, en ambos géneros.

té m. Arbusto originario de China, de flores blancas. ‖ Hoja de este arbusto. ‖ Infusión, en agua hirviendo, de las hojas de este arbusto.

tea f. Astilla de madera muy impregnada en resina que sirve para alumbrar.

teatro m. Edificio o sitio destinado a la representación de obras dramáticas. ‖ Escenario. ‖ Conjunto de todas las producciones dramáticas de un pueblo, época o autor. ‖ Actividad de componer, interpretar o poner en escena obras dramáticas. ‖ fig. Fingimiento o exageración.

tebeo m. Revista infantil de historietas cuyo asunto se desarrolla en series de dibujos.

techo m. Parte superior de un edificio, que lo cubre y cierra. ‖

tecla

Cara inferior del mismo, superficie que cierra en lo alto una habitación o espacio cubierto. || fig. Casa, habitación o domicilio. || fig. Altura o límite máximo a que puede llegar y del que no puede pasar un asunto, negociación, etc.

tecla f. Pieza que se presiona con los dedos en algunos instrumentos musicales para obtener el sonido. || Pieza que se presiona con los dedos en las máquinas de escribir, calcular, ordenadores, etc.

teclado m. Conjunto ordenado de teclas de piano, órgano, máquina de escribir, ordenador, etc.

técnica f. Conjunto de procedimientos de que se sirve una ciencia, arte, oficio, etc. || Habilidad para usar de esos procedimientos. || Método, táctica.

tecnicismo m. Cada una de las voces técnicas empleadas en el lenguaje de un arte, ciencia, oficio, etc.

tecnicolor m. Nombre comercial de un procedimiento que permite reproducir en la pantalla cinematográfica los colores de los objetos.

tecnología f. Conjunto de conocimientos, instrumentos, métodos, etc., empleados para el progreso de cualquier campo. || Conjunto de los conocimientos, instrumentos, métodos, etc., empleados en un determinado oficio o profesión industrial.

tecolote m. *amer.* Búho, ave.

tectónico, ca adj. De la estructura de la corteza terrestre o relacionado con ella. || f. Parte de la geología, que trata de dicha estructura.

tedio m. Repugnancia, fastidio o molestia. || Aburrimiento extremo.

teja f. Pieza de barro cocido que se usa para cubrir los tejados. || Color marrón rojizo semejante al de las tejas de barro. También adj.

tejado m. Parte superior del edificio, cubierta comúnmente por tejas.

tejano, na adj. y s. De Texas, estado de EE. UU. || m. pl. Pantalones vaqueros.

tejer tr. Formar en el telar la tela. || Entrelazar hilos, cordones, espartos, etc., para formar telas, trencillas, esteras u otras cosas semejantes. || Hacer punto a mano o con tejedora. || fig. Discurrir, formar planes o ideas.

tejido m. Material hecho con hilos, lana u otros materiales flexibles entrelazados. || Cada una de las estructuras de células de la misma naturaleza y origen, que desempeñan en conjunto una determinada función en los organismos vivos.

tela f. Obra hecha de muchos hilos entrecruzados. || Lienzo, cuadro, pintura. || fig. y fam. Dinero, caudal. || adv. fam. Mucho, muy.

telar m. Máquina para tejer.

telaraña f. Tela que forma la araña.

tele f. apóc. de *televisión*.

telecomunicación f. Sistema de comunicación a distancia por medio de cables y ondas electromagnéticas. Puede ser telegráfica, telefónica, radiotelegráfica, etc.

telediario m. Información de los acontecimientos más destacados del día, transmitida por televisión.

teledirigido, da adj. [Mecanismo] que se dirige desde lejos, especialmente por medio de ondas hertzianas.

telefax m. Fax.

teleférico m. Sistema de transporte en que los vehículos van suspendidos de un cable de tracción.

telefilme m. Película o serie hecha para la televisión o que se emite por este medio.

telefonear intr. Llamar a alguien por teléfono.

telefonillo m. Mecanismo que permite la comunicación de un punto a otro del interior de un edificio.

teléfono m. Conjunto de aparatos e hilos conductores con los cuales se transmite a distancia la palabra y toda clase de sonidos. ‖ Cualquiera de los aparatos para hablar según este sistema y número que se asigna a cada uno.

telegrafía f. Arte de construir, instalar y manejar los telégrafos. ‖ Servicio público de comunicaciones telegráficas.

telégrafo m. Sistema de comunicación que permite transmitir, con rapidez y a distancia, comunicaciones escritas mediante un código. ‖ Aparato utilizado para emitir y recibir dichos mensajes.

telegrama m. Despacho telegráfico. ‖ Papel normalizado en que se recibe escrito el mensaje telegráfico.

telemática f. Ciencia que reúne los adelantos de las técnicas de la telecomunicación y la informática.

telenovela f. Novela filmada y grabada para ser retransmitida por capítulos a través de la televisión.

teleobjetivo m. Objetivo especial destinado a fotografiar objetos distantes.

telepatía f. Coincidencia de pensamientos o sensaciones entre personas generalmente distantes entre sí, sin el concurso de los sentidos.

telequinesia f. En parapsicología, desplazamientos de objetos sin causa física observable.

telescopio m. Instrumento que permite observar una imagen agrandada de un objeto lejano.

telesilla m. Asiento suspendido de un cable de tracción, para el transporte de personas a un lugar elevado.

telespectador, ra m. y f. Espectador o espectadora de televisión.

telesquí m. Tipo de teleférico para esquiadores.

teletexto m. Sistema de transmisión de textos escritos mediante onda hertziana, como la señal de televisión, o por cable telefónico.

teletipo m. Nombre comercial de un aparato telegráfico que emite y recibe mensajes y los imprime.

televisión f. Transmisión de la imagen a distancia, valiéndose de las ondas hertzianas. ‖ Televisor. ‖ Empresa dedicada a las transmisiones televisivas.

televisor m. Aparato receptor de televisión.

télex m. Sistema de comunicación por teletipos entre particulares. ‖ Servicio público de teletipos, y sus centrales automáticas, líneas, etc. ‖ Mensaje o despacho enviado o recibido por télex.

telón m. Cortina grande que se pone en el escenario de un teatro.

telonero, ra adj. y s. [Artista, grupo u orador] que, en un espectáculo, concierto, conferencia, etc., actúa en primer lugar o entre actuación y actuación, como menos importante.

telúrico, ca adj. Relativo a la Tierra.

tema m. Asunto, idea o materia sobre los que trata una obra, discurso, conversación, etc. ‖ Cuestión, negocio. ‖ Cada una de las lecciones o unidades de estudio de una asignatura, oposición, etc.

temario m. Conjunto de temas en que se divide una asignatura, oposición, etc., o que se proponen para su discusión o estudio en una conferencia o congreso.

temblar intr. Agitarse con movimiento frecuente e involuntario. ‖ Vacilar, moverse rápidamente una cosa a uno y otro lado.

temer tr. e intr. Tener miedo o temor a una persona o cosa. ‖ tr. y prnl. Sospechar un daño u otra cosa negativa.

temerario, ria adj. Imprudente. ‖ Que se dice, hace o piensa sin fundamento.

temeridad f. Característica de la persona o de la forma de actuar que resulta arriesgada o peligrosa sin necesidad. ‖ Acción o dicho temerario.

temor m. Sentimiento que provoca la necesidad de huir o evitar una persona, cosa o situación que se considera peligrosa o perjudicial. ‖ Presunción o sospecha, particularmente de un posible daño o perjuicio.

témpano m. Pedazo de cualquier cosa dura, extendida o plana, particularmente de hielo.

témpera f. Tipo de pintura al temple, espesa, que utiliza los co-

tendencia

lores diluidos en agua. ‖ Obra realizada con este tipo de pintura.

temperamento m. Forma de ser de cada persona. ‖ Característica de la persona enérgica y emprendedora. ‖ Constitución particular de cada individuo.

temperar intr. *amer.* Cambiar temporalmente de clima o aires una persona.

temperatura f. Grado mayor o menor de calor en los cuerpos. ‖ Estado de calor de la atmósfera. ‖ Fiebre.

tempestad f. Perturbación atmosférica. ‖ Perturbación de las aguas del mar. ‖ fig. Agitación o excitación grande en el estado de ánimo de las personas.

templar tr. Moderar o suavizar la fuerza de una cosa. ‖ Quitar el frío de una cosa, calentarla ligeramente. ‖ Enfriar bruscamente en agua, aceite, etc., un material calentado por encima de determinada temperatura. ‖ Afinar un instrumento musical.

templario, ria adj. y m. De la orden religiosa y militar del Temple, fundada en el s. XII.

templo m. Edificio o lugar destinado pública y exclusivamente a un culto. ‖ fig. Lugar real o imaginario en que se rinde o se supone rendir culto al saber, la justicia, etc.

temporada f. Espacio de varios días, meses o años que se consideran aparte formando un conjunto. ‖ Tiempo durante el cual se realiza habitualmente alguna cosa.

temporal adj. Relativo al tiempo. ‖ Que dura por algún tiempo. ‖ Secular, profano. ‖ m. Tormenta muy fuerte en la tierra o en el mar. ‖ Periodo de lluvias persistentes y con temperaturas moderadas.

temporero, ra adj. y s. [Persona] destinada temporalmente al ejercicio de un oficio o empleo.

temporizador m. Sistema de control de tiempo que se utiliza para abrir o cerrar un circuito en uno o más momentos determinados y que, conectado a un dispositivo, lo pone en acción.

temprano, na adj. Adelantado, que es antes del tiempo regular u ordinario. ‖ adv. t. En las primeras horas del día o de la noche. ‖ Antes del tiempo oportuno, convenido o acostumbrado.

tenaz adj. Que se pega, ase o prende a una cosa, y es difícil de separar. ‖ Firme, porfiado, pertinaz.

tenaza f. Instrumento de metal, compuesto de dos brazos movibles trabados por un eje. Más en pl.

tendedero m. Lugar o instrumento que consta de alambres, cuerdas, etc., donde se tiende la ropa.

tendencia f. Propensión, inclinación. ‖ Movimiento religio-

tender so, económico, político, artístico, etc., que se orienta en determinada dirección.

tender tr. Desdoblar, extender, desplegar. ‖ Echar por el suelo una cosa, esparciéndola. ‖ Extender la ropa mojada para que se seque. ‖ intr. Demostrar una determinada tendencia u orientación. ‖ Parecerse o acercarse a cierta cualidad o característica.

tenderete m. Puesto de venta al por menor, instalado al aire libre.

tendero, ra m. y f. Persona que tiene una tienda o trabaja en ella, particularmente si es de comestibles.

tendón m. Tejido conjuntivo que une un músculo con un hueso.

tenebroso, sa adj. Oscuro, cubierto de tinieblas.

tenedor, ra m. y f. Persona que posee legítimamente una letra de cambio u otro valor endosable. ‖ m. Cubierto de mesa que sirve para pinchar los alimentos. ‖ Signo con la forma de este cubierto que en España indica la categoría de restaurantes y comedores según el número de ellos representados.

tener tr. Asir o mantener asida una cosa. ‖ Poseer y gozar. ‖ Mantener, sostener. También prnl. ‖ Contener o comprender en sí. ‖ Poseer, dominar o sujetar. ‖ Detener, parar. También prnl. ‖ Guardar, cumplir. ‖ prnl. Hacer asiento un cuerpo sobre otro. ‖ aux. Construido con un participio, equivale a *haber*. ‖ Construido con la conj. *que* y el infinitivo de otro verbo, estar obligado a lo que se expresa.

tenia f. Gusano en forma de cinta, que puede alcanzar varios metros de longitud y vive parásito en el intestino.

teniente com. Persona que ejerce el cargo o ministerio de otro como sustituto. ‖ Oficial del ejército inmediatamente inferior al capitán.

tenis m. Juego de pelota que se practica en un terreno llano, en forma de rectángulo, dividido en partes iguales por una red intermedia.

tenor m. Voz media entre la de contralto y la de barítono. ‖ Persona que tiene esta voz.

tensar tr. Poner tensa alguna cosa.

tensión f. Estado de un cuerpo sometido a la acción de fuerzas que lo estiran. ‖ Grado de energía eléctrica que se manifiesta en un cuerpo. ‖ Estado anímico de excitación, impaciencia, esfuerzo o exaltación. ‖ Oposición u hostilidad entre personas o grupos.

tentación f. Estímulo que induce a hacer algo que no se debe. ‖ Impulso repentino que excita a hacer una cosa. ‖ Persona o cosa que induce a ello.

tentáculo m. Cualquiera de los apéndices móviles y blandos de muchos animales invertebrados.

tentar tr. Examinar y reconocer por medio del tacto lo que no se puede ver. || Inducir o estimular a alguien a hacer algo, generalmente que no debe. || Resultar muy atractiva para alguien una cosa.

tentativa f. Acción con que se intenta, experimenta, prueba o tantea una cosa.

tentempié m. fam. Refrigerio, piscolabis. || Juguete que, al moverlo, vuelve siempre a su posición inicial, ya que está provisto de un contrapeso.

tenue adj. Delicado, suave, débil. || Muy fino o poco denso.

teñir tr. Dar a una cosa un color distinto del que tenía. También prnl. || fig. Imbuir de una opinión o afecto.

teología f. Ciencia que trata de Dios y sobre el conocimiento que el hombre tiene de Él.

teorema m. Proposición que afirma una verdad demostrable.

teoría f. Conocimiento especulativo considerado con independencia de toda aplicación. || Serie de leyes que sirven para relacionar determinado orden de fenómenos. || Hipótesis cuyas consecuencias se aplican a toda una ciencia o a una parte muy importante de la misma. || Explicación que da una persona a algo, o propia opinión que se tiene sobre alguna cosa.

tequila m. Bebida mexicana de alta graduación.

terapéutica f. Parte de la medicina que tiene por objeto el tratamiento de las enfermedades.

terapia f. Terapéutica. || Tratamiento para combatir una enfermedad.

teratología f. Estudio de las monstruosidades o de las anomalías en general del reino animal y vegetal.

tercer adj. apóc. de *tercero*.

tercermundista adj. Del Tercer Mundo o relacionado con este conjunto de países más pobres y menos desarrollados.

tercero, ra adj. Que ocupa el lugar número tres en una serie ordenada. || [Parte] de las tres iguales en que se divide un todo. || Que media entre dos o más personas para el ajuste o ejecución de una cosa. Más c. s. || m. y f. Persona alcahueta.

terceto m. Combinación métrica de tres versos endecasílabos.

tercio m. Cada una de las tres partes iguales en que se divide un todo. || Denominación que se da a algunos cuerpos o batallones, por ejemplo de la Guardia Civil. || En tauromaquia, cada una de las tres partes en que se considera dividida la lidia de toros. || Botella

terciopelo de cerveza que contiene la tercera parte de un litro.

terciopelo m. Tela de seda velluda y tupida, formada por dos urdimbres y una trama. || Tela velluda y semejante al verdadero terciopelo.

terco, ca adj. Pertinaz, obstinado.

tergiversar tr. Forzar, torcer las razones o argumentos, deformar los hechos. || Trastrocar, trabucar.

termal adj. De las termas o relacionado con ellas.

termas f. pl. Baños de aguas minerales calientes. || Baños públicos de los antiguos romanos.

térmico, ca adj. Relativo al calor o a la temperatura. || Que conserva la temperatura.

terminal adj. Final, último. || Que está en el extremo de cualquier parte de la planta. || [Enfermo] que se encuentra en la fase final de una enfermedad incurable. || m. Extremo de un conductor, preparado para facilitar su conexión con un aparato. || En informática, dispositivo de entrada y salida de datos conectado a un procesador de control al que está subordinado. || f. Cada uno de los extremos de una línea de transporte público.

terminante adj. Claro, preciso, concluyente.

terminar tr. Poner término a una cosa, acabarla. || Acabar, rematar. || intr. Tener término una cosa. También prnl. || Tener un objeto una determinada forma o cosa en su extremo.

término m. Punto extremo de una cosa. || Fin. || Señal que fija los linderos de campos y heredades. || Línea divisoria de los Estados, provincias, distritos, etc. || Cada uno de los dos elementos necesarios en la relación gramatical. || Palabra o sintagma introducidos por una preposición.

terminología f. Conjunto de términos o vocablos propios de determinada profesión, ciencia o materia.

termo m. Recipiente hermético que conserva la temperatura de las sustancias introducidas en él.

termómetro m. Instrumento que sirve para medir la temperatura.

termostato o **termóstato** m. Aparato que se conecta a una fuente de calor y que mantiene constante la temperatura.

ternario, ria adj. Compuesto de tres elementos.

ternero, ra m. y f. Cría de la vaca.

ternilla f. Cartílago.

ternura f. Afecto, cariño.

terracota f. Arcilla modelada y endurecida al horno. || Escultura de pequeño tamaño hecha de arcilla cocida.

terraplén m. Macizo de tierra con que se rellena un hueco, o que se levanta para hacer una defensa, un camino u otra obra semejante. ‖ Desnivel de tierra.

terráqueo, a adj. Relacionado con la Tierra.

terrateniente com. Dueño o poseedor de tierra o hacienda.

terraza f. Sitio abierto de una casa, a veces semejante a un balcón grande. ‖ Cubierta plana y practicable de un edificio, azotea. ‖ Terreno situado delante de un café, bar, restaurante, etc.

terrazo m. Pavimento formado por chinas o trozos de mármol aglomerados con cemento y cuya superficie se pulimenta.

terremoto m. Temblor terrestre.

terreno, na adj. Relativo a la Tierra. ‖ m. Sitio o espacio de tierra. ‖ fig. Campo o esfera de acción en que con mayor eficacia pueden mostrarse la índole o las cualidades de personas o cosas. ‖ Lugar en que se desarrolla un encuentro deportivo.

terrestre adj. De la Tierra o relacionado con ella. ‖ Que sirve o se da en la tierra, en oposición a marino o aéreo.

terrible adj. Digno o capaz de ser temido; que causa terror. ‖ Desmesurado, extraordinario.

terrícola com. Habitante de la Tierra.

territorio m. Parte de la superficie terrestre perteneciente a una nación, región, provincia, etc.
‖ Término que comprende una jurisdicción. ‖ Espacio habitado por un animal y que defiende como propio.

terrón m. Masa pequeña y suelta de tierra compacta. ‖ Masa pequeña y suelta de otras sustancias.

terror m. Miedo, espanto, pavor. ‖ Cosa que lo produce. ‖ Género literario y cinematográfico cuya finalidad es producir en el lector o espectador una sensación de miedo o angustia a través del argumento o de ciertos efectos.

terrorismo m. Forma violenta de lucha política, mediante la cual se persigue la destrucción del orden establecido o la creación de un clima de temor e inseguridad.

terruño m. Trozo de tierra. ‖ Comarca o tierra, especialmente el país natal. ‖ Terreno, especialmente hablando de su calidad.

terso, sa adj. Limpio, resplandeciente. ‖ Liso, sin arrugas.

tertulia f. Grupo de personas que se reúnen habitualmente para conversar o recrearse. ‖ Conversación que siguen.

tesela f. Cada una de las piezas cúbicas de diversos materiales que forman un mosaico.

tesina f. Trabajo científico sobre un determinado estudio, de menor profundidad y extensión que la tesis.

tesis f. Conclusión, proposición que se mantiene con razonamientos. || Opinión o teoría que mantiene alguien. || Trabajo científico que presenta ante un tribunal el aspirante al título de doctor en una facultad.

tesitura f. Situación, circunstancia, coyuntura. || Altura propia de cada voz o de cada instrumento.

tesón m. Firmeza, constancia, inflexibilidad.

tesoro m. Cantidad de dinero, valores u objetos preciosos, reunida y guardada. || Erario de una nación. || Abundancia de dinero guardado y conservado. || fig. Persona o cosa digna de estimación.

test m. Prueba psicológica para medir las diversas facultades intelectuales del individuo. || Por ext., cualquier prueba para conseguir ciertos datos. || Tipo de examen en el que la respuesta a una pregunta debe seleccionarse marcando una de las varias que se proponen.

testador, ra m. y f. Persona que hace testamento.

testaferro m. El que presta su nombre en un contrato, pretensión o negocio que en realidad es de otra persona.

testamento m. Declaración de la última voluntad de una persona, en la que dispone el reparto de sus bienes y otras cuestiones que deberán efectuarse después de su muerte. || Documento donde consta en forma legal la voluntad del testador.

testarazo m. Golpe dado con la cabeza. || Por ext., golpe, porrazo.

testarudo, da adj. y s. Porfiado, terco.

testículo m. Cada una de las dos glándulas genitales masculinas.

testificar tr. Afirmar o probar una cosa. || tr. e intr. Declarar como testigo.

testigo com. Persona que da testimonio de una cosa. || Persona que presencia o adquiere conocimiento directo de una cosa. || m. Dispositivo que sirve como indicador. || Palo u otro objeto que se van pasando los corredores en las carreras de relevos.

testimonio m. Atestación o aseveración de una cosa. || Instrumento autorizado por notario en que se da fe de un hecho. || Prueba, justificación y comprobación de la certeza de una cosa.

testosterona f. Hormona sexual masculina.

testuz amb. En algunos animales, como el caballo, frente. || En otros, como el toro, nuca.

teta f. Cada uno de los órganos que segregan la leche en los mamíferos. || Leche que segregan estos órganos.

tétanos m. Enfermedad grave debida al bacilo de Nicolaier, que penetra en el organismo por las heridas; sus toxinas atacan al sistema nervioso central y provocan contracciones permanentes y tónicas en los músculos.

tetera f. Vasija que se usa para hacer o servir el té. || *amer.* Tetina.

tetero m. *amer.* Biberón.

tetilla f. Teta de los machos de los mamíferos. || Tetina.

tetina f. Pezón de goma que se pone al biberón para que el niño haga la succión.

tetra-brik m. Recipiente de cartón por fuera y de aluminio en el interior, que sirve para guardar líquidos.

tétrico, ca adj. Triste, grave, melancólico. || Fúnebre, relacionado con la muerte.

textil adj. [Materia] capaz de reducirse a hilos y ser tejida. || Relativo a los tejidos, fibras para tejer y a la industria derivada de ellos.

texto m. Cualquier escrito o documento. || Libro de texto.

textura f. Disposición y orden de los hilos de una tela. || Disposición que tienen entre sí las partículas de un cuerpo y sensación que produce al tacto.

tez f. Piel de la cara.

ti pron. pers. de 2.ª persona. Se usa siempre con preposición, y cuando esta es *con,* forma la voz *contigo*.

tibia f. Hueso principal y anterior de la pierna, que se articula con el fémur, el peroné y el astrágalo. || Una de las piezas de las patas de los insectos.

tibio, bia adj. Templado, entre caliente y frío. || fig. Poco intenso y apasionado.

tiburón m. Pez marino, con hendiduras branquiales laterales y boca situada en la parte inferior de la cabeza. Es muy voraz. || fig. Intermediario que adquiere solapadamente el número de acciones de una empresa o entidad, necesario para hacerse con su control.

tic m. Movimiento involuntario nervioso.

tiempo m. Duración de las cosas sujetas a cambio o de los seres que tienen una existencia finita. || Parte de esta duración. || Época durante la cual vive alguna persona o sucede alguna cosa. || Estación del año. || Edad. || Estado atmosférico. || Ocasión o coyuntura de hacer algo. || Cada uno de los actos sucesivos en que se divide la ejecución de una cosa. || Cada una de las partes en que se dividen los partidos de ciertos deportes. || Cada una de las varias divisiones de la conjugación del verbo. || Cada una de las partes de igual duración en que se divide el compás.

tienda f. Armazón de palos o tubos, con telas o lonas como cubierta, que sirve de alojamiento en el campo. || Comercio de artículos al por menor. || *amer.* Aquella en que se venden tejidos.

tiento m. Habilidad para actuar o tratar a las personas. || Cordura o sensatez en lo que se hace. || Palo que usan los ciegos para que les sirva de guía. || fam. Trago que se da a una bebida o bocado a un alimento.

tierno, na adj. Blando, fácil de doblar o cortar. || fig. [Edad] de la niñez. || Que produce sentimientos de simpatía y dulzura. || Afectuoso, cariñoso y amable. || Inexperto.

tierra f. Parte superficial del globo terráqueo no ocupada por el mar. || Materia inorgánica desmenuzable de que principalmente se compone el suelo natural. || Suelo o piso. || Terreno dedicado al cultivo o propio para ello. || Planeta que habitamos. || Nación, región o lugar en que se ha nacido. || País, región. || El mundo, por oposición al cielo o a la vida eterna.

tieso, sa adj. Duro, firme, rígido. || Tenso, tirante. || fig. Afectadamente, estirado, circunspecto y mesurado.

tiesto m. Recipiente de barro u otros materiales que sirve para cultivar plantas. || Este recipiente con la planta y la tierra que contiene.

tifón m. Huracán de las costas orientales de Asia.

tifus m. Género de enfermedades infecciosas graves.

tigre, esa m. y f. Mamífero carnívoro muy feroz y de gran tamaño, con rayas negras en el lomo y la cola. Habita principalmente en la India. || fig. Persona cruel. || *amer.* Jaguar.

tijera f. Instrumento cortante, compuesto de dos hojas de acero que giran alrededor de un eje. Más en pl. || Tijereta, ejercicio.

tila f. Tilo. || Flor del tilo. || Infusión que se hace con estas flores.

tilde amb. Virgulilla o rasgo que se pone sobre algunas letras, como el que lleva la ñ o el que denota su acentuación. Más c. f. || fig. Tacha, nota denigrativa.

tiliche m. *amer.* Baratija, cachivache.

tilo m. Árbol que llega a 20 m de altura, con tronco recto y grueso de corteza lisa, y flores blanquecinas y olorosas, de propiedades medicinales.

timar tr. Quitar o hurtar con engaño. || Engañar a otro con promesas o esperanzas.

timba f. fam. Partida de juego de azar. || Casa de juego, garito. || *amer.* Barriga, vientre.

timbal m. Especie de tambor de un solo parche, con caja metálica en forma de media esfera.

timbre m. Sello, y especialmente el que se estampa en seco. || Sello que en el papel donde se extienden algunos documentos públicos estampa el Estado. || Aparato de llamada. || Modo propio y característico de sonar un

tímido, da adj. [Persona] apocada y vergonzosa. ‖ Ligero, débil, leve.

timo m. Engaño que se le hace a alguien para quitarle algo. ‖ Glándula endocrina propia de los animales vertebrados que estimula el crecimiento de los huesos y favorece el desarrollo de las glándulas genitales.

timón m. Palo derecho que sale de la cama del arado en su extremidad. ‖ Lanza o pértiga del carro. ‖ Varilla del cohete. ‖ fig. Dirección o gobierno de un negocio. ‖ Pieza de madera o de hierro que sirve para gobernar la nave.

timorato, ta adj. y s. Indeciso, tímido. ‖ De moralidad exagerada.

tímpano m. Membrana del oído que transmite el sonido al oído medio. ‖ Instrumento musical que se toca con una especie de macillo. ‖ Tambor, atabal.

tinaja f. Vasija grande de barro, mucho más ancha por el medio que por el fondo y por la boca. ‖ Líquido que cabe en una tinaja.

tiniebla f. Falta de luz. Más en pl. ‖ pl. fig. Suma ignorancia y confusión.

tino m. Hábito o facilidad de acertar a tientas con las cosas que se buscan. ‖ Acierto y destreza para dar en el blanco. ‖ fig. Juicio y cordura para el gobierno y dirección de un asunto.

tinta f. Color que se sobrepone a cualquier cosa, o con que se tiñe. ‖ Líquido que se emplea para escribir.

tinte m. Color con que se tiñe. ‖ Establecimiento donde se limpian o tiñen telas, ropas y otras cosas. ‖ fig. Carácter que comunica a algo determinado aspecto.

tintero m. Vaso en que se pone la tinta de escribir. ‖ Depósito que en las máquinas de imprimir recibe la tinta.

tintorería f. Establecimiento donde se tiñe o limpia la ropa.

tinto, ta adj. y m. [Vino] de color oscuro.

tintura f. Sustancia con que se tiñe. ‖ Líquido en que se ha hecho disolver una sustancia que le comunica color.

tiña f. Arañuelo o gusanillo que daña las colmenas. ‖ Cualquiera de las enfermedades producidas por diversos parásitos en la piel del cráneo.

tío, a m. y f. Respecto de una persona, hermano o primo de su padre o madre. ‖ fam. Persona de quien se pondera algo bueno o malo. ‖ fam. Una persona cualquiera, de la que no se conoce el nombre o no se quiere decir.

tiovivo m. Recreo de feria que consiste en varios asientos colocados en un círculo giratorio.

típico, ca adj. Característico de un grupo, lugar, país, región, época, etc.

tiple m. La más aguda de las voces humanas, soprano. ‖ com. Persona que tiene voz de tiple.

tipo m. Modelo, ejemplar. ‖ Símbolo representativo de cosa figurada. ‖ En imprenta, cada una de las clases de letra. ‖ Figura o talle de una persona. ‖ Unidad taxonómica superior de los reinos animal y vegetal. ‖ Individuo, sujeto, a veces en sentido *desp*. También f.

tipografía f. Técnica de impresión mediante formas que contienen en relieve los tipos, que una vez entintados, se aplican sobre el papel, presionándolos. ‖ Taller donde se imprime.

tipología f. Ciencia que estudia los distintos tipos raciales en que se divide la especie humana. ‖ En general, estudio o clasificación realizado sobre cualquier disciplina.

tique o **tíquet** m. Vale, bono, billete, entrada, cédula, recibo.

tiquis miquis o **tiquismiquis** m. pl. Escrúpulos o reparos por algo que no tiene importancia. ‖ adj. y com. [Persona] muy remilgada o excesivamente escrupulosa.

tira f. Pedazo largo y estrecho de tela, papel, cuero, etc. ‖ En periódicos, revistas, etc., línea de viñetas que narran una historia.

tirabuzón m. Rizo largo de cabello que cuelga en espiral. ‖ Instrumento en forma de hélice para sacar los tapones de corcho.

tirachinas m. Horquilla con mango, que lleva dos gomas para lanzar piedras pequeñas.

tirado, da adj. *col*. Muy barato. ‖ *col*. Muy fácil. ‖ *col*. Despreciable, bajo, ruin. También s. ‖ f. Acción de tirar. ‖ Distancia que hay de un lugar a otro, o de un tiempo a otro. ‖ Serie de cosas que se dicen o escriben de un tirón. ‖ Hecho de imprimir un texto o una ilustración. ‖ Número de ejemplares de que consta una edición.

tiralíneas m. Instrumento que sirve para trazar líneas de tinta más o menos gruesas.

tirano, na adj. [Persona] que tiene contra derecho el gobierno de un Estado y, principalmente, [persona] que lo rige sin justicia y a medida de su voluntad. También s. ‖ fig. [Persona] que abusa de su poder, superioridad o fuerza.

tirar tr. Despedir de la mano una cosa. ‖ Arrojar, lanzar en dirección determinada. ‖ Derribar algo. ‖ Disparar un arma. También intr. ‖ Accionar otros mecanismos, como una máquina de fotos, etc. ‖ Estirar o extender. ‖ Reducir a hilo un metal. ‖ Hacer líneas. ‖ fig. Malgastar dinero, o cualquier otra cosa. ‖ Imprimir. ‖ intr. Manejar o esgrimir artísticamente armas. ‖ Producir el tiro o corriente de aire de un hogar, o de otra cosa que arde. ‖ fig. Atraer una persona o cosa la voluntad y el afecto de otra. ‖ fig. Torcer, dirigirse a alguien u otro lado. ‖ fig. Tender, propender, inclinarse. ‖ Quedar justa o estrecha una prenda o parte de ella. ‖ prnl. Abalanzarse, precipitarse a decir o ejecutar alguna cosa. ‖ Dejarse caer. ‖ Echarse. ‖ *vulg.* Poseer sexualmente a una persona.

tirita f. Marca registrada de una tira de esparadrapo u otro material adhesivo con un preparado especial en el centro, que se pone sobre pequeñas heridas para desinfectarlas y protegerlas.

tiritar intr. Temblar o estremecerse de frío.

tiritona f. Temblor producido por el frío del ambiente o al iniciarse la fiebre.

tiroides adj. y m. [Glándula] endocrina de los animales vertebrados situada en la parte inferior y a ambos lados de la tráquea.

tirolés, esa adj. y s. Del Tirol, región de los Alpes perteneciente a Austria. ‖ m. Dialecto hablado en esta región alpina.

tirria f. Antipatía, aversión, ojeriza.

tisana f. Bebida medicinal que resulta del cocimiento ligero de hierbas.

tisis f. Tuberculosis pulmonar.

títere m. Figurilla que se mueve con alguna cuerda o introduciendo una mano en su interior. ‖ fig. y fam. Sujeto débil, que se deja manejar. ‖ fig. y fam. Sujeto o entidad que actúa siguiendo las órdenes de otro u otros.

titilar intr. Centellear con ligero temblor un cuerpo luminoso.

titiritero, ra m. y f. Persona que maneja los títeres.

titubear intr. Oscilar, perdiendo la estabilidad y firmeza. ‖ Tropezar o vacilar en la elección o pronunciación de las palabras. ‖ fig. Sentir perplejidad en algún punto o materia.

titulación f. Obtención de un título académico. ‖ Título académico.

titular adj. y com. [Persona] que ejerce cargo, oficio o profesión con el título necesario para ello. ‖ Que consta en algún documento como propietario o beneficiario de algo. ‖ Que tiene algún título, por el cual se le denomina. ‖ m. Brevísimo resumen del contenido de una noticia que, en periódicos y revistas, aparece en letras de cuerpo mayor encabezándolas.

título m. Palabra o frase con que se enuncia un libro. ‖ Nombre de una obra literaria, artística, etc. ‖ Dignidad nobiliaria. ‖ Persona que tiene esta dignidad. ‖ Distinción que consigue una persona, particularmente en un campeonato, concurso, etc. ‖ Cada una de las partes principales en que suelen dividirse las leyes, reglamentos, etc. || Demostración auténtica de un derecho u obligación, de unos bienes, o de una dignidad o profesión. || Rótulo con que se indica el contenido o destino de una cosa o la dirección de un envío. || Causa, motivo, razón o pretexto. || Cierto documento que representa deuda pública o valor comercial.

tiza f. Arcilla terrosa blanca que se usa para escribir en los encerados.

tizne amb. Humo que se pega a las sartenes, peroles, etc. Más c. m. || m. Tizón o palo a medio quemar.

tizón m. Palo a medio quemar.

T.N.T Siglas de *trinitrotolueno*.

toalla f. Trozo de tejido de rizo, esponjoso, para limpiarse y secarse las manos y la cara.

toallero m. Mueble o soporte para colgar toallas.

tobillo m. Protuberancia de cada uno de los dos huesos de la pierna llamados tibia y peroné.

tobogán m. Especie de trineo bajo. || Deslizadero artificial en declive por el que las personas, sentadas o tendidas, se dejan resbalar por diversión.

toca f. Prenda de tela con que se cubría la cabeza. || Prenda de lienzo blanco que ceñida al rostro usan las monjas para cubrir la cabeza.

tocadiscos m. Aparato eléctrico con que se reproducen los sonidos grabados en un disco.

tocado, da adj. fig. Medio loco, algo perturbado. || fig. [Fruta] que ha empezado a dañarse. || m. Prenda con que se cubre la cabeza. || Peinado y adorno de la cabeza, en las mujeres.

tocador m. Paño que servía para cubrirse y adornarse la cabeza. || Mueble para el peinado y aseo de una persona. || Aposento destinado a este fin. || Caja o estuche para guardar alhajas, objetos de tocado o de costura, etc.

tocar tr. Ejercitar el sentido del tacto. || Llegar a una cosa con la mano, sin asirla. || Hacer sonar según arte cualquier instrumento. || Avisar haciendo señas o llamadas, con campana u otro instrumento. || Tropezar ligeramente una cosa con otra. || Estar una cosa junto a otra o en contacto con ella. También intr. y prnl. || Revolver o curiosear en algo. || Alterar o modificar algo. || Emocionar, impresionar. || intr. Haber llegado el momento oportuno de hacer algo. || Ser de la obligación de uno, corresponderle hacer algo. || Caer en suerte una cosa.

tocayo, ya m. y f. Respecto de una persona, otra que tiene su mismo nombre.

tocino m. Gruesa capa de grasa que tienen ciertos mamíferos, especialmente el cerdo.

tocología f. Parte de la medicina que trata de la gestación, del parto y del puerperio.

todavía adv. t. Hasta un momento determinado desde tiempo anterior. || adv. m. Con todo eso, no obstante. || Tiene sentido concesivo corrigiendo una frase anterior. || adv. c. Denota encarecimiento o ponderación.

todo, da adj. Entero, cabal. || Seguido de un sustantivo, en singular y sin artículo, cualquiera. || pl. Puede equivaler a *cada*. || m. Cosa íntegra. || adv. m. Por completo, enteramente.

todoterreno adj. y m. [Vehículo] que puede circular por terrenos muy difíciles.

toga f. Prenda principal exterior del traje de los antiguos romanos, que se ponía sobre la túnica. || Traje exterior que usan los magistrados, letrados, catedráticos, etc., encima del ordinario.

toldo m. Pabellón o cubierta de tela, que se tiende para hacer sombra sobre la fachada de un local comercial, delante de un balcón, en algún paraje, etc.

tolerar tr. Sufrir, llevar con paciencia. || Permitir algo que no se tiene por lícito. || Resistir, soportar, especialmente alimentos, medicinas, etc.

tomar tr. Coger o asir con la mano o por otros medios. || Recibir o aceptar. || Ocupar o adquirir por la fuerza. || Comer o beber. || Contratar a una persona para que preste un servicio. || Hacerse cargo de algo. || Montar en un medio de transporte. || Entender o interpretar una cosa en determinado sentido. || Apuntar algo por escrito o grabar una información. || Filmar o fotografiar. || Empezar a seguir una dirección, entrar en una calle, camino, etc., encaminarse por ellos. También intr. || Poseer sexualmente. || intr. *amer*. Beber alcohol. || prnl. Ponerse ronca la voz.

tomate m. Fruto de la tomatera, de color rojo, blando y brillante. || Tomatera. || fam. Agujero hecho en una prenda de punto. || fig. Lío, enredo o asunto poco claro.

tomatera f. Planta originaria de América, que se cultiva mucho en las huertas por su fruto.

tomavistas m. Máquina fotográfica que se utiliza para filmar películas cinematográficas.

tómbola f. Rifa pública de objetos diversos, a veces con fines benéficos. || Local en que se efectúa esta rifa.

tomo m. Cada uno de los volúmenes en que está dividida una obra escrita.

tonadillero, ra m. y f. Persona que compone o canta caciones populares españolas.

tonel m. Cuba grande en que se echa el vino u otro líquido. || fig. Persona muy gruesa.

tonelada f. Unidad de peso o capacidad, equivalente a 1.000 kg.

tonelaje m. Cabida de una embarcación o de otro vehículo de carga.

tongo m. En competiciones deportivas, dejarse ganar, generalmente por dinero.

tónico, ca adj. Que entona, o vigoriza. También m. || [Nota] primera de una escala musical. También f. || [Vocal o sílaba] que recibe el impulso del acento prosódico. || m. Cosmético que se aplica sobre la piel para refrescarla o suavizarla. || f. Bebida refrescante, gaseosa, que contiene quinina y ácido cítrico.

tono m. Mayor o menor elevación del sonido. || Inflexión de la voz y modo particular de decir algo. || Carácter de la expresión de una obra artística. || Energía, vigor. || Señal sonora que indica que se ha establecido la comunicación, en el teléfono e instalaciones semejantes. || Cada una de las distintas gradaciones de una gama de color. || fig. Distinción y elegancia.

tontear intr. Hacer o decir tonterías. || fam. Hablar o actuar intentando agradar o gustar a alguien sin un fin serio.

tonto, ta adj. y s. [Persona] de poco entendimiento o inteligencia. || [Dicho o hecho] de esta persona. || Falto de picardía o malicia. || adj. Sin sentido. || Pesado o molesto. || Totalmente asombrado.

topar tr. Chocar una cosa con otra. || Hallar casualmente. También intr. y prnl.

tope m. Pieza que en algunas armas e instrumentos sirve para impedir que se pase de un punto determinado. || fig. Extremo hasta lo que algo puede llegar. || Pieza que se pone a algo para amortiguar los golpes.

tópico, ca adj. y m. [Tema, expresión, opinión, etc.] que se repite mucho y carece de originalidad. || [Medicamento] de uso externo.

top-less (Expr. i.) m. Hecho de estar una mujer con el pecho al descubierto. || Local de copas, espectáculos, etc., donde trabajan mujeres desnudas de cintura para arriba.

topo m. Mamífero insectívoro del tamaño del ratón. Vive en galerías subterráneas.

topografía f. Conjunto de técnicas y conocimientos para describir y delinear la superficie de un terreno. || Conjunto de particularidades que presenta un terreno en su configuración superficial.

topónimo m. Nombre propio de lugar.

toquetear tr. Tocar reiteradamente y sin tino ni orden.

toquilla f. Pañuelo grande de punto, generalmente de lana, que se usa como prenda de abrigo.

torácico, ca adj. Relativo al tórax.

tórax m. Pecho del hombre y de los animales. ‖ Cavidad del pecho. ‖ Región media de las tres en que está dividido el cuerpo de los insectos, arácnidos y crustáceos.

torbellino m. Remolino de viento. ‖ fig. Abundancia de cosas que ocurren en un mismo tiempo. ‖ fig. y fam. Persona demasiado viva e inquieta.

torcer tr. Dar vueltas a una cosa sobre sí misma. También prnl. ‖ Encorvar o doblar una cosa. También prnl. ‖ Desviar una cosa de su dirección. También intr. y prnl. ‖ Dicho del gesto, adoptar una expresión de desagrado o enfado. ‖ prnl. Dificultarse y frustrarse un negocio o pretensión que iba por buen camino. ‖ fig. Apartarse del camino y conducta correctos. También tr.

torear intr. y tr. Lidiar los toros en la plaza. ‖ tr. fig. Evitar a alguien. ‖ fig. Burlarse de alguien.

toril m. Sitio donde se tienen encerrados los toros que han de lidiarse.

tormenta f. Perturbación o tempestad de la atmósfera o del mar. ‖ Violenta manifestación de una pasión o un estado de ánimo.

tormento m. Angustia o dolor físico. ‖ Dolor corporal que se causaba al reo para obligarle a confesar o declarar.

tornachile m. *amer.* Especie de chile de color verde claro, de forma de trompo, que se cultiva en tierras de regadío.

tornado m. Viento impetuoso giratorio, huracán.

tornar tr. y prnl. Cambiar a una persona o cosa su naturaleza o su estado. ‖ intr. Regresar al lugar de donde se partió.

tornasol m. Girasol, planta. ‖ Reflejo o viso que hace la luz en algunas telas o en otras cosas muy tersas.

torneo m. Combate a caballo entre varias personas que se practicaba en la Edad Media. ‖ Competición entre varios.

tornillo m. Cilindro de metal, madera, etc., con resalto en hélice, que entra y se enrosca en la tuerca.

torniquete m. Puerta con varias hojas. ‖ Instrumento quirúrgico para evitar o contener las hemorragias.

torno m. Cilindro horizontal móvil, alrededor del cual va enrollada una soga o cable y sirve para elevar pesos. ‖ Máquina que permite que una cosa dé vueltas sobre sí misma. ‖ Armazón giratorio que se ajusta al hueco de una pared y sirve para pasar objetos de una parte a otra. ‖ Instrumento eléctrico que utilizan los dentistas para tratar los dientes.

toro m. Mamífero rumiante, de cabeza gruesa armada de dos

torpe

cuernos; piel dura con pelo corto, y cola larga, cerdosa hacia el remate. || fig. Hombre muy robusto y fuerte. || m. pl. Fiesta o corrida de toros.

torpe adj. Falto de habilidad y destreza. || Poco inteligente o ingenioso.

torpedo m. Pez marino que produce una descarga eléctrica al que lo toca. || Proyectil submarino autopropulsado.

torrar tr. Tostar al fuego.

torre f. Edificio más alto que ancho que servía para defenderse de los enemigos. || Cualquier otro edificio de mucha más altura que superficie. || Pieza del juego de ajedrez. || Estructura metálica que soporta los cables conductores de energía eléctrica. || Conjunto de cosas apiladas.

torrencial adj. [Lluvia] muy intensa y abundante.

torrente m. Corriente impetuosa de aguas que sobreviene en tiempos de muchas lluvias. || fig. Muchedumbre de personas que afluyen a un lugar.

torreón m. Torre grande, para defensa de una plaza o castillo.

torrezno m. Pedazo de tocino frito o para freír.

tórrido, da adj. Muy ardiente o caluroso.

torrija f. Rebanada de pan empapada en vino, leche u otro líquido, rebozada, frita y endulzada. || fam. Borrachera.

torso m. Tronco del cuerpo humano. || Estatua falta de cabeza, brazos y piernas.

torta f. Masa de harina, de figura redonda, que se cuece a fuego lento. || fam. Golpe dado con la palma de la mano, generalmente en la cara. || Cualquier golpe.

tortícolis f. Dolor del cuello que obliga a tenerlo torcido.

tortilla f. Fritura de huevo batido, en la que a veces se incluye algún otro alimento.

tortillera f. *vulg.* Lesbiana, mujer homosexual.

tórtolo, la m. y f. Ave parecida a la paloma, pero más pequeña. || pl. Pareja de enamorados.

tortuga f. Reptil marino o terrestre, cuyo cuerpo se encierra en un caparazón óseo. || fig. y fam. Persona o vehículo muy lentos.

tortuoso, sa adj. Que tiene vueltas y rodeos.

tortura f. Dolor corporal que se causa a alguien, generalmente como castigo o para obligarle a algo. || fig. Dolor o aflicción grandes.

toruno m. *amer.* Toro que ha sido castrado después de tres o más años.

torvo, va adj. Fiero, espantoso, airado.

tos f. Movimiento convulsivo y ruidoso del aparato respiratorio.

tosco, ca adj. Grosero. || fig. Inculto. También s. || Hecho con poco cuidado o con materiales poco valiosos.

toser intr. Tener y padecer la tos.

tósigo m. Veneno, ponzoña.

tostada f. Rebanada de pan que, dorada al fuego, suele untarse con mantequilla, mermelada u otras cosas.

tostador, ra m. y f. Instrumento para tostar pan.

tostar tr. y prnl. Poner una cosa a la lumbre, para que se vaya desecando, sin quemarse. || fig. Curtir el sol o el viento la piel del cuerpo.

total adj. General, universal. || fam. Excelente, muy bueno. || m. Suma. || adv. En suma, en conclusión.

totalitarismo m. Régimen político que concentra la totalidad de los poderes estables en manos de un grupo o partido que no permite la actuación de otros partidos.

tótem m. Ser u objeto de la naturaleza, generalmente un animal, que en la mitología de algunas sociedades se toma como emblema protector. || Emblema tallado o pintado que representa estos seres u objetos.

totora f. *amer.* Especie de anea o espadaña con la que se fabrican embarcaciones, cestos, etc.

tóxico, ca adj. y m. [Sustancia] venenosa.

toxicología f. Parte de la medicina que trata de los venenos.

toxicomanía f. Consumo habitual de drogas y dependencia patológica de las mismas.

toxina f. Sustancia elaborada por los seres vivos y que obra como veneno.

tozudo, da adj. y s. Obstinado, testarudo.

traba f. Impedimento o estorbo.

trabajo m. Esfuerzo humano aplicado a la producción de riqueza. || Ocupación que ejerce habitualmente una persona a cambio de un salario. || Producto de una actividad intelectual, artística, etc.

trabalenguas m. Palabra o locución difícil de pronunciar.

trabar tr. Juntar una cosa con otra. || fig. Comenzar una batalla, conversación, etc. || prnl. Entorpecérsele a alguien la lengua al hablar.

trabilla f. Tirilla colocada en una prenda al nivel del talle, por la que se pasa un cinturón, correa, etc. || Tirilla que pasa por debajo del pie para sujetar los bordes inferiores del pantalón.

trabuco m. Arma de fuego más corta y de mayor calibre que la escopeta ordinaria y con la boca ensanchada.

traca f. Serie de petardos que estallan sucesivamente.

trácala f. *amer.* Trampa, ardid, engaño. También adj.

tracción f. Hecho de mover o arrastrar una cosa, especialmente carruajes.

tractor, ra adj. Que produce tracción. || m. Vehículo automotor cuyas ruedas se adhieren fuertemente al terreno, y se emplea para arrastrar maquinaria agrícola, remolques, etc.

tradición f. Comunicación de hechos, noticias, composiciones literarias, doctrinas, costumbres, etc., transmitidas de generación en generación. || Conjunto de lo que se transmite de este modo.

tradicionalismo m. Apego a antiguas costumbres, ideas, etc.

traducir tr. Expresar en una lengua lo que está escrito o expresado en otra. || fig. Explicar, interpretar.

traer tr. Conducir o trasladar una cosa al lugar en donde se habla. || Atraer, tirar hacia sí. || Causar, ocasionar. || fig. Alegar. || Llevar puesto o consigo. || Tener o poner a alguien en cierto estado o situación. || Contener lo que se expresa un libro, revista u otra publicación. || Tratar, andar haciendo una cosa. También prnl.

traficar intr. Comerciar, negociar, particularmente con algo ilegal o de forma irregular.

tráfico m. Hecho de negociar o comerciar, particularmente con algo ilegal o de forma irregular. || Tránsito de vehículos por calles, carreteras.

tragaluz m. Ventana abierta en un techo o en la parte superior de una pared.

tragaderas f. Faringe. || fig. Credulidad. || fig. Excesiva tolerancia, especialmente en temas relacionados con la moral. || Capacidad para comer y beber mucho.

tragaldabas com. fam. Persona que come mucho.

tragaperras f. Aparato que funciona automáticamente, mediante la introducción de una moneda.

tragar tr. Hacer que una cosa pase de la boca al estómago. || fig. Comer vorazmente. || fig. Absorber. También prnl. || fig. Dar fácilmente crédito a las cosas. También prnl. || intr. No tener más remedio que admitir o aceptar algo.

tragedia f. Obra dramática capaz de infundir lástima y terror y con desenlace generalmente funesto. || Suceso fatal o desgraciado.

tragicomedia f. Poema dramático que tiene condiciones propias de los géneros trágico y cómico. || Suceso de la vida real que conjuga ambos aspectos.

trago m. Porción de líquido que se bebe o se puede beber de una vez. || Bebida alcohólica. || fig. y fam. Adversidad, infortunio.

traición f. Violación de la fidelidad o lealtad que se debe guardar o tener. || Delito que se comete contra la patria o contra el Estado, en servicio del enemigo.

tráiler m. Remolque de un automóvil, especialmente el de los camiones de gran tonelaje. ‖ Resumen o avance de una película.

traje m. Vestido completo de una persona. ‖ Conjunto de chaqueta y pantalón o falda, y a veces chaleco. ‖ Vestido peculiar de una clase de personas, de una época o de los naturales de un país.

trajinar intr. Andar de un sitio a otro. ‖ *vulg.* Poseer sexualmente a una persona. Más c. prnl.

trama f. Conjunto de hilos que, cruzados y enlazados con los de la urdimbre, forman una tela. ‖ Confabulación, intriga. ‖ Disposición interna de una cosa. ‖ Especialmente, el argumento o enredo de una obra literaria, cinematográfica, etc.

tramar tr. Preparar con astucia un engaño, trampa, etc. ‖ Disponer con habilidad la ejecución de una cosa complicada o difícil. ‖ Atravesar los hilos de la trama por entre los de la urdimbre para tejer la tela.

trámite m. Cada uno de los estados o diligencias necesarios para resolver un asunto.

tramo m. Cada uno de los trechos o partes en que está dividida una superficie, camino, andamio, etc. ‖ Parte de una escalera comprendida entre dos descansos.

tramoya f. Máquina o artificio con el que en el teatro se efectúan los cambios de decoración.

trampa f. Artificio para cazar. ‖ Puerta en el suelo. ‖ Infracción de las reglas de una competición. ‖ Deuda cuyo pago se demora. ‖ Plan concebido para engañar a alguien.

trampilla f. Ventanilla en el suelo de las habitaciones altas.

trampolín m. Plano inclinado y elástico en el que toma impulso el gimnasta. ‖ Plataforma elevada para saltar al agua. ‖ Plataforma dispuesta en un plano inclinado sobre la que se lanza un esquiador. ‖ fig. Persona, cosa o suceso que se aprovecha para medrar.

tranca f. Palo con que se aseguran las puertas y ventanas cerradas. ‖ fam. Borrachera.

trance m. Momento crítico y decisivo. ‖ Tiempo próximo a la muerte. ‖ Estado en que un médium manifiesta fenómenos paranormales. ‖ Estado de suspensión de los sentidos durante el éxtasis místico.

tranquilizante adj. y m. [Fármaco] de efecto tranquilizador o sedante.

tranquilo, la adj. Quieto, sosegado. ‖ Pacífico. ‖ Despreocupado y algo irresponsable. También s. ‖ [Persona] que tiene la conciencia libre de remordimientos.

tranquillo m. Hábito especial que se logra a fuerza de repetición y con el que se consigue realizar más fácilmente un trabajo.

transacción f. Acuerdo comercial entre personas o empresas.

transatlántico, ca adj. [Región] situada al otro lado del Atlántico. || m. Buque de grandes dimensiones destinado a hacer travesías por mares y océanos.

transbordar tr. y prnl. Trasladar efectos o personas de la orilla de un río, un canal, un lago, etc., a la otra. || intr. y tr. Cambiar una persona de un tren a otro.

transbordo m. Hecho de cambiar una persona de un tren a otro.

transcribir tr. Escribir en una parte lo escrito en otra. || Escribir o anotar lo que se oye.

transcurrir intr. Pasar, correr el tiempo.

transeúnte adj. y com. Que pasa por un lugar. || Que reside transitoriamente en un sitio.

transexual adj. y com. [Persona] que, mediante tratamiento hormonal y quirúrgico, transforma su cuerpo para cambiar de sexo.

transferir tr. Pasar o llevar una cosa de un lugar a otro. || Ceder a otro el derecho o dominio que se tiene sobre una cosa. || Remitir fondos bancarios de una cuenta a otra.

transfigurar tr. y prnl. Hacer cambiar de figura a una persona o cosa.

transformar tr. y prnl. Hacer cambiar de forma a una persona o cosa. || fig. Hacer cambiar de costumbres a una persona.

tránsfuga com. Persona que pasa de un partido a otro. || Persona que huye de un lugar a otro.

transfusión f. Operación que consiste en hacer pasar cierta cantidad de sangre de un individuo a otro.

transgredir tr. Quebrantar, violar un precepto o ley.

transición f. Hecho de pasar de un modo de ser o estar a otro distinto. || En España, periodo que comprende desde la muerte de Franco (1975) hasta la proclamación de la nueva Constitución (1978).

transido, da adj. Muy angustiado o abatido por un sufrimiento, penalidad, etc.

transigir intr. y tr. Consentir en parte con lo que no se cree justo, razonable o verdadero. || Tolerar, aceptar.

transistor m. Dispositivo electrónico constituido por un pequeño bloque de materia semiconductora, que cuenta con tres electrodos: emisor, colector y base. || Aparato de radio.

transitar intr. Ir o pasar de un punto a otro por vías o parajes públicos.

transitivo adj. [Verbo] que se construye con complemento directo.

tránsito m. Paso de las personas o los vehículos por vías o parajes públicos. || Movimiento de personas, vehículos, etc., que van de un lugar a otro. || En conventos, seminarios, etc., pasillo o corredor.

transitorio, ria adj. Pasajero, temporal. || Caduco, perecedero, fugaz.

translúcido, da adj. Cuerpo a través del cual pasa la luz, pero que no deja ver sino confusamente lo que hay detrás de él.

transmitir tr. Hacer llegar a alguien algún mensaje. || Comunicar una noticia por algún medio de comunicación. || Difundir una estación de radio o televisión programas, espectáculos, etc. || Trasladar, transferir. || Comunicar estados de ánimo o sentimientos. || Comunicar el movimiento de una pieza a otra en una máquina. También prnl.

transmutar tr. y prnl. Mudar o convertir una cosa en otra.

transparencia f. Característica de los cuerpos a través de los cuales puede verse con claridad. || Hoja de un material totalmente transparente que permite proyectar sobre una pantalla lo que está escrito en ella.

transparente adj. Cuerpo a través del cual pueden verse los objetos distintamente. || Translúcido. || Que se deja adivinar o vislumbrar sin declararse o manifestarse.

transpirar intr. Sudar.

transponer tr. Pasar al otro lado de un lugar. || prnl. Ocultarse el Sol detrás del horizonte. || Quedarse uno algo dormido.

transportar tr. Llevar algo de un lugar a otro. || prnl. fig. Enajenarse.

transvasar tr. Pasar un líquido de un recipiente a otro.

transversal adj. Que se halla o se extiende atravesado de un lado a otro. || Que se aparta o desvía de la dirección principal o recta.

tranvía m. Vehículo de tracción eléctrica que circula sobre raíles en el interior de una ciudad.

trapecio m. Barra horizontal suspendida de dos cuerdas por sus extremos y que sirve para ejercicios gimnásticos. || Cuadrilátero irregular que tiene paralelos solamente dos de sus lados, los cuales se llaman bases.

trapero, ra m. y f. Persona que se dedica profesionalmente a recoger o comprar y vender trapos y otros objetos usados.

trapo m. Pedazo de tela desechado por viejo. || Paño utilizado en las tareas domésticas. || Vela de una embarcación. || pl. fam. Prendas de vestir, especialmente de la mujer.

tráquea f. En los vertebrados de respiración pulmonar, conducto que va de la faringe a los bronquios. || Vaso conductor de la savia de las plantas. || En los insectos y miriápodos, órgano respiratorio.

traquear tr. *amer.* Recorrer o frecuentar alguien un sitio o camino.

traqueotomía f. Abertura que se hace artificialmente en la tráquea para facilitar la respiración a ciertos enfermos.

traqueteo m. Ruido del disparo de los cohetes. || Movimiento de una persona o cosa que se golpea al transportarla de un lugar a otro.

tras prep. Después de, a continuación de. || fig. En busca o seguimiento de. || Detrás de, en situación posterior.

trascender intr. Empezar a ser conocida una cosa. || Extender o comunicarse los efectos de unas cosas a otras. || Ir más allá, sobrepasar cierto límite. También tr. || tr. Comprender, averiguar alguna cosa.

trasegar tr. Cambiar un líquido de una vasija a otra. || fig. Desordenar, revolver. || fig. Tomar bebidas alcohólicas.

trasero, ra adj. Que está, se queda o viene detrás. || m. Culo, asentaderas.

trasfondo m. Lo que está o parece estar más allá del fondo visible de una cosa o detrás de la apariencia o intención de una acción.

trashumancia f. Paso del ganado desde las dehesas de invierno a las de verano, y viceversa.

trasiego m. Gran actividad.

traslación f. Movimiento que efectúan los planetas alrededor del Sol.

trasladar tr. Llevar una persona o cosa de un lugar a otro. También prnl. || Hacer pasar a una persona de un puesto o cargo a otro. || Cambiar la fecha de celebración de un acto.

traslúcido, da adj. Translúcido.

trasluz m. Luz que pasa a través de un cuerpo translúcido.

trasmano (a) loc. adv. Fuera del alcance habitual o de los caminos frecuentados.

trasnochado, da adj. Anticuado, anacrónico.

trasnochar intr. Pasar uno sin dormir toda la noche o gran parte de ella.

traspapelar tr. y prnl. Perderse o figurar en sitio equivocado un papel.

traspasar tr. Pasar o llevar una cosa de un sitio a otro. || Atravesar de parte a parte con un arma o instrumento. También prnl. || Ceder a favor de otro el derecho de una cosa. || Pasar más allá, rebasar. || fig. Transgredir, quebrantar. || fig. Exceder en lo debido o razonable. || fig. Hacerse sentir intensamente un dolor físico o moral.

traspié m. Resbalón, tropezón. || fig. Error, equivocación.

trasplantar tr. Trasladar plantas del sitio en que están arraigadas y plantarlas en otro. ‖ Sustituir a un individuo un órgano enfermo por otro sano procedente de otra persona.

trasplante m. Traslado de una planta del sitio en que está arraigada para plantarla en otro. ‖ Intervención que consiste en implantar a un ser vivo alguna parte orgánica procedente de otro individuo o del mismo.

trasponer tr. y prnl. Transponer.

trasquilar tr. Cortar el pelo de forma desigual. También prnl. ‖ Cortar el pelo o la lana de algunos animales.

trastabillar intr. Dar traspiés o tropezones. ‖ Vacilar, titubear. ‖ Tartamudear.

trastada f. Travesura.

trastazo m. fam. Golpe, porrazo.

traste m. Cada uno de los resaltos de metal o hueso que se colocan en el mástil de la guitarra u otros instrumentos semejantes. ‖ *amer.* Trasto. Más en pl.

trastienda f. Cuarto situado detrás de la tienda. ‖ fig. Cautela o reserva en el modo de actuar.

trasto m. Cualquiera de los muebles o utensilios de una casa. ‖ Mueble inútil arrinconado. ‖ fig. y fam. Persona inútil o traviesa. ‖ pl. Utensilios o herramientas de algún oficio o actividad.

trastocar tr. Trastornar, revolver.

trastornar tr. Cambiar el orden de las cosas. ‖ Causar molestia. ‖ Poner nervioso a alguien. También prnl.

trasunto m. Copia que se saca del original. ‖ Lo que imita o refleja con propiedad una cosa.

trata f. Tráfico o comercio con personas.

tratado m. Convenio. ‖ Escrito sobre una materia determinada.

tratar tr. Manejar una cosa o usar de ella. ‖ Comunicar. También intr. y prnl. ‖ Tener relación con alguien. Más c. intr. ‖ Cuidar bien o mal a uno. También prnl. ‖ Tildar o motejar. ‖ Discutir un asunto. ‖ En informática, procesar datos. ‖ intr. Procurar el logro de algún fin. ‖ Comerciar. ‖ Referirse a cierto tema u ocuparse de él en un escrito, discurso, etc. También prnl.

trauma m. Traumatismo. ‖ Choque o sentimiento emocional que deja una impresión duradera.

traumatismo m. Lesión interna o externa provocada por una violencia exterior.

traumatología f. Parte de la medicina referente a los traumatismos y a su tratamiento.

travesaño m. Pieza que atraviesa de una parte a otra. ‖ Pieza que forma cada uno de los peldaños de las escaleras portátiles.

travesía f. Distancia entre dos puntos de tierra o mar. ‖ Viaje por mar.

travestí o **travesti** com. Persona que se viste con ropa del sexo contrario al suyo.

travestido, da adj. y s. Que se viste con ropa del sexo contrario al suyo.

traviesa f. Madero o pieza que se atraviesa en una vía férrea para asentar sobre ella los rieles.

travieso, sa adj. Inquieto, revoltoso, sobre todo referido a los niños.

trayecto m. Espacio que se recorre para ir de un sitio a otro.

traza f. Aspecto o apariencia de alguien o algo.

trazado m. Planta, diseño. ‖ Recorrido o dirección de un camino, canal, línea ferroviaria, carretera, etc.

trazo m. Línea, raya.

trébol m. Planta herbácea de flores blancas o moradas y las hojas pequeñas, casi redondas, agrupadas de tres en tres.

trece adj. Diez y tres. ‖ Decimotercero. ‖ m. Conjunto de signos con que se representa este número.

trecho m. Espacio, distancia.

tregua f. Suspensión de hostilidades, por tiempo determinado, entre beligerantes. ‖ fig. Descanso.

treinta adj. Tres veces diez. ‖ Que sigue inmediatamente en orden al veintinueve. ‖ m. Conjunto de signos con que se representa este número.

treintena f. Conjunto de treinta unidades.

tremebundo, da adj. Muy grande. ‖ Muy feo. ‖ Que da miedo.

tremendo, da adj. Terrible. ‖ Digno de respeto. ‖ fig. y fam. Muy grande.

tremolina f. Movimiento ruidoso del aire. ‖ fig. y fam. Bulla, griterío.

trémulo, la adj. Que tiembla. ‖ Vibratorio.

tren m. Transporte formado por una serie de vagones enlazados o articulados unos tras otros y arrastrados por una locomotora. ‖ Modo de vida de una persona, especialmente si está rodeada de lujos y comodidades, realiza muchas actividades, etc. ‖ Marcha, ritmo.

trenca f. Abrigo corto con capucha.

trenza f. Entrecruzamiento de tres o más hebras, cordones, etc. ‖ La que se hace entretejiendo el cabello largo.

trepa adj. y com. fam. [Persona] con pocos escrúpulos que se vale de cualquier medio para prosperar.

trepanar tr. Perforar el cráneo u otro hueso con fin curativo o diagnóstico.

trepar intr. Subir a un lugar alto o dificultoso. También tr. ‖ Crecer las plantas agarrándose a árboles y paredes. ‖ fig. Prospe-

trepidar intr. Temblar fuertemente. || *amer.* Vacilar, dudar.

tres adj. Dos y uno. || Tercero. || m. Signo con que se representa este número.

trescientos, tas adj. Tres veces ciento. || Que sigue inmediatamente en orden al doscientos noventa y nueve. || Conjunto de signos con que se representa este número.

tresillo m. Cierto juego de naipes entre tres personas. || Conjunto de un sofá y dos butacas que hacen juego.

treta f. Artificio, artimaña.

trial m. Modalidad de motociclismo que se practica en el campo, consistente en una prueba de habilidad por terrenos accidentados.

triángulo m. Figura formada por tres rectas que se cortan mutuamente. || Instrumento musical de percusión en forma de triángulo.

tribu f. Grupo homogéneo y autónomo, social y políticamente, que ocupa un territorio propio. || fam. Familia numerosa, pandilla o grupo de personas con características e intereses comunes.

tribulación f. Congoja, pena. || Adversidad.

tribuna f. Plataforma elevada desde donde los oradores dirigen la palabra al pueblo. || Localidad preferente en un campo de deporte. || Medio a través del cual se expresa alguien, p. ej., la prensa.

tribunal m. Lugar destinado a los jueces para administrar justicia. || Magistrado o magistrados con esa misión. || Conjunto de personas ante quienes se efectúan exámenes, oposiciones, etc. || pl. Vía judicial.

tributario, ria adj. Del tributo o relacionado con él. || [Curso de agua] con relación al río o mar en que desemboca. || Que es consecuencia o está ligado a aquello que se expresa.

tributo m. Lo que el ciudadano paga para contribuir a los gastos del Estado. || fig. Cualquier carga continua. || fig. Sentimiento de admiración, respeto o afecto hacia alguien o algo.

tríceps adj. y m. [Músculo] que tiene tres partes.

triciclo m. Vehículo de tres ruedas y provisto de pedales.

tricota f. *amer.* Suéter, prenda de punto.

tricotar tr. Tejer, hacer punto a mano o con máquina.

tridente adj. De tres dientes. || m. Cetro en forma de arpón que tienen en la mano las figuras de Saturno o Neptuno.

tridimensional adj. Que se desarrolla en las tres dimensiones del espacio.

trienio m. Periodo de tiempo de tres años. ‖ Incremento económico en un salario, por cada tres años de servicio activo en una empresa u organismo.

trifulca f. Desorden, gresca, riña.

trigo m. Planta gramínea con espigas compuestas de tres o más carreras de granos, de los cuales, triturados, se saca la harina con que se hace el pan. ‖ Grano de esta planta.

trigonometría f. Parte de las matemáticas que trata del cálculo de los elementos de los triángulos.

trilingüe adj. Que habla tres lenguas. ‖ Escrito en tres lenguas.

trillar tr. Separar el grano de la paja triturando la mies. ‖ fig. y fam. Frecuentar mucho una cosa. ‖ fig. Utilizar algo con exceso, particularmente tratar muchas veces un tema, de forma que pierda originalidad.

trillizo, za adj. y s. [Hermano] de los tres nacidos en el mismo parto.

trillón m. Un millón de billones.

trilogía f. Conjunto de tres tragedias de un mismo autor. ‖ Conjunto de tres obras dramáticas que tienen entre sí una unidad argumental.

trimestre m. Espacio de tiempo de tres meses.

trinar intr. Gorjear. ‖ Hacer trinos. ‖ fig. y fam. Rabiar, impacientarse.

trincar tr. fam. Coger o agarrar fuertemente. ‖ fam. Apresar, encarcelar. ‖ fam. Robar. ‖ fam. Tomar bebidas alcohólicas.

trinchar tr. Partir en trozos la comida para servirla.

trinchera f. Defensa de tierra para cubrir el cuerpo del soldado. ‖ Gabardina impermeable que recibe este nombre porque la usaron algunos soldados durante la primera guerra mundial.

trineo m. Vehículo sin ruedas para caminar sobre el hielo y la nieve.

trinidad f. Unión, según el cristianismo, de tres personas distintas en un solo Dios.

trinitario, ria adj. y s. [Religioso] de la Orden de la Santísima Trinidad. ‖ f. Planta herbácea anual, de jardín y común en España, donde se la conoce con el nombre de *pensamiento*.

trinitrotolueno m. Producto en forma de sólido cristalino, que constituye un explosivo muy potente.

trío m. Composición musical para tres voces o instrumentos. ‖ Conjunto que las interpreta. ‖ Grupo de tres.

tripa f. Intestino. ‖ Vientre, especialmente el grueso o abultado. ‖ Trozo de intestino de un animal utilizado como material o en alimentación. || pl. Relleno de algunas cosas o parte interior de algo.

tripartito, ta adj. Dividido en tres partes, órdenes o clases. || Constituido por tres partidos políticos. || Realizado entre tres.

tripi m. fam. En el lenguaje de la droga, dosis de LSD.

triple adj. y m. [Número] que contiene a otro tres veces. || Compuesto de tres elementos.

triplicar tr. y prnl. Multiplicar por tres.

trípode m. Mesa, banquillo o armazón de tres pies.

tríptico m. Pintura, grabado o relieve en tres hojas, unidas de tal modo que las laterales pueden doblarse sobre la del centro.

triptongo m. Conjunto de tres vocales (débil, fuerte y débil) en una sola sílaba.

tripulación f. Conjunto de personas que atienden el manejo y otros servicios de una embarcación o vehículo aéreo o espacial.

tripular tr. Dotar de tripulación. || Conducir, especialmente un barco, avión o vehículo espacial.

tripulina f. *amer.* Algarabía.

triquina f. Gusano de unos tres milímetros de largo, cuya larva se enquista en forma de espiral en los músculos del cerdo y del hombre, provocando la triquinosis.

triquiñuela f. fam. Treta para conseguir algo o para evitar una dificultad o una molestia.

tris m. Tiempo muy corto u ocasión muy cercana.

triste adj. Afligido, apesadumbrado. || De carácter melancólico. || Funesto, deplorable. || Doloroso o injusto. || Insignificante, insuficiente, escaso.

triturar tr. Partir o deshacer algo en trozos muy pequeños. || fig. Maltratar, molestar.

triunfador, ra adj. y s. Que triunfa.

triunfo m. Victoria. || Éxito. || Carta del palo preferido en ciertos juegos de naipes.

trivial adj. Vulgarizado, común y sabido de todos. || Mediocre, insignificante.

triza f. Pedazo pequeño o partícula dividida de un cuerpo.

trocar tr. Cambiar una cosa por otra. || tr. y prnl. Alterar, producir cambios.

trofeo m. Objeto que reciben los ganadores en señal de victoria. || Botín obtenido en la guerra.

troglodita adj. y com. Que habita en cavernas. || fig. [Hombre] bárbaro y cruel. || fig. Muy comedor.

trola f. Engaño, falsedad, mentira.

tromba f. Columna de agua que se levanta en el mar por efecto de un torbellino. || Gran cantidad de agua de lluvia caída en poco tiempo.

trombo m. Coágulo de san-

trombón

gre en el interior de una vena o en el corazón.

trombón m. Instrumento musical de metal cuyos sonidos se obtienen alargando las varas que lleva. ‖ com. Persona que toca este instrumento.

trombosis f. Proceso de formación de un trombo en el interior de una vena o en el corazón.

trompa f. Instrumento musical de viento que consiste en un tubo de latón enroscado circularmente. ‖ Prolongación muscular, hueca y elástica, de la nariz de algunos animales, como el elefante. ‖ Aparato chupador de algunos insectos. ‖ fig. y fam. Borrachera. ‖ com. Persona que toca la trompa.

trompazo m. Cualquier golpe fuerte.

trompeta f. Instrumento musical de viento que produce diversidad de sonidos según la fuerza con que la boca impele el aire. ‖ com. Persona que toca la trompeta.

trompetilla f. Instrumento en forma de trompeta que servía para que los sordos recibieran los sonidos, aplicándoselo al oído.

trompicón m. Cada tropezón o paso tambaleante de una persona. ‖ Tumbo o vaivén de un vehículo. ‖ Porrazo, golpe fuerte.

tronado, da adj. Loco. ‖ f. Tempestad de truenos.

tronchar tr. y prnl. Partir o romper con violencia un vegetal por su tronco, tallo o ramas principales. ‖ fig. Agotar, cansar muchísimo. ‖ prnl. Partirse de risa, reírse mucho.

troncho m. Tallo de las hortalizas.

tronco m. Tallo fuerte y macizo de árboles y arbustos. ‖ Cuerpo humano o de cualquier animal, prescindiendo de la cabeza y de las extremidades. ‖ Ascendiente común de dos o más ramas, líneas o familias.

tronco, ca m. y f. fam. Compañero, amigo, colega.

tronera f. Abertura en el costado de un buque, en el costado de una muralla o en el espaldón de una batería, para disparar los cañones. ‖ Ventana pequeña y angosta.

trono m. Asiento con gradas y dosel de que usan los reyes y personas de alta dignidad. ‖ fig. Dignidad de rey o soberano. ‖ fig. y fam. Retrete, váter.

tropa f. Gente militar. ‖ Conjunto de soldados, cabos y sargentos. ‖ Turba, muchedumbre de gentes. ‖ Conjunto de militares, en distinción de los civiles. ‖ amer. Recua de ganado. ‖ pl. Conjunto de cuerpos que componen un ejército, división, guarnición, etc.

tropelía f. Hecho violento y contrario a las leyes.

tropezar intr. Dar con los pies en algún obstáculo, perdiendo el equilibrio. ‖ Detenerse o ser im-

tropico m. Cada uno de los dos círculos menores que se consideran en la esfera celeste paralelos al ecuador. || Región comprendida entre estos dos círculos.

troquel m. Molde empleado en la acuñación de monedas, medallas, etc. || Instrumento análogo de mayores dimensiones utilizado para el estampado de piezas metálicas. || Instrumento para cortar por medio de presión cartón, cuero, planchas metálicas, etc.

trote m. Modo de caminar acelerado, natural a todas las caballerías. || fig. Trabajo o faena apresurada y fatigosa. || fig. Mucho uso que se da a una cosa.

trova f. Composición métrica escrita generalmente para canto. || Canción amorosa compuesta o cantada por los trovadores.

trovador, ra adj. y s. Que trova. || m. Poeta provenzal de la Edad Media.

trozo m. Pedazo de una cosa que se considera aparte del resto.

trucar intr. Preparar algo con trucos y efectos para conseguir un determinado fin o impresión. || Realizar cambios en el motor de un vehículo para darle mayor potencia.

pedida una cosa por encontrar un estorbo. || Cometer un error o una falta. || Reñir o enfrentarse con alguien. || fam. Encontrar casualmente a una persona.

trucha f. Pez de agua dulce, que tiene una carne muy estimada por su sabor.

truco m. Cada una de las mañas o habilidades que se adquieren en el ejercicio de un arte, oficio o profesión. || Engaño, trampa. || Artificio para producir determinados efectos en ilusionismo, fotografía, cine, etc.

truculento, ta adj. Cruel, atroz y tremendo.

trueno m. Estampido o estruendo producido en las nubes por una descarga eléctrica.

trueque m. Cambio, canje.

trufa f. Variedad muy aromática de un hongo que se desarrolla debajo de la tierra. || Pasta hecha de chocolate y mantequilla utilizada para preparar postres y pasteles. || Dulce en forma de bombón que se hace con esta pasta.

truhán, ana adj. y s. Persona sin vergüenza, que vive de engaños y estafas.

truncar tr. Cortar una parte a alguna cosa. || Interrumpir una acción dejándola incompleta o impidiendo que se lleve a cabo.

tu, tus adj. pos. Apóc. de *tuyo, tuya, tuyos, tuyas*. Solo se emplea antepuesto al nombre.

tú pron. pers. de 2.ª persona sing., com. Funciona como sujeto y vocativo.

tuba f. Instrumento musical de viento, formado por un tubo grande que se enrolla en forma de

tubérculo espiral y se ensancha en su extremo, cuya tesitura corresponde a la del contrabajo.

tubérculo m. Parte de un tallo subterráneo o de una raíz que se desarrolla considerablemente; en sus células se acumula una gran cantidad de sustancias de reserva, como en la patata y el boniato.

tuberculosis f. Enfermedad infecciosa del hombre y de muchas especies animales producida por el bacilo de Koch.

tubería f. Conducto formado de tubos.

tubo m. Pieza hueca, de forma por lo común cilíndrica y generalmente abierta por ambos extremos. ‖ Recipiente de forma cilíndrica. ‖ Recipiente flexible con un tapón en el extremo y un pliegue en el otro, destinado a contener sustancias blandas, como pintura, pomadas, etc. ‖ Nombre que reciben algunos conductos de organismos animales y vegetales.

tuerca f. Pieza con un hueco labrado en espiral que ajusta exactamente en el filete de un tornillo.

tuerto, ta adj. y s. Falto de la vista en un ojo.

tuétano m. Sustancia blanca contenida dentro de los huesos.

tufo m. Emanación gaseosa que se desprende de las fermentaciones y de las combustiones imperfectas. ‖ fam. Olor fuerte y muy desagradable. ‖ Sospecha de algo malo.

tugurio m. Habitación pequeña y miserable. ‖ Local sucio y descuidado o de mala reputación.

tul m. Tejido fino y transparente que forma malla, generalmente en octágonos.

tulipa f. Pantalla de lámpara con forma de tulipán.

tulipán m. Planta herbácea, vivaz, con raíz bulbosa, tallo liso y flor única, de hermosos colores e inodora. ‖ Flor de esta planta.

tullido, da adj. y s. Que ha perdido el movimiento del cuerpo o de alguno de sus miembros.

tullir tr. Hacer que uno quede tullido. ‖ prnl. Perder uno el uso y movimiento de su cuerpo o de un miembro de él.

tumba f. Lugar en que está sepultado un cadáver.

tumbar tr. Hacer caer o derribar a una persona o cosa. ‖ Aturdir o quitar a alguien el sentido una cosa fuerte. ‖ Acostar, tender. También prnl.

tumbo m. Vaivén violento.

tumbona f. Silla con largo respaldo y con tijera que permite inclinarlo en ángulos muy abiertos.

tumefacto, ta adj. Hinchado.

tumor m. Hinchazón y bulto que se forma anormalmente en alguna parte del cuerpo. ‖ Alteración patológica de un órgano o de parte de él, producida por la pro-

liferación creciente de las células que lo componen.

túmulo m. Sepulcro levantado de la tierra. ‖ Armazón sobre el que se coloca el féretro para la celebración de las honras de un difunto.

tumulto m. Motín, alboroto producido por una multitud. ‖ Confusión agitada o desorden ruidoso.

tunante, ta adj. y s. Pícaro, bribón, taimado.

tunda f. fam. Paliza, somanta, zurra.

tundra f. Terreno abierto y llano, de clima subglacial y subsuelo helado, falto de vegetación arbórea; suelo cubierto de musgos y líquenes, y pantanoso en muchos sitios. Se extiende por Siberia y Alaska.

túnel m. Paso subterráneo abierto artificialmente para establecer una comunicación.

túnica f. Vestidura sin mangas, que usaban los antiguos y les servía como de camisa. ‖ Vestidura exterior amplia y larga.

tuno, na adj. Pícaro, tunante. ‖ m. Estudiante que forma parte de una tuna. ‖ f. Estudiantina, grupo musical universitario que se acompaña de guitarras, bandurrias, panderetas, etc.

tupé m. Cabello que cae sobre la frente.

tupido, da adj. Que tiene sus elementos muy juntos o apretados.

turba f. Muchedumbre de gente confusa y desordenada.

turbamulta f. Multitud confusa y desordenada.

turbante m. Tocado propio de las naciones orientales, que consiste en una faja larga de tela rodeada a la cabeza. ‖ Tocado femenino inspirado en el anterior.

turbar tr. y prnl. Alterar o conmover el estado o curso natural de una cosa. ‖ Enturbiar. ‖ fig. Aturdir a alguien de modo que no acierte a hablar o a proseguir lo que estaba haciendo. ‖ Interrumpir violenta o molestamente la quietud, el silencio, etc.

turbina f. Máquina destinada a transformar en movimiento giratorio de una rueda la fuerza viva o presión de un fluido.

turbio, bia adj. Mezclado o alterado por algo que oscurece o quita la transparencia y claridad que le son propias. ‖ fig. Revuelto, dudoso, turbulento. ‖ fig. Confuso, poco claro.

turbo adj. [Motor] que tiene turbocompresor y [vehículo] que lo lleva. ‖ Apóc. de *turbocompresor*.

turbocompresor m. Compresor de alta presión movido por una turbina.

turbulento, ta adj. Turbio. ‖ fig. Confuso, alborotado y desordenado. ‖ fig. [Persona] agitadora, que promueve disturbios o discusiones, y de su carácter. También s.

turco, ca adj. y s. De Turquía. || m. Lengua árabe hablada en Turquía y otras regiones.

turgente adj. Abultado, elevado y firme.

turismo m. Viaje que se realiza por gusto de recorrer un país o región. || Organización de los medios encaminados a facilitar estos viajes. || Conjunto de personas que los realizan. || Automóvil de uso privado.

turno m. Orden o alternativa que se observa entre varias personas para realizar una tarea, desempeñar un cargo, etc. || Ocasión en que a alguien le corresponde hacer algo. || Cada una de las intervenciones que, en pro o en contra de una propuesta, permiten los reglamentos de las cámaras legislativas y las corporaciones.

turquesa f. Mineral amorfo, formado por un fosfato de alúmina con algo de cobre y hierro, de color azul verdoso, que se emplea en joyería. || Color azul verdoso, como el de este mineral. También adj.

turro, rra adj. *amer.* [Persona] deshonesta, de malas intenciones. También s. || f. *amer.* Prostituta.

turrón m. Dulce hecho de almendras, piñones, avellanas o nueces, tostado todo y mezclado con miel o azúcar. || Nombre dado a otros dulces típicos de Navidad y dispuestos también en pastillas o porciones.

tutear tr. y prnl. Dirigirse a una persona empleando el pronombre *tú* en lugar de *usted*.

tutela f. Autoridad que, en defecto de la paterna o materna, se confiere para cuidar de la persona y los bienes de aquel que no tiene completa capacidad civil. || fig. Dirección, amparo.

tutifruti m. Helado de varias frutas.

tutiplén (a) loc. Mucho, en abundancia.

tutor, ra m. y f. Persona que ejerce la tutela. || Profesor encargado de seguir de cerca los estudios de los alumnos de una clase.

tuyo, tuya, tuyos, tuyas pron. y adj. pos. de 2.ª persona, m. y f., sing. y pl. Indica pertenencia o relación respecto a la segunda persona, y cuando acompaña a un sustantivo se usa pospuesto a este.

U

u f. Vigesimosegunda letra del abecedario español y última de sus vocales. || conj. disy. Se emplea en vez de *o* ante palabras que empiezan por *o, ho*.

ubicar intr. y prnl. Estar situado. || tr. *amer.* Situar.

ubicuo, cua adj. Que está presente a un mismo tiempo en todas partes.

ubre f. En los mamíferos, cada una de las tetas de la hembra.

U.C.I. (Siglas de *Unidad de Cuidados Intensivos*). f. U.V.I.

ufano, na adj. Orgulloso. || Satisfecho, alegre. || Resuelto, decidido.

ufología f. Ciencia que estudia la hipotética existencia de objetos volantes no identificados y el acercamiento a nuestro planeta de seres extraterrestres.

ujier m. Ordenanza de algunos tribunales y administraciones públicas.

úlcera f. Lesión en la piel o mucosa de un órgano con destrucción de tejidos.

ulterior adj. Que está en la parte de allá. || Posterior.

ultimar tr. Acabar, terminar.

ultimátum m. Última proposición escrita de un Estado a otro, cuya no aceptación puede ocasionar la guerra. || Decisión definitiva.

último, ma adj. Posterior a todos, final. || Definitivo. || Lo más remoto. || Lo más reciente.

ultra adj. y com. Que defiende de ideas políticas extremistas, generalmente violentas. || Seguidor exaltado y violento de un equipo deportivo.

ultrajar tr. Injuriar gravemente.

ultramar m. Conjunto de territorios del otro lado de un océano.

ultramarino, na adj. Situado al otro lado del océano. || adj. y s. [Comestible] que, traído en un principio de ultramar, se conserva durante algún tiempo. || m. pl. Tienda de comestibles.

ultranza (a) loc. adv. Sin dudar, firmemente.

ultrasonido m. Sonido cuya frecuencia de vibraciones es superior al límite perceptible por el oído

ultravioleta humano, que tiene muchas aplicaciones industriales y médicas.

ultravioleta adj. De la parte invisible del espectro solar a continuación del color violeta.

umbilical adj. Del ombligo.

umbral m. Parte inferior, contrapuesta al dintel, del vano de una puerta. || Principio de cualquier cosa.

umbrío, a adj. [Lugar] en sombra.

un, una art. indet. Presenta o introduce sustantivos que designan personas o cosas desconocidas o no mencionadas todavía. || adj. indef. Uno cualquiera. || adj. num. Uno.

unanimidad f. Conformidad total entre varios pareceres.

uncir tr. Atar o sujetar al yugo bueyes, mulas, etc.

undécimo, ma adj. Que ocupa el lugar número once en una serie ordenada. || [Parte] de las once iguales en que se divide un todo. También m.

ungir tr. Frotar con una materia grasa una cosa. || Signar con óleo sagrado a una persona, para denotar el carácter de su dignidad o para la recepción de un sacramento.

único, ca adj. Solo en su especie. || Extraordinario.

unicornio m. Animal fabuloso de figura de caballo y con un cuerno en la frente.

unidad f. Propiedad de lo que no puede ser dividido. || Cada uno de los elementos diferenciables de un conjunto. || Unanimidad. || Uno, primer número natural. || Cantidad o magnitud que sirve como término de comparación de las demás de su especie. || Porción independiente de una serie, conjunto, ejército, etc. || Cada una de las secciones de un organismo que tienen cierta independencia.

uniforme adj. Con la misma forma, sin variedad. || m. Traje igual y reglamentario de las personas de un cuerpo, comunidad, etc.

unilateral adj. Que se refiere a un solo aspecto de algo.

unión f. Hecho de juntar dos o más cosas entre sí, haciendo de ellas un todo. || Punto en el que se unen varias cosas. || Asociación de personas o entidades para un fin común. || Matrimonio.

unir tr. y prnl. Hacer por distintos medios de varias cosas una. || Juntar. || Poner en comunicación. || Vincular, casar. || Aliar, asociar para un fin común.

unisex adj. [Moda o establecimiento] adecuado tanto para hombres como para mujeres.

unísono, na adj. Con el mismo sonido. || m. Precedido de *al*, conjuntamente, al mismo tiempo, sin discrepancias.

universal adj. Del universo o relacionado con él. || Que comprende y es común a todos los de su especie, sin excepción. || Que pertenece o se extiende a todo el mundo, a todos los países, a todos los tiempos. ‖ m. pl. En filosofía, conceptos o ideas generales.

universidad f. Institución de enseñanza superior con diversas facultades que concede los correspondientes títulos académicos. ‖ Edificio o conjunto de edificios destinado a universidad.

universitario, ria adj. De la universidad o relacionado con ella. ‖ adj. y s. [Estudiante o persona] que ha terminado sus estudios en una universidad.

universo m. Conjunto de las cosas creadas, mundo. ‖ La totalidad de los habitantes de la Tierra. ‖ Medio en que uno vive. ‖ Conjunto de individuos o disciplinas con características comunes.

unívoco, ca adj. y s. Con un solo significado. ‖ Que tiene igual naturaleza o valor que otra cosa.

uno, na adj. Que no se puede dividir. ‖ Idéntico, igual. ‖ [Número] entero más pequeño. También m. ‖ pl. Algunos, unos indeterminados. ‖ pron. indef. Persona o personas cuyo nombre se ignora. ‖ m. Unidad, el primero de los números naturales. ‖ Signo con que se representa este número.

untar tr. Extender una materia grasa sobre una superficie. ‖ fam. Sobornar. ‖ prnl. Mancharse.

uña f. Revestimiento córneo del extremo de los dedos. ‖ Nombre de objetos de forma parecida.

urbanismo m. Conjunto de conocimientos que se refieren al estudio de la creación, desarrollo, reforma y planificación de las ciudades, teniendo en cuenta las necesidades materiales de la vida humana.

urbanizar tr. Construir en un terreno, previamente delimitado, viviendas y dotarle de todos los servicios urbanos necesarios para ser habitado.

urbano, na adj. De la ciudad. ‖ Cortés, educado.

urbe f. Ciudad grande y poblada.

urdir tr. Preparar los hilos para tejer. ‖ Preparar, tramar.

urea f. Principio que contiene gran cantidad de nitrógeno y constituye la mayor parte de la materia orgánica contenida en la orina en su estado normal.

uréter m. Cada uno de los conductos por donde desciende la orina a la vejiga desde los riñones.

uretra f. Conducto por el que los mamíferos expelen la orina desde la vejiga.

urgencia f. Prisa. ‖ Necesidad o falta apremiante de algo. ‖ Caso urgente. ‖ pl. Departamento de los hospitales para atender a enfermos y heridos que necesitan cuidados médicos inmediatos.

urgir intr. Correr prisa algo. ‖ Ser muy necesario.

urinario, ria adj. De la orina o relacionado con ella. ‖ m. Lugar para orinar, especialmente el público.

urna f. Arca, caja, a veces de cristal, para depositar las papeletas en sorteos y votaciones, y otros usos. ‖ Caja de cristales planos para exponer y proteger del polvo objetos preciosos. ‖ Cofre para guardar las cenizas de un difunto.

urología f. Parte de la medicina que estudia el aparato urinario.

urpila f. *amer.* Paloma pequeña.

urraca f. Pájaro de plumaje blanco y negro. ‖ fam. Persona habladora.

urticaria f. Erupción alérgica de la piel, con mucho picor.

urú m. *amer.* Ave de unos 20 cm de largo, de plumaje pardo, y que se asemeja a la perdiz.

urubú m. *amer.* Especie de buitre americano de 60 cm de largo y más de un metro de envergadura.

urunday m. *amer.* Árbol que alcanza 20 m de altura, con excelente madera, de color rojo oscuro, que se emplea en la construcción de casas y buques, y para fabricar muebles.

urutaú m. *amer.* Ave nocturna, especie de lechuza de gran tamaño y cola larga, que lanza un grito característico agudo y prolongado que al final se asemeja a una carcajada.

usar tr. Hacer que una cosa sirva para algo. ‖ Disfrutar uno alguna cosa. ‖ Llevar o ponerse por costumbre una prenda de vestir o un adorno.

usina f. *amer.* Instalación industrial importante, en especial la destinada a producción de gas, energía eléctrica, etc.

uso m. Utilización de algo. ‖ Ejercicio o práctica general de una cosa. ‖ Costumbre o práctica que está de moda o es característica de una persona, una época, etc.

usted, ustedes pron. pers. de 2.ª persona, com. Se suele emplear como tratamiento de respeto, seguido del verbo en tercera persona. ‖ pl. En América y Andalucía se usa con el verbo en 3.ª persona, en lugar de *vosotros*.

usual adj. Que habitualmente se usa o se hace.

usuario, ria adj. y s. Que habitualmente utiliza algo.

usufructo m. Derecho a disfrutar bienes ajenos con la obligación de conservarlos. ‖ Utilidades, frutos o beneficios que se sacan de cualquier cosa.

usura f. Interés, ganancia excesiva por un préstamo; y este préstamo. ‖ fig. Cualquier ganancia excesiva que se obtiene de algo.

usurpar tr. Apoderarse de un bien o derecho ajeno, generalmente por medios violentos. ‖ Apoderarse de la dignidad, empleo u oficio de otro, y usarlos como si fueran propios.

utensilio m. Objeto de uso manual y frecuente. ‖ Herramienta o instrumento de un oficio o arte.

útero m. Matriz, órgano de la gestación.

útil adj. Eficiente, beneficioso. ‖ Que puede utilizarse para algo. ‖ [Día] hábil para la realización de algo, normalmente fijado por la ley o la costumbre. ‖ m. pl. Utensilios, herramientas.

utilitario, ria adj. Que antepone la utilidad. ‖ adj. y m. Automóvil pequeño, de bajo consumo y precio reducido.

utilizar tr. y prnl. Aprovecharse o servirse de algo.

utillaje m. Conjunto de herramientas, instrumentos, máquinas utilizados en una industria.

utopía f. Proyecto, sistema o gobierno ideal, pero irrealizable.

uva f. Fruto de la vid; es una baya blanca o morada formando racimo.

uve f. Nombre de la letra *v*.

U.V.I. (Siglas de *Unidad de Vigilancia Intensiva*) f. Sección hospitalaria con aparatos y personal especializado para atender casos de enfermedades muy graves y que requieren atención continuada.

V

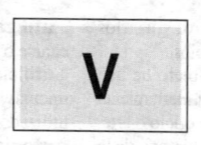

v f. Vigesimotercera letra del abecedario español y decimoctava de sus consonantes. Su nombre es *ve* o *uve*. || Letra numeral romana con valor de cinco.

vaca f. Hembra del toro. || Su carne y piel. || fig. y fam. Persona muy gorda.

vacación f. Tiempo de descanso en trabajo y estudios. Más en pl.

vacante adj. y f. Libre, sin ocupar o cubrir, especialmente los cargos y puestos de trabajo.

vaciar tr. y prnl. Dejar vacío. || Sacar o tirar el contenido de un recipiente. || Hacer una escultura llenando un molde con metal fundido o yeso, y separándolo cuando se ha endurecido.

vacilada m. *amer.* Juerga, jolgorio.

vacilar intr. Mover a un lado u otro, tambalearse. || Estar poco firme, oscilar. || Dudar, estar perplejo, indeciso. || fam. Tomar el pelo. También tr. || *amer.* Divertirse en una juerga.

vacío, a adj. Falto de contenido. || Desocupado, hueco. || Ocioso, insustancial. || m. Espacio sin aire ni materia alguna. || Sentimiento de ausencia o privación.

vacuna f. Sustancia convenientemente preparada que, aplicada al organismo, lo preserva de una enfermedad.

vacuno, na adj. Bovino. || m. Animal bovino.

vacuo, a adj. Vacío, insustancial.

vado m. Lugar poco profundo de un río por donde se puede pasar a pie. || Parte rebajada del bordillo de la acera de una calle para facilitar el acceso de vehículos a garajes, almacenes, etc., en la que no se puede aparcar.

vagabundo, da adj. y s. Que no tiene trabajo ni un lugar fijo donde vivir. || Que va de un lugar a otro, sin dirigirse a ningún sitio concreto.

vagar intr. Andar errante. || Estar ocioso. || Andar por un sitio sin hallar lo que se busca.

vagina f. En las hembras de los mamíferos, conducto entre la vulva y la matriz.

vago, ga adj. Vagabundo, ocioso, holgazán. También s. ‖ Impreciso, confuso.

vagón m. Vehículo para transporte por ferrocarril. ‖ Carro grande de mudanzas destinado a ser transportado sobre una plataforma de ferrocarril.

vaguada f. Parte más honda de un valle.

vaguear intr. Hacer el vago, no trabajar por pereza.

vaguedad f. Falta de claridad, de precisión o de exactitud. ‖ Expresión o frase poco clara, precisa o exacta.

vahído m. Desvanecimiento, mareo pasajero.

vaho m. Vapor que despide un cuerpo en ciertas condiciones. ‖ Aliento. ‖ pl. Método curativo que consiste en respirar vahos con alguna sustancia balsámica.

vaina f. Funda de algunas armas o instrumentos de hoja afilada. ‖ Cáscara de las semillas de las legumbres. ‖ *amer.* Molestia, contratiempo.

vainica f. Labor de costura que sirve como adorno; normalmente, se hace en los dobladillos, sacando los hilos de la tela, de manera que quedan pequeños agujeritos.

vainilla f. Planta aromática americana, cuyo fruto se emplea en pastelería.

vaivén m. Movimiento alternativo, balanceo. ‖ Inconstancia.

vajilla f. Conjunto de platos y demás utensilios para servir la mesa.

valdepeñas m. Vino que se hace en Valdepeñas, pueblo de la provincia española de Ciudad Real.

vale m. Papel o documento que acredita una deuda, la entrega de algo. ‖ Bono o tarjeta para adquirir algo. ‖ Entrada gratuita para un espectáculo público.

valentía f. Valor. ‖ Hazaña.

valer tr. Tener algo determinado precio, costar. ‖ Amparar, ayudar. ‖ Equivaler. ‖ Producir, proporcionar. ‖ intr. Servir para algo. ‖ Tener vigencia una cosa. ‖ prnl. Servirse de algo. ‖ m. Valor, valía.

valeriana f. Planta de tallo recto y hueco, hojas puntiagudas, flores blancas o rojizas y fruto seco, con una sola semilla; su raíz se utiliza para hacer una infusión que tiene efectos tranquilizantes.

valía f. Característica de la persona que tiene buenas cualidades. ‖ Valor que tiene una cosa.

validez f. Característica de lo que es correcto o legal.

valido m. Persona de confianza de un rey que ejerce una gran influencia sobre el gobierno de la nación.

válido, da adj. Que vale.

valiente adj. y com. Intrépido. ‖ *desp.* De poco valor.

valija f. Saco de cuero, cerrado con llave, donde se lleva la correspondencia. ‖ El mismo correo.

valla f. Armazón de estacas o tablas que cierra o marca un lugar. || Obstáculo que deben saltar los participantes en ciertas competiciones hípicas o atléticas. || Cartelera situada en calles, carreteras, etc., con fines publicitarios.

valle m. Llanura entre montes. || Cuenca de un río. || Conjunto de lugares, caseríos o aldeas de un valle.

valor m. Grado de utilidad, aptitud, importancia y buenas cualidades de algo. || Precio. || Intrepidez, coraje. || Osadía, desvergüenza. || Equivalencia. || pl. Títulos de renta, acciones, obligaciones.

valorar tr. Señalar el valor o precio de algo. || Reconocer el valor o mérito de una persona o una cosa.

vals m. Baile de origen alemán. || Su música.

valse m. *amer.* Vals.

válvula f. Pieza que abre o cierra un conducto. || Lámpara de radio. || Pliegue membranoso de la cara interna del corazón o de un vaso que impide el retroceso de la sangre o la linfa.

vampiresa f. Mujer que aprovecha su capacidad de seducción para sacar beneficio de sus conquistas. || Mujer fatal.

vampiro m. Murciélago americano. || Espectro o cadáver que, según una creencia popular, salía de noche a chupar la sangre de los vivos. || fig. Persona codiciosa que se enriquece con malos medios, a costa de los demás.

vanagloria f. Presunción de los méritos propios.

vanagloriarse prnl. Jactarse del propio valor.

vanarse prnl. *amer.* Malograrse un fruto, o cualquier cosa, sin llegar a madurar.

vándalo, la adj. y s. Antiguo [pueblo] germano que invadió España y el N. de África en los ss. V y VI. || fig. Que actúa con brutalidad y espíritu destructor.

vanguardia f. Parte de una fuerza armada, que va delante del cuerpo principal. || Conjunto de personas o ideas precursoras y renovadoras en relación a la sociedad que les rodea.

vanidad f. Palabra o cosa vana. || Ostentación.

vanidoso, sa adj. y s. Que tiene vanidad y la muestra.

vano, na adj. Vacío, sin fundamento. || Inútil, infructuoso. || Vanidoso. || m. Hueco de un muro que sirve de puerta o ventana.

vapor m. Estado gaseoso que, por la acción del calor, adoptan ciertos cuerpos, en especial el agua. || Buque de vapor.

vaporizador m. Aparato que sirve para convertir un líquido en vapor. || Aparato para pulverizar un líquido, esparciéndolo en gotas pequeñas.

vaporizar tr. Convertir un líquido en vapor, por la acción del calor. También prnl. ‖ Dispersar un líquido en pequeñas gotas.

vaporoso, a adj. Ligero.

vapulear tr. Azotar. También prnl. ‖ Zarandear de un lado a otro a una persona o cosa. ‖ fig. Reprender, criticar o hacer reproches duramente a una persona.

vaquero, ra adj. Propio de los pastores de ganado vacuno. ‖ [Tela] de tejido muy resistente, generalmente de color azul. ‖ [Cosa] que se fabrica con esta tela. ‖ m. y f. Persona que cuida el ganado vacuno. ‖ m. Pantalones de tela vaquera. Más en pl.

vara f. Rama delgada, limpia y sin hojas. ‖ Palo largo y delgado ‖ Pica con que se hiere al toro. ‖ Bastón de mando. ‖ Medida de longitud que equivale a 836 mm.

varar intr. Encallar la embarcación en la costa o en las peñas, o en un banco de arena. ‖ tr. Sacar a la playa y poner en seco una embarcación. ‖ prnl. fig. Quedar parado o detenido un asunto. ‖ amer. Quedarse detenido un vehículo por avería.

variante f. Cada una de las diversas formas en que se presenta algo. ‖ Variedad o diferencia entre diversas clases o formas de una misma cosa. ‖ Desviación de un trecho de una carretera o camino. ‖ Cada uno de los resultados con que en las quinielas de fútbol se indican los resultados de los partidos. ‖ m. Fruto o verdura que se encurte en vinagre. Más en pl.

variar tr. Hacer que algo sea diferente de lo que era antes. ‖ Dar variedad. ‖ intr. Cambiar, ser diferente.

varicela f. Enfermedad contagiosa benigna, frecuente en los niños, con erupción parecida a la de la viruela.

variedad f. Diferencia, diversidad. ‖ Inestabilidad, inconstancia. ‖ Conjunto de cosas diversas. ‖ Alteración, cambio. ‖ pl. Espectáculo teatral compuesto de números diversos, sin relación entre ellos.

varilla f. Barra larga y delgada. ‖ Cada una de las piezas unidas por un extremo que forman el armazón del abanico, paraguas, etc.

vario, a adj. Diverso, diferente, variado. ‖ adj. y pron. indef. pl. Algunos, unos cuantos.

variopinto, ta adj. Que ofrece diversidad de colores o de aspecto. ‖ Multiforme, diverso, mezclado.

variz f. Dilatación permanente de una vena por la acumulación de sangre en ella.

varón m. Persona de sexo masculino.

vasallo, lla adj. y s. Súbdito. ‖ m. y f. Persona que estaba sujeta a un señor feudal por juramento de fidelidad.

vasco, ca adj. y s. Del País Vasco, especialmente de la comunidad autónoma española así llamada. || m. Vascuence.

vascuence m. Euskera o eusquera, lengua hablada en el País Vasco.

vascular adj. Relacionado con los vasos por donde circulan algunos líquidos en el cuerpo de las personas y los animales y en las plantas.

vasectomía f. Operación quirúrgica de esterilización de los varones, que consiste en cerrar el conducto deferente por el que salen los espermatozoides del testículo.

vaselina f. Sustancia grasa, con aspecto de cera, que se saca de la parafina y aceites densos del petróleo y se utiliza en farmacia y en perfumería.

vasija f. Recipiente para contener líquidos.

vaso m. Recipiente cilíndrico para beber. || Cantidad de líquido que cabe en él. || Conducto por el que circula en el vegetal la savia o el látex. || Conducto por el que circula la sangre o la linfa en el cuerpo del hombre y de los animales.

vástago m. Ramo tierno del árbol o planta. || Hijo, descendiente. || Varilla, barra que transmite el movimiento.

vasto, ta adj. Extenso, muy grande.

váter m. Retrete.

vaticinio m. Predicción, adivinación, pronóstico.

vatio m. Unidad de potencia eléctrica.

vecinal adj. Relacionado con el vecindario o los vecinos de un pueblo.

vecindario m. Conjunto de vecinos de una población o de un barrio.

vecino, na adj. [Persona] que habita en la misma población, calle, casa que otra. También s. || Cercano. || Semejante.

vector m. Representación de una magnitud física (velocidad, aceleración, fuerza) mediante una flecha de determinada longitud que, para quedar definida, precisa de orientación espacial, es decir, de un punto de partida, una dirección y un sentido.

veda f. Prohibición de algo mediante una ley o una orden; se refiere, sobre todo, a la prohibición de cazar o pescar en un lugar durante determinado tiempo. || Periodo de tiempo en que está prohibido cazar o pescar.

vedar tr. Prohibir.

vega f. Extensión de tierra baja, llana y fértil. || Tierra de labor que se extiende en las márgenes de los ríos. || *amer.* Terreno sembrado de tabaco. || *amer.* Terreno muy húmedo.

vegetación f. Conjunto de los vegetales de un terreno, región, país. || pl. Carnosidades que se desarrollan en la faringe.

vegetal adj. Que vegeta. || De

los vegetales o procedente de ellos. || m. Ser orgánico que vive y se desarrolla, pero no tiene sensibilidad ni se mueve voluntariamente.

vegetar intr. Vivir, desarrollarse las plantas. || Vivir inconsciente una persona. || fam. Disfrutar voluntariamente de una vida tranquila, sin trabajos ni preocupaciones.

vegetariano, na adj. [Persona] que se alimenta exclusivamente de vegetales. También s. || [Régimen] alimenticio solo a base de vegetales.

vegetativo, va adj. De las funciones básicas de los seres vivos, que son la nutrición y el crecimiento, o relacionado con ellas.

vehemente adj. Que obra o se mueve con ímpetu y violencia o se expresa con viveza.

vehículo m. Medio de locomoción, transporte. || Lo que sirve para transmitir fácilmente algo.

veinte adj. Dos veces diez. || Que sigue inmediatamente en orden al diecinueve. || m. Conjunto de signos con que se representa este número.

vejar tr. Maltratar a alguien, menospreciarle o burlarse de él.

vejatorio, ria adj. Que veja o puede vejar.

vejez f. Calidad de viejo. || Último periodo de la vida, edad senil.

vejiga f. Bolsa membranosa del abdomen que contiene la orina. || Ampolla de la piel.

vela f. Cilindro de cera, sebo, etc., atravesado por una mecha que se prende para alumbrar. || Pieza de lona fuerte para recibir el viento que impulsa la nave. || Deporte en que se compite con embarcaciones de vela.

velada f. Reunión nocturna de varias personas para conversar o entretenerse de algún modo. || Fiesta musical, literaria o deportiva que se hace por la noche.

velador m. Mesita de un solo pie. || *amer.* Mesilla de noche y lámpara que se pone sobre ella.

velamen m. Conjunto de velas de una nave.

velar tr. Cubrir, ocultar. || Borrarse una fotografía por exceso de luz. También prnl. || intr. Permanecer despierto. || Continuar trabajando después de la jornada ordinaria. || Cuidar a un enfermo o acompañar el cadáver de un difunto. También tr.

velatorio m. Acto de velar a un difunto.

veleidad f. Carácter o acto caprichoso. || Inconstancia.

velero, ra adj. [Embarcación] con muy buenas condiciones para la navegación o que navega mucho. || m. Barco de vela. || Avión planeador sin motor.

veleta f. Pieza metálica giratoria que, colocada en lo alto de un edificio, señala la dirección del viento. || com. Persona inconstante y mudable. También adj.

vello m. Pelo corto y suave del cuerpo humano. || Pelusilla de algunas frutas y plantas.

vellón m. Toda la lana esquilada de un carnero u oveja. || Mechón de lana.

velo m. Cortina o tela que cubre algo. || Prenda fina con que las mujeres se cubren la cabeza. || Lo que impide ver, descubrir, pensar con claridad.

velocidad f. Rapidez en el movimiento. || Prontitud, prisa. || Relación entre el espacio recorrido y el tiempo empleado en recorrerlo. || En el motor de un vehículo, cualquiera de las posiciones de un dispositivo de cambio de velocidades.

veloz adj. Ligero, rápido en el movimiento. || Ágil.

vena f. Vaso o conducto por donde vuelve al corazón la sangre que ha corrido por las arterias. || Filón. || fig. Inspiración. || fig. Humor.

venablo m. Dardo o lanza corta.

venado m. Ciervo.

vencejo m. Pájaro parecido a la golondrina, normalmente de color negro, con plumas blancas en la garganta; tiene el pico corto y algo curvo, y las alas y la cola largas. Se alimenta de insectos.

vencer tr. Derrotar, rendir al enemigo o adversario. || Dominar un sentimiento o un deseo. || Superar las dificultades. || tr. y prnl. Poder con una persona alguna cosa que es muy difícil de resistir. || Ladear, torcer o inclinar una cosa. || intr. Cumplirse un término o plazo.

vencimiento m. Cumplimiento del plazo de una deuda, obligación, etc. || Inclinación, torcimiento.

venda f. Banda, tira de gasa o tela para cubrir una herida, sujetar un miembro, hueso roto, etc.

vendaval m. Viento fuerte.

vender tr. Traspasar la propiedad de algo por un precio convenido. || Traicionar, delatar. || prnl. Dejarse sobornar. || Decir o hacer uno por descuido algo que descubre lo que quería ocultar.

vendimia f. Recolección y cosecha de la uva. || Tiempo en que se hace.

veneno m. Sustancia que produce en el organismo graves trastornos y a veces la muerte. || fig. Cosa nociva para la salud o la moral. || fig. Mala intención.

venerar tr. Respetar mucho. || Dar culto, adorar.

venéreo, a adj. [Enfermedad] que se contrae por contacto sexual.

venezolano, na adj. y s. De Venezuela.

venganza f. Satisfacción, compensación de una ofensa o daño causando generalmente otro daño.

venia f. Consentimiento, permiso.

venial adj. [Falta] que es poco grave.

venidero, ra adj. Que está por venir o suceder.

venir intr. Trasladarse o llegar hasta donde está el que habla. || Comparecer. || Ajustarse, sentar. || Proceder. || Recordar. || Llegar el tiempo en que algo va a suceder. || Aparecer en un libro, periódico, etc. || Inferirse, deducirse o ser una cosa consecuencia de otra. || Excitarse o empezar a sentir un deseo, sentimiento, etc.

venta f. Entrega de una cosa a cambio de dinero. || Conjunto de cosas que se venden. || Antiguamente, posada situada en un camino, donde se alojaban los viajeros.

ventaja f. Superioridad. || Utilidad, conveniencia. || Margen que un jugador concede a otro presuntamente inferior.

ventana f. Abertura en una pared para dar luz y ventilación. || Armazón con que se cierra esa abertura. || Cada uno de los orificios de la nariz.

ventanilla f. Ventana pequeña de despachos y oficinas para comunicar con el público. || Abertura de cristal que tienen en su costado los coches, vagones del tren y otros vehículos. || Abertura rectangular cubierta con un material transparente, que llevan algunos sobres, por la que se ve la dirección del destinatario escrita en la misma carta.

ventilador m. Aparato que, por medio de unas aspas giratorias, impulsa o remueve el aire de una habitación u otro lugar cerrado.

ventilar tr. y prnl. Hacer que el aire entre o circule por algún sitio. || tr. Revelar un secreto o dar a conocer una noticia. || Exponer algo al viento o el aire fresco. || fam. Resolver una cuestión.

ventisca f. Tempestad de viento y nieve.

ventolera f. Golpe de viento fuerte y de poca duración. || Determinación inesperada y desconcertante.

ventosa f. Pieza cóncava de material elástico que se adhiere a una superficie al hacer presión sobre ella, por producirse el vacío en la zona de contacto. || Órgano exterior de algunos animales que les permite adherirse o agarrarse, mediante el vacío, al andar o hacer presa.

ventosidad f. Gas intestinal encerrado o comprimido en el cuerpo, especialmente cuando se expulsa.

ventrículo m. Cada una de las dos cavidades del corazón, que reciben la sangre de las aurículas y la envían a las arterias. || Cada una de las cuatro cavidades del encéfalo de los vertebrados.

ventrílocuo, cua adj. y s. [Persona] capaz de hablar sin mover la boca ni los labios, como si la voz saliera del vientre.

ventura f. Felicidad. ‖ Casualidad. ‖ Riesgo, peligro.

ver tr. Percibir con los ojos. También intr. ‖ Observar. ‖ Examinar. ‖ Tener una entrevista, visitar a una persona. También prnl. ‖ Remitir, aludir. ‖ Prevenir las cosas del futuro, preverlas o deducirlas de lo que sucede en el presente. ‖ Ser un lugar escenario de un acontecimiento. ‖ prnl. Hallarse en algún estado o lugar.

vera f. Orilla.

veracidad f. Ausencia de mentira, característica de lo que es verdad.

veranear intr. Pasar las vacaciones de verano en un lugar diferente de aquel en que se reside.

veraniego, ga adj. Del verano, o relacionado con esta estación del año.

verano m. Estación más calurosa del año que en el hemisferio Norte transcurre entre el 22 de junio y el 23 de septiembre, y en el hemisferio Sur, entre el 22 de diciembre y el 21 de marzo.

veraz adj. Verdadero.

verbena f. Planta con flores de varios colores. ‖ Fiesta y feria popular.

verbigracia adv. Por ejemplo.

verbo m. Parte conjugable de la oración que expresa la acción y estado del sujeto y ejerce la función sintáctica de núcleo del predicado. ‖ Palabra.

verborrea f. Palabrería excesiva.

verdad f. Coincidencia de algo con el concepto que de ello forma la mente. ‖ Conformidad de lo que se dice con lo que se siente o piensa. ‖ Juicio o proposición que no se puede negar racionalmente. ‖ Cualidad de veraz. ‖ Expresión clara y directa con que se corrige o reprende a alguien. Más en pl. ‖ Realidad, existencia real de una cosa.

verde adj. De color semejante al de la hierba fresca, la esmeralda, etc. También m. ‖ De los árboles y plantas que no están secos. ‖ fig. Inmaduro. ‖ fig. Obsceno. ‖ [Partido] ecologista. ‖ [Persona] que pertenece a este partido. También m. pl.

verderón m. Ave de pequeño tamaño, cuyo plumaje es verde con manchas amarillentas.

verdugo m. Persona que ejecuta las penas de muerte. ‖ Gorro de lana que cubre la cabeza y el cuello, dejando descubiertos los ojos, la nariz y la boca.

verdulero, ra com. Persona que vende verduras. ‖ f. Mujer descarada y ordinaria.

verdura f. Verdor. ‖ Hortaliza.

vereda f. Camino estrecho. ‖ Camino reservado al ganado trashumante. ‖ *amer.* Acera de una calle o plaza.

veredicto m. Decisión, dictamen sobre un hecho de un jurado o tribunal. ‖ Juicio, parecer.

verga f. Miembro genital de los mamíferos. ‖ Palo delgado. ‖ Percha de los barcos en que se sujeta la vela.

vergel m. Huerto con variedad de flores y árboles frutales.

vergüenza f. Sentimiento ocasionado por alguna falta cometida, o por alguna acción deshonrosa y humillante. ‖ Pundonor, amor propio. ‖ Timidez. ‖ Sonrojo. ‖ Acto o suceso escandaloso e indignante. ‖ pl. Partes externas de los órganos sexuales humanos.

vericueto m. Sitio accidentado por donde se anda con dificultad. ‖ pl. Partes o aspectos más difíciles o escondidos de algo.

verídico, ca adj. Verdadero.

verificar tr. Comprobar la verdad o autenticidad de algo. ‖ tr. y prnl. Realizar, efectuar. ‖ prnl. Resultar cierto y verdadero lo que se dijo o pronosticó.

verja f. Enrejado que sirve de puerta, ventana o cerca.

vermú o **vermut** m. Aperitivo compuesto de vino blanco, ajenjo y otras sustancias amargas y tónicas.

vernáculo, la adj. [Idioma] del propio país o región.

verosímil adj. Con apariencia de verdadero. ‖ Creíble.

verruga f. Carnosidad cutánea.

versado, da adj. Instruido, experto.

versal adj. y f. En imprenta, [letra] mayúscula.

versalita adj. y f. En imprenta, [letra] mayúscula del mismo tamaño que la minúscula.

versar intr. Tratar de una determinada materia un libro, discurso o conversación.

versátil adj. De genio o carácter voluble e inconstante. ‖ Adaptable a muchas cosas.

versículo m. Cada división breve de los capítulos de ciertos libros.

versión f. Traducción. ‖ Modo que tiene cada uno de referir un mismo suceso. ‖ Cada una de las distintas interpretaciones de un mismo hecho, del texto de una obra o de un tema artístico o musical.

verso m. En contraposición a prosa, palabra o conjunto de palabras sujetas a medida y cadencia, o solo a cadencia. ‖ Composición en verso.

vértebra f. Cada hueso del espinazo de los animales vertebrados.

vertebrado, da adj. Estructurado, organizado. ‖ adj. y s. [Animal] que tiene esqueleto con columna vertebral y cráneo, y sistema nervioso central constituido por médula espinal y encéfalo.

vertebrar tr. Dar consistencia o estructura internas; dar organización y cohesión.

vertedero m. Sitio donde o por donde se vierten basuras o escombros. || Escape para dar salida a los excesos de agua en presas, alcantarillado, cisternas, etc.

verter tr. Derramar líquidos y cosas menudas. También prnl. || Inclinar un recipiente para sacar su contenido. También prnl. || Traducir. || Expresar un concepto, sentimiento, etc. || intr. Desembocar una corriente de agua. También prnl.

vertical adj. y f. [Recta o plano] perpendicular al horizonte.

vértice m. Punto en que se unen los lados de un ángulo o las caras de un poliedro.

vertidos m. pl. Materiales de desecho que las instalaciones industriales o energéticas arrojan a vertederos o al agua.

vertiente f. Declive por donde corre el agua. || Cada falda de una montaña, o conjunto de las de una cordillera con la misma orientación. || Cada plano inclinado de un tejado. || Aspecto, punto de vista.

vertiginoso, sa adj. Que causa vértigo. || Muy rápido.

vértigo m. Trastorno del sentido del equilibrio caracterizado por una sensación de movimiento rotatorio del cuerpo o de los objetos que lo rodean. || Sensación semejante al mareo, producida por una impresión muy fuerte. || fig. Apresuramiento anormal de la actividad de una persona o colectividad.

vesícula f. Ampolla en la piel. || Bolsa membranosa parecida a una vejiga.

vespertino, na adj. De la tarde.

vestíbulo m. Espacio, estancia a la entrada de un edificio o piso. || Cavidad del laberinto del oído. || En los hoteles y otros grandes edificios, sala de amplias dimensiones próxima a la entrada.

vestido m. Lo que cubre el cuerpo para abrigo o adorno. || Conjunto de las principales prendas que sirven para este uso. || Prenda de vestir exterior femenina de una sola pieza.

vestigio m. Huella. || Indicio por donde se deduce algo. || Recuerdo, señal o noticia que queda de algo pasado.

vestimenta f. Ropa, cualquier prenda para cubrirse el cuerpo.

vestir tr. Cubrir con el vestido. || Cubrir, adornar. || Proveer. || Hacer los vestidos para otro. También prnl. || intr. y prnl. Ser elegante un vestido, estar de moda. || Ir vestido de determinada forma. || prnl. Sobreponerse una cosa a otra, cubriéndola.

vestuario m. Conjunto de vestidos. || Conjunto de trajes necesarios para una representación escénica. || En instalaciones deportivas, fábricas, etc., local destinado a cambiarse de ropa. Más en pl.

vetar tr. Rechazar algo o poner impedimentos para que se realice alguna cosa.

veteado, da adj. Que tiene franjas o listas que se distinguen de la materia que las rodea por su color o su forma.

veterano, na adj. y s. [Militar] que ha servido mucho tiempo. ‖ Experimentado.

veterinario, ria adj. De la veterinaria o relacionado con ella. ‖ m. y f. Persona que profesionalmente ejerce la veterinaria. ‖ f. Ciencia que estudia y cura las enfermedades de los animales.

veto m. En algunas organizaciones internacionales, derecho que tienen las grandes potencias de oponerse a una resolución mayoritaria. ‖ Denegación, rechazo, prohibición.

vetusto, ta adj. Muy antiguo o de mucha edad.

vez f. Cada momento, ocasión en que sucede algo que puede repetirse. ‖ Turno. ‖ Tiempo u ocasión determinada en que se ejecuta una acción, aunque no incluya orden sucesivo. ‖ pl. Actuación en sustitución de otra persona.

vía f. Camino por donde se transita. ‖ Carriles del ferrocarril o tranvía, y terreno en el que se asientan. ‖ Conducto. ‖ Procedimiento. ‖ Sistema de transporte o comunicación. ‖ Sistema, método o procedimiento. ‖ En derecho, ordenamiento procesal. ‖ Modo de administración de un medicamento.

viable adj. Que puede hacerse o llevarse a cabo.

viaducto m. Puente para el paso de un camino sobre una hondonada.

viajar intr. Trasladarse de un lugar a otro. ‖ fig. Estar bajo los efectos de un alucinógeno.

viaje m. Traslado de un lugar a otro, generalmente distante, utilizando cualquier medio de comunicación. ‖ Recorrido o itinerario. ‖ Carga que se lleva de una vez. ‖ fam. Estado de alucinación producido por una droga. ‖ Golpe fuerte o corte hecho con un arma afilada.

vial adj. Relacionado con la vía y, por extensión, con la circulación de los vehículos y el tráfico.

vibratorio, ria adj. Que se mueve de un lado a otro de manera rápida y repetidamente.

vianda f. Comida, sustento.

viandante com. Persona que camina o transita un lugar.

víbora f. Culebra venenosa de cabeza triangular. ‖ fig. Persona de malas intenciones.

vibrar tr. Mover un cuerpo elástico a uno y otro lado de su posición de equilibrio. ‖ intr. Moverse con vibraciones. ‖ Sonar trémula la voz. ‖ Sentir excitación.

vicario, ria adj. Que hace las veces de otro. ‖ m. Juez eclesiástico.

vicepresidente, ta m. y f. Persona que suple a quien ejerce la presidencia.

viceversa adv. m. Al contrario, al revés.

vicio m. Defecto. || Hábito perjudicial. || Deformación. || Cosa a la que es fácil aficionarse.

vicisitud f. Sucesión de acontecimientos favorables y adversos.

víctima f. Persona o animal destinado al sacrificio. || Persona que se expone u ofrece a un grave riesgo por otra. || Persona que resulta perjudicada por causa ajena o por un hecho fortuito. || Persona que muere en dichas circunstancias. || Persona que sufre las consecuencias de sus propias acciones o las de otros.

victimario m. *amer.* Asesino.

victoria f. Triunfo que se consigue en una lucha, competición, etc., o éxito que se obtiene en una determinada actividad.

vid f. Arbusto trepador, cuyo fruto es la uva.

vida f. Capacidad de los seres vivos para desarrollarse, reproducirse y mantenerse en un ambiente. || Existencia, estado de actividad y funcionamiento de un ser orgánico. || Tiempo que dura la vida. || Duración de las cosas. || Modo de vivir. || Conjunto de medios para vivir. || Persona o ser humano. || Relato de la existencia de una persona. || Cualquier cosa que produce una gran satisfacción o da valor a la existencia de alguien. || Animación, diversión. || Expresión, viveza.

vidente com. Persona capaz de adivinar el futuro y conocer otras cosas ocultas.

vídeo m. Técnica y aparato que permite grabar por medios electrónicos la imagen y el sonido para reproducirlos inmediatamente en un televisor. || Sistema que utiliza. || Filmación obtenida mediante este sistema. || Videocasete.

videocámara f. Cámara de vídeo.

videocasete o **videocinta** f. Cinta magnética en que se registran imágenes y sonidos.

videoclip m. Filmación de vídeo con que se acompaña o promociona una canción.

videoclub m. Establecimiento donde se alquilan y venden cintas de vídeo grabadas.

videojuego m. Juego electrónico para ordenador o para televisor.

videoteca f. Colección de cintas de vídeo grabadas. || Lugar donde se guardan.

vidriera f. Bastidor con vidrios de diferentes colores con que se cierran puertas y ventanas. || Escaparate.

vidrio m. Sustancia dura, frágil, transparente, formada de sílice, potasa o sosa y pequeñas can-

**tidades de otras bases. || Pieza o vaso de vidrio.

vidrioso, sa adj. Que se rompe fácilmente como el vidrio. || Referido a los ojos de una persona, que parecen estar cubiertos por una capa transparente y líquida.

vieira f. Molusco cuya concha es la venera. Es comestible y muy común en los mares de Galicia. || Esta concha, insignia de los peregrinos de Santiago.

viejo, ja adj. y s. Que tiene mucha edad. || m. y f. fam. Expresión cariñosa o despectiva para referirse a los padres. || adj. Antiguo, del tiempo pasado. || Que no es reciente. || Deslucido, estropeado.

viento m. Corriente atmosférica de aire. || Cuerda o alambre para mantener vertical o tirante un poste, tienda de campaña, etc. || Conjunto de instrumentos musicales de viento. || fig. Lo que mueve con violencia sentimientos y pasiones.

vientre m. Cavidad del cuerpo de los animales vertebrados que contiene los órganos principales del aparato digestivo, genital y urinario. || Conjunto de las vísceras contenidas en esta cavidad. || Región exterior del cuerpo correspondiente al abdomen.

viernes m. Día de la semana que va después del jueves.

viga f. Madero largo y grueso o barra de hierro usados en construcción.

vigente adj. De las leyes en vigor, o estilos y costumbres de moda.

vigía com. Centinela en la arboladura de un barco o en una atalaya. || adj. y f. Atalaya.

vigilar intr. y tr. Cuidar de una persona o cosa. || Espiar, acechar.

vigilia f. Hecho de estar despierta una persona por la noche. || Víspera de una fiesta religiosa. || Abstinencia de comer carne algunos días de la semana por motivos religiosos.

vigor m. Fuerza física, o actividad notable de los seres o las cosas. || Fuerza en la expresión. || Hecho de tener validez leyes, ordenanzas, etc.

vihuela f. Instrumento de cuerda parecido al laúd, que alcanzó en España su apogeo en el s. XVI.

vikingo, ga adj. y s. De una serie de pueblos del norte de Europa que se dedicaban a la navegación y que entre los ss. VIII y XI se introdujeron en casi todos los países de Europa occidental, o relacionado con ellos.

vil adj. Despreciable. || Indigno, infame.

vilipendiar tr. Despreciar a alguien, ofenderle, humillarle.

villa f. Casa de recreo en el campo. || Población con privilegios e importancia histórica.

villancico m. Canción popu-

villano

lar de Navidad. || Composición poética con estribillo.

villano, na adj. y s. Antiguamente, persona que vivía en una villa o aldea, frente al noble o hidalgo. || Ruin, indigno.

vilo (en) loc. Sin apoyo, suspendido. || Intranquilo, inquieto.

vinagre m. Líquido agrio producido por la fermentación del vino, que se emplea como condimento.

vinagrera f. Recipiente para guardar el vinagre. || pl. Utensilio para el servicio de mesa con recipientes para el aceite y el vinagre.

vinagreta f. Salsa de aceite, cebolla y vinagre.

vinajera f. Conjunto formado por ambos jarritos y por la bandeja donde se colocan.

vincular tr. y prnl. Unir o relacionar una persona o cosa con otra. || tr. Hacer depender una cosa de otra. || Sujetar a una obligación.

vínculo m. Lazo, atadura. || Unión entre personas. || Lo que relaciona, une.

vino m. Bebida alcohólica obtenida por fermentación del zumo de las uvas exprimidas.

viña f. Terreno plantado de vides.

viñatero, ra m. y f. *amer*. Persona que cultiva las vides o trabaja en la elaboración de los vinos.

viñedo m. Viña.

viñeta f. Cualquier dibujo recuadrado que aparece en un libro, una revista, un periódico, etc. || Cada uno de los cuadros que forman una historieta gráfica.

viola f. Especie de violín, algo mayor y de sonido más grave. || com. Persona que lo toca.

violador, ra m. y f. Persona que obliga a otra a mantener relaciones sexuales con ella por la fuerza o con amenazas, o cuando esta persona es menor de edad años, no está consciente o tiene algún trastorno mental.

violar tr. Infringir una ley. || Forzar, imponer por la fuerza a alguien el acto sexual. || Entrar en un sitio prohibido. || Revelar secretos una persona que los tiene por razón de su cargo. || Por ext., revelar cualquier secreto. || Profanar un lugar sagrado o cualquier otra cosa que merezca mucho respeto.

violencia f. Fuerza grande, intensidad. || Abuso de la fuerza. || fig. Molestia, desasosiego.

violento, ta adj. Propenso a la violencia, o que obra con ella. También s. || De mucha fuerza, intensidad. || Cohibido, molesto. || [Época, periodo, etc.] en que suceden guerras y otros acontecimientos sangrientos. || fig. Comprometido, difícil, apurado.

violeta f. Planta con flores moradas. || Flor de esta planta. || adj. y m. [Color] morado claro, parecido al de la violeta.

violín m. Instrumento musical de cuatro cuerdas que se tocan con un arco, de sonido agudo y brillante. || com. Persona que toca este instrumento.

violón m. Contrabajo. || com. Persona que toca este instrumento.

violonchelo m. Instrumento musical más pequeño que el violón, de sonido menos grave. || com. Persona que toca este instrumento.

viperino, na adj. De la víbora. || [Lenguaje] maldiciente, injurioso.

virar tr. e intr. Cambiar de sentido, girar un vehículo. || fig. Evolucionar, cambiar de ideas o formas de actuar. || tr. Sustituir la sal de plata del papel fotográfico impresionado por otra más estable que produzca un color determinado.

virgen adj. [Persona] que no ha tenido relaciones sexuales. También com. || [Tierra] que no ha sido cultivada, o de la que está aún sin explorar. || Sin ningún conocimiento previo relativo al trabajo asignado. || Que está en su estado original, que no ha recibido un tratamiento artificial o que todavía no ha sido utilizado. || f. Con mayúscula, la Virgen María.

virgo m. Himen. || Uno de los signos del Zodiaco, al que pertenecen las personas que han nacido entre el 23 de agosto y el 23 de septiembre.

virguería f. fam. Cosa delicada, exquisita y bien hecha.

viril adj. Varonil.

virrey, virreina m. y f. Persona que gobierna un territorio en nombre y autoridad del rey.

virtual adj. Que puede producir un efecto o hacer una determinada cosa, aunque no en ese preciso momento. || Que parece real aunque no lo es.

virtud f. Propiedad para producir un efecto. || Predisposición hacia lo naturalmente bueno o lo legal. || Capacidad de algo para obrar o surtir efecto.

virtuosismo m. Gran dominio de la técnica de un arte.

viruela f. Enfermedad infecciosa, contagiosa y epidémica, caracterizada por la erupción de pústulas que, al desaparecer, dejan huellas en la piel.

virulento, ta adj. Ocasionado por un virus. || [Lenguaje] mordaz. || Violento.

virus m. Microorganismo intracelular que solo puede verse a través de un microscopio y es la causa de muchas enfermedades. || En informática, programa que se pone en marcha de forma automática en determinados momentos, y modifica o destruye los datos contenidos en el ordenador.

viruta f. Laminilla delgada de madera o metal que salta con el cepillo, la lija y otras herramientas.

visa f. *amer.* Visado.

visado m. Certificación firmada por una autoridad competente que da validez a un pasaporte u otro documento.

víscera f. Cualquiera de los órganos contenidos en las principales cavidades del cuerpo (corazón, estómago, hígado).

visceral adj. De los órganos del interior del cuerpo, llamados vísceras, o relacionado con ellos. || [Sentimiento] muy fuerte o profundo.

viscoso, sa adj. Pegajoso y denso. || f. Cierto tipo de fibra textil artificial.

visera f. Parte del yelmo que cubría el rostro. || Parte delantera de la gorra y otras prendas semejantes para proteger la vista. || Pieza independientemente que se sujeta a la cabeza con una cinta.

visible adj. Perceptible con la vista. || Evidente. || Presentable.

visigodo, da adj. y s. De una rama del pueblo godo, de origen germánico, que en los ss. VI-VIII fundó un reino en Hispania (la actual España), con capital en Toledo, o relacionado con ella.

visillo m. Cortinilla que se coloca en la parte interior de las ventanas.

visión f. Capacidad de ver que tiene una persona o animal. || Capacidad o habilidad para algo. || Percepción fantástica que se toma por real. || Punto de vista particular sobre algo.

visir m. Ministro de un soberano musulmán.

visitador, ra m. y f. Representante o vendedor que visita a domicilio. || Persona que hace visitas de inspección.

visitar tr. Ir a ver a alguien a su casa. || Ir el médico a ver al enfermo. || Inspeccionar. || Recorrer un lugar para conocerlo. || Acudir con frecuencia a un lugar.

vislumbrar tr. y prnl. Ver un objeto confusamente. || Conjeturar por leves indicios.

visón m. Mamífero carnívoro semejante a la nutria, que habita en América del Norte y es muy apreciado por su piel. || Piel de este animal. || Prenda hecha de su piel.

visor m. Lente o sistema óptico para enfocar una imagen. || Dispositivo empleado en ciertas armas de fuego para una mayor precisión en el disparo.

víspera f. Día anterior. || Cualquier cosa que antecede a otra. || pl. Una de las divisiones del día entre los antiguos romanos. || Una de las horas del oficio canónico.

vista f. Sentido corporal con que se perciben los objetos mediante la acción de la luz. || Ojo humano o conjunto de ambos ojos. || Mirada. || Sagacidad, habilidad. || Extensión de terreno que se ve desde un punto. También en pl. || Cuadro, estampa que representa un lugar, monumento, etc. || En derecho, actuación en que se relaciona ante el tribunal un juicio o incidente para dictar el fallo, oyendo a los defensores o interesados que concurren a ella.

vistazo m. Mirada superficial y ligera.

vistoso, sa adj. Que atrae mucho la atención por su colorido, forma, etc.

visual adj. Relativo a la vista. || f. Línea recta desde el ojo del espectador hasta el objeto.

vital adj. Relativo a la vida. || De suma importancia. || [Persona] activa, animosa y optimista.

vitalicio, cia adj. Que dura hasta la muerte. || m. Póliza de seguro sobre la vida.

vitalidad f. Energía que tiene una persona para hacer cosas.

vitamina f. Nombre genérico de ciertas sustancias indispensables para la vida, que los animales no pueden sintetizar, y que por ello han de recibir, ya formadas, con los alimentos.

viticultura f. Cultivo de la vid. || Técnica de cultivar las vides.

vitola f. Banda o anillo de papel que llevan a su alrededor los cigarros puros.

vitorear tr. Aplaudir o gritar a alguien o algo para demostrar alegría o admiración.

vitral m. Vidriera de colores.

vítreo, a adj. De vidrio o parecido a él.

vitrina f. Escaparate, armario o caja con puertas o tapas de cristales para exponer cualquier objeto.

vitrocerámico, ca adj. [Objeto] hecho con una cerámica recubierta de un barniz especial que hace que parezca de vidrio y que sea muy resistente. || f. Esta cerámica.

vitualla f. Víveres. Más en pl. || fam. Abundancia de comida.

vituperio m. Afrenta, oprobio.

viudo, da adj. y s. [Persona] a quien se le ha muerto su cónyuge y no ha vuelto a casarse. || [Alimento] que se cocina solo o sin acompañamiento de carne, como legumbres, patatas, etc.

vivacidad f. Cualidad de quien es activo y vigoroso.

vivar tr. *amer.* Vitorear, dar vivas.

vivaz adj. Eficaz, vigoroso. || Agudo, de rápida comprensión.

vivencia f. Experiencia que alguien vive y que de alguna manera entra a formar parte de su carácter.

víveres m. pl. Provisiones de boca. || Comestibles necesarios para el alimento de las personas.

vivero m. Criadero de árboles y plantas. || Lugar donde se mantienen o se crían peces, moluscos y otros animales. || fig. Origen de algunas cosas.

vívido, da adj. [Descripción, relato, etc.] muy fiel, por lo que es muy fácil imaginarlo.

vivienda f. Edificio, construcción o habitación adecuado para que vivan las personas.

vivificar tr. Dar vida a o al que no la tenía. ‖ Confortar, vigorizar al decaído o débil.

vivíparo, ra adj. y s. [Animal] que pare a sus crías.

vivir m. Conjunto de los recursos o medios de vida.

vivir intr. Tener vida. ‖ Durar con vida. ‖ Durar las cosas. ‖ Pasar y mantener la vida. ‖ Habitar en un lugar. También tr. ‖ Obrar. ‖ Mantenerse en la memoria después de muerto. ‖ Llevar un determinado tipo de vida. ‖ Acomodarse uno a las circunstancias o saber aprovecharlas. ‖ Compartir la vida con una persona sin estar casados. ‖ tr. Experimentar alguna vivencia.

vizcacha f. *amer.* Roedor parecido a la liebre, de su tamaño y pelaje y con cola tan larga como la del gato, que vive en Perú, Bolivia, Chile y Argentina.

vizconde, esa m. Título de nobleza inmediatamente inferior al de conde. ‖ Antiguo sustituto del conde. ‖ f. Mujer del vizconde.

vocablo m. Palabra.

vocabulario m. Conjunto de palabras de un idioma. ‖ Libro en que se contiene. ‖ Conjunto de palabras de una región, actividad determinada, etc. ‖ Catálogo o lista de palabras ordenadas con arreglo a un sistema, y con definiciones sucintas. ‖ Conjunto de palabras que conoce una persona.

vocación f. Inclinación a una profesión o carrera.

vocal adj. Relativo a la voz. ‖ Que se expresa con la voz. ‖ f. Sonido del lenguaje humano en el que el aire no encuentra ningún obstáculo en los órganos del habla al ser expulsado. ‖ Cada una de las letras que representan estos sonidos: *a, e, i, o* y *u*. ‖ com. Persona con voz en un consejo, junta, etc.

vocalizar intr. Articular claramente las vocales, consonantes y sílabas de las palabras para hacerlas inteligibles. ‖ Transformar en vocal una consonante. También tr. y prnl. ‖ Añadir vocales en textos escritos en lenguas como la árabe o la hebrea, en las que suelen escribirse solo las consonantes.

vocativo m. Caso de la declinación para invocar, llamar o nombrar.

vocear intr. Dar voces. ‖ tr. Anunciar o decir a voces una cosa. ‖ Manifestar con claridad.

vociferar intr. Vocear, hablar a voces.

vodka o **vodca** amb. Aguardiente de origen ruso que se obtiene del centeno.

volandero, ra adj. Suspenso en el aire y que se mueve fácilmente a su impulso. ǁ Accidental, casual, imprevisto. ǁ Que no se fija ni detiene en ningún lugar. También s.

volante adj. Que va de una parte a otra sin asiento fijo. ǁ m. Adorno de algunos vestidos femeninos. ǁ Rueda que regula el movimiento de una máquina. ǁ Pieza del reloj. ǁ Pieza de los automóviles que regula la dirección. ǁ Papel en el que se escribe alguna comunicación.

volar intr. Moverse por el aire sosteniéndose con las alas. ǁ Moverse una cosa en el aire. También prnl. ǁ Viajar en un medio de transporte aéreo. ǁ fig. Caminar con gran prisa. ǁ fig. Desaparecer rápida e inesperadamente. ǁ fig. Ir por el aire una cosa arrojada con violencia. ǁ fig. Propagarse con celeridad. ǁ tr. Hacer saltar por el aire por medio de una explosión. ǁ *amer*. Irritar, enfadar. Más c. prnl.

volátil adj. Que vuela o puede volar. También com. ǁ Mudable, inconstante. ǁ [Líquido] que se volatiliza rápidamente.

volatilizar tr. Transformar en vapor. ǁ intr. Disiparse. ǁ prnl. Desaparecer.

volcán m. Abertura en una montaña por donde salen de tiempo en tiempo humo, llamas y materias encendidas o derretidas. ǁ Sentimiento muy fuerte. ǁ Persona ardorosa, apasionada.

volcar tr. Volver una cosa hacia un lado o totalmente de modo que caiga lo contenido en ella. También intr. y prnl. ǁ prnl. fig. Favorecer a una persona o propósito, todo cuanto se pueda.

voleibol m. Juego entre dos equipos de seis jugadores, que consiste en lanzar con las manos un balón por encima de una red al campo contrario.

voltaje m. Cantidad de voltios que actúan en un sistema eléctrico.

volteada f. *amer*. Operación que consiste en derribar un animal para atarle las manos.

voltear tr. Dar vueltas a una persona o cosa. También prnl. e intr. ǁ Volver una cosa hasta ponerla al revés de como estaba. ǁ Trastrocar o cambiar una cosa a otro estado o de un sitio a otro. ǁ *amer*. Derribar. ǁ intr. *amer*. Volver. También prnl. ǁ prnl. *amer*. Cambiar de partido político.

voltereta f. Vuelta ligera dada en el aire.

voltio m. Unidad de potencial eléctrico y de fuerza electromotriz.

voluble adj. Que fácilmente se puede volver. ǁ De carácter inconstante.

volumen m. Corpulencia o bulto de una cosa. ǁ Libro encuadernado. ǁ Espacio ocupado por un cuerpo. ‖ Intensidad de la voz o de otros sonidos.

voluntad f. Facultad de hacer o no hacer una cosa. ‖ Ejercicio de dicha facultad. ‖ Libre albedrío. ‖ Intención de hacer una cosa. ‖ Ganas o deseo de hacer una cosa. ‖ Coraje, esfuerzo. ‖ Disposición de una persona. ‖ Consentimiento.

voluntario, ria adj. Que se hace por propia voluntad y no por obligación o deber. ‖ m. Soldado que hace el servicio militar antes de que le corresponda hacerlo por su edad. ‖ m. y f. Persona que se ofrece a hacer un trabajo u otra cosa, no estando obligada a ello.

voluptuoso, sa adj. Que incita o satisface los placeres de los sentidos, especialmente el sexual. ‖ Dado a los placeres sensuales. También s.

voluta f. Adorno espiral en los capiteles jónico y corintio.

volver tr. Dar la vuelta a algo. ‖ Cambiar de sentido o dirección. También intr. y prnl. ‖ Cambiar a una persona o cosa de estado, aspecto, opinión, etc. Más c. prnl. ‖ Dar vueltas a una cosa. ‖ intr. Regresar al punto de partida. También prnl. ‖ Producirse de nuevo una cosa. ‖ Hacer de nuevo o repetir lo que ya se había hecho. ‖ Reanudar una conversación, discurso, etc., en el punto en que se había dejado. ‖ prnl. Girar la cabeza, el torso o todo el cuerpo, para mirar lo que estaba a la espalda.

vomitar tr. Arrojar violentamente por la boca lo contenido en el estómago. También intr. ‖ Arrojar de sí violentamente una cosa algo que tiene dentro, como un volcán la lava, etc.

vómito m. Expulsión por la boca de los alimentos que se tenían en el estómago, y dichos alimentos cuando se expulsan.

vorágine f. Remolino impetuoso que hacen en ciertos lugares las aguas del mar, de ríos o lagos. ‖ fig. Confusión, desorden y precipitación en los sentimientos, forma de vida, etc.

voraz adj. [Persona o animal] que come mucho y con ansia. ‖ fig. Que destruye o consume rápidamente.

vos pron. per. de 2ª persona, m. y f., sing. Antigua fórmula de tratamiento que exige el verbo en plural, aunque concierta en singular con el adjetivo aplicado a la persona a quien se dirige. ‖ En algunos países de Hispanoamérica se emplea como sustituto de *tú* en concordancia con una forma verbal característica, como por ejemplo *vos tenés* por *tú tienes*.

voseo m. Uso del pron. *vos* en lugar de *tú*, como tratamiento de confianza, que se da en parte de Hispanoamérica. ‖ Uso del antiguo tratamiento de *vos*.

vosotros, tras pron. pers. de 2.ª persona, m. y f. pl. Puede funcionar como sujeto o complemento, y en este caso lleva preposición.

votar tr. e intr. Dar una persona o un conjunto de personas su opinión sobre un asunto en unas elecciones, una reunión, etc.

voto m. Promesa hecha a Dios, a la Virgen o a un santo. ‖ Cualquiera de las promesas que constituyen juntas el estado religioso. ‖ Parecer expresado en una asamblea, junta o elección. ‖ Derecho que se tiene a emitir dicho parecer o dictamen. ‖ Juramento, maldición u otra expresión de ira.

voz f. Sonido que el aire expelido de los pulmones produce al salir de la laringe, haciendo que vibren las cuerdas vocales. ‖ Cualidad, timbre o intensidad de este sonido. ‖ Sonido que forman algunas cosas inanimadas. ‖ Grito. Más en pl. ‖ Palabra o vocablo. ‖ Cantante. ‖ Facultad de hablar, aunque no de votar, en una asamblea. ‖ Medio a través del cual se expresan las opiniones, sentimientos, etc., de una persona o de un colectivo. ‖ Accidente gramatical que expresa si el sujeto es agente o paciente. ‖ En música, cada una de las líneas melódicas que forman una composición polifónica.

vudú m. Conjunto de creencias y prácticas religiosas de origen africano, practicado entre la población negra de las Indias occidentales y S. de EE. UU., que incluyen fetichismo, sacrificios rituales, culto a las serpientes y empleo del trance como medio de comunicación con sus deidades.

vuelo m. Movimiento o desplazamiento de algo por el aire. ‖ Viaje que se hace en un avión o en algún otro aparato similar. ‖ Amplitud de una vestidura en la parte que no se ajusta al cuerpo, y por extensión, en otras prendas, como cortinas o manteles. ‖ Parte de una construcción que sale fuera del paramento de la pared que la sostiene; también, extensión de esta parte saliente.

vuelta f. Regreso a un lugar donde antes se había estado. ‖ Movimiento de una cosa alrededor de un punto, o girando sobre sí misma, hasta invertir su posición inicial. ‖ Punto en el que algo se curva, tuerce, etc. ‖ Dinero que se devuelve a alguien, porque le sobra después de pagar algo. ‖ Cada una de las partes o etapas en que se dividen ciertas actividades. ‖ En ciclismo y otros deportes, carrera por etapas. ‖ Paseo. ‖ Devolución. ‖ Parte de una cosa opuesta a la que se tiene a la vista. ‖ Tira de tela cosida en el borde de las mangas u otras partes de las prendas de vestir, o parte de ellas que queda doblada.

vuestro, tra, tros, tras pron. pos. de 2.ª persona, m. y f., sing. y pl. Expresan pertenencia o vínculos entre una persona y cosa y las personas a las que se habla.

vulgar adj. Común o general, por contraposición a especial o técnico. ‖ Falto de originalidad. ‖ Grosero, ordinario. ‖ [Lengua] derivada del latín, por oposición a este.

vulgarismo m. Palabra, expresión o frase vulgar.

vulgo m. Conjunto de la gente popular, sin una cultura ni una posición económica elevada.

vulnerar tr. Transgredir una ley o precepto. ‖ fig. Dañar, perjudicar.

vulva f. Parte del aparato genital externo femenino de los mamíferos, que constituye la abertura de la vagina.

W

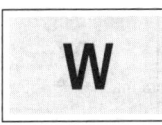

w f. Vigesimocuarta letra del abecedario español y decimonovena de sus consonantes. Su nombre es *uve doble*.

walkie-talkie (Voz i.) m. Aparato portátil de radiodifusión que actúa tanto de receptor como de transmisor a corta distancia.

walkman (Voz i.) m. Casete o radiocasete portátil con auriculares.

wáter o **water-closet** (Voz i.) m. Retrete.

waterpolo (Voz i.) m. Juego de pelota, parecido al balón mano, que se desarrolla en una piscina.

western (Voz i.) m. Película cuyo escenario es el Oeste de EE. UU. ‖ Género cinematográfico al que pertenecen estas películas.

whisky o **whiski** (Voz i.) m. Güisqui.

windsurf o **windsurfing** (Voz i.) m. Deporte acuático que se practica sobre una tabla impulsada por una vela.

X

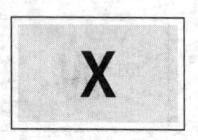

x f. Vigesimoquinta letra del abecedario español y vigésima de sus consonantes. Su nombre es *equis*. ‖ Letra numeral que tiene el valor de diez en la numeración romana. ‖ En matemáticas, signo con que se expresa la incógnita, o la primera de las incógnitas, si son dos o más.

xenofobia f. Odio u hostilidad hacia los extranjeros.

xerocopia f. Copia fotográfica obtenida por medio de la xerografía.

xerografía f. Procedimiento que se utiliza para imprimir en seco. ‖ Fotocopia obtenida por este procedimiento.

xilofón o **xilófono** m. Instrumento de percusión formado por una serie de listones de madera.

xilografía f. Arte de grabar sobre planchas de madera. ‖ Impresión tipográfica hecha con planchas de madera grabadas.

Y

y f. Vigesimosexta letra del abecedario español y vigesimoprimera de sus consonantes. Su nombre es *i griega* o *ye*. || conj. cop. Une palabras o frases en concepto afirmativo.

ya adv. t. Denota el tiempo pasado. || En el tiempo presente, haciendo relación al pasado. || En tiempo u ocasión futura. || Finalmente o últimamente. || Inmediatamente. || conj. Relaciona dos posibilidades que se alternan o llegan a la misma conclusión. || Sirve para conceder o apoyar lo que otros dicen.

yac o **yak** m. Bóvido que habita en las montañas del Tíbet, generalmente de color oscuro, notable por las largas lanas que le cubren las patas y la parte inferior del cuerpo.

yacer intr. Estar echada o tendida una persona. || Estar un cadáver en la fosa o en el sepulcro. || Tener relaciones sexuales.

yacimiento m. Sitio donde se halla naturalmente una roca, un mineral o un fósil, o restos arqueológicos.

yagua f. *amer.* Tejido fibroso que rodea la parte superior del tronco de la palma real.

yaguareté m. *amer.* Jaguar.

yaguré m. *amer.* Mofeta, mamífero carnívoro.

yanqui adj. y com. En Estados Unidos, de los estados del norte de la Unión. || Por ext., de EE. UU.

yantar tr. Comer.

yapa f. *amer.* Añadidura, regalo que hace el vendedor al comprador.

yate m. Embarcación de recreo.

ye f. Nombre de la letra *y*.

yedra f. Hiedra.

yegua f. Hembra del caballo. || adj. *amer.* Tonto.

yeísmo m. Pronunciación de la *ll* como *y*.

yelmo m. Parte de la armadura antigua, que resguardaba la cabeza.

yema f. Renuevo vegetal en forma de botón. || Porción central del huevo del ave. || Lado de la punta del dedo, opuesta a la uña. || Dulce seco compuesto de yema de huevo y azúcar.

yen m. Unidad monetaria de Japón.

yerba f. Hierba.

yerbatero, ra adj. *amer.* [Médico o curandero] que cura con hierbas. También s. || m. y f. *amer.* Vendedor de yerbas o de forraje.

yermo, ma adj. y s. Inhabitado. || Incultivado.

yerno m. Respecto de una persona, marido de su hija.

yerro m. Falta, pecado. || Equivocación por descuido o inadvertencia.

yerto, ta adj. Que se ha quedado rígido por el frío.

yeso m. Sulfato de calcio hidratado, que se emplea en la construcción y en escultura. || Obra de escultura vaciada de este material.

yeta f. *amer.* Mala suerte.

yo pron. pers. de 1.ª persona, com., sing. Realiza la función de sujeto. || m. Sujeto humano en cuanto persona.

yodo m. Elemento no metálico, de color gris negruzco, que se emplea como desinfectante. Símbolo, *I*.

yoga m. Conjunto de disciplinas físico-mentales de la India, destinadas a conseguir la perfección espiritual y la unión con lo absoluto. || Por ext., conjunto de prácticas derivadas de estas disciplinas y dirigidas a obtener un mayor dominio del cuerpo y de la concentración mental.

yogur m. Leche fermentada y cuajada de gran poder vitamínico.

yonqui com. Persona adicta a las drogas duras.

yóquey o **yoqui** m. Jinete profesional de carreras de caballos.

yoyó m. Juguete en forma de pequeño disco giratorio que se hace subir y bajar mediante un cordón.

yuca f. Planta de América tropical, con flores blancas y que se cultiva en Europa como planta de adorno. || Nombre vulgar de algunas especies de mandioca.

yudo m. Sistema de lucha japonés, que se practica como deporte y que también tiene por objeto saber defenderse sin armas.

yudoca com. Persona que practica el yudo.

yugo m. Instrumento de madera al cual se unce la yunta.

yugoslavo, va adj. y s. De Yugoslavia.

yugular adj. y f. Cada una de las dos venas que hay a uno y otro lado del cuello.

yunque m. Prisma de hierro acerado encajado en un tajo de madera fuerte, y a propósito para trabajar en él a martillo los metales. || Uno de los huesecillos que hay en la parte media del oído.

yunta f. Par de bueyes, mulas u otros animales que sirven en la labor del campo o en los acarreos. ‖ *amer.* Gemelos para poner en los puños de las camisas.

yuppie (Voz i.) (De las siglas de *Young Urban Professional*, profesional joven y urbano). com. Joven profesional de posición social y económica elevada.

yute m. Material textil que se saca de la corteza interior de varios árboles oriundos de Asia y África. ‖ Tejido de esta fibra.

yuxtaponer tr. y prnl. Poner una cosa junto a otra o inmediata a ella.

Z

z f. Vigesimoséptima y última letra del abecedario español y vigesimosegunda de sus consonantes. Su nombre es *zeda* o *zeta*.

zacatal m. *amer.* Terreno de abundante pasto, pastizal.

zacate m. *amer.* Hierba, pasto, forraje. ‖ *amer.* Estropajo.

zafacoca f. *amer.* Riña, pelea.

zafacón m. *amer.* Cubo para recoger la basura.

zafado, da adj. *amer.* Descarado, atrevido en su conducta o lenguaje. También s.

zafar tr. Soltar lo que estaba amarrado o sujeto. También prnl. ‖ prnl. Escaparse o esconderse para evitar un encuentro o riesgo. ‖ fig. Excusarse de hacer una cosa. ‖ fig. Librarse de una molestia.

zafarrancho m. Acción de desocupar y preparar una parte de la embarcación para que pueda realizarse determinada actividad. ‖ fig. y fam. Riña, destrozo. ‖ fig. y fam. Limpieza general.

zafio, fia adj. Tosco, grosero.

zafiro m. Corindón cristalizado de color azul. Es una piedra preciosa.

zagal, la m. y f. Persona joven. ‖ Pastor o pastora joven, subordinado a otro pastor.

zaguán m. Espacio cubierto, situado dentro de una casa e inmediato a la puerta de la calle.

zaherir tr. Reprender, mortificar.

zahorí com. Persona a quien se atribuye la facultad de ver lo que está oculto, incluso debajo de la tierra. ‖ fig. Persona perspicaz y escudriñadora.

zahúrda f. Pocilga para los cerdos.

zaino, na adj. Traidor, falso. ‖ [Caballo o yegua] que tiene el pelo de color castaño oscuro. ‖ En el ganado vacuno, el de color negro que no tiene ningún pelo blanco.

zalamería f. Demostración de cariño afectada y empalagosa.

zamarra f. Prenda de abrigo, hecha de piel con su lana o pelo. ‖ Piel de carnero.

zambo, ba adj. y s. [Persona] que tiene juntas las rodillas y separadas las piernas hacia afuera. ‖ *amer.* [Hijo] de negro e india, o al contrario.

zambomba f. Instrumento rústico musical que produce un sonido ronco y monótono.

zambullir tr. y prnl. Meter debajo del agua con ímpetu o de golpe. || prnl. fig. Esconderse o meterse en alguna parte, o cubrirse con algo.

zampabollos m. fam. Persona que come mucho.

zampar tr. Comer o beber apresurada y excesivamente. || Esconder rápidamente una cosa entre otras.

zampoña f. Instrumento rústico, a modo de flauta, o compuesto de muchas flautas. || Flautilla de la caña del alcacer. || fig. y fam. Dicho trivial o sin sustancia.

zanahoria f. Planta herbácea anual, de raíz fusiforme, amarilla o rojiza, jugosa y comestible. || Raíz de esta planta.

zancada f. Paso largo.

zancadilla f. Acción de cruzar uno la pierna delante de la de otro para derribarlo. || fig. y fam. Engaño, trampa, ardid.

zanco m. Cada uno de los palos altos, con salientes sobre los que se ponen los pies, para andar en alto.

zancudo, da adj. De zancas largas. || m. *amer.* Mosquito.

zanganear intr. Dejar pasar el tiempo sin trabajar o sin hacer nada.

zángano, na m. fig. Persona perezosa, vaga. || Macho de la abeja reina.

zanja f. Excavación larga y estrecha que se hace en la tierra. || *amer.* Surco producido por una corriente de agua.

zanjar tr. Echar zanjas o abrirlas. || fig. Resolver, concluir.

zapata f. Pedazo de cuero o suela que a veces se pone debajo del quicio de la puerta para que no rechine. || Pieza del freno de los coches que actúa por fricción contra el eje o contra las ruedas.

zapatear intr. Golpear con el zapato. También tr. || Dar golpes en el suelo con los pies calzados, especialmente al compás de la música.

zapatero, ra adj. [Alimento] duro o correoso. || m. y f. Persona que hace, vende o arregla calzado.

zapatilla f. Zapato poco pesado y cómodo, de suela delgada, que se utiliza para hacer deportes, para estar en casa, etc.

zapato m. Calzado que no pasa del tobillo.

zapping (Voz i.) m. Cambio continuo del canal de la televisión con el mando a distancia.

zar m. Título que se daba al emperador de Rusia y al soberano de Bulgaria.

zarabanda f. Danza popular española de los ss. XVI y XVII. || Alboroto, ruido.

zaranda f. Criba.

zarandaja f. fam. Cosa menuda, sin valor. Más en pl.

zarandear tr. Limpiar el grano o la uva, pasándolos por la zaranda. || fig. y fam. Mover una cosa deprisa, con ligereza y facilidad. También prnl. || prnl. *amer.* Contonearse.

zarcillo m. Pendiente, sobre todo el que tiene forma de aro. || Especie de ramita larga, delgada y muy flexible que tienen algunas plantas, para agarrarse a otras plantas o árboles, a paredes o a cualquier objeto, y trepar por ellos.

zarina f. Esposa del zar. || Emperatriz de Rusia.

zarpa f. Garra de ciertos animales. || Por ext., mano de una persona.

zarpar tr. e intr. Levar anclas, hacerse a la mar.

zarrapastroso, sa adj. y s. Desaseado, andrajoso, desaliñado.

zarza f. Arbusto con tallos sarmentosos y flores blancas o rosadas en racimos terminales, cuyo fruto es la zarzamora.

zarzamora f. Fruto de la zarza, de granillos negros y lustrosos, semejante a la mora. || Zarza.

zarzuela f. Obra dramática y musical ligera en la que se alternan la declamación y el canto. || Letra y música de esta obra. || Plato consistente en varias clases de pescado y marisco condimentados con una salsa.

zascandil com. fam. Persona informal, enredadora, que no para quieta en ningún sitio.

zeda f. Nombre de la letra *z*.

zepelín m. Globo dirigible.

zeta f. Sexta letra del alfabeto griego. || Zeda.

zigzag m. Serie de líneas trayectorias que forman alternativamente ángulos entrantes y salientes.

zipizape m. fam. Riña ruidosa o con golpes.

zócalo m. Cuerpo inferior de un edificio u obra, para elevar los basamentos a un mismo nivel. || Friso o franja que se pinta o coloca en la parte inferior de una pared.

zocato, ta adj. y s. Que escribe y tiene más habilidad con la mano y la pierna izquierdas que con las derechas.

zoco m. En Marruecos, lugar en que se celebra un mercado.

zodiaco o **zodíaco** m. Faja celeste por el centro de la cual pasa la Eclíptica; comprende las doce constelaciones que recorre el Sol en su curso anual aparente: Aries, Tauro, Géminis, Cáncer, Leo, Virgo, Libra, Escorpio, Sagitario, Capricornio, Acuario y Piscis.

zombi o **zombie** m. En el culto del vudú, persona resucitada que carece de voluntad y se comporta como un autómata. || fig. Atontado. También adj.

zona f. Cada una de las partes en que se divide un terreno o cualquier otra superficie. || En geografía, cada una de las cinco partes en que se considera dividida la superficie de la Tierra por los trópicos y los círculos polares. || En geometría, parte de la superficie de la esfera comprendida entre dos planos paralelos.

zoo m. abrev. de *zoológico* (lugar).

zoología f. Ciencia que estudia los animales vivientes y extinguidos.

zoológico, ca adj. Relativo a la zoología. || m. Lugar donde se muestran al público animales salvajes o poco comunes.

zoom m. Objetivo de foco variable en una cámara fotográfica o cinematográfica.

zoomorfo, fa adj. Que tiene forma o apariencia de animal.

zopenco, ca adj. y s. fam. Tonto, bruto.

zopilote m. *amer.* Ave rapaz americana semejante al buitre común, pero de menor tamaño, de plumaje negro, y cabeza desprovista de plumas. También se le conoce como *aura*.

zoquete m. Pedazo de madera corto y grueso. || fig. Pedazo de pan grueso e irregular. || com. fig. y fam. Persona torpe y lenta en aprender. También adj.

zorro, ra m. y f. Mamífero carnívoro cánido, de cabeza ancha, hocico puntiagudo, pelaje largo, espeso y suave y cola larga y poblada. || Piel curtida de este animal. || fig. Persona taimada y astuta. || f. Prostituta. || pl. Tiras de piel, tela, etc., que unidas y puestas en un mango sirven para sacudir el polvo.

zote adj. y com. Ignorante, torpe.

zozobra f. Intranquilidad o inquietud que siente una persona que cree que puede suceder algo malo. || Peligro que corre un barco cuando hay mucho viento o tormenta mientras está navegando.

zozobrar intr. Hundirse un barco por la fuerza del viento o de la tormenta. || intr. y prnl. Fracasar o hundirse una empresa, un asunto o un proyecto.

zueco m. Zapato de madera de una pieza. || Zapato que no cubre el talón, y tiene la parte de arriba de cuero y la suela de corcho o de madera.

zulo m. Escondite pequeño y generalmente subterráneo.

zulú adj. y com. [Pueblo] de raza negra que habita en el África austral. || [Individuo] de este pueblo. || fig. y fam. Bárbaro, salvaje.

zumbado, da adj. y s. Loco, chiflado.

zumbar intr. Hacer una cosa ruido o sonido continuado, seguido y bronco. || tr. Dar, atizar golpes.

zumbido m. Ruido o sonido continuado y siempre igual que produce algo. || Ruido similar a

zumo

este que se siente en el interior de los oídos.

zumo m. Líquido que se extrae de las hierbas, flores, frutos, etc.

zurcir tr. Coser la rotura de una tela. || Suplir con puntadas muy juntas y entrecruzadas los hilos que faltan en el agujero de un tejido. || fig. Unir y juntar sutilmente una cosa con otra.

zurdo, da adj. y s. Que usa la mano izquierda del mismo modo que las demás personas usan la derecha. || Relativo a la mano o a la pierna izquierdas.

zurra f. Azotes o golpes que se dan a alguien.

zurrar tr. Curtir y suavizar las pieles quitándoles el pelo. || fig. y fam. Castigar a uno, especialmente con azotes o golpes. || fig. Censurar a uno con dureza, y especialmente en público.

zurriagazo m. Golpe o azote que se da con una cinta larga de cuero.

zurrón m. Bolsa grande de pellejo que usan los pastores. || Cualquier bolsa de cuero. || Cáscara primera y más tierna de algunos frutos.

zurullo m. fam. Porción más dura que el resto, que se forma en el seno de una masa pastosa. || fam. Excremento sólido.

zutano, na m. y f. Vocablos usados como complemento, y a veces en contraposición de *fulano* y *mengano*, para aludir a alguna persona indeterminada.